优雅百年

罗银胜 著

杨绛全传

华文出版社
SINO-CULTURE PRESS

图书在版编目（CIP）数据

优雅百年：杨绛全传 / 罗银胜著. —— 北京：华文出版社，2023.8（2024.10重印）

ISBN 978-7-5075-5711-4

Ⅰ. ①优… Ⅱ. ①罗… Ⅲ. ①杨绛（1911—2016）—传记 Ⅳ. ①K825.6

中国国家版本馆CIP数据核字(2023)第062312号

优雅百年：杨绛全传

| 作　　者：罗银胜
| 责任编辑：杨艳丽　袁　博
| 版式设计：高　洁
| 出版发行：华文出版社
| 地　　址：北京市西城区广安门外大街305号8区2号楼
| 邮政编码：100055
| 网　　址：http://www.hwcbs.cn
| 电　　话：总编室 010-58336210　编辑部 010-58336191
| 　　　　　发行部 010-58336267　010-58336202
| 经　　销：新华书店
| 印　　刷：北京新华印刷有限公司
| 开　　本：710mm×1000mm　1/16
| 印　　张：39
| 字　　数：655千字
| 版　　次：2023年8月第1版
| 印　　次：2024年10月第2次印刷
| 标准书号：ISBN 978-7-5075-5711-4
| 定　　价：139.00元

版权所有，侵权必究

目录 CONTENTS

序 ··· 001
第 一 章　故里家世 ··· 001
第 二 章　大学时代 ··· 027
第 三 章　负笈英法 ··· 059
第 四 章　孤岛岁月 ··· 093
第 五 章　步入剧坛 ··· 113
第 六 章　艰难时刻 ··· 137
第 七 章　定居京华 ··· 173
第 八 章　流年沉浮 ··· 201
第 九 章　十年尘世 ··· 237
第 十 章　"流亡"始末 ·· 269
第十一章　著译尖峰 ··· 292
第十二章　笔耕不辍 ··· 334
第十三章　生活侧影 ··· 356
第十四章　笔墨官司 ··· 396
第十五章　抵抗不幸 ··· 413
第十六章　文化担当 ··· 446
第十七章　年方百岁 ··· 491

第十八章　拍卖风波…………………………………… 513
第十九章　死者如生，生者无愧………………………… 527
第 二 十 章　生命之火…………………………………… 533
第二十一章　绵绵哀思…………………………………… 565

附录一　文章千古事　得失寸心知
　　——记杨绛先生对《杨绛传》的修改…………… 588
附录二　王元化与钱锺书………………………………… 595
本书征引与参考文献……………………………………… 600
跋…………………………………………………………… 615

序

"人生据说是一部大书。"①钱锺书曾经这样说过。

钱锺书的这句话不胫而走,已然成为家喻户晓的谠言嘉论。

本书传主杨绛先生的百年沧桑,无疑是一部值得大书特书的"大书"。

我们知道,已经谢世的杨绛先生,无疑是中华民族的杰出女性,她有知识、有情怀、有抱负、有理想;她上得厅堂、下得厨房;她是著名作家、翻译家,在相夫教子之余,完成了名著《洗澡》《干校六记》,另有散文、译著凡十几种。她丈夫钱锺书素有"誉妻癖",曾这样评价杨绛:一、在遇到她以前,我从未想过结婚的事。二、和她在一起这么多年,从未后悔过娶她做妻子。三、也从未想过娶别的女人。杨绛先生曾说:"我与钱锺书是志同道合的夫妻。我们当初正是因为两人都酷爱文学,痴迷读书而互相吸引走到一起的。锺书说他'没有大的志气,只想贡献一生,做做学问'。这点和我志趣相同。"毫无疑问,杨绛先生是钱锺书先生文化遗产的看护人。

杨绛先生为了亲人坚定而温柔地守护着尊严,称她为"女神",也毫不为过。"女神"也是人,也有普通人的七情六欲、喜怒哀乐,甚至也会有失误的时候。特别是身处剧烈动荡的社会,杨绛先生为人处世、性格情感颇为复杂斑驳,失误在所难免。而她本人在一百岁的时候也自承:"已经走到了人生的边缘边缘(原文如此——引者注),……我得洗净这一百年沾染的污秽回家。"②杨绛先生既然自承"沾染""污秽",说明她其实也是普通人。

据此,这里不惮烦琐,引用江弱水先生最近一篇大作中的开头部分:

布赖恩·博伊德的《纳博科夫传》(刘佳林译,广西师大出版社,二〇

---

① 钱锺书:《写在人生边上 人生边上的边上 石语》,北京:生活·读书·新知三联书店,2002年10月第1版,第7页。
② 杨绛:《坐在人生的边上——杨绛先生百岁答问》,见《杨绛全集》(第四卷),北京:人民文学出版社,2014年8月第1版,第354—355页。

一九），洋洋两大卷四大册，文笔翔实而条畅，译笔精审而优美，是文学传记中少有的杰作。纳博科夫长达78年、横跨俄、欧、美的生命广度，和他苦心孤诣结撰的十多种小说所达到的深度和密度，都由作者细心演绎出来，并互相加以印证，尤其难能可贵。

……

但我写这篇文章的目的，不是为这部传记说漂亮话的。相反，我读完这一百三十万字的巨著，感到意犹未尽，甚至有所不满。我们知道，纳博科夫给人的印象是一个大毒舌。比如他说起《老人与海》，"那个精彩的鱼的故事"，差不多能让海明威再自杀一回。要写好这样一位大毒舌，作者恐怕也应该是一个小毒舌吧。可是，由于博伊德对于传主太多的崇敬，他处处以纳博科夫之所言为信实。换句话说，他首肯了纳博科夫所说的一切。

举一个例子。纳博科夫《说吧，记忆》中写道，他七岁时候的一次发烧，把他本来有的数学天赋——可以两秒钟内进行几十位数字开方运算——烧掉了。我不大相信这无从对证的神异之事，但博伊德信了。他如实照叙，连一个"据说"都不加。

再举一个例子。《洛丽塔》一出来就上了畅销书榜首，但马上被《日瓦戈医生》挤下来了。纳博科夫对帕斯捷尔纳克评价非常低，为什么呢？纳博科夫自己说是因为这本书支持十月革命，就历史而言不真实，比如没写二月革命。博伊德应该解释一下，但却没有。等到埃德蒙·威尔逊与纳博科夫打起笔战来，博伊德又不假思索地同意纳博科夫说的，威尔逊自己写小说老是不成功，因此嫉妒纳博科夫了。你看，纳博科夫与威尔逊的争论，就说是威尔逊嫉妒。《日瓦戈医生》抢了《洛丽塔》的风头，为什么不说纳博科夫嫉妒呢？

所以，我个人的感觉是，博伊德对纳博科夫这位语不惊人死不休的大毒舌，真的是太顺从了，太呵护了。纳博科夫怎么说，博伊德就怎么信，简直照单全收。他并没有跟纳博科夫对质一下，甚至对战一下，是令人遗憾的。①

文抄公做到现在，多谢读者诸君耐心读下来。江弱水先生对新西兰学者布

---

① 江弱水：《纳博科夫的细节》，《南方周末》，2019年10月24日。

赖恩·博伊德所著的《纳博科夫传》，褒中有贬，特别是博伊德对传主纳博科夫的言听计从，甚至有失去客观公正的立场之嫌："纳博科夫怎么说，博伊德就怎么信，简直照单全收。他并没有跟纳博科夫对质一下，甚至对战一下，是令人遗憾的。"我读到此处，心有戚戚焉。

我之《杨绛传》的五个版本，由于种种原因，难免留下不少类似江弱水先生所说的令人遗憾之处。

出于为历史负责，秉直而书，认真扎实地修订增补旧作，创作《杨绛全传》，是完全必要的，也是有可能做到的。其理由在乎：

第一，已经涌现大量涉及杨绛、钱锺书的史料，难免鱼龙混杂，需要花费去伪存真、去芜存菁的功夫做考证与甄别。虽然已经出版过四个版本的《杨绛传》，但是我不愿停留在舒适区，我愿迎接挑战。

第二，本着"吾爱吾师，吾更爱真理"的精神，克服懦弱胆怯的人性弱点，以认真扎实的功夫，全身心地投入，精心完成真实可信的杨绛传记。以此推动杨绛研究，刷新读者的认知，去除成见与偏见。

第三，人需要反思，也只有人能够反思。何谓反思，用王元化先生的话来说，就是要成为真正的启蒙者，"就要不怕把思想、哪怕是自己最心爱的观念，放在理性的法庭上加以审判，重新估量它的价值、判定它是否应该继续存在下去，这才叫反思"[1]。作为思想家的王元化先生对反思的概括言简意赅："可以把反思说成是出于一种忧患意识，以一个知识分子的责任感，对过去的信念加以反省，以践中已露出明显的破绽。"[2]王元化先生的这番话，应该成为观照反思意义的钥匙。由此，我们应当不断反思历史、反思历史进程中的人物。

我将秉持"路漫漫其修远兮，吾将上下而求索"之理念，以追求真实为第一要务的《杨绛全传》奉献世人，以期反映一个更加全面、更加真实的杨绛。

知我罪我，其唯《春秋》！

二〇二〇年十月六日

---

[1] 王元化：《清园谈话录》（11），《南方周末》，2005年12月28日。
[2] 王元化：《思辨录》，上海：上海古籍出版社，2004年4月第1版，第2页。

第一章　故里家世

一

本书的传主杨绛的故乡在江苏无锡。江南名城无锡，自古便是富庶文明之邦。多少年来，这里风景如画，人文荟萃，英才辈出。

杨氏家族世居无锡，在当地是一个知识分子家庭，用杨绛本人的话说，就是"寒素人家"①，她的曾祖父、祖父，无外乎书生、穷官，但都秉性正直，酷爱读书。

杨绛的父亲，名叫杨荫杭（1878—1945），字补塘，又名虎头，笔名老圃。杨绛在晚年曾应中国社会科学院近代史研究所之约，撰写过《回忆我的父亲》。文中所记作者父亲的生平事迹，可以看出清末民初一代知识分子为了中国的富强和近代化付出的艰辛和努力。那种司法独立、不畏强权的包公（当年也被称为"疯骑士"）的形象，令人过目难忘。

杨荫杭于一八九五年考入北洋大学堂（当时称"天津中西学堂"，即北洋大学、天津大学的前身，也即北洋公学），一八九七年转入南洋公学。在北洋大学堂学习期间，尽管他学习十分努力，因太"耿直"，尚未毕业，便被学校除名。对这件事，杨绛在文中谈了她所知道的经过：

> 据我二姑母说，我父亲在北洋公学上学时，有部分学生闹风潮。学校掌权的洋人（二姑母称为"洋鬼子"）出来镇压，说闹风潮的一律开除。带头闹的一个广东人就被开除了。"洋鬼子"说，谁跟着一起闹风潮的一起开除。一伙人面面相觑，都默不作声。闹风潮不过是为了伙食，我父亲并没参与，可是他看到那伙人都缩着脑袋，就冒火了，挺身而出说："还有

---

① 杨绛：《回忆我的父亲》，见《杨绛作品集》（第二卷），北京：中国社会科学出版社，1993年10月第1版，第61页。

我！"好得很，他就陪着那个广东同学一起开除，风潮就此平息。①

这年是一八九七年，可见杨荫杭从年轻时就形成了刚正耿介的性格。他所入的上海南洋公学，也是一所公费学校，由巨贾闻人盛宣怀创办。过了两年，南洋公学遴选六名学生赴日留学，杨荫杭亦名列其中。

杨荫杭他们和其他各省派送的留日学生，初到日本，语言不通，就先在日本文部省特设的日华学校补习语言。没多久，杨荫杭进入早稻田大学（当时称"东京专门学校"）学习。一九〇〇年春，他和留日学生一起组建励志会。同年下半年，作为会员的杨荫杭与杨廷栋、雷奋等一起创办了《译书汇编》，这是当时留日学生自办的第一份杂志，专事译载欧美政法方面的名著，诸如法国学者孟德斯鸠的《万法精义》、卢梭的《民约论》（通译《社会契约论》）及英国学者穆勒的《自由原论》等书。这些作品译笔流丽典雅，对推动青年思想的进步，影响很大，因而在海内外学生中享有威望。

一九〇一年夏，杨荫杭利用暑假回家乡探亲的机会，在家乡无锡，"聚集同志，创设了励志学会。他们借讲授新知识之机，宣传排满革命"②，据说这一组织是当时江苏省最早的革命小团体。

一九〇二年，杨荫杭从日本早稻田大学本科毕业。回国后，他和雷奋、杨廷栋一起被派往北京译书馆从事编译工作③。北京译书馆前身是"北京同文馆"。沧海桑田，现在保存下来的《名学教科书》就是杨荫杭在那里编译的（一九〇三年再版）。近人孙宝瑄在一九〇二年十二月二十九日的日记里曾提到过这部书："观《名学》，无锡杨荫杭述。余初不解东文哲学书中'内容''外延'之理，今始知之。"④

一九〇三年，该译书馆因经费支绌而停办，杨荫杭因此回到家乡，和留日学生蔡文森、顾树屏等一起，又在无锡创办了"理化研究会"，提倡研究理化并学习英语。那时，杨荫杭精力充沛，工作繁忙，他除了理化研究会的事情之外，还在上海兼职，任《时事新报》《苏报》《大陆月刊》的编辑及撰稿人，并在中

---

① 杨绛：《回忆我的父亲》，见《杨绛作品集》（第二卷），北京：中国社会科学出版社，1993年10月第1版，第61页。
② 李新、李宗一主编：《中华民国史》，北京：中华书局，1981年第1版，第293页。
③ 有人认为是上海交通大学译书院，本书用杨绛先生回忆的"北京译书馆"。
④ 孙宝瑄：《忘山庐日记》（上册），上海：上海古籍出版社，1983年第1版，第609页。

国公学、澄衷学校、务本女校等校授课。

杨荫杭由于积极从事反清革命活动，触犯了顽固的保守派，因此遭嫉恨并被追捕。据杨绛回忆说："听说他暑假回无锡，在俟实中学公开鼓吹革命，又拒绝对祠堂里的祖先叩头，同族某某等曾要驱逐他出族。我记得父亲笑着讲无锡乡绅——驻意大利钦差许珏曾愤然说：'此人（指我父亲）该枪毙。'反正他的'革命邪说'招致清廷通缉，于是他筹借了一笔款子（一半由我外祖父借助）。"

一九〇六年年初，杨荫杭再度出国。这次是先到日本，再到美国留学。他先进入日本早稻田大学研究科（该校本科不授学位），一九〇七年七月，通过论文答辩，获得法学士学位。随后，他到美国去了。杨荫杭就读的是宾夕法尼亚大学。

杨荫杭从未提及他的学位和论文，而杨绛只是在偶然的机会发现过一张她父亲在宾夕法尼亚大学一九〇九年至一九一〇年的注册证。倒是她丈夫钱锺书后来告诉她："爸爸的硕士论文收入宾夕法尼亚大学法学丛书第一辑，书名是《日本商法》（Commercial Code of Japan）。"

在杨绛的印象中，她父亲归国途中游历了欧洲其他各国，还带回好几份印好的论文。故而她问钱锺书：

"你怎么会知道？"

钱锺书回答说：

"我看见的——爸爸书房里的书橱最高层，一本红皮书。我还问过爸爸，他说是他的硕士论文——现在当然找不到了。"

对此，杨绛曾经专门写信给美国友人、宾夕法尼亚大学教授李又安，托她找找有没有这本书。据李又安教授回信，书名一点也没记错。那本书一找就找见了，在法学院图书馆，她还为杨绛复印了封面几页和一篇卢易士教授写的序文。根据那张注册证可知，卢易士是当时的法学院院长。

杨荫杭的《日本商法》全书三百一十九页，于他离校以后的一九一一年出版。从序文来看，这本书大概是把日本商法和它所依据的德国商法，以及它所采用的欧洲大陆系统的商法作比较，指出特殊的地方是为了适合日本的国情，由比较中阐明一般商法的精神。序文对这本书很称赏。不过，令杨绛最感亲切的是，卢易士先生形容他父亲写的英文："虽然完全正确，却有好些别致的说法；而细读之下，可以看出作者能用最简洁的文字，把日本商法的原意，确切地表达出来。"这可能是用很客气的话，说杨荫杭写的英文有点中国味道吧。

由此杨绛猜想，她父亲再次出国四年多，脱离了革命，埋头书本，很可能对西方的"民主法治"产生了幻想。他原先的"激烈"，渐渐冷静下来。因为北伐胜利后，她经常听到杨荫杭对母亲挖苦当时自称的"廉洁政府"。杨绛在高中读书的时候（一九二七或一九二八年）杨荫杭曾和她谈过"革命派"和"立宪派"的得失。他讲得很仔细，可是她不大懂，听完都忘了，只觉得她父亲倾向于改良。他的结论是"改朝换代，换汤不换药"。不过，杨荫杭和她讲这番话的时候，他的"立宪梦"早已破灭了。

杨绛当时在父母的庇荫之下，不像她父亲年轻时候，能看到革命的迫切。她是脱离实际的后知后觉或无知无觉，只凭抽象的了解，觉得救国救民是很复杂的事，推翻一个政权并不能解决问题，还得争求一个好的制度，保障一个好的政府。

二

杨绛的母亲唐须嫈（1878—1937）也是无锡人，与丈夫杨荫杭同龄，他们俩于一八九八年结婚。唐须嫈是一位贤惠文静的知识女性，身上凝聚了中国女性的传统美德。她曾在上海著名的女子中学——务本女中读书，与杨绛的三姑母杨荫榆和章太炎夫人汤国梨是同学。唐须嫈从来不愿抛头露面，与杨荫杭结婚后，甘做贤妻良母，相夫教子，料理家务。

现存关于唐须嫈的史料不多，杨绛在《回忆我的父亲》一文中顺便提到了她父母的关系，读来感人肺腑，弥足珍贵。杨绛说："我父母好像老朋友，我们子女从小到大，没听到他们吵过一次架。旧式夫妇不吵架的也常有，不过女方会有委屈闷在心里，夫妇间的共同语言也不多，我父母却无话不谈。他们俩同年，一八九八年结婚，当时我父亲还是学生。从他们的谈话里可以听到父亲学生时代的旧事。他们往往不提名道姓而用诨名，还经常引用典故——典故大多是当时的趣事。不过我们孩子听了不准发问。'大人说话呢，老小（无锡土话，指小孩子）别插嘴。'他们谈的话真多：过去的，当前的，有关自己的，有关亲戚朋友的，可笑的，可恨的，可气的……他们有时嘲笑，有时感慨，有时自我检讨，有时总结经验。两人一生中长河一般的对话，听来好像阅读拉布吕耶尔的《人性与世态》。他们的话时断时续，我当时听了也不甚经心。我的领会，是由多年不经心的一知半解积累而得。我父亲辞官后做了律师。他把每一件受理的案子都详细向我母亲叙述：为什么事，牵涉什么人，等等。他们俩一起分析，一起议论。那些案件，都可补充《人性与世态》作为生动的例证。"①杨绛就生活在这样一个和睦自由、民主开明的家庭当中，可想而知，是相当幸运的。

杨绛父亲杨荫杭的兄弟姊妹共六人。大姑母排行第一，出嫁不久即因患肺病去世。大伯父在武备学校学习，一次试炮失事，轰然一声，就轰得不知去向，遗下大伯母和堂兄、堂姊各一人。最小的三叔叔留美回国后也因肺病去世。二姑母杨荫枌、三姑母杨荫榆都比杨荫杭小，出嫁后都与夫家断绝了关系，长年住在哥哥的家里。所以，她们两人和杨绛的关系比较密切。

杨荫榆比杨荫杭小六岁，由杨荫杭资助在苏州景海女中上学，两年以后，转学到上海务本女中，后来赴日本、美国留学，故日文、英文都十分熟练。两度回归，分别担任北京女子高等师范学校（简称北京女高师，一九二五年改名北京女子师范大学）"学监"和北京女子师范大学校长。这时的杨荫榆顽固守旧，与进步学生对立，发生了鲁迅在《华盖集》中提到的"女师大事件""从此打落下水，成了一条'落水狗'"②。杨绛在这里指的是震惊中外的"三一八惨案"。一九二六年三月十八日，北京女子师范大学的学生和北京数千名群众在中国共产党的领导下，举行示威游行，反对帝国主义的"最后通牒"和北洋军阀段祺瑞执政府的卖国行为。示威中，反动军阀下令开枪，当场打死打伤三四百人。在这一事件中，杨荫榆站错了立场，遭到鲁迅等进步人士的痛责。

但是，这位独身而孤僻、在家中也不受孩子们欢迎的女教育家，在后来日寇侵占苏州时，却显示了她性格中最可贵的一面：对自己民族的大忠大勇，因斥敌而罹难。

三

杨绛，一九一一年七月十七日（阴历辛亥年六月二十二日）于北京出生，原名杨季康，后以笔名杨绛行世。杨绛出生时，上面已有寿康、同康、闰康三个姐姐，所以排行老四。杨绛还有妹妹杨必、小弟保俶等。

---

① 杨绛：《回忆我的父亲》，见《杨绛作品集》（第二卷），北京：中国社会科学出版社，1993年10月第1版，第59—60页。

② 杨绛：《回忆我的姑母》，见《杨绛作品集》（第二卷），北京：中国社会科学出版社，1993年10月第1版，第115页。

杨绛的童年时期，古老的中国面临着波澜壮阔的百年巨变。她出生时值辛亥革命的前夜。杨绛的父亲杨荫杭也积极投身于一系列革命运动。杨绛出生不久，辛亥革命爆发，结束了封建王朝在中国的反动专制统治，也永远结束了几千年的封建帝制。

其时，旧的王朝终于风吹雨打而去，而民主与科学的大纛所揭橥的救国救民的道理和信念日益深入人心，形成了社会性的思潮，中国的进步知识分子不懈地探索民族解放、民主自由以至发展。这就是杨绛诞生前后的社会现实。

民国初年，杨荫杭就任江苏省高等审判厅厅长，由于本省人士必须回避本省的官职，杨荫杭被调任浙江省高等审判厅厅长，住在杭州。他因坚持司法独立，得罪了省长屈映光。屈映光进见袁世凯时，乘机诬告杨荫杭，说"此人顽固不灵，难与共事"。恰巧袁世凯的机要秘书张一麐是杨荫杭在北洋公学时的同窗好友，帮忙说了好话。这样，杨荫杭才没吃大亏。袁世凯亲笔批了"此是好人"四字，杨荫杭便奉调到北京任职。

杨荫杭夫妇带了杨绛等家人到了北京。一百多年前的幼年生活场景，杨绛记忆犹新。杨绛在百岁高龄，记忆力超群，在她笔下，其幼年往事汩汩而出。

我三四岁的时候，家住（北京）东城，房主是很阔气的旗人，我常跟着妈妈去看看那家的大奶奶、二奶奶。她们家就像《红楼梦》里的景象，只是《红楼梦》里没有满地的哈巴狗。我怕狗，挨着妈妈坐在炕上，不敢下地。不过，她们家的哈巴狗不咬人。

后来，我爸爸当了北京京师检察厅厅长，检察厅在西城，我家就搬到东斜街二十五号，房东是程璧。房子不小，前后两个宽敞的四合院。

门房是臧明，他和一个小厮同住门口一间屋里，里面是一张大炕，可以睡不止两个人呢。

我爸爸上班坐马车。我家有一辆半新不旧的马车，一匹马，两个马夫。大马夫赶车，小马夫是大马夫的下手，只管洗马、刷马、喂马、遛马。两个马夫同住后门口一间小小的屋里，旁边就是马房。前面院子里晾着四个匾：两匾干草，两匾黑豆。我看马吃草吃豆吃得很香，偷偷儿抓了一把黑豆尝尝，不料黑豆是苦的，忙又偷偷儿放还原处。

前门不大，后门是马车出进的门，是很大的一扇红门，门上又开一个小门，下人出入都走这小门，不走前门。我平时也只在前院玩，很少到后面去。

前院有五间北屋，五间南屋。北屋、南屋完全是对称的。北屋东头是两间卧房，西头又是一间卧房，中间是一间很大的客厅。我黑地里不敢过那间大客厅，害怕。

妈妈很忙，成天前前后后、忙这忙那。有一晚，她特地到我和三姐同睡的卧房来看看我们。三姐和我不睡一头。我睡在她脚头。我们要好的时候，彼此拉拉直裤脚；不要好的时候，我就故意把她的脚露在外边。我人短，我的脚总归是安全的。姐姐也难得和我吵架。有一次妈妈睡前来看看我，妈掀开被子，只见我裤脚扎得紧紧的，裤腿扎在袜筒里，裤子紧紧地扎在衣服外。衣服上有两个口袋，一个口袋里塞着一个鼓鼓的皮球；另一个口袋里是满满一口袋碎玻璃，红的、绿的、黄的……各色的都有。妈妈解开衣服，发现我身上青一块、紫一块，妈妈问三姐，碎玻璃有什么好玩。三姐说"照着看天的，红玻璃里看红天，绿玻璃里看绿天"。妈妈把皮球放在我床头，碎玻璃全给扔了。吩咐三姐告诉我，以后别再把皮球、碎玻璃装在口袋里。我很听话，以后不再把衣服那么紧的结成一串，也不把玩意儿都装在口袋里了。

北屋有一间厢房，是我们的吃饭间，有电话，我爬上凳子，可以给同学打电话，讲讲私房话。例如"我跟你好，不跟谁谁谁好"（什么人不记得了）。靠门口，有一张两抽屉桌子，臧明戴着一副铜边眼镜记账。我非常羡慕臧明戴着眼镜记账，心中暗想，我长大了，也要戴着眼镜，坐在书桌前记事。

我现在写作，总想到小时候羡慕臧明写账，觉得实现了小时候的愿望。

我家搬到东斜街，开始只住一家，南屋没人住，我家也天天打扫，我和姐姐常到空屋里去玩。

不久，我堂姐的姨父姨母也到北京来了，就住了那五间南屋。姨父是教育部次长袁观澜（字希涛）。我家门口有两个门牌：一边是无锡杨寓，一边是宝山袁寓。

我爸爸因为姨父姨母不是亲的，姨母称袁大阿姨，姨父称袁老伯。

我大弟弟出生在上海，现在的淮海路曾称霞飞路，以前又称宝昌路，所以取名宝昌。小弟弟杭州出生，家住保俶塔附近，所以取名保俶。保俶断奶后奶妈走了。他自己会走路了，一天，他跑到袁家去，对袁老伯说：

"袁老伯,你也姓老虎,我也姓老虎,爸爸也姓老虎,妈妈也姓老虎。"袁老伯莫名其妙,过来问我爸爸。爸爸想了一想,明白了,他对袁老伯说:"你和我同庚吧?我们夫妻都属虎,这孩子也属虎。"袁老伯听了大笑。我们两家很亲密。

袁大阿姨能推拿,这是她的传家本领,传女不传男。我家孩子病了,袁大阿姨过来推拿一下,就没事了。我妈妈也学会了几招,如"提背筋",孩子肚子痛,背筋必胀粗,提几下,通了大便,病就好了。

我和三姐姐常到袁家去玩。袁大阿姨卧房里,近门口处,挂一张照相,我知道那是袁世庄姐姐的相片,她在外国读书,要三年后才能回来。我总觉得三年好长啊,常代袁大阿姨想女儿。世庄姐姐的妹妹是世芳姐姐,她身体不好,不上学。三姐放学回家,总和她同出同进。我老跟在背后,世芳姐姐吃了糖或陈皮梅,包糖或陈皮梅的纸随手一扔,我常偷偷捡了舔舔,知道她吃了什么。她有时也给三姐姐吃。我只远远跟着,她们不屑理我这小东西。

那时我在甘石桥大酱坊胡同、小酱坊胡同拐弯处的"第一蒙养院"上学,上学前班。三姐姐上小学。我学前班毕业,得了我生平第一张文凭。我很得意,交妈妈收藏。三姐姐也初小毕业了。我们姐妹都到北京女子师范大学附属小学读书,袁大阿姨称"附属里"。

不久后,袁家要娶新嫂嫂了。我从不知道袁家还有个儿子,没有儿子,娶什么嫂嫂呢。这是三姐姐告诉我的。我的好朋友孙燕华和我两个陪新娘子。新娘子左等右等没等到,大家就先吃喜酒了。吃完喜酒,孙燕华就和她家带她弟弟的臧妈回孙家了。

我吃完喜酒,大发胃病。我的胃病是一个粗心的中医大夫失误造成的。他把"厘"写成"分"。他开的药是黄檗。我妈妈请他为我开点清火的药,因为爱生疖,嘴角爱生"热疮"。这中医把六厘黄檗写成六分黄檗。我记得妈妈用糖汤拌成桂圆核儿大小的丸子,存一个团子,喝一勺糖汤,我因为是妈妈亲自喂,乖极了,虽然很苦,我吞下一个又一个很苦的小团子,没嫌苦。但从此得了胃病,我的胃至今还是我全身的薄弱环节。

吃完酒席,大家散了,我大发胃病,厨房里为我炒了很烫的盐,让我捂在心口。大家睡了,我因为胃痛还没睡着。忽听得橐、橐、橐的皮鞋声,是新郎新娘回来了,我听见臧明特地进来,用一口苏北口音告诉爸爸(臧明称"老爷"):"新娘子穿的是白的洋鞋子。"洋鞋子已够洋,又是白的,新娘该穿红鞋啊,却是白的,真"洋"得出奇了!

第二天早上,我胃也不痛了,我学着臧明的腔调告诉了三姐姐,我们俩立即到袁家去看新嫂嫂。新嫂嫂玉立亭亭,面貌美极了,我和三姐姐都迷上了。我妈妈怕我们去打扰,不许我们老去看新嫂嫂。新嫂嫂却很会做人,哄我们一起造一条一尺宽的小路通到月洞门。月洞门外是程璧家的荒园,我和姐姐常去玩的。

一尺宽的小路刚造完,我家"回南"了,袁家也同路回南,但是我们两家在火车上不在一处。

到了天津的旅馆里,我们只知道袁家也住这旅馆,我家住的是便宜的房间,袁家却不知在哪里。新嫂嫂就此不见了。

我妈妈的家具,随着我们家搬迁。妈妈衣橱里,我的第一张文凭已扔掉了,但是新嫂嫂和新郎的照相,有一本书那么大小,贴在硬纸上的,仍在原处。我常常开了妈妈衣橱的门,拿出新嫂嫂和新郎的照片,看了又看,因为我老想念我的"新嫂嫂"。我闭上眼,还能看见她。她是我幼年往事里的一颗明星。①

杨绛是在五岁(一九一六年)时开蒙的。她上的小学是在北京女高师附小,她的三姑母杨荫榆就在女高师工作,杨绛开始有记忆也是在这个时候。

杨绛在《回忆我的姑母》中写道:"我还是她所喜欢的孩子呢。我记得有一次我们小学生正在饭堂吃饭,她带了几位来宾进饭堂参观。顿时全饭堂肃然,大家都专心吃饭。我背门而坐,饭碗前面掉了好些米粒儿。三姑母走过,附耳说了我一句,我赶紧把米粒儿拣在嘴里吃了。后来我在家听见三姑母和我父亲形容我们那一群小女孩儿,背后看去都和我相像,一个白脖子,两撅小短辫儿;她们看见我拣吃了米粒儿,一个个都把桌上掉的米粒儿拣来吃了。她讲的时候笑出了细酒窝儿,好像对我们那一群小学生都很喜欢似的。那时候的三姑母还一点不怪僻。"②

那时候的杨绛欢快活泼,充满童趣,惹人喜爱。女高师的学生时常带着已

---

① 杨绛:《幼年往事》,《文汇报》,2017年5月25日。
② 杨绛:《回忆我的姑母》,见《杨绛作品集》(第二卷),北京:中国社会科学出版社,1993年10月第1版,第113页。

放学的小杨绛到大学部去玩耍,她们陪小杨绛打秋千,蹬得老高。杨绛心里既高兴又害怕,嘴里不敢讲出来。

有一次,女高师的学生聚在一起举办恳亲会,演三天戏,一天试演彩排,一天请男宾,一天请女宾,请小杨绛去做戏里的花神,把她的牛角辫子盘在头顶上,插了满满的花,衣裳也贴满了金花,杨绛既开心又得意。又有一次,学校举行运动会,一个大学生跳绳,叫小杨绛钻到她身边,像卫星似的绕着她周围转着跳。小杨绛天真无邪,机灵可爱,博得了大家的喜爱。

杨绛八岁的时候,适逢五四运动爆发,杨绛说,自己当时八岁,身在现场。"现在想来,五四运动时身在现场的,如今只有我一人了。当时想必有许多中外记者,但现在想来,必定没有活着的了。作为一名记者,也得二十岁左右吧?将近一百二十岁,谁还活着呢?"

那天上午,她和三姐姐合乘一辆包车到辟才胡同女师大附属小学上课。"这天和往常不同,马路上有许多身穿竹布长衫、胸前右侧别一个条子的学生。我从没见过那么高大的学生。他们在马路上跑来跑去,不知在忙什么要紧事,当时我心里纳闷,却没有问我三姐姐,反正她也不会知道。下午四点回家,街上那些大学生不让我们的包车在马路上走,给赶到阳沟对岸的泥土路上去了。"①

这条泥土路,晴天全是尘土,雨天全是烂泥,他们的车是逆方向,没法前进。"我们姐妹就坐在车里看热闹。只见大队学生都举着小旗子,喊着口号:'打倒日本帝国主义!''抵制日货(坚持到底)!''劳工神圣!''恋爱自由!'(我不识恋字,读成'变')一队过去,又是一队。我和姐姐坐在包车里,觉得没什么好看,好在我们的包车停在东斜家附近,我们下车走几步路就到家了,爸爸妈妈正在等我们回家呢。"

当时,杨绛的父亲杨荫杭在北京历任京师高等审判厅厅长、京师高等检察长、司法部参事等职,公务倥偬,忙不及履,连张勋复辟时,全家也没有逃离北京,只在一位英国朋友家里躲避了数天。

导致杨荫杭被迫离开北京的是扣押交通部总长许世英事件。据杨绛回忆:……许世英受贿被捕,在一九一七年五月。国务会议认为许世英没有犯罪的证据,反要追究检察长杨荫杭的责任。许世英宣告无罪,他随即辞去交通

---

① 杨绛:《忆孩时》,见《杨绛全集》(第三卷),北京:人民文学出版社,2014年8月第1版,第303—305页。

部总长的职务。我想,父亲专研法律,主张法治,坚持司法独立,他小小的一个检察长——至多不过是一个"中不溜"的干部,竟胆敢拘捕在职的交通部总长,不准保释,一定是掌握了充分的罪证,也一定明确自己没有逾越职权。一九一九年他辞职南归,没等辞职照准①。这样,还在上初小三年级的杨绛,便跟着父母一家人起程回南了。

四

这次全家离京,出乎预料,因而十分匆忙。忽有一天清早,决定返回南方,杨绛记得当时还在寓所的小院子里玩耍。

在去火车站的路上,杨绛遇见一个平素不怎么热络的同学,她恨不能叫这位同学捎句话给班上,说自己"回南了",小杨绛的心里十分惆怅。

火车站月台上人头攒动,在小杨绛眼里,为父亲送行的"有一大堆人——不是一堆,是一大片人,谁也没有那么多人送行,我觉得自己的父亲与众不同,很有自豪感。火车快开了,父亲才上车"。这幕场景,时间虽然过去六十多年了,杨绛仍然记忆犹新。

这趟火车开了,唐须嫈因为晕车,呕吐得厉害,只好由杨荫杭照料全家大小和许多行李。一家人到天津下车,住了一两天客栈,然后搭乘"新铭"号轮船到上海,再换"拖船"回无锡。所谓"拖船"就是由小火轮拖带的小船,一只火轮船可以拖带一大串小船。一路上劳顿不堪,母亲唐须嫈反复叮咛小孩:"上海码头乱得很,'老小'要听话。"

杨绛的父母在无锡沙巷预先租下房子,避免挤到老家去住。这时,全家人除前几年二姐患副伤寒不治身亡外,还有大姐、三姐、两个弟弟和一个妹妹,共八口人。新租的房子的厨房外面有一座木桥,过了桥就是自己家的后门。杨绛觉得新奇得很,因为可以不出家门,就能站在桥上看来往的船只。

沙巷口有一座庙,叫大王庙。原先不知是祭祀什么大王的,后来改为学校,就叫大王庙小学。学校只有一间大教室,双人课桌四五直行,学校的四个班级都在这一间大教室里,男女学生大约有八十人。杨绛和两个弟弟是在学期半中间时插班进去的,她原是初小三年级,在这里就插入最高班。

---

① 杨绛:《回忆我的父亲》,见《杨绛作品集》(第二卷),北京:中国社会科学出版社,1993年10月第1版,第73页。

大王庙小学的教职员只有两人：校长和一位姓孙的老师。孙老师剃一个光葫芦瓢似的头，学生背后称他"孙光头"。他拿着一条藤教鞭，动不动就打学生，而且最爱打脑袋。学生几乎个个都挨过他的打，不过他从来不打杨家的小孩子，可能觉得他们是"特殊"的学生吧。其实，杨绛和她的弟弟不但是"做官"人家的子女，而且也十分乖巧。可是，其他同学却非常恨孙老师：在里面有个马桶的"女生间"的墙上，不知是谁画了一幅"孙光头"的像，大家都对着那幅画像拜拜，杨绛起初以为是讨好孙老师，可她们说，为的是要"钝"死他。"钝"在无锡方言中就是叫一个人倒霉的意思。

杨绛对大王庙小学的学生生涯曾有回忆，她说："在大王庙读什么书，我全忘了，只记得国文教科书上有一部是：'子曰，父母之年，不可不知也……'，'孙光头'把'子曰'解作'儿子说'。念国文得朗声唱诵，称为'啦'（上声）。我觉得发出这种怪声挺难为情的。"杨绛还记得她们在学校玩游戏的情形，十分有趣。

……我和女伴玩"官、打、捉、贼"（北京称为"官、打、巡、美"），我拈阄拈得"贼"，拔脚就跑。女伴以为我疯了，拉住我问我干什么。我急得说：

"我是贼呀！"

"嗨，快别响啊！是贼，怎么嚷出来呢！"

我这个笨"贼"急得直要挣脱身。我说：

"我是贼呀！得逃啊！"

她们只好耐心教我："是贼，就悄悄儿坐着，别让人看出来。"

又有人说："你要给人捉出来，就得挨打了。"

我告诉她们："贼得乘早逃跑，要跑得快，不给捉住。"

她们说："女老小姑则"（即"女孩子家"）不兴得"逃快快"。逃呀、追呀是"男老小"的事。

我委屈地问："女孩子该怎么？"

一个说："步步太阳"（就是古文的"负暄"，"负"读"步"）。

一个说："到'女生间'去踢踢毽子。"

大庙东庑是"女生间"，里面有个马桶，女生在里面踢毽子。可是我只会跳绳、拍皮球，不会踢毽子，也不喜欢闷在又狭又小的"女生间"

里玩。①

诸如此类，留给杨绛的印象还是很深的。直到二十世纪八十年代，她还时常提起："我在大王庙上学不过半学期，可是留下的印象却分外生动。直到今天，有时候我还会感到自己仿佛在大王庙里。"

五

杨荫杭、唐须嫈夫妇对新租的沙巷寓所并不满意，只是一时也找不到合适的房子。据说租住那所房子的几个住户都得了很重的伤寒症，照现代医学分析，很可能是河水有问题。

不久，杨荫杭就病倒了。他因为几度留洋，所以只相信西医，不信中医。当时无锡只有一个西医，是个外国人。唐须嫈请这位外国医生来治疗，他每次就抽一点血，取一点大便，送往上海化验，要一个星期才有结果。但是，如此这般地检查了两次，也没有查出什么眉目来。这样，杨绛的父亲的病势益发严重，连续几个星期发高烧不退，神志也有点不清了。无奈之下，唐须嫈自作主张，延请无锡一位有名的中医来，中医一把脉就说，杨荫杭得的是伤寒症，而西医则又过了一星期才诊断出来。唐须嫈流着泪求这位名中医给杨荫杭开处方，他却摇头断然拒绝，医生不肯开处方就是病人没指望了。

这一天，真是非常紧急，杨绛回忆说，"我记得有一夜已经很晚了，家里好像将出大事，大家都不睡，各屋都亮着灯，许多亲友来来往往"②。前来探望的人都摇头叹喟："唉，要紧人呀！"（无锡方言中"要紧人"就是养家人的意思。）因为杨绛全家大小，包括婶婶、堂妹，人口众多，都依赖杨荫杭过活。这时，杨荫杭已经高烧烧得直讲昏话了。唐须嫈只得另请既是杨荫杭的老友，又是名中医的华实甫先生，他答应唐氏的要求"死马当活马医"，于是开了一个药方。

奇迹发生了，杨荫杭死里逃生，居然挣扎过来。全家人把华实甫先生当作救命恩人，而西医却认为杨荫杭自己的体力好，在"转换期"战胜了病魔。

---

① 杨绛：《大王庙》，见《杨绛作品集》（第二卷），北京：中国社会科学出版社，1993年10月第1版，第211—212页。
② 杨绛：《回忆我的父亲》，见《杨绛作品集》（第二卷），北京：中国社会科学出版社，1993年10月第1版，第75页。

不过，在杨绛看来，"无论中医西医，都归功于我母亲的护理。那年的除夕，我父亲病骨支离，勉强能下床行走几步。他一手扶杖，一手按着我的头，慢慢儿走到家人团坐的饭桌边。椅里垫上一条厚被，父亲象征性地和我们同吃了年夜饭"。

对此，杨绛不无感慨地说："我常想，假如我父亲竟一病不起，我如有亲戚哀怜，照应我读几年书，也许可以做个小学教员。不然，我大概只好去做女工，无锡多的是工厂。"生离死别，人间沧桑，不禁使杨绛产生一种世事如烟的感喟。

杨荫杭病愈后，想另换房子租住。有一位亲友为他介绍了一处，杨绛父母去看房子也带了杨绛同去。那所房子正是钱锺书家租居的流芳声巷朱氏宅的旧屋。那是杨绛第一次到钱家，不过，没有遇见钱锺书。

后来，杨绛向钱锺书谈起："我记不起那次看见了什么样的房子或遇见了什么人，只记得门口下车的地方很空旷，有两棵大树；很高的白粉墙，粉墙高处有一个个砌着镂空花的方窗洞。锺书说我记忆不错，还补充说，门前有个大照墙，照墙后有一条河从门前流过。"

六

一九二〇年，杨绛随父母迁居上海，她和三姐跟随大姐同在上海启明女校读书，寄宿在校。老家仍在无锡，在上海租赁两上两下一处弄堂房子。在上海期间，杨绛的母亲生下了她最小的妹妹杨必。

这里摘录的内容是杨绛在二〇〇二年三月二十三日定稿的《我在启明上学》中的片段，从中可以见出其与《我们仨》一脉相承的委婉的叙述风格——

我十岁，自以为是大人了。其实，我实足年龄是八岁半。那是一九二〇年的二月间，我大姐姐打算等到春季开学，带我三姐到上海启明去上学。大姐姐也愿意带我。那时候我家在无锡，爸爸重病刚脱险，还在病中。

我爸爸向来认为启明教学好，管束严，能为学生打好中文、外文基础，所以我的二姑妈、堂姐、大姐、二姐都是爸爸送往启明上学的。一九二〇年二月间，还在寒假期内，我大姐早已毕业，在教书了。我大姐大我十二岁，三姐大我五岁。（大我八岁的二姐是三年前在启明上学时期得病去世的。)

妈妈心上放不下我,我却又不肯再回大王庙小学,所以妈妈让我自己做主。

妈妈特地为我找出一只小箱子。晚饭后,妈妈说:"阿季,你的箱子有了,来拿。"无锡人家那个年代还没有电灯,都点洋油灯。妈妈叫我去领箱子的房间里,连洋油灯也没有,只有旁边屋间透过来的一星光亮。

妈妈再次问我:"你打定主意了?"

我说:"打定了。"

"你是愿意去?"

"嗯,我愿意去。"我嘴里说,眼泪簌簌地直流,流得满面是泪。幸好在那间昏暗的屋里,我没让妈妈看见。我以前从不悄悄流泪,只会哇哇地哭。这回到上海去上学,就得离开妈妈了。而且这一去,要到暑假才能回家。

我自己整理了小箱子。临走,妈妈给我一枚崭新的银圆。我从未有过属于我个人的钱,平时只问妈妈要几个铜板买东西。这枚银圆是临走妈妈给的,带着妈妈的心意呢。我把银圆藏在贴身衬衣的左边口袋里。大姐给我一块细麻纱手绢儿,上面有一圈红花,很美。我舍不得用,叠成一小方,和银圆藏在一起做伴儿。这个左口袋是我的宝库,右口袋随便使用。每次换衬衣,我总留心把这两件宝贝带在贴身。直到天气转暖穿单衣的时候,才把那枚银圆交大姐收藏,已被我捂得又暖又亮了。花手绢曾应急擦过眼泪,成了家常用品。

启明女校原先称"女塾",是有名的洋学堂。我一到启明,觉得这学校好神气呀,心里不断地向大王庙小学里的女伴们卖弄:"我们的一间英文课堂(习外语学生的自修室)比整个大王庙小学还大!我们教室前的长走廊好长啊,从东头到西头要经过十几间教室呢!长廊是花瓷砖铺成的。长廊下面是个大花园。教室后面有好大一片空地,有大树,有草地,环抱着这片空地,还有一条很宽的长走廊,直通到'雨中操场'。空地上还有秋千架,还有跷跷板……我们白天在楼下上课,晚上在楼上睡觉,二层楼上还有三层……"

可是不久我便融入我的新世界,把大王庙抛在九霄云外了。

我的新世界什么都新奇,用的语言更是奇怪。刚开学,老学生回校了,只听得一片声的"望望姆姆"。这就等于说:"姆姆,您好!"(修女称"姆姆")管教我们的都是修女。学校每月放假一天,住在本地的学生可由家人接回家去。这个假日称为"月头礼拜"。其余的每个星期日,我们穿上校服,戴上校徽,排成一队一队,各由姆姆带领,到郊野或私家花园游玩。这叫作"跑路"。学绘画得另交学费,学的是油画、炭画、水彩画,由受过专门教育的姆姆教。而绘画叫作"描花"。弹钢琴也土里土气地叫作"掐琴"。每次吃完早饭、午饭、点心、晚饭之后,学生不准留在课堂里,都得在教室楼前或楼后各处游玩散步,这叫"散心"。吃饭不准说话;如逢节日,吃饭时准许说话,叫作"散心吃饭"。孩子不乖叫作"没志气",淘气的小孩称"小鬼"或"小魔鬼"。自修时要上厕所,先得"问准许"。自修室的教台上有姆姆监守。"问准许"就是向监守的姆姆说一声"小间去"或"去一去",姆姆点头,我们才许出去。但监守的姆姆往往是外国姆姆,她自己在看书呢,往往眼睛也不抬就点头了。我有时"问准许"小声说:"我出去玩玩",姆姆也点头。那"小间去"或"去一去",往往是溜出去玩的借口。只要避免几个人同时"问准许",互相错开些,几个小鬼就可以在后面大院里偷玩……

已故复旦大学教授朱维铮先生曾称:"因为出了徐光启,由人杰而地灵,徐家汇也越来越成为近代中西文化交流过程的首处空间中心。"(参见朱维铮为《历史上的徐家汇》一书所作序言)李天纲教授亦将徐家汇称为上海的"拉丁区","是上海,乃至全中国近代文化的重要发源地"。如此看来,徐家汇各种文化事业的影响已突破了其宗教性,而成为上海近代文化形成的重要组成部分,进而为近代中国社会注入某种具有"先进性"因素。

徐家汇是当代上海城市生活中的重要"商圈",也是一个拥有丰富历史文化资源的文化空间。因而,该区域在承担商业功能的同时,也被建设成为重要的文化旅游集中地"徐家汇源"。徐家汇如此密集的历史文化资源从何而来,又与近代上海的发展有何关系,成为每一个来此游览之人应思考的首要问题。

作为中国文化名人,杨绛从孩提时代便与徐家汇这块风尚之地结缘,留下美好佳话。

启明女校是所教会学校,由徐家汇天主教创办于一九〇四年。与崇德女校同属天主教拯亡会,是当时的"贵族学校"——启明女校所招收的学生多为富商大员家的千金，比如：沪上大亨张啸林之女、犹太人哈同的孙女罗舜华、正广和汽水公司老板女儿徐瑞珠、丁香花园张静江的孙女等。

启明女校的校址，在徐家汇天钥桥路100号南圣母院，当时启明女校的校务均由圣母院院长监理，一般事务由中国嬷嬷担任。学校历任校长均为外籍修女，直至一九三七年才由中国嬷嬷周璀出任启明女校校长。一九五一年，启明女校由上海市人民政府接管，并与徐汇女中合并，改名为汇明女子中学，一九五二年十二月改为上海市第四女子中学。"文化大革命"开始，和所有女中一样招收男生。

历史留下来的细节还是那么优美。

杨绛在启明女校上学时，杨荫杭应邀在上海申报馆当主笔，她曾去位于汉口路的申报馆看望父亲。

按启明女校的规矩，每月的第一个星期日，称"月头礼拜"，住本市的学生放假回家。到了"月头礼拜"，住本市的学生都由家人接回家去。她们都换上好看的衣服，开开心心地回家。留校的小鬼没几个，留校的杨绛她们真是有说不出的难受。管饭堂的姆姆知道她们不好过，把饭堂里吃点心剩余的半蒲包"乌龟糖"（一种水果糖）送给她们解闷。可是糖也安慰不了她们心上的苦，直吃得舌头厚了，嘴里也发酸了。直到回家的同学一批批又回学校，她们才恢复正常。

大约又过了几个"月头礼拜"，杨绛的大姐姐有一天忽然对她说，要带她和三姐到一个地方去。她把杨绛的衣袖、裤腿拉得特整齐。

杨绛跟着两个姐姐第一次走出长廊，走出校门，乘电车到了一个地方，又走了一段路。

大姐姐说："这里是申报馆，我们是去看爸爸！"

到了申报馆，杨荫杭招呼女儿坐下。杨绛坐在挨爸爸最近的藤椅里，听姐姐和爸爸说话。

后来，杨荫杭说："今天带你们去吃大菜。"

杨绛只知道"吃大菜"就是挨剋①，不是真的吃菜，真的大菜杨绛从没吃过，她生怕用不好刀叉。杨荫杭看出她的心事，安慰她说："你坐在爸爸对面，看爸爸怎么吃，你就怎么吃。"

---

① 方言，被批评。

父女步行到上海西藏路附近的青年会去,一路上,杨绛握着爸爸的两个指头,走在两个姐姐后面。她爸爸穿的是哔叽长衫,她的小手盖在他的袖管里。他们走不多远就到了青年会。爸爸带她们进了西餐室,找了靠窗的桌子,杨绛背窗坐在爸爸对面,两个姐姐打横。杨绛生平第一次用刀叉吃饭,像猴儿似的学着爸爸吃。不过,她还是吃错了。她不知道吃汤是一口气吃完的。她吃吃停停。伺候的人想撤她的汤,她又吃汤了。

杨荫杭轻声对杨绛说:"吃不下的汤,可以剩下。"

回家路上,爸爸和姐姐都笑杨绛吃汤。爸爸问她什么最好吃。杨绛太专心用刀叉,没心思品尝,只觉得味道都有点怪,只有冰激凌好吃。她们回到申报馆,爸爸带她们上楼到屋顶花园歇了会儿,杨绛就跟着两个姐姐回校了。

据杨绛后来回忆,她父亲杨荫杭在上海申报馆当记者时的同事,有张仲仁、包天笑等人。包天笑是苏州人,口才敏捷,曾写过《人间地狱》,在《申报》上连载。包天笑为人幽默,他还给一位记者同事起绰号"猢狲精"。这一群记者,晚饭后不得睡觉,需等候各地发来的消息。半夜十二点后,各地消息一一发来,他们编成新闻,登报发行。

当时,杨绛的妹妹阿必见门房送进名片,听父亲杨荫杭说,"猢狲精"来了,觉得很好玩,就独自跑到长廊尽头、爸爸接见来客的"书房"门外看看"猢狲精"。杨绛问她看见"猢狲精"了吗?她很失望,来的不是什么妖精,只是一位客人,连尾巴都没有。杨绛等几个姊妹从不出见父亲的客人,但阿必还小,出于好奇心,可以出见客人。

这一群记者,自然而然成了密友。有一次,他们同游动物园(当时叫"万牲院"),他们从"禽鸟馆"出来,被一群鸟儿的叫声叫得心烦,一人忽然发现"猢狲精"不见了。"猢狲精"走在最前面,忙说:"在这儿呢!"他自己承认他是"猢狲精",因为他双目炯炯有神,特别神气。

杨绛成年后,曾在上海做过校长,那时,她说:"我要去看'猢狲精',他是苏州振华女校的校董。"

后来,杨绛的女儿钱瑗说:"我也要看看'猢狲精'!"

钱瑗去看了"猢狲精",结果很失望:因为他非但没有尾巴,双目也不复炯炯有神了。

这位外号"猢狲精"的申报馆记者,究竟是谁呢?杨绛一直在卖关子,她后来揭晓谜底:"伊何人?伊何人?袁世凯机要秘书张一麐之胞弟,张可之父,王元化之丈人张一鹏也。"①

杨荫杭当时又重操律师旧业。他认为，这个世界上只有两种职业可做，一是医生，二是律师。他不能做医生，只好当律师。

但是律师职业的风险远比医生高，面对黑暗的社会，律师要依法伸张正义，谈何容易。杨荫杭嫌上海社会太复杂，决计到苏州定居。

由于租赁的房子只能暂时安身，而执行律师业务则需要有个事务所，所以杨家急需房子，此时有一所名为"安徐堂"的大房子待售，便买下了。

这所房子还是明朝的建筑，都快倒塌了，里面有一间很高大的厅已经破落不堪，被当地人称为"一文厅"。

这"一文厅"颇有来历：据说明代大阉竖魏忠贤当道横行，有人奏称"五城造反"，苏州城是其中之一。有个"徐大老爷"把"五城"改为"五人"，保护了苏州的平民百姓。"一文厅"便是苏州人为感谢这位"徐大老爷"而建造的，一人一文钱，顷刻募足了款子，所以称为"一文厅"。

杨荫杭以一大笔人寿保险费买下了这座没人要的破宅院，修葺了一部分，拆掉许多破的小房子，扩大了后园，添种了花木，修建的费用是他做律师的收入。

其实，杨荫杭是反对置买家产的，买"安徐堂"，实在出于无奈。他反对置买家产不仅是图省事，他还有一套原则：对本人来说，经营家产耗费精力，甚至把自己降为家产的奴隶；对子女来说，家产是个大害。他常说，某家少爷假如没有家产，可以有所作为，现成可"吃家当"，使他成了废物，也使他不图上进。杨荫杭对杨绛等人明明白白地说过："我的子女没有遗产，我只教育他们能够自立。"

杨荫杭还教育他的子女要"有志气"，树立雄伟大志，杨绛在中学的时候，还听她父亲讲到同乡一位姓陆的朋友有两个在交通大学读书的儿子，"那两个孩子倒是有志气的，逃出去做了共产党"。（据杨绛后来回忆，这两人就是无锡老乡陆定一兄弟。）②

杨荫杭还提倡自食其力，不能不劳而获，杨荫杭的主张与中华文明中的隐忍、宽容、牺牲、仁爱等正面价值相吻合，这些都对孩子的心灵塑造产生积极

---

① 杨绛：《狮猁精》，《文汇报》，2017年5月25日。
② 杨绛：《回忆我的父亲》，见《杨绛作品集》（第二卷），北京：中国社会科学出版社，1993年10月第1版，第80页。

影响。

杨绛家搬入"安徐堂"后,修葺了一套较好的房子,前前后后的破房子还没拆尽,阴湿的院子里,只要掀起一块砖,砖下密密麻麻的到处都是鼻涕虫(软体动物,像没壳的蜗牛而较肥大)和蜘蛛。杨荫杭要孩子干活儿,悬下赏格,鼻涕虫一个铜板一个,小蜘蛛一个铜板三个,大蜘蛛三个铜板一个。

在杨绛看来,这种"劳动教育"其实是美国式的鼓励孩子赚钱,而不是教育"劳动光荣"。杨绛周末回家,发现她的弟弟妹妹,连因病休学在家的三姐都在"赚钱",小弟弟捉得最多。

唐须嫈对她的丈夫说:"不好了,你把'老小'教育得唯利是图了。"

可是这种"物质刺激"很有效,不多久,弟弟妹妹把鼻涕虫和蜘蛛都捉尽了。唐须嫈对这帮"唯利是图"的孩子也有办法,钱都存在她手里,十几元也罢,几十元也罢,过些时候,"存户"忘了讨账,"银行"也忘了付款,糊涂账渐渐化为乌有,就像他们历年的压岁钱一样。因为孩子们不必有私产,需钱的时候可以问自己的母亲要。

不过,杨绛对这种"赚钱"方法并不感兴趣,她像她的母亲一样对身外之物看得很淡漠。杨绛很明白:"假如我们对某一件东西非常艳羡,父亲常常也只说一句话:'世界上的好东西多着呢……'意思是:得你自己去争取。也许这又是一项'劳动教育',可是我觉得更像鼓吹'个人奋斗'。我私下的反应是,'天下的好东西多着呢,你能样样都有吗?'"她淡泊名利的性格,就是在家庭的熏陶下形成的。

在一般世俗之人看来,杨绛无疑是有钱人家的"大小姐",有用人使唤。但她却从不指手画脚,盛气凌人,对谁都客客气气。从这点又可看出她秉承了她母亲的性格。家里孩子多,她的母亲唐须嫈整天忙里忙外,好像从没有空暇的时候,而两个姑母"太自私也太自大了","家务事她们从不过问",对此,唐须嫈从不计较。遇到好吃的东西,也尽着人家先吃,自己只象征性吃一点。有一次,他们买了一大包烫手的糖炒栗子,她母亲吃什么都不热心,好的要留给别人吃,不好的她也不贪吃,可是对这东西却还爱吃。小孩们剥到软而润的,就偷偷儿揣在衣袋里。大家不约而同地"打偏手"①,不一会儿就把一大包栗子吃完了。二姑母并没在意,三姑母却精细,她说:"这么大一包呢,怎么一会儿就吃

---

① 意思是私下做手脚。

光了?"

对做家务,杨绛的三姑母更有一套道理。她说,如果自己动手抹两回桌子,她们(指女用人)就成了规矩,从此不给抹了。因此家里的用人总因为"姑太太难伺候"而辞去,所以杨家经常换人。这又给杨绛的母亲制造了麻烦。

杨绛对母爱的体验特别深:有一年冬天,"晚饭后,外面忽然刮起大风来。母亲说:'啊呀,阿季的新棉裤还没拿出来。'她叫人点上个洋灯,穿过后院到箱子间去开箱子。我在温暖的屋里,背灯站着,几乎要哭,却不懂自己为什么要哭。这也是我忘不了的'别是一般滋味'"。[①]唐须嫈对所有孩子,都很疼爱,和颜悦色,从不横言厉色。

终日忙忙碌碌的唐须嫈是一位很有知识素养的女性,她难得有闲静静地坐在屋里,做一回针线,然后从搁针线活儿的藤匾里拿一卷《缀白裘》,边看边笑,得以消遣一会儿。她每晚临睡爱看看《石头记》或《聊斋志异》之类的小说,她也看些新小说。一次,她看了几页绿漪女士写的《绿天》,说道:"这个人也学着苏梅的调儿。"

杨绛告诉母亲:"她就是苏梅呀。"她很佩服母亲能从许多女作家里辨别出"苏梅的调儿"。

上小学期间,杨绛放学回家后,做完功课,就依偎在父母的身边,她跟着父亲的时候居多。父亲除非有客,或出庭辩护,一般上午总伏案写稿子,书案上常放着一沓裁得整整齐齐的竹帘纸充稿纸用,杨绛则常拣他写秃的长锋羊毫去练字。

每天清晨早饭后,杨绛给父亲泡上一碗酽酽[②]的盖碗茶。父亲饭后吃水果,她专司剥皮;吃风干栗子、山核桃等干果,她专司剥壳。中午饭后,吃点儿点心,然后,孩子们作"鸟兽散",让父亲歇午。

有时,杨荫杭叫住杨绛说:

"其实,我喜欢有人陪陪,只是别出声。"

所以,她常陪在父亲旁边看书。冬天时只有她父亲屋里生个火炉,孩子们用煨炭结子的手炉和脚炉。火炉里过一时就需添煤,杨绛到时候轻轻夹上一块添进去,姐姐和弟弟妹妹常佩服她加煤不出声……一幅其乐融融的和睦景象。

[①] 杨绛:《回忆我的父亲》,见《杨绛作品集》(第二卷),北京:中国社会科学出版社,1993年10月第1版,第85页。

[②] 形容茶醇、浓、香。

七

从十二岁入学振华女校，到二十一岁离开东吴大学，杨绛人生中最求知若渴的"青葱"年代，都是在苏州度过的。

振华女中是苏州市第十中学的前身。定居苏州的时候，杨绛开始念中学，进的就是振华女校，正好十六岁，由于她长得小巧，看上去只有十三四岁。

那时北伐战争正在进行，学生运动很多，常常要游行、开群众大会等。有一次，学生会要各校学生上街游行搞宣传，拿一只板凳，站在上面向过路群众演讲，呼吁革命。

杨绛也被推选去搞宣传，这次她不想参加，原因很简单，不是杨绛落后，而是"当时苏州风气闭塞，街上的轻薄人很会欺负女孩子"。学校有规定，只要说是"家里不赞成"，把责任推给家里，就能豁免一切开会、游行、当代表等。杨绛周末回家就向父亲求救，问能不能也说"家里不赞成"。

杨荫杭一口拒绝，他还说："你不肯，就别去，不用借爸爸来挡。"

杨绛说："不行啊，少数得服从多数呀。"

杨荫杭说："该服从的就服从；你有理，也可以说。去不去由你。"

杨荫杭特地向杨绛讲了他自己的经历：他当江苏省高等审判厅厅长的时候，张勋不知打败了哪位军阀胜利入京。江苏绅士联名登报拥戴欢迎。他的属下擅自把他的名字也列入其中，以为名字既已见报，杨荫杭即使不愿也只好作罢。可是，他却说"名器不可以假人"，立即在报上登上一条大字的启事，申明自己没有欢迎。杨荫杭就是这样，被别人认为"不通世故"。

说完自己的故事，杨荫杭对杨绛说："你知道林肯说的一句话吗？ Dare to say no！"（敢于说不！）

"敢！"杨绛苦着脸说。

第二天，杨绛到学校也不说什么，只坚持"我不赞成，我不去"。这当然成了"岂有此理"。事实证明，杨绛的"岂有此理"变成了"很有道理"。因为女同学上街演讲，确有心怀鬼胎的军人对她们非礼。

由此可见，杨绛对政治不感兴趣，由来已久。

杨荫杭有个偏见，认为女孩子身体娇柔，不宜过分用功。据说和他同在美国留学的女同学个个短寿，都是因为用功过度，伤了身体。他常对杨绛说，他班上有个同学每门课都是一百分："他是个低能！"

杨绛是个聪颖机灵的女孩子，在中学时功课不错，但考试很少一百分，所以也就不怕父亲嘲笑。

杨荫杭的教育理念来自孔夫子的"大叩则大鸣，小叩则小鸣"。有时，他教杨绛什么"合口呼""撮口呼"之类，但从不强求她学他的一套。杨绛高中时还不会辨平仄声。杨荫杭说，不要紧，到时候自然会懂。有一天，杨绛果然四声都能分辨，父亲晚上踱过廊前，敲窗考她某字什么声。杨绛考对了，他笑；考错了，也笑。

杨荫杭这样顺其自然的育人办法，培养了杨绛广泛的兴趣和深厚的素养。杨绛从小喜欢文学，如果她对什么书表示出兴趣，父亲就把那本书放在她的桌上，有时她得爬扶梯到书橱顶层去拿；如果她长期不读，那部书就会不见了——这就等于谴责。父亲为她买的书多半是辞章小说，这些都是杨绛的最爱。

杨绛在振华女中时，校长是明代大学士王鏊的后代、毕生从事教育工作的留美博士王季玉女士。那时的校舍是苏州十全街的王家老宅，周围加盖了一片简陋的建筑。虽然条件简陋，但振华女中的教育理念非常先进，王季玉想方设法聘请名师来讲学。平时，校长老师与学生们相处时间很多，共同进餐，经常交流。振华女中提倡劳动，讲究自我治理。杨绛经常参加劳动，在校园里拔草、捡砖，这里培养了她独立生活的能力，形成了"清水芙蓉"般倔强和不服输的性格。

杨绛的同学有后来成为著名的社会学家的费孝通教授，杨、费两人不仅是中学同学，在东吴大学、清华大学研究院也是同学，交情笃深。晚年，费孝通因病住院，杨绛前去看望。在旁的医生，听说他们俩的这段同学情缘，惊叹说："有缘，有缘。"这可以看作是一段文坛佳话。

杨绛从苏州振华女中一九二八年毕业。如今校园西北角的梅岭上，有一座己巳亭，这是当年毕业时杨绛全班送给学校的礼物。毕业生给母校留下纪念物，就是从杨绛这一届开始的。

一九九八年，杨绛发表了一篇题为《记章太炎先生谈掌故》的散文，谈的就是她在苏州上中学的一段经历。

> 大约是一九二六年，我上高中一二年级的暑假期间，我校教务长王佩诤先生办了一个"平旦学社"，每星期邀请名人讲学。对章太炎先生谈掌故一事，至今记忆犹新。

王佩诤先生事先吩咐我说:"季康,你做记录啊。"我以为做记录就是做笔记。听大学者讲学,当然得做笔记,我一口答应。

会场是苏州青年会大礼堂。会场已座无虚席,沿墙和座间添置的板凳上挨挨挤挤坐满了人。我看见一处人头稍稀,正待挤去,忽有办事人员招呼我,叫我上台。我的座位在台上。

章太炎先生正站在台上谈他的掌故。我没想到做记录要上台,有点胆怯,尤其是迟到了不好意思。我上台坐在记录席上,章太炎先生诧异地看了我一眼,又继续讲他的掌故。我看见自己的小桌子上有砚台,有一沓毛边纸,一支毛笔。章太炎先生谈掌故,不知是什么时候,也不知谈的是何人何事。别说他那一口杭州官话我听不懂,即使他说的是我家乡话,我也一句不懂。掌故岂是人人能懂的!国文课上老师讲课文上的典故,我若能好好听,就够我学习的了。上课不好好听讲,倒赶来听章太炎先生谈掌故!真是典型的名人崇拜,也该说是无识学子的势利眼吧。

我拿起笔又放下。听不懂,怎么记?坐在记录席上不会记,怎么办?假装着乱写吧,交卷时怎么交代?况且乱写写也得写得很快才像。冒充张天师画符吧,我又从没画过符。连连地画圈圈、竖杠杠,难免给台下人识破。罢了,还是老老实实吧。我放下笔,干脆不记,且悉心听讲。

我专心一意地听,还是一句不懂。我只好光睁着眼睛看章太炎先生谈——使劲地看,恨不得一眼把他讲的话都看到眼里,这样把他的掌故记住。

我挨章太炎先生最近。看,倒是看得仔细,也许可说,全场唯我看得最清楚。

他个子小小的,穿一件半旧的藕色绸长衫,狭长脸儿,脸色苍白。戴一副老式眼镜,据说一个人的全神注视会使对方发痒,大概我的全神注视使他脸上痒痒了。他一面讲,一面频频转脸看我。我当时十五六岁,少女打扮,梳一条又粗又短的辫子,穿件淡湖色纱衫,白夏布长裤,白鞋白袜。这么一个十足的中学生,高高地坐在记录席上,呆呆地一字不记,确是个怪东西。

可是我只能那么傻坐着,假装听讲。我只敢看章太炎先生,不敢向下看。台下的人当然能看见我,想必正在看我。我如坐针毡,却只能安详地坐着不动。1小时足有10小时长。好不容易掌故谈完,办事人员来收了我的白卷,叫我别走,还有个招待会呢。我不知自己算是主人还是客人,趁主人们忙着斟茶待客,我"夹着尾巴逃跑了"。

第二天苏州报上登载一则新闻,说章太炎先生谈掌故,有个女孩子上台记录,却一字没记。

我出的洋相上了报,同学都知道了。开学后,国文班上大家把我出丑的事当笑谈。我的国文老师马先生点着我说:"杨季康,你真笨!你不能装样儿写写吗?"我只好服笨。装样儿写写我又没演习过,敢在台上尝试吗?好在报上只说我一字未记,没说我一句也听不懂。我原是去听讲的,没想到我却是高高地坐在讲台上,看章太炎先生谈掌故。①

杨绛晚年撰写的这篇《记章太炎先生谈掌故》,写得身临其境,栩栩如生,其真实性大可商榷。曾有论者中肯地指出:"杨绛先生的回忆,很多事情串了,即使是自己的事,虽然说得生动形象,也并不准确。"②如记她坐在记录席上听不懂章太炎讲学事:"第二天苏州报上登载一则新闻,说章太炎先生谈掌故,有个女孩子上台记录,却一字没记。"而按一九二六年六月一日苏州《星报》吴闻天《章太炎来苏矣》,"司记录者男子为王佩净、尤符赤、王承龙,女子则陈金蕴奇、冯植芸也",亦无"一字没记"的"新闻"(详见黄恽《章太炎的苏州演讲与杨绛的记忆》)。③杨绛"至今记忆犹新"的"记忆",就是钱锺书常说的"我们在创作中,想象力常常贫薄可怜,而一到回忆时,不论是几天还是几十年前、是自己还是旁人的事,想象力忽然丰富得可惊可喜以至可怕"的"创造性记忆"。④

吴学昭的《听杨绛谈往事》说到杨绛肤色白皙:"阿季天生的脸色姣好,皮肤白是白,红是红,双颊白里透红,嘴唇像点了唇膏似的鲜亮。"⑤杨绛的白皙,居然还被记者关注到,写进报道,载入《申报》。

一九三〇年五月十一日,《申报》上海版第11页,有一篇苏州女子运动会的报道,其中一节是《会场花絮》:

---

① 杨绛:《记章太炎先生谈掌故》,《作家文摘》,1998年12月23日。
② 黄恽:《章太炎的苏州演讲与杨绛的记忆》,《南方周末》,2018年2月1日。
③ 黄恽:《章太炎的苏州演讲与杨绛的记忆》,《南方周末》,2018年2月1日。
④ 范旭仑:《杨绛的记忆力》,《南方都市报》,2018年8月30日。
⑤ 吴学昭:《听杨绛谈往事》,北京:生活·读书·新知三联书店,2016年6月第1版,第54页。

肉腿比赛分黑白

开幕之前，举行运动员与职员总摄影。东吴、成烈女生完全裸跣及袴，其前日之穿灯笼裤，已略改前态。摄影时，并坐场地，酷似一肉腿比赛会。其间以东吴杨季康之腿最白，成烈陈临珠之腿最黑。盖前日预赛时，一斛计创口未愈也。

这里的"东吴"是东吴大学，"成烈"是成烈体育学校。苏州这则报道，虽不无轻薄之嫌，但也不可苛责，因为是花絮，自然不免琐屑以调节气氛。

二十世纪三十年代初，女性很少露臂露腿，要在大庭广众看光臂裸腿，只有运动会了。因此，也怪不得记者不放过这样的时机，顺便涉笔成趣了。这记者居然叫得出学生的名字，可见杨绛当年在苏州城仕女中有点名头，颇受关注。

杨绛在东吴大学，还有一件捐助东北义军之事，被《申报》报道，见一九三二年十月十日《申报》上海版《捐助东北义军昨讯》，杨季康捐洋五元。据报道，东吴大学学生捐助大略有这么几等，十元、五元、三元、一元，则五元算家庭经济中上者。①

杨绛的中学生活，就是在这样无忧无虑的环境中度过的，沐浴着父母的关爱，渐渐地长大成熟。

---

① 黄恽：《杨绛先生百年——〈振华校友〉卅周年纪念特刊中的杨绛》，见氏著《钱杨摭拾：钱锺书、杨绛及其他》，北京：东方出版社，2017年4月第1版，第205页。

第二章　大学时代

一

一九二八年夏，杨绛准备报考大学。这时，清华大学刚开始招收女生，当年不到南方来招生。于是，杨绛只好就近考入苏州的东吴大学（江苏师范学院、苏州大学的前身）。

在苏州大学档案馆，还保存着《东吴校刊》，里面有关于杨绛入学情况的记录。杨绛，原名杨季康。一九二八年秋天，杨绛考入东吴大学，入文理学院政治系。

杨绛进入东吴大学时，女生宿舍尚未建好，女生也不多，所以住在一座小洋楼里，这原是一位美国教授的住宅。东吴大学是一所教会办的学校，它的住宿条件在当时来看，是相当优越的。杨绛介绍说：

> 我第一年住在楼上朝南的大房间里，四五人住一屋。第二年的下学期，我分配得一间小房间，只住两人。同屋是我中学的同班朋友，我称她淑姐。我们俩清清静静同住一屋，非常称心满意。
>
> 房间很小，在后楼梯的半中间，原是美国教授家男仆的卧室。窗朝东，房外花木丛密，窗纱上还爬着常青藤，所以屋里阴暗，不过很幽静。门在北面，对着后楼梯半中间的平台。房间里只有一桌两凳和两张小床。两床分开而平行着放：一张靠西墙，床头顶着南墙；一张在房间当中、门和窗之间，床头顶着靠门的北墙，这是我的床。
>
> 房间的门大概因为门框歪了，或是门歪了，关不上，得用力抬抬，才能关上。关不上却很方便：随手一带，门的下部就卡住了，一推或一拉就开；开门、关门都毫无声息。钥匙洞里插着一把旧的铜钥匙。不过门既关不上，当然也锁不上，得先把门抬起关严，才能转动钥匙。我们睡觉从不

锁门，只把门带上就不怕吹开。①

大学期间，杨绛积极参加各种校内活动，演讲、体育、文学，无一不是兴趣所致。

当时的东吴大学除了注重知识灌输之外，还比较重视体育锻炼。一向文静的杨绛也参加体育活动。她刚进学校时，女生不多，在女子排球队里她得充当一员。课余练球有所长进后，杨绛参加了比赛。半个多世纪过去了，她仍记得："我们队第一次赛球是和邻校的球队，场地选用我母校的操场。大群男同学跟去助威。母校球场上看赛的都是我的老朋友。轮到我发球，我用尽力气，握着拳头击过一球，大是出人意料。全场欢呼，又是'啦啦'，又是拍手，又是喜笑叫喊，那个球乘着一股子狂喊乱叫的声势，竟威力无穷，砰一下落地不起，我得了一分（当然别想再有第二分）。"她还说，"当时两队正打个平局，增一分，而且带着那么热烈的威势，对方气馁，那场球赛竟是我们胜了。"②别小看这"一分"，这是关键的一分，靠这一分，杨绛所在的球队赢了。所以杨绛忍不住要说："至今我看到电视荧屏上的排球赛，想到我打过网去的一个球，忍不住悄悄地吹牛说：'我也得过一分！'"在东吴大学档案中，最引人注目的是杨绛参加学校篮球队和排球队的照片，照片中的她，留着短短的童花头，笑靥如花，充满朝气。当时的东吴大学除了注重知识外，还比较重视体育锻炼。东吴大学有很多运动队，每一个运动队都有一个福星，因为杨季康的脸长得圆圆胖胖，很有福相，被推选为球队的福星。同时被球队成员亲切地叫作"洋囡囡"。

杨绛在东吴大学上了一年学后，学校让他们分科（即分专业）。她的老师认为她有条件读理科，因为杨绛有点像她父亲嘲笑的"低能"，虽然不是每门功课一百分，却都平均发展，并不偏科。杨绛回想道："我在融洽而优裕的环境里生长，全不知世事。可是我很严肃认真地考虑自己'该'学什么。所谓'该'，指最有益于人，而我自己就不是白活了一辈子。我知道这个'该'是很夸大的，所以羞于解释。"

为选专业，杨绛颇踌躇，只好带着问题回家求教。

---

① 杨绛：《"遇仙"记》，见《杨绛作品集》（第二卷），北京：中国社会科学出版社，1993年10月第1版，第222页。

② 杨绛：《小吹牛》，见《杨绛作品集》（第二卷），北京：中国社会科学出版社，1993年10月第1版，第285页。

"我该学什么？"她问父亲。

杨荫杭回答："没什么该不该，最喜欢什么，就学什么。"

杨绛心里不踏实："只问自己的喜爱对吗？我喜欢文学，就学文学？爱读小说，就学小说？"

父亲开导她说："喜欢的就是性之所近，就是自己最相宜的。"有了父亲的这番话，杨绛内心释然，但她半信半疑，只怕是父亲纵容她。可是她终究不顾老师的惋惜和劝导，在文、理科之间选了文科。而当时东吴大学没有文学系，只有法预科和政治系。

杨绛欲选读法预科，打算做她父亲的帮手，并借此接触到社会上各式各样的人，积累经验，然后可以写小说。杨荫杭虽说任女儿自己选择，却竭力反对她学法律。他自己并不爱律师这个职业，就坚决不要女儿做帮手，况且她能帮他干什么呢？于是，杨绛只好改入政治学系。

虽说杨绛进了政治系，可她对政治学却毫无兴趣，只求得功课敷衍过去，课余时间都花在图书馆里博览群书。

东吴大学图书馆的藏书相当可观，中外文学名著很多。杨绛在这里养成了嗜书如命的习好，上课之余读了大量的书籍，包括小说特别是外国小说，她差不多都看了，渐渐了解到："最喜爱的学科并不就是最容易的。我在中学背熟的古文'天下一致而百虑，同归而殊途'还深印在脑里。我既不能当医生治病救人，又不配当政治家治国安民，我只能就自己性情所近的途径，尽我的一份力。如今我看到自己幼而无知，老而无成，当年却也曾那么严肃认真地要求自己，不禁愧汗自笑。不过这也足以证明：一个人没有经验，没有学问，没有天才，也会有要好向上的心——尽管有无成。"[1]

杨绛在东吴大学求学时，就是班上的笔杆子。一九三〇年，她以"含真"笔名发表在《东吴校刊》上的一篇文章《倒影》，足见她的文学功底和人文情怀。

翻译家朱雯是杨绛的大学同学，他的夫人罗洪[2]也是杨绛的老朋友。罗洪是

---

[1] 引自缪克构：《罗洪：淡泊文坛八十秋》，《文汇报》，2009年1月5日。
[2] 罗洪，原名姚自珍，1910年11月19日生。1929年毕业于苏州女子师范学校后，任松江第一高级小学教师。抗日战争爆发后，经浙、赣、湘三省到达桂林，1939年1月回到上海。1944年春天前往安徽屯溪，直至抗战胜利才重返上海。曾为《正言报》编辑副刊《草原》与《读书生活》，1947年辞职后，任中国新闻专科学校教师。1950年在上海南洋模范中学及徐汇女中任教。1953年秋开始，到上海作家协会的《文艺月报》《上海文学》担任编辑直至退休。

女作家，她回忆说："杨绛和阿拉的老先生（朱雯）是同学，她在东吴大学也读过书的。杨绛读了两年①到北京去读清华大学了，后来和钱锺书认识、结婚。钱锺书在上海也待过一段时间……我要想想看……我们在上海联系过，钱锺书的爸爸钱基博在苏州，蛮有名的，他去看他爸爸，在上海待过。钱锺书这个人待人倒是很热情，我们后来去北京总归会去看望他们，知道他们夫妇俩都忙，坐的时间都不长。钱锺书待人非常热络，杨绛是很少讲话的。他们住在三里河的房子，书房很小，里面都是书。钱锺书看我们来了很开心，话也讲得很多，阿拉就听他讲。钱锺书的著作当时有很多已经发表，当然还有很多未发表。钱锺书写起东西来快得不得了，（很多手稿）杨绛要帮他整理。"

外语在这所教会大学本来就十分受重视，加上杨绛在这里阅读了大量原版政法书和文学书，外语水平日益长进。后来，她还试着学翻译，在她成为文学翻译家之前，她就翻译过不少英文的政治学论文。

杨绛非常恋家，并不贪玩却贪看书，回家还帮助父亲做些事情。有一次，杨荫杭问她："阿季，三天不让你看书，你怎么样？"

"不好过。"杨绛说。

"一星期不让你看书呢？"

"一星期都白过了。"

杨荫杭笑道："我也这样。"

杨绛觉得父女两人心同此感，自己好像成了父亲的朋友。她非常珍视这种深深的相知与亲情，她父亲每次买了好版子的旧书，自己把卷曲或破损的书角补好，叫杨绛用顸②的白丝线双线重订。他爱整齐，双线只许平行，不许交叉，结子也不准外露。有时，父亲忙的时候，状子多，书记来不及抄，杨绛就帮着父亲抄写。有时杨绛的三姑母杨荫榆也来找她的"差"，杨绛半世纪后捉笔回忆："她在一个中学教英文和数学，同时好像在创办一个中学叫'二乐'，我不大清楚。我假期回家，她就抓我替她改大叠的考卷；瞧我改得快，就说，'到底年轻人做事快'，每学期的考卷都叫我改。她嫌理发店脏，又抓我给她理发。父亲常悄悄对我说：'你的好买卖来了。'三姑母知道父亲袒护我，就越发不喜

---

① 此文应为朱雯记忆有误。
② 形容线粗。

我，我也越发不喜欢她。"[①]杨绛在东吴大学读三年级的时候，她的母校振华女中的校长为她申请到美国韦尔斯利女子大学的奖学金。根据章程，除自备路费之外，每年还需两倍于学费的钱，作为日常的零用。但是，那位校长告诉她，用不了那么多。杨绛父母对她说，如果愿意，可以去。可是，她自己出于以下的考虑，谢绝了留学的申请：一是不忍增添家庭的负担；二是她对留学自有一套看法，与其到美国去读政治学，还不如在本国较好的大学里攻读文学。

杨绛告诉父母自己不想出国读政治学，只想考研究院攻读文学。后来，她果然"曲线"迂回来到清华大学读书，父母当然都很高兴。

一九三二年早春，东吴大学因风潮停课，二十一周岁的杨绛北上借读于燕京大学。同行的有好友孙令衔、徐献瑜、沈福彩和周芬四人，当时大家都到燕京大学，准备一起入学。一年以后，杨绛又前往清华当借读生。

二

清华大学的前身，是二十世纪之初用美国退还的"庚子赔款"余额所创办的一所留美预备学校。初建时名为"清华学堂"，因校址设立在清室遗园清华园而得名。辛亥革命后，改名为"清华学校"。一九二五年，清华增设大学部。一九二八年夏，正式改为国立大学，翌年开办研究院。据《清华人文学科年谱》云："研究院按照大学所设学系分别设立研究所，其主任由系主任兼任之。"[②]

清华研究院的外国语文学部，其实与外文系是一套班子、两块牌子。当时，教授有十余人：王文显、吴宓、朱传霖、陈福田、黄中定、黄学勤、张杰民、楼光来、温德（R. Winter）、吴可读（A. L. Pollard）、施美士（E. K. Smith）、毕莲（A. M. Bille）、翟孟生（R. D. Jameson）、谭唐（G. H. Danton）、谭唐夫人（A. P. Danton）等。主任由王文显兼任。学部的课由各教授开设，研究生选修研习。

在清华大学外国语文学系毕业的学生中，有不少后来从事剧本创作和演剧活动者，其中不乏杰出的话剧人才，如洪深（留美预备部时的学生）、陈铨、陈

[①] 杨绛：《回忆我的姑母》，见《杨绛作品集》（第二卷），北京：中国社会科学出版社，1993年10月第1版，第125页。

[②] 李洪岩、范旭仑：《为钱锺书声辩》，天津：百花文艺出版社，2000年1月第1版，第140页；齐家莹：《清华人文学科年谱》，北京：清华大学出版社，1999年1月第1版，第89页。

麟瑞①、李健吾、曹禺、张骏祥、杨绛等。这里要重点提一下给予他们很大影响的王文显先生。

王文显（1886—1968），是著名戏剧家，杨绛后来从事剧本创作，与他的影响是密不可分的。王文显，号力山，江苏昆山人。长期生活在英国，从小就由一位英国人抚养，在英国受教育，获伦敦大学学士学位，曾任中国驻欧洲财政委员、伦敦《中国报》编辑、英国报界公会会员。归国后在清华大学留美预备部任教，一九二一年暂兼代理校长，一九二二年四月改兼副校长，十二月奉部令免兼职。清华改为大学后任外文系教授兼系主任，开设"外国戏剧""戏剧专题研究""戏剧概要""莎士比亚研读""莎士比亚""近代戏剧"等课程。学生如上文提到的洪深、陈铨、陈麟瑞、李健吾、曹禺、张骏祥和杨绛，都是在听了王文显的课之后，受其影响，开始接触西洋戏剧，并在以后陆续走上戏剧之路的。

王文显在教书的同时，还从事戏剧创作，他先后写过《委曲求全》《皮货店》《北京政变》等剧本。王文显外语娴熟，特别是对西洋戏剧感悟独特，造诣颇深，听他的课无疑是一种享受。清华校友梁实秋这样说过："他的英文讲得太好了，不但纯熟流利，而且出言文雅，音色也好……听他叙述英国威尔逊教授如何考证莎士比亚的版本，头头是道，乃深知其于英国文学的知识之渊博。"②

杨绛除了听过王文显的课之外，还亲受吴宓等名家的教诲。吴宓在杨绛记忆的屏幕上是这样的：

> 我考入清华研究生院（引者按：应为研究院）在清华当研究生的时候，钱锺书已离开清华。我们经常通信。锺书偶有问题要向吴宓先生请教，因我选修吴先生的课，就央我转一封信或递个条子。我有时在课后传信，有时到他居住的西客厅去。
>
> 记得有一次我到西客厅，看见吴先生的书房门开着，他正低头来来回

---

① 陈麟瑞（1905—1969），又名石华父，号瑞成，新昌县城关人，柳亚子女婿（柳无非的丈夫）。毕业于清华学校，先后留学美国、英国、法国、德国。1922年回国后任上海暨南大学、复旦大学、光华大学、震旦女子文理学院教授、外文系主任、联合国国际劳工局中国分局主任秘书。长期从事翻译和戏剧创作。《上海抗战时期文学丛书》曾出版过他的剧本选集。选集中收集剧目有《职业妇女》《晚宴》《雁来红》。中华人民共和国成立后，任新华社上海英文部主任，《中国建设》副总编。是第四届全国政协委员。

② 梁实秋：《忆清华》，见鲁静等编《清华旧影》，北京：东方出版社，1998年12月第1版，第137页。

回踱步。我在门外等了一会儿,他也不觉得。我轻轻地敲敲门。他猛抬头,怔一怔,两食指抵住两太阳穴对我说:"对不起,我这时候脑袋里全是古人的名字。"这就是说,他叫不出我的名字了。他当然认识我。我递上条子略谈锺书近况,忙就走了。

钟书崇敬的老师,我当然倍加崇敬。但是我对吴宓先生崇敬的同时,觉得他是一位最可欺的老师。我听到同学说他"傻得可爱",我只觉得他老实得可怜。当时吴先生刚出版了他的《诗集》,同班同学借口研究典故,追问每一首诗的本事。有的他乐意说,有的不愿说。可是他像个不设防的城市,一攻就倒,问什么,说什么,连他意中人的小名儿都说出来。吴宓先生有个滑稽的表情。他自觉失言,就像顽童自知干了坏事那样,惶恐地伸伸舌头。他意中人的小名并不雅驯,她本人一定是不愿意别人知道的。吴先生说了出来,立即惶恐地伸伸舌头。我代吴先生不安,也代同班同学感到惭愧。作弄一个痴情的老实人是不应该的,尤其他是一位可敬的老师。

吴宓先生成了众口谈笑的话柄——他早已是众口谈笑的话柄。他老是受利用,被剥削,上当受骗。吴先生又不是糊涂人,当然能看到世道人心和他的理想并不一致。

可是他只感慨而已,他还是坚持自己一贯的为人。①

吴宓(1894—1978)是位老清华,陕西泾阳人。一九一六年毕业于清华学校,一九一七年赴美留学,先入弗吉尼亚大学英文系,一年后转入哈佛大学比较文学系,师从白璧德。一九二一年,获哈佛大学硕士学位。同年回国,任南京东南大学外文系教授。一九二五年,任清华国学研究院主任,并授"翻译术"课程。翌年,任清华大学外文系教授,先后讲授"古代文学史""西洋文学史分期研究""中西诗文比较""诗译""西洋文学概要""欧洲文学史""英国浪漫诗人""文学与人生"等课程。曾三度代理系主任。一九四九年到重庆,先后任重庆大学、西南师范大学教授。著有《欧洲文学史大纲》《吴宓诗集》《文学与人生》《吴宓日记》等。杨绛选修过吴宓的"中西诗文比较""翻译术"等课。他的"翻译术"课注重动手能力的培养,旨在提高学生的翻译水平,具有实践性和理论性的统一,在这里,杨绛奠定了从事文学翻译的基础。

---

① 杨绛:《吴宓先生与钱锺书》,《文汇报》,1998年5月14日。

清华大学研究院还鼓励研究生跨系选修课程。杨绛出于文学创作的需要，选修了中文系的写作课，授课老师是朱自清教授（1898—1948），杨绛的文学创作是从朱自清的课上开始的。

朱自清不但文学理论和文学批评的造诣很深，而且他的文学作品，特别是散文作品，在中国现代文学史上占有重要的地位，其一系列名作脍炙人口、家喻户晓。朱自清慧眼独具，发掘了杨绛身上文学创作的潜质。

写于一九三三年的《收脚印》，是杨绛的处女作，这篇作品收录于一九九四年出版的《杨绛散文》集中，杨绛在其《附记》中写道："这是我在朱自清先生班上的第一篇课卷，承朱先生称许，送给《大公报·文艺副刊》，成为我第一篇发表的写作。留志感念。"[1]杨绛的这篇《收脚印》，显示了她摆脱稚气后对生活、社会的感触，笔墨淡雅，意蕴深厚。我们不妨打开《杨绛散文》细细品味。

听说人死了，魂灵儿得把生前的脚印，都给收回去。为了这句话，不知流过多少冷汗。半夜梦醒，想到有鬼在窗外徘徊，汗毛都立起来。其实有什么可怕呢？怕一个孤独的幽魂？

假如收脚印，像拣鞋底那样，一只一只拣起了，放在口袋里，捎着回去，那么，匆忙的赶完工作，鬼魂就会离开人间。不过，怕不是那样容易。

每当夕阳西下，黄昏星闪闪发亮的时候；西山一抹浅绛，渐渐晕成橘红，晕成淡黄，晕成浅湖色……风是凉了，地上的影儿也淡了。幽僻处，树下，墙阴，影儿绰绰的，这就是鬼魂收脚印的时候了。

守着一颗颗星，先后睁开倦眼。看一弯淡月，浸透黄昏，流散着水银的光。听着草里虫声，凄凉的叫破了夜的岑寂。人静了，远近的窗里，闪着一星星灯火——于是，乘着晚风，悠悠荡荡在横的、直的、曲折的道路上，徘徊着，从错杂的脚印中，辨认着自己的遗迹。

这小径，曾和谁谈笑着并肩来往过？草还是一样的软，树阴还是幽深的遮盖着，也许树根小砖下，还压着往日襟边的残花。轻笑低语，难道还在草里回绕着么？弯下腰，凑上耳朵——只听得草虫声声的叫，露珠在月光下冷冷的闪烁，风是这样的冷。飘摇不定的转上小桥，淡月一梳，在水里瑟瑟的抖。水草懒懒的歌在岸旁，水底的星影像失眠的眼睛，无精打采

---

[1] 罗俞君选编：《杨绛散文》，杭州：浙江文艺出版社，1994年12月第1版，第12页。

的闭上又张开。树影阴森的倒映水面，只有一两只水虫的跳跃，点破水面，静静的晃荡出一两个圆纹。

层层叠叠的脚印，刻画着多少不同的心情。可是捉不住的已往，比星、比月亮都远，只能在水底见到些儿模糊的倒影，好像是很近很近的，可是又这样远啊！

远处飞来几声笑语。一抬头，那边窗里灯光下，晃荡着人影，啊！就这暗淡的几缕光线，隔绝着两个世界么？避着灯光，随着晚风，飘荡着移过重重脚印，风吹草动，沙沙的响，疑是自己的脚声，站定了细细一听，才凄惶的惊悟到自己不会再有脚声了。惆怅地回身四看，周围是夜的黑影，浓淡的黑影。风是冷的，星是冷的，月亮也是冷的，虫声更震抖着凄凉的调子。现在是暗夜里伶仃的孤魂，在衰草冷露间搜集往日的脚印。凄惶啊！惆怅啊！光亮的地方，是闪烁着人生的幻梦么？

灯灭了，人更静了。悄悄地滑过窗下，偷眼看看床，换了位置么？桌上的陈设，变了么？照相架里有自己的影儿么？没有……到处都没有自己的份儿了。就是朋友心里的印象，也淡到快要不可辨认了罢？端详着月光下安静的睡脸，守着，守着……希望她梦里记起自己，叫唤一声。

星儿稀了，月儿斜了。晨曦里，孤寂的幽灵带着他所收集的脚印，幽幽地消失了去。

第二天黄昏后，第三天黄昏后，一夜夜，一夜夜：朦胧的月夜，繁星的夜，雨丝风片的夜，乌云乱叠、狂风怒吼的夜……那没声的脚步，一次次涂抹着生前的脚印。直到那足迹渐渐模糊，渐渐黯淡、消失。于是在晨光未上的一个清早，风带着露水的潮润，在渴睡着的草丛落叶间，低低催唤。这时候，我们这幽魂，已经抹下了末几个脚印，停在路口，撇下他末一次的回顾。远近纵横的大路小路上，还有留剩的脚印么？还有依恋不舍的什么吗？这种依恋的心境，已经没有归着。以前为了留恋着的脚印，夜夜在星月下彷徨，现在只剩下无可流连的空虚，无所归着的忆念。记起的只是一点儿忆念。忆念着的什么，已经轻烟一般的消散了。悄悄长叹一声，好，脚印收完了，上阎王处注册罢。

整篇作品气息清新自然，出自身心不凡的杨绛之手。

年轻的杨绛是幸运的，时隔一年，一九三四年秋，朱自清又将杨绛的"第一次试作的短篇小说"《路路，不用愁！》推荐给《大公报》。在该报的《文艺副刊》上，这篇小说仍用原题，后改名为《璐璐，不用愁！》，后被林徽因选入《大公报丛刊小说选》一书。萧乾给杨绛寄了样书和稿酬，不过这时杨绛已经随丈夫钱锺书到英国留学。这篇小说取材于杨绛熟悉的大学生活，写了女主人公璐璐与两个男子小王、汤宓的感情纠葛。虽然两人最后都离开了璐璐，杨绛还是留下了一个充满希望的结局：璐璐的留学申请成功了，"璐璐笑着，轻轻舒了一口气"①。

三

杨绛在北京的大学生活中，发生了决定她一生命运的事情，这就是与钱锺书的相识与相恋。难怪她的母亲唐须嫈后来打趣说：

"阿季的脚上拴着月下老人的红丝呢，所以心心念念只想考清华。"②

初到清华，天生丽质的杨绛发现这里的女学生都很洋气，相形之下，自己不免显得朴素。但没有过多久，女同学便开始对她刮目相看了。

当时，清华大学里男生多，女生少，所以女生一般都有"美貌"之名，不愁无人追求。据说，当时杨绛与比她大四岁的"大姐"袁震（后成为吴晗夫人）同屋，两人结下很深的友谊。有一次，袁震因病在校医院住院，杨绛去看她，恰好赶上袁震原来的男朋友吴之椿也在。吴之椿给袁震带来了当时非常昂贵的水果橙子，让她一个人吃。袁震正要与吴之椿断绝来往，见杨绛进来，便切开一个橙子给她吃。杨绛知道那是袁震男朋友特意给她买的，便不想吃但又不好一味谢绝，便勉强吃了一点，袁震却要她全部吃完。杨绛觉得很窘迫，因为吴之椿就在一边看着她。可她不想让袁震不高兴，只好把橙子全都吃了。吴之椿走后，袁震便对杨绛说，她要让吴之椿明白，他不能支配自己的生活。

与杨绛同寝室的同学，还有幼年时的苏州好友蒋恩钿。杨绛曾作旧体诗《溪水四章寄恩钿塞外》，送给好友蒋恩钿和未婚夫钱锺书。杨绛入学前，蒋与袁已经是好朋友。后来，她们三人成为"密友"，而同屋另一位女同学却被排斥在外。再后来，袁震与吴之椿断绝了关系，梁方仲把吴晗介绍给袁震。三位密

---

① 见《杨绛作品集》（第一卷），北京：中国社会科学出版社，1993年10月第1版，第13页。
② 杨绛：《回忆我的父亲》，见《杨绛作品集》（第二卷），北京：中国社会科学出版社，1993年10月第1版，第93页。

友在一起议论吴晗，说吴晗有股"酱豆腐"般的迂腐劲①。杨绛大概也没少跟密友们谈论钱锺书。钱锺书、杨绛夫妇与吴晗、袁震夫妇的友谊一直保持到"文化大革命"前夕。

钱锺书（1910—1998）原名仰先，字哲良，后改字默存，号槐聚，曾用笔名中书君，中国现代著名学者、文学家。曾担任《毛泽东选集》英文版翻译小组成员，"文革"后任中国社会科学院副院长。钱锺书在中西文学研究、文化批评等领域成就斐然，推崇者甚至对他的成就冠以"钱学"之称。

杨绛初识钱锺书的时候，钱锺书已名满清华。一九二九年，十九岁的钱锺书报考清华外文系，中英文极佳，只是数学不及格。一般认为，校长罗家伦爱才，破格录取了他。

钱锺书这个被破格录取的故事广为流传，很多人深信不疑，较大程度上是因为这个说法来源于钱锺书自己的回忆。钱锺书是一九二九年被清华大学录取为一年级新生的，坊间流传的说法是在当年的入学考试中，他的数学只考了15分。钱锺书自己的回忆则是："我数学考得不及格，但国文及英文还可以。为此事，当时的校长罗家伦还特地召我至校长室谈话，蒙他特准而入学。我并向罗家伦弯腰鞠躬申谢。"

这种说法是否能够站得住脚呢？首先，钱锺书在回忆中并未提及自己的数学到底考了多少分。其次，已经有学者指出，通过一些清华校友的回忆印证，这种"破格"的说法似乎也很值得怀疑。

这里不妨考察一九二九年清华大学的招生制度，以及其录取标准是什么。就报考资格而言，一九二八年通过的《国立清华大学条例》规定，"国立清华大学本科学生入学资格，须在高级中学或同等学校毕业，经入学试验及格者"，清华的招生简章中则对这个问题规定得更为详细："投考生须具左列资格之一：公立高级中学或经立案之私立高级中学毕业；国立大学或经立案之私立大学预科毕业；同等学校（如六年制师范学校，惟以公立或私立经立案者为限）毕业。"

一九二九年，清华大学一年级新生录取标准如下：总分40分以上，包括国文、英文、算学（即数学，下同）三门。其中部分科目有最低分的限制："国文要求不低于45分，英文要求不低于45分，算学要求不低于5分即可。"因此，若

---

① 参考李洪岩：《钱锺书与近代学人》，天津：百花文艺出版社，1998年2月第1版，第47—48页。吴忠匡：《记钱锺书先生》，见李明生、王培元编《文化昆仑：钱锺书其人其事》，北京：人民文学出版社，1999年7月第1版，第45页。

钱锺书的数学成绩为15分，而国文、英文两科又十分优秀，显然符合清华对新生的录取标准，并不是"破格"。据他人回忆，钱锺书的成绩非但不需要被"破格"，而且排名较为靠前，在清华正式录取的174名男生中排名第57。而彼时的清华学生人数很少，师生关系融洽，老师单独指导学生，甚至一起用餐都十分常见。因而，即使罗家伦专门将钱锺书召至办公室，也并不能作为"破格"录取的证据。①

钱锺书入学后学业甚好，读书很多，在校园内名气很大，写起文章纵横捭阖，臧否人物毫不避讳，直抒胸臆。他在《清华周刊》发表不少文章，是清华出名的才子。他曾扬言要"扫遍清华图书馆"。坊间多有传闻，有一次，后来成为作家的吴组缃在清华园遇见钱锺书，就请他开三本英文黄书，钱锺书也不客气，拿过两张纸，刷刷写满正反两面，不但有书名，还包括作者姓名及内容特征，这让吴组缃和他旁边的曹禺大为拜服。

现在再来说杨绛与才气逼人的钱锺书相识在一九三二年春天的清华校园。

那天，春意盎然，清华园的丁香、紫藤盛开，幽香袭人。

杨绛去看望老同学孙令衔，孙令衔也要去看望表兄，这位表兄不是别人，正是钱锺书。

孙令衔带钱锺书来到古月堂门外。清华校规，男生不许进女生宿舍。杨绛回忆说："我刚从古月堂钻出来，便见到了他。"

杨绛在《记钱锺书与〈围城〉》中追述了自己对钱锺书的第一印象：初次见到他，只见他身着青布大褂，脚踏毛布底鞋，戴一副老式眼镜，满身儒雅气质。她后来还回忆道：

> 一九三二年三月在清华古月堂门口，我们第一次见面，觉得他眉宇间"蔚然而深秀"，瘦瘦的，书生模样。孙令衔告诉我，他表兄（钱锺书）已与叶恭绰的女儿叶崇范订婚。
>
> 叶小姐是启明学生，是我的先后同学。我常听到大姐寿康和后来又回启明上学的三姐闰康谈起她的淘气。姐姐们说，这位叶小姐皮肤不白，相貌不错，生性很大胆淘气；食量大，半打奶油蛋糕她一顿吃完，半打花旗橙子，她也一顿吃光。所以绰号"饭桶"（"崇范"二字倒过来）。

---

① 参见2019年9月2日《光明日报》史学版。

钱锺书见我后，曾写信给我，约在工字厅见面，想和我谈谈。他带我进客厅坐在一张大桌子边角上，斜对面。他要说清一个事实，孙令衔所说不实，他并未订婚。孙令衔和我一同走回燕京的路上，告诉我说：他告诉表兄，我是费孝通的女朋友。所以我说我也并非费孝通的女朋友。他说起身体不好，常失眠。我介绍他读 *Out witting Our Nerves*，我没有书，只介绍了作者和书名。后来他说他借到了，读了。他介绍我读 Henri Bergson 的 *Time and Free Will*。

我们只是互相介绍书，通信用英文。那时清华园内有邮筒，信投入邮筒，立刻送入宿舍，通信极便。他的信很勤，越写越勤，一天一封。钱锺书曾和我说他"志气不大，只想贡献一生，做做学问"。我觉得这点和我的志趣还比较相投，我虽学了四年政治，但并无救世济民之大志。他也常到古月堂约我出去散步。我不走荷塘小路，太窄，只宜亲密的情侣。我们经常到气象台去。气象台宽宽的石阶，可以坐着闲聊。后来有一学生放气球测试气象，因电线杆上的电线坏了，气球的线碰上电线破损处，不幸触电身亡。死人躺在那儿，我们害怕，就不再去气象台；以后也走上荷塘的小道了，两人也开始像情侣了。有时我和恩钿、袁震散步回屋，我就知道屋里桌上准有封信在等我，我觉得自己好像是爱上他了。……①

钱锺书、杨绛两人在学校里开始恋爱了，第二年便订了婚。钱锺书中年时在诗歌里追忆他们恋爱的第一面：

> 颉眼容光忆见初，
> 蔷薇新瓣浸醍醐。
> 不知腼洗儿时面，
> 曾取红花和雪无。

他依然记得当年的杨绛面色白洁红润，脸如春花，清雅脱俗，犹如蔷薇新瓣浸醍醐，还带着一丝腼腆。杨绛先生对这首诗解释说："锺书的诗好用典故，诗中第四句红花和雪的典故来自北齐崔氏的《洗儿歌》，说的是春天用白雪、用

---

① 吴学昭：《听杨绛谈往事》，北京：生活·读书·新知三联书店，2016年6月第1版，第76—77页。

红花给婴儿洗脸,希望孩子长大后脸色好看。"这是多么诗情画意的回忆!令人赞叹不已。

杨绛还记得,后来他俩在典雅的工字厅会客室谈过几次。钱锺书鼓励她报考清华外文系研究生,并指点她要看哪些书。

至于坊间流传,方鸿渐身上有费孝通的影子,因为当年费孝通追求过杨绛。《听杨绛谈往事》一书中也提到费孝通找杨绛"吵架"的情节。两人到底是什么样的关系?兹摘录两段如下:

> 后来到苏州东吴大学,两人都跳了一班,又同学,又同班。东吴许多男生追求杨先生,费孝通对他们说:"我跟杨季康是老同学了,早就跟她认识;你们'追'她,得走我的门路。"杨先生听到这话说:"我从十三岁到十七岁的四年间,没见过他一面半面。我已从一个小鬼长成大人,他认识我什么呀!"①

> 一天,费孝通来清华找阿季"吵架",就在古月堂前树丛的一片空地上,阿季和好友蒋恩钿、袁震三人一同接谈。费孝通认为他更有资格做阿季的"男朋友",因为他们已做了多年的朋友。费在转学燕京曾问阿季:"我们做个朋友可以吗?"阿季说:"朋友,可以。但朋友是目的,不是过渡。换句话说,你不是我的男朋友,我不是你的女朋友。若要照你现在的说法,我们不妨绝交。"②

这里且不妨让我们听听费孝通生前留下的说法。

对与杨绛之间的老人老事,费孝通说得轻松、诙谐、愉快,像是在说别人家的故事。他说:

> 振华女校的学生,都是本地人。忽然来了一个洋气的学生,当然惹人注意。女校的学生都是女生,我是特殊原因才进的女校,看到一个与众不同的女生,有兴趣是自然的。③

---

① 吴学昭:《听杨绛谈往事》,北京:生活·读书·新知三联书店,2016年6月第1版,第44页。
② 吴学昭:《听杨绛谈往事》,北京:生活·读书·新知三联书店,2016年6月第1版,第73页。
③ 邱泽奇:《费孝通谈杨绛》,《南方周末》,2016年9月22日。

一九二三年，费孝通和杨绛同期进入苏州振华女校初中。不过，两人的差别早在他们同班之前就存在了。

费孝通出身于破落乡绅家庭，兄弟姊妹众多，在他转到燕京大学之前，从未离开过苏州。年幼时，费孝通体弱多病，母亲怕他受人欺负，便让他进振华女校就读。

杨绛则出生在高官之家，自小就是娇娇女。在进入振华女校之前，已经在北京和上海居住、上学有年，是见过世面的洋气学生。她一头短发，与当地女生的齐腰长辫形成鲜明对比，被称为"洋来洋去的洋学生"。

通过费孝通的叙述，不难理解，十三四岁的年纪，费孝通对杨绛的好感，与其说是年少轻狂，不如说是对"洋气"的好奇心在作祟。同样可以理解的是，要让一个洋气的女生对土里土气的男生有兴趣不现实，尽管费孝通是学校里少有的男生。

事实正是如此，费孝通与杨绛的交集，有过程，但不会有结果。

日月如梭。费孝通与钱锺书、杨绛先后还在西南联大、二十世纪五十年代初的清华、后来的中国社会科学院有过交集。费孝通把钱、杨当作自己一辈子的朋友，譬如二十世纪五十年代初，他向乔冠华推荐钱锺书参加《毛泽东选集》英译小组；也时常去看望钱、杨两位。对他自己与钱、杨之间的关系，费孝通说过：

> 钱、杨两位原是我的同学。锺书不仅同学，而且同年，和我曾在清华不在一个班里同学过一年。当时两人并不相识，但他的文名早扬，在校无不另眼相看。杨绛原名季康和我是三届同班的同学，初中、大学、研究院，最近我因病住院她来看望我，在旁的一位医生听说我们过去的这段同学关系，惊叹说："有缘，有缘。"①

费孝通在他的晚年一再声称："杨绛是我的第一个女朋友。"据费孝通的助手张冠生在《费孝通晚年谈话录》一书中披露，一九九七年十月三十一日上午，"如约与北京：生活·读书·新知三联书店沈昌文先生、浙江文艺出版社罗俞君编辑同至先生家里，具体商议选编《费孝通散文》之事。沈先生送给先生一套

---

① 费孝通：《圈外人语》，《读书》，1999年第3期。

《新世纪万有文库》。先生很高兴，趁着兴致向沈公和小罗披露：杨绛是我的第一个女朋友。现在要把我的散文和钱锺书、杨绛的放在一起，这个很妙的。历史真是妙！……散文不是讲文学。文学与文章是两回事。文学是钱锺书高，文章是杨绛好"①。

费孝通像一个"老顽童"，念叨自己与杨绛的旧情，却全然不顾不问杨绛的感受。

当然，杨绛确实也没有忘怀早年与费孝通的过往：

> 年轻时曾和费孝通讨论爱因斯坦的相对论，不懂，有一天忽然明白了，时间跑，地球在转，即使同样的地点也没有一天是完全相同的。②

钱锺书和费孝通后来更是成了好朋友，用钱锺书的话说，"我们是'同情人'"。一九七九年四月，中国社会科学家代表团访问美国，钱锺书和费孝通一路同行，两人同住一个房间。不知费孝通会不会想起清华的往事和情事，心中是何滋味，作如何想。费孝通与钱锺书两人相处得不错。钱锺书出国前新买的一双皮鞋，刚下飞机鞋跟就脱离了。费孝通对外联系多，手头有外币，马上借钱给他修好。钱锺书每天为杨绛记下详细的日记，留待面交。费孝通主动送他邮票，让他寄信。钱锺书想想好笑，没有料到他的小说《围城》里的赵辛楣和方鸿渐这对"同情"兄，在现实中也上演。钱锺书回国后对杨绛开玩笑，称自己和费孝通先生"是同情人"。③

话说回来，恋爱中的钱锺书更加英姿勃发，给当时交往的师友们留下了深刻的印象，如毕树棠。毕树棠（1900—1983），山东省文登市人，名庶滋，号树棠，笔名犹民、忧民、民忧等，民盟成员。二十世纪二十年代，他开始登上文坛，曾任天津《民国日报》主笔。一九四五年抗日战争胜利后，重回清华大学担任讲师，并应清华文学院院长朱自清之聘，在文学院主讲《小说选》。《螺君

---

① 张冠生记录整理：《费孝通晚年谈话录（1981—2000）》，北京：生活·读书·新知三联书店，2019年5月第1版，第361页。
② 杨绛：《坐在人生的边上——杨绛先生百岁答问》，见《杨绛全集》（第四卷），北京：人民文学出版社，2014年8月第1版，第354页。
③ 吴学昭：《听杨绛谈往事》，北京：生活·读书·新知三联书店，2016年6月第1版，第73页。

日记》即是毕树棠的一部日记集,其中一九三二年十二月五日,毕树棠记:"晚间钱锺书君来访,议论风生,多真知灼见。论文学史,分'重要'与'美'两种看法,二者往往为文学史作者所缠夹不清,其说极是。钱君对明清文学特有研究。谓清代之幕府犹如欧洲十七世纪之Salon,细思之,委实相似,惟Salon多贵妇知客,幕府则多青衫,罕见红袖耳。又谓杨皙子之弟杨钧著有《草堂之灵》一书,颇佳。又谓尝与陈石遗相过从,陈有'黄节之诗才薄如纸'之语云云。"①

钱锺书对文学史的看法,即评价文学史时"重要"与"美"的关系。有些作品重要,但不"美";有些"美",但不重要。在文学史中如何处理确实是一个复杂的问题,各时代文学史中都有这样的现象。钱先生把"美"看得比"重要"高,这可能是他文学史观中的一个重要理想。"重要"是历史的,而"美"才是文学的。

隔天,毕树棠日记又载:"钱君送来《秋怀》诗十首,清丽可诵。"②可见钱锺书与毕树棠过往甚密。

钱锺书恋爱与学业两不误,民国十八年及民国二十年的总成绩为甲上,民国十九年则得到超等的破纪录成绩。一九三三年夏,钱锺书从清华大学外文系毕业,获文学学士学位,赴上海光华大学任教。

当时,任清华文学院院长兼哲学系系主任的冯友兰曾说,钱锺书"不但英文好,中文也好,就连哲学也有特殊的见地,真是天才"。

这期间,钱锺书创作了不少富有李商隐风致的爱情诗,最著名的是刊登在《国风》半月刊第三卷第十一期(一九三三年十二月一日)里面的《壬申(一九三二)年秋杪杂诗》:

  缠绵悱恻好文章,
  粉恋香凄足断肠;
  答报情痴无别物,
  辛酸一把泪千行。

  依穰小妹剧关心,
  鬒瓣多情一往深;

---

① 毕树棠:《螺君日记》,北京:海豚出版社,2014年1月第1版,第24页。
② 毕树棠:《螺君日记》,北京:海豚出版社,2014年1月第1版,第24页。

> 别后经时无只字,
> 居然惜墨抵兼金。
>
> 良宵苦被睡相谩,
> 猎猎风声测测寒;
> 如此星辰如此月,
> 与谁指点与谁看。
>
> 困人节气奈何天,
> 泥煞衾函梦不圆;
> 苦雨泼寒宵似水,
> 百虫声里怯孤眠。

在给恋人杨绛的一首七言律诗中,钱锺书竟将宋明理学家的语录熔铸入诗:"除蛇深草钩难着,御寇颓垣守不牢。"

钱锺书曾自负地说:"用理学家语作情诗,自来无第二人!"他与杨绛的婚姻常被世人誉为珠联璧合。这一点,在钱锺书的诗作中即有印证。《玉泉山同绛》诗云:

> 欲息人天籁,
> 都沉车马音。
> 风铃奴忽语,
> 午塔髟无阴。
> 久坐槛生暖,
> 忘言意转深。
> 明朝即长路,
> 惜取此时心。

诗中所谓"别后经时无只字,居然惜墨抵兼金",不免使人想起钱锺书的《围城》中的唐晓芙不爱写信。而杨绛给他的一封信,偏偏被钱锺书父亲钱基博接到后拆开看了,只见上面写着:"现在吾两人快乐无用,须两家父母、兄弟皆大欢喜,吾两人之快乐乃彻始彻终不受障碍。"读到此处,老先生"得意非凡",直说:"此真聪明人语!"后来,钱锺元嫁给许景渊,钱老夫子便拿出这封信来教育侄女。

原来,在一九三三年初秋,钱锺书从清华大学毕业后回到无锡老家,还没有将自己与杨绛的恋爱告诉自己的父亲钱基博,只是与杨绛频繁地通过书信谈情说爱。不料有一天杨绛的来信恰巧让钱基博看到了,他看过信后,大加赞赏。他认为杨绛既懂事又大方,能体贴父母,顾及家庭,乃如意媳妇也。

钱基博高兴之余,也不征求儿子钱锺书的意见,便直接给杨绛写了一封信,郑重其事地将儿子托付给了杨绛。对此,杨绛以为,钱基博的做法,颇似《围城》中方遯翁的作风。

杨绛同时也把已与钱锺书恋爱的事,告诉了自己的父母。杨绛曾回忆说:"锺书初见我父亲也有点怕,后来他对我说:爸爸是'望之俨然,接之也温。'"杨荫杭对钱锺书的印象极佳,视如"乘龙快婿"。钱、杨两人的结合,在杨荫杭看来,门当户对,天作之合。

同年,杨绛便与钱锺书举行了订婚仪式。杨绛回忆说:"五六十年代的青年,或许不知'订婚'为何事。他们'谈恋爱'或'搞对象'到双方同心同意,就是'肯定了'。我们那时候,结婚之前还多一道'订婚'礼。而默存和我的'订婚',说来更是滑稽。明明是我们自己认识的,明明是我把默存介绍给我爸爸,爸爸很赏识他,不就是'肯定了'吗?可是我们还颠颠倒倒遵循'父母之命,媒妁之言'。默存由他父亲带来见我爸爸,正式求亲,然后请出男女两家都熟识的亲友作男家女家的媒人,然后,(因我爸爸生病,诸事从简)在苏州某饭馆摆酒宴请两家的至亲好友,男女分席。我茫然全不记得'订'是怎么'订'的,只知道从此我是默存的'未婚妻'了。那晚,钱穆先生也在座,参与了这个订婚礼。"

订过婚,钱锺书移居上海,在私立光华大学外文系任讲师,兼任国文系教员。杨绛则仍回北京,到清华念完研究生。恰巧钱锺书的族人钱穆在燕京大学任职,不日也将北上。

杨绛未来的公公钱基博在订婚礼席散后,把她介绍给钱穆,约定同车北去,相互间好有个照应。

钱穆自学成才,阅历丰富,被清华等多所大学聘为教授。他在火车上一路与杨绛谈做学问及如何为人处世。闲聊之中,他突然对杨绛说道:

"我看你是个有决断的人。"

杨绛忙问:"何以见得?"

钱穆回答很干脆:"只看你行李简单,可见你能抉择。"

其实,杨绛头一次到北平时已带了一个大箱子和大铺盖,这次有了经验,决计抛下"无用之物",这对一个青年女生来说,也许是够"决断"的了。不过,杨绛并没有解释,也没有谦逊,只是笑了笑作为回答。

他们两人买的是三等座席,彼此还不熟对坐着,最多是一问一答,而且坐车也有些疲惫,没什么谈兴。不过,两人成天对坐着,不熟也熟了。杨绛吃不惯火车上卖的又油腻、又硬生生的米饭或面食,事先带了盒饼干和一些水果。杨绛请钱穆吃,他很客气,竟不知躲到哪里去了。后来,杨绛发现他吃的是小包的麻片糕之类的食物当点心。每逢停车,车上便会出现卖油豆腐粉汤之类的小贩,杨绛看见他在那里捧着碗吃呢,就假装没看见。

杨绛是一个女学生,向来胃口和食量都不佳,也不觉得自己应该俭朴。可是看到钱穆先生如此节俭和自律,也很敬重他的俭德。

火车过蚌埠后,窗外一片荒凉,没有山,没有水,没有树,没有庄稼,没有房屋,有的只是绵延起伏的大土墩子。火车走了好久好久,窗外景色不改。

杨绛叹气说:"这段路最乏味了。"

钱穆说:"此古战场也。"

钱穆这么一说,杨绛觉得,历史给地理染上了颜色,眼前的景物顿时改观。她对绵延多少里的土墩子产生了很大的兴趣。钱穆告诉她,哪里可以安营,哪里可以冲杀。尽管战死的将士早已不知去向,她仍不免油然起了吊古之情,直到"蔚然而深秀"的琅琊山在望,思绪才离开这片辽阔的"古战场"。

火车进入山东境内,车站迫近泰山,山好像矗立站边。等火车开动,钱穆谈风更健了。他指点着告诉杨绛临城大劫案的经过,又指点她看"抱犊山"。山很陡,钱穆说,附近居民把小牛犊抱上山岗,小牛就在山上吃草,得等长成大牛自己下山。[1]

---

[1] 参见杨绛:《车过古战场——追忆与钱穆先生同行赴京》,见《杨绛作品集》(第二卷),北京:中国社会科学出版社,1993年10月第1版。

从此，杨绛对钱穆不再陌生了。不过车到北京，他们分手后再也没有见过面。杨绛每逢寒暑假总回苏州家里度假，这条旅途来回走得很熟，每过"古战场"，总会想到钱穆的谈笑风生。

钱穆与钱锺书的父亲钱基博原有通家之好，不过，据钱穆的入室弟子、钱锺书的好友余英时①分析猜度，后来他们之间却出现了一些龃龉，而这"始作俑者"则是杨绛。余英时披露，二十世纪八十年代，"宾四师此时对钱基博、锺书父子好像也有些心理不平衡。起因是杨绛写过一篇文章称颂钱锺书的绝世天才，其中引了一个例子。一九三一年宾四师的名著《国学概论》（商务）上原有钱基博先生的序，而且'有所针砭'。宾四师在《自序》中还特别向'子泉宗老'致谢。但杨文第一次揭露：这篇序竟是钱锺书代笔，而且'一字未易'。那时钱锺书刚入清华不久，最多大学一、二年级，年纪也才二十岁，能代父写这样讨论学术史（主要是清代）问题的序文，的确是天才。这事很快传到宾四师耳中，他的感觉可想而知。他原以为'子泉宗老'②对他的著作很郑重严肃，不料竟不肯亲自下笔，委之年甫弱冠的儿子。所以后来台北联经的'全集'本《国学概论》中便不再收钱基博的序了，连带着《自序》中谢'子泉宗老'的话当然也删掉了。这件事我不便和宾四师谈及，但我一查'全集'本《自序》，便恍然大悟。但此事至今尚未受人注意，我觉得应该把事实说出来"。③

然而，这其实是余英时的一家之言，实际情况或许并不如此。上海大学学者王培军撰文指出，有些"煞风景"的是，这一件事情的"解说"，却不大经得住"推敲"。他认为：

> 余先生一向长于揣量"黄祖之腹中"，解析学人的心理，"如斧破竹，如锯攻木"，这次"以学生之心，度老师之腹"，却全然是度错了。就是说，钱穆不复钱锺书的信，以及后来删除钱基博的序，其原因，并非如余先生

---

① 余英时，1930年生于天津，原籍安徽潜山，当代华人世界著名历史学家、汉学家。香港新亚书院文史系首届毕业生，哈佛大学史学博士，先后师从钱穆、杨联升。中国台湾"中央研究院"院士、美国哲学学会院士。曾任密歇根大学副教授、哈佛大学教授、耶鲁大学讲座教授、普林斯顿大学校聘讲座教授、康奈尔大学第一任胡适讲座访问教授、香港新亚书院院长兼香港中文大学副校长。

② 钱基博与钱穆同宗不同支，按辈分钱基博长两辈，且年长8岁，字子泉，所以钱穆称基"子泉宗老"，以示敬重。

③ 陈致：《余英时访谈录》，北京：中华书局，2012年3月第1版，第152—153页。

所言，是怪"子泉宗老"不亲自把笔，而该是别有缘故。

《国学概论》是一本讲义，编写于一九二五——一九二八年间，其时钱穆执教于无锡三师、苏州中学，《概论》一书，正是为两校学生而编，即《围城》中戏语所说的"讲义当著作"，并非什么"宾四师的名著"。……这本小书，比起《先秦诸子系年》那样的大著作，是不能同年而语的。其书出版之后，也没有大影响，因为这类"概论"，在民国年间，也不知出了多少，其中作者，故不乏名流老宿。钱穆起笔撰写《国学概论》时，刚过而立（钱穆生于一八九五年），还未正式进入学界。一九三一年，此书于商务印书馆出版，也是经了吕思勉的介绍。这一年，钱穆才三十七岁，用今天的眼光，还只是个"青年学人"。……所以，钱穆于比他大八岁、时年四十五的钱基博（《师友杂忆》："子泉提倡古文辞，负盛名。"），便尊之为"子泉宗老"……钱穆请钱基博作序之意，不用说，是为了"衬拳边鼓"，但这也是人情之常，无可厚非。

从人情世故上说，钱基博让儿子来代笔，说不上什么"轻视"。钱锺书先生一九二九年考清华，……《国学概论序》末署一九三〇年七月，则此时钱锺书二十一岁，"弱冠过一"，固然还只是大学生，但他的"才子"之名，早已播于远近。……以钱穆的修养，以及其通达人情，当他得知此序不是"子泉宗老"所作，而是"宗老"引为自豪的天才儿子代笔，自必能够理解。《师友杂忆》中又说："余在中学任教，集美、无锡、苏州三处，积八年之久，同事逾百人，最敬事者，首推子泉。生平相交，治学之勤，待人之厚，亦首推子泉。"以钱穆之善知人、敦性情，于子泉此举，何至斤斤计较？试想，从古以来，欣赏儿子、有"誉儿癖"的人，难道还少？而代笔作序，在前人原属寻常，不值得"大惊小怪"。钱穆的一生学术，又是"发思古之幽情"，于老辈此等"潜规则"，哪得不知？既然没有"轻视"，又怎会生"闲气"？《庄子·山木篇》说得好："方舟而济于河，有虚船来触舟，虽有褊心之人不怒。"钱穆撰写过《庄子纂笺》《庄老通辨》，这几句话他虽未加详说，但"虚船之触不怒"的道理，自能"默识心通"。

从时间上看，余先生的说法也站不住脚。余先生是历史学家，时间的敏感，该早已进入他的"潜意识"。可是这一节，却犯了一个"时代错误"（anachronism）。所谓"杨绛写过一篇文章称颂钱锺书的绝世天才"，那篇文章，就是我们都熟悉的文献《记钱锺书与〈围城〉》。杨先生的那几句话，实在也很平淡，不妨引在这里："那时商务印书馆出版钱穆的一本书，上有锺书父亲的序文。据锺书告诉我，那是他代写的，一字没有改动。"问题是，余先生说"这事很快传到宾四师耳中"，到底"最快"是在什么时候？考《杨绛文集》第二册《收藏了十五年的附识》，知《记钱锺书与〈围城〉》一文，写讫于一九八二年七月，又据底下的脚注："此文一九八六年五月才出版，原因是锺书开始不愿发表，说'以妻写夫，有吹捧之嫌'。详见《我答乔木同志信》（信存档）。"则钱穆得闻此事，最快也不能早于一九八六年五月，除非他有前知的本领。《杨绛文集》第八册《杨绛生平与创作大事记》一九八六年下亦载："《回忆我的父亲》《回忆我的姑母》《记钱锺书与〈围城〉》出版。"查单行本《记钱锺书与〈围城〉》，是湖南人民出版社版，为《骆驼丛书》之一，出版的时间，正是一九八六年五月。并可为证。钱锺书为苏州建城纪念而致函钱穆，据杨绛《车过古战场——追忆与钱穆先生同行赴京》一文（就是余先生所指杨绛于钱穆"似有微词"的那篇文章，见《杨绛文集》第二册），时间是一九八五年二月。所以，钱穆一九八五年春接信不复，不必等一九八六年夏的事来解释。

那么，钱穆收到了钱锺书的信，为什么又不作复呢？我认为其事并不复杂，用不着"深挖"：钱锺书此信不是私函，而是为官方而作，钱穆置之不理，其所针对的，也就不是钱锺书了。换言之，假如钱锺书是私人致书，"欢然道故"，不涉及其他，则以钱穆的为人，必不如此。据《师友杂忆》，钱穆对钱锺书的态度，固然不及对钱基博，但他说："锺书去北京初闻其任毛泽东英文秘书。最近见报载，始知系传闻之误。"最后一句，其释然之意，溢于言表。他于故人之子之情，也由此可见。以钱穆这样的性情、年岁（时九十二岁），以及其与钱家父子的交谊，又怎会为一细故失欢？

有人要问，既然钱穆于钱基博并无不快，那又何以要删去《国学概论序》？我认为解释同样简单：当初钱穆请为作序的，是"子泉宗老"，后来得知出诸锺书（联经版《全集》的出版，在一九八六年后），则其《自序》中的"又承子泉宗老作序，加以针砭"一句，也就落空了。改之殊难措语，不改又不妥，则删之最为省事。钱穆所心敬的，原是"子泉宗老"，不是他看着长大的锺书（《师友杂忆》："时其子锺书方在小学肄业，下学，亦常来室，随父归家。子泉时出其课卷相示，其时锺书已聪慧异常人矣。"）又按，钱穆于子泉始终称字，称锺书则名之，足见视为宗人），则其序删去，不算可惜。即使"子泉宗老"地下有知，必当付之一笑。钱穆于钱基博、锺书父子，又何尝有什么"心里不平衡"（联经版《钱宾四先生全集》第五十七册《师友杂忆》，于追忆钱氏父子处，无一字之改；若真为此芥蒂，则并《杂忆》亦追改矣）？杜甫有句诗说："记忆细故非高贤。"钱穆如此的做法，与"记忆细故"，绝不同科；余先生似乎"误解"了。①

王培军先生如此悉心考辨，真相庶几明了。

当然，余英时对钱锺书、杨绛夫妇还是相当尊重的，他一再强调，钱锺书"最值得我们敬重的不是他的天生才能，而是他的精进不懈。他以读书为宗教，一生造次必于是，颠沛必于是。他有'书痴'之号，其实即是'读书教'教徒的另一种称呼。他的'读书'的方式也和他的天才是互相配合的，别人也无法学他。在这一读书方式下，他自然而然地将许多大大小小的信息储藏在脑中，就像今天的计算机一样。信息如此之多，无论下笔或说话，不知不觉地便要引书中之言"②。

一直以来，学术界对钱锺书的评价分野甚大，比如北京大学著名教授金克木就直截了当地说钱锺书是个"俗人"，且诟病钱锺书"掉书袋"的做派。我们可以从当年《读书》杂志编辑扬之水的日记看到：

> 钱先生似已将天下之书读尽，将诸般学问勘破，将世态人情觑破，将天地鬼神识破，讽刺之笔所指，有形无形皆无从逃遁。神圣不复有，纯洁、高尚等等不复存，一切假面皆被撕去。记得金克木先生说过，钱先生最早是在林语堂主持的一份副刊上写出幽默小品的，用的是'英国式的幽默'。只有将一切看破，方幽默得起来。不过，金先生又说，钱是俗人（道此语已非一次），是做出来的名士，且对他的掉书袋颇不以为然。③

杨绛就读的清华大学的图书馆，以其丰富的藏书、幽雅的环境，一直受到

---

① 参见王培军：《钱穆为何不回钱锺书的信》，《东方早报·上海书评》，2012年9月23日；又见氏著《钱边缀琐》，杭州：浙江大学出版社，2013年12月第1版，第182—186页。
② 陈致：《余英时访谈录》，北京：中华书局，2012年3月第1版，第158页。
③ 扬之水：《〈读书十年〉（一）：一九八六——一九九〇》，北京：中华书局，2011年11月第1版，第150页。

学生们的交口称赞。杨绛一到清华,就喜欢上了这里的图书馆。在这里,她潜心攻读,吸收着知识的营养。她认为,有些知识使人受益终身,直到晚年,她还是十分怀念母校的图书馆,她撰写的《我爱清华图书馆》流露了其对图书馆的一往情深:

> 我在许多学校上过学,但最爱的是清华大学;在清华大学里,最爱清华图书馆。
> 一九三二年春季,我借读清华大学。我的中学旧友蒋恩钿不无卖弄地对我说:"我带你去看看我们的图书馆!墙是大理石的!地是软木的!楼上书库的地是厚玻璃!透亮!望得见楼下的光!"她带我出了古月堂,曲曲弯弯走到图书馆。她说:"看见了吗?这是意大利的大理石。"我点头赞赏。她拉开沉重的铜门,我跟她走入图书馆。地,是木头铺的,没有漆,因为是软木吧?我直想摸摸软木有多软,可是怕人笑话;捺下心伺得机会,乘人不见,蹲下去摸摸地板,轻轻用指甲掐掐,原来是掐不动的木头,不是做瓶塞的软木。据说,用软木铺地,人来人往,没有脚步声。我跟她上楼,楼梯是什么样儿,我全忘了,只记得我上楼只敢轻轻走,因为走在玻璃上。后来一想,一排排的书架子该多沉呀,我撒着脚走也无妨。我放心跟她转了几个来回。下楼临走,她说:"还带你去看个厕所。"厕所是不登大雅的,可是清华图书馆的女厕所却不同一般。我们走进一间屋子,四壁是大理石,隔出两个小间的矮墙是整块的大理石,洗手池前壁上,横悬一面椭圆形的大镜子,镶着一圈精致而简单的边,忘了什么颜色,什么质料,镜子里可照见全身。室内洁净明亮,无垢无尘无臭,高贵朴质,不显豪华,称得上一个雅字。不过那是将近70年前的事了。
> 一年以后,一九三三年秋季,我考入清华大学研究院。清华图书馆扩大了。一年前,我只是个借读生,也能自由出入书库。我做研究生时,规矩不同了,一般学生不准入书库,教师和研究生可以进书库,不过得经过一间有人看守的屋子,我们只许空手进,空手出。
> 解放后,我们夫妇(钱锺书和我)重返清华园,图书馆大大改样了。图书馆不易记忆,因为图书馆不是人,不是事,只是书库和阅览室;到阅览室阅读,只是找个空座,坐下悄悄阅读,只留心别惊动人;即使有

伴,也是各自读书。我做研究生时,一人住一间房,读书何必到阅览室去呢?想一想,记起来了。清华的阅览室四壁都是工具书;各国的大字典、辞典、人物志、地方志,等等,要什么有什么,可以自由翻阅;如要解决什么问题,查看什么典故,非常方便。这也可见当时的学风好,很名贵的工具书任人翻看,并没人私下带走。

有人问我钱锺书在清华图书馆读书学习的情况,我却是不知道。因为我做借读生时,从未在图书馆看见他。我做研究生时,他不在清华。我们同返清华,他就借调到城里去工作,每逢周末回清华,我经常为他借书还书——一大叠的书。说不定偶尔也曾同到图书馆。"三校合并"后(指清华大学工学院、北京大学工学院、燕京大学工学院合并为后来的清华大学——引者注),我们曾一同出入新北大(即旧燕京)图书馆。那个图书馆的编目特好,有双套编目:一套作品编目,一套作者编目。查编目往往会有意外收获。可是不准我们入书库。我曾把读书比作"串门儿",借书看,只是要求到某某家去"串门儿",而站在图书馆书库的书架前任意翻阅,就好比家家户户都可任意出入,这是惟有身经者才知道的乐趣。我敢肯定,钱锺书最爱的也是清华图书馆。①

上文清清楚楚地表明,钱锺书"锺书",杨绛也"锺书",钱锺书、杨绛伉俪都是"书痴",堪称一对"读书种子"。

杨绛在清华做研究生时,叶公超请她到家里去吃饭。他托赵萝蕤邀请,并让赵萝蕤作陪。杨绛猜想:叶公超是要认认钱锺书的未婚妻吧?她就跟着赵萝蕤同到叶家。

叶公超待人接物很有一套。一餐饭后,杨绛和叶公超便不陌生了。下一次再见时,叶公超拿了一册英文刊物,指出一篇,叫杨绛翻译,说是《新月》要这篇译稿。

杨绛心想:"叶公超是要考考钱锺书的未婚妻吧?"她就接下了。

在此之前,杨绛从未学过翻译。她虽然大学专攻政治学专业,却对政治学毫无兴趣。叶公超要她翻译的是题为《共产主义是不可避免的吗?》的文章,这是一篇很晦涩、很沉闷的政论。故而杨绛读懂也不容易,更不知怎么翻译。

---

① 杨绛:《我爱清华图书馆》,《光明日报》2001年4月18日。又见《杨绛散文戏剧集》,海口:南海出版公司,2001年6月第1版,第302—303页。

她七翻八翻，总算翻过来了。她把译稿交给叶公超，只算勉强交卷。叶公超看过后说"很好"。没过多久就在《新月》上刊登了。

这是杨绛生平第一次翻译作品。

四

一九三五年，钱锺书在光华大学任教已满两年，完成了国内服务期。他决定参加出国留学的考试。

一九三一年四月，中国设立专门管理英方归还中方的庚子赔款的董事会。管理方法是，先以基金借充兴办铁路及其他生产建设事业，然后以借款所得利息兴办教育文化事业，主要以举办留英公费生考试、资助国内优秀人才到英国学习为主要内容。

这一留英考试先后举行过八次，钱锺书参加的是第三次，考试时间在一九三五年的四月。当时报名人数总共290人，应考人数有262人，结果被录取的只有24人。在这24位被录取者当中，钱锺书不仅是唯一的英国文学专业录取生，而且总成绩最高，87.95分。

钱锺书把已被录取、准备赴英留学的消息告诉了杨绛，并希望她能陪同一起出国。杨绛知道钱锺书出自书香世家，从小生活在优裕的环境里，对日常生活不善自理，假如自己与他一起出国，可以照顾他。其时，杨绛即将在清华研究院毕业，当时该院各部毕业生都送出留学，唯独外语部例外，毕业也不得出国，欲出国必须自费。

因此，杨绛打算不等毕业，先与钱锺书结婚，再一同出国。那时，她只有一门功课需大考，于是和老师商量后用论文代替，未取得文凭便提前一个月回家了。

匆忙之中，杨绛来不及写信通知家里，马上收拾好行李就动身。

这天，杨绛所乘的火车到达苏州已过午时，她领取行李雇车回去，到家已是三点左右。她十分思念父母，回家把行李搬在门口，如飞似的直奔父亲屋里，连声喊道：

"爸爸！妈妈！"

父亲杨荫杭像是在等候，他"哦"了一声，一掀帐子下床，欣喜地说：

"可不是来了！"

原来，杨荫杭午睡刚合眼，忽然觉得杨绛已到家了。他爬起来听听却没有声息，他以为人在夫人唐须嫈房里呢。他想，杨绛是怕搅扰他午睡，躲在唐须嫈房里去了，忙跑到那里，只见唐须嫈一人在做活。杨荫杭问道：

"阿季呢？"

"哪来阿季？"唐须嫈说。

"她不是回来了吗？"杨荫杭说。

唐须嫈回答道："这会子怎么会回来？"

杨荫杭只好又回房午睡，但左睡右睡还是睡不着。

这看见杨绛回来，杨荫杭高兴地说：

"真有心血来潮这回事。"

大概杨绛在火车上想念父母，与父亲杨荫杭的"第六感觉"相呼应了吧。

杨绛笑道，一下火车，心已经飞回家来了。

父亲还说："'曾母啮指，曾子心痛'，我现在相信了。"父女俩真是心心相印。

与杨绛心心相印的，当然还有钱锺书这位大才子，秀外慧中的杨绛与才高八斗的钱锺书的结合，又相濡以沫六十多个春秋，确实令人感叹。

为了赶在出国前结婚，钱、杨两人决定于一九三五年夏天举行婚礼。婚礼分别在男女双方的家里举行，据杨绛回忆：

> 七月十三日，我在苏州庙堂巷我家大厅上与钱锺书举行婚礼。我父亲主婚，张一麐（仲仁）先生证婚，有伴娘伴郎、提花篮女孩、提婚纱男孩。钱锺书由他父亲、弟弟（锺英）、妹妹（锺霞）陪同来我家。有乐队奏《结婚进行曲》，有赞礼，新人行三鞠躬礼，交换戒指，结婚证书上由伴郎伴娘代盖印章。礼毕，我家请照相馆摄影师为新人摄影；新人等立大厅前廊下，摄影师立烈日中，因光线不合适，照相上每个人都像刚被拿获的犯人。照相毕，摆上喜酒，来宾入席，新娘换装，吃喜酒。客散后，新娘又换装，带了出国的行李，由钱家人接到无锡七尺场钱家。新人到钱家，进门放双响炮仗、百子炮仗。新娘又换装，与钱锺书向他父母行叩头礼，向已去世多年的嗣父母行叩头礼（以一盆千年芸、一盆葱为代表，置二椅上）。叔父婶母等辞磕头，行鞠躬礼，拜家祠（叩头），拜灶神（叩头），吃"团圆昼饭"。晚又请客吃喜酒，唐文治老先生、唐庆贻先生父子席间唱昆曲《长生

殿》（定情）助兴。新人都折腾得病了。钱锺书发烧，病愈即往南京受出国前培训，我数日后即回娘家小住。我累病了，生外痧，又回无锡请无锡名医邓星伯看病。病未愈，即整理行装到上海。我住三姐家，不记得钱锺书住何处。出国前，二人有好多应酬。①

当天在无锡七尺场进行的婚礼，是在下午开始的。这天到场的有很多客人，唐文治以无锡国学专门学校校长的身份前来祝贺。清华的同学当中，有陈梦家、赵萝蕤夫妇。

陈梦家和赵萝蕤，也是一对著名的文化伉俪。赵萝蕤是著名的基督教神学家、燕京大学宗教学院院长赵紫宸之女。在清华大学读书期间，赵萝蕤就是公认的清华校花。吴学昭在《听杨绛谈往事》一书中曾提到过，在清华时，杨绛和赵萝蕤交往颇多，她们还一起学过昆曲，当时追求赵萝蕤的人很多，意气风发的赵萝蕤不乏自得地问杨绛："一个女的被一个男的爱，够吗？"②钱锺书写《围城》，对笔下人物无不嘲弄讥讽，唯独对唐晓芙呵护有加，这个"清水出芙蓉"的唐晓芙据说就是以赵萝蕤为原型的。钱锺书这样描写唐晓芙的出场："唐小姐妩媚端正的圆脸，有两个浅酒窝……她头发没烫，眉毛不镊，口红也没有擦，似乎安心遵守天生的限止，不要弥补造化的缺陷。总而言之，唐小姐是摩登文明社会里那桩罕物——一个真正的女孩子。"

有一次，安迪采访赵萝蕤。"有人说钱锺书年轻时追过您，有这事吗？"她答："他们都这样说，其实没影的事。杨季康刚到清华时土气极了，后来打扮得漂亮，不得了，但还是土气。她同钱锺书结婚，同学中只有我和梦家参加了婚礼。"③

赵萝蕤在众多的追求者中最终选择了美男子陈梦家，亦算得是神仙眷侣。陈梦家自然也不是等闲人物，他是与闻一多、徐志摩、朱湘并称的"新月派四大诗人"，后来还成了著名的古文字学者和考古学家。

说到陈梦家的颜值，钱穆曾在《师友杂忆》一书中提到赵萝蕤"乃燕大有

---

① 杨绛：《杨绛生平与创作大事记》，见《杨绛全集》（第九卷），北京：人民文学出版社，2014年8月第1版，第468—469页。
② 吴学昭：《听杨绛谈往事》，北京：生活·读书·新知三联书店，2016年6月第1版，第92页。
③ 爱默：《鱼雁抉微》，见牟晓朋、范旭仑编《记钱锺书先生》，大连：大连出版社，1985年11月第1版，第118页。

名校花，追逐有人，而独赏梦家长衫落拓有中国文学家气味"，意思陈梦家是浓浓书卷气兼翩翩美少年。若干年后，凤凰卫视的节目主持人窦文涛曾在节目中不由自主地念叨："为什么陈梦家长得那么好看？"

扬之水曾请八十多岁的赵萝蕤去麦当劳吃大餐，问她为啥最终选了陈梦家，本以为答案是他有才华诗写得好之类，没想到老太太竟坦荡地回答："因为他长得漂亮。"

作为享誉文坛的新月派诗人，陈梦家可谓少年得志的天纵英才，他的诗"好如一片秋空，具有着静闲的悠然的美"。像他这样涉足多个领域而都颇多建树的人，实在寥若晨星。对他来说，写诗实在是"副业"。陈梦家家境贫寒，早年毕业于中央大学法律系，并获得律师资格。那时正在燕京大学攻读研究生，从容庚习古文字学，住在赵家，生活费都需赵萝蕤帮忙筹措。赵萝蕤的父亲赵紫宸当时在国外，本来每月给宝贝女儿八十元零花钱，听说陈梦家的事后，开始很不赞成他们的交往，于是断了赵萝蕤的经济来源。赵萝蕤在清华是优秀生，享有奖学金，她就每月向杨绛借十元，下月还了又借。陈梦家得有多好看，才能让众星捧月的女神另眼相看，而且还如此无怨无悔地倒贴啊！后来陈梦家专攻上古宗教，进而关心古史，最终在古文字的道路上一发不可收。

陈梦家的故交、著名文物学家王世襄评论道："一位早已成名的新诗人，一头又扎进了甲骨堆，从最现代的语言转到最古老的文字，真是够'绝'的。"[1]

年轻时的陈梦家曾经率性刚直，落拓不羁，一身魏晋名士派头。在梁实秋眼里，他是"很有才气而不修边幅的一个青年诗人"。有一年，在清华大学中文系研究生学科考试答辩会上，陈梦家与钱锺书先生不期而遇。他上前招呼道："江南才子钱锺书。"而钱锺书则脱口而出："上虞诗人陈梦家。"

在当年钱锺书与杨绛的婚礼上，有一位女士，因不会打扮，"穿了一身白夏布的衣裙和白皮鞋。贺客诧怪，以为她披麻戴孝来了"[2]。这便是赋闲在家的杨绛三姑母杨荫榆。

新郎新娘身穿礼服，仪表俨然。杨绛后来曾说过："结婚穿黑色礼服、白硬

---

[1] 王世襄：《怀念，梦家》，见氏著《王世襄·锦灰堆》（合编本）叁卷，北京：生活·读书·新知三联书店，2013年7月第1版，第949—950页。

[2] 杨绛：《回忆我的姑母》，见《杨绛作品集》（第二卷），北京：中国社会科学出版社，1993年10月第1版，第125页。

领圈给汗水浸得又黄又软的那位新郎,不是别人,正是锺书自己。因为我们结婚的黄道吉日是一年里最热的日子。我们的结婚照上,新人、伴娘、提花篮的女孩子、提纱的男孩子,一个个都像刚被警察拿获的扒手。"①此情此景,不禁使人联想到钱锺书《围城》中描写的曹元朗与苏文纨的婚礼。

杨绛与钱锺书结为伉俪,恰似中国现代文学史上的双子星座,交相辉映。正如胡河清所说的:"钱锺书、杨绛伉俪,可说是中国当代文学中的一双名剑。钱锺书如英气流动之雄剑,常常出匣自鸣,语惊天下;杨绛则如青光含藏之雌剑,大智若愚,不显锋刃。"②

"在天愿为比翼鸟,在地愿为连理枝",这也可视作钱、杨两人爱情的真实写照。他们从大学相识相恋,到成为终身伴侣,再到共赴患难,一直到钱锺书只身先归道山,在半个多世纪的漫长人生旅途上,不管惊涛骇浪,不管命运如何摆布,他们始终休戚相关,荣辱与共。

钱锺鲁是钱锺书的堂弟,在他那里,对大嫂杨绛的韧性印象深刻。他回忆,他永远记得他第一次见到杨绛的情景,那时他还是孩子,在钱家那个被称为绳武堂的几间大厅里跑来跑去,新婚的杨绛带给他一把有蛇皮外套的蒙古刀,他喜欢极了,立刻就别在腰上。

钱家规矩大,按照钱锺鲁的说法,是极其"古板","一套封建老规矩压在小辈头上",婚姻一般是遵从父母之命,像钱、杨这种自由恋爱,"给我们以后小兄弟自由恋爱开了一个好头"。

按规矩,新媳妇进钱家门,必须穿着红裙在钱家祖先群像前和长辈前跪拜磕头,才算钱家的媳妇。传说杨绛没有磕头,可是按照钱锺鲁的回忆,大嫂向钱锺书的父母亲磕头跪拜,一切如仪。③

然而,杨家父母关系融洽,给每个孩子充分发展个性的机会,特别是对女孩,不要说是二十世纪之初,即便是在二十一世纪的今天仍然让人赞叹不已。杨绛说,我们姐妹个个都对自己的丈夫很好,但我们都不如母亲对父亲那样细致耐心。杨绛初嫁入钱家时,钱锺书父亲主张杨绛待在家里学学家务,不要出去工作,杨绛的父亲杨荫杭说:"钱家倒很奢侈,我花这么多心血培养的女儿就

---

① 杨绛:《记钱锺书与〈围城〉》,见《杨绛作品集》(第二卷),北京:中国社会科学出版社,1993年10月第1版,第133—134页。

② 胡河清:《灵地的缅想》,上海:学林出版社,1994年12月第1版,第72页。

③ 参见王恺:《百岁杨绛:尊严和信仰》,《三联生活周刊》,2011年第31期。

给你们钱家当不要工钱的老妈子！"

钱锺鲁的母亲，也就是杨绛在文章中提到的"婶婶"，喜爱她。因为聪明、有幽默感的婶婶觉得，杨绛"真是上得厅堂，下得厨房，入水能游，出水能跳，宣哥痴人痴福"。

钱锺鲁最佩服的，也是作为大嫂杨绛身上的这种坚韧之劲。他觉得，杨绛身上的坚强性格有其父杨荫杭的传统，杨荫杭豁达并不训示子女。他自己的言传身教，使杨绛变得坚强乐观。

很多人是通过"文革"时期杨绛的坚强表现，觉得她不光是"文弱书生"，还有"怒目金刚"的一面。可是，钱锺鲁说他早觉察到了这一点。"她像一个帐篷，把大哥和钱瑗都罩在里面，外在的风雨都由她抵挡。她总是想包住这个家庭，不让大哥他们吃一点苦。"① 甚至最琐碎的事情也是这样，钱锺鲁记得，钱锺书穿着打扮都是大嫂一力负责，保证大哥每次都体面地出现在客人面前。

---

① 王恺：《杨绛的一生：尊严和信仰》，活字文化微信公众号。

第三章　负笈英法

一

一九三三年，中英两国政府就庚子赔款退款事宜达成一致，仿照早年美国对庚款的处理，建立"中英庚款奖学金"，资助中国学生赴英留学。

首届186人应考，录取9人。一九三四年，289人赴考，榜首是一位名叫俞大綱的才女，读英国文学。此女家境了得，是曾国藩曾外孙女，国民政府交通部部长、国防部部长俞大维之妹，史学大咖陈寅恪的表妹。一九三五年，奖学金名额增至25位，由北大教授傅斯年、楼光来等50位海归学者担任主考。傅斯年留英，先就读于爱丁堡，后转到伦敦大学。楼光来研读莎士比亚，哈佛毕业。那年262人报考，其中包括钱锺书。据记载，钱锺书考了87.95分，不仅是当年度的状元，也是三届考生中分数最高的。笔试由三部分组成，综合35%（中文15%、英文20%）、专业（60%）、作品发表（5%）。

杨绛结婚不久，便随丈夫钱锺书远赴英国留学深造。

此番出国，钱锺书系公费，而杨绛则是自费；或者可以说，一份公费两人合着用。

出国之前，他们乘火车从无锡出发，经过苏州，火车停在月台旁边，杨绛忽然泪如雨下，不能自制——她"感觉到，父母在想我，而我不能跳下火车，跑回家去再见他们一面"。有个迷信的说法，那是预兆，因为从此杨绛没能再见到慈祥的母亲，也没能再见到一生坎坷、毁誉参半的三姑母……①

杨绛与钱锺书结伴，是搭乘远洋轮的二等舱去英国的，他们在海上整整航行了一月有余。新婚宴尔，他们似乎有说不完的悄悄话、知心话要向对方倾诉，日子过得不怎么寂寞。另外在他们的行箧当中，还有几本碑帖、一巨册约翰逊

---

① 杨绛：《回忆我的父亲》，见《杨绛作品集》（第二卷），北京：中国社会科学出版社，1993年10月第1版，第96页。

博士的字典可供浏览，钱锺书终身喜欢阅读字典，也许是从这儿开始的吧。

读字典、辞典实乃索然无味之举，读书浩博的钱锺书却真喜欢读这类书，从浏览或精读字词、字义中获得良多趣味。

钱锺书的众多亲友忆述他读字典的文字时有所见。一九三九年秋，钱锺书和大学同学邹文海从上海赴湖南蓝田的国立师范学院任教，邹文海见到钱锺书在途中"怡然自得，手不释卷"，其中就有英文字典。杨绛在《记钱锺书与〈围城〉》中亦提到，"重得拿不动的大字典、辞典、百科全书等，他不仅挨着字母逐条细读，见了新版本，还不嫌其烦地把新条目增补在旧书上"。在《我们仨》中，杨绛还回忆抗战期间钱锺书返上海，"在来德坊度假没时间翻书，也无书可翻，只好读读字典"。此外，杨绛在《回忆我的父亲》中亦写道，她父亲（钱的岳父）爱读音韵学的韵书，"忽发现锺书读字典，大乐"。

翻检《〈管锥编〉〈谈艺录〉索引》，以及《钱锺书手稿集·容安馆札记》（以下简称《容安馆札记》），可知他读过多种外文字典及辞典，包括英文、法文及德文等，著名的就有英文版《牛津谚语词典》（*The Oxford Dictionary of English Proverbs*）《牛津引语词典》（*The Oxford Dictionary of Quotations*）《德文比喻用法历史辞典》（*A Historical Dictionary of German Figurative Usage*）等。

杨绛在《坐在人生的边上——杨绛先生百岁答问》一文中提到"（钱锺书）无书可读时，字典也啃，我家一部硕大的韦伯斯特氏（Webster's）大辞典，被他逐字精读细啃不止一遍，空白处都填满他密密麻麻写下的字：版本对照考证、批评比较，等等"。文中还配有这部《大辞典》的图片，正是厚达2662页的《韦氏第三版新国际英语大辞典》（*Webster's Third New International Dictionary*），据说这部留有钱氏手泽的大书，已献给了国家博物馆。看来前贤用功之勤，用力之恒真是无法想象的。

当时，同船的旅客当中有一个富有曲线的南洋姑娘，船上的外国人对她大有兴趣，把她看作"东方美人"。钱锺书也注意到这位南洋佳丽，他后来在《围城》中抟捏出"鲍小姐"这个角色①。

到了英国，杨绛夫妇下船在伦敦观光小住。因为牛津大学的秋季始业于十月前后，所以当时尚未开学。

---

① 杨绛：《记钱锺书与〈围城〉》，见《杨绛作品集》（第二卷），北京：中国社会科学出版社，1993年10月第1版，第133页。

在这里，他们见到了早已留学的钱锺书的堂弟钱锺韩①、二弟钱锺纬②。钱氏三兄弟和嫂嫂杨绛在异国他乡重逢，都喜不自制。钱锺书在诗中曾描述了当时见面的情形③：

伦敦晤文武二弟

见我自乡至，
欣如汝返乡。
看频疑梦寐，
语杂问家常。
既及尊亲辈，
不遗婢仆行。
青春堪结伴，
归计未须忙。

杨绛夫妇俩在堂弟钱锺韩的带领下，参观了著名的大英博物馆，以及画廊、蜡像馆等。

他们夫妇俩不等学期开始就到了牛津大学。钱锺书已由官方为他安排停当，入埃克塞特学院，攻读文学学士学位。该学院在市中心特尔街，与拉德克利夫一街之隔。

因为杨绛不像钱锺书具有官方背景，她需要自行接洽入学事宜。她打算进不供住宿的女子学院，但那里攻读文学的学额已满，要入学只能修历史。这显然不合杨绛的心愿。她曾暗想："假如我上清华外文系本科，假如我选修了戏剧课，说不定我也能写出一个小剧本来，说不定系主任会把我做培养对象呢。但是我的兴趣不在戏剧而在小说。那时候我年纪小不懂得造化弄人，只觉得很不服气。既然我无缘公费出国，我就和锺书一同出国，借他的光，可省些生活

---

① 钱锺韩（1911—2002），江苏省无锡市人，工程热物理和自动化专家，东南大学名誉校长、教授。1933年毕业于上海交通大学，1980年当选为中国科学院院士（学部委员）。其父钱基厚，是钱锺书的生父钱基博的孪生弟弟。

② 钱锺书二弟钱锺纬其时在英国学习纺织，后曾任汉口申新四厂副厂长。

③ 钱锺书：《槐聚诗存》，北京：生活·读书·新知三联书店，1995年3月第1版，第7页。

费。"

初来乍到，杨绛的丈夫钱锺书就遭遇"不幸"。据杨绛忆述："他初到牛津，就吻了牛津的地，磕掉大半个门牙。他是一人出门的，下公共汽车未及站稳，车就开了。他脸朝地摔一大跤。那时，我们在老金家做房客。同寓除了我们夫妇，还有住单身房的两位房客，一姓林，一姓曾，都是到牛津访问的医学专家。锺书摔了跤，自己又走回来，用大手绢捂着嘴。手绢上全是鲜血，抖开手绢，落下半枚断牙，满口鲜血。我急得不知怎样能把断牙续上。幸同寓都是医生。他们教我陪锺书赶快找牙医，拔去断牙，然后再镶假牙。"这难免使她想起钱锺书曾常自叹"拙手笨脚"。原来她只知道他不会打蝴蝶结，分不清左脚右脚，拿筷子只会像小孩儿那样一把抓。她并不知道其他方面他是怎样的"笨"，怎样的"拙"。

牛津大学是英国最古老的大学之一，坐落在伦敦西北泰晤士河上游的牛津城。成立于十一世纪下半叶，这里云集了众多著名的专家学者，在历史上培养了大量的哲学家、科学家、文学家和政治家。钱锺书的老师吴宓曾在一九三〇年十月至一九三一年在此进修，他在《牛津大学风景总叙》一诗中，赞叹牛津大学是读书人最理想的读书地方：

牛津极静美，
尘世一乐园，
山辉水明秀，
天青云霞轩。
方里极群校，
嶙峋玉笋繁，
悠悠植尖塔，
赫赫并堞垣。
桥屋成环洞，
深院掩重门，
石壁千年古，
剥落黑且深。
真有辟雍日，
如见泮池存，

半载匆匆往，
　终身系梦魂。

　　此"终身系梦魂"之地，是钱锺书与杨绛选择牛津大学作为自己留学的第一站，是否受吴宓这位师长的影响呢？这倒是一个有趣的话题。创立于一三一四年的埃克塞特学院，在当时是牛津大学的二十六个学院之一，其在牛津学院的创建史上位居第四。两年的留学生涯，钱锺书和杨绛体验到牛津大学谨严与保守的校风。最使他们受益匪浅的则首推学校里的图书馆。

　　牛津大学拥有世界上第一流图书馆，名叫博德利图书馆，喜欢文字游戏的钱锺书将其戏译为"饱蠹楼"。他是超一等书虫，可见其狂喜心情。

　　作为欧洲历史上最古老的图书馆之一，这里的藏书远远超过国内清华大学的图书馆，早在莎士比亚在世的一六一一年，英国书业公司就承担了把各种新书（包括重印书）都免费送一本给这个图书馆义务。它还收藏了许多中文书籍。博德利图书馆拥有1200万件馆藏，有人计算过，若将博德利图书馆的书、文献悉数分给牛津在读的学生，每个人可以分到522件。当年有一张牛津大学的老地图，这张地图最吸引人的地方是它的中心点选择。全图的中心并非牛津校长办公室所在的克拉伦登大楼，而是代表着渊博学识的博德利图书馆。[①]

　　牛津大学各学院，都有独立图书馆。规模不一，各有春秋。历史上，各学院图书馆自成体系、藏书兴趣不一，与大学图书馆分庭抗礼。前些年，学院图书馆已被大学全部收编，104座各类图书馆，统统收归博德利名下。

　　钱锺书和杨绛在这里如鱼得水，除了听课之外，差不多把业余时间全部泡在读书上面。他们借来一大堆书，包括文学、哲学、心理学、历史等各种图书，固定占一个座位，一本接一本地阅读，并做了详细的笔记[②]。一副饱学终日、乐此不疲的模样，令人神往。杨绛在这里的旁听和阅读，有力地充实了她的知识素养与外语水平。不过，杨绛还有另一层想法，她认为，在当时"牛津的学费已较一般学校昂贵，还要另交导师费，房租伙食的费用也较高。假如我到别处上学，两人分居，就得两处开销，再加上来往旅费，并不合算。锺书磕掉门牙是意外事；但这类意外，也该放在预算之中。这样一算，他的公费就没多少能

[①] 桂涛：《地图的中心》，载《环球》2020年13期，2020年6月24日。

[②] 丁羲林：《传播光明的文学使者——访作家、翻译家杨绛》，见马光裕等编《钱锺书杨绛研究资料集》，武汉：华中师范大学出版社，1990年11月第1版，第537页。

让我借光的了。万一我也有意外之需，我怎么办？我爸爸已经得了高血压病。那时候没有降压的药。我离开爸爸妈妈，心上已万分抱愧，我怎能忍心再向他们要钱？我不得已而求其次，只好安于做一个旁听生，听几门课，到大学图书馆自习"。

杨绛回忆所及，她只见钱锺书有一次苦学，"那是在牛津，论文预试得考'版本和校勘'那一门课，要能辨认十五世纪以来的手稿。他毫无兴趣，因此每天读一本侦探小说'休养脑筋'，'休养'得睡梦中手舞脚踢，不知是捉拿凶手，还是自己做了凶手和警察打架。结果考试不及格，只好暑假后补考"①。对这件事，多年以后，钱锺书在牛津时的同窗好友Doald Stuart还记得呢。

牛津的生活很安逸，杨绛他们借住的老金家供一日四餐：早餐、午餐、午后茶和晚餐。他们夫妇住一间双人卧房兼起居室，窗临花园，每日由老金的妻女收拾。杨绛不是正式学生，就没有功课，全部时间都可自己支配，她从前还没享受过这等自由。她在苏州上大学时，课余常在图书馆里寻寻觅觅，想走入文学领域而不得其门。考入清华后，又深感自己欠修许多文学课程，来不及补习。这回，在牛津大学图书馆里，满室满架都是文学经典，坐拥书城，充分满足了她对书籍的"饕餮"之欲——在这里杨绛正可以从容自在地好好补习。

图书馆临窗有一行单人书桌，她可以占据一个桌子。架上的书，她可以自己取。读不完的书可以留在桌上。在那里读书的学生寥寥无几，环境非常幽静。

杨绛为自己定下了课程表，一本本书从头到尾细读。能这样读书，还有什么不满意的呢？

二

牛津大学当时有一位富翁，名史博定（H. N. Spaldng），据说他将为牛津大学设立一个汉学教授的职位。他弟弟K. J. Spaldng是汉学家，专研中国老庄哲学。

K. J. Spaldng是牛津大学布雷齐诺斯学院（Brazenose College）的驻院研究员。富翁请他们夫妇到他家吃茶，劝钱锺书放弃中国的奖学金，改行读哲学，做他弟弟的助手。他语气里，中国的奖学金微不足道。钱锺书立即拒绝了他的建议。此后，他们仍有来往，史博定的弟弟更是经常请他们到他那学院寓所去吃茶，

---

① 杨绛：《记钱锺书与〈围城〉》，见《杨绛作品集》（第二卷），北京：中国社会科学出版社，1993年10月第1版，第149页。

借此请教许多问题。钱锺书对攻读文学学士虽然不甚乐意，但放弃自己国家的奖学金而投靠外国富翁是决计不干的。

校方给钱锺书指定的导师名叫赫伯特·弗朗西斯·布雷特·布雷特－史密斯（Herbert Francis Brett Brett-Smith）。布雷特－史密斯当时五十一岁，是牛津大学训练出来的一位学监（Don），在奥里尔学院（Oriel College）任研究员。[1]

牛津大学的学生，多半是刚从贵族中学毕业的阔人家子弟，开学期间住在各个学院里，一放假便出去旅游了。牛津学制每年共三个学期，每学期八周，然后放假六周。第三个学期之后是长达三个多月的暑假。考试不在学期末而在毕业之前，也就是在入学二至四年之后。年轻学生多半临时抱佛脚，平时对学业不当一回事。他们晚间爱聚在酒店里喝酒，酒醉后淘气胡闹，犯校规是经常的事。所以，钱锺书所在的学院里，每个学生有两位导师：一位是学业导师，另一位则是品行导师。如学生淘气出格被拘，由品行导师保释。而钱锺书的品行导师不过经常请他们夫妇吃茶而已。

牛津大学还有一项必须遵守的规矩：学生每周得在所属学院的食堂里吃四五次晚饭。吃饭，无非证明这学生住校，吃饭比上课更重要。据钱锺书说，获得优等文科学士学位（B. A. Honours）之后，再吃两年饭（即住校二年，不含假期）就是硕士，再吃四年饭，就成博士。当时在牛津大学的中国留学生，大多是获得奖学金或领取政府津贴的。他们假期中也离开牛津大学，到别处走走。唯独钱锺书和杨绛直到三个学期之后的暑假才离开。

对此，杨绛觉得并不稀奇：因为钱锺书不爱活动。自己在清华借读半年间，游遍了北京名胜，而他在清华待了四年，连玉泉山、八大处都没去过。清华校庆日，全校游颐和园，钱锺书也跟着游过颐和园，还游过一次香山，别处都没去过。直到一九三四年春，杨绛在清华上学，他北上去看她，才由她带着遍游北京名胜。他作过一组《北游诗》，有"今年破例作春游"的诗句，后来删改只剩一首《玉泉山同绛》了。

牛津大学的假期相当多。钱锺书把假期的全部时间投入读书。大学图书馆的经典以十八世纪为界，馆内所藏经典作品，限于十八世纪和十八世纪以前。十九、二十世纪的经典和通俗书籍，只可到市里的图书馆去借阅。那里藏书丰富，借阅限两星期内归还。他们两人往往不到两星期就要跑一趟市图书馆。他

---

[1] 杨昊成：《钱锺书在牛津》，《文汇报》，2015年7月3日。

们还有家里带出来的中国经籍及诗、词、诗话等书,也有朋友间借阅或寄赠的书,书店也容许站在书架前任意阅读,所以不愁无书。他们每天都出门走走,管这叫"探险"。往往早饭后,他们就出门散散步,让老金妻女收拾房间。晚饭前,他们的散步是养心散步,走得慢玩得多。两种散步都带"探险"性质,因为他们总挑不认识的地方走,随处有所发现。

牛津是个安静的小地方,杨绛和钱锺书可以在大街、小巷、一个个学院门前以及郊区公园、教堂、闹市,一处处走,也光顾店铺。牛津的人情味重:邮差半路上碰到他们,就把来自远方的家信交给他们。小孩子就在旁等着,很客气地向他们讨中国邮票。此外,高大的警察,戴着白手套,傍晚慢吞吞地一路走,一路把一家家的大门推推,看是否关好;确有人家没关好门的,警察会客气地警告。

他们夫妇回到老金家寓所后,就拉上窗帘相对读书。开学期间,他们稍稍多参加些社交活动。同学间最普通的来往是请吃午后茶。师长总在他们家里请吃午后茶,同学则在学院的宿舍里请。他们教杨绛和钱锺书怎么做茶:先把茶壶温过,每人用满满一茶匙茶叶,你一匙,我一匙,他一匙,也给茶壶一满匙。四人喝茶用五匙茶叶,三人用四匙。开水可一次次加,茶总够浓。

这样,每晨一大杯牛奶红茶也成了钱锺书毕生戒不掉的嗜好。后来,国内买不到印度出产的"立普登"红茶了,杨绛就只好用三种上好的红茶叶掺和在一起作为替代:滇红取其香,湖红取其苦,祁红取其色。杨绛家里一直留着些没用完的三合红茶叶。看到这些东西,便能唤起当年在英国的快乐回忆。

在牛津大学读书期间,他们的中国同学有俞大缜、俞大綱姊妹,向达、杨人楩等。他们家的常客则是向达,他在伦敦抄敦煌卷子,又为牛津大学图书馆编中文书目。他因牛津生活费用昂贵,所以寄居休士牧师家。同学中还有后来成为翻译名家的杨宪益,他年岁稍小,大家称他"小杨"。据杨宪益后来回忆:

> 我最早认识锺书兄是在一九三六或一九三七年。我是一九三四年去英国读书的。当时因为喜爱希腊罗马文学,就决定去牛津大学。当时在牛津大学读学士学位,可以先读古希腊文和拉丁文学一年半,再学一门选科,如哲学、历史、东西方语言文学等,一共是四年,得荣誉学士学位;毕业后,考上一二三四等,还要在每年的英国《泰晤士报》上公布。此外就是普通班,不必考和读希腊拉丁文,学期是三年,毕业成绩也不

登报。我当时选的是四年课程。一九三四年秋，我到了英国伦敦，先找一位老师，教我古希腊文和拉丁文。这样补习了五个月。次年春天，就去考过入学考试。考上了，因当时学院里没有亚非学生名额，又在伦敦等了一年多才进了大学。所以我到牛津是在一九三六年。锺书兄在国内已经读完大学，他作为庚款留学生，入学不需要考试。只要写一篇论文，便可得到文学士（B. Litt.）学位，一般通过研究论文是两年左右，也有用了三四年的。锺书兄因为底子好，大概只用了一年，就通过论文毕业了。所以他在英国牛津时间不太长，大概只有两年。离英后，他又去法国巴黎，得了什么学位，我就不清楚了。他回国大概是在一九三八或一九三九年，比我早一些。

当时在牛津大学的中国人并不多，最初只有十来个人。其中也有不读学位，只住在那里，利用当地较好的图书设备和较廉的房租的，如历史学家向达（向觉明）教授，我在英国的最好朋友，他就是到伦敦的大英博物馆收集抄写敦煌资料的。他有时去伦敦，有时住在牛津。他同钱锺书兄也是一见如故，做了很好的朋友。锺书兄到牛津是同他夫人杨绛同来的，季康嫂（杨绛）我当时也认识，初次见面大概是在他们两位家里。锺书当时同牛津的中国朋友很少来往。大家都觉得他比较孤僻，见面也没有多少话说。记得向觉明兄曾对我说过锺书兄对他们都不感兴趣，他说过除了向觉明兄外，只有"小杨"还可以谈谈。"小杨"就是指的我。当时中国人里有三个姓杨的。我年龄最小，所以大家都叫我"小杨"。我听了这话，当然也很高兴。

记得只有一次，向觉明兄拉锺书兄同一些中国同学见了面。在座谈中，锺书兄好像没有什么话，他只拉我在一起，大谈一位法国女作家的书札集如何机智有趣，这位女作家是17世纪的瑟维叶夫人，她在路易第十四时代同一位侯爵结婚，作了侯爵夫人。侯爵不久就与人决斗死了。她在守寡期间曾给亲戚朋友写了不少信，现在留下来的还有一千七百来封。信的内容大都是写当时法国宫廷中的琐事，从其中可以看到不少当时法国上层社会的风俗人情。我没有读过这部书，但记得当时锺书兄只顾得同我大谈瑟维叶夫人，而置大家不顾，回想当时情况很可笑，给我留下很深的印象。那时我常去巴黎游玩。巴黎当时有一个很有名的歌舞剧院，叫作"红磨坊"（Monlin Ruge）。在那时常听到台上唱的一个流行歌曲，头一句唱词就是Tous va très bien, madame la manquise（一切都会很好，侯爵夫人）。我每次听到这个唱词，就想起锺书兄在牛津那次高谈阔论，大谈瑟维叶侯爵夫人的情景。其实锺书兄是个书呆子，整天沉醉于书堆里，置一切于不顾。当时并不完全是有意不理大家，拿外文书来唬人，实际是他从来不善应酬，除了谈书本以外也无话可说。可是往往因此不少人就误认为他爱摆架子，看不起别人。

其实我知道他是个很真诚直率，很关心别人的知识分子。从这一件小事可以看出他一生常常被人背后批评指责的原因。①

据杨绛记忆所及，她的丈夫钱锺书其实也爱玩，不过不是游山玩水，而是文字游戏。他满嘴胡说打趣，还随口胡诌歪诗。他曾有一首赠向达的打油长诗。头两句形容向达"外貌死的路（still），内心生的门（sentimental）"——全诗都是"胡说八道"，他们俩都笑得捧腹。向达说钱锺书："人家口蜜腹剑，你却是口剑腹蜜。"能和他对等玩的人不多，不相投的就会嫌他刻薄了。杨绛认为："我们和不相投的人保持距离，又好像是骄傲了。我们年轻不谙世故，但是最谙世故、最会做人的同样也遭非议。锺书和我就以此自解。"

在杨绛的记忆里，他们借住的老金家的伙食开始还可以，渐渐地愈来愈糟。钱锺书饮食习惯很保守，洋味儿的不大肯尝试，干酪怎么也不吃。而杨绛的食量小。他能吃的，杨绛就尽量省下一半给他。杨绛觉得他吃不饱，这样下去不能长久，而且两人生活在一间屋里很不方便。杨绛很爱惜时间，也和丈夫一样好读书。来一位客人，杨绛就得牺牲三两个小时的阅读，勉力做贤妻还得闻烟臭，心里暗暗叫苦。

杨绛就出花样，想租一套备有家具的房间，伙食自理，膳宿都能大大改善。钱锺书不以为意，劝夫人别多事。他说，你又不会烧饭，老金家的饭至少是现成的，自己的房间还宽敞，将就着得过且过吧。

杨绛对钱锺书说，像老金家的茶饭我相信总能学会。她按照报纸上的广告，一个人去找房子，找了几处都远在郊外。

有一次，他们散步"探险"时，杨绛发现高级住宅区有一个招租广告，再去看又不见了。她不死心，一人独自闯去，先准备好一套道歉的话，就大着胆子去敲门。开门的是女房主达蕾女士——一位爱尔兰老姑娘。她不说有没有房

---

① 杨宪益：《回忆钱锺书兄》，载《书摘》2018年第3期，又见氏著《杨宪益自传》，北京：人民日报出版社，2010年2月第1版，第335—338页。

子出租,只把她打量了一番,又问了些话,然后就带她上楼去看房子。

房子在二楼。一间卧房,一间起居室,取暖用电炉。两间屋子前面有一个大阳台,是汽车房的房顶,下临大片草坪和花园。厨房很小,用电灶。浴室里有一套古老的盘旋水管,点燃一个小小的火,管内的水几经盘旋就变成热水流入一个小小的澡盆。这套房子,在杨绛看来是挖空心思从大房子里分隔出来的,由一座室外楼梯下达花园,另有小门出入。她问明租赁的各项条件,第二天就带了丈夫同去看房。

那里地段好,离学校和图书馆都近,过街就是大学公园。而住在老金家,浴室厕所都公用。虽然房子的房租、水电费等种种费用,加起来得比老金家的房租贵,但这不怕,只要不超出预算就行,杨绛的预算是宽的。

钱锺书看了房子也喜出望外,他们和达蕾女士订下租约,随即便通知老金家。他们在老金家过了圣诞节,大约新年前后搬入新居。他们先在食品杂货商店定好每日的鲜奶和面包。牛奶每晨送到门口,放在门外。面包刚出炉就由一个专送面包的男孩送到家里,正是午餐时。鸡蛋、茶叶、黄油,以及香肠、火腿等熟食,鸡鸭鱼肉、蔬菜水果,一切日用食品,店里应有尽有。他们只需到店里去挑选。店里有个男孩专司送货上门;货物装在木匣里,送到门口,放在门外,等下一次送货时再取回空木匣。他们也不用当场付款,要了什么东西都由店家记在一个小账本上,每两星期结一次账。

杨绛已记不起他们是怎么由老金家搬入新居的。只记得新居有一排很讲究的衣橱,她怀疑这间屋子原先是一间大卧室的后房。新居的抽屉也多。他们搬家大概是在午后,两人学会了使用电灶和电壶。一大壶水一会儿就烧开。他们借用达蕾租给他们的日用家具,包括厨房用的锅和刀、叉、杯、盘等,对付着吃了晚饭。搬一个小小的家,也着实让他们忙了一整天,收拾衣物、整理书籍,直到夜深。钱锺书劳累得倒头就睡着了,杨绛则累得睡都睡不着。

在他们住入新居的第一个早晨,"拙手笨脚"的钱锺书大显身手。杨绛因入睡晚,早上还没有醒。他一人做好早餐,用一张床上用餐的小桌把早餐直端到她的床前。居然做得很好,还有黄油、果酱、蜂蜜。她可从没吃过这样的早饭!

杨绛他们搬入达蕾出租的房子,有了自己的厨房,钱锺书就想吃红烧肉了。由于俞大缜、俞大䌽姊妹及其他男同学对烹调都不内行,却好像比杨绛略懂得一些。他们教杨绛把肉煮开,然后把水倒掉,再加生姜、酱油等作料。生姜、酱油都是中国特产，这在牛津是奇货，而且酱油不鲜，还又咸又苦。他们的厨房用具也是"很不够的"——买了肉，只好用大剪子剪成一方一方，然后照俞氏教的办法烧。两人站在电灶旁，使劲儿煮——也就是开足电力，汤煮干了就加水，横竖就是烧不烂。事后，杨绛忽然想起她妈妈做橙皮果酱是用"文火"熬的。对呀，凭自己粗浅的科学知识，也能知道"文火"的名字虽文，力量却比强火大。

在下一次做红烧肉的时候，杨绛买了一瓶雪利酒，权当黄酒用，用文火炖肉，汤也不再倒掉，只撇去沫子。这次红烧肉居然做得不错，看到钱锺书吃得挺快活的，杨绛心里别提有多高兴呢！

杨绛以为，自己"搬家是冒险，自理伙食也是冒险，吃上红烧肉就是冒险成功。从此一法通、万法通，鸡肉、猪肉、羊肉，用'文火'炖，不用红烧，白煮的一样好吃"。所以，她把嫩羊肉剪成一股一股细丝，两人站在电灶旁边涮着吃，然后把蔬菜放在汤里煮来吃。杨绛又想起曾看见过厨房里怎样炒菜，也学着炒，蔬菜炒的比煮的好吃。一次，店里送来了扁豆，因为不识货，一面剥，一面还嫌壳太厚、豆太小。她忽然省悟，这是专吃壳儿的，是扁豆，便焖了吃，颇为成功。店里还有带骨的咸肉，可以和鲜肉同煮，咸肉有火腿味。熟食有洋火腿，不如我国的火腿鲜。至于猪头肉，杨绛向来认为"不上台盘"的：店里的猪头肉是制成的熟食，骨头已去净，压成一寸厚的一个圆饼子，嘴、鼻、耳部都好吃，后颈部嫌肥些。还有活虾。她很自信地说：

"得剪掉须和脚。"

她刚剪得一刀，活虾在她手里抽搐，她急得扔下剪子，扔下虾，逃出厨房，又走回来。钱锺书问她怎么了。她说：

"虾，我一剪，痛得抽抽了，以后咱们不吃了吧！"

钱锺书跟杨绛讲道理，说道，虾不会像你这样痛，他还是要吃的，以后可由他来剪。

就这样，他们玩着学做饭，觉得很开心。钱锺书吃得饱了，也很开心。那段时间，杨绛夫妇俩真的很快活，好像自己打出了一个天地。

对这些发生在半个多世纪前的往事，杨绛一直记忆犹新。除了在《我们仨》里真真切切地缕述一遍，还向晚辈当面交代。据外语教学与研究出版社综合事业部总经理姚虹介绍："先生的记忆力极佳。曾在一个初春的夜晚，听先生讲述与钱锺书先生在牛津大学留学的经历，对于他们曾经生活过的地方，先生如数家珍,不但记得周边街道的名称,而且清楚地记得居住过的寓所的门牌号码,甚至还手绘了一幅区域方位简图。后来拿着简图到牛津按图索骥,居然没有任何偏差,并顺利拍了一组照片给先生留念。"①

三

前述杨家的一位常客是向达。向达有时嘀咕在休士牧师家天天吃土豆,顿顿吃土豆。于是,杨绛请他一起吃饭。

司徒亚是杨家的另一位常客,他是钱锺书同一学院同读 B. Litt. 学位的同学,他和钱锺书最感头痛的功课共两门,一门是古文书学,另一门是订书学。课本上教怎样把整张大纸折了又折,课本上画有如何折叠的虚线。

但他们俩怎么折也折不对。两人气得告状似的告到杨绛面前,说课本岂有此理。杨绛是女人,对折纸钉线类事较易理解。她向他们指出正好折反了。课本上画的是镜子里的反映式。两人这才恍然,果然折对了。他们就拉她一同学古文书学。她找出一支耳挖子,用针尖点着一个个字认。例如"a"字最初是"α",逐渐变形。

他们的考题其实并不难,只要求认字正确,不计速度。考生只需翻译几行字,不求量,但严格要求不得有错,错一字则倒扣若干分。钱锺书慌慌张张,没看清题目就急急翻译,把整页古文书都翻译了。他把分数赔光,还欠下不知多少分,只好不及格重考。但是,他不必担忧,补考准能及格。所以考试完毕,他也如释重负。

这一学年,杨绛觉得这是她生平最轻松快乐的一年,也是她最用功读书的一年,除了想家想得苦,此外可说无忧无虑。

过了一段时间,他们和房东达蕾女士约定,假后还要回来,届时住另一套稍大的房子,因为另一家租户将要搬走了。他们就把行李寄放她家,轻装出去度假,到伦敦、巴黎"探险"去。

杨绛他们第一次到伦敦时,钱锺书的堂弟钱锺韩带他们参观大英博物馆和几个有名的画廊及蜡像馆等处。那个暑假,钱锺韩一人骑着一辆自行车旅游德国和北欧,并到工厂实习。钱锺书只有佩服的份儿,他只会和夫人一起"探

---

① 姚虹:《我所认识的杨绛先生》,周绚隆主编《杨绛,永远的女先生》,北京:人民文学出版社,2016年12月第1版,第236页。

险"——从寓所到海德公园,又到托特纳姆路的旧书店;从动物园到植物园;从阔绰的西头到东头的贫民窟;同时也见了一些同学。

在巴黎,杨绛他们遇到的同学更多。晚年的杨绛已不记得是在伦敦还是在巴黎,钱锺书接到政府当局打来的电报,派他做一九三六年"世界青年大会"的代表,到瑞士日内瓦开会。代表共三人,钱锺书和其他二人不熟。他们在巴黎时,不记得经何人介绍,一位住在巴黎的中国共产党党员王海经请他们吃中国馆子。他请杨绛当"世界青年大会"的共产党代表。

对此,杨绛很得意。因为这次她和钱锺书同到瑞士去,有她自己的身份,不是跟去的。钱锺书和她随着一群共产党的代表一起行动。他们开会前夕,乘夜车到日内瓦。

杨绛夫妇俩和陶行知同一个车厢,三人一夜谈到天亮。陶行知还带杨绛走出车厢,在火车过道里,对着车外的天空,教她怎样用科学方法指认天上的星星。

在"世界青年大会"开会期间,杨绛夫妇这两位大会代表遇到可以溜走的机会,一概逃会。日内瓦风光旖旎,素有"万国之都"的美誉。他们在高低不平、窄狭难走的山路上,"探险"到莱蒙湖边,"企图"绕湖一周。但愈走得远,湖面愈广,没法儿走一圈。钱锺书作诗吟,分外浪漫多情:

莱蒙湖边即目

瀑边渐沥风头湿,
雪外嶙岣石骨斑。
夜半不须持挟去,
神州自有好湖山。①

但是对重要的会,杨绛夫妇并不溜号。例如中国青年向世界青年致辞的会,他们都到会。上台发言的,是共产党方面的代表。英文的讲稿,是由钱锺书撰写的,发言的反响还不错。

杨绛夫妇从瑞士回到巴黎后,在巴黎游览了一两个星期。

当时,他们有几位老同学和朋友在巴黎大学上学,如杨绛在清华同班上法

---

① 钱锺书:《槐聚诗存》,北京:生活·读书·新知三联书店,1995年3月第1版,第7页。

文课的盛澄华。

据说，如要在巴黎大学攻读学位，需有两年学历。巴黎大学不像牛津大学有"吃饭制"保证住校，不妨趁早注册入学。所以，他们在返回牛津之前，就托盛澄华为他们代办注册入学手续。一九三六年秋季始业，他们虽然身在牛津，却已是巴黎大学的学生了。

钮先铭在《记钱锺书夫妇》一文中追述了他们在巴黎相遇的过程，从中我们略知钱氏夫妇的行踪：

一九三六年，我和程思进——程天放先生的令侄，同住在巴黎多纳福街的小公寓里，位置在巴黎大学的后方，是学生的聚散地，五区又名拉丁区，本是法国的文化中心。

有一天我与思进刚将走出公寓的门堂，看见一对夫妇也走进来，正用着英语在商量着想租一间公寓。都是东方人的面孔，男的留着一小撮希特拉式的胡子，女的梳的是马桶盖的娃娃头。二十多岁的一对青年，这种打扮，人在法国，而说英语，真是不伦不类！因之引起了我和思进的注意，认为是日本人，我和思进都曾留学过日本。

这就是钱锺书和杨季康一对夫妇。从此，我们四人就做了好朋友。但时间不长，因为锺书夫妇是从英伦来度假，藉以搜集一点法国文学的资料。我们的友谊进展很快。思进学理科，我学军事，钱氏夫妇学文学，各人的知识有相互交流的新鲜，地域跨越欧亚和日本、法国、英伦的国界，有摆不完的龙门阵！有一点是我们这四人帮所共同的，那就是我们对中国古典文学的欣赏。

记得正逢七夕，我们一同到罗衡、张帮贞两位女同学所住的地点罗帮森森林去赏月；锺书从他厚厚的近视眼镜仰望着满天星斗，高兴地说：

"月亮不仅外国圆，星星也比中国亮；你们看，牛郎正吹着横笛，是 CharlesCamille Saint—Saens 所作的曲子……"

"珊珊斯是谁？"我问着。

"是法国的作曲家，所作曲子，最有名的是《死的舞蹈》。这回是杨季康的答复。"

锺书不理会他太太的插嘴，反过来对我说：

"老钮，你谱《鹊桥仙》的调子写一首词，让老程来画张画，我来写题词。"

"好！我填词！"我说着，同时我就念了两句《鹊桥仙》的词：两情若是久长时，又岂在朝朝暮暮？

"胡扯，那是秦少游写的，我要你作。锺书还是盯着我。"

我对词根本没有修养，只好岔开说："季康，我们三个大男人都有任务，你呢？这不公平！"

"我呀！只要和锺书朝朝暮暮相会就够了！"季康拉着锺书的手，圆圆的脸，笑起来像个洋娃娃。

青年时代的钱锺书，对文学有一股奔放的思想，对于东西双方的文化都有极深的造诣，季康也不赖，真是一对天上的仙侣、人间的鸳鸯，而却是只羡鸳鸯不羡仙！①

这里提及的钱锺书所写的五律，不知是否还存世。不过，我们今天在《槐聚诗存》中倒可以读到以下两阕诗作。

巴黎咖啡馆有见

评泊包弹一任人，
明灯围里坐惜惜。
绝怜浅笑轻颦态，
难忖残羹冷炙心。
开镜凝装劳屡整，
停觞薄酒惜余斟。
角张今夜星辰是，
且道宵深怨与深。

清音河上小桥晚眺

万点灯光夺月光，

---

① 钮先铭：《记钱锺书夫妇》，见沉冰主编《不一样的记忆：与钱锺书在一起》，北京：当代世界出版社，1999年8月第1版，第84—85页。

一弓云畔挂昏黄。
不消露洗风磨皎,
免我低头念故乡。
电光撩眼烂生寒,
撒米攒星有是观。
但得灯浓任月淡,
中天尽好付谁看？①

从这些诗作里,我们或许能看到杨绛与钱锺书在巴黎的所作所为、所思所想。作为海外学子,他们的心始终向往着祖国母亲。

度假返回牛津后,杨绛发现达蕾女士这次租给他们的房间比上次的更好。他们的澡房有新式大澡盆,不再用那套古老的盘旋管儿。不过,热水是电热的,一个月后,他们方知电费惊人,赶忙节约用热水。

杨绛还继续承担照顾钱锺书生活的重担,她围上围裙卷起袖口,每天都要张罗两人的饭菜。她把做午饭作为自己的专职,钱锺书只当助手。她有时想,假如我们不用吃饭,就更轻松快活了。可是,钱锺书不同意。他说,他是要吃的。神仙煮白石,吃了久远不饿,多没趣呀,他不羡慕。

不过,钱锺书还是看在眼里,疼在心上。他很担心爱人容貌受损,便幻想着古代传说中的仙人,能给一服"辟谷方",可以不用吃饭而长命百岁,他作诗说："卷袖围裙为口忙,朝朝洗手做羹汤。忧卿烟火熏颜色,欲觅仙人辟谷方。"读来情意浓郁,趣味盎然。

其实,电灶并不冒烟,他也不想辟谷。他在另一首诗里则说"鹅求四足鳖双裙",他们却是从未吃过鹅和鳖。钱锺书笑她死心眼儿,作诗不过只是作诗而已。

钱锺书几次对他的夫人说,我教你作诗。杨绛总是认真地说："我不是诗人的料。"

杨绛后来说,她做学生时期,课卷上作诗总得好评,但那是真正的"押韵而已"。她爱读诗,中文诗、西文诗都喜欢,也喜欢和丈夫一起谈诗论诗。他们也常常一同背诗。他们发现,如果同把某一字忘了,左凑右凑凑不上,那个字准是全诗最欠妥帖的字;妥帖的字有新性,忘不了。

---

① 钱锺书:《槐聚诗存》,北京:生活·读书·新知三联书店,1995年3月第1版,第13—14页。

返回牛津后,杨绛怀孕了。成了家的人一般都盼个孩子,杨绛夫妇也不例外。钱锺书谆谆嘱咐杨绛说:"我不要儿子,我要女儿——只要一个,像你的。"而杨绛心里对于"像你的"并不满意,她想要一个像钱锺书一样的女儿。他们的女儿确实像钱锺书,不过,这是后话了。

起初,杨绛以为肚里怀个孩子,可不予理睬。但怀了孩子,方知得把全身最精粹的一切贡献给这个新的生命。钱锺书在这年年底在日记上形容夫人:"晚,季总计今年所读书,歉然未足……"并笑说她,"以才援而能为贤妻良母,又欲作女博士……"

玩笑归玩笑,钱锺书还是很郑重其事,很早就陪杨绛到产院去定下单人病房并请女院长介绍专家大夫。院长问:"要女的?"

钱锺书回答说:"要最好的。"

女院长就为他们介绍了斯班斯大夫。斯班斯家的花园洋房离杨家的寓所不远。

斯班斯大夫说,杨绛将生一个"加冕日娃娃"。因为他预计娃娃的生日,适逢乔治六世加冕大典(五月十二日)。但他们的女儿对英王加冕毫无兴趣,也许她并不愿意到这个世界上来。

杨绛十八日进产院,十九日竭尽全力也无法叫她出世。大夫为她用了药,让她安然"死"去。等她醒来,发现自己像新生婴儿般包在法兰绒包包里,脚后还有个热水袋。肚皮倒是空了,浑身连皮带骨都痛,动都不能动。

杨绛问身边的护士:

"怎么回事儿?"

护士说:

"你做了苦工,很重的苦工。"

另一护士在门口探头。她很好奇地问杨绛:

"你为什么不叫不喊啊?"

护士眼看她痛得要死,却静静地不吭一声。

杨绛说:"叫了喊了还是痛啊。"

她们越发奇怪了:"中国女人都通达哲理吗?""中国女人不让叫喊吗?"

一位护士抱来娃娃给杨绛看,说娃娃出世已浑身青紫,是她拍活的。据说,娃娃是牛津出生的第二个中国婴儿。当时,杨绛还未十分清醒,无力说话,又昏昏睡去。

钱锺书这天来看了夫人四次。她是前一天由汽车送进产院的。她的寓所离产院不算太远,但公交车都不能到达。钱锺书得横越几道平行的公交车路,所以只好步行。他上午来,知道得了一个女儿,医院还不让他和夫人见面。第二次来,知道夫人上了闷药,还没醒。第三次来见到了他的夫人,这时杨绛已从法兰绒包包里解放了出来,但是还昏昏地睡,无力说话。第四次是午后茶之后,她已清醒。护士特地把娃娃从婴儿室里抱出来让爸爸看。

钱锺书仔仔细细看了又看,看了又看,然后得意地说:"这是我的女儿,我喜欢的。"

女儿长大后,母亲把爸爸的"欢迎辞"告诉她,她很感激。

杨绛得知丈夫是第四次来,已来来回回走了七趟,怕他累坏了,嘱他坐汽车回去。

他们的女儿钱瑗,初名健汝,小名阿圆。阿圆懂事后,每逢生日,钱锺书总要说,这是母难之日。

出院前两天,护士让杨绛乘电梯下楼参观普通病房——一个统①房间,三十二个妈妈,三十三个娃娃,一对是双生。护士让她看一个个娃娃剥光了过磅,一个个洗干净了又还给妈妈。娃娃都躺在睡篮里,挂在妈妈床尾。她很羡慕娃娃挂在床尾,因为她只能听见阿圆的哭声,看不到孩子。护士教她怎样给娃娃洗澡穿衣。她学会了,只是没她们快。

钱锺书这段时期只好一个人过日子,每天到产院探望,常苦着脸对杨绛说"我做坏事了"。原来,他打翻了墨水瓶,把房东家的桌布染了。

杨绛说:"不要紧,我会洗。"

"墨水呀!"

"墨水也能洗。"

他就放心回去。然后他又"做坏事了",把台灯砸了。

杨绛问明是怎样的灯,她说:

"不要紧,我会修。"他又放心回去。

下一次他又满面愁虑,说是把门轴弄坏了,门轴两头的门球脱落了一个,门不能关了。杨绛说:"不要紧,我会修。"他又放心回去。

正由于杨绛说"不要紧",他真的就放心了。因为他很相信杨绛说的"不要

---

① 两间以上的房间连在一起,没有隔墙。

紧"这句话。他们在伦敦"探险"时,钱锺书额骨上生了一个疔。杨绛也很着急。有人介绍了一位英国护士,她教杨绛做热敷。

杨绛安慰钱锺书说:

"不要紧,我会给你治。"

杨绛认认真真地每几小时为他做一次热敷,不出几天,就把粘在纱布上的最后的东西连根拔去,他的脸上没留下一点疤痕。他感激之余,对杨绛所说的"不要紧"深信不疑。

杨绛夫妇对女儿十分疼爱,据说在钱瑗身上发生过这样一件事,家人收到这个出生不久的婴儿的照片,发现她睡的"摇篮"竟是一只书桌的抽屉,可见当时他们生活的忙碌程度。杨绛夫妇一生只生育了一个女儿,当时并未实行计划生育政策,据说事出有因。杨绛告诉我们:"锺书的'痴气'也怪别致的。他很认真地跟我说:'假如我们再生一个孩子,说不定比阿圆好,我们就要喜欢那个孩子了,那我们怎么对得起阿圆呢。'提倡一对父母生一个孩子的理论,还从未讲到父母为了用情专一而只生一个。"①杨绛的话,我们当然不能不听。但放眼当时的社会现实,他们没有生第二个孩子,毕竟与那个大灾大难的时代大有关系。

杨绛夫妇的生活尽管忙乱,然而钱锺书的"痴气"时而"发作",为生活平添了几分欢乐。杨绛介绍说:"锺书的'痴气'书本里灌注不下,还洋溢出来。我们在牛津时,他午睡,我临帖,可是一个人写写字困上来,便睡着了。他醒来见我睡了,就饱蘸浓墨,想给我画个花脸。可是他刚落笔我就醒了。他没想到我的脸皮比宣纸还吃墨,洗净墨痕,脸皮像纸一样快洗破了,以后他不再恶作剧,只给我画了一幅肖像,上面再添上眼镜和胡子,聊以过瘾。"

不久,钱锺书顺利地通过了论文口试。同届一位留学牛津大学的庚款生,口试后很得意地告诉钱锺书说,"考官们只提了一个问题,以后就没有谁提问了。"不料,他的论文还需重写。与钱锺书同一学院的英国朋友,论文口试没能通过,就没得学位。钱锺书领到一张文学学士文凭。他告别牛津大学的好友,摒挡行李,一家三口就前往法国巴黎。这一情形,都是杨绛在《我们仨》一书中披露的。

而在此前说钱锺书所获学位是"副博士"的,也是杨绛。她在《记钱锺书与〈围城〉》一书中描绘其丈夫时,曾经写道:"1935年考取英庚款到英国牛津

---

① 杨绛:《记钱锺书与〈围城〉》,见《杨绛作品集》(第二卷),北京:中国社会科学出版社,1993年10月版,第151页。

留学，1937年得副博士（B. Litt.）学位。"后来，一些钱锺书的传记便跟着这么说。

但是，很快便有学者指出，B. Litt.是文学学士，而不是"副博士"。上海社会科学院的张文江在《钱锺书传》中说据裘克安《牛津大学》一书认定："这一学位即高级文学学士，和文学硕士相当。"但这一说法没有被采用，有关钱锺书的传记依然沿袭"副博士"的讲法。

接着，中国社会科学院研究员李洪岩和大连市图书馆的学者范旭仑提出了更加详细的佐证。他们在合著的《为钱锺书声辩》一书中，主要提出了五大理由声辩：

第一，钱锺书的父亲钱基博在家谱中说儿子获得的是"文学士学位"。第二，美国学者夏志清在《重会钱锺书纪实》中也说钱锺书拿的是文学士（B. Litt.）学位。第三，黄延复《钱锺书在清华》一文说，钱锺书于一九三八年一月与华罗庚一起被聘为清华教授，当时都没有博士头衔。第四，"副博士"原本是苏联设置的一种学位，英国的牛津大学不可能颁发。第五，在牛津大学获得B. Litt.的还另有人在，如史学家杨人楩，却承认这只是"文学士（B. Litt.）学位"。①

应该说，李洪岩和范旭仑的"考证"是无懈可击的，但是却引来一场强烈的人身攻击。有人说他们这样做是不怀好意，有人说他们只会纠缠于鸡毛蒜皮，更有人说他们这样做是为了报复杨绛。但是，对他们所提出的证据，攻击者却没有任何的辩驳。

值得注意的是，钱锺书去世后，新华社于一九九八年十月二十日发的电讯，在讲到钱锺书牛津留学一事时，只说"获B. Litt.（Oxon）学位"，没有给出相应的中文译名，已经含蓄地进行了纠正。

诚如李洪岩、范旭仑在《为钱锺书声辩》一书中所说："当然，学位对钱先生来说本无所谓。文凭只仿佛亚当、夏娃下身的那片树叶，只有需要遮羞包丑的人才用得着；小小一方纸能把一个人的空疏、寡陋、愚笨都掩盖起来。顾事关德性真理，则B.与D.之一出一入，岂曰小德乎哉！"②

对于钱锺书在英国牛津大学所获得的学位，杨绛后来亲自出来公开予以澄清，指出并非民间所传的副博士，而是学士学位。

---

① 李洪岩、范旭仑：《为钱锺书声辩》，天津：百花文艺出版社，2000年1月第1版，第207—208页。
② 李洪岩、范旭仑：《为钱锺书声辩》，天津：百花文艺出版社，2000年1月第1版，第208页。

据《人民日报》的报道称,二〇〇一年九月七日,杨绛向清华大学捐献自己和钱锺书的稿费,设立"好读书"奖学金。在仪式进行当中,主持人介绍钱锺书的生平,提到他曾获得过牛津大学文学副博士学位,杨绛坦然而又坚决地纠正说:"不是副博士,是学士学位。"①

杨绛的这一公开澄清,平息了钱锺书所获学位到底为何的争论。这场掺杂了人身攻击的争论曾经引起读书界的广泛关注。

事情过去二十多年,曾任钱锺书生前所在的中国社会科学院文学研究所所长的陆建德又旧事重提:"学位与才具、成就往往是不相干的。钱锺书是不世出的奇才,谈他的学位有点无聊,但是曾有人对钱锺书的学位感兴趣,不妨再啰唆几句。一九二六年,英国议院决定将尚未收取的庚子赔款退还中国,用于教育事业和基础建设。钱锺书一九三三年毕业于清华大学文学院外文系,南下上海光华大学执教,成为父亲钱基博的同事。当时中英庚款委员会规定,奖学金申请者必须具备服务社会两年的经历。一九三五年,钱锺书符合条件,考取庚款赴牛津留学,入艾克赛特(也译成埃克塞特)学院。根据杨绛的记述,钱锺书'一九三七年得副博士(B.Litt.)学位,然后到法国,入巴黎大学进修'(《记钱锺书与〈围城〉》,湖南出版社1986,第3页)。这篇文章收入《将饮茶》(1987)时,杨绛把'副博士'改成'文学学士'。上世纪五六十年代,我国高校一度模仿苏联体制,研究生称'副博士',将'B.Litt.'翻译成'副博士'是合适的。笔者猜测,钱锺书档案里的自填履历上,或会有"副博士"的学衔。《新英汉大词典》收有'B.Litt.'的词条,标明它是Bachelor of Letters或Bachelor of Literature的缩写,附拉丁文原文,并译成'文学学士'。《新牛津英汉双解词典》该词条译名同。国内普通读者不了解牛津大学的学衔,会从译名产生误解。在二十世纪三四十年代的牛津读'B.Litt.',不仅要交一篇分量重的论文,还得参加一些考试,难度是很大的。王佐良1947年获英国庚款资助,也在牛津读'B.Litt.'。他所属的墨顿学院当时有位只读了牛津英文本科的托尔金教授,得闲就写玄幻小说,后因《指环王》系列作品拍成大片而全球扬名。巧的是托尔金本科时在艾克赛特学院求学,也是钱锺书的院友。钱锺书和王佐良两位牛津'文学学士'的中英文修养是令现在的博士企慕的。"②

这里还需要纠正一个误传。二〇一九年七月三十日上海《文汇报》第11版

---

① 刘江:《"好读书"和杨绛》,《人民日报》,2001年9月27日。
② 陆建德:《钱锺书同时代的几位B.Litt.》,《文汇报》,2020年6月22日。

《阅读》刊登《大家小史皆成趣———一份对文化大家的另类观察》，其编者按称："当代世界出版社日前出版的《大家小史：近代大师那些事儿》一书，通过记叙110余位大家们点滴鲜为人知的趣事，通过他们生活、工作、学习的细节和言行，入木三分地展现了一代中国知识分子的性格、智慧和品质。小事里有大学问，《大家小史》的作者查询和核实了大量历史、文字记录，为我们提供了一份晚近文人的另类观察：他们既是一代文化脊梁，又有着自己的个性、好恶，甚至缺点也栩栩如生、颇有意趣。更有意思的是，大家们彼此多有交集，形成了一个文人朋友圈。"由帕帕拉佐摘编整理书摘内容有，"一九三三年钱锺书大学毕业后，伦敦大学请他到英国去讲英国文学，一个中国人去英国讲英国文学，这在伦敦大学的校史上是从未有过的"①。

这一"美丽"却是错误的传说，出自钱锺书的清华同学吴组缃之口，早在钱锺书生前即被指谬误。时隔几十年了，《文汇报》却仍在重复误传，确实令人遗憾。

据范旭仑披露："一九三三年毕业后，伦敦大学请钱先生讲英国文学。这是非常了不起的。在英国讲英国文学，一般人岂非班门弄斧？"钱批："英国大学里到现在还没有让中国人或英籍华人充当中国文学教授；而六十年前要一个学未毕业（是一九三二，不是一九三三）的中国青年人去教授英国文学！稍有常识的人读了会笑掉牙齿！"吴组缃确实记错了，是一九三二年十月温源宁打算介绍钱先生到伦敦大学东方文学院教中国语文。这事儿钱先生当时就飞快地告诉父亲——"得汝航空快信，悉温源宁师欲介绍往伦敦大学东方文学院教中国语文。去不去又是一说，而温师此番有意玉汝于成总属可感。然儿勿太自喜！"（见钱基博《谕儿锺书札两通》，《光华大学半月刊》一九三二年十二月号）《国立清华大学年刊一九三二》也记载了："级友钱君锺书更以中西文学兼优，荣膺英国伦敦大学文学讲师焉。"②

作为钱锺书的清华同学，吴组缃有关钱锺书的逸事传闻，对年轻一辈的学人，还谈论不少。比如陈丹晨也听到他的老师吴组缃说起钱锺书在的清华旧闻趣事，撰文在海外发表，却引起钱锺书的误会。据陈丹晨回忆：

一九九〇年四月七日，我在北大西门外的畅春园饭店参加一个颁奖

---

① 类似传说亦载牟晓明、范旭仑编《记钱锺书先生》，大连：大连出版社，1995年11月第1版，第124页。
② 范旭仑：《钱锺书批注〈吴组缃畅谈钱锺书〉辨正》，《中华读书报》，2002年6月26日。

会后的聚餐，见到了久未问候的老师林庚先生和吴组缃先生，当然很开心。恰好与吴先生同席邻座，不免话多了一些。我也就当闲话笑着问："吴先生当年您与曹禺、钱锺书先生都是清华同学。有一次，我问钱先生关于曹禺的事，他竟然说根本没有看见他。这话比看不起还厉害。"吴先生听了也就是接着我的话随便聊嘛："钱锺书确是很骄傲的。他连他爸爸都有批评。不过他这个人确实看书多，有学问。"于是他在席间对着大家讲了当年钱先生信手开了四十几本英文（淫）书目等两个段子，证明钱锺书确实博览群书。

就在这稍后，有老友N为香港左翼报刊组稿，邀我写一篇关于钱先生的访谈。我因为很久没有去钱府，也知道钱先生关照过不许再写他，所以不是太想接受此事，但因为是老朋友难得要我做一点事，我又不好回绝。于是迟迟疑疑过了好几个月才去看望钱先生和杨先生。为了使稿子内容多点趣味，把吴先生说的两个段子也插叙在里面。事后把稿寄给了N。

那时，我每隔些时间就给《大公报》寄二三篇小文，陆续刊出后我又会寄去二三篇。自从关于钱先生的稿刊出后，其他稿件搁在《大公报》没有消息，常联系的责编马文通兄也没有回音。我深以为怪。时间长了，我问驻京办事处主任巩双印兄，他答应向报社询问，后来告诉我什么问题都没有；但却仍说不清楚是怎么一回事。我心里好纳闷。

有一次，我与也常给《大公报》写稿的邵燕祥兄说起此事。他好像耳闻到一点信息，说："你不妨问问舒展，也许他知道。"《人民日报》编辑、杂文家舒展与钱先生好像也有很多联系，他就是最早提出钱先生是"文化昆仑"的创意者；那时他正多次托我介绍、传递稿件给香港报纸，还要我转请报馆发的稿费港币不要折成人民币，等等。我都随即陆续帮他办了。所以我打电话给他，直接问他是否知道我的稿件滞留报社的原因。他很明确回答我说："不知道！"我当然完全相信了。

一九九一年上半年，有一晚王蒙打电话给我，说他最近从国外访问刚回北京。路过香港时，《大公报》社长杨奇请他吃饭，副刊马文通等编辑作陪。席间谈起我的稿子，说是因为引用了吴组缃先生说的段子，钱先生很不满意，说完全是失实的，没有的事。舒展传的话，他们为了这事感到很伤脑筋，不敢对我直言。

王蒙说："我告诉你这事，你心里明白就好了，就不用再去跟别人说什么。其实我觉得这也不是什么了不得的大事。名人难免会被人议论、传播一些事；像这种事有也好，没有也好，无所谓。这会儿，如果有人说我一下子能开出四十几本中文的黄书，不管是不是真的，我不会觉得不高兴。都是成人嘛，都是作家嘛，这不是什么问题。"

这时，蒙在鼓里半年多的我才恍然大悟：原来是为了这个事，原来是舒展传的话。我觉得王蒙说得很豁达在理。我既然知道了事情的原委，也就安心不想此事了。直到一九九一年秋天，我应香港中文大学邀请作三个月的学术访问。到了香港后，有一天到《大公报》找马文通兄，对他直言提出批评："这事应该告诉我。我是你们的老作者了，作为编辑和作者的关系也应告诉我，弄清事情真相，商量应对的办法。怎么可以杳无音信让我蒙在鼓里。"

文通兄再三向我抱歉，并说："我们也没有办法。信是舒展转来的，信里说的很严厉，不信我把信拿给你看。"我说："我不看。信是写给你们的，我不看别人的信。"

文通兄把过程对我讲了，说了他们的难处。事情发生后，报社领导有点紧张，也很重视。杨奇社长还把我的稿子调了去看；看后退回来什么也没有说。分工管副刊的副总编辑陆拂为很不解说："丹晨是我的同学，我知道他平时写稿都很严谨的，不会乱写的。"文通兄说，他们曾到北京向钱先生当面谢罪道歉。既然是我给报社闯了祸，我也不能一味责怪他们。但是，我也因此几乎不再给他们写稿了。

一九九二年春，我从香港回来打电话给舒展，问他是否知道此事。舒展说："我不知道。"我说："听说你知道。"他竟厉声责问："谁说的？"我说："《大公报》。"对方顿时沉默了好一会儿。我说："我们也是老朋友了，有什么事你应该和我通个消息。尽管我是当面亲耳听吴先生说的，但钱先生有意见我无话可说。即使你不能在中间起点缓和的作用，劝说钱先生，至少应该让我这个当事人知道。"

舒展说："我是怕你知道了，弄得两位老先生都不高兴，甚至闹出事来。"

我说："你多少也了解我。我是这样的人吗？上次问你，你还说不知道。这不是对朋友应该有的。"

他默然，不再说什么。我也无话可说了。从此，我也不再提此事，也还觉得不便去向钱先生解释。

我的事情就这样悄悄地过去了,没有张扬为外界所知。没有想到一九九二年一月号《人物》杂志刊登了社科院李洪岩先生写的《吴组缃畅论钱锺书》的访谈文章,里面也说到吴先生对他谈起钱锺书开(淫)书单等两件轶事,内容与我所写的完全一模一样,引起了钱先生很强烈的反应。舒展在钱先生故去几年后在多家报刊对许多写钱先生文章的人痛斥为"因嫉妒而毁谤钱先生的小人",并公布了钱先生的批评辨正的意见:说"全无其事"。还有一位转达钱先生的意见,说吴"显系信口开河,嘘气成云"。这些话通过好几个渠道公之于众,又引起李洪岩、范旭仑等的辩驳。我与李、范两位素昧平生,只是读过他们研究钱先生的文章。有一次与罗新璋谈起,我们都认为他们两位是研究钱先生及其著作最为精到,成就最为显著的。李的文章也写得很漂亮。

我想:作为当事人,钱先生的意见应该得到尊重;不过至今我还是不明白他为什么对这样一件小事那么较真。吴先生是我的老师,以我与吴先生的接触,再加上北大学友们对吴先生的了解,都认为他是一位耿直而又严谨、声望很高的学者、作家,他似乎没有必要胡编乱造这些轶事。看来还是因为年代久远难免各人记忆有所出入。吴、钱两位老先生都已先后作古,这段公案也就毋须深究了!①

四

杨绛的治学兴趣,着重点还是在法国文学上。因此,在牛津大学最后一年,钱氏夫妇就请友人为他俩在巴黎大学注了册。

这样,杨绛与钱锺书便结伴来到巴黎。他们大概是在女儿圆圆出生后的第一百天的时候,由牛津乘火车到伦敦,换车到多佛港口,上渡船过海,到法国加来港登陆,进入法国国境,然后乘火车到巴黎,住入朋友为他们在巴黎近郊租下的公寓。

在杨绛的记忆中,他们的圆圆穿了长过半身的婴儿服,已是个蛮漂亮的娃娃。一位伦敦上车的中年乘客把熟睡的圆圆细细端详了一番,用双关语恭维说,

---

① 陈丹晨:《琐闻补叙》,《上海文学》,2018年第6期。

"a China baby"（一个中国娃娃），也可解作"a china baby"（一个瓷娃娃），因为中国娃娃肌理细腻，像瓷。这番话惹得杨绛颇为得意。

杨绛因钱锺书不会抱孩子，便把应该手提的打字机之类都塞在大箱子里。钱锺书两手提两只小提箱，杨绛抱不动娃娃的时候可和他换换手。渡轮抵达法国加来，港口管理人员上船，看见她抱着个婴儿立在人群中，立即把她请出来，让她抱着阿圆优先下船。满船渡客排成长队，挨次下船。

杨绛第一个到海关，很悠闲地认出自己的一件件行李。钱锺书随后也到了。海关人员都争看他们的"中国娃娃"，行李一件也没查。他们表示对中国娃娃的友好，没打开一只箱子，笑嘻嘻地一一画上"通过"的记号。对此，杨绛顿生好感：觉得法国人比英国人更关心并爱护婴儿和母亲。

巴黎大学历史悠久，创办的时间比牛津大学还早一个世纪，它的学风却比牛津宽松自由。杨绛体会到了两所大学的不同风格，不敢也不愿稍加松懈。

杨绛他们客居的公寓的主人名叫咖淑夫人，是一名退休的邮务员。她用退休金买下一幢房子出租，兼供部分房客的一日三餐。伙食很便宜，却又非常丰盛。她是个好厨师，做菜有一手。她丈夫买菜不知计较，买了鱼肉，又买鸡鸭。饭摆在她家饭间里，一大桌，可坐十数人，男女都是单身房客。杨绛他们租的房间有厨房，可是他们最初也包饭。替他们找到这所公寓的是留学巴黎大学的盛澄华。他到火车站来接他们，又送他们到公寓。公寓近车站，上车五分钟就到巴黎市中心了。

当时在巴黎的中国学生人数众多，过境观光的旅客不算，留学欧美而来巴黎度假的就很多。杨绛每次出门，总会碰到同学或相识。当时，寄宿巴黎大学宿舍"大学城"的学生，有一位H小姐住美国馆，一位T小姐住英国馆，盛澄华住瑞士馆。其他散居巴黎各区。

与杨绛经常来往的是林黎光、李伟夫妇。李伟是清华同学，中文系的，能作诗填词，毛笔字写得很老练。而林黎光专攻梵文，他治学严谨，正在读博士学位。他们有一个儿子和杨绛的女儿同年同月生。

杨绛听李伟说，某某等同学的孩子送入托儿所，生活刻板，吃、喝、拉、撒、睡都按规定的时间。她舍不得自己的孩子受这等训练。钱锺书当然也舍不得。

杨绛对门的邻居是公务员太太，丈夫早出晚归。她没有孩子，常来抱圆圆过去玩。她想把孩子带到乡间去养，就对杨绛说：

"乡间空气好，牛奶好，菜蔬也好。"她试图说服杨绛把孩子交托给她带到乡间去。她又说，你们去探望也很方便。

如果这话说在孩子出生之前，杨绛也许会答应。可是，孩子怀在肚里，倒不挂心，孩子不在肚里了，反叫她牵心挂肠，不知怎样保护才妥当。对门太太曾把圆圆的小床挪入她的卧房，看孩子能否习惯。圆圆倒很习惯，乖乖地睡到天亮，没哭一声。

杨绛夫妇两人却通宵未眠，他们牵心挂肠。好在对门太太也未回乡，因为她丈夫在巴黎上班。她随时可把孩子抱过去玩。他们夫妇需一同出门的时候，就托她照看。当然，他们也送她报酬。

杨绛夫妇在巴黎的生活比较自由自在——因为钱锺书通过了牛津大学的论文考试，如释重负。他觉得为一个学位赔掉许多时间，很不值得。他白费工夫读些不必要的功课，想读的许多书都只好放弃。因此，他常引用一位曾获牛津大学文学学士的英国学者对文学学士的评价："文学学士，就是对文学无识无知。"他从此不想再读什么学位。这种想法逐渐影响到杨绛，因此他们虽然继续在巴黎大学交费入学，但只按各自定的课程读书。

这样，杨绛和钱锺书白天除了上课，经常结伴出去坐一会儿咖啡馆，注意从社会上学习语言和汲取知识，或者一起逛逛旧书肆；晚上一般都回到公寓，不改旧习发奋读书，青灯黄卷长相伴，不亦乐乎。

前述那时在法国的中国人很多，有勤工俭学的，有来访问的。他们当中有吕叔湘、王礼锡、向达、徐訏、罗大冈、王辛笛、盛澄华等人。杨绛和钱锺书夫妇与他们时有过往，对此，诗人王辛笛为我们留下了点滴回忆。他说："一九三六年，我去英国爱丁堡大学进修，次年到巴黎短期度假，住在清华窗友盛澄华寓处。适巧锺书偕其夫人杨绛也由牛津来巴黎，同住在拉丁区，与盛处相去不远。澄华专攻纪德作品，并常就近向纪德本人请益（在抗战期间译出《伪币制造者》等问世），不同于一般留学生惟学位头衔是务，锺书对此颇有好感。大家在街头朝夕不期而遇，相视而笑，莫逆于心。"①

二十世纪三十年代之初，王辛笛与钱锺书同在清华大学外文系读书，钱锺书高王辛笛两班，在王辛笛印象中，钱锺书是当年全校闻名的才子，他天赋惊

---

① 王辛笛：《〈槐聚诗存〉读后》，见氏著《娜嬛偶拾》，上海：上海教育出版社，1998年11月第1版，第116页；又名《君子之交其淡如水》，见沉冰主编《不一样的记忆：与钱锺书在一起》，北京：当代世界出版社，1999年8月第1版，第158页。

人、才华出众。在校期间，他不仅所写诗文峥嵘，而且已能发表具有批判与识别眼光的考据文字，如发表在《清华周刊》上的许多书评与考据文章。

王辛笛说，在清华时，钱锺书"博闻强记，语妙天下，知人论世，往往谈言微中；即使有时入木三分，开罪于人，然问心无他，复出以谑讽，闻者也就一笑置之。我虽心仪其人，但以在校忙于学习，'恶补'古今中外经典，已感目不暇给，也就很少请教"①。

后来，王辛笛与钱锺书时有过往。曾与钱锺书在昆明西南联大比邻而居的施蛰存，就与钱锺书结伴造访王辛笛。据李劼撰文：

> 记得他曾说起过一段往事，他与钱锺书一起去造访诗人王辛笛。王辛笛请他们吃饭，还送给他们一人一本诗集。宾主道别之后，钱锺书私下里对他说，这个王辛笛，他的一只手在写诗，另一只手在做什么呀？王辛笛当时是个银行家，钱锺书的意思是暗示诗人的另一只手在赚钱。施先生对此很不以为然，说，钱锺书太刻薄。我还记得，有一次曾问起他对钱锺书小说《围城》的看法。老人回答说，一句话，洋才子说刻薄话。②

在李劼眼里，施蛰存是个有赤子之心的学者，他有时笑起来的神情，像个孩子一样。也是这样的单纯，施蛰存不喜欢过于世故的为人，不喜欢过于世故的文学。

杨绛记忆所及，钱锺书小说《围城》中的人物褚慎明即取材于这一时期在巴黎的相识。

事实上，继在牛津的两年之后，杨绛夫妇在法国巴黎的这一年也很重要，这不仅能使杨绛更深入地了解欧洲各国的文化习俗、风土人情及语言特点，而且更给她所掌握的多种欧洲语言提供了实地考察、运用和体味的良机。

诚如杨绛所云，钱锺书在巴黎的这一年，自己下功夫扎扎实实地读书。法文自十五世纪的诗人维容读起，到十八十九世纪，一家家读。德文也如此。他每日读中文、英文，隔日读法文、德文，后来又加上意大利文。这是爱书如命的钱锺书纵情读书的一年。他们初到法国，两人同读福楼拜的《包法利夫人》。

---

① 王辛笛：《〈槐聚诗存〉读后》，见氏著《嬗嫒偶拾》，上海：上海教育出版社，1998年11月第1版，第116页。

② 李劼：《施蛰存：生命在苦难中开花》，《粤海风》，2006年第6期。

他的生字比杨绛的多。但一年以后，他的法文水平远远超过了她。

杨绛夫妇交游不广，但巴黎的中国留学生多，他们经常接触到一个小圈子的人，生活也挺热闹。向达也到了巴黎，他仍是钱家的常客。林黎光好客，李伟能烹调，他们家经常请客吃饭。只这几个人，就够热闹的。

杨绛他们有时在大学城的餐厅吃饭，有时在中国餐馆吃饭。杨绛自认为两人不合群，也没有多余的闲工夫。咖淑夫人家的伙食也真丰盛，一道一道上，一餐午饭可消磨两个小时。他们爱惜时间，伙食又不合脾胃，所以不久他们就自己做饭了。

杨绛的女儿长得越来越乖，大人为她买了一只高凳，买一本大书——丁尼生的全集，字小书大，因没人要，很便宜。她坐在高凳里，前面摊一本大书，手里拿一支铅笔，学父母的样，一面看书一面在书上乱画。"锺书给他朋友司徒亚的信上形容女儿顽劣，地道是锺书的夸张。其实女儿很乖。我们看书，她安安静静自己一人画书玩。有时对门太太来抱她过去玩。我们买了推车，每天推她出去。她最早能说的话是'外外'，要求外边去。"杨绛如是说。

出国期间，杨绛与国内仍然保持着沟通和联系。苏州学者根据现存的三十年代刊物《振华校友》，披露相关情况：

《振华校友》的第六、七合刊，乃是振华女校卅周年的纪念特刊，由苏州振华女学校校友会编辑出版，出版于1937年4月，也是《振华校友》抗战前出版的最后一期。作为纪念特刊，就有着对振华三十周年办学的一个全面回顾，因此里面就有十七级的杨季康。

这是一本非卖品，用于赠予振华女校的历届毕业生。振华女校的学生毕业后，就是振华的当然校友，因此，只要是1937年前振华的毕业生，这里都能够找到。在这本刊物中，校长王季玉给同学们写了一封信，信中报告了振华毕业生的情况，其中有专门一节，讲国外校友，谈到了在英国学习的杨季康：

杨季康在英国曾有信来，此信虽已甚久，但我想诸君或者仍喜一观。今将此信附后。昨日其妹杨㭉来校，谈及季康不日将随钱先生至法国研究，且不日将做母亲。今尚能从事研究，如此好学，甚不容易。

"如此好学，甚不容易"，是王季玉校长的欣喜之语。作为女校的校长，培养出的学生，免不了为人妻，为人母，一旦出嫁，好学，确实值得欣喜，值得赞扬了。

杨绛给王季玉的信附在后面，这封信原是王季玉校长来函的复信，主要回答校长在信中提出的她关心的问题，乃是关于英国的教育现状。今抄录如下：

生来英后，于英法及吾国文学，致力甚勤，无一日间。自恨从前浮光掠影，未能探本穷源，冀于此三数年间，埋头秉烛，倘小子可造，庶几不负师门属望之殷也。二年后拟赴法国，小作研究；暂时计划如此，未知得如愿以偿否？

来示所讯各节，自惭门外汉，道听途说，一知半解，无以上益高明。牛津顽固陈旧，倚老卖老，教育乃新兴科学，不足挂齿，初无专门。剑桥尚有"教师训练班"（Training of school masters）及Bodleian图书馆，虽备有各种流行杂志，而以为通俗刊物，非高文典册之比，束置地室（Basement）不能公开浏览。伦敦《泰晤士报》每周有《教育副刊》（Education Supplement）迎合潮流；校中如已定阅此报，可供翻检，毋待他求。又有《教育杂志》（Journal of Education）注重学理，较为专门。生于此道，素未究心，所言必多不尽不实处，奈何奈何！英国学制，亦颇复杂，吾国步趋北美，更多格閡。大致初等学校，分教会与非教会两种（Denominational and Undenominational），皆强迫教育，不取学费，公家设立，分七班（Standards）。中等教育，名目繁多，有Grammar School, County School, Municipal School种种，皆公立。又有所谓Public School者，反非公立，较贵族化；相传人才多产此中。商务印书馆前出版一译本小说，曰《拉哥比在校记》（原名Tom Brown at school，译名颇欠斟酌。）拉哥比者，即英国有名Public Schools之一也。中等学校，凡分六班（Forms）。英伦三岛大学，数凡十八，制度各异，未遑殚述。若职业教育，则有所谓Technical College，生亦不甚了了。闻有《女子教育年报》（Girls School Year Book）记载详尽。山海之藏，取资不竭；师若得此书，诸问题迎刃自解。……

杨季康

廿五年三月

信未完全，主要分两部分，一述自己生活，另一回答王季玉校长的问题。杨绛在信中显得非常恭敬，看得出她对校长的爱戴，不但自称"生"，且凡提到王季玉校长——师，都空一格，以示敬意。第一次提到时，甚至换行顶格，是相当高的规格了。

在该期刊物中，有蒋恩钿的一篇《振华忆旧》，她在《振华校友》中属于第十八级学生，但她当年又是以特别生资格招入振华的，譬如蒋恩钿的国文是读高一，算学则是初三，英语是初二，她在文章第三节怀念振华旧友时，只写到了两个人，主要说了杨季康，还有一个是绮芸（按：左绮芸毕业后留振华校工作）。写杨季康的两节，乃是杨绛振华生活的真实写照，全录如下：

> 我已经说过，因为我是一个特别生的缘故，和许多同学都有过同班之谊，相熟的人也就比较多了。想起那些熟识的脸，我真愿时光倒流到十年前！让我在此世间，第一次识得深厚的友谊的是季康。我可以一点不含糊地记起，我们怎么认识起来，我们曾说过怎样痴呆的话。虽然那时振华的校舍，那样湫隘，那样少有赏心悦目的地方，然而它留给我们的是多少难于忘怀的回忆！那"豆腐干"大的操场上，我们踏着月，数着星星，多少痴话在嘴里流出。我们的心像云那样轻飘，我们的幻想，比五月的黄昏还绮丽。星辰偷换着，我们躲在振华的怀里度着欢欣不变的日月！
>
> 那时学校特允我课余可到校外散步。我同季康几人，常爱到天赐庄一带。特别是天赐庄的大河滩上，常有我们的足迹。几人一坐下，看水面来去的船，看隔岸的苇草，看闲飞的白鸽，看城墙上吐出的云霞，太阳已在西下了，我们再在说些诉不完，听不厌的梦话。等候着天上第一颗星从水底出现，这才一路迎着黄昏，走进满街灯火深处，回到学校。①

吴学昭的《听杨绛谈往事》曾经记载了不少杨绛的振华生活，而黄恽经过不懈地爬罗剔抉，所录的都是杨绛记忆之外的故事，这里引述不妨作为该书的一种补充。

---

① 黄恽：《杨绛先生百年——〈振华校友〉卅周年纪念特刊中的杨绛》，见氏著《钱杨撷拾：钱锺书、杨绛及其他》，北京：东方出版社，2017年4月第1版，第210—215页。

在留学英法期间,作为作家的杨绛仍在闲暇之时,进行文学创作,散文《阴》是其中的代表作,文质素淡,意蕴久远;落笔虽淡,动情却真。

一棵浓密的树,站在太阳里,像一个深沉的人,面上耀着光,像一脸的高兴,风一吹,叶子一浮动,真像个轻快的笑脸;可是叶子下面,一层暗一层,绿沉沉地郁成了宁静,像在沉思,带些忧郁,带些恬适。松柏的阴最深最密,不过没有梧桐树胡桃树的阴广大。疏疏的杨柳,筛下个疏疏的影子,阴很浅。几茎小草,映着太阳草上的光和漏下地的光闪耀着,地下是错杂的影子,光和影之间那一点绿意,是似有若无的阴。

一根木头,一块石头,在太阳里也撒下个影子。影子和石头木头之间,也有一片阴,可是太小,只见影子,觉不到有阴。墙阴大些,屋阴深些,不像树阴清幽灵活,却也有它的沉静,像一口废井,一潭死水般的静。

山的阴又不同。阳光照向树木石头和起伏的地面,现出浓浓淡淡多少层次的光和影,挟带的阴,随着阳光转动变换形态。山的阴是散漫而繁复的。

烟也有影子,可是太稀薄,没有阴。大晴天,几团浮云会投下几块黑影,但不及有阴,云又过去了。整片的浓云,蒙住了太阳,够点染一天半天的阴,够笼罩整片的地、整片的海,造成漫漫无际的晦霾,不过浓阴不会持久;持久的是漠漠轻阴。好像谁望空撒了一匹轻纱,荡爬在风里,撩拨不开,又捉摸不住,恰似初识愁滋味的少年心情。愁在哪里?并不能找出个影儿。

夜,掩没了太阳而造成个大黑影。不见阳光,也就没有阴。黑影渗透了光,化成朦朦胧胧的黎明和黄昏,这是大地的阴,诱发遐思幻想的阴。大白天,每件东西遮着阳光就有个影子,挨着影子都悄悄地怀着一回阴。在日夜交接的微光里,一切阴都笼罩在大地的阴里,蒙上一重神秘。渐渐黑夜来临,树阴、草阴、墙阴、屋阴、山的阴、云的阴,都无从分辨了,夜吞没了所有的阴。由景及人,丝丝入扣,似写意,又似工笔。

杨绛出手不凡,她的文学成就已然起步,且起点不低,她有理由对未来充满信心。

杨绛回忆道:"我在牛津产院时,还和父母通信,以后就没有家里的消息,从报纸上得知家乡已被日军占领,接着从上海三姐处知道爸爸带了苏州一家人逃难避居上海。我们迁居法国后,大姐姐来过几次信。我总觉得缺少了一个声音,妈妈怎么不说话了?过了年,大姐姐才告诉我:妈妈已于去年十一月间逃难时去世。这是我生平第一次遭遇的伤心事,悲苦得不知怎么好,只会恸哭,哭个没完。锺书百计劝慰,我就狠命忍住。我至今还记得当时的悲苦。但是我没有意识到,悲苦能任情啼哭,还有锺书百般劝慰,我那时候是多么幸福。我自己才做了半年妈妈,就失去了自己的妈妈。常言'女儿做母亲,便是报娘恩'。我虽然尝到做母亲的艰辛,却没有报得娘恩。"

杨绛与钱锺书是喜欢巴黎的,他们原本也是可以多待一些时日的。然而,第二次世界大战的阴云密布,日本侵略者的铁蹄正在践踏着祖国美好的河山,国难当头,祖国在召唤,他们摒弃一切,准备马上回国。这时候,杨绛夫妇与许多侨居法国的华人一样,非常关心时事。巴黎《救国时报》上发表的一篇篇社论,他们如饥似渴地读着。其中《我们的主张》社论,在他们眼里,尤为激动人心:"要实行全国之总抵抗,须立即实行全国军事上的总动员;要实行全国之总抵抗,须要实行全民族统一战线;要实行全国之总抵抗,须立即实行民主自由;要实行全国之总抵抗,须立即武装民众;要实行全国之总抵抗,就必须全国人民一致奋起为抗战军队与政府之后盾;要实行全国之总抵抗,须立即肃清一切日寇奸细。"声声召唤,字字惊醒。

杨绛与钱锺书只得中断学业,匆匆踏上归国的征程。

杨绛在《我们仨》中说过:"我们为国为家,都十分焦虑。奖学金还能延期一年,我们都急要回国了。当时巴黎已受战事影响,回国的船票很难买。我们辗转由里昂大学为我们买得船票,坐三等舱回国。那是一九三八年的八月间。"[1]

---

[1] 杨绛:《我们仨》,北京:生活·读书·新知三联书店,2003年7月第1版,第94页。

第四章　孤岛岁月

一

二十世纪三四十年代，世界范围内爆发了反法西斯战争。祖国已是山河沦陷，生灵涂炭。杨绛和钱锺书人在国外，心在国内。他们时刻思念着祖国，思念着亲人。国破家亡的消息，深深地刺激了他们的心灵。钱锺书写于一九三八年的《哀望》一诗，表达了此时此刻他们的心情：

> 白骨堆山满白城，
> 败亡鬼哭亦吞声。
> 孰知重死胜轻死，
> 纵卜他生惜此生。
> 身即化灰尚贵恨，
> 天为积气本无情。
> 艾芝玉石归同尽，
> 哀望江南赋不成。①

诗篇"哀望江南"，正是国内家庭的变迁，使他们沉郁哀恨，忧死伤生。

早在前一年，即一九三七年日本侵略者第一次空袭苏州的时候，杨绛的家里只有父母和她的大姐姐、小妹妹。一架飞机只顾在他们家的大厅上空盘旋，大概因为这些房子比一般民居高大，被怀疑是什么机构的建筑。在日机的轰炸下，家人从前院躲到后园，又从后园躲回前院。小妹杨必后来告诉杨绛说，"真奇怪，害怕了会泻肚子"。果真全家都腹泻，什么也吃不下。

第二天，杨绛父母带着大姐、小妹和两个姑母，逃到苏州郊外的香山，暂

---

① 钱锺书：《槐聚诗存》，北京：生活·读书·新知三联书店，1995年3月第1版，第20页。

住在一位曾委托他父亲为之辩护过的当事人家里。

这年秋天,杨绛的母亲唐须荌得了"恶性疟疾",这种病不同于一般疟疾,病症是高烧不退,奄奄一息不能外逃,最终在香山失陷前夕,溘然长逝。多亏杨绛的父亲事先用几担白米换得一具棺材,第二天,父女几人把母亲入殓,找人在蒙蒙阴雨中把棺材送到借来的坟地。当天,杨荫杭想尽办法,请人在棺材外边砌一座小屋,厝在坟地上。瓦上、砖上、周围的树木上、地下的砖头石块上——总之,凡是可以写字的地方,都写满了自己的名字,以便辨认。然后,他不得不舍下四十年患难与共的老伴,带着两个女儿到别处逃生。

杨荫杭父女数人东逃西藏,无处安身,只好冒险又逃回苏州老家。这时,苏州已成一座死城,尸殍遍野。回到家里,像是遭遇过打劫一样,下人和他们的乡亲在家里"各取所需",东西拿走不少。好在还有一些存米,一家人暂时勉强度日。

城里的日本鬼子每天黄昏吹号归队以后,就挨家挨户找"花姑娘"。杨绛的姐姐和妹妹在乡下的时候已经剃了光头,改成男装。每天往往是吃晚饭的时候,日本鬼子就接二连三地来打门。杨荫杭会日语,单独到门口应对。姐姐、妹妹就躲入柴堆,连饭碗筷子一起藏起来,这才幸免于难。

杨绛的三姑母杨荫榆逃回苏州后,住在盘门。她人虽然有点古怪,但富有民族气节和正义感。她的四邻都是小户人家,深受日寇的蹂躏。杨荫榆不止一次地去见日本军官,用日语责备他纵容部下奸淫掳掠。日本军官就勒令他部下的士兵退还他们从街坊邻居那里抢走的财物。邻居的妇女怕日寇挨家找"花姑娘",都躲到三姑母家里去。

一九三八年一月一日,两个日本兵到杨荫榆家去,不知用什么话哄她出门,走到一座桥顶上,一个士兵向她开了一枪,另一个把她抛入河里。他们发现三姑母还在游泳,就连发几枪,看见河水泛红,方才扬长而去。

邻居把从水里捞出来的杨荫榆的遗体入殓。棺木太薄,不管用,家属领尸的时候,已不能更换棺材,也没有现成的特大棺材可以套在外面,只好赶紧在棺材外加钉一层厚厚的木板。一九三九年,杨家把杨荫榆与杨绛的母亲,一起安葬于灵岩山的绣谷公墓。

下葬的时候,杨绛看见她母亲的棺材后面跟着三姑母的奇模怪样的棺材,那些木板是仓促间合上的,来不及刨光,也不能上漆。那具棺材,似乎象征了杨荫榆坎坷的一生。

杨绛母亲曾说过,"三姑母其实是贤妻良母"。她父亲杨荫杭只说:"申官如果嫁了一个好丈夫,她是个贤妻良母。"

杨荫榆的故交苏雪林撰有《悼女教育家杨荫榆先生》,说了这样几句话:

> 关于她的平生,我曾在一篇《几个女教育家的速写像》中介绍一二。提到北京女师大风潮曾替荫榆先生说了几句公道话。她原是已故某文学大师的对头,而某大师钦定的罪案是从来没人敢翻的,我胆敢去太岁头上动土,岂非太不自量?所以这篇文字发表后,居然吃了人家几支暗箭。这也是我过于爱抱不平,昧于中国古贤明哲保身之道的结果,只好自己骂一声:"活该!"
>
> 自十九年滥竽安徽大学和武汉大学讲席以来,接连六七年没有回过苏州,同荫榆先生也没有通过一封信。去年四月间忽接她一函,说她想办一个女子补习学校,定名二乐学社,招收已经服务社会而学问上尚想更求精进的或有志读书而无力入校的女子,援以国文、英文、算学、家事等有用学问,请我也签名于发起人之列。七月间我回苏州度夏,会见了我最为钦佩的女教育家王季玉先生,才知道二乐学社系荫榆先生私资所创办。因经费支绌,无法租赁校舍,校址就设在她盘门小新桥巷十一号住宅里。过了几天,我特赴杨宅拜访荫榆先生。正值暑假期内,学生留校者不过寥寥数人,一切规模果然简陋。她虽然想同教育当局接洽一所校址并津贴,但未能如愿。谈起女师大那场风潮,她源源本本的告诉了我。又说某大师所有诬蔑她、毁谤她的话,她毫不介意,而且那也早成过去了。如果世间公理不灭,她所受的那些无理的攻击,总有昭雪的一天。不过所可恨者,她挥斥私财办理二乐学社,而竟有某大师私淑弟子们故意同她捣乱,像苏州某报的文艺副刊编辑某君,就曾屡次在报纸上散布关于她不利的谣言。将女师大旧事重提,指她为专制魔君、女性压迫者、教育界蟊贼,甚至还是什么反革命分子。一部分无识女生受其蛊惑,竟致退学,所聘教员也有不敢与她合作者,致校务进行大受妨碍。荫榆先生言及此事时颇为愤愤,我亦深为不平。咳!荫榆先生死了,她竟遭大日本的"皇军"惨杀了,谁能料到呢?她若不办二乐补习社,则无女生寄居,无女生寄居则她可以轻身遁往安全地点,她的死是为了保护女生而死,为了热心教育事业而死。①

---

① 苏雪林:《悼女教育家杨荫榆先生》,载张昌华编《浮生十记》,南京:江苏文艺出版社,2005年1月第1版,第263—264页。

据杨绛所述，三姑母杨荫榆挣脱了封建家庭的桎梏，不屑做什么贤妻良母。她好像忘了自己是女人，对恋爱和结婚全不在念。她跳出家庭，一心投身社会，指望有所作为。她留美回国，做了师大的校长，大约也自信能有所作为。可是，她多年在国外埋头苦读，没有看见国内的革命潮流；她也不能理解当前的形势，她又没有看清自己所处的地位。①

钱家的遭遇也相仿佛。钱锺书的父亲执教于浙江大学，处境维艰，他的母亲、弟妹等人随叔父逃难到上海，寄寓在已是"孤岛"的法租界。

杨绛夫妇面对国破家亡的情势，寝食难安。他们恨不能长了翅膀，快点飞回亲人的身旁，幸而他们动身早，否则碰到战争，恐怕就回不来了。

二

一九三八年九月，法国邮船阿多士Ⅱ号正驶向中国。杨绛和钱锺书告别了法国的友人，与女儿钱瑗一起，乘坐这艘轮船回国。

他们出国乘英国邮船二等舱，伙食非常好。回国乘三等舱，伙食差得多了。圆圆刚断奶两个月，船上二十多天，几乎顿顿吃土豆泥。上船时圆圆算得上一个肥硕的娃娃，下船时却成了个瘦弱的孩子。对此，杨绛深恨自己当时疏忽，没为她置备些奶制品，辅佐营养。自己好不容易喂得她胖胖壮壮的，到上海她却不胖不壮了。

在归国的轮船上，杨绛夫妇遇到了外交官、诗人冒效鲁（又名冒孝鲁），互相唱和。冒效鲁吟诗如下：

凭栏钱子睨我笑，
有句不吐意则那。
顾妻抱女渠自乐，
丝丝乱发攒鸦窝。
夜深风露不相容，
绿灯曼舞扬清歌。

---

① 杨绛：《回忆我的姑母》，见《杨绛作品集》（第二卷），北京：中国社会科学出版社，1993年10月第1版，第126页。

> 喧呐聚博惊座客，
> 倾囊买醉颜微酡。①

描绘钱锺书的神态和船上的情景，可谓呼之欲出。杨绛怀里抱着婴儿，钱锺书满头乱发，像乌鸦做的窝……

海上风疾浪大，钱锺书、杨绛一家三口乘坐的阿多士Ⅱ号邮船，犹如一片叶子漂在无边无际的大海上，一上一下，颠簸得特别厉害，他们经常晕船。

本来就晕船的钱锺书更是难受得不得了。一番风浪颠簸过后，心有灵犀的杨绛对钱锺书说："依我看啊，这坐船不晕船，就要不以自己为中心，而以船为中心，顺着船在波涛汹涌间摆动起伏，让自己的身子与船稳定呈90度直角，永远在水之上，平平正正，而不波动。"钱锺书按杨绛说的去做，果真有用，不晕船了。

其实，杨绛总结的不晕船的办法，同样可以用在为人处世上："不管风吹浪打，我自坐直了身子，岿然不动，身直心正，心无旁顾，风浪其奈我何？"这就是杨绛的晕船哲学。

因为之前钱锺书已有约定，要回清华教书，所以，在船上杨绛已把他的书本笔记和衣物单独分开。

阿多士Ⅱ号邮船抵达香港，钱锺书只身上岸，然后乘海船到越南（当时的法属安南）海防，由滇越铁路经河口，辗转奔赴设在昆明的西南联合大学。

对于钱锺书的只身远去，杨绛很不放心。圆圆眼看着爸爸坐上小渡船离开大船，渐去渐远就此不回来了，她直发呆。她还不会说话，杨绛也无法跟她解释。

抗日战争爆发后，北大、清华、南开三所大学南迁昆明，联合组成"西南联合大学"。母校清华聘请钱锺书任教授，文学院的院长冯友兰和外文系主任叶公超从中起了很大作用。冯友兰在给清华大学校长、西南联大常委梅贻琦的上书中指出，应该给钱锺书教授头衔，月薪三百元，其待遇不低于王竹溪、华罗庚。按清华旧例，刚刚回到国内的留学生只聘为专任讲师（相当于副教授）。而钱锺书连升二级，直接任教授，在清华这个聘任是破格的，当时也是比较少见的。这是因为钱锺书学贯中西，影响很大。

---

① 引自李洪岩：《钱锺书与近代学人》，天津：百花文艺出版社，1998年2月第1版，第99页。

钱锺书天资过人，再加上刻苦勤奋，大概当代学人中无出其右者。钱锺书在联大的住处位于昆明大西门文化巷十一号院内，他独住的房子极其狭小，曾有"屋小如舟"之喻，自称"冷屋"①。抗战时期，西南联大教职员宿舍都极其狭窄简陋，多是租赁的民房。钱锺书在诗中描述过他的住所："屋小檐深昼不明，板床支凳兀难平。萧然四壁尘埃绣，百遍思君绕室行。"和他同院居住的还有外文系的助教顾献良（1914—1979，本名顾良），外文系的高年级学生李赋宁、周珏良，哲学系的郑侨等。他的房子虽小，当时在昆明能独居一室却已很幸运，叶公超、吴宓、金岳霖等初到昆明都是两三人合住一室。钱锺书独自在联大，难以排解一个人独处他乡的孤寂、冷清，于是他把自己的屋子取名"冷屋"。一九三九年一月到五月，他在《今日评论》周刊上发表了四篇《冷屋随笔》。在《冷屋随笔之一》引言中写道："赁屋甚寒，故曰冷。"

另据许渊冲介绍，联大的宿舍租用昆华中学南院和北院，"杨振宁和他父亲杨武之教授一家住北院附近的文化巷十一号，钱锺书教授也住在那里"。小院很热闹，杨振宁在院中高声朗读英文，钱锺书在屋里也能听到。

这时，施蛰存与钱锺书同在昆明。施蛰存正应云南大学校长熊庆来之请，出任副教授。施蛰存也曾经与钱锺书同住一幢楼里②，他看见钱锺书整天在屋子里读书、做笔记。因此，施蛰存就十分感慨：

"钱锺书，我不说他聪明，我说他用功。"③

这时，钱锺书与江苏同乡、在云南大学任教的顾颉刚曾有不少过往，《顾颉刚日记》就有这方面的记载。一九三八年十二月二十一日，大约是钱锺书第一次拜访顾颉刚。《顾颉刚日记》记载说："顾良偕钱锺书来。"一九三九年一月二十六日："晤锺书，谈。"三月十二日："十二时归，……至落梭坡，遇钱、顾二君，同归。留锺书、献梁饭，谈至二时半别去。"4月1日："到锺书、献梁处。"④一九三八年十月后，顾颉刚在昆明云南大学任教，住在昆明北郊浪口村。顾颉刚是苏州人，钱锺书是无锡人，属同乡。两人在昆明开始有了交往。

当然，那时的钱锺书，除了读书授课之外，心里唯有自己的太太杨绛和宝

---

① 汪荣祖：《槐聚心史：钱锺书的自我及其微世界》，北京：中华书局，2020年1月第1版，第92页。
② 沈建中：《世纪老人的话：施蛰存卷》，沈阳：辽宁教育出版社，2003年6月第1版，第84页。
③ 转引自陆灏：《〈读容安馆札记〉的札记》，《东写西读》，上海：上海书店出版社，2009年1月第1版，第2页。
④ 张霖：《〈顾颉刚日记〉中的钱锺书》，《书屋》，2009年第6期。

贝女儿，无日不时牵挂两人，可谓："心系沪滨妻女，日日思念，勤写情书，正是'萧然四壁埃尘绣，百遍思君绕室行'。若得不到家书，顿感'剩有微波托词赋，最怜鸿断与鱼枯。'"①

杨绛对自己的丈夫最为理解："许多人认为钱锺书记忆力特强，过目不忘。但他自己并不以为有那么'神'，他只是好读书，肯下功夫，不仅读，还做笔记；不仅读一遍两遍，还会读三遍四遍，笔记上不断地添补。所以他读的书很多，也不易遗忘。"②

风华正茂，奋发有为。这是年轻的钱锺书的真实写照！

回国后只有二十八岁的钱锺书，成了西南联大最年轻的教授。他留了胡子，拿着藤杖，颇具绅士风度，学生们对这位年轻老师极其佩服。"钱先生讲课一律用英文，不像吴宓先生和叶公超先生那样有时也说点中文。他总是笑眯眯的，闪动着一对炯炯有神的眸子，既严肃又幽默。他老是站着，双手撑在讲台上。有时离开讲台，在黑板前来回慢慢儿踱着，不时在黑板上书写英、法、德、意大利文以及拉丁文等。他讲解生动活泼，妙语连珠；又旁征博引……他很少提问学生，总是滔滔不绝地讲着，仿佛一股不尽的智慧灵泉从他的嘴里奔流出来。"③

钱锺书的学生赵瑞蕻还记得外文系老教授吴宓与钱锺书交往的故事："我多次看见吴先生拄着手杖跟着钱锺书先生一起，沿着草坪旁的大路边走边谈。钱先生是吴先生非常欣赏的学生，他在中西比较文学研究上作出了卓越的贡献。……如今回忆六十多年前的往事情景，意味无穷，不胜神往；我仿佛仍然看见吴宓先生和钱锺书先生在昆明农校草坪边散步谈心的神态；也仿佛听见我随先生漫步时，他用手杖笃笃地轻敲着路面发出的声音……"④

在西南联大外文系，钱锺书为四年级学生授课，他讲授"文艺复兴时期的欧洲文学"，这是一门重要的专业课程，备受同学们的期待。后来成为我国研究

---

① 汪荣祖：《槐聚心史：钱锺书的自我及其微世界》，北京：中华书局，2020年1月第1版，第92页。所引诗句均见钱锺书的《槐聚诗存》。
② 杨绛：《杂忆与杂写（一九九二—二〇一二）》，北京：生活·读书·新知三联书店，2015年4月第1版，第242页。
③ 赵瑞蕻：《岁暮挽歌——追念钱锺书先生》，见氏著《离乱弦歌忆旧游》，武汉：湖北人民出版社，2008年2月第1版，第128页。
④ 赵瑞蕻：《我是吴宓教授，给我开灯！》，见氏著《离乱弦歌忆旧游》，武汉：湖北人民出版社，2008年2月第1版，第83页。

外国文学重镇的赵瑞蕻、李赋宁、许国璋、杨周翰、周珏良、查良铮（穆旦）、王佐良、许渊冲等人，都是钱锺书这一时期的学生。钱锺书虽然在西南联大待的时间并不长，只是从一九三八年十一月教到一九三九年七月，但还是给众多学生留下了深刻印象，据李赋宁回忆：

"我班同学怀着好奇和渴望的心情来准备上锺书先生的课。钱先生二十九岁（实足二十八岁——引者注），才华横溢。他讲文学重视思想史。……文学研究是一门复杂的学科，因为文学反映社会现象。要说明一种现象，必须掌握充分的证据。钱先生讲课，每个论点都有事实根据，因此他在黑板上写出拉丁、德、法、意大利各种语言的引文来证实他的论点。这样他给学生示范做学问的严格性。……我开始体会到研究西方文学必须重视西方思想史。这样才能训练青年人的分析和评论能力。他（钱锺书）还鼓励我们多学外语，看第一手材料。尤其是要学好法语。他自己就在法语上下过很大的工夫。在西方文学史中，各时期法国文学总是居于领先地位，因此首先要学好法语。"①

钱锺书在西南联大教过的学生当中，有的还一直保持着联系，比如许渊冲。许渊冲在几本书中或采访中都或多或少提及老师钱锺书，如《诗书人生》《逝水年华》《追忆逝水年华》《续忆逝水年华》等。

许渊冲（1921—2021），翻译家，生于江西南昌。一九四三年毕业于国立西南联合大学外语系，一九四四年入清华大学研究院，一九四八年赴欧洲留学，一九五〇年获巴黎大学文学研究院文凭。自一九五一年起，在外语院校教授英文、法文，一九八三年起任北京大学教授。他翻译了《诗经》《楚辞》《唐诗三百首》《宋词三百首》《李白诗选》《苏东坡诗词选》《元明清诗选》《西厢记》等，是唯一把中国历代诗词全面、系统地译成英、法韵文的专家。他还将英、法文世界文学十种名著译成中文。已在国内外出版中、英、法文文学翻译作品六十余部。钱锺书先生曾评价说，许著《翻译的艺术》和许译《唐诗》"二书如羽翼之相辅，星月之交辉，足征非知者不能行，非行者不能知"。许渊冲致力于把中国文化精粹推向世界，为中国文化登上世界文坛宝座开辟了道路。

许渊冲对那时的钱锺书印象非常深刻。据他回忆，钱锺书是一九三九年三月三十一日给他们上第一堂课的：

"钱先生教我时才二十八岁。他戴一副黑边大眼镜，显示了博古通今的深

---

① 李赋宁：《学习英语与从事英语工作的人生历程》，北京：北京大学出版社，2005年4月第1版，第45页。

度；手拿着线装书和洋装书，看得出学贯中西的广度。他常穿一套淡咖啡色的西装，显得风流潇洒；有时换一身藏青色的礼服，却又颇为老成持重。他讲课时，低头看书比抬头看学生的时候多，双手常常支撑在讲桌上，左腿直立，右腿稍弯，两脚交叉，右脚尖顶着地。他和叶先生不同，讲课只说英语，不说汉语；只讲书，不提问；虽不表扬，也不批评；脸上时常露出微笑，学生听讲没有压力，不必提心吊胆，唯恐冷不防地挨上程咬金三斧头。……四月三日，钱锺书讲课文《一对啄木鸟》，他用戏剧化、拟人化的方法，把这个平淡无奇的故事讲得有声有色，化科学为艺术，使散文有诗意，已经显示了后来写《围城》的才华。"[1]

钱锺书教英文，课上得生动，又不批评、提问学生，故颇受学生欢迎。他上课谈笑风生，常常用警句、妙语，而这些妙语，"却不是别的教授说得出的，如他说过：'美容的特征在于：要面子而不要脸。''宣传像货币，钞票印多了就不值钱。'，等等"[2]。学生们把他和叶公超比较，认为"他更重质，叶更重量；他重深度，叶重广度"[3]。所以在当年六月的考试中，钱锺书虽然只要求学生一小时写一篇英文作文，题目却不容易：《世界的历史是模式的竞赛》。[4]

钱锺书在西南联大，除大一英文，还为高年级学生开了几门选修课，"文艺复兴时期的欧洲文学""欧洲文学名著选读""当代文学"。据选过课的许国璋说："一次讲课即是一篇好文章，一次美的感受。""钱师，中国之大儒，今世之通人也。"[5]

短短一年，钱锺书便在西南联大的年轻学子当中，产生了这种巨大的学术影响，意义深远。

作家汪曾祺当年也是西南联大的学生，他在一篇回忆西南联大同学的散文中说，西南联大的"几个研究生被人称为'无锡学派'，无锡学派即钱锺书学

---

[1] 许渊冲：《逝水年华》，北京：生活·读书·新知三联书店，2008年1月第1版，第48页。
[2] 许渊冲：《诗书人生》，天津：百花文艺出版社，2003年1月第1版，第105页。
[3] 许渊冲：《追忆逝水年华》，见氏著《山阴道上——许渊冲散文随笔选集》，北京：中央编译出版社，2005年6月第1版，第69页。
[4] 许渊冲：《追忆逝水年华》，见氏著《山阴道上——许渊冲散文随笔选集》，北京：中央编译出版社，2005年6月第1版，第69页。
[5] 许渊冲：《逝水年华》，北京：生活·读书·新知三联书店，2008年1月第1版，第50页。

派，其特点是学贯中西，博闻强记"。①

"钱锺书研究"已成"显学"，"钱锺书学派"之说则是汪曾祺首创。此说是一条重要的现代学术史的史料，可见钱锺书在西南联大的学术影响。

"花开两朵，各表一枝。"

在回国的路程中，杨绛则带着女儿继续北上，要到上海省视父亲。船到上海，她由钱锺书的弟弟和另一亲戚接到钱家。

他们到辣斐德路（今复兴中路）钱家，已是黄昏时分。杨绛见到了公公（她称爹爹）、婆婆（她称唔娘）、叔父、婶母及妯娌、小叔子、小姑子等。

杨绛在钱家过了一夜，就带着圆圆到她爸爸处去，见了爸爸和姐妹等。她的女儿圆圆大约感觉到都是极亲的人，就没有"吼"，也没喊"non non"。当时，钱家和她爸爸家都逃难避居上海孤岛，居处都很逼仄。她和圆圆有时挤居钱家，有时挤居在自己的爸爸家。

据杨绛回忆："一九三八年十月，我回国到上海，父亲的长须已经剃去，大姐姐小妹妹也已经回复旧时的装束。我回国后父亲开始戒掉安眠药，神色渐渐清朗，不久便在震旦女子文理学院教一门《诗经》，聊当消遣。"②

这时上海已沦陷为"孤岛"——一九三七年十一月十二日，"八一三"抗战结束，国民党军队撤离上海，日本侵略者进驻上海造成的结局。上海沦陷后，日寇在其所占领的南市、闸北、虹口、杨浦、浦东等地到处设立关卡，沿苏州河各桥口更是岗哨林立，戒备森严，许多地段被日军辟为军事警戒区。当时，上海公共租界其余部分和法租界，因英、美、法等国是中立国而未被日军占领，但是处于日军的四面包围之中，故有"孤岛"之称。

杨绛的娘家、婆家都在法租界内，婆家钱家住在辣斐德路609号（现复兴中路573号），杨家住在霞飞路（今淮海中路）来德坊，靠近现在的锦江饭店附近。杨绛两头居住，即便在钱家住的时候，她也几乎每天都要到父亲那里去转一下，好在两家相距不远。她的三姐姐和七妹妹也经常回娘家。

对此，父亲高兴地说："现在反倒挤在一处了！"

辣斐德路609号是一所临街的三层楼弄堂房子。这是当年钱锺书的叔叔花了

---

① 汪曾祺：《未尽才：故人偶记》，见氏著《生活，是很好玩的》，南昌：江西人民出版社，2016年10月第1版，第264页。
② 杨绛：《回忆我的父亲》，见《杨绛作品集》（第二卷），北京：中国社会科学出版社，1993年10月版，第98页。

大价钱"顶"①来的。钱锺书叔叔一家住三层大房间及三层与二层之间的亭子间。二层及二层与底层之间的亭子间则由钱锺书父母兄弟居住。底层客堂两家共用。随着钱锺书的回国,这二三楼的楼梯拐弯处的亭子间,就成了钱锺书一家三口的蜗居地。钱锺书旧居不到九平方米,至今亭子间的书橱里,还杂乱地堆放着无锡钱氏家族遗留下的一些文稿。

一九四一年,钱锺书从湖南国立师院辞职回沪,由于家里人口众多,夜里只得和妻女挤于底楼客堂的帷幔之后。后来,家人渐渐离沪,钱锺书携妻女便住进了三层与二层之间的亭子间。据杨绛后来的忆述,她们的屋子很小,除去一张大床,只容得下一个柜子和一张小书桌。不过,无论如何,夫妻二人终于有了读书写作、同友人交流的空间。

钱锺书"销愁舒愤,述往思来"的"忧患之书"《谈艺录》后半部,杨绛的几个剧本都是在这间小屋完成的。也正是在辣斐德路亭子间里的困顿之中,钱锺书"锱铢积累"孕育了那部鼎鼎大名的巨著《围城》。

在这里,钱锺书埋头读书、接待好友。到访过这间小屋的郑朝宗②回忆说:"他自言生平有三种嗜好:好小吃、好深谈、好博览。除了生病之外,他无时无刻不在读书。凡是经他读过的书,上面大都留下他用功的痕迹。你随手从他的书架上抽出几册来翻翻,就知道他何以在学术上的成就胜过同时代的许多学人。……前人有言:'不见叔度,鄙吝复萌。'我和锺书分别两年,已觉满胸尘土,扫除不尽。想起当年在辣斐德路808号客厅窗下听他高谈艺文时的乐趣,不禁黯然!"③郑朝宗是钱锺书的大学同学,也是一生的好朋友,不过他笔下的"辣斐德路808号"的门牌号,似乎有误。

只要访客话语投机,钱锺书总舌灿莲花,语惊四座,成为一屋的焦点人物。

一九四九年年初,钱家人又陆续回沪居住,生活上有诸多不便,杨绛决定另外觅房。正好有朋友介绍了蒲石路蒲园的房子,杨绛就从姐妹处借了必要的家具,一家三口搬了去。数月后,钱锺书夫妇带着女儿登上了北上的列车,回

---

① 所谓"顶",指的是抗战初期,人们从四面八方拥向上海租界避难,房屋难觅,一些承租人纷纷把所租赁房屋以高价将租赁权转让他人,称"顶"。

② 郑朝宗(1912—1998),字海夫,福建福州人。毕业于清华大学外语系,曾留学英国剑桥大学。后任厦门大学中文系教授,从事中西文学研究。著有散文集《护花小集》《梦痕录》《海滨感旧集》等。

③ 郑朝宗:《忆钱锺书》,原载1945年8月26日永安《中央日报》星期版;见罗思编《写在钱锺书边上》,上海:文汇出版社,1996年2月第1版,第4页。

到了北京的母校清华大学。

如今，钱家后人仍居住于复兴中路573号的二三两层，而底楼已改为家居店铺。①

孤岛生活是苦寂的，但杨绛感到："我们不论有多少劳瘁辛苦，一回家都会从说笑中消散。"

杨绛对自己的父亲也有了更深的了解，她的女儿圆圆亦很受外祖父的宠爱，请看以下的追忆：

> 父亲在上海的朋友渐渐减少。他一次到公园散步回家说，谣传杨某（父亲自指）眼睛瞎掉了。我吃惊问怎会有这种谣言。原来父亲碰到一个新做了汉奸的熟人，没招呼他，那人生气，骂我父亲眼里无人。有一次我问父亲，某人为什么好久不来。父亲说他"没脸来了"，因为他也"下海"了。可是抗战的那几年，我父亲心情还是很愉快的，因为愈是在艰苦中，愈见到自己孩子对他的心意。他身边还有许多疼爱的孙儿女——父亲不许称"外孙"或"外孙女"，他说，没什么"内孙""外孙"。他也不爱"外公"之称。我的女儿是父亲偏宠的孙女之一，父亲教她称自己为"公"而不许称"外公"。缺憾是母亲不在，而这又是唯一的安慰，母亲可以不用再操心或劳累。有时碰到些事，父亲不在意，母亲料想不会高兴，父亲就说，幸亏母亲不在了。②

一九四〇年秋，杨绛的弟弟从国外回国。这时，杨家已在苏州灵岩山"绣谷公墓"购得一块墓地，她父亲带着杨绛姐妹和弟弟一起回苏州，安葬母亲。

杨绛乘此机会回到了阔别多年的苏州故居，却是一片狼藉，劫后的惨景不堪回首。杨绛介绍说：

> 我二姑母买的住宅贴近我家后园，有小门可通。我们到苏州，因火车误点，天已经很晚。我们免得二姑母为我们备晚饭，路过一家菜馆，想进

---

① 黄春宇、刘迪：《寻常巷陌，人文大师曾住：寻访沪上学人故居》，《文汇报》，2015年1月23日。
② 杨绛：《回忆我的父亲》，见《杨绛作品集》（第二卷），北京：中国社会科学出版社，1993年10月第1版，第102页。

去吃点东西，可是已过营业时间。店家却认识我们，说我家以前请客办酒席都是他们店里承应的，殷勤招待我们上楼。我们虽然是老主顾，却从未亲身上过那家馆子。我们胡乱各吃一碗面条，不胜今昔之感。

我们在二姑母家过了一宵，天微亮，就由她家小门到我家后园。后园已经完全改了样。锺书那时在昆明。他在昆明曾寄我《昆明舍馆》七绝四首。第三首"苦爱君家好巷坊，无多岁月已沧桑。绿槐恰在朱栏外，想发浓荫覆旧房"。他当时还没见到我们劫后的家。

我家房子刚修建完毕，母亲应我的要求，在大杏树下竖起一个很高的秋千架，悬着两个秋千。旁边还有个荡木架。可是荡木用的木材太顶，下圆上平，铁箍铁链又太笨重，只可充小孩的荡船用。我常常坐在荡木上看书，或躺在木上，仰看"天淡云闲"。春天，闭上眼只听见四周蜜蜂嗡嗡，睁眼能看到花草间蝴蝶乱飞。杏子熟了，接下等着吃樱桃、枇杷、桃子、石榴等。橙子黄了，橘子正绿。锺书吃过我母亲做的橙皮果酱，我还叫他等着吃熟透的脱核杏儿，等着吃树上现摘的桃儿。可是想不到父亲添种的二十棵桃树全都没了。因为那片地曾选作邻近人家共用的防空洞，平了地却未及挖坑。秋千、荡木连架子已都不知去向。玉兰、紫薇、海棠等花树多年未经修剪，都变得不成模样。篱边的玫瑰、蔷薇都干死了。紫藤架也歪斜了，山石旁边的芭蕉也不见了。记得有一年，三棵大芭蕉各开一朵"甘露花"。据说吃了"甘露"可以长寿。我们几个孩子每天清早爬上"香梯"（有架子能独立的梯）去摘那一叶含有"甘露"的花瓣，"献"给母亲进补——因为母亲肯"应酬"我们，父亲却不屑吃那一滴甜汁。我家原有许多好品种的金鱼；幸亏已及早送人了。干涸的金鱼缸里都是落叶和尘土。我父亲得意的一丛方竹已经枯瘁，一部分已变成圆竹。反正绿树已失却绿意，朱栏也无复朱颜。"旱船"廊下的琴桌和细瓷鼓凳一无遗留，里面的摆设也全都没有了。我们从荒芜的后园穿过月洞门，穿过梧桐树大院，转入内室。每间屋里，满地都是凌乱的衣物，深可没膝。所有的抽屉都抽出原位，颠横倒竖，半埋在什物下。我把母亲房里的抽屉一一归纳原处，地下还拣出许多零星东西：小银匙、小宝石、小象牙梳子之类。母亲整理的一小网篮古瓷器，因为放在旧网篮里，居然平平安安躲在母亲床下。堆箱子的楼上，一大箱古钱居然也平平安安躲在箱子堆里，因为箱子是旧的，也没上锁，打开只看见一只只半旧的木盒。凡是上锁的箱子都由背后划开，里面全是空的。我们各处看了一遍，大件的家具还在，陈设一无留存。书房里的善本书丢了一部分，普通书多半还在。天黑之后，全宅漆黑，据说电线年久失修，供电局已切断电源。

父亲看了这个劫后的家，舒了一口气说，幸亏母亲不在了，她只怕还想不开，看到这个破败的家不免伤心呢。我们在公墓的礼堂上，看到的只是漆得乌光锃亮的棺材。我们姐妹只能隔着棺木抚摸，各用小手绢把棺上每一点灰尘都拂拭干净。想不到棺材放入水泥圹，倒下一筐筐的石灰，棺材全埋在石灰里，随后就用水泥封上。

父亲对我说，水泥最好，因为打破了没有用处；别看石板结实，如逢乱世，会给人撬走。这句话，父亲大概没和别人讲。胜利前夕我父亲突然在苏州中风去世，我们夫妇、我弟弟和小妹妹事后才从上海赶回苏州，葬事都是我大妹夫经管的。父亲的棺材放入母亲墓旁同样的水泥圹里，而上面盖的却是两块大石板。临时决不能改用水泥。我没说什么，只深深内疚，没有及早把父亲的话告诉别人。我也一再想到父母的戏言："我死在你头里"；父亲周密地安葬了我母亲，我们儿女却是漫不经心。多谢红卫兵已经把墓碑都砸了。

但愿我的父母隐藏在灵岩山谷里早日化土，从此和山岩树木一起，安静地随着地球运转。①

三

日寇的野蛮行径，罄竹难书。杨绛家里的遭遇，不过是那个时代的一个小小的切片。

苏州沦陷，杨绛的母校振华女校被迫关闭。杨绛回到上海不久，振华女校的校长王季玉就找上门来，与杨绛商量在租界开办振华女校上海分校的事宜。此时筹建中的振华分校将近开学，王季玉认为校长之职非杨绛莫属，说是校董会的决定。她怕杨绛不听话，已请孟宪承到教育局立案。

说干便干，学校的牌子很快就挂上了。不久又举行了开学典礼。这位热心教育的女教育家任命自己的学生杨绛为上海分校的校长。杨绛只能勉为其难，

---

① 杨绛：《回忆我的父亲》，见《杨绛作品集》（第二卷），北京：中国社会科学出版社，1993年10月版，第98—101页。

自谓好比"狗耕田",当了校长。

据《申报》上海版1939年6月23日《学校汇讯》:

> 苏州振华女中、私立苏州振华女子中学人才辈出,自苏州沦陷后,该校即行停办,现定于暑后在沪复课,租爱文义路赫德路口大厦为校址,即日起开始旧生登记,并招收新生。一切教导事宜,仍照成规办理,除原有教职员外,并添聘最近自英国留学回国之文学家杨季康女士主持一切。[①]

当时,日人还未帮助伪上海大道市政府收回租界,所以租界尚安全。《申报》也挂在美商名下,还不是陈彬和的新《申报》,所以有"苏州沦陷"字样。

在那段时间里,振华女校上海分校的校长杨绛与西南联合大学外文系教授钱锺书,只好靠鱼雁传递信息,倾诉思念之情。

一九三九年初伏,钱锺书自昆明先发电报给杨绛,然后由西南联大回到上海家中,探望妻儿和母亲、叔父等人。这时,辣斐德路钱家还挤得满满的。杨绛的爸爸叫她大姐姐和小妹妹睡在他的屋里,腾出房间让钱锺书在来德坊过暑假。他住在岳父这边也很开心。

杨绛表姊的妯娌爱和婆婆吵架,每天下午就言来语去。她大姐听到吵架,就命令他们把卧房的门关上,怕表姐面上不好看。可是钱锺书耳朵特灵,门开一缝,就能听到全部的对话。婆媳都口齿伶俐,应对敏捷。钱锺书听到精彩处,忙到岳父屋里去学给他们听。大家听了也觉得有趣,大姐姐竟解除了她的禁令。

钱锺书虽然住在来德坊,但他每天早晨第一件事就是去辣斐德路钱家向长辈请安。当时,杨绛筹建中的振华分校将近开学。开学前很忙,所以杨绛不能陪钱锺书走动。

有一天,钱锺书回来满面愁容,说是他的爹爹来信,叫他到湖南蓝田去,当英文系主任,同时又可以侍奉父亲。原来早些时候,钱锺书的父亲钱基博应他的老友廖世承的恳请,到湖南蓝田帮他创建国立师范学院。钱锺书来沪探亲期间,他父亲频发函电,称自己老病,要儿子也去蓝田教书,以便照料自己。恰好师院院长廖世承来上海,他反复劝说钱锺书去当英文系主任,一边伺候父

[①] 引自黄恽:《钱杨撷拾:钱锺书、杨绛及其他》,北京:东方出版社,2017年4月第1版,第207页。

亲，一边授课，公私兼顾。

廖世承（1892—1970），字茂如，江苏嘉定人（今上海市嘉定区），是我国近现代著名的心理学家和教育家。1919年从美国布朗大学学成回国后，先后任教于南京高等师范学校及东大附中、上海光华大学、光华附中、国立师范学院、华东师范大学、上海第一师范学院、上海师范学院，并曾任主任、副校长、副院长、院长等职。

杨绛认为清华这份工作不易得，钱锺书工作未满一年，怎么讲也不该换工作。钱锺也并不愿丢弃清华的工作，但是他妈妈、他叔父、他的弟弟妹妹等全都主张他去。在大家极力劝说下，他也觉得应当去。杨绛却觉得怎么也不应当去，他应该向家人讲讲不去的道理。

杨绛和钱锺书在出国的轮船上曾吵过一架。原因只为一个法文"bon"的读音。她说他的口音带乡音。他不服，说了许多伤感情的话。杨绛也尽力伤他。然后，她请同船一位能说英语的法国夫人公断。夫人说杨绛对、钱锺书错。杨绛虽然赢了，却觉得无趣，很不开心。钱锺书输了，当然也不开心。

常言道："小夫妻船头上相骂，船杪上讲和。"他们觉得吵架很无聊，争来争去改变不了读音的规定。他们讲定，以后不妨各持异议，不必求同。但此后几年，他们并没有各持异议。遇事两人一商量，就决定了，也不是全依他，也不是全依杨绛。他们没有争吵的必要。可是，这回杨绛却觉得应该争执。

杨绛等钱锺书到钱家去了，就一一告诉了自己爸爸，听爸爸怎么说。可是，她爸爸听了脸上漠无表情，一言不发。杨绛是个乖女儿。爸爸的沉默启她深思。她想，一个人的出处去就，是一辈子的大事，当由自己抉择，别人只能陈说别人的道理，不该干预，尤其不该强他反抗父母。她记起他们夫妇早先制定的约定，决计保留自己的见解，不勉强他。

于是，杨绛抽空陪钱锺书同到辣斐德路609号的寓所去。一到那边，她好像一头撞入天罗地网，也好像孙猴儿站在如来佛手掌之上。他们一致沉默，而一致沉默的压力，使钱锺书没有开口的余地。杨绛当然什么也没说，只是照例去"做媳妇"而已。可是，她也看到了难堪的脸色，尝到难堪的沉默。她对丈夫只有同情的份儿了。她接受爸爸无语的教导，没给他增加苦恼。

钱锺书每天早上到辣斐德路去"办公"——也就是按照他爹爹信上的安排办事，有时还到老远的地方找人。杨绛曾陪过他一两次。钱锺书在九月中给清华外语系主任叶公超写了信，叶氏未有回答。十月初，他就和蓝田师院的新同事结伴上路了。

钱锺书离上海赴蓝田时,杨绛对他说,你这次生日,大约在路上了,我只好在家里为你吃一碗生日面了。钱锺书半路上作诗《耒阳晓发是余三十初度》,他把生日记错了,而杨绛原先的估计也错了。他的生日,无论按阳历还是按阴历,都在到达蓝田之后。杨绛曾说过,"耒阳晓发"不知是哪一天,反正不是生日。

钱锺书刚刚离开上海,杨绛就接到清华大学的电报,问钱锺书为什么不回复梅贻琦校长的电报。可是,他们夫妇并未收到过梅校长的电报。

钱锺书这时正在路上,杨绛只好把清华的电报转寄蓝田师院,也立即回复了一个电报给清华,说明并未收到梅电(这份回电现在还存放在清华的档案中)。后来,杨绛回忆说,钱锺书在路上走了三十四天之后,才收到她寄的信和转的电报。他对梅校长深深感激,不仅发一个电报,还来第二个电报问他何以不复。他自己无限抱愧,清华破格任用他,他却有始无终,任职不满一年就离开了,他实在是万不得已。偏偏他早走了一天,偏偏电报晚到一天,造化弄人使他十分懊恼。

杨绛晚年在其回忆录《我们仨》还披露:"两年以后,陈福田迟迟不发聘书,我们不免又想起那个遗失的电报。电报会遗失吗?好像从来没有这等事。我们对这个遗失的电报深有兴趣。如果电报不是遗失,那么,第二个电报就大有文章。可惜那时候《吴宓日记》尚未出版。不过我们的料想也不错。陈福田拖延到十月前后亲来聘请时,锺书一口就辞谢了。陈未有一语挽留。我曾问锺书:'你得罪过叶先生吗?'他细细思索,斩绝地说:'我没有。'他对几位恩师的崇拜,把我都感染了。他就像我朋友蒋恩钿带我看清华图书馆一样地自幸又自豪。可是锺书'辞职别就'——到蓝田去做系主任,确实得罪了叶先生。叶先生到上海遇见袁同礼,叶先生说:'钱锺书这么个骄傲的人,肯在你手下做事啊?'有美籍华人胡志德向叶先生问及钱锺书,叶先生说:'不记得有这么个人。'后来又说:'他是我一手教出来的学生。'叶先生显然对钱锺书有气。但他生钱锺书的气,完全在情理之中。锺书放弃清华而跳槽到师院去当系主任,会使叶先生误以为锺书骄傲,不屑在他手下工作。我根据清华大学存档的书信,写过一篇《钱锺书离开西南联大的实情》。这里写的实情更加亲切,也更能说明锺书信上的'难言之隐'。"

杨绛与钱锺书告别以后,继续她的"狗耕田"工作,即当她的校长。关于她在振华女校上海分校的经历的资料不多，兹有杨绛的一篇短文，谨摭取之，从中可见当时办学之艰难：

> 我们的事务主任告诉我，凡是挂牌子的（包括学校），每逢过节，得向本区地痞流氓的头儿送节赏。当时我年纪未满三十，对未曾经历的事兴趣甚浓。地痞流氓，平时逃避都来不及，从不敢正面相看，所以很想见识见识他们的嘴脸。
>
> 恰逢中秋佳节，讨赏的来了一个又一个。我的模样既不神气，也不时髦，大约像个低年级的教师或办公室的职员，反正绝不像校长。我问事务主任："我出去看看行不行？"他笑说："你看看去吧。"
>
> 我冒充他手下的职员，跑到接待室去。
>
> 来人身材矮小，一张黑皱皱的狭长脸，并不凶恶或狡猾。
>
> 我说："刚开发了某某人，怎么又来了？"
>
> 他说："××啊？伊是'瘪三'！"
>
> "前天还有个××呢？"
>
> 他说："伊是'告化甲头'。"
>
> 我诧异地看着他问："侬呢？"
>
> 他翘起大拇指说："阿拉是白相人啦！"接着一口气列举上海最有名的"白相人"，表示自己是同伙。然后伸手从怀里掏出一张名片。这张名片纸质精良，比通常用的窄四分之一，名字印在上方右侧，四个浓黑的字："黑皮阿二"。
>
> 我看着这枚别致的名片，乐得心上开花。只听他解释说："阿拉专管抢帽子、抢皮包。""专管"云云，可以解作专干这件事，也可以解作保管不出这种事。我当时恰似小儿得饼，把别的都忘了，没再多听听他的宏论，忙着进里间去向事务主任汇报，让他去对付。
>
> 我把这枚稀罕的名片藏在皮包里，心想：我这皮包一旦被抢，里面有这张名片，说不定会有人把皮包还我。他们得讲"哥儿们义气"呀！可惜我几番拿出来卖弄，不知怎么把名片丢了。我也未及认清那位黑皮阿二。[①]

[①] 杨绛：《黑皮阿二》，见《杨绛作品集》（第二卷），北京：中国社会科学出版社，1993年10月第1版，第239—240页。

这所振华分校，一直维持到太平洋战争爆发，才告停办。杨绛又告失业了，当然，这样她也可以避免地痞流氓的骚扰了。

杨绛除在振华分校谋事外，同时她还由朋友介绍，为广东富商家一位小姐做家庭教师，教高中一年级的全部功课（包括中英文、数理等，从一年级教到三年级毕业）。她常常一早出门，饭后又出门，要到吃晚饭前才回家。

杨绛父亲的家，则由其大姐姐当家。小妹妹杨必在工部局女中上高中，早出晚归。她的女儿圆圆长得惹人喜爱。她的三姐姐、七妹妹经常带着孩子到外祖父家聚会，大家都把圆圆称作"圆圆头"。杨绛认为，圆圆得人怜，是因为她乖，得通道理，还管得住自己。她回到上海的冬天出过痧子。一九三九年春天又得了病疾，病后肠胃虚弱，一不小心就吃坏肚子。只要妈妈告诉她什么东西她不能吃，她就不吃。她能看着大家吃，一人乖乖地在旁边玩，大家都习以为常了。

杨绛四楼的三姨和她们很亲，她们经常上楼看望她。表姐的女儿每天上四楼读书。她比圆圆大两岁，读上下两册《看图识字》。三姨屋里有一张小桌子，两把小椅子。两个孩子在桌子两边面对面坐着，一个读，一个旁听。那座楼梯很宽，也平坦。圆圆一会儿上楼到三姨婆家去旁听小表姐读书，一会儿下楼和外公做伴。杨绛看圆圆这么羡慕《看图识字》，就也为她买了两册。那天她晚饭前回家，大姐、三姐和两个妹妹都在笑，叫她"快来看圆圆头念书"。她们拿新书给圆圆念。圆圆立即把书倒过来，从头念到底，一字不错。她们最初以为圆圆是听熟了背的。后来，大姊姊忽然明白了，圆圆每天坐在她小表姐对面旁听，她认的全是颠倒的字。那时，圆圆整两岁半，她外公不赞成太小的孩子识字，她识了颠倒的字，慢慢地自会忘记。可是大姐姐认为应当纠正，特地买了一匣方块字教她。

这时，圆圆已能很自在地行走，一个小人儿在地下走，显得房间很大。她走路的姿态特像钱锺书。她走过去听大姨教了一遍，就走开了，并不重复读一遍。大姐姐完全忘了自己的戒律，对杨绛说："她只看一眼就认识了，不用温习，全记得。"

外公对圆圆头特别宠爱。杨绛姊妹兄弟，没一个和爸爸一床睡过，而以前爸爸的床还大得很呢。逃难上海期间，外公的床只比小床略宽。午睡时，圆圆总和外公睡一床。外公珍藏一个用台湾席子包成的小耳枕。那是外婆独出心裁特为外公做的，中间有个窟窿放耳朵。外公把宝贝枕头给圆圆枕着睡在脚头。

杨绛觉得圆圆看书识字，与她父亲翻书一个式样。她什么时候学来的呀？

钱锺书在来德坊度假没时间翻书，也无书可翻，只好读读字典。圆圆翻书像她爸爸，杨绛很惊奇也觉得很有趣。

一九四〇年秋末，杨绛弟弟从维也纳医科大学学成回国，杨绛的女儿圆圆又多了一个宠爱她的舅舅。弟弟住在她爸爸屋里。而此前钱锺书曾来信说，他暑假将回上海。钱基博原先说，一年后和钱锺书同回上海，可是他一年后并不想回上海。钱锺书是和徐燕谋结伴同行的，但路途不通，走到半路又折回蓝田。

杨绛知道自己的弟弟即将回家，家里挤，钱锺书不能再在来德坊度假，就在辣斐德路弄堂里租得一间房。

圆圆将随杨绛搬出外公家。外公和挨在身边的圆圆说：

"搬出去，没有外公疼了。"圆圆听了大哭。她站在外公座旁，落下大滴大滴的热泪，把外公麻纱裤的膝盖全浸透在热泪里。当时杨绛不在场，据圆圆的大姨说，不易落泪的外公被圆圆哭得也落泪了。

钱锺书回家不成，母女俩搬出去住了一个月，就又把房子退了，重返来德坊。她们母女在外公身边又过了一年。

这时，圆圆已识了许多字，杨绛常为她买带插图的小儿书。她读得很快，小书不经读，母亲特为她选挑长的故事。一次她买了一套三册《苦儿流浪记》。圆圆才看了开头，就伤心痛哭。杨绛说这是故事，到结尾苦儿便不流浪了。任母亲怎么说也没用。她看到那三本书就痛哭，一大滴热泪掉在凳上足有五分钱的硬币那么大。

圆圆晚上盼妈妈跟她玩，看到母亲还要改大沓课卷，就含着一滴小眼泪，伸出个嫩拳头，作势打课卷。这已经够杨绛心疼的，《苦儿流浪记》害她这么伤心痛哭，杨绛觉得自己简直在虐待她了。她只好把书藏起来，为女儿另买新书。

杨绛平常看书，看到可笑处并不笑，看到可悲处也不哭。而丈夫钱锺书看到书上可笑处，就痴笑个不了，可是她没见到他看书流泪。圆圆看书痛哭，颇像爸爸。许多年过去了，钱瑗已是大学教授，却来告诉母亲这个故事的原作者是谁，译者是谁，苦儿的流浪如何结束等，她大概一直关怀着这个苦儿。

第五章 步入剧坛

一

转眼到了一九四一年夏天,钱锺书由陆路改乘轮船,辗转返回到上海探亲。当时辣斐德路钱家的人口还在增加。一年前,杨绛曾在辣斐德路弄堂里租到一间房,住了一个月,退了。这回却哪里也找不到房子了,只好挤居钱家楼下客堂里。

杨绛和圆圆在钱锺书到达之前,已在辣斐德路住下等他。钱锺书面目黧黑,头发也太长了,穿一件夏布长衫,式样很土,布也很粗糙。他从船上为女儿带回一把外国椅子。圆圆见过了爸爸,很好奇地站在一边观看。她接过椅子,就交给了妈妈,只注目看着这个陌生人。两年不见,她好像已经不认识爸爸了。她看见爸爸带回的行李放在妈妈床边,很不放心,猜疑地监视着。晚饭后,圆圆对爸爸发话了。

"这是我的妈妈,你的妈妈在那边。"圆圆要赶她爸爸走。

钱锺书很窝囊地笑说:

"我倒问问你,是我先认识你妈妈,还是你先认识?"

"自然我先认识,我一生出来就认识,你是长大了认识的。"这是圆圆的原话。杨绛当时非常惊奇,所以把女儿的话一字字记下了。

钱锺书悄悄地在她耳边说了一句话。圆圆立即像被感化了似的和爸爸非常友好,妈妈都退居第二了。圆圆始终和爸爸"最哥们"。

至于钱锺书到底说的什么话,杨绛当时没问,后来也没想到问。他是否说"你一生出来,我就认识你"?是否说"你是我的女儿"?是否说"我是你的爸爸"?但是钱锺书究竟说了什么话并不重要,反正一下子就赢得了女儿的友情,他们两个立即成了好朋友。

从此,钱锺书父女俩一起玩笑,一起淘气,一起吵闹。从前,圆圆在辣斐德路乖得出奇,自从爸爸回来,她不乖了,和爸爸没大没小地玩闹,简直变了个样儿。她那时虚岁五岁,实足年龄是四岁零两三个月。她向来只有人疼她,有人管她、教她,却从来没有一个一同淘气玩耍的伴儿。

钱瑗去世前一两个月,躺在病床上还在写东西,其中有一节就是《爸爸逗我玩》。现在可以读一下:"一九四五年父亲由内地辗转回到上海,我当时大约五岁。他天天逗我玩,我非常高兴,撒娇、'人来疯',变得相当讨厌。奶奶说他和我是'老鼠哥哥同年伴',大的也要打一顿,小的也要打一顿。""爸爸不仅用墨笔在我脸上画胡子,还在肚子上画鬼脸。只不过他的拿手戏是编顺口溜,起绰号。有一天我午睡后在大床上跳来跳去,他马上形容我的样子是:'身是穿件火黄背心,面孔像只屁股猢狲。'我知道把我的脸比作猴子的红屁股不是好话,就噘嘴撞头表示抗议。他立即把我又比作猪噘嘴、牛撞头、蟹吐沫、蛙凸肚。我一下子得了那么多的绰号,其实心里还是很得意的。"

钱锺书这次回上海,只准备度个暑假。他已获悉清华决议聘他回校。消息也许是吴宓传的。所以钱锺书已辞去蓝田的职务,准备再回西南联大。他像"痴汉等婆娘"似的一等再等,而清华方面却杳无音信。一直到这年年底,日军偷袭珍珠港,太平洋战争爆发,上海全部沦陷。钱锺书再想离开也出不去了,只好与夫人厮守在一起,苦度上海的沦陷生活。

刚开始钱锺书没有工作,后来,杨绛父亲杨荫杭就将自己在震旦女子文理学院授课的钟点让给女婿,使他有了一份工作,这样生活才有些着落。

震旦女子文理学院是一所教会学校。一九四二年春,钱锺书被该校聘为教授,一直做到抗战胜利。杨绛的小妹妹杨必正在这所学校读书,钱锺书教过她。同事中最要好的当数陈麟瑞(1905—1969,笔名石华父),他是柳亚子女儿柳无非的丈夫,他到震旦任教,就是钱锺书介绍的。陈麟瑞夫妇与杨绛夫妇是挚友,杨绛说过:"抗战期间,两家都在上海,住在同一条街上,相去不过五分钟的路程,彼此往来很密。我学写剧本就是受了麟瑞同志的鼓励,并由他启蒙的。"①

陈麟瑞在杨绛心目中,是一位真正的谦和君子、忠厚长者,他教学认真,创作严谨。"他对自己剧作的要求,显然比他对学生功课的要求更加认真。"陈麟瑞曾在美国哈佛大学专攻戏剧,抗战期间创作《职业妇女》《晚宴》《燕来红》《尤三姐》《海葬》等多部话剧。他对杨绛帮助颇多,杨绛经常向他讨教戏剧结构的技巧。陈麟瑞对可笑的事物也深有研究,杨绛记得在他藏书中有半架

---

① 杨绛:《怀念石华父》,见《杨绛作品集》(第二卷),北京:中国社会科学出版社,1993年10月版,第347页。

子英文、法文的《笑的心理学》之类的著作，杨绛曾向他借阅过。

在杨绛夫妇的记忆里，陈麟瑞是一位最随和、最宽容的朋友，他曾笑呵呵地指着钱锺书对杨绛说："他就是踢我，我也不会生他的气。"

在杨绛夫妇的朋友当中，李健吾也是值得一提的人物。李健吾（1906—1982），山西运城人，他是钱锺书与杨绛在清华的校友。一九二五年考入清华国文系，次年接受朱自清的建议，转外文系学习法语。一九三〇年毕业留校任教。一年后赴法国巴黎语言专修学校学习，一九三三年回国任上海暨南大学文学院教授，并与黄佐临等人创办上海实验戏剧学校，同时任教授，这期间他还从事剧本创作。除改编外国戏剧外，还创作了《这不过是春天》《青春》《黄花》等，李健吾不仅是剧作家，还是一位出色的导演，杨绛的喜剧就由他执导过。

孤岛生活期间，钱锺书的散文集《写在人生的边上》得以出版，陈麟瑞、李健吾作为审阅人，帮助不少。对此，钱锺书夫妇为了表示谢意，曾一起小聚一次。他们几个人一起吃饭时，谈起了戏剧，陈麟瑞、李健吾竭力鼓动杨绛写写剧本。杨绛正是在他们帮助鼓励下步入剧坛的。

杨绛说过，上海全部沦陷后，她任校长的振华分校被迫解散。她就当起家庭教师，又在小学代课，业余创作话剧。①这里先回顾一下她的教学生涯，特别是其中堪称"惊险"的遭遇。

杨绛上课的小学起初还未被日军管辖，这所学校是半日制的小学，只在下午上半天，虽然课程多、路远，但因生活所迫，她也只好接受做了代课老师。学校每月发三斗米，虽然不是什么好米，却比当局配给的细沙混合的米强得多。为了糊口，她"乐此不疲"。杨绛在《我们仨》中曾写道："……校址离家很远，我饭后赶去上课，困得在公交车上直打盹儿。我业余编写剧本。《称心如意》上演，我还在做小学教师呢。"

杨绛一家挤居在辣斐德路钱宅，"一住就是八年"②。法租界与位于公共租界上课的学校，相距颇远。她每天都得乘车坐到法租界的边缘，然后步行穿过不属租界的好一段路，再改乘公共租界的有轨电车。那时，电车过黄浦江上的大桥，只许过空车，乘客得步行过桥。桥上有日本鬼子把守，车上乘客排队过桥，

---

① 杨绛：《记钱锺书与〈围城〉》，见《杨绛作品集》（第二卷），北京：中国社会科学出版社，1993年10月第1版，第131页。

② 杨绛：《我们仨》，见《杨绛全集》（第四卷），北京：人民文学出版社，2014年8月第1版，第198页。据杨绛回忆，上海解放前后，杨绛曾短暂迁居蒲石路（今长乐路）"蒲园"，详后。

走过日本兵面前，得向他鞠躬。杨绛不愿行这个礼，便低着头过去了。后来改变办法，电车载着乘客停在桥下，由日本兵上车检查一遍，就开过去。不过，日本兵上车时，全体乘客都要起立，听候他们的检查。

有一次，杨绛在车上站得比别人晚了一些，被日本兵觉察到了。日本兵走到她面前，用食指在她颔下猛一抬。杨绛顿时大怒，咬牙切齿地吐着一字字大声道：

"岂有此理？！"

车上原本就十分安静，杨绛的怒骂发作，更使车上的静默立即上升到最高度，大家不知如何是好。只见日本兵与杨绛对视，杨绛也毫不示弱，圆睁地瞪着前面的车窗……国难家仇使她愤怒异常。两人相持了一会儿，那个日本兵才转过身去，蹬着笨重的军靴，一步步地走出去。

电车这时又开动了，同车厢的乘客吓得惊魂失措，大气都不敢出，半响才缓过神来，恰似冰冻的人一个个融化过来，闹哄哄地纷纷议论，有人喘了口气说：

"啊唷！啊唷！侬吓杀吾来！侬哪能格？侬发痴啦？"

杨绛没有搭理，一肚子没好气。车开过了好一段路，她才庆幸自己没闯大祸，躲过灾难。为了不受此罪，杨绛从第二天起，情愿步行，再也不乘这一趟电车了。

直到那所半日制的小学也被日寇接管，杨绛才不再当"孩子王"了。

其时，钱锺书和震旦女子文理学院的负责人Mother Thornton"方凳妈妈"见了面，方凳妈妈是位爱好文学的英国修女，对钱锺书很欢迎，立刻为他增加了钟点。但即使震旦给他增加了钟点，薪俸仍不足以维持生活，因此他就兼职做起家庭教师。第一位拜门学生是到了震旦后就收的，此后又增添了两位。杨绛说："我们沦陷上海，最艰苦的日子在珍珠港事变之后，抗战胜利之前。锺书除了在教会大学教课，又增添了两名拜门学生（三家一姓周、一姓钱、一姓方）。但我们的生活还是愈来愈艰苦。"① 这些话道出了当时生活的辛酸。

夏志清证实说："四十年代初期在上海那几年，钱私授了不少学生，凭那几份束脩以贴补家用。那时大学教授的薪水是很低的。杨绛的剧本——《称心如意》《弄真成假》《游戏人间》《风絮》——上演，也抽到了不少版税。一九四七

---

① 杨绛：《我们仨》，见《杨绛全集》（第四卷），北京：人民文学出版社，2014年8月版，第101页。

年《围城》出版,大为轰动,畅销不衰。所以那几年物价虽高涨,他们生活尚能维持。当年有好多《围城》的女读者,来信对钱锺书的婚姻生活大表同情,钱谈及此事,至今仍感得意。事实上,杨绛同《围城》女主角孙柔嘉一点也不像;钱氏夫妇志同道合,婚姻极为美满。"①

那么,钱锺书如何对这三位幸运的拜门学生进行补习,在何灵琰、方资敏、钱之俊、范旭仑等陆续发表的相关回忆、考证文字中,我们约略能还原当年的一些情形。

第一位拜门学生姓周,叫周节之,家境富裕,所以给钱锺书的报酬也是随着物价上涨而上涨的。这个拜门学生不断请老师代为买书,自己却并不读,专供老师借阅,所以,钱锺书能读到很多他想要读的书,这对他来说是再快意不过的事了。他高兴地在买来的书上一一写上"借痴斋藏书",盖上"借痴斋"印章。"文革"期间,书籍流散,曾有人就买到"借痴斋"的书,寄还给了钱锺书。钱锺书对这个拜门学生其实还是比较喜欢的。

一九四八年,上海开明书店出版了钱锺书的《谈艺录》,他在《序》里提及这位学生:"乃得李丈拔可、徐丈森玉、李先生玄伯、徐君调孚、陈君麟瑞、李君健吾、徐君承谟、顾君起潜、郑君朝宗、周君节之,或录文相邮,或发箧而授。皆指馈贫之困,不索借书之瓻。并书以志仁人嘉惠云尔。"这是很荣耀的事了。这本书是在一九三九年到一九四二年间写的,《序》是在一九四二年写的,那时周节之正是他的补习学生。

一九四五年三月,钱锺书、杨绛夫妇同游杭州,由周节之陪同兼做导游。在上海期间,钱锺书还曾带他到合众图书馆,以及拜访朋友。一九四九年后,他们仍然保持联系。《槐聚诗存》收一九五二年作《生日》诗,脚注云:"与家人及周生节之共饮市楼。"②学生周节之与钱氏家人一起庆贺生日,直如家人矣。

第二位学生应该不姓钱,而是姓何,名叫何灵琰。何灵琰是钱锺书在震旦女校的学生,也是他的补习学生之一,是何竟武将军的女儿。

据何灵琰后来在《钱锺书·〈围城〉·才人》中追忆:

> 开始,钱先生负责辅导我的英文,而后没有多久,钱先生发现虽然我

---

① 夏志清:《重会钱锺书纪实》,见氏著《新文学的传统》,北京:新星出版社,2005年5月第1版,第265页。
② 钱锺书:《槐聚诗存》,北京:生活·读书·新知三联书店,2002年10月第1版,第109页。

对英文没有兴趣，但是中国文学还是有不错的基础。所以，我们每每上课的时候，竟然最多的是谈论中国诗词。实际上，我现在的文学功底是从钱先生那里得来的。那个时候，钱先生已经着手小说《围城》的写作，所以，《围城》总是少不了的话题。那时每逢上课的时候，钱先生总要先把他又新写出来的章节拿给我看，上课时英文的教授只占据一小部分时间，大多数的时间是在讨论《围城》。有一回，钱先生和我说，在《围城》里，以我为原型写了一个人物，就是那个会画画儿、写不好字儿的太太。那个时候，我很奇怪，觉得我们之间不像师生，倒像是朋友。和钱先生在一起，我最喜欢的和最怕的就是钱先生那调皮的眼神和微微翘起的嘴角。每当看到钱先生的这个仿佛是嘲讽的表情，觉得既滑稽又紧张，滑稽自不必说，而紧张的是不知钱先生又发现了我的什么破绽。

　　那时候，钱先生每次下午两三点钟到我家来，上完课后，我们经常一起踏着夕阳的余晖，到附近的一家叫梅龙镇的铺子，叫上两客嫩鸡焖面，一边吃东西，一边继续讨论《围城》，所以，《围城》里的人物都有谁、出自哪里、以什么人为原型，对于我来说真的是烂熟于心。①

　　何灵琰是经文博专家徐森玉介绍，在一九四五年一月拜钱锺书为师的。

　　一九四四年，何灵琰的父亲为让她的英文不成为留学的障碍，四下里托朋友，给她找一位高水平的英文家庭教师。时任故宫博物院古物馆馆长的徐森玉向她父亲推荐了一位英文教师。徐对这位年轻人相当推崇，说这位家庭教师从英国回来，有相当深厚的英文和中国文学功底。于是，她父亲接受了徐森玉的提议。

　　没过两天，那位年轻人来到她家，竟然就是何灵琰的大学英文教师钱锺书。钱锺书开始婉言谢绝了徐森玉的提议，在其再三请求之下才勉强同意。钱锺书致徐森玉函有云："何女士名门淑媛，重以吾丈道地，不才决破例往教。苟遇风雪，或偶援《北梦琐言》'四不出'之成说，何女士万勿先过。"因而补习时间也不是何灵琰父亲要求的每天一次，而是一周上课两次，即使这样也不保证每次都来。钱锺书由此一直做了她两年的家庭教师。

　　抗战胜利，补习结束，何灵琰的父亲为了答谢钱锺书对他女儿的教诲，专

---

① 引自范旭仑：《钱默存收女弟子》，载徐俊、严晓星主编《掌故》第二辑，北京：中华书局，2017年4月第1版，第156—157页。

门带着女儿来探望老师。那么长时间的交往，他们已经建立了朋友一样的关系。在后来的若干年中，师生二人还一直保持着书信往来。

后来，何灵琰到美国学纺织设计，曾和胡适、顾献良、周策纵、吴讷孙、唐德刚等同结白马社。吴祖光为何灵琰作《戏瘾、乡愁、爱国心》说："她送我一本她的诗词《琬琰集》，还告诉我，她曾师从钱锺书学诗，师从赵尊岳学词，师从张大千学画，师从朱傅茗学昆腔等。一个在大洋彼岸搞西方纺织设计的女科学家，却沉湎于故国的诗、词、歌、画，那么认真执着，以致诗词成集、粉墨登场。"①

一九七九年四月，钱锺书随中国社科院代表团到美国，访问哥伦比亚大学，何灵琰特地前往迎迓：

> 哥伦比亚大学的礼堂人头攒动……我挤上前去，终于握住了钱先生的手，用期待的眼神看着他，希望他能叫出我的名字。经片刻，我终于忍不住了："钱先生，您还记得我吗？我是何灵琰啊！"先生的眼神在游移，是啊，我自责，我有何德何能让这位我一直高山仰止的文豪记住我的名字呢？"三十多年前，您做过我的英文老师。"我没有放弃。"Julia！"久违了，我的这个英文名字，今天竟是从一位我敬仰已久的先生口中说出，如何不令我感动不已。②

一九八五年十月，何灵琰回国时登门拜访钱锺书。

一九九二年到一九九四年，何灵琰年年回乡，"数次回国想探望先生，而每次都被告知，先生一直住院不见访客"。杨绛曾自谓："我遵奉大夫嘱托，为他谢客谢事，努力做'拦路狗'，讨得不少人的厌嫌，自己心上还直抱歉。"③

第三位补习学生姓方，叫方资敏。方资敏在一九四二年成了钱锺书的英文补习学生之一。他当时还在雷士德工学院上高中二年级，英文基础不错，但不

---

① 引自范旭仑：《钱默存收女弟子》，载徐俊、严晓星主编《掌故》第二辑，北京：中华书局，2017年4月第1版，第158—159页。
② 引自范旭仑《钱默存收女弟子》，载徐俊、严晓星主编《掌故》第二辑，北京：中华书局，2017年4月第1版，第160页。
③ 杨绛：《钱锺书手不释卷》，《瞭望》周刊，1989年2月6日第六、七合期；又见沉冰主编《不一样的记忆：与钱锺书在一起》，北京：当代世界出版社，1999年8月第1版，第1页。

久学校英籍老师被押进集中营,日本教员进驻学校,开始传授日文,他们就默然抗议,退出了变质的中学。

这时,方资敏的老师郑朝强向他推荐英文补习教师,他的一位留学牛津的朋友,在本地大学授课,后来才知道就是钱锺书。这位老师告诉他,能否取录,还需经严谨评核。

方资敏回忆道:

> 在那晴朗的下午,我在法租界的一栋三层楼房前,敲打钱教授住宅大门。经人引进后,我见到了钱教授和旁边的钱夫人。钱教授态度亲切谦逊,我根本没有想到面对着的是世上罕有的文学天才。简单的面试后,钱教授要我在一星期内写一篇文章,题目不拘,要评阅及格,才会收我做学生。幸运得很,测验通过了。第二个星期六上午开学,跟着每个星期六上课。
>
> 上课是在上了楼梯右手边的小房间。钱教授一进来,我就精神抖擞,积极学习。奇怪得很,第一本课本是杰罗姆(Jerome K. Jerome)的散文集《闲人闲想》(The Idle Thoughts of an Idle Fellow)。每周我要写一篇散文,次周会拿到钱教授的评改,且严厉,又激励。我还记得要写一篇文章,题目是"对镜观察"(Looking into the Mirror)。真是需要高度想象力,才能构写出有趣的内容。在此期间,我每周一次骑脚踏车到广藏英国文学书籍的公共图书馆,借几本钱教授要看的书。钱教授阅读侦探小说作消遣,尤喜陶乐妃·塞耶丝(Dorothy Sayers)的,阅读起来,如饥似渴。
>
> 第二本课本是查尔斯·布勒·菲宾斯(Charles Bullard Fairbanks, 1827—1859)的《我不认识的老朋友——阿乔戚》(*My Unknown Chien—Aguecheck*; Aguecheck是莎翁戏剧《第十二夜》中的角色),这也是本散文集。内容主要是跨越大西洋到欧洲故旧名都的游记,包括伦敦、布鲁塞尔、日内瓦、翡冷翠、罗马、马赛、巴黎,等等。各地的风貌,在各国文学巨匠的独特文风下,展示无遗。原来钱教授藉此引述内容相当,各种语文(拉丁、英、法、德、意)的原文语录,来阐明这些美妙构思。用各种语文来表达同一思想的"比较文学"是从未梦想到的宝库。我带着敬畏的心情上课,仔细做了大量笔记。这时候才知道自己是多么幸运,能够接近罕有的天才。这段启蒙时期,终生难忘。不用说,这段经历令

我谦卑，渐渐了解，我永无可能达到钱教授的成就。

很快，我的文学阅读范围扩展到济慈（Keats）、雪莱（Shelley）、拜伦（Byron）及但尼生（Tennyson）的诗；蓝姆（Lamb）、艾迪生（Addison）的散文；叔本华（Schopenhauer）的哲学论述；狄更斯（Dickens）和萨克雷（Thackeray）的小说；甚至但丁（Dante）、伏尔泰（Voltaire）和歌德（Goethe）的作品。想起歌德所述"升上天堂，孑然一身，才知道是最大的痛苦"，真真不错。莎士比亚是个例外，钱教授叫我四十岁后再读他的作品，方能得其精髓。①

两年后，钱锺书和方资敏都觉得如果能转攻科技，将来发展会更好，因为中国最需要的就是科技。于是，补习课程由英文转为中文，来应对竞争激烈的入学考试，投考国立交通大学。

一九四四年，方资敏考入交大工学院，补习也就停止了。但他仍然替钱锺书跑腿，到图书馆借书。

一九四七年，政局动荡，上海大学生经常抗议罢课，有时学习甚至完全停顿。这时，方资敏找到一个机会，可以以大学三年级肄业的资格转校到美国就读大学四年级。当时听人介绍，麻省理工是美国最好的工科大学，他就准备报考此校。钱锺书替他写了一封强有力的推荐信，在他被麻省理工学院录取中发挥了作用。②

沦陷区生活虽然艰苦，但他们总能自给自足。在杨绛心里，能自给自足，就是胜利。

钱锺书虽然遭厄运播弄，却觉得一家人同甘共苦，胜于别离。他发愿说："从今以后，咱们只有死别，不再生离。"

二

抗战期间，上海"孤岛"生活的艰辛，可以用杨绛在她的回忆录里的一段记叙来印证："我们沦陷上海，最艰苦的日子在珍珠港事变之后，抗日胜利之前。……只说柴和米，就大非易事。日本人分配给市民吃的面粉是黑的，筛去杂

---

① 方资敏：《跟随钱锺书教授的启蒙时期》，《东方早报》，2012年9月23日。
② 参阅钱之俊：《钱锺书生平十二讲》，上海：上海社会科学院出版社，2013年11月第1版，第79页。

质,还是麸皮居半;分配的米,只是粞,中间还杂有白的、黄的、黑的沙子。黑沙子还容易挑出来,黄白沙子,杂在粞里,只好用镊子挑拣。听到沿街有卖米的,不论多贵,也得赶紧买。当时上海流行的歌:'粪车是我们的报晓鸡,多少的声音都从它起,前门叫卖菜,后门叫卖米。'随就接上一句叫卖声:'大米要吗?'(读若'杜米要伐?')大米不嫌多。因为吃粞不能过活。但大米不能生吃,而煤厂总推没货。好容易有煤球了,要求送三百斤,只肯送二百斤。我们的竹篓子煤筐里也只能盛二百斤。有时煤球里掺和的泥太多,烧不着;有时煤球里掺和的煤灰多,太松,一着就过。如有卖木柴的,卖钢炭的,都不能错过。有一次煤厂送了三百斤煤末子,我视为至宝。煤末子是纯煤,比煤球占地少,掺上煤灰,可以自制相当四五百斤煤球的煤饼子。煤炉得搪得腰身细细的,省煤。烧木柴得自制'行灶',还得把粗大的木柴劈细,敲断。烧炭另有炭炉。煤油和煤油炉也是必备的东西。各种燃料对付着使用。我在小学代课,我写剧本,都是为了柴和米。"①物质生活的困顿,没有影响杨绛与她的丈夫钱锺书一家人乐观的情绪。

戏剧,特别是话剧,是当时人们所喜闻乐见的一种文艺样式,是市民生活不可或缺的文化消费。同时,上海地下党把文化界抗日救亡运动的重心放在戏剧工作上,组织了专业性的职业剧团,开展业余戏剧运动。仅一九四二年上海就有剧团二十个,演出剧目八十九个;一九四三年先后出现的剧团有几十个之多,剧场二十多家,演员达二百余人,演出剧目近五十个。对此,丁罗男分析指出:"近百年来,随着城市现代工业与商品经济的飞速发展,以市民阶层为主体的消费群体逐渐形成,文化也从少数精英分子的审美对象,转变为完全具有公共性的大众消费形式。而上海作为中国现代化程度最高的城市,大众文化从三十年代初开始就浸润、弥漫于电影、小说、戏剧等领域。抗战爆发后,特殊的'孤岛'及沦陷环境,更是把上海'摩登'文化推进到一个新的阶段。由于电影业、出版业受到压制和破坏,美国影片遭禁,国产影片的制作又为敌伪所掌控,其他如畅销文学、时尚报刊等情况也差不多,战前上海业已形成的大众文化消费市场一时间大大萎缩,庞大的市民消费群体亟待一种新的娱乐文化产品来满足他们的需求,于是,话剧以它相对低廉的成本和迅速的收效,还有它与电影的紧密联系(比如剧影双栖的'明星'),很快填补了这座城市的文化市

---

① 杨绛:《我们仨》,见《杨绛全集》(第四卷),北京:人民文学出版社,2014年8月第1版,第101—102页。

场空缺，同时给处于困境中的市民阶层以精神的慰藉与心理的代偿。与此同时，'孤岛'时期来自周边地区的大量游资进入上海，商业界伺机投资话剧产业，成立剧团或资助演出，也对话剧的繁荣起到了推波助澜的作用。"①

文艺界、戏剧界的著名人士黄佐临夫妇和柯灵、李健吾、陈麟瑞等人先后主持了"上海职业剧团""苦干剧团"等。通过陈麟瑞、李健吾二位的介绍，黄佐临夫妇、柯灵夫妇走进了杨绛的家里。那时，上海职业剧团已开张了一段时间，他们正在四处物色好的剧本。

一九四二年冬日的一天晚上，陈麟瑞请钱锺书、杨绛夫妇一起上馆子吃烤羊肉，李健吾也出席在座。大家围着一大盆柴火，拿着二尺多长的筷子，从火舌里抢出羊肉夹干烧饼吃。据陈麟瑞说这是蒙古人的吃法，杨绛马上想起了李健吾剧作《云彩霞》里的蒙古王子与陈麟瑞（石华父）作品《晚宴》里的蒙古王爷。这两部剧作，当时上演时是上座率很高的作品。因为两部剧作中都有蒙古王子或王爷出现，杨绛则把剧中蒙古人吃烤羊肉与现实生活自然联系在一起了。

席间，陈麟瑞、李健吾就怂恿杨绛：

"何不也来一个剧本？"并且告诉她，黄佐临正愁没有好的剧本呢。

杨绛觉得这话说得太远了，谦称自己从来没有写过话剧，只是偶尔看几场戏罢了。

烤羊肉的风味不易忘却，朋友鼓励的话也随之一再撩拨。杨绛不免技痒，她利用上课的业余时间，加紧创作了话剧《称心如意》，先送给住得不远的陈麟瑞看。经他仔细审阅后，又重新改写，随后这剧本就转到李健吾手里。

没过数日，李健吾来电话说，《称心如意》立刻就排演，由黄佐临导演，李健吾也将粉墨登场，扮演徐朗斋这个角色②。

经过一段时间的紧张排练，杨绛的第一部话剧《称心如意》于一九四三年五月十八日，在金都大戏院正式公演。

杨季康是杨绛的本名。当《称心如意》戏正式上演之际，需要印刷海报宣传品，李健吾要杨绛为自己起个笔名。

这天，杨绛接到了李健吾的电话："你运气真好！你那剧本给佐临看中了，已经在排演了，就要出广告了，署什么名字呀？"

杨绛又惊又喜，生怕出丑，匆促中不及思索，就把学名"季康"二字切成

---

① 丁罗男：《从政治的视角转向文化的观照》，《文汇读书周报》，2012年1月20日。
② 刘中国：《钱锺书：20世纪的人文悲歌》，广州：花城出版社，1999年9月第1版，第397—399页。

了一个"绛"字,答说:"就叫杨绛吧。"

从此,杨绛沿用至今,而"杨季康"反而不常使用了。

杨绛步入剧坛,并非偶然。一方面她拥有创作戏剧的资质,一俟朋友的提议,其写作的潜质便激发出来。另一方面来自杨绛对都市小市民生活的体验和知识分子生活的积累。上海滩这个大都市特有的新旧参半、土洋结合的生活形态,正是引发剧作家灵感的渊薮。《称心如意》中的主人公李君玉,她的母亲不听外祖父的安排私自与穷画家结婚,失去本家的关爱而远离上海去了北平。李君玉在双亲谢世后,却旋即被三位舅母召回上海,明说是要救助她的孤苦无依,实际上把她轮番当作劳动力使用。后来,又怕李君玉的性格会给自己家庭带来麻烦,像推磨似的从这家又推到另一家。杨绛恰如其分地掌握了戏剧的技巧,充分揭示了生活中的种种矛盾和冲突。十里洋场中的小市民生活的灰色平庸,杨绛十分熟稔,剧作深入地表现了上海市民生活的种种尴尬、种种疲软,剧中人物身上的喜剧因素,折射出五光十色的社会万象。

杨绛笔下的李君玉从北平投奔舅舅,由此引来一系列令人捧腹、使人心酸的遭遇。她的大舅赵祖荫是一个冷酷的银行经理,一向看不起李君玉的穷画家父亲,因而对李君玉颇为冷淡,然而大舅母不放心丈夫雇来的年轻妖冶的女秘书,便逼迫赵祖荫让李君玉顶替做秘书,以此来拆散赵祖荫与女秘书。大舅父出于无奈,自然于心不甘,对李君玉百般挑剔。同时,这位大舅母也嫌弃君玉,不让君玉住在她家里,于是匿称二舅二舅母想她,叫李君玉晚上住在二舅家。后来,表哥赵景荪爱上了李君玉。二舅母怕李君玉迷住自己的儿子,便又把她推到四舅家。四舅赵祖懋待人不错,而四舅妈却是一个所谓"热心"慈善事业的人,只想挥霍丈夫的金钱,他们虽然没有子女,但也不想让李君玉闲着,要她带着不知从什么地方弄来的野孩子。赵祖懋生怕因此一家人不太平,便与李君玉设计,由君玉伪造一封信给四舅妈,谎称赵祖懋外面有相好的女人还有小孩子,以此打消四舅妈领养野孩子的计划,不料又引来意想不到的后果。先是四舅妈整天看着赵祖懋,一刻也不离身,不管走到哪里,她就跟到哪里,这样李君玉在赵祖懋的家里也待不下去了。最后,李君玉被踢给舅公徐朗斋。孤女李君玉只能依靠自己的冰雪聪明,应对矛盾百出的局面。

不料李君玉被这最后一踢,来了个好事成双,得到一个"称心如意"的结局。舅公徐朗斋是巨富人家,有钱有宅,没有儿女,孤身一人,大家早就觊觎他的家财,争着想把儿女过继给他。偏是老头子脾气古怪,一毛不拔,水泼不入，针插不进。三位舅母讨厌李君玉，她们商量着做成圈套，送她到徐朗斋处，料定她住不了三天。谁知事与愿违，李君玉被甩给徐朗斋后，反而命运发生转机，被徐朗斋收为孙女，成为继承人。而李君玉的男朋友陈彬如，是徐朗斋一个朋友的孙子，也是个好人。徐朗斋成全了他们，同意他们结合。这下子，不但李君玉的舅舅、舅妈的如意算盘全部落空，而且赵景荪的春梦也破灭了。李君玉做梦也没有想到世态炎凉，最后的幸运儿竟会是自己，真正是"称心如意"。

杨绛果然功底深厚，出手不凡，初出茅庐便一鸣惊人，《称心如意》引来阵阵喝彩声。

日本作家鹤见佑辅说得好："泪和笑只隔了一张纸。"又说，"恐怕只有尝过了泪的深味的人，这才懂得人生的笑的心情。"杨绛写的就是这种含泪的喜剧。因为是用泪水稀释过的，故而笑得痛快淋漓，笑得含蓄蕴藉；这种笑带有无穷的意味。复旦大学教授赵景深在《文坛忆旧》一书中写道："杨绛女士原名杨季康，她那第一个剧本《称心如意》在金都大戏院上演，李健吾也上台演老翁，林彬演小孤女，我曾去看过，觉得此剧刻画世故人情入微，非女性写不出，而又写得那样细腻周至，不禁大为称赞。"①

当年导演该剧的是名家黄佐临，有趣的是他女儿黄蜀芹在二十世纪八十年代，将钱锺书的长篇小说《围城》改编成电视剧。父女两代导演，与杨绛、钱锺书一家艺术结缘，成为佳话。

三

随着《称心如意》的成功，杨绛一鼓作气接连创作了喜剧《弄真成假》《游戏人间》和悲剧《风絮》。

《弄真成假》完成于一九四三年十月。在这部戏剧中，杨绛以敏锐的观察力和高超的艺术创造力，再现了二十世纪四十年代社会变革时期的社会风俗图，刻画了周大璋这一人物形象，剧作家对他爱恨交加，既鞭挞又不乏同情。她最为关切的是普通人习而不察或者不予深究的东西，她所揭示的也正是他们身上可悲而可笑的喜剧因子。

---

① 赵景深：《我与文坛》，上海：上海古籍出版社，1999年10月第1版，第279页。

杨绛的《弄真成假》中的男主人公周大璋一表人才,却家境贫寒,他和寡母无法生活,只得寄居在妹妹的婆家开的杂货铺的小阁楼里。周大璋原本在一家保险公司就职。但他吊儿郎当,不好好工作。他为了取得地产商张祥甫女儿的巨额陪嫁以进入上流社会,不惜抛弃了原来的情人张燕华而取悦于张祥甫女儿张婉华。张燕华本是张祥甫的亲侄女,寄身叔父家,形同女用人,她也拼命打算改变自己的处境,幻想嫁给自诩为官宦世家的周大璋后会有转机,结果离开了叔父,住进了周家寄住的小阁楼里,这样的结局,使周大璋、张燕华"弄真成假"。

杨绛在这一部剧作中,语言适度,笔调温和客观,注重从人物的心理、言谈举止、表情肖像上面来寻找喜剧性。她运用语言的才智使人联想到钱锺书《围城》中的奇言妙语。比如说,张祥甫太太的侄儿冯光祖就是一个例子。冯光祖身为教授,学究气浓厚,他抱怨女用人把他的衬衫纽子弄丢了,却对女用人说:"唉,杨妈,我跟你说过——你得先研究这扣子为什么爱掉;在知道了原因,才能防止结果——千针万针没有用。纽扣怎么会丢掉,有三个原因!第一是烙铁烫坏了线;第二是你的线拉得太紧,应该纽扣底下长一个脖子;第三……"①女仆说:"从来没见过纽扣底下长脖子。"②在这里,杨绛巧妙地凭借性格语言,将人物从生活的矛盾冲突中凸显出来。

在戏剧的最后部分,杨绛以周大璋、张燕华两人对话来充分揭露当时社会弥漫的拜金主义气息,展示两位男女主人公的可悲结局:

> 张燕华　大璋,这是怎么回事儿?
> 周大璋　我也不知道。
> 张燕华　这可不是做梦吗?
> 周大璋　简直像演戏呢!
> 张燕华　这——这就是你的家?
> 周大璋　咱们的家了!
> 张燕华（回顾）好个"诗礼之家"!（指外）那一位就是你的知书达礼、有才有德的妈妈?楼下就是你舅家的什么华洋百货公司,那位喜妈妈就是你妹妹?（苦笑）咳,大璋,真是环境由你改造啊!我佩服你改造环

---

① 杨绛:《杨绛全集》(第四卷),北京:人民文学出版社,2014年8月第1版,第115页。
② 杨绛:《杨绛全集》(第四卷),北京:人民文学出版社,2014年8月第1版,第190页。

境的艺术！

周大璋 哎，燕华由你做主呀！我也佩服你掌握命运的手段！

当时，杨绛创作的《弄真成假》和《称心如意》，当年在上海非常卖座，好评如潮。

杨绛在《弄真成假》完成后不久，又创作了另一个剧本《游戏人间》，可惜久未找着，向杨绛打听也是如此。《杨绛作品集》附录的《杨绛著作书目》亦未予列入。不过，赵景琛的《文坛忆旧》和司马长风的《中国新文学史》均有记载，当时上海出版的《杂志》《小天地》上还有人为此写过评论。

《风絮》是杨绛唯一的一部悲剧作品。最初发表在抗战胜利不久，郑振铎与李健吾合编的大型文学月刊《文艺复兴》上，连载于该杂志的第三、四期合刊和第五期。①

《风絮》讲的是一个爱情故事。背景是青年知识分子方景山热衷社会改革，带了妻子沈惠连到乡间创办事业。他一心扑在事业上，由此不仅冷淡了妻子，也得罪了地方势力，结果被诬陷入狱。经过友人唐叔远和妻子的共同营救，终于获救，戏便是从方景山出狱演起。

一年的铁窗生活使方景山被磨炼得斗志弥坚，他正要东山再起，却万万没有料到，在营救过程中妻子沈惠连已移情别恋，主动追求唐叔远；唐叔远则迫于友人之妻不可欺的道德，始终压抑自己对沈惠连的感情，一再婉拒。没有屈服于恶势力的方景山，却经受不住爱妻情变的打击，留下遗书欲沉潭自尽。唐叔远见到遗书，以为友人已殁，便与沈惠连拥抱在一起，然而被拥抱的沈惠连却又觉得是自己杀了方景山，所以毫无如愿以偿的欢愉。这时，从潭边回头的方景山追到沈唐两人面前，声言要和沈惠连同归于尽，不然就枪杀唐叔远，与沈惠连重归于好。戏到这里，沈惠连突然夺过手枪朝自己连击数弹倒下了，方景山失声痛哭，唐叔远呆如木鸡，帷幕徐徐落下。

这出戏渲染了方景山、沈惠连和唐叔远三个人物之间的感情纠葛，三个好人酿出一场悲剧。悲剧的罪魁祸首不是某个小人或恶棍，也谈不上什么腐朽制度。他们仿佛坠入一口深不可测的感情的陷阱。唐叔远哀叹："唉，咱们是戴着眼罩拉车的马，蒙着眼赶路。谁知道天的安排。"沈惠连接着叹道："天要把咱

---

① 陈学勇：《杨绛的悲剧〈风絮〉》，《博览群书》，1996年第2期。

们俩放在一起，为什么又叫咱们认识。一生太短了，不能起个稿子，再修改一遍。"杨绛起剧名《风絮》正是点明人生不能自主的含义，是对人生的探索，纵然没有现成的答案，也让人回味再三。

如果说，杨绛以前的两个喜剧，是对自私、虚伪、势利和粗鄙的人情世态尽情嘲讽竭力鞭挞，显示了道德谴责力量，那么《风絮》则由社会批判转向了人生探索，引起的是对生活的品味和思辨，更耐人咀嚼，更深沉。两个喜剧，把人生无价值的东西撕裂得痛快淋漓，取得了相当成功的舞台效果，而《风絮》则把有价值的东西毁灭得同样毫不留情，它给予观众的心灵震撼不逊于前者。

不过，杨绛的戏剧代表作还是当推前面两部喜剧《称心如意》和《弄真成假》，它们在当时的剧坛上反响很大，受到观众的追捧，也受到夏衍、柯灵、李健吾、陈麟瑞、黄佐临等人的高度评价。夏衍说过，他一九四五年从重庆回到上海，杨绛的剧本令人感到耳目一新。

在当时，写剧本的为数不多，"但一枝独秀，引起广泛注意的是杨绛。她的《称心如意》和《弄真成假》，是喜剧的双璧，中国话剧库中有数的好作品"①。

中国数一数二的戏剧大家、文学评论家李健吾对于杨绛的《弄真成假》赞不绝口，他有如下的说法："假如中国有喜剧，真正的风俗喜剧，从现代中国生活提炼出来的道地喜剧，我不想夸张地说，但是我坚持地说，在现代中国文学里面，《弄真成假》将是第二道纪程碑。有人一定嫌我过甚其辞，我们不妨过些年回头来看，是否我的偏见具有正确的预感。第一道纪程碑属诸丁西林，人所共知，第二道我将欢欢喜喜地指出，乃是杨绛女士。"②这一大气的评论，真是说得酣畅淋漓，痛快至极！

四

杨绛的戏剧作品，在当时不仅得到了戏剧界同行和出版家的激赏，也引起了一些年轻剧评人的注意。麦耶和孟度即是其中的代表。

---

① 柯灵：《衣带渐宽终不悔：上海沦陷期间戏剧文学管窥》，见《柯灵文集》（第三卷），上海：文汇出版社，2001年7月第1版，第322页。
② 孟度：《关于杨绛的话（剧作家论之一）》，原载《杂志》月刊第15卷第2期，1945年5月10日。见田蕙兰、马光裕、陈珂玉选编《钱锺书杨绛研究资料集》，武汉：华中师范大学出版社，1997年1月第2版，第661页。

翻译家董乐山（1924—1999）二十世纪四十年代在上海文坛很活跃，当他还是圣约翰大学一个爱好戏剧、擅写剧评的学生时，便以"麦耶"的笔名在《杂志》上发表了许多影剧评论。

而《杂志》是一九三八年五月创刊于上海的一份期刊，原为言论杂志，曾遭遇两次"勒令停刊"，后转变为以文艺为主，一直延续到抗战胜利。[1]

《麦耶剧评》涉及杨绛的有："剩下的就只有半数：《浮生六记》《香妃》《弄真成假》与《飘》才是十月剧坛热闹的中心。"[2]在"《弄真成假》以后，接连看到三数个趣剧的上演，这是值得悲哀的现象"。[3]董乐山虽然其时还是个大学生，但是艺术鉴赏力非同一般，他对杨绛《弄真成假》的评论和观点，脍炙人口，流传至今。董乐山在《〈弄真成假〉与喜剧的前途》中说："杨绛女士继《称心如意》后写《弄真成假》，同是近年来难得的喜剧。李健吾先生把杨绛女士推崇为中国喜剧的第二道纪程碑。"第一道纪程碑是著名剧作家丁西林。他一方面肯定了杨绛的两部喜剧对于当时充满眼泪和鼻涕的剧坛，是"为喜剧开一大道"，另一方面又毫不含糊地指出《称心如意》在结构上缺少一个统领全剧的中心，而《弄真成假》的缺点在于受悲剧的影响太深，他认为剧中人物为挣脱出身而摆脱命运的悲剧性以及杨绛对于整部戏的悲观式的看法，使得《弄真成假》并不是一个纯粹的喜剧。[4]

在《七夕谈剧》中，麦耶又评论杨绛的话剧《游戏人间》，认为该剧仍然保持了杨绛"写实与观察的精微"，既深入生活又能站在一个高度看生活，但也指出结构上显得勉强。麦耶强调："我始终认为杨绛是一位悲剧作者，她的感情是超乎理智的。"[5]

在一九四四年五月十日出版的《杂志》月刊上，孟度发表了评论《关于杨

---

[1] 谢其章：《终刊号丛话》，郑州：河南人民出版社，2006年4月第1版，第114—120页。

[2] 麦耶：《十月影剧综评：热闹的十月剧坛》，原载《杂志》1943年11月号。见李辉编《董乐山文集》第一卷，石家庄：河北教育出版社，2001年5月第1版，第102页。

[3] 麦耶：《是月也：趣剧的抬头》，原载《杂志》1943年12月号。见李辉编《董乐山文集》第一卷，石家庄：河北教育出版社，2001年5月第1版，第108页。

[4] 麦耶：《十月影剧综评：〈弄真成假〉与喜剧的前途》，原载《杂志》1943年11月号。见李辉编《董乐山文集》第一卷，石家庄：河北教育出版社，2001年5月第1版，第104—105页。

[5] 麦耶：《七夕谈剧：〈游戏人间〉——人生的小讽刺》，原载《杂志》月刊1944年9月号。见李辉编《董乐山文集》第一卷，石家庄：河北教育出版社，2001年5月第1版，第190页。

绛的话（剧作家论之一）》，称赞杨绛是"天生的喜剧作家"①，他指出："以《称心如意》一剧出现于战后剧坛的杨绛先生，恰如早春的一阵和风复生于冬眠的大地、万物，平添上欣欣的生意。"② "在《弄真成假》中，如果我们能够体味到中华气派的机智和幽默，如果我们能够感到中华民族灵魂的博大和幽深，那就得归功于作者采用了大量的灵活、丰富、富于表情的中国民间语言。鲁迅先生创造了民元时候某种雇农的典型阿Q，杨绛女士又创造了现代中国某种平民老妇人典型周大妈。我为中国文学庆幸……"③孟度认为杨绛站在一个比较高的视角，俯瞰芸芸众生的悲欢离合，冷静而理智的立场，使得杨绛的喜剧有着严肃的思考。这和麦耶的评论有着相似之处，二者都看到了杨绛喜剧并不是一般的闹剧或滑稽剧，从其剧作中能够看到杨绛本人对于人的命运和处境的谅解与审视。

总的来看，二十世纪四十年代，对于杨绛戏剧的研究还处于起步阶段，评论文章不多，而且大多数的评论属于印象式的作家对作品点评，并没有较强的思辨色彩，但能够得到相当程度的关注和热议，已经说明了杨绛戏剧的独特价值。

多年以后，柯灵在评价抗战期间的戏剧创作时指出，杨绛的喜剧中的"各式人等，无论上层下层，都是我们在旧中国随处可见的人物，只是作者挑精拣肥，经过选拔，把他们当作样品搬上舞台，公开展览。对那些名门望族的绅士淑女，是透过衣冠楚楚的外表，脱衣舞似的细细剥露他们又丑又脏的灵魂（但其中也很有些风趣盎然的形象）；对那些蓬门小户的男女老小，是带着深厚的同情，指出他们盲目的营营扰扰，可笑可悯，怜惜地抚摸他们的伤痛。解剖的锋芒含而不露，婉而多讽。这是作者深入生活，体察人生的结果，出发点是对人生的热爱，所以精神上站得高，看得透彻"④。所以，杨绛的剧本具有错综复杂的纠葛、有趣的场面、真实丰富的细节、层出不穷的笑料，可谓美不胜收。作者

---

① 孟度：《关于杨绛的话（剧作家论之一）》，原载《杂志》月刊第15卷第2期，1945年5月10日。见田蕙兰、马光裕、陈珂玉选编《钱锺书杨绛研究资料集》，武汉：华中师范大学出版社，1997年1月第2版，第661页。

② 孟度：《关于杨绛的话（剧作家论之一）》，原载《杂志》月刊第15卷第2期，1945年5月10日。见田蕙兰、马光裕、陈珂玉选编《钱锺书杨绛研究资料集》，武汉：华中师范大学出版社，1997年1月第2版，第659页。

③ 孟度：《关于杨绛的话（剧作家论之一）》，原载《杂志》月刊第15卷第2期，1945年5月10日。见田蕙兰、马光裕、陈珂玉选编《钱锺书杨绛研究资料集》，武汉：华中师范大学出版社，1997年1月第2版，第662页。

④ 柯灵：《"衣带渐宽终不悔"——上海沦陷期间戏剧文学管窥》，见《柯灵文集》（第三卷），上海：文汇出版社，2001年7月第1版，第322页。

老到的叙事技法，驾轻就熟；剧情的进展，如行云流水；语言通体灵动，是纯粹的民族风味，没有掺杂丝毫的杂质。这是一曲笑的凯歌，完全可以视为现实主义艺术的胜利。

杨绛著剧本《称心如意》和《弄真成假》，后被收录在孔另境主编的《剧本丛刊》之中，由世界书局出版。《称心如意》，民国三十三年（一九四四）一月初版，《剧本丛刊》第一集之一种。《弄真成假》，民国三十四年（一九四五）一月初版，《剧本丛刊》第四集之一种。收入这一丛刊的还有李健吾的《花信风》、黄佐临的《梁上君子》、袁俊的《富贵浮云》、魏于潜的《甜姐儿》、朱端钧的《圆谎记》等，中华人民共和国成立后，于一九八二年重版。杨绛著戏剧《风絮》，民国三十六年（一九四七）七月初版，上海出版公司印行，《文艺复兴丛书》第一辑之一种。《风絮》后又收入人民文学出版社二〇一四年八月出版的《杨绛全集》（第五卷）。

为了考证杨绛的《称心如意》和《弄真成假》当年由世界书局出版的内情，上海社会科学院文学研究所的专家孔海珠曾经专门向杨绛求证。

孔另境是著名作家茅盾的内弟，本人也是一位编辑家。孔海珠是孔另境的女儿，她为了了解当年父亲组稿和出版杨绛这两部剧本的情况，以及在"孤岛"时期，杨绛是否认识孔另境？有些什么交往？她的两个剧本是怎么到其父亲手上出版的？……总之，很想弄个明白，又不便贸然打扰杨绛。

二〇〇八年五月二十日，孔海珠转托胡乔木的女儿胡木英居中联络，杨绛致信孔海珠。"她的来信有整整两页，字迹清秀有力，丝毫没有抖动的迹象，而且很认真，信中有好几处用涂改液处理的痕迹，令我感动极了，她是为让我看得更清楚吧。这是我收到的年岁最高老人的信件了。她是一九一〇年出生的，那时已九十八岁高龄。"孔海珠说。她认为，这封信史料细节生动，内容翔实，太有全文记录下来的必要，所以在《文汇报》上予以披露。①

孔海珠女士：

　　五月十六日来信已收到，赶紧回信把事情说清楚。我的《杂记与杂写》里有一篇《客气的日本人》，讲我到日本宪兵司令部受讯事。文章结尾有一句讲到令尊"……有人奉命举着一只凳子不停地满地走"，他就是孔另境先生。我并未看见，大约是已经过去的事。我和令尊从未见过面。

---

① 孔海珠：《杨绛的两个剧本和孔另境主编的〈剧本丛刊〉》，《文汇报》，2020年2月17日。

我的两个喜剧先后在孔另境先生主编的《剧本丛刊》出版单行本。我并未投稿，也未订合同，只记得忽有不知谁寄来样书二册和若干稿酬，稿酬不多，我在老大房买了酱鸭、酱肘子各两份。当时我住辣斐德路钱家，我公公和叔叔是孪生兄弟，两家同住分炊，很亲近，困难时期，难得开开荤，所以我买了同样的两份（剧本上演税够请朋友吃顿饭），书的稿酬只够买这么两份熟食，每份只装得两碟子，女儿瑗瑗把肘子吃在肚子里了，还在饭碗里找她的肘子呢。

　　孤岛时期，有个敌我界线。凡是不参加"大东亚共荣圈"的是"我们"，参与者是亲敌的。我的剧本虽然没有政治味，却正好可供抗日剧团作烟幕弹，恰好又很卖座，鼓励我写剧本的是柳亚子的女婿陈麟瑞（石华父），常来往的有程（陈）西禾和傅雷。因为都住在邻近。

　　有一次，我们夫妇参加一个有关文艺的会，程（陈）西禾很紧张地找到了我们住处，告诉我们今天开会是要签名的，签名就是加入"共荣圈"，我说"我们就是不签名"。我们三个就双手插在大衣口袋里，扬长出门，并无人拦阻，可见签名是自愿的。柯灵是中共地下党员，和我们来往很勤，他自己告诉我们他是地下党员。宋淇（宋春舫之子）又名宋悌芬，在话剧界很活跃。他爱喜剧，也写喜剧。

　　另一个圈子是郑振铎为中心的，他和傅雷都很好客。王元化夫人张可和我也常来往。我很想知道她是哪年去世的。你知道吗？

　　你问的事，我都写上了吧？

　　专复，即问近好

杨绛
2008年5月20日

　　孔海珠在文章中感慨道，正如胡木英所说，杨绛尽管年近百岁，脑子却很清爽，思维很活跃，完全没有给人老态的感觉。另外，过去一个甲子前的事情，仿佛历历在目，许多细节都清清爽爽，连"双手插在口袋里"这个动作，也能回忆得令人叫绝。尤其信中说到当时他们的生存状态，他们的圈子文化，他们的是非分明，还有你我的界线——真实可信而生动。

　　其实，对杨绛的复信和孔海珠的文章还可以做一些补充。

杨绛的《称心如意》创作于一九四二年冬天至一九四三年一月之间，一九四三年五月十八日公演。当时，剧本尚未出版。杨绛对于原剧本"并不满意""因为匆促搬上戏台，也未及好好修改"。大概在一九四三年十一月前，在"世界书局向我（杨绛）要它去编入丛刊（孔另境主编的《戏剧丛刊》第一辑）"时，杨绛重看作品一遍，对原剧本做出了修改，"尽量改动了第一幕和第四幕"，可是，杨绛认为，原作的"躯干骨骼已经长成了，美容院式的修饰，总觉得是皮毛的、不根本的。对于旧作品最好的补救，还是另写新作品"①。这样，在杨绛的同意与亲自修改下，《称心如意》的单行本由世界书局于一九四四年一月出版发行，是为《称心如意》初刊本，这是现存的《称心如意》的最早的版本。一九四七年十一月，世界书局再版了《称心如意》，书的正文内容与《称心如意》初刊本一致。②

由此可见，杨绛的《称心如意》的出版问世，孔另境与世界书局所起的推手作用，应该记上一笔。当然，杨绛当年也曾强调："趁这个剧本印行的机会，叙述一下写作的由来，并感谢朋友的热心鼓励。"③

《称心如意》出版后，杨绛曾对它"作了些字句上的修改"，据杨绛自称，修改完成后，剧本"搁置多年，已'土埋半截'，不再挂在心上"。二十世纪八十年代初，"《上海抗战时期文艺丛书》编辑同志要求把它们（指《称心如意》与《弄真成假》）重印再版"，杨绛就"把久藏的修改本交出去"。一九八二年十二月，《上海抗战时期文艺丛书》编辑委员会将杨绛的《称心如意》与《弄真成假》两种喜剧结集为《喜剧二种》，作为《上海抗战时期文艺丛书》第一辑其中一册，由福建人民出版社出版。

杨绛在其《喜剧二种》的"重版后记"中谦称，剧本"缺乏斗争意义"，"不过是一个学徒的习作而已——虽然是认真的习作"。她还指出："如果说，沦陷在日寇铁蹄下的老百姓，不妥协、不屈服就算反抗，不愁苦、不丧气就算顽强，那么，这两个喜剧里的几声笑，也算表示我们在漫漫长夜的黑暗里始终没

---

① 杨绛：《〈称心如意〉原序》，见《杨绛全集》（第五卷），北京：人民文学出版社，2014年8月第1版，第5页。
② 黄海丹：《杨绛话剧〈称心如意〉的版本与修改》，《现代中文学刊》，2018年第1期。
③ 杨绛：《〈称心如意〉原序》，见《杨绛全集》（第五卷），北京：人民文学出版社，2014年8月第1版，第5页。

丧失信心，在艰苦的生活里始终保持着乐观的精神。"①

二〇〇七年，为纪念中国话剧百年，京沪两地的话剧团体，联袂复演了杨绛的"喜剧双璧"《称心如意》和《弄真成假》。杨绛悉知后，喜不自胜，援笔而写：

> 六十四年前，我业余学写的话剧《称心如意》上演，由戏剧大师黄佐临先生导演，演出很成功。一夜之间，我由杨季康变成了杨绛。这年秋天，我第二个喜剧《弄真成假》上演，也很成功。抗战胜利后，我改行做教师，不复写剧本，但是杨绛在上海戏剧界还没有销声匿迹。
>
> 解放后到了北京，杨绛就没有了。杨季康曾当过"四害"里的"苍蝇、蚊子"之类，拍死后也没有了。都到哪里去了呢？我曾写过一篇"废话"《隐身衣》，说隐身衣并非仙家法宝，人世间也有：身处卑微，人人视而不见，不就没有了吗？我不合时宜，穿了隐身衣很自得其乐。六十多年只是一瞬间，虽然杨绛的大名也曾出现过几次，这个名字是用水写的，写完就干了，干了也就没有了。英国诗人济慈（John Keats，1795—1821）慨叹自己的名字是用水写的。他是大诗人啊！我算老几！
>
> 想不到戏剧界还没忘掉当年上海的杨绛。中央戏剧学院表演系2004级3班的同学，为了纪念中国话剧百年诞辰，选中了六十四年前杨绛处女作《称心如意》，于今年六月三日至十日，在中央戏剧学院北剧场演出。十一月间，上海话剧艺术中心和上海滑稽剧团又将在上海话剧艺术中心演出杨绛的《弄真成假》。这两个喜剧，像出土文物，称"喜剧双璧"了！我惊且喜，感激又惭愧，觉得无限荣幸，一瓣心香祝演出成功。承他们抬举，还让我出头露面，说几句话。可是我这件隐身衣穿惯了，很称身；一旦剥去，身上只有"皇帝的新衣"了。我慌张得哪还说得出话呀！好在话剧上演自有演员说话，作者不必登场。请容我告饶求免吧。谢谢！②

时隔半个世纪，杨绛创作的、曾于一九四三年在沪引起轰动的喜剧《弄真

---

① 杨绛：《〈喜剧二种〉一九八二年版后记》，见《杨绛全集》（第五卷），北京：人民文学出版社，2014年8月第1版，第192页。
② 杨绛：《"杨绛"和"杨季康"——贺上海纪念话剧百年》，见《杨绛全集》（第三卷），北京：人民文学出版社，2014年8月第1版，第285—286页。

成假》，二〇〇七年十一月十五日再次重回上海的舞台，再现上海孤岛沦陷时期的生活风貌。

此番公演是由上海文广演艺中心出品，上海滑稽剧团、上海话剧艺术中心合作，主角周大璋由上海滑稽剧团演员钱程担任。

"票房好的戏不一定就是好戏"，此次的话剧导演杨昕巍认为《弄真成假》文学性比较强，它的噱头不是很多，他不会因为票房问题，加进一些所谓的笑料和俗文化，而是将力度放在挖掘戏的深度和戏剧美感上。

旗袍、弄堂和留声机并不仅仅是老上海文化和历史的唯一代言。舞美、灯光、音响、服装与化妆等幕后的老上海班底，在杨昕巍执导的另一部老上海经典系列剧《乌鸦与麻雀》塑造老上海时代风貌的基础上挖掘精髓，以全剧组的深厚修养为观众呈现出的老上海的极致色彩和时代味道。

舆论认为，从戏剧本身来说，杨绛写于半个世纪前的《弄真成假》在剧本里体现出来的情爱观、价值观和金钱观同今天的人们几乎惊人的一致，因此上演《弄真成假》也有观众基础和现实意义。[①]

中国现代文学研究的著名学者钱理群、温儒敏、吴福辉等人，在《中国现代文学三十年》的论著中，揭示了四十年代沦陷区文学的一个现象级事实，即"雅文学与俗文学两大文学潮流中在对立中的接近趋向"，[②]杨绛的戏剧创作，正是这种现象的代表，真正做到了"雅俗共赏"或者称"雅俗合流"，既坚持了知识分子独立的立场，又尊重市民社会民间价值取向。

"这一时期的剧作中，有相当部分是所谓'通俗话剧'，其中也有雅俗共赏的作品，杨绛被称为'喜剧双璧'的《称心如意》和《弄真成假》即是同时为市民观众与知识界欢迎的代表作。杨绛的这两个剧本都是从恋爱结婚的角度，写世态人情，写表现为世态人情的人物内心。《称心如意》在寄人篱下的孤女被踢皮球般抛弃而出入各家的过程中，写尽种种孳生于中西文化病态层面的虚伪自私；《弄真成假》深入展示了中国都市的里弄文化。"[③]杨绛作为新锐剧作家，

---

① 姚琳琳：《杨绛喜剧〈弄真成假〉复排再现旧时上海风貌》，http://sh.eastday.com/qtmt/20071024/u1a366672.html。
② 钱理群、温儒敏、吴福辉：《中国现代文学三十年》（修订本），北京：北京大学出版社，1998年第1版，第392页。
③ 钱理群、温儒敏、吴福辉：《中国现代文学三十年》（修订本），北京：北京大学出版社，1998年第1版，第543页。

她的笔触正是带着深厚的同情,怜惜地抚摸下层市民的伤痛;含而不露地解剖他们的病症,弱化了启蒙意识,更多地体现出一种民间关怀。

这里我们不妨放宽视眼,从五四时期喜剧带着大量社会问题初登剧坛,经过二十世纪二三十年代丁西林、王文显等人的努力,到四十年代巨制大作的呈现,标志着中国现代喜剧的成熟。①杨绛等新锐剧作家是其中杰出的代表,他们关注特定历史文化背景下人们的生存境况、价值取向、文化心理,用喜剧的形式折射出社会本色,既具有丰厚的历史文化意蕴,又显示了深厚的人文情怀。二十世纪上半叶,中国喜剧在中西文化的碰撞与融合中完成了从古典向现代的转型,杨绛的喜剧作品,是这一转型的标志性的成果之一。

五

据杨绛回忆说,抗战胜利前,民间谣传美军将对上海进行"地毯式"轰炸,逃难避居上海的人纷纷逃离上海。她父亲于一九四四年早春,带了她大姐、三姐和姐夫全家老少回苏州庙堂巷老家。这年暑假,杨绛的七妹妹和妹夫携带两个儿子到苏州老家过暑假。杨绛因为事忙不能脱身,让圆圆跟他们一家同到外公家去。那时圆圆七周岁,在外公家和两个表姐、四个表弟结伴。不过,杨绛老家的后园已经荒芜,没有什么好玩。

苏州老家的电线年久失修,电厂已不供电,晚上只好用洋油灯。孩子们到天黑了怕鬼,不敢在黑地里行动。圆圆却不知惧怕,表姐表弟都需她做保镖。这使她显得颇有父风。杨绛是最怕鬼的,钱锺书反而从小不懂得怕鬼。

杨绛记得,有一次,她的三姐和七妹带一群孩子到观前街玄妙观去玩。忽然圆圆不见了。三姐急得把他们一群人"兵分三路",分头寻找。居然在玄妙观大殿内找到了她,她正跟着一个道士往大殿里走。道士并没有招她,是她盯着道士"格物致知"呢。她看见道士头发绾在头顶上,以为是个老太婆;可是"老太婆"又满面髭须,这难道不就比"精赤人人"更奇怪了吗?她就呆呆地和家人失散了。

钱瑗这次离开苏州回到上海,就没有再见外公。杨绛的父亲杨荫杭于一九四五年三月底在苏州去世,这个时候,抗日战争尚未结束。

---

① 张静河:《并峙于黑暗王国中的喜剧双峰——论抗战时期李健吾、杨绛的喜剧创作》,《戏剧》,1988年秋季号总第49期。又载田蕙兰、马光裕、陈珂玉选编《钱锺书杨绛研究资料集》,武汉:华中师范大学出版社,1997年1月第2版,第678页。

第六章　艰难时刻

一

抗战期间，上海成了一个"围城"。抗战十四年，杨绛饱尝战乱之苦，她的心情是沉重的，她在抗战胜利的热切期盼中，艰难度日。

但杨绛、钱锺书两位先生相濡以沫、相敬为国，绝不与敌伪妥协、绝不在敌伪刊物上发表一个字。

那时，也有附逆文人来拉钱锺书下水，被他严词拒绝。钱锺书作于此一时期的歌行体长诗《剥啄行》就透露了此中消息。《剥啄行》写于一九四二年，那时沦陷区里的一些汉奸文人们弹冠相庆，觉得自己侥幸走对了路，有些佞朋也来拉钱锺书下水。

剥啄行[①]

到门剥啄过客谁，遽集於此何从来。
具陈薄海苦锋镝，大力者为苍生哀。
旧邦更始得新命，如龙虎起风云随。
因余梁益独隅负，恃天险敢天心违。
张铭谯论都勿省，却夸正统依边陲。
当年蛙怒螳螂勇，堪嗤无济尤堪悲。
私门出政贿为国，武都惜命文贪财。
行诸不义自当败，冰山倒塌非人推。
迂疏如子执应悟，太平兴国须英才。
我闻谢客蹶然起，罕譬而喻申吾怀。

[①] 钱锺书：《剥啄行》，载《槐聚诗存》，北京：生活·读书·新知三联书店，2002年10月第1版，第84—86页。

东还昔岁道交趾，余皇衔尾沧波湄。
楼船穹窿极西海，疏棂增槛高崔巍。
氍毹毡盖傅蜡板，颇笭窗翳流苏帷。
金渠玉鉴月烂挂，翠被锦裯云暖堆。
大庖珍错靡勿有，鼋胹鲸脍调龙醢。
临深载稳如浮宅，海童效命波蹊开。
吾舟逼仄不千斛，侍侧齐大殊非侪。
一舱压梦新妇闭，小孔通气天才窥。
海风吹臭杂人畜，有豕彭亨马尫羸。
每餐箸举下无处，饥犹喂虱嗟身赢。
船轻浪大一颠荡，六腑五脏相互回。
邻舫吕屠笔难状，以彼易此吾宁为。
彼舟鹢首方西指，而我激箭心东归。
择具代步乃其次，出门定向先无乖。
如登彼岸惟有筏，中流敢舍求他材。
要能达愿始身托，去取初非视安危。
颠沛造次依无失，细故薄物何嫌猜。
岂小不忍而忘大，吾言止此君其裁。
客闻作色拂袖去，如子诚亦冥顽哉。
闭门下帷记应对，彼利锥遇吾钝椎。
此身自断终不悔，七命七启徒相规。

《剥啄行》的前半记述一位"过客"造访、极力劝诱钱锺书下水："迂疏如子执应悟，太平兴国须英才。"看得出来，这位"过客"显然是所谓"云从龙、风从虎"的"识时务"者，一个附逆文人，他所追随的"大力者"应该就是与日和平的汪精卫氏。这位附逆的"过客"力劝钱锺书不要迂疏固执，还是出来"咸与和运"为好——"太平兴国须人才"呢！那么，钱锺书是怎么回答这位"过客"之劝诱的呢？在《剥啄行》的后半，钱锺书回顾了自己在国难当头之际，与那些撒手西去欧美的人背道而驰，毅然挈妇将雏、奔赴国难的坚定意志，作为对劝降的"过客"之回答。"彼舟鹢首方西指，而我激箭心东归。择具代步乃其次，出门定向先无乖。如登彼岸惟有筏，中流敢舍求他材。要能达愿始身托,去取初非视安危。颠沛造次依无失,细故薄物何嫌猜。岂小不忍而忘大,吾言止此君其裁。客闻作色拂袖去,如子诚亦冥顽哉、闭门下帷记应对,彼利锥遇吾钝椎。此身自断终不悔,七命七启徒相规。"其明心见性之旨趣、凛然不屈之节操,可谓掷地有声、断然不容纠缠!只是由于《剥啄行》对那位"过客"并未指名道姓,所以有人以为此诗或是钱氏拟想之词,未必属实。

其实,事实俱在——当年蛰居沦陷区的钱锺书另有一些旧体诗,就抒写了自己如何在"出入往来、辞受取与之间"做出抉择的情志,这些旧体诗也曾寄到大后方的报刊上发表过。只是时过境迁之后,钱先生不愿自我张扬,也不想让一些当事人难堪,所以未予收集,以致后来人对他当年的立身行谊不甚了解。好在今日还可从蓝田国立师范学院《国力月刊》等刊物上读到一些篇章,从中可以看出,那时已是享誉士林的青年学者钱锺书绝不把自己特殊化,而是尽其所能地自觉承担着国民的职守和为人的正道,展现出不屈的节操和凛然的风骨。

据有关专家考证,一方面,蛰居沦陷区的钱锺书在与师辈及小友的诗书交际中相濡以沫、守望待旦,表现出真切的爱国情怀和可贵的担当精神。比如,一九四二年重阳节,钱锺书拜访老诗人李拔可而不值,乃如安史之乱中的杜工部之"花近高楼伤客心,万方多难此登临"一样,独登市楼,极目四望,遂兴"四望忽非吾土地,重阳曾是此霜风"之感怀:

重阳独登市楼有怀李拔病翁去岁曾招作重九

新来筋力上楼慵,
影抱孤高插午空。
四望忽非吾土地,
重阳曾是此霜风。
肃清开眼输宾客,
衰病缠身念秃翁。
太息无期继佳会,
借栏徒倚更谁同?

最让人动容的是一九四三年春季的某日,钱锺书耳语私闻我军克复失地,兴奋如老杜喜闻官军收复河南河北一样,写下了喜极欲狂的诗章,表达了坚韧守望以待江山重光的情怀：

漫兴

诗书卷欲杜陵颠，
耳语私闻捷讯传。
再复黄河收黑水，
重光白日见青天。
雪仇也值乾坤赌，
留命终看社稷全。
且忍须臾安毋躁，
钉灰脑致待明年。

另一方面，据记载，当时，钱锺书在上海沦陷区期间确曾遇到不止一个佞朋来访来函纠缠，多是为其附逆行径"诉委屈"的，其间也不无拉钱锺书一同"下水"之意。比如李释勘、龙榆生和冒孝鲁之流，他们或曾是钱锺书的父执辈，或曾是青年时期的诗友，后来因为这样那样的"苦衷"而附逆。其中数龙榆生和冒孝鲁最能黏人，他们登门拜访或常写诗函来纠缠钱锺书，而钱锺书答复他们的诗作，则直谅以待、委婉讽劝、克尽朋友之责。比如冒孝鲁困居上海期间，写来《夜坐一首寄默存》一诗，慨叹生活无奈、流露苟且偷生之意，钱锺书立即赋诗劝诫：

夜坐

试扪舌在尚成吟，
野哭衔碑尽咽音。
生未逢辰忧用老，
夜难测底坐来深。
忍饥直似三无语，
（东坡以毳饭戏刘恭父，谓饭菜盐三者皆无）
偷活私存四不心。

(方密之削发为僧口号云"不臣不叛不降不辱")
林际春申流寓者，
眼穿何望到如今？

诗中"偷活私存四不心"一句及其夹注"方密之削发为僧口号云'不臣不叛不降不辱'"，可谓针锋相对的提醒。方密之即明遗民方以智，他入清后即披薙为僧，遁迹山林，而不忘恢复，节慨可风。而钱诗末句所谓"眼穿何望到如今？"传达出殷切的瞩望之情。但冒孝鲁并未听劝，不久，就去南京出任伪行政院参事，成了伪府的笔杆子之一，而仍无耻地写诗来纠缠钱锺书，可见仍试图拉钱锺书下水吧。钱锺书则毫不客气地将冒氏踢出了朋友圈，好几年置之不理。其实，那时钱、冒二人的空间距离很近：一个在南京，间或也会回上海，而另一个则"默存"沪上，可是在《槐聚诗存》和《叔子诗稿》里却看不到二人在一九四三年至一九四六年之间有任何诗书唱和之作，足证交道之不存了——对钱锺书来说，这是做人的原则问题。

词学家龙榆生也常写诗函来纠缠钱锺书。龙榆生此人名利之念甚深，好与汪精卫等政坛大腕交接。汪精卫出逃至上海之初，就派人与龙榆生接洽，达成默契，待到南京伪政府出台，汪伪即发表龙榆生为伪府立法委员、伪中央大学教授。

龙榆生"考虑"不过一天，就赴南京就任了。可是，"佳人做贼"还要顾及脸面，所以龙榆生附逆之后，便频频向以前的师友写信写诗写词，反复表白自己的苦衷以乞求原谅。由于抗战前钱基博、钱锺书父子与龙榆生曾一度同任教于光华大学，从年龄上说龙榆生也算钱锺书的父执辈，所以龙榆生在一九四二年的岁末也给蛰居上海的钱锺书寄去了乞怜的诗函，钱锺书则循情给他回了一首诗：

得龙丈书却寄

缄泪书开未忍看，
差堪丧乱告平安。
尘嚣自惜缁衣化，
日暮谁知翠袖寒！

> 浩劫身名随世没，
> 危邦歌哭尽情难。
> 哀思各蓄怀阙笔，
> 和血题诗墨不干。

此诗写得皮里阳秋、语含讽喻。譬如"尘嚣自惜缁衣化，日暮谁知翠袖寒"二句，就婉而多讽。所谓"尘嚣自惜缁衣化"乃指龙榆生的词友吕碧城劝他信佛事：一九三八年到一九四二年，吕氏多次致函龙氏劝其信佛，其实是教他以逃禅出家之法保全节操，龙氏却一直因为尘念太深而犹豫不决，并将其犹豫告诉了钱锺书，而钱诗所谓"自惜"其实是有歧义或多义的："自惜"固然可以理解为"自爱"因而"缁衣化"，但"自惜"也可以理解为"自怜"，而一个"自怜"者是否能断然"缁衣化"，那可就不无疑问了。至于"日暮谁知翠袖寒"所暗袭的老杜《佳人》诗句"天寒翠袖薄，日暮倚修竹"，乃赞颂佳人不畏天寒日暮翠袖薄而独倚修竹不改高洁，而钱氏诗句却暗含疑问——试想一个自怜日暮翠袖寒的佳人还能保持高洁吗？此所以钱氏最后有"哀思各蓄怀阙笔"之议，"怀阙笔"用古代遗民惯以"阙笔"喻寓铭感不忘之例，与龙榆生共勉身处沦陷而心存国家正朔也，但仔细体会"各蓄"一词，实含有你自你我自我、各自好自为之之意，可谓寓婉讽于劝勉而言尽于此矣——钱锺书其实并不相信龙榆生能够"哀思怀阙笔"，所以有"各自"好自为之之分析。事实是，那时的龙榆生一边恬不知耻地发表政论、主编伪刊，积极支持汪伪的"和平"主张、兴高采烈地诱劝蛰居上海的文人"咸与和运"，一边却装出一副可怜相，不断写诗写词给钱锺书"倾诉苦衷"、乞求谅解。对这样一个无耻的两面人，钱锺书再也不想搭理——双方的交际后来就中断了。

古人云："时穷节乃见。"信然，在钱锺书的现存诗作中，《重阳独登市楼有怀李拔病翁去岁曾招作重九》《漫兴》，以及与冒孝鲁、龙榆生的应答诗，无疑最为坚定地表达了诗人"默存"待旦的爱国情怀、尽其在我的担当精神和行己有耻、断然不与附逆文人同流合污的民族气节。

不待说，钱锺书在彼时彼地写作这样的诗并且将它们寄回大后方发表，那是不无危险的。然而，他还是情不可遏地写了、寄了、发了、如此言行如一、诗人不二，足见钱锺书并非如今日有些人所说是什么"天下之至慎者"，更非一些妄人所谓对民瘼国运等大是大非超然复漠然的"乡愿"。如今，遥想钱锺书蛰居默存之际、夜坐漫兴之时，竟然勇敢地写出笔挟风霜、风骨凛然的诗篇，不能不让人肃然起敬。此诚所谓："默存仍自有风骨，锺书何曾无担当。"对这样一个在非常时期慨然担当、行己有耻的钱锺书，学界确实长期忽视了。①

对这一学界长期忽视的重要史实，经过清华大学中文系教授解志熙的钩沉补缺，悉心考证，终于重见天日。他的笔触不乏动人的光彩：

> 的确，钱锺书先生的这些诗作及其事迹，实在湮没太久了。我也是前几年翻阅抗战时期的旧报刊，偶然发现了钱先生当年从上海寄给湖南蓝田国立师范学院刊物所刊发的这些诗作，它们大都作于一九四二——一九四三年之间的上海沦陷区。同时，蓝田国立师范学院的刊物也刊发了冒孝鲁、龙榆生向钱锺书纠缠诉苦的诗与词，那当是钱先生一并寄到蓝田刊发的。由此校读，我才略略知道钱锺书、杨绛两先生在沦陷区的立身行谊之大节，非常敬佩其为人，当时就把这些诗作打印出来，但并没有想要就此写什么文章，搁置案头直至纸张发黄。后来，看到一些高人和妄人信口雌黄、非议钱锺书先生是"天下之至慎者"、是明哲保身的"乡愿"，而那些蝇营狗苟者却又沉渣泛起、咸鱼翻身，被吹捧为"国学大师"、其附逆的劣迹则被化解为"文化与政治夹缝中的悲剧"云云，真是是非颠倒。②

蛰居上海的杨绛，坐困愁城。在这一艰难时刻，杨绛所写的散文表达了渴望自由和民主的心境：

> 我往往"魂不守舍"，嫌舍间昏暗逼仄，常悄悄溜出舍外游玩。
> 有时候，我凝敛成一颗石子，潜伏涧底。时光水一般在我身上湍泻而过，我只知身在水中，不觉水流。静止的自己，仿佛在时空之外、无涯无际的大自然里，仅由水面阳光闪烁，或明或暗地照见一个依附于无穷的我。
> 有时候，我放逸得像倾泻的流泉。数不清的时日是我冲洗下的石子。

---

① 解志熙：《博学于文　行己有耻——杨绛、钱锺书先生的两封信及其他》，《现代中文学刊》，2019年第1期。

② 解志熙：《博学于文　行己有耻——杨绛、钱锺书先生的两封信及其他》，《现代中文学刊》，2019年第1期。

水沫蹴踏飞溅过颗颗石子,轻轻快快、滑滑溜溜地流。河岸束不住,淤泥拉不住,变云变雾,海阔天空,随着大气飘浮。

有时候,我来个"书遁",一纳头钻入浩瀚无际的书籍世界,好比孙猴儿驾起筋斗云,转瞬间到了十万八千里外。我远远地抛开了家,竟忘了自己何在。

但我毕竟是凡胎俗骨,离不开时空,离不开自己。我只能像个流浪儿,倦游归来,还得回家吃饭睡觉。

我钻入闭塞的舍间。经常没人打扫收拾,墙角已结上蛛网,满地已蒙上尘埃,窗户在风里拍打,桌上床上什物凌乱。我觉得自己像一团湿泥,封住在此时此地,只有摔不开的自我,过不去的时日。这个逼仄凌乱的家,简直住不得。

我推门眺望,只见四邻家家户户都忙着把自己的屋宇粉刷、油漆、装潢、扩建呢。一处处门面辉煌,里面回廊复室,一进又一进,引人入胜。我惊奇地远望着,有时也逼近窥看,有时竟挨进门去。大概因为自己只是个"棚户"吧,不免有"酸葡萄"感。一个人不论多么高大,也不过八尺九尺之躯。各自的房舍,料想也大小相应。即使凭弹性能膨胀扩大,出掉了气,原形还是相等。屋里曲折愈多,愈加狭隘;门面愈广,内室就愈浅。况且,屋宇虽然都建筑在结结实实的土地上,不是在水上,不是在流沙上,可是结实的土地也在流动,因为地球在不停地转啊!上午还在太阳的这一边,下午就流到那一边,然后就流入永恒的长夜了。

好在我也没有"八面光"的屋宇值得留恋。只不过一间破陋的斗室,经不起时光摧残,早晚会门窗倾欹,不蔽风雨。我等着它白天晒进阳光,夜晚渗漏星月的光辉,有什么不好呢!反正我也懒得修葺,回舍吃个半饱,打个盹儿,又悄悄溜到外面去。①

通过这些叙述,可以看出沦陷区的生活是压抑的。在这豺狼横行的地方,什么样的事情都可能发生。一九四五年四月间,一天上午九十点钟,钱锺书已到学校去上课,杨绛和婆婆、叔父及弟弟在家,女儿圆圆正在卧室做功课。杨绛正在做家务,突然有敲门声,她忙去开门,迎面进来两位陌生人:他们是日

---

① 杨绛:《流浪儿》,见《杨绛作品集》(第二卷),北京:中国社会科学出版社,1993年10月第1版,第314—315页。

本宪兵。杨绛请他们进门坐,然后假装去倒茶,三脚两步奔进卧室,将丈夫的一包《谈艺录》手稿藏好,随即斟好了两杯茶回去。

他们问:"这里姓什么?"

"姓钱。"

"姓钱?还有呢?"

"没有了。"

"没有别家?只你们一家?"

"只我们一家。"

幸好叔父在三楼,听见日本人用日语打电话,就到杨绛身边,悄声说:"他们找你。我看见小本子上写的是杨绛,你还是躲一躲呢。"

杨绛机警地对付他们,然后设法从后门溜了出来。她在朋友家吃了饭,家里的弟弟来找,说两个日本宪兵发话,如果嫂嫂不回去,就要把家里的人带走。杨绛连忙向钱锺书转达不要回家。

说完,杨绛只身从容地回家,装着去买了许多鸡蛋。回到家里,又免不了与日本宪兵虚与委蛇,最后把他们打发走。不过,他们抄走了杨绛的一本通讯录和一本剪报。第二天,杨绛按照他们的要求,又到日本宪兵司令部接受审问,她反复预习了准备回答的问题,应对了这场麻烦,居然没受到皮肉之苦,而当时许多中国人却没有这样幸运:他们轻则至少在宪兵司令部挨两个大耳光,重则就要像李健吾、柯灵那样受尽种种酷刑。①

这时候,还发生了一件大事,杨绛伤心不已。抗战胜利前夕,她的父亲杨荫杭突然在苏州中风去世。杨绛和钱锺书带着弟妹从上海赶回苏州奔丧。据杨绛回忆:"父亲去世后,我末一次到苏州旧宅。大厅上全堂红木家具都已不知去向。空荡荡的大厅上,停着我父亲的棺材。前面搭着个白布幔,挂着父亲的遗像,幔前有一张小破桌子。我像往常那样到厨下去泡一碗酽酽的盖碗茶,放在桌上,自己坐在门槛上哭,我们姐妹弟弟一个个凄凄惶惶地跑来,都只有门槛可坐。"②

---

① 杨绛:《客气的日本人》,见《杨绛作品集》(第二卷),北京:中国社会科学出版社,1993年10月第1版,第214—221页。

② 杨绛:《回忆我的父亲》,见《杨绛全集》(第二卷),北京:人民文学出版社,2014年8月第1版,第137页。

杨绛刊布于一九八三年九月的《回忆我的父亲》，模糊地说抗战"胜利前夕我父亲突然在苏州中风去世"①。二〇〇一年十月十日，杨绛又作《难忘的一天》，近三千字，写一九四五年三月二十七日一早，杨绛弟妹三人乘公车往苏州省父病，因道路阻断，又坐原车六点钟回家……"锺书缓缓地轻声说：'刚才苏州来了电话，爸爸已经过去了。'"②杨绛此文明确指出杨荫杭死于二十七日酉时。

潘兆平在《悼杨绛先生》中说，杨绛服用了他提供的"绿粉"和"黄粉"，"脑力大增，很多已忘却或糊涂了的人与事，变得清晰或想起来了。这对老人家整理遗稿及写回忆录起到了极大的帮助作用"，其是之谓乎？③杨荫杭卒于一九四五年三月二十二日丑时，晚年的杨绛硬生生给推迟一周。《江苏日报》一九四五年三月二十六日第一版发布《杨宅报丧》："杨补塘先生讳荫杭，痛于国历三月二十二日丑时，寿终苏州庙堂巷七十一号本宅，谨择于二十六日（旧历二月十三日）二时大殓。特函报闻，恕不另报。择吉安葬，痛辞发指，不再讣告。安徐堂启。"④如今《江苏日报》的讣告再现，无疑证明杨绛的记忆有误。

在短短几年间，杨绛深爱的父母相继谢世。世事沧桑，使她笔下文字有一种往事不堪回首的感喟："我父亲去世以后，我们姐妹曾在霞飞路（现淮海路）一家珠宝店的橱窗里看见父亲书案上的一个竹根雕成的陈抟老祖像。那是工艺品，面貌特殊，父亲常用'棕老虎'（棕制圆形硬刷）给陈抟刷头皮。我们都看熟了，决不会看错。又一次，在这条路上另一家珠宝店里看到另一件父亲的玩物，隔着橱窗里陈设的珠钻看不真切，很有'是耶非耶'之感。"⑤睹物思人，而物已易主。

二十世纪九十年代初，杨绛汇编其父二十年代的文章，集成《老圃遗文辑》。杨荫杭是位老报人，他在二十年代以《申报》主笔或自由撰稿人的身份，写下了一系列弘扬正义、抨击时弊的文章，现在读来，仍可使人感到：当年的

---

① 杨绛：《回忆我的父亲》，见《杨绛全集》（第二卷），北京：人民文学出版社，2014年8月第1版，第135页。
② 杨绛：《回忆我的父亲》，见《杨绛全集》（第二卷），北京：人民文学出版社，2014年8月第1版，第114—118页。
③ 范旭仑：《杨绛的记忆力》，《南方都市报》，2018年8月30日。
④ 黄恽：《杨荫杭死于何日》，见氏著《钱杨撷拾：钱锺书、杨绛及其他》，北京：东方出版社，2017年4月第1版，第137页。
⑤ 杨绛：《回忆我的父亲》，见《杨绛作品集》（第二卷），北京：中国社会科学出版社，1993年10月第1版，第103页。

杨荫杭真不愧为"铁肩担道义,妙手著文章"的一个典范。

二

杨绛甘做"灶下婢",辅佐夫君全力创作《围城》,这是四十年代文坛的一则佳话。杨绛的《记钱锺书与〈围城〉》一文记述了这段故事:

> 有一次,我们同看我编写的话剧上演,回家后他说:"我想写一部长篇小说!"我大为高兴,催他快写。那时他正偷空写短篇小说,怕没有时间写长篇。我说不要紧,他可以减少授课的时间,我们的生活很省俭,还可以更省俭。恰好我们的女佣因家乡生活好转要回去。我不勉强她,也不另觅女佣,只把她的工作自己兼任了。劈柴生火烧饭洗衣等我是外行,经常给煤烟染成花脸,或熏得满眼是泪,或给滚油烫出泡来,或切破手指。可是我急切要看锺书写《围城》(他已把题目和主要内容和我讲过),做灶下婢也心甘情愿。

《围城》是一九四四年动笔,一九四六年完成的。钱锺书就像原《序》所说,"两年里忧世伤生",有一种惶急的情绪,又忙着写《谈艺录》。他三十五岁生日诗里有一联:"书癖钻窗蜂未出,诗情绕树鹊难安",正是写这种兼顾不及的心境。[①]这种"灶下婢"精神可敬可爱,正如钱锺书在《围城》序言中所写的:"这本书整整写了两年。两年里忧世伤生,屡想中止。由于杨绛女士不断的督促,替我挡了许多事,省出时间来,得以锱铢积累地写完。照例这本书该献给她。"[②]

杨绛为《围城》这一中国现代文学史上的旷世名著的成功问世,做出了贡献。同时,她也分享了"闺房之乐":"每天晚上,他把写成的稿子给我看,急切地瞧我怎样反应。我笑,他也笑;我大笑,他也大笑。有时我放下稿子,和他相对大笑,因为笑的不仅是书上的事,还有书外的事。我不用说明笑什么,反正彼此心照不宣。然后他就告诉我下一段打算写什么,我就急切地等着看他

[①] 杨绛:《记钱锺书与〈围城〉》,见《杨绛作品集》(第二卷),北京:中国社会科学出版社,1993年10月第1版,第131—132页。

[②] 钱锺书:《围城》,北京:人民文学出版社,1980年11月第1版,第3页。

怎么写。他平均每天写五百字。他给我看的是定稿，不再改动。"①

钱锺书的《围城》家喻户晓，历经数十载，读者如云。一九四六年，这部作品先在《文艺复兴》杂志上连载一年，《围城》单行本后又编入《晨光文学丛书》，于一九四七年五月出版，到一九四九年五月上海解放时，已经印行第三版。至二十世纪八十年代，又由人民文学出版社、北京：生活·读书·新知三联书店等多次翻印，供不应求。

著名文学家李健吾当初接手钱锺书的书稿时，惊喜交加，没完没了地感叹："这个做学问的书虫子，怎么写起了小说呢？而且是一个讽世之作，一部新儒林外史"！他多关心世道人心啊！难怪，钱锺书在听了人们纷纷盛赞杨绛的剧本时，无不骄傲地说：

"你们只会恭维季康的剧本，却不能知道钱锺书《围城》——锺书在抗战中所写的小说——的好处。"②

《围城》问世后，影响此后好几代作家。八〇后作家韩寒说："《围城》真是很好的作品。这本书启发我原来小说还能这样写。文学其实就是文字的学问，小说的第一等就是文字里可以让你感受到一种情绪，第二等就是文字本身非常好，第三等就是所谓的'文以载道'。人说小说中，文字就是载体，最终要表达是何等远大的意义，而似乎这个意义和政治有所联系就是更加远大的意义。国内很多老作家喜欢用没有生机死了一样的文字来表达伟大的意义和崇高的'人性关怀'，那可能是仕途不顺的一种变态发泄，写小说都想象自己在写大会总结工作展望，要不然怎么解释他们的文字怎么能写成那个样子呢？"③

《围城》的主旨何在？钱锺书本人最清楚，正如刘再复所说："钱锺书先生的好友、我的老师郑朝宗先生在一九八六年一月六日给我的信中说：'《围城》是愤世嫉俗之作，并不反映作者的性格。'确乎如此，但钱先生在《围城》中所批评的文人喜作悼念文章，却也反映他内心的一种真实：不喜欢他人议论他、评论他，包括赞扬他的文章。"④翻译家杨宪益寥寥数言，颇为中的写道：钱锺书

---

① 杨绛：《记钱锺书与〈围城〉》，见《杨绛作品集》（第二卷），北京：中国社会科学出版社，1993年10月第一版，第129页。

② 邹文海：《忆钱锺书》，见李明生等编《文化昆仑：钱锺书其人其文》，北京：人民文学出版社，1999年7月第1版，第231页。

③ 韩寒：《通告2003》，北京：作家出版社，2003年9月第1版，第147页。

④ 刘再复：《钱锺书先生纪事》，见氏著《师友纪事》，北京：生活·读书·新知三联书店，2011年1月第1版，第4页。

"写了一本书《围城》,虽是讽刺小说,并不都是真事,更不是自传,但是书中主人公方鸿渐的经历也或多或少反映了作者本人在那个时期的遭遇"①。著名文学史家夏志清在他的《中国现代小说史》这样评价:

"《围城》尤其比任何中国古典讽刺小说优秀。由于它对当时中国风情的有趣写照,它的喜剧气氛和悲剧意识,我们可以肯定地说,对未来世代的中国读者,这将是民国时代的小说中最受他们喜爱的作品。"②"《围城》是中国近代文学中最有趣和最用心经营的小说,可能亦是最伟大的一部。作为讽刺文学,它令人想起像《儒林外史》那一类的著名中国古典小说。但是,它比它们优胜,因为它有统一的结构和更丰富的喜剧性。"③

夏志清还进一步阐述,《围城》有流浪汉小说的味道。在这方面他和十八世纪英国小说非常相似。在战时,很多有教养的中国人首次起程回内地。在路上和旅馆中遭遇同样的狼狈、劳苦及灾难。在所有战时和战后的小说中,围城最能捕捉到旅途的喜趣和苦难。讽刺和浪游都加强了小说的范围及意义,但中心主旨的表现全落在主角的个别戏剧事件上面。方鸿渐是一个永远在找寻精神依托的人。但每次找到新归宿后,他总发现这其实不过是一种旧束缚而已。小说中数次提到的围城象征了人间处境。这个比喻用在方鸿渐和孙柔嘉的婚姻上虽然最恰当,但也适用于他的其他关系上。每次离开一个地方或因此和相识的人疏远都好像一次死亡。方鸿渐同鲍小姐、苏小姐、唐晓芙,以及其他人一一的疏离,戏剧化地表现出他精神的逐渐收缩,直到一无所有的地步。总之,"《围城》是一部探讨人的孤立和彼此间的无法沟通的小说"④。

钱锺书的《围城》甫一问世,在社会上反响很大,特别是在知识界更是大家争相传阅的佳作。这里仅举著名文艺理论家、曾任华东师范大学中文系教授的钱谷融的例子。他在晚年,提及钱锺书的《围城》等作品时,仍旧津津乐道,赞不绝口:

> 一九三八年,我稀里糊涂地考上了重庆的中央大学,校本部就设在重庆附近的沙坪坝,而我们新生则是在离沙坪坝十多里地的柏溪分校就读。

---

① 杨宪益:《回忆钱锺书兄》,《博览群书》,2000年第7期。
② 夏志清:《中国现代小说史》,上海:复旦大学出版社,2005年7月第1版,第276页。
③ 夏志清:《中国现代小说史》,上海:复旦大学出版社,2005年7月第1版,第282页。
④ 夏志清:《中国现代小说史》,上海:复旦大学出版社,2005年7月第1版,第286页。

柏溪紧靠着嘉陵江，风景极其清幽。大学四年，我大部分时间是在茶馆里度过的。一本书，一碗茶，就可以在躺椅上看看风景翻翻书，消磨半天。钱锺书的《写在人生边上》就是那时候读到的，那些充满反讽和机智，尽情点评人生的妙语令人拍案叫绝，青年钱锺书的才情当时就给我留下了深刻的印象。大学毕业后，我的老师伍叔傥先生介绍我去当时也内迁在重庆的国立交通大学教国文。一九四六年交大迁回上海，我也随校到了上海，正好先后读到了钱锺书名噪一时的《围城》和《谈艺录》，我至今还有一本晨光出版公司的《围城》初版本。《围城》对现代知识分子畅快淋漓的批判，对人类生存普遍性困境的揭示，尤其是"围城"这个无奈而悲悯的人生意象，都给人以深深的震撼。真正的艺术作品都有一种强大的感染力量，能够直通你的心灵，深入你的骨髓，熔铸到你的整个品性和人格中，成为你生命的一部分，直接影响你对人生的认识。我想《围城》就是这样一部历久弥新的真正的艺术品。后来我又多次重读过《围城》，前些时偶然翻阅旧笔记，竟然发现一九八三年三月还记有关于《围城》的几句话，抄录在这儿，留个纪念吧："《围城》有'凭栏一吐，不觉箜篌'之语，不知典出何处。今晨偶与声越（徐震先生）言及，承告唐人笔记中有记明皇与宁王宴饮，宁王急打喷嚏，明皇以此语嘲之。箜篌与空喉谐音。可查《唐人说荟》。……今日得徐先生便笺，谓昨日所言，记忆有误。宁王打嚏、喷帝，明皇谓'哥哥，你错喉（候）了'，是另一事。箜篌，另有出典，在唐以后。唯箜篌谐音空喉则不会错。"①

一九四八年二月，当时的文学青年满涛、萧岱、樊康三人在上海编了一本纯文学刊物，名叫《横眉小辑》。在这本"一世而亡"的刊物中，收录了署名"方典"的一篇文章《论香粉铺之类》，文中这样批评钱锺书的长篇小说《围城》："在这篇小说里看不到人生，看到的只是万牲园里野兽般的那种盲目骚动着的低级的欲望"；作品中"有的只是色情；再有，就是雷雨下不停似的油腔滑调的俏皮话了。""忽略了一切生存竞争的社会阶级斗争。"这些以偏概全的批评，类似现在的某些"酷评"，不足为训。据王元化《我与胡风二三事》一文自述："抗战胜利后不久，我就到北平在国立北平铁道管理学院任教

---

① 钱谷融：《读季进〈钱锺书与现代西学〉》，《文学评论》，2003年第1期。

了。那时满涛给我来信说,他和萧岱、樊康常到胡风家去。后来,他们办了一个小型刊物,把我写的一篇《论香粉铺之类》发表在他们办的《横眉小辑》上。这篇文章本来是寄到《时代日报》给楼适夷的,满涛他们看到,拿去就作为《横眉小辑》丛刊第一集题目了。"显然,这位"方典"先生就是王元化本人了。

对于这篇文章,王元化晚年的态度也是很有意思的。在二十世纪快要结束的时候,王元化有一次与一位学者谈到早先对《围城》的批评,坦率直言"那是小题大做,即使有一定的正确成分,但根本就是错误的"①。这不失为真诚的反思,这里特予记载。

王元化原先打算收入自己的《集外旧文钞》一书。后来,王元化并没有把《论香粉铺之类》一文收入《集外旧文钞》,也放弃了将之收入全集的念头。有一次,陈子善偶然与他谈到这篇文章,问王元化是否会把它收进全集里,王先生笑着说:"那就不收了吧。"看来,王元化晚年是"悔其少作",深觉这样的骂街文字入集是欠妥的。

那么对于钱锺书,王元化是否真如公开场合下表现得那样崇敬呢?其实未必。李怀宇《为学不作媚时语,反思多因切肤痛》记载,王元化曾说:"王国维和陈寅恪是二十世纪可以传下去的学者。那是大学者,我们这种是不能与之相比的。钱锺书也是不能与之相比的。"②

写到这里,人们不禁要问,钱锺书对王元化的态度又如何呢?

据前述,两人在第一届国务院学位委员会文学学科评议组开会时就应该相识。据前引《一九九一年的回忆》一文记载,二十世纪八十年代初,钱锺书曾将瑞典汉学家马悦然介绍给他:"当时钱先生曾向我说,我不会把不相干的人介绍给你,这个人是不错的。"这件事,在最近被拍卖的一封钱锺书致王元化的信函中得到证实。信是这样写的:"元化我兄:瑞典皇家人文科学院副院长马悦然教授主持欧洲汉学会所编近代中国文学丛书,素仰大名,又知兄主持'孤岛文学丛书',特介绍来访,祈推爱会谈为盼。"这封介绍信写得十分客气,却并不亲近。

在私下里,钱锺书也终究忍不住要谈王元化的。我们有幸看到汪荣祖在

---

① 详见陈青生:《年轮:四十年代后半期的上海文学》,上海:上海人民出版社,2002年1月第1版,第313页。

② 《南方周末》,2008年5月14日。

《史学九章》一书中所附钱锺书致汪荣祖信函的影印件,方知钱锺书对王元化的真实态度。钱锺书对汪荣祖说:"来信所言在沪交往四君,皆旧相识,王君昔尝化名作文痛诋拙著,后来则刻意结纳,美国俗语所谓'If you can't lick'em, join'em,(打不过他们,就加入他们)者也。弟亦虚与之委蛇,要之均俗学陋儒,不足当通雅之目。兄沧海不捐细流,有交无类,自不妨与若辈遇从耳。"①

这就是不以人的意志为转移的历史真相。

二十世纪四十年代的上海,环境恶劣,杨绛和钱锺书的生活虽清苦粗安,但他们不改其乐。他们创作不辍,并与旧友新朋相得甚欢,这里头包括傅雷、王辛笛、刘大杰、曹禺、李拔可、顾一樵、李健吾、陈西禾、张芝联、唐弢、柯灵、徐森玉、蒋慰堂、沈仲章、卢焚、徐调孚、郑振铎、李玄伯、向达、乔大壮、郑朝宗、宋悌芬、许国璋等人,所谓"谈笑有鸿儒,往来无白丁"。和朋友相聚吃饭不仅是赏心之事,也是口腹的享受。

杨绛、钱锺书夫妇与夏志清②相识于二十世纪四十年代初,据宋淇之子宋以朗介绍:"那年头,爸爸喜欢在家中开派对,亦即文学沙龙,钱氏夫妇都是座上客,正如杨绛所记:'李拔可、郑振铎、傅雷、宋悌芬、王辛笛几位,经常在家里宴请朋友相聚。'也全赖这些'宋淇饭局',傅雷、朱梅馥、夏志清等才有缘结识钱锺书和杨绛。"

夏志清在《追念钱锺书先生——兼谈中国古典文学研究之新趋向》中则生动地描绘了钱氏夫妇的风采:"钱锺书定居上海后,宋淇即同他交识。那时宋淇以鲍士威(James Boswell)自居,待钱如约翰生博士,钱是非常健谈的人,有这样一位中西学问都不错的青年不时向他请教,当然非常欢迎。有一次,想是一九四四年(此处夏志清记忆有误,应是一九四三年)秋季,宋淇在家里开一个大'派对',把我也请去了。我一九四二年大学毕业后,闭门读书,除找自己同学谈谈外,不到哪里走动,那晚同不少文化人相聚一堂,可说是生平第一次。杨绛也是无锡人,人长得稍胖,很和蔼可亲,那时她的喜剧《称心如意》刚在上海演过,我不免向她恭维一番。钱锺书本人给我的印象,好像是苏东坡《赤

---

① 汪荣祖:《史学九章》,北京:生活·读书·新知三联书店,2006年3月第1版,第166页。
② 夏志清(1921—2013),原籍江苏吴县(今苏州),生于上海浦东。上海沪江大学英文系毕业。1948年考取北大文科留美奖学金赴美深造,1952年获耶鲁大学英文系博士学位。1962年应聘为哥伦比亚大学东亚语文系副教授,1969年升任为教授,1991年荣休后为该校中国文学名誉教授。2006年当选为中央研究院院士。

壁怀古》中的周公瑾，的确风流倜傥，雄姿英发，虽然他穿的是西装，也戴了眼镜。"①

夏志清的这篇文章是钱氏还在世时（一九七六年）写的，事情缘于宋淇的误传信息，当时宋淇写信告诉他"钱锺书先生去世了"，后来才知是误会。

抗战胜利后，储安平邀请杨绛在他主办的《观察》杂志上写文章。她正在阅读哥尔德斯密斯的散文《世界公民》，随便翻译了其中一小段，自己加个题目：《随铁大少回家》。这就是博得傅雷称赏的译文。她未留底稿，如今译文无处可寻了。

后来，杨绛又翻译过一个小册子：《一九三九年以来英国散文作品》（"英国文化丛书"之一）。

三

一九四五年十二月十七日下午，杨绛与钱锺书一起参加了中华全国文艺协会上海分会的成立大会。文史专家赵景深也参加了这次会议，钱氏夫妇在他的记忆的屏幕里，"像白朗宁和罗赛谛那样，都是文艺上的双璧，一对理想伴侣"。他们在一块欣赏了昆曲等剧目②。在那沉闷的日子里，与朋友们一起谈天说地，排遣忧愁，不失为苦度日子的一个好办法。

其间，杨绛还会见过胡适。有一次，她的好友、北京大学教授陈衡哲，请杨绛和胡适一起喝茶，胡适用半上海话对杨绛说：

"我认识你的姑母，认识你的叔叔，你老娘家（苏沪土语'令尊大人'的意思）是我的先生。"

确实，杨绛的父亲杨荫杭曾在澄衷学校给胡适之上过课，时在一九〇五年。杨绛在《怀念陈衡哲》中说："我初识陈衡哲先生是作者在储安平先生家。储安平知道任鸿隽、陈衡哲夫妇要到上海定居，准备在家里请客，为他们夫妇接风。他已离婚，家无女主，预先邀我做陪客，为他招待女宾。锺书已代我应允。"

说起陈衡哲（1890—1976）这个名字，大家可能觉得十分陌生。陈衡哲早年留学美国，攻读世界史，回国后即受聘为北京大学世界史教授，是中国第一位

---

① 夏志清：《追念钱锺书先生——兼谈中国古典文学研究之新趋向》，见氏著《岁除的哀伤》，南京：江苏文艺出版社，2006年9月第1版，第219页。
② 赵景深：《我与文坛》，上海：上海古籍出版社，1999年10月第1版，第279页。

大学女教授。先后执教于北京大学、北京女子师范大学、东南大学、四川大学。主要著作有《西洋史》《小雨点》《文艺复兴小史》《衡哲散文集》等。《西洋史》这本书最突出的特点，也是优点，就在于它的"写法"。文学和历史，现在分为两科，陈衡哲则是文学家写历史，所以是"史中有文，文中有史"。[①]

陈衡哲是中国历史上第一位女硕士、女教授，她和杨绛都是中国现代文坛的才女。或许是文人之间的惺惺相惜，两人成了很好的朋友。

当时，杨绛和陈衡哲都居于上海，偶遇后一见如故，相谈甚欢，之后都保持着密切联系。随着来往增多，她们发现两人有许多共同的爱好和观点，越来越欣赏彼此的才华，成了无话不谈的知己好友。在很长一段时间里，杨绛经常到陈衡哲家里做客。两人促膝长谈，仿佛是认识了多年的好友一般。

在杨绛的印象中，陈衡哲的眼镜后面有一双秀美的眼睛，一眼就能看到。对此，她记忆犹新。散席后，杨绛搭乘陈衡哲的车子回家，那是蔷薇盛开的春季。回想往事，恍若隔世。

抗战胜利后，钱锺书在中央图书馆任英文总纂，编辑《书林季刊》，又在暨南大学兼任教授，同时也是"英国文化丛书"的编辑委员。他要请任鸿隽先生为"英国文化丛书"翻译一本相关专业的小册子，特到他家去拜访。杨绛跟钱锺书同去，感谢他们用汽车送回家。过两天，他们夫妇就到杨家回访。杨家那时住蒲石路蒲园，附近有一家有名的点心铺。那家的鸡肉包子尤其走俏，因为皮暄、汁多、馅细，调味也好。杨家就让阿姨买来待客，任鸿隽吃了非常欣赏。之后不久，陈衡哲又邀杨绛夫妇去吃茶。

其时，陈衡哲家住贝当路（今衡山路700号）上的贝当公寓。两家相去不远，交通尤其方便。杨绛特地带了两条厚毛巾，在附近的点心铺买了刚出笼的鸡肉包子，用双重毛巾一裹，到任家，包子还热着。任鸿隽对鸡肉包子仍旧欣赏不已。

那时候，杨绛的女儿已经病愈上学，家有阿姨，杨绛在震旦女子文理学院教两三门课，日子过得很轻松。可是，她这几年，实在太劳累了。身兼数职，教课之外，还做补习教师，又业余创作，还充当"灶下婢"，积劳成疾。每天午后三四点总有几分低烧，体重每个月掉一磅，只觉得疲乏，医院却检查不出病因。

[①] 陈乐民：《陈衡哲和她的〈西洋史〉》，《南方周末》，2008年6月12日。

杨绛原是个闲不住的人，空闲的时候，就总是一面看书，一面织毛衣。她的双手已练成"自动化的机器"。可是天天低烧，就病恹恹的，连看书、打毛衣都没了精神。而且她父亲已经去世，不能再像从前那样，经常在父亲身边和姊妹们相聚说笑，这让杨绛更觉得有点打不起精神。

那时陈衡哲家用一个男仆，她称为"我们的工人"。在杨绛印象中，这位"工人"大约对女主人不大管用，需要他的时候常不在家。陈衡哲请人吃茶或吃饭，就常邀杨绛"早一点来，帮帮我"。有一次，她认真地嘱咐杨绛早一点去。可是她要杨绛帮忙的，不过是把三个热水瓶从地下搬到桌上。虽然热水瓶不是盛五磅水的大号，只是三磅水的中号，但是陈衡哲身体弱，双手也捧不动盛三磅水的中号。

这样，渐渐地，别人也知道杨绛和陈衡哲的交情。那时上海有个妇女会，会员全是大学毕业生。妇女会要请陈衡哲讲西洋史，会长特地找杨绛去邀请。

胡适那年到上海来，人没到，任家客厅里已挂上了胡适的近照。照片放得很大，还配着镜框，胡适二字的旁边还竖着一道杠杠（名字的符号）。陈衡哲带三分恼火对杨绛说："有人索性打电话来问我，适之到了没有。"问的人确也有点唐突。她的心情，杨绛是能领会的。

不久，钱锺书对杨绛说："我见过胡适了。"钱锺书常到合众图书馆查书，胡适有好几箱书信寄存在合众图书馆楼上，他也常到这家图书馆去。钱锺书遇见胡适，大概是图书馆馆长顾廷龙为他们介绍的。钱锺书告诉杨绛，胡适对他说："听说你做旧诗，我也做。"说着就在一小方白纸上用铅笔写下了他的一首近作，并且说，"我可以给你用墨笔写。"只记得这首诗的后两句："几支无用笔，半打有心人。"

一次，陈衡哲对杨绛说："适之也看了你的剧本了。他也说，'不是对着镜子写的'。他说想见见你。"

"对着镜子写。"杨绛不知什么意思，也不知是否有所指，杨绛没问过。胡适想见见杨绛，她当然很开心，因为她也实在很想见见胡适。

陈衡哲说："这样吧，咱们吃个家常 tea，你们俩，我们俩，加适之。"

安排停当后，杨绛和钱锺书照例带了刚出笼的鸡肉包子到任家去。包子不能多买，因为总有好多人站着等待包子出笼。如要买得多，得等下一笼。他们到任家，胡适已先在。他和钱锺书已经见过面。陈衡哲介绍了杨绛，随即告诉她说：

"今天有人要来闯席,林同济和他的ex-wife(前妻)知道适之来,要来看看他。他们晚一会儿来,坐一坐就走的。"

不知是谁建议先趁热吃鸡肉包子。陈衡哲和杨绛都是胃口欠佳的人,食量也小。原本杨绛带的包子不多,她们都没吃。杨绛记得他们三个站在客厅东南隅一张半圆形的大理石面红木桌子旁边,有人靠着墙,有人靠着窗,就那么站着同吃鸡肉包子,且吃且谈且笑。陈衡哲在客厅的这一边从容地为他们调咖啡,杨绛则在旁边帮忙。他们吃完包子就过来喝咖啡。

晚上回家时,杨绛对钱锺书说:

"胡适真是个交际家,一下子对我背出一大串叔叔姑母。他在乎人家称'你的学生',他就自称是我爸爸的学生。我可从没听见爸爸说过胡适是他的学生。"

钱锺书为胡适辩解说,胡适曾向顾廷龙打听杨绛其人,顾廷龙告诉他说:"名父之女,老圃先生的女儿,钱锺书的夫人。"

故而杨绛认为事先打听,也是交际家的交际之道。不过,钱锺书为杨绛考证了一番,说胡适并未乱认老师,只是她爸爸决不会说"我的学生胡适之"。

陈衡哲和杨绛是无话不谈的好友。这天,杨绛同往常一样,又来陈衡哲家里做客。恰巧这天,陈衡哲的丈夫任鸿隽在外应酬工作,她便就在陈衡哲家里吃了晚饭。

两人边吃边聊天,谈了许多话,途中陈衡哲告诉了杨绛一个秘密。

杨绛后来在文章中提到,当晚两人吃得很慢,一直聊得热火朝天。只是说到中途,陈衡哲欲言又止,又忍不住想要告诉她。

陈衡哲让杨绛答应自己保守秘密,并要她保证连自己的丈夫钱锺书都不能说。杨绛斟酌一番,答应了她的要求,她便将秘密告诉了杨绛。

陈衡哲向杨绛倾诉了自己深埋心底的秘密以后,两人又聊了许久,感情更增进了一步。眼看时间不早,吃完饭后,杨绛便起身告辞回家。

不过,她信守了自己的诺言,并没有跟钱锺书说这件事。

杨绛回家后,丈夫钱锺书正在等她。她跟丈夫说起了自己答应陈衡哲的事。因陈衡哲强调过连钱锺书也不能告诉,她也跟丈夫说明这个事不能告诉他。

钱锺书深知妻子的为人,他尊重妻子,也不愿窥探别人的秘密,便没多问。从此,杨绛便将陈衡哲告诉自己的秘密埋在了心里,从未跟任何人提起过半个字,真正做到了守口如瓶。

常言道"丈夫一言许人，千金不易"，真诚待人是结交朋友的诀窍之一。

经过此事以后，杨绛和陈衡哲的关系变得比以前更加密切了，两人畅谈人生理想，也分享心事秘密，是好友，更是知己。

若不是多年以后，她写了一篇关于好友陈衡哲的文章，里面回忆到了这件事，世人将永远不知道两人还有如此亲密的往来。

不过，杨绛只是在文章中提到了此事，却依然信守承诺，不曾将秘密的内容公之于众。

杨绛说，既然是秘密，自己便会永远深埋心底，不会泄密。再者，已经过去了许多年，此时已经由最开始的埋没而淡忘了。她只记得跟好友谈天说地，共诉心声的场景。

夏志清曾有言，二十世纪中国人文知识分子就学养而论，有三位代表人物，第一代是陈寅恪，第二代是钱锺书，第三代就是吴兴华，如果说二十世纪四十年代中国内地有论者、五十年代香港也有论者不约而同地推介吴兴华其人其诗，那么时至今日，知道吴兴华名字的恐怕已经屈指可数了，中国现代文学史著述中也绝少提到他的名字。这确实令人遗憾。

夏志清在他专门论述小说的《中国现代小说史》一书，还忍不住要对吴兴华带上一笔：

> 在这里我们应该提一提诗人吴兴华，他在战时和战后住在北平，燕京大学毕业，对中国和多种西方主要语言的重要诗人，几乎都有深入的研究。在自己的创作中，他尝试创造一种有中国古诗词特点而融会西方诗重要成就的韵律和语法，效果很理想。如果在1949年后他能有机会继续在这方面努力下去的话，他可能已成为一个大诗人。①

吴兴华（1921—1966），诗人、学者、翻译家，原籍浙江杭州。笔名兴华、钦江。父亲曾在清末科举中试，赴日学医归来后，在京津地区行医。吴兴华初中入天津南开中学。全家迁居北京后，进崇德中学。他的文史根基深厚，记忆力超常，曾经几次跳级。

一九三七年，年仅十六岁的吴兴华就考入燕京大学西语系，同年发表的无

---

① 夏志清：《中国现代小说史》中译本，上海：复旦大学出版社，2005年7月版，第225页。

韵体长诗《森林的沉默》，轰动诗坛。在燕京就学期间，他的语言和文学天赋就开始引人注目。现在人们评论吴兴华，经常引用其燕京的英籍导师谢迪克的话：吴兴华"是我在燕京教过的学生中才华最高的一位，足以和我在康奈尔大学教过的学生、文学批评家哈罗德·布鲁姆（耶鲁大学教授、美国文学批评大家）相匹敌"。这的确是很高的评价，但并不能概括吴兴华深不可测学识的全貌。谢迪克的赞誉仅仅反映了吴兴华在英美文学领域的深厚修养，而这只是其博大精深学识之一部分。

非凡的语言才能，使吴兴华不仅精通英文、法文、德文，还熟悉西班牙文、拉丁文、意大利文等。一九四一年，吴兴华毕业留校任教。珍珠港事件发生后，日军强行接收、解散燕京大学。部分师生离开北京到内地重办燕京大学。吴兴华的父母这时已过世，有一群弟妹需照顾。他只得滞留北京，在中法汉学研究所兼一点差。为了维持生计，他曾与一位德国神甫合编一部德华字典，参加辅仁大学《思泉》词典的编纂工作，还为中法文化协会翻译了一些法国诗人的作品。日本占领北京期间，他的两个妹妹不幸病殁，他自己也罹患肺结核。抗战胜利后，燕京大学在北京复校，吴兴华回校任教。一九四八年二十七岁时即被聘为副教授。

一九五二年，高校院系调整，教会大学一律并入国办大学，北京大学兼并了燕京大学。吴兴华就随着进入北大，开始担任西语系英语教研室主任，两年后任系副主任。尽管吴兴华或主动或被动地断绝与旧世界的关联，努力适应新的生活和紧跟主流意识形态，但是政治风波还是影响了他。

"木秀于林，风必摧之。"吴兴华才华横溢，年轻有为，加之心怀坦荡，刚直不阿。"反右"时，吴兴华因为反对苏联专家教英文的方法，被扣上"右派"的帽子。

吴兴华被划为"右派"后，除了遭受校内外"批斗"之外，他的级别连降了两级，从三级教授降到五级，也被取消了授课和发表论著的资格。然而，仍有学者慕名而来，求教于他。

失去话语权的吴兴华以自学拉丁文、希腊文，阅读古旧版本图书自娱，再就是默默地协助系里编、校《英语常用词用法词典》。他除了校译朱生豪的《莎士比亚全集》外，还为杨宪益先生校订《儒林外史》，也为古希腊专家罗念生先生校对过文稿。此外，他还为李健吾先生翻译大量拉丁及希腊文戏剧理论，但那些译稿都在"文革"中不知去向。①

吴兴华还在燕京大学中文系读书的时候，钱锺书的《谈艺录》出版，吴兴华提了一些意见，都被钱锺书接受。吴兴华也因此被同学们称为"小钱锺书"。钱锺书因此很器重他②。在一九四九年七月开明书店再版的《谈艺录》中，钱锺书新添了一处附记可兹证明，不妨照录如下："此书刊行，向君觉明、吴君兴华皆直谅多闻，为订勘舛伪数处，余复寻绎，觉有待补苴申说者尚多，适将再版，因得更定，董而理之，俾无失坠者，乃周君振甫也。三十七年十二月二十四日又识。"

钱锺书和吴兴华曾经畅谈古诗源流，钱锺书对吴兴华的博学大加赞赏，这说明两人的交集在于旧学的根基确实太好，未必不隐含着两人对东西嫁接和交流的异趣。

钱锺书既爱才，又念旧。据吴兴华夫人谢蔚英忆述，她丈夫去世之后，杨绛、钱锺书夫妇对他们家一直很好。她在与杨绛、钱锺书做邻居的时候，杨绛多次问她生活有无困难，还变着法儿帮助她。当时，她的大女儿十几岁，从兵团回来之后没有工作，杨绛便借口要找人抄《堂吉诃德》译稿，让谢蔚英的大女儿帮着抄，每每抄了一段后，总要付给数倍的稿酬，让人真不知该如何报答才好。③

四

一九九八年十二月十九日，钱锺书去世。上海的《文学报》于二十四日发表了一篇记者采访王元化的文章，追思钱锺书，题目为《一代学人的终结》。

王元化对钱锺书的评价很高："钱先生去世，意味着本世纪初涌现出来的那一代学人的终结。"④他认为，钱锺书学贯中西、融汇古今。他的治学态度和学术成就堪称那一代学人中的一个代表，他的人品也是后辈学人的楷模。

---

① 罗银胜：《"被冷落的缪斯"——早夭的诗人吴兴华》，《书屋》，2006年第11期；又见罗银胜《绝响与回声》，上海：文汇出版社，2019年8月第1版，第198—199页。

② 郭蕊：《从诗人到翻译家的道路》，见《吴兴华诗文集》（文卷），上海：上海人民出版社，2005年2月第1版，第278页。

③ 罗银胜：《"被冷落的缪斯"——早夭的诗人吴兴华》，《书屋》，2006年第11期；又见罗银胜《绝响与回声》，上海：文汇出版社，2019年8月第1版，第205—206页。

④ 徐春萍：《一代学人的终结》，《文学报》，1998年12月24日。

王元化绝少高调赞他人，这样的评价想必是非常不容易的。钱锺书之后，确实在他那一代人中再也找不到一个能像他那么有学问的了。

这篇报道还提到了王元化夫人张可和钱锺书夫人杨绛的交往。她们相识于抗战胜利后，从事戏剧工作的张可也曾经向杨绛约写过剧本。前面讲过，杨绛写的两个喜剧《弄真成假》和《称心如意》后来都上演了，反响很好。

王元化回忆说，钱锺书抗战之后在上海发表了学术文章，这些文章显示出钱锺书先生非常深厚的国学、西学功力。做学问，记忆力是基础。钱锺书的记忆力真是惊人，中国古时称赞文人常常用"博闻强记"这四个字放在钱锺书身上，一点不过誉。他的学术著作旁征博引，信手拈来，令人佩服。

王元化记得，杨绛、钱锺书的生活很俭朴。他们的家与现在许多讲究装潢的家庭根本不能比。他们家一进门的客厅，一边一个大书桌。一个是钱锺书的，另一个是杨绛的。钱家的藏书不太多，甚至也没有多少值钱的文物。后来，钱锺书被病困扰，无法再悉心做学问，实在可惜。

不过，最值得追记的是，杨绛、钱锺书与傅雷一家的交往。傅家住吕班路（今重庆南路），钱家住辣斐德路（今复兴中路），一南北向，一东西向，两路交会，拐个弯就到。杨绛回忆说："我们和傅雷家住得很近，晚饭后经常到他家去夜谈。"在杨绛印象里，傅雷"并不是一味板着脸的人……他听着锺书说话，经常是这副笑容。傅雷只是不轻易笑……也许锺书是唯一敢当众打趣他的人"。傅氏自视甚高，但只佩服一个人：钱锺书。

在杨绛妙笔生花的笔下，傅雷的形象跃然纸上：

> 抗战末期、胜利前夕，钱锺书和我在宋淇先生家初次会见傅雷和朱梅馥夫妇。我们和傅雷家住得很近，晚饭后经常到他家去夜谈。那时候知识分子在沦陷的上海，日子不好过，真不知"长夜漫漫何时旦"。但我们还年轻，有的是希望和信心，只待熬过黎明前的黑暗，就想看到云开日出。我们和其他朋友聚在傅雷家朴素幽雅的客厅里各抒己见，也好比开开窗子，通通空气，破一破日常生活里的沉闷苦恼。到如今，每回顾那一段灰暗的岁月，就会记起傅雷家的夜谈。
>
> 说起傅雷，总不免说到他的严肃。其实他并不是一味板着脸的人。我闭上眼，最先浮现在眼前的，却是个含笑的傅雷。他两手握着个烟斗，待要放到嘴里去抽，又拿出来，眼里是笑，嘴边是笑，满脸是笑。这也

许因为我在他家客厅里、坐在他对面的缘故。他听着锺书说话，经常是这副笑容。傅雷只是不轻易笑；可是他笑的时候，好像在品尝自己的笑，觉得津津有味。

也许锺书是唯一敢当众打趣他的人。他家另一位常客是陈西禾同志。一次锺书为某一件事打趣傅雷，西禾急得满面尴尬，直向锺书递眼色；事后他犹有余悸，怪锺书"胡闹"。可是傅雷并没有发火。他带几分不好意思，随着大家笑了；傅雷还是有幽默的。

傅雷的严肃确是严肃到十分，表现了一个地道的傅雷。他自己可以笑，他的笑脸只许朋友看。在他的孩子面前，他是个不折不扣的严父。阿聪、阿敏那时候还是一对小顽童，只想赖在客厅里听大人说话。大人说的话，也许孩子不宜听，因为他们的理解不同。傅雷严格禁止他们旁听。有一次，客厅里谈得热闹，阵阵笑声，傅雷自己也正笑得高兴。忽然他灵机一动，蹑足走到通往楼梯的门旁，把门一开，只见门后哥哥弟弟背着脸并坐在门槛后面的台阶上，正缩着脖子笑呢。傅雷一声呵斥，两个孩子在噔噔咚咚一阵凌乱的脚步声里逃跑上楼。梅馥忙也赶了上去。在傅雷前，她是抢先去责骂儿子；在儿子前，她却是挡了爸爸的盛怒，自己温言告诫。等他们俩回来，客厅里渐渐回复了当初的气氛。但过了一会儿，在笑声中，傅雷又突然过去开那扇门，阿聪、阿敏依然鬼头鬼脑并坐原处偷听。这回傅雷可冒火了，梅馥也起不了中和作用。只听得傅雷厉声呵喝，夹杂着梅馥的调解和责怪；一个孩子想是哭了，另一个还想为自己辩白。我们谁也不敢劝一声，只装做不闻不知，坐着扯淡。傅雷回客厅来，脸都气青了。梅馥抱歉地为客人换上热茶，大家又坐了一回辞出，不免叹口气："唉，傅雷就是这样！"

阿聪前年回国探亲，锺书正在国外访问。阿聪对我说："啊呀！我们真爱听钱伯伯说话呀！"

去年他到我家来，不复是顽童偷听，而是做座上客"听钱伯伯说话"，高兴得哈哈大笑。可是他立即记起他严厉的爸爸，凄然回忆往事，慨叹说："唉——那时候——我们就爱听钱伯伯说话。"他当然知道爸爸打他狠，正因为爱他深。他告诉我："爸爸打得我真痛啊！"梅馥曾为此对我落泪，又说阿聪的脾气和爸爸有相似之处。她也告诉我傅雷的妈妈怎样批评傅雷。性情急躁是不由自主的，感情冲动下的所作所为，沉静下来会自己责怪，又增添自己的苦痛。梅馥不怨傅雷的脾气，只为此怜他而为他担忧；因为阿聪和爸爸脾气有点儿相似，她既不愿看到儿子拂逆爸爸，也为儿子的前途担忧……

有人说傅雷"孤傲如云间鹤"；傅雷却不止一次在锺书和我面前自比为"墙洞里的小老鼠"——是否因为莫洛阿曾把服尔德比作"一头躲在窟中的野兔"呢？傅雷的自比，乍听未免滑稽。①

傅雷（1908—1966），著名翻译家和美术评论家。他与杨绛、钱锺书是校友，都曾留学法国巴黎大学。杨绛在上述引文中说"住得很近"，他们几位朋友过从甚密，以期熬过黎明前的黑暗，等待云开日出。

中华人民共和国成立，杨绛夫妇应聘清华，北上北京，傅雷则仍留上海译书。

"他经常写信和我们讲究翻译上的问题，具体问题都用红笔清清楚楚录下原文。这许多信可惜都已毁了。"钱锺书曾经这样回忆。

当时往来函件，荡然无存，殊为可惜。仅傅雷致友人信中留下点滴痕迹。如一九五一年致宋淇函，讲到不久前出版总署举行"五四翻译座谈会"："芝联来看过我，知道北京出版总署召集的翻译会议，是由蒋天佐（代表官方）、卞之琳、杨绛等四个人（另一人忘了名字）出面召集的开过二次会，讨论应译古典作品名单。看来杨绛是被硬拉进的，或者是人家要找锺书而他推杨绛去的。我想写信给她，要她把奥斯丁作品归给你译，则将来出版时不致成问题了。"②这说明傅雷知道杨绛在高层的翻译活动，有一定的话语权。

傅雷在信中还说会上谈到今后的翻译计划，他写道："暑中收到锺书来信，果不出所料，杨绛是代他出席的。据说定了五十种'数一数二之书，落于不三不四之手。'"③给傅聪信中，他曾讲到钱伯母的文字风格和"钱伯伯那种记忆力"。一九六三年，杨绛"因妹妹杨必生病，到上海探望。朋友中我只拜访了傅雷夫妇。梅馥告诉我她两个孩子的近况；傅雷很有兴趣地和我谈论些翻译上的

---

① 杨绛：《杨绛全集》（第二卷），北京：人民文学出版社，2014年8月第一版，第301-302页。
② 傅敏编：《傅雷书简·一九五一年七月二十八日致宋奇》，北京：当代世界出版社，2005年11月第1版，第135页。
③ 傅敏编：《傅雷书简·一九五一年七月二十八日致宋奇》，北京：当代世界出版社，2005年11月第1版，第136页。

问题。"①可惜作为翻译史料，留下的却几近于无。

傅雷眼界颇高，但他非常推崇杨绛的翻译，多次向友朋推荐其翻译作品。如他在致宋淇（1919—1996，原名宋奇，又名宋悌芬，笔名林以亮，浙江吴兴人。对文学批评、翻译、《红楼梦》均有心得。与钱锺书、杨绛、傅雷、张爱玲关系甚笃，后移居香港）的信中，曾一再推介杨绛所翻译的古典名著《小癞子》：

> 你译十八世纪作品，杨绛的《小癞子》颇可作为参考（杨绛自称还嫌译得太死）。她对某些南方话及旧小说辞汇亦不避免，但问如何安排耳。此乃译者的taste（感受、体验）问题。②

傅雷在另一封信中提及杨绛的《小癞子》在坊间一纸风行："信到前一天，阿敏报告，说新华书店还有一本《小癞子》，接信后立刻叫他去买，不料已经卖出了。此书在一九五一年出版后三个月内告罄，迄未再版。"③

不过，傅雷也不会一边倒，他做人有自己的原则，他坚守自己的翻译主张和审美观，如对杨绛翻译的法国作家勒萨日（Lesage—Adventures）的名著《吉尔·布拉斯》，他认为："杨绛译《吉尔·布拉斯》（*Gil Blas*——一部分载《译文》），你能与原作对了几页，觉得语气轻重与拆句方法仍多可商榷处。足见水平以上的好译文，在对原作的interpretation（理解）方面始终存在'见仁见智'的问题。译者的个性、风格，作用太大了。闻杨译经过锺书参加意见极多，惟锺书'语语求其破俗'，亦未免矫枉过正。"④

此外，从傅雷给巴金的信中可以知道，他对杨绛的妹妹杨必也是非常关心的：

---

① 杨绛：《杂忆与杂写：一九三三——九九一》，北京：生活·读书·新知三联书店，2015年4月第1版，第207页。
② 傅敏编：《傅雷书简·一九五一年十月九日致宋奇》，北京：当代世界出版社，2005年11月第1版，第138页。
③ 傅敏编：《傅雷书简·一九五三年二月七日致宋奇》，北京：当代世界出版社，2005年11月第1版，第139页。
④ 傅敏编：《傅雷书简·一九五四年四月二十六日致宋奇》，北京：当代世界出版社，2005年11月第1版，第143页。

巴金先生：

　　兹另邮挂号寄上杨必译《剥削世家》，约共四万余字。除锺书夫妇代为校阅外，弟亦通篇浏览一过，略为改动数字，并已征求译者本人同意。该书内容与杨绛所译《小癞子》异曲同工，鄙见将来不妨将该书重版与本书初版同时发行。又译者希望能早出，因与本人将来出处有关（详情容面陈）。好在字数不多，轻而易举，可否请采臣兄一查平明本春间出版计划是否可能早出。

　　又倘尊意认为《剥削世家》译文够得上列入"文学译林"，则排版格式可与巴尔扎克各书一律。……
　　……

俪绥不一

弟

傅雷拜启

一月二十一夜[①]

　　现在，当我们重读这些力透纸背、饱经风雨沧桑的书简文字，真是无限感慨，情之于情，人何以堪！

　　自一九四六年起，钱锺书任上海暨南大学教授。他的《谈艺录》一九四八年由上海开明书店印行。《谈艺录》采用古代诗话的札记文体形式由一则则的散论构成，内容极为广博，妙论迭见，令人目不暇接。钱锺书的《谈艺录》是一本关于中国古代诗文的论艺专著。同一般的文学赏析著作不同，钱锺书的文字无一字无来处，他把汉代经师注经的方法、西方比较文学的研究方法融会贯通，开创了全新的学术体式。然而，这种学术体式只有他才能运用到如此完美的程度。

　　曹聚仁一九七二年在《我与我的世界》一书中说："胜利以后，回到上海，读了钱锺书先生的《谈艺录》，才算懂得一点旧诗词"；他在《文坛五十年》又说："最后，笔者要提到钱锺书的《谈艺录》，也可说是随笔中的第一流作品，不独见解高人一等，他的文字，也是十分简洁的。钱氏自视甚高，独到处自非流

---

① 傅敏编：《傅雷书简·一九五三年一月二十一日致巴金》，北京：当代世界出版社，2005年11月第1版，第151页。

俗所能解，其融化东西，出以新象，还未必在王了一之下呢！"①"当代文艺批评家之中，朱自清、王了一、周作人虽是此中权威，却也后者难诬。后起的钱锺书（著有《谈艺录》）、缪钺（著有《诗词散论》），他们的见解以及贯通古今中外的融通之处，每每超越了王国维、鲁迅和周作人。他的《中国学术思想史随笔》：'时人之中，博古通今，精究欧西文艺，而能运化中国文艺，辜鸿铭往矣；师友之中，如朱自清、朱光潜、王了一、吕叔湘、钱锺书诸氏，都有他们的成就，而以钱锺书先生为最湛深。'"②可以说，曹聚仁是钱锺书最早的知音之一。

夏志清认为钱著《谈艺录》"是中国诗话里集大成的一部巨著，也是第一部广采西洋批评来诠注中国诗学的创新之作"③。而夏承焘在一九四八年九月十七日的《天风阁学词日记》中提到，"阅钱锺书《谈艺录》，博闻强记，殊堪爱佩。但疑其书乃积卡片而成，取证稠叠，无优游不迫之致。近人著书每多此病"。也算一家之言吧。

二十世纪四十年代，钱锺书还出版了短篇小说集《人·兽·鬼》，这部集子收入四篇小说作品：《人·兽·鬼》《上帝的梦》《猫》《灵感》。

钱锺书的短篇讽刺小说集《人·兽·鬼》具有很深的文化意蕴，堪称为文化小说。作者从神话和现实生活中摄取题材，探讨的核心是人的基本根性，人的文化心理。从神话、幻想、现实中所折射出的是丰富的文化意蕴；是作者对人性、人性的弱点的哲理性思索；对人的文化心理的精微准确把捉，这既增大了作品的容量，也使讽刺形象的审美内蕴大为丰富；在艺术上，熔荒诞性与真实性，讽刺的犀利性与蕴含性于一炉，尤其是寓哲理于象征，形成独特的讽刺艺术风格，为现代讽刺文学做出了贡献。

这时，杨绛则受聘担任上海震旦女子文理学院外文系教授，夫妇双双育英才。二十世纪四十年代，杨绛还写过不少散文，其理趣、文笔十分见好，我们打开一篇《窗帘》：

> 人不怕挤。尽管摩肩接踵，大家也挤不到一处。像壳里的仁，各自各。像太阳光里飞舞的轻尘，各自各。凭你多热闹的地方，窗对着窗，

---

① 曹聚仁：《文坛五十年》，上海：东方出版中心，1997年6月第1版，第367页。
② 曹聚仁：《文坛五十年》，上海：东方出版中心，1997年6月第1版，第384页。
③ 夏志清：《追念钱锺书先生——兼谈中国古典文学研究之新趋向》，见氏著《岁除的哀伤》（陈子善编），南京：江苏文艺出版社，2006年9月第1版，第223页。

各自人家，彼此不相干。只要挂上一个窗帘，只要拉过那薄薄一层，便把别人家隔离在千万里以外了。

隔离，不是断绝。窗帘并不堵没窗户，只在彼此间增加些距离——欺哄人招引人的距离。窗帘并不盖没窗户，只隐约遮掩——多么引诱挑逗的遮掩！所以，赤裸裸的窗口不引人注意，而一角掀动的窗帘，惹人窥探猜测，生出无限兴趣。

赤裸裸，可以表示天真朴素。不过，如把天真朴素做了窗帘的质料，做了窗帘的颜色，一个洁白素净的帘子，堆叠着透明的软纱，在风里飘曳，这种朴素，只怕比五颜六色更富有魅力。认真要赤裸裸不加遮饰，除非有希腊神像那样完美的身体，有天使般纯洁的灵魂。培根（Bacon）说过："赤裸裸是不体面的；不论是赤露的身体，或赤露的心。"从乐园里驱逐出来的时候，已经体味到这句话了。

所以赤裸裸的真实总需要些掩饰。白昼的阳光，无情地照彻了人间万物，不能留下些幽暗让人迷惑，让人梦想，让人希望。如果没有轻云薄雾把日光筛漏出五色霞彩来，天空该多么单调枯燥！

隐约模糊中，才容许你做梦和想像。距离增添了神秘。看不见边际，变为没边没际的遥远与辽阔。云雾中的山水，暗夜的星辰，希望中的未来，高超的理想，仰慕的名人，心许的"相知"，——窗帘，惝怳迷离，可以产生无限美妙的想像。如果你嫌恶窗帘的间隔，冒冒失失闯进门、闯到窗帘后面去看个究竟，赤裸裸的真实只怕并不经看。像丁尼生诗里的"夏洛特女郎"，看厌了镜中反映的世界，三步跑到窗前，望一望真实世界。她的镜子立即破裂成两半，她毁灭了以前快乐而无知的自己。

人家挂着窗帘呢，别去窥望。宁可自己也挂上一个，华丽的也好，朴素的也好。如果你不屑挂，或懒得挂，不妨就敞着个赤裸裸的窗口。不过，你总得尊重别人家的窗帘。

又如杨绛的《喝茶》一文，旁征博引，充满书卷气息：

曾听人话说西洋人喝茶，把茶叶加水煮沸，滤去茶汁，吃了咋舌道："好是好，可惜苦些。"新近看到一本美国做的茶考，原来这是事实。茶叶初到英国，英国人不知怎么吃法，的确吃茶叶渣子，还拌些黄油和盐，敷在面包上同吃。什么妙味，简直不敢尝试。以后他们把茶当药，治伤风，清肠胃。不久，喝茶之风大行，一六六〇年的茶叶广告上说："这刺激品，能驱疲倦，除噩梦，使肢体轻健，精神饱满。尤能克制睡眠，好学者可以彻夜攻读不倦。身体肥胖或食肉过多者，饮茶尤宜。"莱登大学的庞德戈博士应东印度公司之请，替茶大做广告，说茶"暖胃，清神，健脑，助长学问，尤能征服人类大敌——睡魔"。他们的怕睡，正和现代人的怕失眠差不多。怎么从前的睡魔，爱缠住人不放；现代的睡魔，学会了摆架子，请他也不肯光临。传说，茶原是达摩祖师发愿面壁参禅，九年不睡，天把茶赏赐给他帮他偿愿的。胡峤《饮茶诗》："沾牙旧姓余甘氏，破睡当封不夜侯。"汤况《森伯颂》："方饮而森然严乎齿牙，既久而四肢森然。"可证中外古人对于茶的功效，所见略同。只是茶味的"余甘"，不是喝牛奶红茶者所能领略的。

浓茶掺上牛奶和糖，香冽不减，而解除了茶的苦涩，成为液体的食料，不但解渴，还能疗饥。不知古人茶中加上姜盐，究竟什么风味。卢仝一气喝上七碗的茶，想来是叶少水多，冲淡了的。诗人柯立治的儿子，也是一位诗人，他喝茶论壶不论杯。约翰生博士也是有名的大茶量。不过他们喝的都是甘腴的茶汤。若是苦涩的浓茶，就不宜大口喝，最配细细品。照《红楼梦》中妙玉的论喝茶，一杯为品，二杯即是解渴的蠢物。那么喝茶不为解渴，只在辨味，细味那苦涩中一点回甘。记不起哪一位英国作家说过，"文艺女神带着酒味""茶只能产生散文"。而咱们中国诗，酒味茶香，兼而有之，"诗清只为饮茶多"。也许这点苦涩，正是茶中诗味。

杨绛作于这时的散文作品还有《风》《听话的艺术》等，这些文章多写生命的感触，显得纯真自然，雅俗共赏。她的文章没受到当时散文创作当中虚夸、浮躁、雕饰等种种流弊的影响，而以截然不同的风骨出现，若论作品本身的艺术价值，毫无疑义是经受得起时间的考验的。

晚年，杨绛对自己这段生活，有过追忆：

一九四八年夏，锺书的爷爷百岁冥寿，分散各地的一家人，都回无锡老家聚会。这时锺书、圆圆都不生病了，我心情愉快，随上海钱家人一起回到七尺场老家。

我结婚后只在那里住过十天上下。这次再去，那间房子堆满了烂东西，都走不进人了。我房间里原先的家具：大床，镜台，书桌等，早给人全部卖掉了。我们夫妇和女儿在七尺场钱家只住了一夜，住在小叔叔新盖的楼上。

这次家人相聚，我公公意外发现了他从未放在心上的"女孙健汝"，得意非凡。

自从一九四五年抗战胜利，锺书辞去了震旦女子文理学院的几个小时课，任中央图书馆英文总纂，编《书林季刊》；后又兼任暨南大学教授，又兼英国文化委员会顾问。《围城》出版后，朋友中又增添了《围城》爱好者。我们的交游面扩大了，社交活动也很频繁。

胜利后我们接触到各式各等的人。每次宴会归来，我们总有许多讲究，种种探索。我们把所见所闻，剖析琢磨，"读通"许多人、许多事，长了不少学问。

朱家骅曾是中央庚款留英公费考试的考官，很赏识钱锺书，常邀请锺书到他家便饭——没有外客的便饭。一次朱家骅许他一个联合国教科文的什么职位，锺书立即辞谢了。我问锺书："联合国的职位为什么不要？"他说："那是胡萝卜！"当时我不懂"胡萝卜"与"大棒"相连。压根儿不吃"胡萝卜"，就不受大棒驱使。

锺书每月要到南京汇报工作，早上去，晚上老晚回家。一次他老早就回来了，我喜出望外。他说："今天晚宴，要和'极峰'（蒋介石）握手，我趁早溜回来了。"

胜利的欢欣很短暂，接下是普遍的失望，接下是谣言满天飞，人心惶惶。

锺书的第一个拜门弟子常请老师为他买书。不论什么书，全由老师选择。其实，这是无限制地供老师肆意买书。书上都有锺书写的"借痴斋藏书"并盖有"借痴斋"图章；因为学生并不读，专供老师借阅的，不是"借痴"吗？锺书蛰居上海期间，买书是他的莫大享受。新书、旧书他买了不少。"文化大革命"中书籍流散，曾有人买到"借痴斋"的书，寄还给锺书。也许上海旧书摊上，还会发现"借痴斋藏书"。藏书中，也包括写苏联铁幕后面的书。我们的阅读面很广。所以"人心惶惶"时，我们并不惶惶然。

郑振铎先生、吴晗同志，都曾劝我们安心等待解放，共产党是重视知识分子的。但我们也明白，对国家有用的是科学家，我们却是没用的知识分子。我们如要逃跑，不是无路可走。可是一个人在紧要关头，决定他何去何从的，也许总是他最基本的感情。我们从来不唱爱国调，但我们不逃跑，不愿离开父母之邦，撇不开自家人。我国是国耻重重的弱国，跑出去仰人鼻息，做二等公民，我们不愿意。我们是文化人，爱祖国的文化，爱祖国的文字，爱祖国的语言。一句话，我们是倔强的中国老百姓，不愿做外国人。我们并不敢为自己乐观，可是我们安静地留在上海，等待解放。[①]

早已谢世的英国作家乔治·奥威尔以创作《一九八四》和《动物庄园》而著称于世。作为左翼知识分子，乔治·奥威尔尽管没有到过中国，也不曾去过他著名作品《一九八四》里映射的苏联，他到过离中国最近的地方是印度和缅甸，但不影响中国知识分子对他的认知。

在中国，第一个在报纸上公开介绍奥威尔的中国知识分子，应是钱锺书。他发表在一九四七年十二月六日《大公报》上的一篇书评，评价的就是奥威尔一本名为《英国人民》的书。

在这篇书评中，钱锺书写道："作者渥惠尔（即奥威尔——引者注）的政论、文评和讽刺小说久负当代盛名。书分六节，第一眼看来的英国，英国人的道德观，一个人的政治观，一个人的阶级制，英国语言，英国人民的将来。议论和意见并不很新颖，但不用说是明通清晰。至于文笔，有光芒，又有锋芒，举的例子都极巧妙，令人读之惟恐易尽。"[②]

那个时候，出版于一九四九年的《一九八四》还没有写出来。而钱锺书提及了他的另一本寓言小说《畜牧场》（即《动物庄园》）——他的另一部反极权主义的小说，小说通过猪的起义与革命，以及后来在猪领导下各种动物的命运，昭示了革命在其实现之后的变异过程，革命并不能一劳永逸，相反，革命的最

---

① 杨绛：《我们仨》，北京：生活·读书·新知三联书店，2003年7月第1版，第119—122页。
② 钱锺书：《英国人民》，见《写在人生边上 人生边上的边上 石语》，北京：生活·读书·新知三联书店，2002年10月第1版，第302页。

大问题恰恰在于革命本身。钱锺书也曾说过一句异曲同工的话："革命在实践上的成功往往意味着革命在理论上的失败。"

杨绛曾经写道，一九四九年，钱锺书"叔父命钱锺书三弟媳携子女三人来上海，住辣斐德路。适傅雷夫人之友有空房，在蒲石路蒲园，钱锺书与我及女儿钱瑗即迁居蒲石路蒲园"。①

蒲园8号在上海蒲石路（今长乐路）570弄内，一九四九年早春，杨绛、钱锺书带着上学的女儿钱瑗，寄居在这幢楼的三楼。著名画家庞薰琹、丘堤夫妇同居此楼。而庞薰琹暂住的屋子，则是向宋淇的亲戚租赁的。就在这里，庞薰琹创作了《上海街景》《拉提琴的少年》《上海里弄的屋顶》等绘画作品。②《上海里弄的屋顶》是庞薰琹在中华人民共和国成立前创作的最后一幅油画。是他在阳台上取对面和蒲园8号同样的一座房子画的，将典型的欧式楼房与前景的中式瓦房形成有趣的对比，整幅作品淡雅平和，清新隽秀。这幅油画现藏于常熟庞薰琹美术馆。

杨绛、钱锺书与住在楼下的庞薰琹一家，很是投缘。在庞薰琹的女儿庞涛的印象中："那时我们知道新近住在楼上的钱伯伯与钱师母是非常非常忙的大学者，绝对不能去打扰……"③所以，她们几乎没有再往上登一级台阶，生怕有什么闪失。

当时只有十四岁的庞涛称杨绛、钱锺书的女儿钱瑗为"圆圆头"，她记得："倒是多次见到钱瑗笑眯眯地、不声不响地默默站在外面那扇经常敞开着的客厅大门外，只要我或弟弟庞均看到她，立即高兴地喊：'圆圆头快进来！快进来！'她总是很斯文地进来看看，和我们玩一会儿，不会超过一小时就回家了。我们知道她身体不太好，但不知道她喜欢画画；如果知道，我们一定邀她一起画画，那该多开心呀！"④

资料显示蒲园是一个幽雅安静的西班牙式小区，占地面积5375平方米，建筑面积3660平方米，其名以纪念法国军官蒲石（Rue Bourgeat）而得来，其建

---

① 杨绛：《杨绛生平与创作大事记》，见《杨绛全集》（第九卷），北京：人民文学出版社，2014年8月第1版，第472页。
② 袁韵宜：《庞薰琹传》，北京：北京工艺美术出版社，1995年6月第1版，第142—143页。
③ 庞涛：《精神世界的高度与快乐》，周绚隆主编：《杨绛，永远的女先生》，北京：人民文学出版社，2016年12月第1版，第221页。
④ 庞涛：《精神世界的高度与快乐》，周绚隆主编：《杨绛，永远的女先生》，北京：人民文学出版社，2016年12月第1版，第221页。

筑式样分独立式、双毗连式两种，平行排列，混合结构。一九四一年年初，在上海《申报》登出了"蒲园"的销售广告，附了全景鸟瞰图。一九四二年竣工，刚建成就抢购一空。那是一座三层的房子，连接花园处有一凹廊平台，直达向阳的大起居室，起居室边上是餐厅，用活动割断分开，餐厅有一个窗口连接厨房，用来传递菜肴。厨房有后门直通汽车库。工人房、厕所、储藏间在两边。二层和三层有大小卧室、书房、客房，每层都有厕所淋浴、储藏间。这些积淀历史印记的乳黄色的西班牙式三层小楼，为城市留下了不少回忆与文脉。一九九九年，上海市人民政府已把它列入第三批优秀近代建筑保护单位名单。有关部门沿长乐路570弄以北划出了"保护范围"和"建设控制地带"，在"蒲园"的大门口挂出了"市级建筑保护单位"的铜牌。

蒲园意蕴淡远、闹中取静，如菖蒲般青翠葱茏，清淡的底色衬托着杨绛年轻时的往事。那时，杨绛、钱锺书的挚友傅雷住在附近的重庆南路169弄巴黎新村，距蒲园不远，夫妇俩晚饭后常常到傅雷家夜谈，一起度过一段美好的时光。

钱锺书称蒲园此处寓所为"且住楼"，这一寓楼名和此前将辣斐德路的居所取名"槐聚庑"一样，是出于传统文人的某种癖好，在"南下与北上"（钱理群语）一片乱纷纷之际，也面临着去与留的艰难选择。"且住"一词，表露了他处于两难境地的内心矛盾和无奈。

那时，两人的生活虽清苦，但他们自得其乐，每日创作不辍，并常与新朋旧友小聚畅谈，其中包括傅雷、王辛笛、刘大杰、曹禺、李健吾、唐弢、柯灵、郑振铎等人，所谓"谈笑有鸿儒，往来无白丁"。和朋友相聚吃饭不仅是赏心之事，也是口腹的享受，文化和知识原是这样点点滴滴积累和散播的。

二十世纪四十年代末，在上海京沪区铁路局内，局长陈伯庄[①]办有名曰《京沪周刊》的刊物，比较古朴高雅。在该刊三卷一期（一九四九年一月九日）上，刊有署名"槐聚"（钱锺书的笔名）的《且住楼诗十首》。钱锺书当时读《宋诗纪事》于扉页上留下的题词聚写着"槐聚识于蒲园之且住楼"云云。这《且住楼诗十首》前另附编者识语：

> 且住楼诗主人者，文坛大将，学贯中西，本社邀其著论，二先选诗十首见贻，盘马弯弓之将军必以笔名"槐聚"出之，迨取义于元遗山之"枯

[①] 陈伯庄：广东番禺人，1949年之前，曾任国立中央大学副教授，铁道部完成粤汉铁路委员会委员长，全国经济委员会委员，棉花统制委员会委员，立法院立法委员，资源委员会委员等。

槐聚蚁无多地，秋水蛙鸣自一天"。作者虽欲隐名字，而末后自注谓"时方订正《谈艺录》付梓"。凡文艺界皆知此渊博精深之论诗新作，及作者之为谁，神龙纵不见首而见尾矣。"陌上花开，可缓缓归矣"，非君家豪杰能作风流语，而为坡公所低首耶？"①

这段故弄玄虚的按语写得很风趣。后来，杨绛、钱锺书夫妇两人被清华大学聘任为外文系教授。"中共上海市委统战部周而复来蒲园访问，知道他们将去清华，为他们买了软卧票，还开了一个欢送茶会。一九四九年八月二十四日，动身赴北京。"②

从此，杨绛举家离开了上海，定居北京，她和上海的缘分也就暂告一段落。

钱锺书有一首《蒲园且住楼作》七言律诗（收入《槐聚诗存》时易名为《古意》），让人记起那时夫妻二人在蒲园的生活情状：

> 裋衣寥落卧腾腾，差似深林不语僧。
> 捣麝捬莲情未尽，擘钗分镜事难凭。
> 槎通碧汉无多路，梦入红楼第几层。
> 已怯支风慵借月，小园高阁自销凝。③

钱锺书的这首精致律诗颇有黉诗风，深微细密、浑厚蕴藉，描摹当时羁居上海的生活情状，惆怅而有韵致，既真且挚，分明是且住楼内飘出的古淡馨香。

---

① 刘铮：《"公真顽皮"——钱锺书近人诗评二则》，见氏著《始有集》，杭州：浙江大学出版社，2012年11月第1版，第7页。
② 钱之俊：《钱锺书生平十二讲》，上海：上海社会科学院出版社，2013年11月第1版，第181页。
③ 钱锺书：《槐聚诗存》，北京：生活·读书·新知三联书店，2002年10月第1版，第92页。

第七章　定居京华

一

一九四九年，上海解放前夕，杨绛、钱锺书和许多爱国知识分子一样，不仅拒绝了国民党的拉拢，不去台湾，而且真心实意地拥护中国共产党的领导。

上海易帜之前，钱锺书曾随教育部访问团访问台湾省，故台湾大学聘请他为教授，但他没有答应。香港大学请他赴任文学院院长，他认为香港"不是学人久居之地，以不涉足为宜"，也没有去。英国牛津大学则聘他为高级讲师（Reader），他又以"爱女患有肺疾，因为认为伦敦的恶劣气候不适宜于她的健康"为辞，没有去。①

杨绛在《干校六记》中的说法是：我想到解放前夕，许多人惶惶然往国外跑，我们俩为什么有好多条路不肯走呢？思想觉悟高吗？默存常引柳永的词："衣带渐宽终不悔，为伊消得人憔悴。"我们只是舍不得祖国，撇不下"伊"——也就是"咱们"或"我们"。尽管亿万"咱们"或"我们"素不相识，终归同属一体，痛痒相关，息息相连，都是甩不开的自己的一部分②。五十年后，杨绛在接受访谈时，针对"你们这一代知识分子，在一九四九年时完全可以离开内地的，为什么留下了呢"的问题，答道："很奇怪，现在的人连这一点都不能理解。因为我们爱我们的祖国。当时离开有三个选择，一是去台湾，二是去香港，三是去国外。我们当然不肯和一个不争气的统治者去台湾；香港是个商业码头，我们是文化人，不愿去。""我们的国家当时是弱国，受尽强国的欺凌。你们这一代是不知道，当时我们一年就有多少个国耻日。让我们去外国做二等公民当然不愿意。共产党来了我们没有恐惧感，因为我们只是普通的老百姓。我们也

---

① 邹文海：《忆钱锺书》，见沉冰主编《不一样的记忆：与钱锺书在一起》，北京：当代世界出版社，1999年8月第1版，第82页。

② 杨绛：《干校六记》，见《杨绛作品精选：散文（二）》，北京：人民文学出版社，2004年5月第1版，第48页。

没有奢望,只想坐坐冷板凳。当时我们都年近半百了,就算是我们短命死了,就死在本国吧。""很多外国人不理解我们,认为爱国是政客的口号。政客的口号和我们老百姓的爱国心是两回事。我们爱中国的文化,我们是文化人。中国的语言是我们喝奶时喝下去的,我们是怎么也不肯放弃的。"这确是老一代知识分子的心里话。

上海于当年五月获得解放。这时,杨绛、钱锺书已接到清华大学的聘函。据说,北平和平解放后,他们两人的老友吴晗和钱俊瑞受中共中央委托,对北大、清华实行接管工作。随后,吴晗被任命为清华大学历史系主任、文学院院长、校务委员会主任委员。聘请杨绛夫妇担任清华大学外文系教授,出自吴晗的主意[①]。

这样,杨绛举家离开上海,定居北京,开始了新生活,从此再也没有离开京城(除"文革""五七干校"之外)。杨绛、钱锺书曾在清华求学,度过了终生难忘的学生生涯,如今他们双双回到母校清华大学,将在这里执掌教鞭。他们夫妇于一九四九年八月二十四日携带女儿,登上火车,二十六日到达清华。

钱锺书的工作主要是指导研究生,杨绛则是兼任教授,因为按清华的旧规定,夫妻不能在同校一起当专任教授。兼任就是按钟点计工资,工资很少。对此,她就自称"散工"。后来,清华废了旧规,系主任请杨绛当专任教授,她却只愿做"散工"。她自己认为,因为她未经"改造",未能适应,借"散工"之名,可以"逃会"。妇女会开学习会,她不参加,因为自己不是家庭妇女。教职员开学习会,她也不参加,因为她还没有专职,只是"散工"。杨绛曾应系里需要,增添一门到两门课,其实已经够专任的职责了,但是她为了逃避开会,坚持做"散工",直到"三反"运动。

在他们夫妇的眼里,清华园变了,变得比以前更加热闹,变得比以前更加陌生。好在有不少老朋友、老同学、老同事与他们在一起,如吴晗、金岳霖、浦江清、冯友兰、吴组缃、温德等都在清华任教授。杨绛心忖,他们可以相互帮助,相互砥砺,共创未来。

一九四九年十月一日,发生了举世瞩目的大事:毛泽东主席在北京天安门城楼上庄严宣告:

---

① 刘中国:《钱锺书:20世纪的人文悲歌》(下),广州:花城出版社,1999年9月版,第492页。

中华人民共和国中央人民政府今天成立了！

全国人民欢欣鼓舞，杨绛也甚为高兴，与钱锺书一起展望祖国的美好未来。这时，人们的思想在变，校园的建设也在变，从教育思想到课程设置都在变。变化是正常的，但也有令人费解的地方。钱氏夫妇对为什么现在开会特别多，学生们为什么对文学没有兴趣，感到纳闷。原因很好理解：中央丝毫也没有放松对意识形态领域的改造，浦江清在他的《清华园日记》中就说："清华各团体自解放后，盛行检讨之风，而检讨之习惯并未养成，所以多意气和裂痕。冯公（友兰）说了一句旧话，说清华原有一句俗语：'教授是神仙，学生是老虎，办事人是狗。'校务会在此刻无论怎样总是错，希望不久新政府派校长来也！"（一九四九年一月三十一日）①

杨绛、钱锺书到清华时，清华的接管、恢复和改造工作正在进行中。他们夫妇俩都担任了外文系教授的职务，教学任务并不繁重，难于应付的却是一场又一场马拉松式的会议。对此，钱锺书在给友人、著名报人黄裳②的一封信函中流露了些许困惑的意思：

北来得三晤，真大喜事也。弟诗情文思，皆如废井。归途忽获一联奉赠（略）。幸赏其贴切浑成，而恕其唐突也。如有报道，于弟乞稍留余地。兄笔挟风霜，可爱亦复可畏（如开会多、学生于文学少兴趣等语请略）。赵家璧君处乞为弟一促，谢谢。即上裳兄文几。徐、高二公均候。

弟钱锺书再拜
内人同叩。三十一日

这信写于一九五〇年一月末。在此之前，黄裳曾去北京采访，专程造访清华园钱氏夫妇的寓所，目睹了这对教授夫妇竟夜攻读的情形："住在清华园里的名教授，算来算去我只有一位熟人，就是钱锺书。第二天吴晗要赶回城去，因

---

① 浦江清：《清华园日记·西行日记》，北京：生活·读书·新知三联书店，1999年11月第2版，第284页。
② 黄裳（1919—2012），原名容鼎昌，祖籍山东益都（今青州），满族，笔名黄裳、勉仲、赵会仪，当代散文家、高级记者。2012年9月5日傍晚在上海瑞金医院离世，享年93岁。

此我就把访问安排在第二天的晚上。吃过晚饭以后我找到他的住处,他和杨绛两位住着一所教授住宅,他俩也坐在客厅里,好像没有生火,也许是火炉不旺,只觉得冷得很,整个客厅没有任何家具,越发显得空落落的。中间放了一只挺讲究的西餐长台,另外就是两把椅子。此外,没有了。长台上,堆着两叠外文书和用蓝布硬套装着的线装书,都是从清华图书馆借来的。他们夫妇就静静地对坐在长台两端读书,是我这个不速之客打破了这个典型的夜读的环境。他们没有想到我会在这时来访,高兴极了,接下去,就是快谈。"①

据钱锺书后来纠正说,当时客厅里椅子是没有的,其实那只不过是两只竖摆着的木箱。而杨绛则回忆,客厅里有白布垫子的沙发,他们养的"花花儿"猫就常睡在上面。这里虽然只是一个细节上的小小的更正,但钱氏夫妇实事求是的细腻风格,由此可见一斑。

当时,杨绛、钱锺书除了上课、办公、开会之外,可以说是深居简出。晚上的空余时间,对他们来说,是青灯摊卷的好时光,他俩不愧是一对"读书种子"。

当然,黄裳的到来,钱氏夫妇大为高兴。当时间已经过去了三四十年,黄裳还清楚地记得那次会面,他说:"听钱锺书谈天真是一件非凡的乐事,这简直就是曾经出现在《围城》里的那些机智、隽永的谈话,只是比小说更无修饰、更随便。那天晚上几乎是他一个人在谈笑,我也没有拿出笔记本来,一直谈到深夜才告辞。谈话的内容全忘记了,可惜。唯一记得的是,当他听说我到琉璃厂去逛书店,只买了一小册抄本的《痴婆子传》时,大笑了。这就是他赠我一联的上半,'遍求善本痴婆子'的本事。"②

第二天,黄裳又碰到钱锺书一次,后来钱氏又进城来回访一次。这就是钱氏在上引书函中的"北来得三晤"的三次会面。在这几次交往中,黄裳得到了钱氏夫妇应约而赋的《蒲园且住楼作》的手书稿。

这首诗,黄裳自云"特别欢喜"。像李义山吗?有些像。但又有不同。产生于不同时代的诗,当然不会有完全的一致。这是一篇精致的短篇,却只用了五十六个字。如果学钱锺书的研究方法来分析,这诗是会使我们联想起玉溪谷诗中坐在"隔雨相望"的"红楼"中的那位穿了白袷春衫的少年诗人的吧?这

---

① 转引自《黄裳文集·榆下集》,上海:上海书店出版社,1998年4月第1版,第211页。
② 黄裳:《槐聚词人——一篇积压了三十年的报道》,见《黄裳文集·榆下集》,上海:上海书店出版社,1998年4月第1版,第212页。

应该就是作者自己。不过,研究诗比研究《管锥编》还要更困难得多,这里不想更深入下去了。

当时朝鲜半岛形势危急,大有一触即发之势,杨绛还抄录了宋代诗人陈简斋之诗相赠。在宋代诗人中间,陈简斋的作品包含了浓郁的家园之感。杨绛抄录其诗也可说是别有寄寓的:

> 胡儿又看达谁春,
> 叹息犹为园有人。
> 可使翠华周寓毳,
> 谁持白扇静风尘。
> 五年天地无穷事,
> 万里江湖见在身。
> 共说金陵龙虎气,
> 放臣迷路惑烟津。①

当时来访的客人还包括傅雷夫妇。那是在一九四九年十二月,傅雷从香港由海路经天津到了北京。他拜访了杨绛夫妇,并且在钱宅盘桓数日。

在北京逗留期间,当时清华大学的负责人之一吴晗,有意请傅雷留在清华大学教授法语,并且央求杨绛夫妇从中说项。傅雷不愿教法语,只想教美术和美术评论。可是清华大学不设这门课。这样傅雷就没有留下,又回到上海,继续他的翻译生涯②。不过,他们几人的友谊依然保持着,只要有机会,还是抽暇见面。

中华人民共和国成立之初,杨绛与钱锺书在清华大学任教的时间不长,也就是两年多。因缘际会,现年美国问题专家资中筠当时在清华念大三、大四,曾是两位先生共同的学生,她的毕业论文也是跟着钱锺书做的。她说:"当时钱锺书和杨绛……风华正茂,双双执教于外文系。到院系调整,实际中清华时间很短,吾有幸赶上,得沐春风。"③

资中筠在她的回忆录中这样说:

---

① 转引自《黄裳文集·榆下集》,上海:上海书店出版社,1998年4月第1版,第216页。
② 杨绛:《杨绛作品集》(第二卷),北京:中国社会科学出版社,1993年10月第1版,第539页。
③ 资中筠:《资中筠自选集:不尽之思》,桂林:广西师范大学出版社,2011年10月第1版,第211页。

钱、杨二位1949年回国后在清华只教了两年，正好被我有幸赶上。那时他们在教授中算是年轻的。钱先生教《西洋文学史》，这堂课充分表现了他的渊博，那时大多数教授都是没有讲义，不用教材，一上来开口就讲。涉及专门名词、年代，或特别重要的句子，则写在黑板上。钱先生也是如此。他的英语是略带无锡腔的牛津口音，在课堂上信手拈来，旁征博引，一堂课黑板上写满各种文字：英、法、拉丁、意大利文都有。随时提到种种名人、名言、佳作、警句，乃至历史公案，像是打开一扇扇小天窗，起了吊胃口的作用，激发起强烈的好奇心。所以他用不着指定必读的参考书，我们自会自己去找来读，也不留什么作业，每一学期交两至三篇读书报告就可以了。年终考试就凭一本笔记，所以课堂笔记十分重要。我恰好比较善于记笔记，这点占优势。同学常借我的笔记去抄。后来一位低一年级的同学借走我的笔记本，始终没有还，时过境迁我也没有想到去要回。等到想起来时，这位同学已作古。现在想来实在遗憾，否则整理出来应是很珍贵的文献。

……

杨绛教十七、十八世纪英国小说，十九世纪小说由别的老师另开一课。杨先生与钱先生的作风不同，说话细声细气，态度温婉，对同学十分客气，从不批评。我们给她起了绰号叫"young lady"。同学中私下都这样称呼她。可惜我对十八世纪的英国小说兴趣还不如十九世纪的。杨先生着重讲的几部书，如菲尔丁的《汤姆·琼斯》，我始终没有耐心完全读完。

毕业以后，因为我脱离了外国文学专业，与原来的老师都没有联系。直到进入社科院才发现钱先生是社科院副院长，而且李慎之与他关系很好。由于钱自己声称就是挂名，既不要办公室，也不上班管事，李慎之不时登门拜访，有时也同我讲一些趣事。我自惭远离文学，辜负了老师所教，也就不敢表示曾是他们二位的学生……后来我翻译了巴尔扎克的《公务员》，总算与外国文学有关，就鼓起勇气登门拜访，并呈上《公务员》求教。这是我三十年后第一次再见他们。他们二位对我还是十分热情、亲切。《公务员》主要是揭露那个时代法国官场内幕的，钱先生立刻告诉我，"bureaucracy"这一提法最早见于狄更斯的小说。隔了这么长时间，他还是初心未改，随时留心掌故出处，而且信手拈来。不过，当时他想不起来是哪部小说，答应以后告诉我。我回家以后，给他们二位写信再次求教，记得有一句话："三十年后再坐春风，喜何如之。"他们各自都回了信。钱一向用文言，并告诉我那个词出自狄更斯哪篇作品。杨用白话，对我十分客气，鼓励有加。正巧我女儿北大毕业后，成为社科院研究生院外文所的研究生，算是与外国文学有点关系，她准备出国留学之前，我特意取得两位先生同意，带她上门拜见一次。钱先生第一句话就说："你记住，学位和学问是两回事，留学不必追求学位。"这句话我们两人印象都很深。不过最终我女儿还是读了博士学位，而且从外文转到了历史专业。①

资中筠在出版回忆录之前，也曾撰文追述她当年受业于杨绛与钱锺书的情形，可资印证："钱锺书教的是西洋文学史，杨绛教的是英国十八世纪十九世纪的小说。"虽已过去几十载，资中筠始终记得两位老师上课时的情景：钱锺书上课的时候没有讲义，因为他十分博学，所以出口便能成章。讲到哪里，就在旁边标注可以阅读的相关书籍，激发学生的自主阅读兴趣。

"考试全凭平时记录的笔记，因为我笔记做得比较好，所以很多同学都借我的笔记抄。""杨绛比较温柔，讲起课来也是细声细气，我们同学还给她起了个外号'young lady'，因为她姓杨嘛。"②资中筠对此记忆犹新。

二

二十世纪五十年代，《毛泽东选集》出版后，中共中央宣传部决定成立"《毛泽东选集》英文编译委员会"，一九五一年十一月改名为"毛选英译室"，徐永煐被任命为主任。

"毛选英译室"设在北京西城堂子胡同的一个大院子里。最初，除徐永煐和邹斯履外，委员会只有一位译者——美国明尼苏达大学新闻学院毕业的赵一鹤。一九五〇年仲夏，时任政务院出版总署国际新闻局（中国外文局前身）局长的乔冠华来到清华，面访钱锺书，力邀钱氏出山。

---

① 资中筠：《资中筠九十自述：蜉蝣天地话沧桑》，香港：牛津大学出版社，2019年7月第1版，第124—127页。
② 中新网记者吴瞳：《钱锺书学生称中国人诺贝尔奖情节过热》，http://world.people.com.cn/n/2012/1027/c157278—19406836.html.

八月，钱锺书被借调进"毛选英译室"，但每到周末，他都会回清华指导研究生，直至毕业。在事定之日，有一天晚饭后，乔冠华这位旧友特雇黄包车从城里赶来祝贺。客去后，钱锺书惶恐地对夫人杨绛说：

"他以为我要做'南书房行走'了。这件事不是好做的，不求有功，但求无过。"

清华大学文学院院长、哲学系创始人金岳霖也是"毛选英译室"的成员。十余位学界名流陆陆续续地加入进来，其中有南开大学英语系教授、芝加哥大学教育心理学博士胡毅，曾在美国威斯康星大学研究欧美文学的陈逵，浙江师范学院教师、曾留学欧美的郑儒箴，岭南大学教授、美国密歇根大学博士杨庆堃，哈佛大学毕业、曾任教燕京大学和南开大学的陈振汉，曾留学英国牛津大学、在北京外国语学院任教的王佐良，人民文学出版社英文组组长王仲英，牛津大学英国文学硕士熊德威，北京大学西语系教师袁可嘉，人民文学出版社外文部编辑、钱锺书的学生黄雨石，时代出版社的英文编辑沈国芬等。还有史沫特莱、爱泼斯坦、爱德勒等一批外国专家。

"毛选英译室"的主任徐永煐一九二四年毕业于清华，他非常欣赏钱锺书，笑称钱是自己的"office wife"（办公室伴侣）。两人共事最久，由于合作愉快，后来由上下级成为要好的朋友。①

翻译人员都在一间大办公室里办公。与外界一样，每星期开"思想会"，学习马列主义，但不要求谈心得体会，多少有点流于形式。杨绛后来回忆，钱锺书认为"毛选英译室"的最大好处是人少会少，搞"运动"也没有声势，有时间读书。

"毛选英译室"成员白天工作紧张繁忙，晚饭后可出去散步休息。黄雨石回忆，钱锺书晚饭后常和几个年轻人上大街，逛旧书店。

文学翻译家绿原（1922—2009），原名刘仁甫，曾用译名刘半九，湖北黄陂人，是获第37届斯特鲁加国际诗歌节金环奖的中国作家。二十世纪四十年代在诗坛广受关注，早期诗作《小时候》被收入台湾地区教科书。抗战胜利前后，绿原的爱国战斗诗篇，在进步学生和年轻的读者中广为流传，为"七月诗派"后期重要代表之一。中华人民共和国成立后曾在长江日报社和中共中央宣传部任职，因受"胡风案件"牵连，丧失自由七年，在囚禁中自学、掌握了德语，

---

① 钱之俊：《钱锺书是"御用翻译"吗？》，《同舟共进》，2013年第9期。

获释后转人民文学出版社工作。二十世纪八十年代"胡风案件""平反",恢复党籍,离休前为人民文学出版社副总编辑。绿原二十世纪五十年代初从武汉调到中宣部国际宣传处工作,临时居住在"毛选英译室"所在的堂子胡同的这个旧式大宅院里,跟翻译家们同吃同住。据他回忆,钱锺书为人谦和,"没有大学者的样子",每次见到他,总跟他开玩笑,学他改不掉的湖北腔。

在认识钱先生以前,我已经读过他的一些著作,当然包括早已洛阳纸贵的《围城》,那可是上世纪四十年代抗战胜利以后的事。一九五三年年初,我由武汉《长江日报》调到北京(中共中央宣传部),临时住在堂子胡同一个旧式大宅院里,这是隶属中宣部的"毛选英译室"所在地。在这里,我认识了一些英语专家,如袁可嘉、黄雨石等人,还有大名鼎鼎的钱先生,他是英译室的主持人。当时是供给制,我和这些专家一起吃"中灶",同桌之雅达半年之久。钱先生学养过人,谈锋甚健,富于幽默感,给我留下深刻的印象;但他为人谦和,没有大学者的架子,路过我的临时宿舍,总要学着我改不掉的湖北腔,随便开几句玩笑,这给我的印象尤为深刻。不久我就搬走了,他们的工作似乎也告一段落,英译室随即解散了,那个大宅院听说改建成老革命家徐特立的寓邸。

钱先生主持的毛选英译稿,后来交给英共中央,在伦敦出版了第一卷。当时我在中宣部国际宣传处工作,有机会看到这本书,按照自己的英语程度或趣味,觉得实在翻得不坏:不但做到"信"和"达",而且真正近乎"雅"……不料过了些时,却听说外文局的英国专家史平浩(Springhall),或称"春堂先生",竟对这个译本提出了批评,说是"译得太雅了,我们伦敦码头工人读不懂!"不久我因"胡风问题"离开了中宣部,不知此事后文如何。十几年以后,"文革"期间,我在外文书店看到我国外文局出版的毛选英译本,果然不是我当年所欣赏的那个译本,而且果然比那个译本简明好懂多了。看来,中宣部接受了史平浩的意见,可能在钱先生他们的译本之外另起炉灶了。

一九五五年,我因与胡风的友谊"奉命""隔离反省",先被关在中宣部宿舍的一间空屋里。一次上厕所,看见地上有一张《人民日报》。我已有个把月没看报、没听广播,便把那张报捡起来浏览一下,果然上面有"批判"胡风的文章,一篇的作者竟是钱锺书先生。这倒也不奇怪,时至今日,名人大都亮了相，钱先生再拖着不写，恐怕是不行的。当时只知道，全社会已被动员起来，"提高警惕，揭露胡风"，究竟揭露了些什么，却一点也不知道。忽然从钱文读到这样一句，"……想不到胡风集团藏有美蒋特务"，谁是"美蒋特务"？此话引起了我的警惕。原来1944年（抗战胜利前一年）我在大学和其他同学一齐被征调当美军译员；受训期间，因未参加集体入（国民）党，被当局认为"有思想问题"，我将被派送"中美合作所"，后经胡风帮助，才逃往川北。去见胡风之前，我曾给他写信说过此事，是不是那封信今天被抄查出来，产生了莫大的误会？于是，当即通过看守，请求和审讯员（公安部派来的）谈话。为了让我"主动交代"，审讯员先还向我保密，以后问的口吻搪塞我："你知道这是说的你？胡风集团每个人的政治历史你都清楚？"后来见瞒不住了，便直接问我："你什么时候从'那里'出来的？"我的回答是，我根本就没有到"那里"去过，并带着情绪补充一句："要凭那封信把我打成特务，我死不瞑目！"审讯员当即呵斥道："是就是，不是就不是。不准对组织发誓！"大约半年不到，经过内查外调，所谓"美蒋特务"的嫌疑问题终于被公安部取消了。尽管后二十多年来，社会上一直仍不知晓，审理案件的公安部毕竟早已为我做了一个符合实际的结论。今天回想起来，这个问题当年能及时由我本人出面澄清，不能不间接感谢钱先生的那篇文章，否则公安部再怎么实事求是，也不会那么快就把问题搞清楚。①

在"毛选英译室"，钱锺书和金岳霖都是"毛选"四卷英译本的定稿人，而且每个人都有分工。如钱锺书负责《星星之火，可以燎原》《政治问题和边界党的任务》《为动员一切力量争取抗战胜利而斗争》等，金岳霖则负责翻译《实践论》《矛盾论》等。

翻译的第一步，是精读原文。译完后，再相互校勘，一个人念原文，一个人对译文。还要经过若干次集体校勘，才能最后定稿。②尤其在翻译哲学著作时，每遇到重大疑难，总要再三推敲。《毛泽东选集》一卷中《实践论》一文有一句"吃一堑，长一智"，金岳霖不知如何翻译是好，问钱锺书，钱锺书脱口答道：

---

① 绿原：《几次和钱锺书先生萍水相逢》，见氏著《再谈幽默》，南京：凤凰出版社，2003年10第1版，第71—74页。
② 杨敏：《"伦敦版"英译毛选的诞生》，《中国新闻周刊》，2014年8月22日。

> A fall into the pit,
>
> A gain in your wit.

节奏感强,又押韵,令人叫绝。举座佩服,金岳霖也自愧不如。有一次,金岳霖在小组学习会上谈到"毛泽东选集"英译本定稿时,《矛盾论》和《实践论》中有一些成语译得不恰当,他想不出合适的英文词来代替,后来钱锺书却想出来了。

"非常好!"金岳霖说这话的时候,坐在转椅上,用右手攥紧的拳头和已伸出的左手掌拍了一下,啪的一响。这是金岳霖在兴奋时常用的一个动作。此时此地,金岳霖又带有对钱锺书表示的佩服![1]

二十多年后,金岳霖在回忆录里又一次谈到这件事:"提起《实践论》,我又想起钱锺书先生。英译本,我要多负一点英译责任。我碰到'吃一堑,长一智',不知道如何办好。我向钱先生请教。他马上译成:A fall into the pit, a gain in your wit. 这真是最好也没有了。"[2]

杨绛夫妇的女儿钱瑗也在城里上学,寄宿在校。父女两人都要等周末才回清华园。平时只有杨绛和用人在家。虽然稍感寂寞,但有前两年养的宠物"花花儿"猫在,则带来了不少的快乐。

钱锺书和杨绛都比较喜欢养猫,那时隔壁住着梁思成和林徽因夫妇,也养有猫。两家的猫咪爱打架,钱锺书就很护短,不管多冷的天气,都准备好一根长竹竿,只要半夜听见猫儿打架,立即从热被窝里爬起来,用竹竿帮忙自家的猫打林徽因家的猫。后来,他在小说《猫》里写道,打狗要看主人面,那么,打猫要看主妇面了。

杨绛一直挂念着这只猫,她在一九八八年所写的《花花儿》中说道:

> 默存和我住在清华的时候养一只猫,皮毛不如大白(引者按:指作者原在苏州所养的一只猫),智力远在大白之上。那是我亲戚从城里抱来的一只小郎猫,才满月,刚断奶。它妈妈是白色长毛的纯波斯种,这儿子却是黑白杂色:背上三个黑圆,一条黑尾巴,四只黑爪子,脸上有

---

[1] 倪鼎夫:《琐忆钱锺书先生》,《光明日报》,2018年12月19日。

[2] 金岳霖著、刘培育整理:《金岳霖回忆录》,北京:北京大学出版社,2011年7月第1版,第60页。

匀匀的两个黑半圆,像时髦人戴的大黑眼镜,大得遮去半个脸,不过它连耳朵也是黑的。它是圆脸,灰蓝眼珠,眼神之美不输大白。它忽被人抱出城来,声声直叫唤。我不忍,把小猫抱在怀里一整天,所以它和我最亲。

　　我们的老李妈爱猫。她说:"带气儿的我都爱。"小猫来了我只会抱着,喂小猫的是她,"花花儿"也是她起的名字。那天傍晚,她说:"我已经给它把了一泡屎,我再把它一泡溺,教了它,以后就不脏屋子了。"我不知道李妈是怎么"把"、怎么教的,花花儿从来没有弄脏过屋子,一次也没有。我们让花花儿睡在客堂沙发上一个白布垫子上,那个垫子就算是它的领域。一次我把垫子双折着忘了打开,花花儿就把自己的身体约束成一长条,趴在上面,一点也不越出垫子的范围。一次它聚精会神地蹲在一叠箱子旁边,忽然伸出爪子一捞,就逮了一只耗子。那时候它还很小呢。李妈得意说:"这猫儿就是灵。"它很早就懂得不准上饭桌,只伏在我的座后等候。李妈常说:"这猫儿可仁义。"……

"花花儿"很是听话,总是陪杨绛吃饭、睡觉,经常逮耗子。有一次,杨绛午后上课,半路上看见"花花儿"猫"嗷!嗷"怪声叫着过去。它看见了杨绛,立即回复平时的娇声细气,"啊,啊,啊"地向她走来。她怕它跟着上课堂,直赶着它走。可是它紧跟不离,一直跟到洋灰大道边才止步不前,站定了看着她走开。那条大道是"花花儿"猫活动的边界,它从不越出自定的范围。杨绛深知它的"善解人意",无怪乎感叹说,这猫儿简直有几分"人气"。猫的人气,当然微弱得似有若无,好比"人为万物之灵",人的那点灵气,也微弱得只够我们惶惑地照见自己多么黑暗。

　　钱锺书也十分喜爱这只猫,他曾在《容安室休沐杂咏》中写道:

　　　　音书人事本萧条,
　　　　广论何心续孝标。
　　　　应是有情无着处,
　　　　春风蛱蝶忆儿猫。

　　钱锺书与杨绛在爱好上可能不尽相同,然而,夫妇俩在爱猫这一点上却如出一辙。

在清华初期，杨绛翻译出版了西方文学史上首部流浪汉小说——《小癞子》。这部小说颇合杨绛幽默的气质，使人联想到她在抗战时期所创作的几部喜剧作品。

十六、十七世纪，在西班牙流行以流浪者的生活及其境遇为题材的小说，西方称之为流浪汉小说。流浪汉小说则以《小癞子》为首创，其作者佚名。

十六世纪中叶，西班牙经济开始衰弱，大批农民和手工业者破产，沦为无业游民，商业经济上升到比较重要的地位，社会上冒险风气盛行。流浪汉小说就是在这样的背景下产生的。流浪汉小说的内容大多是主人公自述一生种种坎坷的遭遇，借以反映当时严峻的社会现实，抨击没落中的贵族阶级和教士，讽刺唯利是图的资产阶级观念，使读者忍俊不禁之余，慨叹时事的不公和人生的艰辛。

《小癞子》通过主人公小癞子的流浪史，描写了社会上各阶层的人物。它以其幽默俏皮的手法，大胆地讽刺了僧侣的欺骗、吝啬、贪婪与伪善，以及贵族的傲慢和空虚，揭露了西班牙社会的腐朽和没落。作品自述小癞子从小离家流浪，为一个吝啬的瞎子领路，后来先后伺候过贪婪的教士、身无分文的绅士、穿着破烂的修士、兜售免罪符的骗子和一个公差。这些主人贪婪、狡诈，不知廉耻。小癞子受他们的影响，也学会了欺诈，一心只想发迹。最后，他在城里做了一个专门叫喊消息的报子：城里卖酒或拍卖东西、招寻失物，都由他叫喊消息，他甚至还靠老婆与神甫私通获得幸福生活，他自认这是运道最好的时候。

这部小说在一定程度上展示了西方城市的众生相，具有一定的现实意义。它对欧洲文学有很大的影响。莎士比亚的《无事生非》、塞万提斯的《堂吉诃德》、高乃依的《戏子的梦想》，都曾采用过这部书里的故事或提到过这部书。

杨绛翻译的西班牙文学名著《小癞子》，最初是根据一九二四年在波士顿出版的 Mariano J. Lorente 的英译本转译的。译者序说，原题意思是"托美思河上的小化子"。"河上"，是因为主人公出生的磨坊总是建在水上的（见第一章第一段）。"小化子"，则缘于《新约·路加福音》里有个癞皮化子叫拉撒路 Lazarus，而 Lazarillo 是这个名字的指示词，相当于"小拉撒路"的意思。"我们所谓癞子，并不仅指皮肤上生癞疮的人，也泛指一切无赖光棍地痞之流"，因此便题为"小癞子"了。

杨绛的中译本于一九五〇年四月由上海平明出版社初版，后多次重印。

一九五三年，平明出版社出版《小癞子》重排本时，杨绛做了重译，译者序里加了一大段说明：

> 马克思分析"流氓无产阶级"（Lum penproletariat）的时候，也用"Lazzaroni"一个意大利字，（The eig teenth Brumaire of Louis Bonaparte，莫斯科外国文书籍出版局第八十八页）就是从"Lazarus"一字来的。我们所谓癞子，并不仅指皮肤上生癞疮的人，也泛指一切光棍地痞之流；我国残唐五代时的口语就有"赖子"，意思是"攘夺苟得，无愧耻者，即无赖。"（瞿灏《通俗编》卷十一引《五代史·高从诲世家》）还有古典小说里的泼皮无赖，每每叫做"喇子"或"辣子"（例如《儒林外史》第二十六回、四十一回、四十二回，《红楼梦》第三回），跟"癞子"是一音之转。和Lazarus这字，音既相近，义又相同；而西班牙文Lazarillo是"小Lazarillo"之意，所以译作"小癞子"。①

杨绛在《序》中说别个地方参考了罗兰的古译本，用的是一九二四年的G. E. V. Crofts的整理本。根据杨绛的说法，古译本之特别在于"据说就是沙士比亚引用过的本子"，但据法译本转译，又有画蛇添足之处云云。钱锺书《外文笔记》第33册有抄录罗兰那个英译本的内容，其中第一页的背面补录了满满一页罗兰英译本的导言和评价，包括小说的社会背景和当时西班牙山区的风俗面貌，末尾处是对罗兰译文的评价，认为其西班牙语知识并不够好，并不足以独立完成一个译本（参考了法文译本），但也还是多少采用了原文。

一九五五年，杨绛在作家出版社出版她的《小癞子》"重新改译"本，"《译本序》变成了《译后记》，记述底本的选择取舍，与上一版并无不同，惟善于藏拙，删去了一些话。但是译文面貌大有不同，减少了那种肆意改写成流利话本小说的译法"②。

"十年动乱"结束后，杨绛又根据富尔歇·台尔博斯克校订的一九五八年版西班牙原文本重新翻译，一九七八年七月由上海译文出版社出版。

杨绛写于一九七七年五月的《译后记》中说："本书根据一九五八年法国奥

---

① 张治：《文学的异和同》，北京：商务印书馆，2019年1月第1版，第17页。
② 张治：《中西文学交流琐谈之三：杨绛的〈小癞子〉与钱锺书的〈小癞子〉》，见氏著《文学的异和同》，北京：商务印书馆，2019年1月第1版，第19页。

皮叶（Aubier）书店重印富尔歇·台尔博斯克（R. Foulché-Delbosc）校订西班牙原文本（Restitución de la edicion pincipe）（1900）译出"。

学者张治认为，杨绛上述这段话有两个问题：

第一，杨绛未明说这个本子是西法双语对照本，法语是她所长，西语是她所短，她依据原文译出，未必不会不去参看法语译本。

第二，杨绛未说明白"同前"的意思，"edición príncipe"指的是"首刊版"，指以印刷术刊行后的最早版本，富尔歇·台尔博斯克对文本的编订工作企图心很大，这是说要"复原'首刊版'"，即重建被查禁前的最初面貌，是比现存一五五四年各地不同版更早的源头。实际上，对于杨绛用的这个一九五八年西法对照本，钱锺书也下了大功夫详细阅读的，一部篇幅220页左右的双语书，他的笔记多达30页（《外文笔记》第14册第352—366页，第15册第251—267页），且仅涉及整理者M. Bataillon所撰的长篇著名引言和学者Alfred Morel—Fatio在十九世纪后期完成的法语译文，后者正是最早提出还原首刊版想法的学者。"复原"的意义是什么？除了文献学上的"考镜源流"的求真宗旨，还包含着对《小癞子》讽刺批判社会之意义的认同，对于"宗教裁判所"对民间不平之呼声进行禁锢的反抗。①

一九八三年后，杨绛又根据新版本重译，使译本日臻完善。二〇一四年《杨绛全集》第九卷里收入的《小癞子》，是最后一次经过杨绛自己审订的版本，《译者序》又改题为《译本序》。杨绛的这篇写于一九八五年四月的"序"，等于是她对《小癞子》介绍文字的定稿。其中有几个变化，首先，是对版本源流讲得更为清楚；其次，用新的底本：承西班牙友人赠书，杨绛选定一九八二年的José Caso González校注本来更新译文；最后，改变前说，不再认为莎剧《无事生非》（Much Ado About Nothing）中采用小说故事，而是援引英国学者意见，即一九三五年的《趣事妙语集》（Merry Talesand Quick Answers）中"已有这个故事"。注释中引的是1960年《近代语言评论》的论文。从读书笔记手稿可见，这个观点也是钱锺书发现的（第43册，第411—414页）。

另外，杨绛在"序"中提到，最近她去大英博物馆看了一部十四世纪早期的抄本，题为"Descretales de Gregorio IX"，其中页边装饰图有七幅表现了瞎子和小癞子的故事（按：Descretales系Decretales笔误，指格里高利九世的法令

---

① 详见张治：《中西文学交流琐谈之三：杨绛的〈小癞子〉与钱锺书的〈小癞子〉》，见氏著《文学的异和同》，北京：商务印书馆，2019年1月第1版，第20页。

典籍）。最早发现这七图的文献，是《西班牙语文评论》（Revue hispanique，因最初十多年，刊物在法国发行，故采用法语标题）。此志早期主编即那位想要"复原'首刊版'"的富尔歇·台尔博斯克，在第九辑（1900）刊载其《〈小癞子〉论》（Remarques sur Lazarille de Tormes）提到这一发现，并被 M. Bataillon 在一九五八年西法对照本的那篇引言中转述。这篇法语引言很精彩，后来还被译成了西班牙语，作为单行本出版（Novedad y fecundidad del Lazarillo de Tormes，1968年）。

回溯杨绛翻译《小癞子》的历史，从一个不经意的侧面折射出杨绛作为一名文学翻译家，精益求精、不懈努力的经历，这是"极为难得的"，张治这样评论道：

> 我们仍可以说，杨绛翻译《小癞子》的历史跟随着钱锺书的阅读史，努力追踪二十世纪西班牙文学的学术史和所能获取的最佳条件，从而不断更新。无论如何，这在整个中文译界也是极为难得的了。①

杨绛的背后，有大师钱锺书支撑，钱锺书为杨绛的文学翻译事业，做出巨大贡献。学者张治认为："杨绛从事文学翻译，更像是命运安排。一九五二年秋，她进入北京大学文学研究所的外国文学组工作时，已经四十一岁了。此前，她接触文学翻译工作，只有一个杂志上的短篇，和两本很薄的小册子。作为她在入文学所外文组前的翻译成果，无论如何，资格都是不够的。杨绛之最终能够译成《堂吉诃德》，除了她本人勤奋努力，更重要的是身边有钱锺书的指点和引导。"

杨绛、钱锺书夫妇加上他们的友人傅雷、宋淇、吴兴华、邵洵美，也许还可以算上冒效鲁（他请傅雷帮忙润饰译作）等，在二十世纪四五十年代曾形成了一个或亲或疏的学术圈子。讨论或臧否当时的翻译，显然是其中的一个重要议题。后来，钱锺书进了古典文学组，被指派去做《宋诗选注》，他自己有诗为证：

碧海掣鲸闲此手，只教疏凿别清浑。

---

① 张治：《中西文学交流琐谈之三：杨绛的〈小癞子〉与钱锺书的〈小癞子〉》，见氏著《文学的异和同》，北京：商务印书馆，2019年1月第1版，第24页。

但钱锺书有一位进了外文组、必须要做文学翻译工作的太太。一向严厉的傅雷虽然早就对杨绛的翻译贡献发出极大程度的赞誉,但钱、杨完全不认可他的称赞,更不接受他的指导,因为杨绛的翻译背后是钱锺书,没必要别人插手了。杨必译萨克雷之《名利场》,情形也是如此。傅雷致宋淇信中曾说,杨绛、杨必姊妹的翻译,几乎得到了钱锺书无微不至的指点,有"语语求其破俗"一说。所谓"破俗"之"俗",非谓世俗、通俗之"俗",而是对现代西方文学经典汉译史中缺乏才、学、识之大多数翻译家的批评之语。今天看来,是要和任何带有恶劣习气、不学无术之翻译的对立。如果严苛的要求,杨绛的翻译当然也还存有不少问题,因此她才会不断修订,甚至重译。

这一时期的钱锺书住进城去了,他临行不嘱咐她照管女儿钱瑗,却嘱咐阿瑗好好照管妈妈,钱瑗很负责地答应了。

他们家里的老李妈年老多病,一次,她生病回家了。那天下大雪,傍晚钱瑗对妈妈说:

"妈妈,该撮煤了。煤球里的猫屎我都抠干净了。"

钱瑗知道妈妈绝不会让她撮煤,所以她背着妈妈,一人在雪地里先把白雪覆盖下的猫屎抠除干净。

有一晚,女儿有几分低烧,杨绛逼她早睡,她不敢违拗。可是,她说:

"妈妈,你还要到温德家去听音乐呢。"

杨绛的同事温德常请学生听音乐,他总为杨绛留着最好的座位,挑选出她喜爱的唱片,钱瑗照例陪妈妈同去。

杨绛说:

"我自己会去。"

钱瑗迟疑了一下说:

"妈妈,你不害怕吗?"

钱瑗知道妈妈害怕,却不说破。

杨绛摆出大人架子说:

"不怕,我一个人会去。"

钱瑗乖乖地上床躺下了。可是,她没睡。杨绛一人出门,走到接连一片荒地的小桥附近,害怕得怎么也不敢过去。她退回又向前,两次、三次,前面可怕得过不去,她只好退回家。钱瑗还醒着,她只说"不去了"。钱瑗没说什么。

这时，钱瑗不上学，就脱离了同学。但是她并不孤单，一个人在清华园里悠游自在，非常快乐。

杨绛买了初中二三年级的课本，教她数学（主要是代数，也附带几何、三角）、化学、物理、英文文法等。钱锺书每周末为她改中、英文作文。代数愈做愈繁，杨绛想偷懒，就对钱瑗说：

"妈妈跟不上了，你自己做下去，能吗？"

钱瑗很听话，就无师自通。过一天，杨绛问她："能自己学吗？"她说："能。"过几天，妈妈不放心，叫她如有困难趁早说，否则妈妈真会跟不上。她很有把握地说自己会。杨绛就加买了一套课本，让她参考。钱瑗于一九五一年秋考取贝满女中（当时称女十二中）高中一年级，代数得了满分。她就进城住校。她在学校里交了许多朋友，周末都到家里来玩。杨绛夫妇只有一个宝贝女儿，女儿的朋友也成了他们的小友。后来，钱瑗得了不治之症住进医院，她的中学朋友从远近各地相约同到医院看望。做母亲的杨绛没想到，不到十几岁小姑娘间的友情，竟能保留得这么久远！她们一直与杨绛保持朋友关系。

三

中华人民共和国成立后不久，中央人民政府有组织有计划地在全国知识分子中开展了一个学习和改造思想的运动，即人们常说的"知识分子思想改造运动"。

一九五一年，中国共产党成立三十周年的纪念活动和《毛泽东选集》的出版，推动了学习党史和理论的高潮。九月，北京大学十二位教授响应党的号召，发起北大教员"政治学习运动"。由此开始，首先在北京、天津各高校教师中，开展了一个比较集中的"思想改造"的学习运动。二十九日下午，周恩来总理应邀在京津高校教师学习会上向三千余名教师，作了题为《关于知识分子的改造问题》的报告。在报告中，周恩来就知识分子如何正确认识"思想改造"，确立革新立场、观点、方法等问题谈了自己的切身体会。

在报告中，周恩来要求知识分子应该首先站在人民的立场上，即绝大多数人民的最高利益的立场，然后再经过学习、实践和锻炼进一步站在工人阶级立场。他恳切希望广大教师认真学习，开展"批评与自我批评"，努力使自己成为文化战线上的革命战士。

几乎与此同时,在全国范围内开始了"反贪污、反浪费、反官僚主义"的"三反"运动。

对知识分子"改造思想",更新观念、加强学习,即所谓"脱裤子、割尾巴",也称"洗澡"。杨绛后来所写的长篇小说《洗澡》讲的就是这时的事情。

应该承认,知识分子一开始对"三反"运动不很理解。正如杨绛《洗澡》中的人物朱千里所云:"这和我全不相干。我不是官,哪来官僚主义?我月月领工资,除了工资,他家的钱一个子儿也不沾边,贪污什么?我连自己的薪水都没法浪费呢!一个月五块钱的零用,烟卷儿都买不起,买了便宜烟叶子抽抽烟斗,还叫我怎么节约!"小说虽然是虚构的,反映的却是现实。

"思想改造运动"是与"三反"运动紧密配合的。"思想改造运动"开始后,清华园失去了平静。校园里在举办"资产阶级腐朽思想"的图书展览。喜欢在书里"串门儿"的杨绛望着那些书本,这些书她都串过门儿,她却无法讲清它们的"腐朽"之处。

这些"改造思想运动",一般有三个阶段,即是"思想动员阶段""酝酿讨论阶段""声讨控诉阶段"①。杨绛在清华就经历了这三个阶段。

第一个阶段"思想动员阶段",一切统一认识,步调一致。在这段时间,广大教师相对自由,大家一起学习发下来的学习材料,可以说说笑笑,有时也不免发些牢骚。

第二个阶段"酝酿讨论阶段"就不同了。严肃紧张取代了轻松活泼,每个人都进入了内心思想斗争,感到有了压力。杨绛也曾参与几个"酝酿会"。那就是背着被控诉的老师,集体搜索可控诉的材料,如某教师怎么宣扬"资产阶级的生活方式",某教师怎么"传布资产阶级的思想"等。

第三个阶段"声讨控诉大会"。当个人的"最后思想总结"或"检查"被"审阅"和"认可"后,他可能感受到自己还不是一个"纯洁的人、高尚的人、脱离了低级趣味的人",但至少他感到自己是个无害于人民的人,为此感到骄傲振奋。那些被认为有害于人民的人,自然要被"控诉"一番了。那就由不得你了。

当时,外文系的"危险课"有三门:诗歌、戏剧和小说。后来,这三门课改为选修,诗歌和戏剧班上的学生退选,这两门课就取消了。杨绛教授的是大学本科三年级的英国小说课程,因为仍有学生选修,她只好继续开课。

---

① 刘中国:《钱锺书:20世纪的人文悲歌》(下),广州:花城出版社,1999年9月第1版,第508页。

但是，这些课程时常要受到来自"左"的方面的干扰，令人忧心忡忡。例如，温德（1886—1987）是一位进步人士。从一九二五年起他就在清华大学任外文系教授，院系调整后一直任北京大学西语系教授，在中国任教六十余年。他与吴宓、张奚若、闻一多等都是好朋友，杨绛、钱锺书夫妇是他的老学生，他和钱锺书又一同负责研究生的指导工作。北京解放前夕，国民党搜捕进步师生时，吴晗、袁震夫妇就是他用小汽车护送出北京的。

温德最早向学生和同事们推荐和讲述英共理论家考德威尔的名著《幻象和现实》。有一个同事在学生时代曾和杨绛同班上温德的课，他这时候一片热心地要温德用马列主义来讲解文学。不过，这位同事的观点过于偏狭，简直否定了绝大部分的文学经典。温德对此颇为生气，私下对杨绛说：

"我提倡马克思主义的时候，他还在吃奶呢！他倒来'教老奶奶嗑鸡蛋'！"

而其时杨绛的一位朋友也对杨绛说，你那老一套的可不行了，得我来教教你。但是，杨绛并未虚心接受，只留心回避，在上英国小说鉴赏时着重艺术上的分析比较，希冀保险点，一心只等学生退选了事。然而，过了两年，二年级的学生也选修了这门课，并要求精读一部小说，而三年级的学生仍要求普遍地分析讨论。杨绛就想乘机打退堂鼓，但不知谁想出一个号称"两全法"的主意：精读一部小说，同时着重讨论这部小说的技巧。杨绛当时选定精读的小说是《大卫·科波菲尔》，因为狄更斯受到马克思的赞许，也受到进步评论家的推重，被公认为进步小说家。她自认为讲狄更斯应该没有问题。

酝酿"声讨控诉大会"的时候，杨绛正为"改造思想"作"检讨"。学生认为她的问题比较简单——不属于"向上爬"的典型，也不属"混饭吃"的典型，她只是满足于当贤妻良母，没有新中国人民的主人翁感。杨绛的"检讨"，就这样一次通过。

开"声讨控诉大会"就在通过杨绛"检查"的当天晚饭后。她带着轻松愉快的心情，随她的一位亲戚同去听"控诉"。

杨绛的那位亲戚是"活动家"。她不知从哪里听说杨绛的检讨获得好评，特来和杨绛握手道贺，然后同去开会。会议主席谈了一通"资产阶级思想的毒素"云云。然后开始控诉。

那时候，有个杨绛从没见过的女学生上台"控诉"，形势直转急下，她不是杨绛班上的学生，可是她咬牙切齿、顿足"控诉"的却是杨绛。只听她直嚷：

"杨季康先生上课不讲工人，专谈恋爱。

"杨季康先生教导我们，恋爱应当吃不下饭，睡不着觉。"

"杨季康先生教导我们，见了情人，应当脸发白，腿发软。"

"杨季康先生甚至教导我们，结了婚的女人也应当谈恋爱。"

这场大会在学校大礼堂举行，参加者约三千师生员工，其时几千双眼睛都射向杨绛，她的那位亲戚不知溜到哪儿去了。她只好效法三十年代的旧式新娘——闹房时戴着蓝眼镜，装作不闻不见，木然默坐。接下去还有对别人的"控诉"，"控诉"完毕，与会者一面拥挤着慢慢散去，一面闹哄哄地议论。杨绛心想，早知如此，为何在"酝酿控诉会"上，没人提及自己"谈恋爱"的事情，却一致通过呢？

杨绛默默走出大礼堂，恰似刚从地狱出来的魔鬼，浑身散发着硫黄味，还带着一圈空白，群众在这圈空白之外议论纷纷，声调里带着愤怒。一位女同志（大约是家庭妇女）感叹说："咳！还不如我们无才无能呢！"

忽然，外文系系主任吴达元走近前来，悄悄地问杨绛：

"你真的说了那种话吗？"

杨绛回答："你想吧，我会吗？"

吴达元立即说："我想你不会。"他心里明白，杨绛是一位治学严谨、说话很有分寸的老师。

杨绛很感激吴达元，可是那时也只能谨慎地走远些，恐怕累及他。

杨绛带着这"一头雾水"，独自一人回到家里。钱锺书和女儿都不在家，女用人早已睡熟，没人倾诉、没人安慰。这天夜晚，杨绛思绪万千："假如我是一个娇嫩的女人，我还有什么脸见人呢？我只好关门上吊啊！季布壮士，受辱而不羞，因为'欲有所用其未足也'。我并没有这等大志。我只是火气旺盛，像个鼓鼓的皮球，没法按下凹处来承受这份侮辱，心上也感不到丝毫惭愧。"于是，她只看了一会儿书，便睡觉了。

第二天一早起来，杨绛特意打扮得喜盈盈的，拿着个菜篮子到校内菜场上"人最多的地方去招摇"，看一看旁人如何表现。

有人见了杨绛及早躲开，有人佯装不睬，但也有人照常和她打招呼，而且有两三个人还和她说话，有一人和她说笑了好一会儿。这在杨绛眼里，平添了几分滑稽，可作喜剧的"素材"[①]。

[①] 杨绛：《杨绛全集》（第三卷），北京：人民文学出版社，2014年8月版，第141—143页。

四

一九八八年九月，杨绛撰"杂忆杂写"《控诉大会》一文写道："不久，《人民日报》上报道了我校对'资产阶级腐朽思想的控诉大会'的消息，还点了我的名为例：'×××先生上课专谈恋爱。'幸亏我不是名人，点了名也未必有多少人知道。"①杨绛凭借自己的记忆力，自信满满，其实，一九五二年三月十八日的《人民日报》关于清华大学教师动态的报道中称："外文系英文组《英国小说》课程的教师，对于《大卫·科波菲尔》一书中所描写的英国工人阶级受剥削压迫的情形，避而不讲，对于小说中的恋爱故事却很有兴趣，并且给学生们介绍了十几种资产阶级的恋爱方式和一大堆有关恋爱问题的参考书。"这显然并没有"点名"杨绛。而杨绛在《控诉大会》一文里，纯属主动对号入座。

三十多年后回首往事，杨绛说：

> 我的安慰是从此可以不再教课。可是下一学期我这门选修课没有取消，反增添了十多个学生。我刚经过轰轰烈烈的思想改造，诚心诚意地作了检讨，决不能再消极退缩。我也认识到大运动里的个人是何等渺小。我总不能借这点委屈就掼纱帽呀！我难道和资产阶级腐朽思想结下了不解之缘吗？只好自我辩解：知道我的人反正知道；不知道的，随他们怎么想去吧。人生在世，冤屈总归是难免的。
>
> 虽然是一番屈辱，却是好一番锤炼。当时，我火气退去，就活像一头被车轮碾伤的小动物，血肉模糊的创口不是一下子就能愈合的。可是，往后我受批评甚至受斗争，总深幸这场控诉大大增强了我的韧劲。②

然而，并不是所有的知识分子在这场被称作"洗澡"的运动中，都像杨绛那样富有韧劲，夯实了与命运搏击的基础，他们的生命过早地凋落了。在杨绛记忆的荧屏里，便留下若干影子。

杨绛一九八八年撰写的《忆忆高崇熙先生》，为我们提供了下面这样的事例。高崇熙先生是清华大学化工系教授，兼任化工厂厂长。大家都承认他业务

---

① 杨绛：《杨绛全集》（第三卷），北京：人民文学出版社，2014年8月版，第143页。
② 杨绛：《杨绛全集》（第三卷），北京：人民文学出版社，2014年8月版，第143—144页。

很好，却说他脾气不太好，落落难合。他的夫人高太太善交际，所以杨绛、钱锺书夫妇尽管不善于交际，也和高家有些来往。他们发现高崇熙脾气并不坏，和他很合得来。

一九五一年秋季的一个星期日，正是晴朗的好秋天，杨绛夫妇一时兴起，想出去走走。杨绛还记得高夫人送过鲜花来，还未去道谢。他们就步出南校门，穿过麦田，到化工厂去。

杨绛和钱锺书进了工厂，拐弯曲折，到了高氏夫妇寓所。高太太进城去了，家里只有高崇熙一人。他正独坐在又像教室又像办公室的客堂里，对钱氏夫妇的拜访好像出乎意外，他请两人坐下，拿了两只玻璃杯，为他们斟了两杯水。高崇熙笑得很勉强，与他们酬答也只一声两声。

钱锺书乘机问起他们厂里的"思想改造运动"，他说："没什么事，快完了。"

杨绛凭着女性的敏感，觉得高氏"心情不好"，自忖来得不是时候，坐不住了，就说是路过顺道看看，还要到别处去，说完便起身告辞了。

高崇熙并未挽留，却殷勤送他们出来，送出客堂，送出走廊，送出院子，还直往外送。夫妇俩请他留步，他硬是要送，一直送到工厂的大门口。杨绛记得大门口站着个看门的，他站在那人旁边，目送杨绛他们往远处去。

在回家的路上，杨绛和钱锺书琢磨来、琢磨去，总觉得有些纳闷——高崇熙也不是冷淡，也不是板着脸，他只是笑得那么勉强，那么怪。真怪！除此之外，没有别的字可以形容。

杨绛说："他好像不欢迎我们。"

"不欢迎。"钱锺书回答。

"所以我不敢多坐了。"

"是该走了。"

"他大概有事呢，咱们打扰他了。"杨绛道。

"不，他没事，他就那么坐着。"

"不在看书？"

"我看见他就那么坐着，也不看书，也不做什么事。"

"哦，也许因为'运动'，他心绪不好。"

"我问起他们厂里的'运动'，他说没什么事，快完了。"

"我觉得他巴不得我们快走。"

"可是他送了又送。"

他们俩怎么也没有想到，高崇熙正在打自寻短见的主意！

只过了一天，星期二上午传来消息：化工厂的高崇熙昨天自杀了。据说，星期一上午工间休息的时候，高夫人和厂里的一些女职工在会客室里煮元宵吃，回隔壁卧房看见高崇熙倒在床上，脸已变黑，他服了氰酸。

听到噩耗，杨绛既后悔又心酸："只恨我们糊涂，没有及时了解。"杨绛在回忆这件事时，最后还不忘捎带一句：

"冤案错案如今正一一落实。高先生自杀后，高太太相继去世，多少年过去了，谁还记得他们吗？"

还有一位人物，也使杨绛难以忘怀。那时，杨绛常常带女儿去燕京东门外。卖水果的果园名叫虞园，园主虞先生是早年留学美国的园林家，杨绛和他很熟。

虞先生五十多岁，头发已经花白，他和蔼可亲，富有教养。有一次，杨绛和女儿进园，就看见虞先生坐在树荫里看一本线装书。杨绛很愿和他聊聊天。

当小孩子进园买果子时，虞先生总把稍带伤残的果子大捧大捧塞给孩子。杨绛还常看见他爬在梯子上修剪果树，和工人一起劳动，工人都称他"吾先生"——就是"我们先生"——这称呼的口气里带着拥护爱戴的意思。

杨绛和女儿去买果子，有时是工人掌秤，有时虞先生亲自掌秤。桃子熟了，虞先生给个篮子让他们自己挑好的从树上摘。他还带杨绛下地窖看里面储藏的大筐大筐苹果。

"三反"运动刚开始，杨绛发现虞园气氛反常。一小部分工人——有些工人的气势好像比虞先生高出一头。有一天，杨绛去果园，开门的工人对她说：

"这园子归公了。"

"虞先生呢？"杨绛问道。

"和我们一样了。"

杨绛这才知道，虞先生同其他工人一样，成了果园的雇员，拿同样的工资，但他并不因此"成为工人阶级"的一员。

一次，杨绛看见虞先生仍在果园里晒太阳，不过离果子摊儿远远的。他说，得离得远远的，免得怀疑他偷果子。还说，他吃园里的果子得到市上去买，不能在这里买，人家会说他多拿了果子。杨绛总是劝他把事情看开些，得随着时世变通，反正他照样为自己培植的果树服务，不就完了吗？果园毕竟是身外之物呀。

但是，虞先生想不通，他自己学的园林学，也从事体力劳动，为何说他

"剥削"人家,他受不了日常难免的腌臜气。他闷了一程,病了一程,最终死于非命——自己触电去世。杨绛为这一位朋友的不幸遭遇动容、伤心。因而在时隔三十年后,她写下了沉痛的《"吾先生"——旧事拾零》一文。

五

二十世纪五十年代初期,钱锺书与"清华间谍案"的关系,值得澄清。徐公持《古代组"老先生"印象记》[①]、谢泳《钱锺书与清华间谍案》[②]、王水照《钱锺书先生横遭青蝇之玷》[③]、王平凡口述、王素蓉整理的《文学所往事》[④]、谢泳《钱锺书的一段经历》等均有深入的研究,这里不妨综合上述内容于下。

所谓"清华间谍案",其实并不复杂,它主要是指一九五二年七月,北京市公安局以间谍罪逮捕了当时在北京清华大学外国语文系任教的一对美国夫妇,男的叫李克(Allyn Rickett),女的叫李又安(Adele Rickett)。一九五五年九月,依据《中华人民共和国惩治反革命条例》,判处李克有期徒刑六年,李又安有期徒刑四年零六个月。因为他们认罪态度较好有立功表现,提前释放并限三天离境。他们获罪的原因,当年的起诉书说:"一九四八年十月,受美国情报部门派遣来到中国,以清华大学英文教师和北京大学研究生的名义做掩护,搜集大量中华人民共和国重要的政治、军事、文化情报,并秉承美国国务院的旨意,在中国知识界培养'第三势力',妄图分裂和取代中国共产党和新生的中华人民共和国政权……"[⑤]这就是当时为中国知识界所震惊的"清华间谍案"。

"清华间谍案"对当事者本身影响并不大,它只是冷战初期,对立阵营间处置侨民、留学生、访问学者的一个防范性常例,美国也一度出现过麦卡锡主义,凡与共产党国家有过交往的学者都曾受到怀疑。所谓间谍,不过是一个更有法律依据的说法。在事实上,当时对类似事件的处理还比较慎重,在"李克间谍案"中,周恩来总理表现得很冷静,对事实判断也很清晰,这最后导致了李克夫妇的从宽处理。

---

① 《新文学史料》,2003年第2期。
② 《新文学史料》,2004年第1期。
③ 褚钰泉主编:《悦读MOOK》(第十六卷),南昌:二十一世纪出版社,2010年4月第1版。
④ 金城出版社,2013年3月第1版。
⑤ 谢泳:《钱锺书交游考》,北京:九州出版社,2019年1月第1版,第166页。

"李克间谍活动"的内容，其实也不重要，与一般认为的收集有关武器、外交文件和科学研究内容的间谍活动不同，他只是留意当时对美国判断中美关系有帮助的政治、经济、文化及知识分子的情况，特别是当时美国国务院希望在中国发展起来的可与中国共产党抗衡的"第三势力"的思想状态。

李克当时被认为是间谍的一个主要原因还与他二战期间在美国海军情报部门做过日语翻译有关。一九四八年，李克到中国来的合法身份是富布赖特奖学金访问学者，当时还在国民党政权下。李克夫妇能来中国，又与他们的老师、著名的汉学家卜德（Derk Bodde）有关。卜德当时是宾夕法尼亚大学教授，是他帮助李克夫妇申请到了富布赖特奖学金，到燕京大学学习中文，当时中国公安部门认为卜德是美国中央情报局的间谍。

李克后来在他的回忆录中曾说，他到中国来之前，原来海军情报部的有关人员找到他，他们听到他将到中国去，就说："如果我能留心代他们观察一下，回来时把情况报告给他们的话，他们是十分感谢的。我心里想，海军部情报司竟把我看成为中国专家了；一种受宠若惊的感觉使我不禁有些飘飘然起来。同时，他们的要求又正好和我研究中国情况，准备博士论文的计划相符合，所以就马上答应了他们。那时我根本没有考虑这样做可能引起一些什么后果。甚至在共产党进了北京之后，当我继续不断向北平美国使馆供给情报时，也没有真正清楚地认识到我这种间谍活动会使我遇到什么严重危险。"

一九七二年，中美关系解冻后，李克、李又安夫妇曾在一九七四年、一九八〇年，作为中美友好人士来华访问，并和早年审判他们的法官建立了友谊，由此可见这桩间谍案的性质，历史的定格竟然如此"滑稽"。而据杨绛后来撰文介绍，"文化大革命"结束以后，她与"清华间谍案"的主角之一李又安有过一些联系。

观察"清华间谍案"的主要意义已不在这个案件本身，而在于这个案件如何影响了当时的中国知识分子。在冷战期间，特别是在朝鲜战争爆发后，"清华间谍案"的发生，带给当时凡与李克夫妇有过正常交往的中国知识分子的恐惧是显而易见的，而当时与李克夫妇有正常交往的这些知识分子，事实上也确实受到了监控，钱锺书应当在监控中，这样的经历对中国知识分子内心产生的影响是深远的，在相当大的程度上直接影响了他们后来的行为。

一九五二年在"思想改造运动"中，许多知识分子被与"清华间谍案"联系起来。冯友兰曾回忆到"后又检查多次，还涉及对美国、对梅贻琦、对卜德与李克的认识态度等"。李克在交代自己的活动时曾提及:"北京一所大学的张教授,已经和我联系过,他自称是'第三势力'的代表,他原来是司徒雷登的密友。听说,中共方面已经开始注意他了。"由此可见,当时与李克夫妇有过交往的中国知识分子基本都在控制中。

据范旭仑考证,李克回忆录中提到的吴先生是指周一良,赵先生即指钱锺书。范旭仑最早依据美国学者胡志德在《钱锺书》一书中①的提示,认为李克用了"百家姓"的典故,并将书中的相关叙述与周一良的回忆录对读,这个判断完全准确。

李克在回忆录中叙述道:

> 到了一九五〇年暮春,形势就有了显著的变化。中国人不论是死硬派还是吸收新学说的人,都显著地和我们发生了巨大的差别。有一天下午,我们在教职员中邀了两个老朋友和他们的夫人来吃饭,这种对照就显得很清楚了。
>
> 吴先生和吴太太先到,坐我们房子里和我们谈他们在美国的经历。二次大战期间吴先生曾在哈佛大学教过几年书。正当我准备问吴先生几个有关我所研究的问题时,刚好门开了,赵先生和往常一样带着一种有素养的急切神情进来了,赵太太跟在他的后面。
>
> 当我们接过他们的外衣时,听到吴先生从容不迫地说:"今天的教职员会怎么没见你去参加?"
>
> 赵先生把手一摆,似乎是要把这种琐事推到一边去似的:"今天我整个下午都在图书馆里忙着查书。我想我已经找到了最早的有关中国甘薯的资料。甘薯最初出现在福建你知道……"
>
> 接着甘薯就成了主要的话题,过了几分钟,赵先生才决定转到他另一个伟大的发现上去。为了把话题转到最近一世纪,又安提出她正在研究几篇现代诗,并问赵先生是不是念过。
>
> 赵先生在鼻子里哼了一声然后答道:"你说是'现代'诗吗?哼……我认为还不如说是'绝代'诗倒更恰当些。50年以后就不会有人再听到这些

---

① [美]胡志德:《钱锺书》,北京:中国广播电视出版社,1990年12月第1版,第19页。

东西了。"①

李克的回忆可以和周一良晚年在《毕竟是书生》中的叙述对读:"一九五〇年抗美援朝开始以后,李克夫妇以特务罪名被捕入狱,公安部门也曾派人向我们了解情况,我们当然如实报告:一九四九年圣诞节到清华北院李克家吃过饭,在座有钱锺书夫妇。……我的儿子从清华图书馆借来李克夫妇的书,我才知道,他们早已释放回国。……书中提到清华一位美国留学回来的历史教授,解放之后乐于接受共产主义思想,无疑是指我。"②

现在有一个问题是在目前已见到的关于钱锺书的回忆里,特别是杨绛的回忆中,极少地提到李克夫妇,这是个很特别的例子,极有可能是这个当年的交往留给了他们内心很多恐惧。李克夫妇在清华时,朱德熙曾教过他们,朱德熙夫人何孔敬回忆说,那时朱德熙一周两次到李克家去教汉语,他们结下了非常亲密的关系,成为非常好的朋友。一九七四年,李克夫妇到中国来看望老朋友,当时朱德熙还在牛棚里,他在北京大学外宾接待室见了李克夫妇,朱德熙奇怪他们怎么会来北京,李克笑着对他们说:"政府没有难为我们,就让我们进来了。"按美国人的习惯和常理,李克夫妇应当也要见钱锺书夫妇的,但我们现在没有看到相关回忆,这也从反面说明当时和李克夫妇接触过的清华教授受到的影响并不相同,而钱锺书可能是比较严重的。

那么钱锺书与"清华间谍案"到底是个什么关系呢?我们可以做这样的推理:"清华间谍案"发生后,与李克夫妇有过较多交往的中国知识分子都在被怀疑中,以当时中国对知识分子的处理办法,就是通过相关组织进行内部监控。所谓内部监控是指公安、安全机关,通过被监控人所在党组织对被监控者进行控制的一种方式,被控制者本人并不知情。

---

① 李克、李又安:《两个美国间谍的自述》,北京:群众出版社,1958年第1版,第34—35页;转引自谢泳《钱锺书交游考》,北京:九州出版社,2019年1月第1版,第170—171页。

② 周一良:《毕竟是书生》,北京:北京十月文艺出版社,1998年5月第1版,第68—69页。

第八章　流年沉浮

一

杨绛《洗澡》一书结尾部分有云："当时文学研究社不拘一格采集的人才，如今……都安插到各个岗位上去了。"①她这里指的是"洗澡"过后，在全国范围进行的高校院系调整。

一九五二年下半年开始，根据政务院《关于改革学制的决定》，对全国高校进行了院系调整。这次调整的宗旨是以培养工业建设人才和师资为重点，发展专门学院和专科学校，整顿和加强综合大学，形成高等工科学校专业化比较齐全的体系。这样，杨绛、钱锺书所在的清华大学就变成了一所纯工科性质的高校。

一九五三年年初，根据安排，杨绛、钱锺书被调整到北京大学文学研究所，由教授变为研究员，从此尽管隶属关系有所变动，但两人工作单位未曾调动。文学研究所由郑振铎、何其芳创办，所长由时任文化部副部长的郑振铎兼任，何其芳任副所长，并主持所里的工作。

杨绛、钱锺书在研究所的同事有文学研究家王伯祥等人，他的日记记载了相关内容。一九五二年九月郑振铎组建文学研究所，邀老友王伯祥、孙楷第、俞平伯、钱默存（锺书）来任事。《王伯祥日记》一九五二年十一月九日："八时四十分与平伯共乘西谛汽车径赴北京大学（燕大原址）临湖轩开会。晤何其芳、钱默存、杨其康、孙子书、余冠英、卞之琳、罗彦生、罗大冈诸人及王积贤、杨祖濂君。由西谛、其芳报告文学研究所筹备工作，并通读工作计划及组织系统研究大纲等。十二时半散步至食堂聚餐，具酒肴焉。一时五十分辞出。"

一九五三年二月二十二日，文学研究所成立典礼："与西谛、平伯共载，径赴北大临湖轩。宾客同人到者六十余人。晤雁冰、周扬、汤锡予、蒋荫恩、冯至、其芳、积贤、觉明、默存、杨绛、余冠英、曹靖华、罗大冈、曾昭抡等。

---

① 杨绛：《杨绛作品集》（第一卷），北京：中国社会科学出版社，1993年10月第1版，第455页。

二时四十分开会。西谛主席,雁冰、昭抡、周扬、锡予、觉明、平伯先后讲话。六时十分始毕。即在轩中聚餐,凡五席。余与平伯、觉明、其芳、冯至、靖华、大冈及两位未及请教之人同座。饮啖至七时半散。"①

一九五六年,文学研究所划归中国科学院哲学社会学部,简称"学部"。"文革"结束后,"哲社学部"于一九七七年独立并扩充成为中国社会科学院,胡乔木出任首任院长。

杨绛夫妇脱离大学的讲坛,对清华大学来说是一种遗憾。对他们两人来说,则未免不是一件幸事。

小说《洗澡》中的主人公许彦成,在重新分配工作时填写的志愿是教英语文法,他的太太杜丽琳是教口语的。许彦成的道理很简单:"我曾经很狂妄。人家讲科学救国,我主张文学救国;不但救国,还要救人——靠文学的潜移默化。反正我认识到我绝对不配教文学的。如果我单讲潜移默化的艺术,我就成了脱离政治,为艺术而艺术。我以后离文学越远越好。"许彦成的这番夫子自道,我们不妨当成杨绛、钱锺书夫妇(当然不仅仅是他们两人)当时的私房话。

杨绛被学生点名道姓地"批判",骂得狗血喷头,虽然"是非忽已分今昨",增添了些许韧劲,仍然心有余悸。至于钱锺书呢,他的学养和性格使其不会在讲坛上老生常谈②。

文学所成立时确定的工作方针是,按照国家的需要和本所的具体条件,有步骤、有重点地以马克思主义的观点方法,研究中外的文学与文艺理论,以及整理文学遗产,促进我国文艺科学水平的提高和文学创作的繁荣。

起初,杨绛、钱锺书都在文学所外国文学研究组工作,不久,钱锺书被郑振铎借调到中国古代文学研究组,用钱锺书的话说,"从此一'借'不再动"。后来,古代组和外文组分别升格为文学所、外国文学研究所,他们夫妇分别成了这两个研究所的研究员。

杨绛夫妇的寓所,这时也由清华园迁至中关园。

据宋朝文豪苏轼《东坡志林》卷四载:"陶靖节云:'倚南窗以寄傲,审容膝之易安。'故常欲筑小轩,以'容安'名之。"此时,钱氏夫妇自然未必能"倚南窗以寄傲",但至少暂时可以"审容膝之易安"了,他们遂为自己的书斋命名为"容安室"。

---

① 以上两则日记引自范旭仑:《钱锺书在文学研究所》,《南方都市报》,2009年2月2日。
② 刘中国:《钱锺书:20世纪的人文悲歌》(下),广州:花城出版社,1999年9月第1版,第524页。

钱锺书一九五四年写下了《容安室休沐杂咏》组诗,从这组诗中,人们或许可以发现他们在中关园的生活场景和精神状态:

曲屏掩映乱书堆,家具无多位置才;
容膝易安随处可,不须三径羡归来。

渐起人声混晓际,难追梦境有无间;
饶渠日出还生事,领取当前倚枕闲。

盆兰得暖暗抽芽,失喜朝来竟吐花;
灌溉戏将牛乳泼,晨餐分减玉川茶。

翛然凤尾拂阶长,檐菊花开亦道场;
楚楚最怜肠断草,春人憔悴对秋娘。

积李崇桃得气先,折来芍药尚馀妍;
只禁几次瓶花换,断送春光又一年。

音书人事本萧条,广论何心续孝标;
应是有情无着处,春风蛱蝶忆儿猫。

如闻车马亦惊猜,政用此时持事来;
争得低头向暗壁,万千呼唤不能回。

醇酒醉人春气味,酥油委地懒形模;
日迅身困差无客,午枕犹堪了睡逋。

莺啼花放縠纹来,少日情怀不自由;
一笑中年浑省力,渐将春睡当春愁。

向晚东风着意狂,等闲残照下西墙;

乍缘生事嫌朝日,又为无情闹夕阳。

生憎鹅鸭恼比邻,长负双柑斗酒心;
河燕流莺都绝迹,门前闲煞柳成荫。

袅袅鹅黄已可攀,梢头月上足盘桓;
垂杨合是君家树,并作先生五柳看。

杨绛说过,他们夫妇爱读苏东坡的"万人如海一身藏",也企慕庄子所谓的"陆沉",并赞同英美人把社会比作"蛇阱":只见"阱里压压挤挤的蛇,一条条都拼命钻出脑袋,探出身子,把别的蛇排挤开,压下去;一个个冒出又没入的蛇头,一条条拱起又压下的蛇身,扭结成团、难分难解的蛇尾,你上我下,你死我活,不断地挣扎斗争。钻不出头,一辈子埋没在下;钻出头,就好比大海里坐在浪尖儿上的跳珠飞沫,迎日月之光而斗辉,可说是大丈夫得志了"。

他们深知人在"蛇阱"的无奈,只好冷眼相看。正如杨绛所说:古往今来,自有人避开"蛇阱"而"藏身"或"陆沉"。消失于众人之中,如水珠包孕于海水之内,如细小的野花隐藏在草丛里,不求"勿忘我",不求"赛牡丹",安闲舒适,得其所哉。一个人不想攀高就不怕下跌,也不用倾轧排挤,可以保其天真,成其自然,潜心一志完成自己能做的事。迁至中关园时,杨绛还在宿舍门前种了五棵柳树,绿树成荫,使人联想到陶渊明氏的《五柳先生传》了。

一九五三年,年轻的朱虹从北京大学西语系进外文所工作,当时杨绛她们都被称为"老先生",虽然杨绛并不老,每周开会,给朱虹深刻印象:"她特别端庄,穿得很整齐,可是不趋时,绝对不穿列宁装之类,有时候一些公共活动,我们不当一回事,知道是走过场,可是她很认真。"①

那个年代外文所"斗争"不断,批胡适,然后是"拔白旗"。当时在外文所,整体气氛就对杨先生不友善。杨绛、李健吾、罗大冈等老先生,他们只能翻译小说来充当研究成果。"现在想想,老先生们的那批翻译,是最重要的学术成果,体现着那个时代的最高水平。"

杨绛即使在那种情况下,气质也很端庄,朱虹最佩服杨绛的就是她在什么

---

① 王恺:《百岁杨绛:尊严和信仰》,《三联生活周刊》,2011年第31期。

情况下都抱有尊严感。朱虹用了"漂亮"来形容杨绛,她的那种漂亮,是整个诗书气韵的外在显示。"不用说'干校'阶段了,她始终收拾得干干净净的,见到我们,拿把糖过来,让我们补身体;不管多脏多累,始终不像我们,拿着脏手就抓馒头,她天生有种大家气派——100岁了还这样。我和柳鸣九要送孩子回老家,没钱犯愁,结果杨先生不知道怎么了解到了,立刻送了300块钱过来,当时她送出去很多钱,别人不还,她也从来不要。"①

二

一九五五年四月底,杨绛得到一张绿色的观礼条,五月一日国际劳动节可到北京天安门广场观礼。

"五一"清晨,杨绛兴冲冲上了大汽车,一眼看到车上有个戴绿条儿的女同志,喜出望外,忙和她坐在一起,到了天安门大街,杨绛跟着"绿条儿伙伴"过了街,在广场一侧找到了观礼台。

太阳高挂,台上好几排长凳上都坐满了人,杨绛凭短墙站立好久,后来又换在长凳尽头坐了一会儿。可是除了四周的群众,除了群众手里擎着的各色纸花,她什么也没有看见。

忽然远处传来消息:"来了,来了!"

群众在欢呼,他们手里举的纸花,汇成一片花海,浪潮般升起又落下,想必是领袖在天安门上出现了。杨绛接下来就听见游行队伍的脚步声。天上忽然放出一大群白鸽,又进出千百个五颜六色的氢气球,飘扬在半空中,有的还带着长幅标语。游行队伍齐声喊着口号。她看到一簇簇红旗过去,听着口号和步伐声,知道游行队伍正在前进。她踮起脚,押长脑袋,游行队伍偶然也能看到一瞥。可是眼前所见,只是群众的纸花,像浪潮起伏的一片花海。游行队伍过后,杨绛赶车回家。

回到家里,家人问杨绛看见了什么,她回答不出,相反她倒有点茫然。

杨绛想:虽然啥也看不见,虽然没有"含着泪花",泪花儿大约也能呼之即来,因为"伟大感"和"渺小感"同时在心上起落,确也"久久不能平息"。

在此前后,杨绛开始翻译法国作家勒萨日的名著《吉尔·布拉斯》。

---

① 王恺:《百岁杨绛:尊严和信仰》,《三联生活周刊》,2011年第31期。

勒萨日（1668—1747）是十八世纪初叶法国著名小说家。他出生于布列堪尼一个公证人的家庭，是个独生子。他一生当过律师，在税务局当过小职员，以后就以写作为生。当时文人多投靠权贵，他却性情倨傲，不屑与贵人周旋。他所写的剧本只在大众化的市场剧院上演，因而受到平民们的拥护和爱戴。

勒萨日写过剧本和小说，剧本以喜剧《主仆争风》、讽刺剧《杜卡莱先生》最为著名，小说除《跛腿魔鬼》之外，以长篇小说《吉尔·布拉斯》最为杰出，它可以被视作法国十八世纪上半叶最优秀的现实主义小说之一，并曾经受到过马克思的好评。杨绛也十分欣赏勒萨日的作品，她曾在一篇论文中称："十八世纪初期勒萨日的现实主义小说《吉尔·布拉斯》不冒称历史，从此小说才不向历史依草附木，而另开门户，普莱复（Prevost）、马里沃（Marivaux）等继起直追。"①

小说深受《小癞子》的影响，以第一人称自述的手法，通过吉尔·布拉斯这个出身贫寒家庭的少年的发迹事实，对处于封建制度崩溃前夕的法国社会生活，做了极为生动、真实的描写，并塑造了一个出身于市民阶层、靠投机取巧致富得势的典型。

《吉尔·布拉斯》通常被称为流浪汉小说。但主人公与一般流浪汉略有不同：他没有在饥饿线上挣扎，还受过些教育。他由后门小道投靠权贵，为他们帮闲，晚年做起了大官，拥有财产。杨绛对这位作家的研究心得是：吉尔·布拉斯是个"通才"，他……没甚本事，却有点小聪明；为人懦怯，逼上绝路也会拼一拼。所以他无论在什么时候都能混混；做医生、做用人、做管家、做大主教或首相的秘书，样样都行，哪里都去得。他从不丧气，坏运气压他不倒，摔下立刻爬起，又向前迈步。他又观察精微，做了事总要反省，对自己很坦白。一部暴露社会黑暗的小说，正需要这样一位主角，带着读者到社会每一阶层每一角落去经历一番。

吉尔·布拉斯不仅带读者一处处经历，也在经历中一点点改变。他从初出茅庐的毛头小伙子，渐渐变成谨慎持重的大乡绅，从只想创一份家业的穷人，渐渐变成归田退隐的阔佬。他从乡下佬变成伶俐小子，变成巴结的用人，变成无耻的走狗，变成看破势利的"清高"绅士。他从每次经历得到教训，为人行事随着总有些改变。但是他的个性始终未变，吉尔·布拉斯是个"通才"，吉

---

① 杨绛：《斐尔丁关于小说的理论》，见《杨绛全集》第五卷，北京：人民文学出版社，2014年8月第1版，第297—298页。

尔·布拉斯是运气压不倒的人,他在经历中渐渐发展成熟。他虽然添了经验,并没把毛病改掉。他始终很虚伪,老年"归隐",还摆足臭架子,他吃一次亏,学一次乖,总没有完全学乖;一次次受良心谴责,决心做好人,到名利关头,是身不由己,什么下流无耻的勾当都肯干,马克思说吉尔·布拉斯在各种各样的奇遇中始终是个奴才。勒萨日惟妙惟肖地写了这种人物。

勒萨日不用工笔描画,只用粗线条勾勒,吉尔·布拉斯的个性,在举动言谈和不同的境地中衬托出来……暴露社会的小说,牵涉的方面愈广,结构愈不易严密。作者不能用一个故事来包罗万象,往往就用一个主角来贯串许多不连贯的故事,歌德说:"诗人想把世界上形形色色表达出来,所以写的故事里需要个名人做主角,把他当一条绳索,不论多少事,都可以挂上去。荷马的《奥德赛》、勒萨日的《吉尔·布拉斯》就用这办法。"勒萨日的吉尔·布拉斯还不仅是条绳索,他是个一贯的人格,他的个性随着他的经历渐渐发展,因此又增加了小说的统一性。

勒萨日叙事轻快,从容不迫,偶尔也刻画细致。整部小说的叙事,就像吉尔·布拉斯的文笔一样,"简洁精切""笔致轻松",他用的是朴素的笔法,不喜雕饰。[①]杨绛的《吉尔·布拉斯》中译本于一九五六年出版。为了适应当时的形势,她写译本序言时学写了一篇"八股文",她称之为"五点文",因为只有五个点而不是八个股。说这部长篇小说是伟大的现实主义小说,这是从苏联文学史专著上抄来的,接着摆了五点:时代和社会背景、思想性、艺术性、局限和影响。尽管如此,杨绛没有料到,这部受到马克思赞赏、在西方文学史上有重要地位的名著,也会在风云突变之际,连它的译者一起,遭到极"左"分子的批判。

范旭仑曾撰文指出:

> 年来看《杨绛全集》,着眼于修词,发现《吉尔·布拉斯》一书口角伶俐,词藻丰赡,一篇跳出,和杨绛素朴平淡的本来风格不像不类。想起傅雷一九五四年四月二十六日与宋淇书:"杨绛译的《吉尔·布拉斯》(Gil Blas——一部分载《译文》),你能与原作对了几页,觉得语气轻重与折句方法仍多可商榷处。足见水平以上的好译文,在对原作的

[①] 杨绛:《砍余的"五点文"》,见《杨绛作品集》(第三卷),北京:中国社会科学出版社,1993年10月第1版,第223—224页。

interpretation方面始终存在见仁见智的问题。译者的个性、风格，作用太大了。闻杨译经锺书参加意见极多，惟锺书'语语求其破俗'，亦未免矫枉过正。"这保管"闻"诸夫子自道。是了，遣词命意的矫俗避熟，正钱锺书风格；《吉尔·布拉斯》里"极多"钱先生的手笔——那支生龙活虎之笔到处都辨认得出。

《吉尔·布拉斯》一九五六年一月初版，一九六二年九月再版，一九五四年二月《译文》月刊选载第一卷。此卷可据以想见杨绛译笔的本来面目——当然曾经中书君手。①

经他考证："钱先生的劳作不光是润色，有些章节还是钱先生亲手翻译的，就像第三卷第五章、第四卷第八章（也是一种《猫》的先驱者）、第七卷第三章、第七卷第四章、第七卷第十三章。第七卷第十三章：'卢齐利乌斯的诗像浊浪滔滔，泥沙俱下。'以"泥沙俱下"喻诗始于《随园诗话》，《石语》早一眼看中，《管锥编》《谈艺录》亦爱不释手。又如"搜奇爱僻（recherchées），《白朗：咬文嚼字》的创辟；'添娇增媚'（beauté），想于《小说识小》所引《续西游记》'妆娇作媚'和日札第四百五则'仿制羞色以添娇媚'脱化生新。袁枚论诗的'老手颓唐'那四个字钱先生常用，把它来译'vieillesse'（第七卷第三章），没有更好的成语了。他如'神完气足''笔致轻灵''高妙入神'之类诗文评用语，胥非杨绛所解道。"②

杨绛致力于翻译事业，其翻译实绩深受专家学者的推崇。早在二十世纪五十年代初，北京大学著名教授朱光潜就十分激赏杨绛的翻译成就。在一次闲聊中，朱光潜的学生问他：

"全中国翻译谁最好？"

朱光潜说这个问题可以分三个方面：散文（即小说）翻译、诗歌翻译和理论翻译。

学生又追问道："那么散文翻译谁最好？"

朱光潜回答："杨绛最好。"

在这些学生当中，有一位名叫董衡巽，后来分配到文学所，与杨绛同一单位。那时候年轻人初进所里，只要条件允许一般都有资深专家指导做研究工作。

---

① 范旭仑：《钱锺书翻译〈吉尔·布拉斯〉》，《南方都市报》，2018年5月20日。
② 范旭仑：《钱锺书翻译〈吉尔·布拉斯〉》，《南方都市报》，2018年5月20日。

董衡巽归杨绛领进门去。杨绛开始时谦虚，没有答应，说自己"政治思想水平低"，指导不了年轻同志，后来和他接触稍多，觉得他对文学有点兴趣，便同意了。于是，董衡巽成了杨绛的"门外"弟子①。

杨绛对指导工作非常认真负责，她给董衡巽开列了英国当代文学的书目，指导阅读、解答问题、耐心细致。对他的翻译习作精心批改，可惜好景不长，这些业务活动，不久便因参加"下放劳动"而中辍。董衡巽把杨绛的《吉尔·布拉斯》视作翻译的典范，他介绍道：

> 为了提高翻译水平，我读了杨先生翻译的法国文学名著《吉尔·布拉斯》。读的时候很感到一种语言文体美。译文像行云，像流水，从容舒缓，有时夹杂一些上海话，虽是方言，却与自然流畅的译文浑然一体。流浪汉体小说有时枝蔓横生，但得力于译文的可读，我能一口气读完。不过，读完之后，我产生过一点疑虑：原文也是这样优美、这样畅达吗？其中有没有译者的"加工"？当时不无疑虑。我不通法文，不敢妄说。
>
> 最近读到法国文学专家郑永慧同志的文章。她说："我在大学时看过《吉尔·布拉斯》原文，对勒萨日的文章有一定的印象，50年代读杨绛的译本时，就惊异于行文之流畅，用词之丰富，认为完全符合茅盾同志的要求：'运用适合于原作风格的文学语言，把原作的内容与形式正确无遗地再现出来'，应认为是文学翻译中卓越的范例。"②

将翻译古希腊文学树为终生事业的罗念生，一九二二年考入北京清华学校，中华人民共和国成立后，成为中科院外国文学研究所研究员，是杨绛和钱锺书的学兄和同事。罗念生一九三三年开始翻译希腊古典文学。此后几十年间，译出许多希腊重要名著，如古希腊悲剧之父埃斯库罗斯完整传世的全部悲剧七种，悲剧诗人索福克勒斯全部传世悲剧七种，悲剧诗人欧里庇德斯的悲剧五种，喜剧诗人阿里斯多芬喜剧五种，古希腊哲学家、文艺理论家亚里士多德的《诗学》《修辞学》、古希腊《铭体诗选》。二十世纪五十年代，罗念生计划翻译亚里士多德《诗学》一书，深知此书深奥晦涩，得到了朱光潜、杨绛、钱锺书的帮助。

---

① 详见董衡巽：《记杨绛先生》，见倪文尖编《文人旧话》，上海：文汇出版社，1995年1月版，第219—220页。

② 详见董衡巽：《记杨绛先生》，见倪文尖编《文人旧话》，上海：文汇出版社，1995年1月版，第222页。

钱锺书的著作及手稿中光涉及《诗学》的英法译本就多达七八种；据《杨绛生平与创作大事记》一九五六年条目记载，"大约这一年或次年，曾翻译亚里士多德《诗学》，根据英译《勒勃经典丛书》①本并参照其他版本翻译，锺书与我一同推敲译定重要名称。我将此稿提供罗念生参考"。罗念生译亚里士多德《诗学》序文中有"杨季康提出宝贵意见"一语。此稿为罗遗失。②

《诗学》可能是亚里士多德于公元前三三五年重返雅典之后在吕刻翁学院讲学时的讲稿片段，论述诗歌创作。有人认为，原稿可能分两部分，即现传的论悲剧、史诗部分和论喜剧部分，后一部分失传了；也有人认为，原稿可能只有现传的这一部分。罗念生的《诗学》译文由人民文学出版社于一九六二年初版，收入"外国文艺理论丛书"，一九八二年重印。这次采用的即是这一版本。罗念生为该译本撰写的《译后记》对亚里士多德的生平、《诗学》内容和亚里士多德的文艺观点均作了相当详细的说明和分析，因此这次采用时把它作为《译者导言》，放在正文前面。

罗念生的《译后记》有云："译文根据拜瓦式（I. Bywater）校订的《亚里士多德的诗学》（Aristotelis De ArtePoetica，牛津本，1955年）原文译出，并参考了拜瓦特的详注本《亚里士多德的诗学》（牛津本，1909年）、布乞尔（S. H. Butcher）的《亚里士多德的诗与艺术的理论》（Mac Millan，1920年）、毫斯（H. House）的《亚里士多德的诗学》（Rupert Hart—Davis，1956年）和厄尔斯（G. F. Else）的《亚里士多德的诗学：论证》（E. G. Brill与衣阿华州立大学联合出版，1957年）。前五章借用缪灵珠同志的译稿，经过一些修订，文责由笔者担负。朱光潜、杨绛、钱锺书三同志曾对大部分译文提出许多宝贵的修改意见，特此向他们致谢。"③

一九五六年，根据国家总体安排，文学所进行了人员职称评定工作，杨绛和钱锺书分别被评为三级研究员与一级研究员。据当事人、时任文学所党总支书记王平凡后来披露了当时评职称的情况：

---

① 又译"娄卜古典丛书"（Loeb Classical Library），是英美古典学术界的一套重要丛书，近百年已经出版了不少于六七百册，专收中古以前最重要的希腊、拉丁古典文献，以原文和英译对照的方式排印而成。
② 杨绛：《杨绛全集》（第九卷），北京：人民文学出版社，2014年8月第1版，第474页。
③ [古希腊]亚里士多德：《诗学·诗艺》，北京：人民文学出版社，1962年12月第1版，第170页。又见《罗念生全集》第一卷，上海：上海人民出版社，2007年4月第1版，第19页。

为了贯彻中央关于知识分子会议的精神，中国科学院发出关于实行晋升职称、升级制度的通知。评定职称、升级标准主要有两条：一条是政治标准，主要是拥护社会主义，拥护共产党。另一条是学术著作，即在本学科中的成绩和贡献。由此文学所开始评定职称，当时由所长郑振铎主持会议，副所长何其芳向全所作了传达，学术委员会作了认真讨论。会后，在郑振铎、何其芳两位所长领导下，由毛星和我按照通知的要求作具体准备，组织部分学术委员阅读科研人员论著，了解中科院某些研究所、北大、清华等单位与我所学术相当的评定职称、级别情况，在此基础上，拟定名单，并向所领导作汇报。

我们根据两位所长的意见，修改了内部定的名单。一级研究员3名：钱锺书、俞平伯、何其芳（何将自己改为二级）；二级研究员9名：孙楷第、余冠英、王伯祥、卞之琳、罗大冈、李健吾、潘家洵、缪朗山、陈涌；三级研究员5名：力扬、杨季康（杨绛）、罗念生、毛星（原定为二级，毛坚持改为三级）、贾芝等。

当时充分发扬学术民主，三番五次，调查来调查去，最后和本人见面。在讨论时，对钱锺书定一级研究员，没有争论，一次就通过了。评俞平伯一级研究员，就难一些。因为当时刚批过《〈红楼梦〉研究》，大家火气很大，要给俞先生定为二级研究员。据陈涌回忆说："何其芳在会上公开表示，把俞先生评为二级，给我评为一级，我是他的学生，而且都在一个所，老师是二级，学生是一级，这是不行的。当时他说这话起了一定作用。何其芳比较冷静，这给我印象很深。俞先生定一级研究员本来也是应该的，当时我还很年轻，已经评为二级了。俞先生如跟我一样，不是太滑稽了吗？祖宗三代呀，他应该是我的祖父辈的。所以，这个问题不清楚是不行的。"

名单初步确定后，召开学术委员会讨论。有的学术委员不同意俞平伯定为一级，因他刚受到全国性的批判。后经何其芳反复说明，并报中宣部批准，才定为一级。

这次评职称主要根据论著评定的，著名翻译家杨绛、罗念生、吴晓铃、贾芝等职称略低，大都因为论文少，吴晓铃选注《西厢记》，并协助郑先生主编《古本戏曲丛刊》，不算科研成果。贾芝从事民间文学搜集整理和研究，也不算科研成果，被评为研究三级，而只能算作副研究员，直到"文革"后才定为研究员。

当时评定职称的对象，大部分是从北大、清华等中、外文系调来的，其中有不少是郑先生的老朋友；何其芳从有关部门调来一批长期从事马列主义文艺理论研究人员。对每个研究人员的评定，是充分听取学术委员会讨论后的结果。所党组织特别尊重郑振铎所长的意见，绝不是何其芳个人说了算。

当年文学所评定职称充分体现了学术民主作风，这给大家留下了深刻印象。①

一九五六年十二月二十五日，文学所召开了划归中国科学院哲学社会科学部后的第一次学术讨论会。杨绛和钱锺书参加了这次会议。同时何其芳、陈涌、蔡仪、冯雪峰、刘绶松、钱学熙、罗大冈、李希凡、杨晦、陈秋帆、卞之琳、蓝翎、范宁、冯至、潘家洵、俞平伯、舒芜、周妙中、王佩璋、赵君圭、曹道衡、冯友兰、林庚、吴兴华、张岱年等人也参加了会议。

会上就"一九五六年度科研成果"中何其芳的《论阿Q》一文展开了热烈的讨论。

何其芳在文章中提出了三个观点：（一）典型性不全等于"阶级性"；（二）典型人物在生活中流行的常常是他最突出的特点，而不是他的全部性格；（三）这种最突出的特点，可以是某一"阶级"的特点，也可以说是不止一个"阶级"的某些人物的性格上的相同的特点。阿Q属于最后一类典型。由于当时社会科学领域正日益把"阶级分析法"奉为唯一的研究方法，何其芳的论点大有无视"阶级分析"的端倪，然而，杨绛夫妇却赞成何其芳的论断。

钱锺书指出，阿Q精神在古今中外的某些文学作品当中都能找到。他以《夸大的兵》《女店东》《儒林外史》等作品中的人物和宋、金史来证明自己的论断。杨绛在会上也指出，不同阶级的某些人物，可以属于同一典型，比如粗暴的人，深沉的人，各个阶级都是有的。他们俩说的这些不合时宜的话，预示着所内斗争的激化并使杨绛夫妇后来遭受批判成为可能。②

---

① 王平凡口述、王素蓉整理：《文学所往事》，北京：金城出版社，2013年3月第1版，第209—211页。
② 李洪岩：《钱锺书与近代学人》，天津：百花文艺出版社，1998年2月第1版，第179—180页。

一九五六年九月，中共八大在北京召开。钱锺书再次被抽调到中共八大翻译处担任外事翻译。这次调来的还有北京各大学的著名英语专家，有杨周翰、李赋宁、吴兴华、王佐良、周珏良、许国璋、吴景荣等人，南京大学副校长范存忠教授也在其中。翻译处设在动物园附近的西苑大旅社，钱锺书住在北大，每天搭公交车上下班。后来工作紧张，他们就都在那儿过夜了。参与翻译的巫宁坤回忆："我们的工作繁重，翻来覆去翻译一稿又一稿的政治报告，还有数以百计的代表发言，字斟句酌……有时我们还加夜班。这么多的高级知识分子，其中绝大多数是从英、美的著名学府或国内的教会大学毕业的，都心甘情愿为共产党的会议效劳，这足以显示共产党改造知识分子的成功。同时，这些年富力强的学者在当时相对宽松的政治气氛中感到自由自在"（《一滴泪》）国庆前大会闭幕，钱锺书和王佐良、巫宁坤奉命留下来，对全部会议文件的英文译文再次加工定稿，三人合用一间办公室，一周工作6天，直到11月中旬。①

三

　　在繁忙的政治学习之余，杨绛十分向往平静的书斋生活。二十世纪五十年代后，她写过几篇有关外国文学的长篇论文，但遭遇令人心寒。杨绛对人曾说过，"恰在'反右'那年的春天，我的学术论文在刊物上发表，并未引起注意。锺书一九五六年底完成的《宋诗选注》，一九五八年出版。'反右'之后又来了个'双反'，随后我们所内掀起了'拔白旗'运动。锺书的《宋诗选注》和我的论文都是'白旗'。郑振铎先生原是'大白旗'，但他因公遇难，就不再'拔'了。锺书于一九五八年进城参加翻译毛选的定稿工作。一切'拔'他的《宋诗选注》批判，都由我代领转达。后来因日本汉学家吉川幸次郎和小川环树等对这本书的推崇，也不'拔'了。只苦了我这面不成模样的'小白旗'，给'拔'下又撕得粉碎。我暗下决心，再也不写文章，从此遁入翻译。锺书笑我'借尸还魂'，我不过想借此'遁身'而已。"

　　杨绛的《斐尔丁在小说方面的理论与实践》一文发表于文学研究所主办的《文学研究》季刊一九五七年第二期上，后易名为《斐尔丁的小说理论》。

　　斐尔丁（1707—1754）是英国十八世纪现实主义小说家，被文学史家公认为

---

① 钱俊之：《钱锺书是"御用翻译"吗？》，载《同舟共进》2013年第9期；又载周不言：《钱锺书与中共八大翻译处》，《南方周末》，2020年7月16日。

英国小说的鼻祖。他的作品受到马克思的爱好，以及司各特、萨克雷、高尔基的推重。斐尔丁出生于英国西南萨默塞特郡一个家道中落的贵族家庭，年轻时曾求学于伊顿公学和荷兰的莱顿大学。破落家庭的生活，对他一生的文学创作影响颇深。斐尔丁是由剧本创作步入文坛的，曾创作二十几部剧本。斐尔丁的文学成就主要在小说，除了代表作《汤姆·琼斯》之外，还写有《约瑟夫·安德鲁斯的经历》《大伟人江奈生·魏尔德传》《阿米丽亚》等小说。这些小说属于流浪汉小说范畴，具有现实主义的讽刺意味。

斐尔丁不仅是杰出的小说家，而且还是一位小说理论家，但他的论点比较零碎，没有系统的理论专著，分散于他小说的献词、序言和《汤姆·琼斯》每卷的第一章，以及各部小说的叙事正文等。斐尔丁的理论大部分来源于亚里士多德的《诗学》和贺拉斯的《诗艺》。他熟悉古希腊、古罗马的经典，他自己说，他常把古代好作品的片段翻译出来应用，不注原文，也不指明出处。后人要把斐尔丁的小说理论整理出来，作一番条分缕析的阐述，是相当有难度的。杨绛克服重重困难，通过原著，不借助译本，成功地完成了这一研究。正如她自己所云："我们若要充分了解他的理论，就得找出他的蓝本对照一下。因为斐尔丁自己熟读经典，引用时往往笼统一提。我们参看了他的蓝本，才知道他笼统一提的地方包含着什么意义，并且了解他在创作中应用了什么原则，尤其重要的是，我们在对照中可以看出他推陈出新的地方。"

杨绛的长篇论文《斐尔丁在小说方面的理论与实践》从七个方面分析了斐尔丁的小说理论：

一、"散文体的滑稽史诗"。斐尔丁把自己的小说称为"散文体的滑稽史诗"。他的小说理论，简单来说，无非是把小说比作史诗。他要求师法古希腊、古罗马史诗，场面广阔，人物繁多，结构复杂，故事不是悲剧性的而是喜剧性的，不用韵文而用散文，不写英雄而写普通人物。总之，斐尔丁推崇场面广阔、人物众多的滑稽故事。

二、严格模仿自然。斐尔丁把一切规律纳入一条总规律："严格模仿自然。"无论描写人物，还是叙述故事，他都强调"严格模仿自然"。杨绛指出，斐尔丁"所谓'模仿'无非表示他师法经典作家——师法自古以来大家公认为合乎自然的作品，并不是亦步亦趋地依榜学样"。在描写人物方面，斐尔丁认为应该严格模仿自然，不夸张、不美化，写出人物的性格、人物的类型。他还认为小说家不但要写出同类人物的共性，还需要写出每个人的特性。在叙说故事方面，斐尔丁"认为小说家的职责是据事实叙述""打定主意，决不讨好任何人""不写不可能的事，不写不合情理的事"，总之"要从事实上概括出人生的真相，选择稀奇有趣的事，按人生真相加以描摹"。

三、"滑稽史诗"的取材范围。斐尔丁说，他的题材无非人性，但是他只写可笑的方面。杨绛指出："斐尔丁认为可笑的根源出于虚伪。虚伪又有两个原因：虚荣和欺诈。出于虚荣的作伪不过掩饰一部分真情，出于欺诈的作伪和真情完全不合。揭破虚伪，露出真情，使读者失惊而失笑，这就写出可笑的情景。……从斐尔丁本人的话和他根据的理论，可见斐尔丁所谓可笑，是指人类的偏僻，痴愚，虚伪等；笑是从不相称的对比中发生的。"

四、笑的目的及小说的目的。杨绛一再说明，斐尔丁承认贴合自然的作品所引起的笑更有意义，也更有教益。这种有意义有教益的笑不是为讽刺个人，却是要"举起明镜，让千千万万的人从中照见自己的丑相，由羞愧而知悔改"。总之，斐尔丁认为一切小说都该在趣味中掺和教训。写小说的宗旨就是要兼顾娱乐和教诲，在引笑取乐之中警恶劝善。

五、小说家必具的条件。杨绛归纳了斐尔丁所说的小说家的四个条件：第一是天才；第二是学问；第三是经验；第四是爱人类的心。

六、讲故事和发表议论。斐尔丁小说喜欢发议论，往往扯到题外去。斐尔丁的读者往往嫌那些议论阻碍了故事的进展，或者草草带过，或者竟略去不看。这显然违反亚里士多德的主张："诗人露面说话越少越好。"但斐尔丁本着他作者自定规则的精神，声明自己有权利搬个椅儿坐在台上，指点自己戏里的情节和人物，来作一番解释和批评。

七、"滑稽史诗"与传记。斐尔丁的《汤姆·琼斯》按题目就是传记。杨绛指出，斐尔丁所谓传记即史诗，而不是传奇，是写现实的小说。因为传奇冒充真实，满纸荒唐，没有教育意义，他这才把自己的小说叫作"滑稽史诗"。

杨绛在这篇文章中通过对斐尔丁的分析，探讨了西方早期小说理论的沿革。值得注意的是，杨绛虽然博览群书，作了大量的案头工作，却很少在正文中长篇大论地旁征博引。杨绛只是在注释中说明出处，目的是给人们一个确切的线索。其中一段以六百余字的篇幅扼要复述亚里士多德关于悲剧和史诗的议论，十分清晰明了，即便从未接触过《诗学》的读者也绝不至于"搁浅"。体现出她潜心学术又非常真诚的治学态度。

杨绛在这篇文章结束时说："从斐尔丁的作品里撮述了他的小说理论，也许可供批判借鉴之用。"然而，学术研究引来的却是对她的"批判"。因为杨绛没有用当时流行的"阶级分析"的观点去分析斐尔丁的"滑稽史诗""模仿自然"的理论，所以是不合时宜的。

一九五七年四月二十七日，中共中央发出《关于整风运动的指示》，规定了"整风运动"的目的、内容、方针和方法。此后，以"反官僚主义、反宗派主义、反主观主义"为号召的整风运动逐步展开。

据《人民日报》记者金凤介绍，在"鸣放"期间，有不少人动员杨绛和钱锺书"鸣放"。杨绛记得，先后有吴晗、萧乾、浦熙修、姚芳藻等人前来动员他们"鸣放"，他们就是一言不发。他们不愿"鸣放"，不喜欢起哄。杨绛对钱锺书说，饭少出去吃，话少讲，我们不愿随波逐流。

杨绛看到，有人平时"惟上是从"，"鸣放"中却把共产党说得一无是处。在一次会议上，到会的一位同事提出"文学研究所还在'找爸爸'"（意即文学所无人领导）。随后，杨绛打电话给做记录的冯钟璞，希望她把发言记录中的"文学所还在找爸爸"的话删了，因为不符合事实。

"反右"开始，劝他们夫妇发言的人一个个大都被划为"右派"。冯钟璞对杨绛说："杨先生你为什么有先见之明？"

杨绛说："我毫无先见之明，只是不喜欢跟着起哄而已。"

夫妇俩的日子过得小心谨慎，他们看到了亲友及文学所的同事相继落难，有傅雷、储安平、钱基厚、周勃、陈涌等。

"反右"从开始到尾声，杨绛，特别是钱锺书，目睹了知识分子之间相互"揭发"，甚至诋毁的丑态，看清了人与人之间的提防、冷漠。可钱锺书对在"反右"中受伤害的人与迫害他人的人态度非常鲜明，是非分辨得很清楚，从未失却自己一贯做人的本心。

钱锺书能够这样坚定处世，与其夫人杨绛的支持密不可分。正如学者刘梦溪指出："钱锺书先生所以养成宁静的不旁骛的治学心态，固然由于对学问本身的如同宿契般的兴趣，还由于他很早就获得了终生不渝的爱情。爱情是一服良好的安定剂。在躁动不安的青年时期，他得到了安宁。八十年代中期，我参加厦门大学的一个研讨会，当时有幸拜望郑朝宗先生。我去拜访他，是由于正在研究钱锺书。我向郑先生提出一个问题：以钱先生的睿智和锋芒无法掩藏的性格，一九五七年的风雨环境他何以能够平安度过。郑朝宗先生用很大的声音说：那是由于他有杨绛先生。他有了杨绛，觉得什么都有了，何须外求。我认为郑先生讲的是知钱知人生知爱情之言。"①

郑朝宗一九五七年因言获咎,被打成"右派",困顿三年。钱锺书听到他"归队"的消息后,第一个写信给他表示关怀,嘱咐他要读书养气,勿因受挫而从此消沉。②萧乾一九五八年被错划为"右派",被送到柏各庄农场"劳动"。一次,萧乾回京路遇钱锺书,钱热情地和他打招呼,并在熙熙攘攘的北京街头与之交谈一刻钟。文洁若说,那年月要是让哪个急于立功的"积极分子"撞见了,马上就会给汇报到人事部门去,成为日后挨整的资料,然而钱锺书先生好像什么事也没发生。③吴兴华同样在一九五八被打成"右派",他也是有意回避亲友,以免连累别人,但钱锺书见面还是主动和他打招呼,态度一如既往并无敬鬼神而远之的意思。④而在一九七九年出访美国时,有人谈起吴晗一家的悲惨遭遇,钱锺书忽然对费孝通说:"你记得吗?吴晗在一九五七年'反右'时期整起别人来不也一样地无情得很吗?"⑤他对知识分子之间的相互倾轧深恶痛绝,这一点与乃父钱基博有相似之处。胡志德分析说:"钱氏认为,就文人打破社会等级和背叛自己阶级地位所达到的程度而言,他们知识分子间的互相斥责,甚于国家在他们的不利处境中起的作用。依钱氏看来,最大的罪过就是trahhison des clercs,即知识分子互相出卖。"⑥

一九五八年,在"大跃进"后随之而来的"拔白旗、插红旗"运动中,钱氏夫妇双双受到严厉"批判",成为众矢之的。按照当时的逻辑:中国古代文学和外国文学乃"封、资、修"文学,充满"毒素",他们对此不加"批判",却大为赞赏,这是"公开放毒""贻毒群众"。于是,他们成为"非拔掉不可的一面资产阶级的白旗"。

有人在报刊上发表批判文章,称杨绛的《斐尔丁在小说方面的理论和实践》一文是"一面白旗","不但不能帮助读者正确理解斐尔丁这位现实主义作家的

---

① 刘梦溪:《唯懂得了钱氏(锺书)的学问方式和修辞典则,才能懂得他学问本身》,《高校人文界》微信公众号,2020年6月26日。
② 郑朝宗:《怀旧》,见沉冰主编《不一样的记忆》,北京:当代世界出版社,1999年8月第1版,第115页。
③ 文洁若:《与钱锺书先生邂逅街头》,《北京晚报》,1999年1月5日。
④ 谢蔚英:《和钱锺书做邻居的日子》,《北京晚报》,1999年2月26日。
⑤ 余英时:《我所认识的钱锺书先生》,见氏著《余英时文集(第五卷):现代学人与学术》,桂林:广西师范大学出版社,2006年2月第1版,第384页。
⑥ [美]胡志德:《钱锺书》,北京:中国广播电视出版社,1990年12月第1版,第14页。

作品，反而歪曲、贬低了斐尔丁作品的意义，更重要的是介绍了大量'资产阶级的文艺观点'。论文的作者抹杀文学的社会意义，忽视典型人物的阶级内容，曲解现实主义。论文的作者不顾作品的思想内容，用繁琐的考证、对比的方法孤立地而且舍本逐末地研究作品的形式和技巧问题，结果当然只能钻了牛角尖，这样的论文会给我们文学工作带来有害的影响"①。

自一九五五年至一九五七年，在郑振铎、何其芳、王伯祥等人的支持下，钱锺书独立完成了《宋诗选注》，这是钱锺书中华人民共和国成立后的一部重要著作。一九五八年前，他的《宋代诗人短论》（十篇）、《宋诗选注序》《宋诗选注》分别发表和出版了。

其实，钱锺书的《宋诗选注》蕴含深刻的思想，堪称作为思想家的钱锺书华彩乐章。上海交通大学文学院教授夏中义，二〇一七年七月二十日在华东师范大学ECNU—UBC现代中国与世界联合研究中心举办的中国知识分子高级研修班上的讲稿分析了《宋诗选注》的价值：

> 也许有人会说你怎么看出《宋诗选注》有深刻思想？为什么诸多人看不出来？是的，钱有很深刻的思想，且深刻到一般人粗看看不出来，因为其思想不是用常规的学思语式表达的。所以，钱的思想堪称"暗思想"，暗得像宇宙空间的"暗物质"一样。新世纪以降，最令世界级天文学家、宇宙物理学家动心的一个词就是"暗物质"。凭直觉，他们猜测宇宙空间肯定存在着巨量的，不能用现代物理学的知识和数学模型去描述的物质存在。宇宙空间里能用数模与现代物理学说清楚的物质只有5%。还有95%你不能否认其存在，但又看不见它。就像清风迎面吹来你觉得凉爽，但你说不清风怎样走到了你的身边。你感觉到它的存在，却描述不出它的踪迹。那些不能用现代物理学知识和数模来描述的物质，就被命名为"暗物质"。钱的思想也是这样，他有思想，但很暗，暗得诸多人看不见，故称"暗思想"。当然这是喻指。因为你若真花大力气钻到字里行间去，还是可以有所领悟。
>
> 钱著《宋诗选注》有何"暗思想"？其"暗思想"的要点在于，用"微判断""隐理据""侧阐释"这三种晦涩的语式辞别苏联模式（其哲学符号是反映论）对中国学术的思维垄断。

---

① 杨耀民：《批判杨绛先生的〈斐尔丁在小说方面的理论和实践〉》，《文学研究》，1958年第4期。

苏联模式对中国学术的思维垄断或"方法论殖民",从1949—1978年前曾荒诞到这一程度:一个学者若不用反映论去阐释美与文学,他不免被出局。高尔泰就是这样,1956年他才19岁写了一篇文章《论美》,未用反映论来论证美的客观性(是用诗性语言来描述审美经验,没区分"美"与"美感"界限何在),结果1957年被打成"右派"……偏偏钱在1955—1957年写《宋诗选注》时,并没把反映论当作方法论来尊奉,却未影响此书在1958年问世,这又是怎么回事?这就涉及钱的"暗思想"的一个表达式,即"微判断"。"微判断"不是回避或悬置判断,而是不明确地对结论说"是"或"不",虽其行文本身已在默默地呈示"是"或"不"。一切皆在无言中。钱就是用"微判断"语式,预设了四个逻辑台阶来且辞且别反映论,辞别了反映论后诸多人仍看不出来。

什么叫"微判断"?这就是。钱不愿在方法论层面认同反映论,这是其文化立场,但他又不把这立场兜底托出,而是尽可能低调地弱化,弱到人家不能一眼看出其立场。或者说,钱对反映论自有其立场,他内心是在说"不",但他不把"不"字说得让大家都听见。这就势必将他对苏联模式的独立思考弄"暗"。故说钱的学术有"暗思想"。

将钱锺书学案的思想弄"暗",除"微判断"外,还有两种表达式是"隐理据"与"侧阐释"。对此有兴趣者,可参阅《反映论与钱锺书〈宋诗选注〉——辞别苏联模式的第三种方式》一文。

应该说,若在正常语境,一个学者研究文史是否将反映论作为方法论来恪守,这纯属学者的自由选择,谁也无权干涉。但在特殊语境,当学者不能不奉反映论为权威方法(否则,可能惹政治嫌疑)时,钱不仅不尊反映论为宋诗研究的方法论,而且还忍不住用"微判断""隐理据""侧阐释"来戏弄反映论,这串"暗思想"戏法若被揭发,后果不堪设想。实际上,当钱在《宋诗选注》这般"自作聪明""别出心裁",其内心也挺复杂。要点有三。

第一,他觉得很好玩,不这么玩一下,会让自己憋气,无计表达自己作为学者的尊严,故他会吟诵"且借馀明邻壁凿,敢违流俗别蹊行",不无得意。

第二,嗣后他又不免紧张乃至忧惧,因为《宋诗选注》脱稿于1957年,那年风云最诡异,他担心若有人看破其"暗思想"(戏弄反映论),恐惹大祸。无怪杨绛后来说钱在这几年极不安:"心自摇摇车兀兀,三年五度过卢沟"。

第三,1958年《宋诗选注》果然挨批,但只批钱的形式主义(学术问题),谁也没说他戏弄反映论(政治问题)。于是钱又暗自拍额不已:"雪老霜新惯自支,岁寒粲粲见冰姿。暗香疏影无穷意,桃李漫山总不知。"庆幸《宋诗选注》有惊无险地玩了一大把心跳。①

钱锺书的《宋诗选注》在众多有识之士的眼中,无疑是一部好书。连其时蛰居香港的老报人曹聚仁也非常在意:"全书对于宋诗的特点,黄山谷诗篇的短长,以及袁子才《随园诗话》眼高手低之处,说得明明白白;我所谓'明明白白',即是说,他对于每一个疙瘩都有了交代之意。自来唐诗宋诗之争,乃是好尚之争;他的批评,才是超脱了门户之见。我一向就说,钱锺书能选一部宋诗的话一定能使人满意的。"②

对钱锺书这样一部《宋诗选注》,评论界也有不同的看法。张隆溪在纪念钱锺书一百周年诞辰的文章里,就例举了龚鹏程,并予以诘难:

不少人批评钱锺书,都好像攻其一点,不及其余,甚至截头去尾,歪曲原意,误解曲解钱先生的文字。例如龚鹏程先生批评《宋诗选注》,引钱锺书序里的一句话,"作品在作者所处的历史环境里产生,在他生活的现实里生根立脚,"就立即断言说:"这是'存在决定意识'的说法;是拿住反映说,去找宋诗中反映时代与人民苦难的材料。……满纸工农兵,这也是民间疾苦,那也是发官府不义,实在偏宕极了。"(龚鹏程《钱锺书与二十世纪中国学术》,见其《近代思潮与人物》,北京:中华书局)然而对照钱先生《宋诗选注》序的原文,就可以发现龚先生在这里做了一个不大不小的手脚,因为他引的只是钱锺书原文的前半句,却隐去了后半句,而钱先生后半句话恰好是重点。钱锺书首先交代了宋诗的时代背景,承认文学作品与历史环境和生活现实相关,接下去是龚鹏程略去未引的下半句:"但是

---

① 夏中义:《当代中国人文学者的三种生命样式:以陈寅恪、冯友兰、钱锺书为人物表》,原载《知识分子论丛》第15辑《西方"政治正确"的反思》,江苏人民出版社,2018年5月第1版。见《许纪霖之窗》微信公众号,https://mp.weixin.qq.com/s/i4ap518YJZRF-ogQWIKaZA。

② 曹聚仁:《书林三话》,北京:生活·读书·新知三联书店,2010年1月第1版,第259页。

它反映这些情况和表示这个背景的方式有各色各样。"钱先生接下去又说:"我们可以参考许多历史数据来证明这一类诗歌的真实性,不过那些记载尽管跟这种诗歌在内容上相符,到底只是文件,不是文学,只是诗歌的局部说明,不能作为诗歌的唯一衡量。"(钱锺书《宋诗选注》,人民文学出版社)钱先生还与亚里士多德《诗学》的看法相呼应,强调"文学创作的真实不等于历史考订的事实,因此不能机械地把考据来测验文学作品的真实,恰像不能天真地靠文学作品来供给历史的事实。……考订只断定已然,而艺术可以想象当然和测度所以然。在这个意义上,我们不妨说诗歌、小说、戏剧比史书来得高明"(《宋诗选注》)。这恰好是打消了文学"反映"生活的谬见,肯定文学艺术的想象虚构不同于历史之考订事实,而又可能比历史更能揭示事物之所以然,因而比历史更高明。龚鹏程先生把这些重要字句全部略去不引,对钱锺书编写《宋诗选注》的那个年代大陆政治和学术环境之险恶完全没有体会,却断章取义,批评钱锺书宣扬"反映说",这样批评钱锺书,实在难于取信于人。①

在"拔白旗""插红旗"运动中,杨绛、钱锺书自然也受到"点名批评"。杨绛、钱锺书在所里的"批判会"上,缄口不言,用沉默以示抗议。由于他们人缘较好,受到"批判"的程度,在整个所里还不算是最重的。

四

一九五八年"拔白旗"后、"大跃进"的十月下旬,文学研究所决定分批派员下乡去"接受社会主义教育""改造自我"。地点在北京郊区。②

杨绛被分在第一批。一家三口,女儿已下厂炼钢,钱锺书下乡比她迟一个月,她不能亲自为他置备行装,自感放心不下。杨绛还有点顾虑,怕自己体弱年老,不能适应下乡以后的集体生活。当然,杨绛要求下乡是自愿(根据当时规定四十五岁以上的女同志可以免于下乡),只是她觉得自己的动机不纯正。她

---

① 张隆溪:《中西交汇与钱锺书的治学方法》,氏著《一毂集》,上海:复旦大学出版社,2011年6月第1版,第287页。
② 杨绛:《第一次下乡》,见《杨绛作品集》(第二卷),北京:中国社会科学出版社,1993年10月第1版,第289页。

说过:"我第一很好奇,想知道土屋茅舍里是怎样生活的。第二,还是好奇。听说,'能不能和农民打成一片,是革命不革命的分界线'。我很想瞧瞧自己究竟'革命不革命'。"

杨绛那一批约二十人,一到山村,就遇见了所谓"蒙娜丽莎"和"堂吉诃德"。原来,同去的一位老先生遥指一个农村姑娘说:"瞧,她像不像蒙娜丽莎?"

"像!真像!"

他们就称她"蒙娜丽莎"。

打麦场上,一个三角窝棚旁边,有位高高瘦瘦的老者,撑着一支长竹竿,翘着一撮胡子、正仰头望天。另一个老先生说:

"瞧!堂吉诃德先生!"

"哈!可不是!"

他们就称他"堂吉诃德"。

杨绛他们虽然早有心理准备,但下乡得过几重关。姑且称为"过五关,斩六将"。

第一关就是"劳动关"。

公社的负责人也真是煞费苦心,为杨绛几个"老弱无能"的人安排了不累、不脏又容易的活儿:让他们砸玉米棒。杨绛数人各拿一根木棍,在打麦场上席地而坐,举棒拍打,把玉米粒打得全脱落下来,然而扫成一堆,用席子盖上。干活时,还可以与乡村里的老大娘谈笑一番。

有时候,他们还推独轮车搬运地里的秫秸杂草,或者捆捆干草,或者用小洋刀切去萝卜的缨子,搬运入窖。眼下,她们所干的活都不算重。艰苦的考验在于后面的"关口"。

第二关是"居住关"。

杨绛他们先是在村里一间空屋里尘土扑鼻的冷炕上暂住了一宵,然后搬入公社缝纫室居住。缝纫室里有一张竹榻,还有一块放衣服什物的木板,宽三尺、长六七尺,高高地架在墙顶高窗下,离地约两米。得登上竹榻,再登上个木桩子,攀援而上,躺下了当然不能翻身,得扶着墙一动不动,否则会滚下来。夜晚杨绛就睡在这上面。后不久,村里开办了托儿所。托儿所里的教室里摆着一排排小桌子小凳子,前头有个大暖炕。杨绛等四人就同睡这个大炕,不过被褥有被小孩溺湿的危险。

第三关是"饮食关"。

杨绛他们在农民食堂搭伙,一日三餐,早晚是稀粥,还有玉米面做成的窝头。这些食物老乡都嫌"不经饱"。刚开始吃,还觉得蛮新鲜,感到不错。时间一久,不仅食之无味,肚子还产生了大量气体,又是噫气,又是泄气。

杨绛有一次做梦,梦见饭桌上一个小碟子里两个荷包蛋,杨绛推开说:"不要吃。"睡觉醒来告诉同去的女伴,她直埋怨杨绛不吃。早饭时,告诉了同桌的老先生,他们也同声责怪杨绛不吃,恨不得叫她端出来放在桌上呢!难得吃的小活鱼、白米饭和油条,成了时鲜美味,忍不住使人垂涎欲滴。大家都得了"馋痨",他们只好在每晚灯下,空谈好吃的东西,叫作"精神会餐"——既解馋,又解闷,"吃"得津津有味。

这样天天如此单调又缺乏油水的食谱,较之钱锺书在河北昌黎乡间吃的是发霉的白薯干磨成的粉,掺和了玉米面做的带着苦味的窝头,杨绛他们的饮食应该说是很好的了。

第四关是"方便关"。

这个关,其实是不方便的,比"饮食关"更难过。乡村里沤"天然肥"的缸多半太满,上面搁的板子又薄又滑,登上去后,大有跌进缸里的危险,令人"战战栗栗,汗不敢出"。

有一次,杨绛在食堂里吃了半碗绿豆粉做的面条。不知道那是很不容易消化的东西,半夜闹肚子了。那时,她睡在缝纫室的高铺上。她尽力绥靖,胃肠却不听调停。独自半夜出门,还得走半条街才是小学后门,那里才有"五谷轮回所"。实在没有办法,杨绛只好穿衣由高处攀援而下,硬着头皮,大着胆子,带个手电悄悄出去。她摸索到通往大厅的腰门,推一推纹丝不动,打开手电一看,上面锁着一把大锁。只听得旁边屋里杂乱的鼾声,她吓得一溜烟顺着走廊直往远处跑,经过一个院子,转进去有个大圆洞门,进去又是个院子,微弱的星光月光下,只见落叶满地,阒无人迹。杨绛这时想到了学习猫咪,摸索得一片碎瓦,权当爪子,刨了个坑。然后她掩上土,铺平落叶。当她再次攀援上床,竟没有闹醒一个人。

第五关是"卫生关"。

清洁离不开水,但在那里,用水很不容易。杨绛所在的山村地高井深,打了水还得往回挑。每天除了早晚,不常洗手,更不洗脸。她的手背比手心干净些,饭后用舌头舔净嘴角,用手背来回一抹,就算洗脸。她们整整两个月没有洗澡，只得烧点热水，洗洗头发，洗换衬衣。

在乡村，杨绛遇见了形形色色的"农民阶级"，他们各不相同。

缝纫室里有个花言巧语的大妈，她对杨绛说：

"呀！我开头以为文工团来了呢！我看你拿着把小洋刀挖萝卜，直心疼你。我说：瞧那小眉毛儿！瞧那小嘴儿！年轻时候准是个大美人儿呢！我说，我们多说说你们好话，让你们早点回去。"

同时，杨绛发现，"堂吉诃德"和"蒙娜丽莎"都在一个山村，其实"堂吉诃德"并非老者，他理发顺带剃掉胡子，原来是个三四十岁的青壮年，一点不像什么堂吉诃德。"蒙娜丽莎"也不漂亮，并且营养不良。整个山村，并不富裕。

杨绛他们还经常分组到村里访病问苦，也顺带出门儿聊天，了解"大跃进"运动中这些贫苦农民的真实生活。她们访问又哭又骂的"疯婆子"、生肺病的女人、患风湿病的小伙子，以及讲怪话的大妈等。她们总是尽力做点好事，为青年农民和村支书扫屋，为村里开办的幼儿园赞助些钱，为村里搞"诗画上墙"，为农民讲解《农村十条》……甚至打算为这个山村写一部村史。

杨绛下乡期间还有一件事，令她难以忘怀，这就是："默存留在家里的时候，三天来一信，两天来一信，字小行密，总有两三张纸。同伙惟我信多，都取笑我。我贴身衬衣上有两只口袋，丝绵背心上面又有两只，每袋至多能容纳四五封信（都是去了信封的，而且只能插入大半，露出小半）。我攒不到二十封信，肚子上左边右边尽是硬邦邦的信，虽未形成大肚皮，弯腰很不方便。其实这些信谁都读得，既不肉麻，政治上也绝无见不得人的话。可是我经过几次'运动'，多少有点神经病，觉得文字往往像解放前广告上的'百灵机''有意想不到之效力'，一旦发生这种效力，白纸黑字，百口莫辩。因此我只敢揣在贴身的衣袋里。衣袋里实在装不下了，我只好抽出信藏在提包里。我身上是轻了，心上却重了，结果只好硬硬心肠，信攒多了，就付之一炬。我记得曾经在缝纫室的泥地上当着那女伴烧过两三次。这是默存一辈子写的最好的情书。……他到昌黎天天捣，仍偷空写信，而嘱我不必回信。我常后悔焚毁了那许多宝贵的信。唯一的安慰是：'过得了月半，过不了三十'，即使全璧归家，又怎逃得过丙午大劫。"最终，这些书信只得由火神收藏了，否则文坛又多了一则可资谈助的佳话。

杨绛下乡原定三个月，后缩短为两个月。她们在回京之前，还各自总结收获,互提意见,杨绛得到的评语中,有一句话说她能和老乡们"打成一片",令她得意了一会儿。就这样,杨绛"乖乖地受了一番教育,毕业回家了"。

五

返京以后,杨绛回到研究所上班,参与《西方古典作家论现实主义和浪漫主义》资料集的编纂。

一九八〇年,中国社会科学出版社出版的一部题为《欧美古典作家论现实主义和浪漫主义》的资料集里,刊登了一段《编者的话》,说明了资料集的最初形态:"这份资料的编选工作,应追溯到一九五九年。当时的中国科学院文学研究所西方文学研究组(即我们西方文学研究室前身)曾编选成《西方古典作家论现实主义和浪漫主义》约三十万字的一份资料,分两个分册。杨耀民主持这个工作,并与杨季康共同编选第一分册,即古希腊、古罗马、英国和美国部分。李健吾与柳鸣九共同编选第二分册,即法国部分。钱锺书同志提供了宝贵的意见。这份资料曾以打字稿的形式,分送全国各有关单位征求意见。"

这位"杨季康"就是杨绛的本名。作为钱锺书研究专家,青年学者张治找到了这套分成两个分册的打字本,标明了成书于一九五九年十一月。他说:"通过对照,我发现杨绛编选的古希腊罗马部分和二十年后的成书选目变化不大,但很多译文被替换为后来专家提供的翻译。这说明起初的译文质量有待提高,但编选眼光是权威的。在当年打字本里,有一个简单的说明,指出了她主要是通过英语和法语的译文来翻译这些西方古典文献的。"[1] 杨绛编译的作家中,古希腊十三人,古罗马六人,内容很丰富。这位有心人以此对照《钱锺书手稿集》,便有下面的发现:"翻阅《钱锺书手稿集》里涉及古希腊罗马作家的内容,几乎找得到资料集里所有杨绛译文相关的摘录段落。特别是标为'第六十六本'的外文笔记,前半部分似乎是专门为编选这部资料集而准备的;后半部分,很可能是钱锺书残稿《欧洲文学里的中国》的文献摘录,那也是一部上级领导指示编译的资料集,可惜只编选出了古希腊罗马的部分……"

通过分析研判,张治并不认为钱锺书是为了帮助杨绛编选这部资料集,才去涉猎相关西方古典文献的。因为"实际上,早在初版《谈艺录》里,他就梳

---

[1] 张治:《杨绛(钱锺书)编译的研究资料集》,《北京大学人文社会科学研究院》微信公众号,2020年6月10日,https://mp.weixin.qq.com/s/obTn0QEYgM5iXVTly9xbxg。

理过西方文艺理论家关于文艺创作的两个传统,只不过并不叫'现实主义'和'浪漫主义'而已。一个是'师法造化,模写自然',一个是'功夺造化,润饰自然'。其中古典诸家标出的文献出处,就是资料集选目的脉络主线。但钱锺书又说,'窃以为二说若反而实相成,貌异而心则同',并不认为这两个传统是互相对立,非此即彼的"。

张治强调:"由此我们可以判断,打字本的资料集署名杨绛编译的内容,其实是在钱锺书指导下确定选目的。实际上,杨绛所有的译著,背后都有钱锺书的支持和帮助。这当然也好理解,第一,杨绛的翻译是钱锺书最擅长却无法施展的外国文学研究的延续和替身;第二,杨绛在文学所外文组工作,又有做这些工作的需要。然而我们也不能过于偏颇地看待这个问题,从一些细节上看到,杨绛的翻译并非钱锺书代笔。比如《堂吉诃德》里的译注有个张冠李戴的错误,在钱锺书那里是不会犯的,他读过相关的书,有读书札记为证。但偏巧这个札记是被涂抹掉了的。因此杨绛才会弄错。

"打字本里其中有一小段杨绛译的柏拉图对话录《斐多》。四十年之后,钱锺书已经作古,杨绛再次重译,她没有提到当年'编选'或是翻译的经历。也许印象不太深了。今天的古典学青年才俊会讥笑杨绛译本《斐多》的诸多失误,并由此怀疑她从前的那些译作质量,殊不知背后有没有钱锺书还是差别很大的。

"很多人为钱锺书没有什么译作传世而感到遗憾,但我们会在很多文学名著中译本前言、后记的感谢名单里,看到钱锺书名列其中。他为别人的翻译工作提供的帮助,包括选题、翻译风格乃至疑难之处的解决,往往对于提高译本质量起到了很大的作用。这是钱锺书对中国当代翻译文学所做出的重要贡献。那本早被遗忘了的研究资料集,不过是其中一个微不足道的插曲而已。"[①]

经历了"下乡锻炼",重又为人师表,杨绛依旧循循善诱地指导青年研究人员的翻译工作。据董衡巽撰文回忆,他"一直想向杨绛先生学点翻译的本事"。那时,董衡巽试译了一篇英国小说家萨基的短篇小说《开着的窗门》(*The Open Window*),去向杨绛求教。

杨绛二话没说,很爽快地答应下来。她很快就看完了,立即找董衡巽谈话。她头一句话是问:

"你是不是朱光潜先生的高才生?"

[①] 张治:《杨绛(钱锺书)编译的研究资料集》,《北京大学人文社会科学研究院》微信公众号,2020年6月10日,https://mp.weixin.qq.com/s/obTn0QEYgM5iXVTly9xbxg.

董氏嘴上说"不是，不是"。心里不无得意，等着表扬。

他拿过译稿一看，脸刷地红了起来。只见译稿上面打了十几个问号。他一下子蒙了，心想，我译得非常用心，怎么会有这么多错？

杨绛问董衡巽："你是怎么翻译的？"

"我是这样翻译的：头一遍对着原文边查字典边译，译得很慢，第二遍润色中文，速度就快了，最后誊清，誊的时候再改中文。"答道。

"你这个方法不对，你译第二遍第三遍的时候，应该更加严格对照原文，看译文是不是符合原文，有没有走样。"

董衡巽说："我知道了。"

回家以后，董衡巽仔细琢磨杨绛打问号的字句，发现自己的错误分两类。第一类是原文把握不住，摸不透含蓄语词的真意，或者看不出字句尖新之处，这也许是英语水平问题。第二类属于态度问题：自己心里偏爱某个词，不管同原文贴切到什么程度，便擅用了；对原文细微的地方，照顾不过来，来一个简化处理，企图马虎过去。

董衡巽非常感激老师杨绛的帮助，他说过，我"所犯的错误可能是学者的通病，但杨先生这次谈话给我上了一堂端正态度的启蒙课。我头一次感到翻译是一件难事，这难首先难在态度。即使属于水平方面的问题，如果竭尽全力反复琢磨，也会减少一点错误。也许可以这样认为：认真的翻译和不认真的翻译，对于同一个译者来说，效果的差别会是惊人的"。需要指出的是，在杨绛身边亲受謦欬的青年，远不止董氏一人。

当时，杨绛和钱锺书作为"白旗"受到"批判"之后，他们更加体贴，互相照应，虽说噤若寒蝉，但依然享受着生活的情趣，文学所同事朱寨的一段回忆，可以使我们看到他们此时日常生活之一斑：

那是一九五八年秋季，当时文学所虽然已脱离北大归属中国科学院，而机关仍在西郊中关村。当年的中关村，真是名副其实的郊野风味。树木郁郁葱葱，田园绿荫，特别是夕阳余晖中，景色更是宜人。此时，钱锺书先生与夫人杨绛女士正在田间道路上并肩散步。我因家在城里，晚上要乘公共汽车回城，于是便偶然相遇了。我对他们早有所闻，便主动迎向前去打招呼。未料，他们对我这个新来人似乎也有所闻，正因为是新来者的缘故，对我格外客气热情。钱先生并不像他的名气容易让人设想的居高临下，反倒谦逊得有些拘谨腼腆。当我表示久仰的时候,他羞赧地抱起双拳,"呦呦呦……"地摇着头后退。本来杨绛女士仰着甜美的笑脸,还要询问恳谈些什么,也只好后退,催我去赶车:"不耽误你回家。"他们并立,一定让我先行,就这偶然一回便熟了。

我站在公共汽车站站牌下等车,还能看到他们漫步的身影。可以看到,他们不仅对我,对其他路人也都客气谦让;即使路上没有其他行人,他们也都走在道边。①

一九五九年,杨绛忍不住技痒,又开始写研究文章。她的《论萨克雷〈名利场〉》(原题《萨克雷〈名利场〉序》)就是这时写作的。该文是杨绛为她的小妹杨必翻译的英国古典名著《名利场》一书而写的,发表在《文学遗产》一九五九年第三期上。

杨必在全国高校院系调整时,分配至上海复旦大学外文系任副教授,业余时间翻译了《名利场》,此前,她还曾翻译出版过《剥削世家》。萨克雷是十九世纪英国著名批判现实主义作家,他的《名利场》被公认为英国文学的一个里程碑,甫一出版,大受青睐。

杨绛在论文中引用马克思和车尔尼雪夫斯基对萨克雷的论述作为自己评论的开始,并力图使用当时流行的"阶级分析观点"来探讨萨克雷及其《名利场》,实事求是,有一说一,按照萨克雷原话和《名利场》原本,做到字字有来历,句句有出处。杨绛对萨克雷描摹真实、宣扬仁爱等作了客观的评价。孰料,文章发表后,又引来一阵"批判",被扣上鼓吹写"真实论""资产阶级人性论"的罪名。

其实,杨绛在文章中分明指出过:"《名利场》揭露的真实就是资本主义的丑恶。萨克雷说,描写真实就必定要暴露许多不愉快的事实。他每到真实,总说是'不愉快的',可是还得据实描写""萨克雷不仅描写'名利场'上种种丑恶的现象,还想指出这些现象的根源。他看到败坏人类品性的根源是笼罩着整个社会的自私自利""他描写人物力求客观,无论是他喜爱赞美的,或是憎恶笑骂的,总是他们的好处坏处面面写到,决不因为自己的爱憎而把他们写成单纯的正面或反面人物。"杨绛还写道:"但是萨克雷写人物还有不够真实的地方。

---

① 朱寨:《走在人生边上的钱锺书先生》,见何晖、方天星编《一寸千思:忆钱锺书先生》,沈阳:辽海出版社,1999年9月第1版,第408—409页。

譬如利蓓加是他描写得非常成功的人物，但是他们似乎把她写得太坏些。何必在故事末尾暗示她谋杀了乔斯呢。照萨克雷一路写来，利蓓加心计很工巧，但不是个凶悍泼辣的妇女，所以她尽管不择手段，不大可能使出凶辣的手段来谋财害命。萨克雷虽然在暗示，却没有肯定她谋杀，可是在这一点上，萨克雷好像因为憎恶了利蓓加这种人，把她描写得太坏，以至不合她的性格了。"杨绛认为，萨克雷和英国小说家斐尔丁一样，喜欢夹叙夹议，对此，她直言不讳："作家露面发表议论会打断故事，引起读者嫌厌。"可谓一语中的。

在论文的最后，杨绛以平实的口气总结道：《名利场》在英国文学史上有重要的地位。萨克雷用许许多多真实的细节，具体描摹出一个社会的横切面和一个时代的片段，在那时候只有法国的司汤达和巴尔扎克用过这种笔法，英国小说史上他还是个草创者。他为了描写真实，在写《名利场》时打破了许多写小说的常规。这部小说，可以说在英国现实主义小说的发展史上开辟了新的境地。《论萨克雷〈名利场〉》发表后，根据文学所领导的要求，杨绛开始了对西班牙作家塞万提斯的《堂吉诃德》的研究与翻译工作，这期间只撰写了几篇文学评论。其中《艺术是克服困难——读〈红楼梦〉偶记》发表于《文学评论》一九六二年第六期，《堂吉诃德和〈堂吉诃德〉》发表于《文学评论》一九六四年第三期，《李渔论戏剧结构》发表于人民文学出版社一九六四年六月出版的《文学研究集刊》（第一集）上。这些论文展现了杨绛独特的艺术鉴赏力和比较文学的功力。

由此，我们可以肯定的是，杨绛和她的丈夫钱锺书一样，他们浸淫于中国古典，又漫游于欧美精义，从来就抱着打通两端、消泯畛域的雄心，也就是以无分东西的共同价值为最高理想。

为了译好《堂吉诃德》，杨绛从一九五八年冬开始自学西班牙文，学了两年，一九六一年开始动手翻译，至一九六六年她已经完成工作的四分之三。由于"文革"的干扰不断，直到一九七六年才完成，这是后话。

据杨绛对胡真才说，早在一九五七年，国家计划翻译出版"三套丛书"（即"马克思主义文艺理论丛书""外国文艺理论丛书""外国文学名著丛书"），成立了"三套丛书编委会"。其时《堂吉诃德》被列为《外国文学名著丛书》选题之一，编委会领导、时任中宣部副部长林默涵因读过她翻译的法国文学名著《吉尔·布拉斯》，决定请她翻译《堂吉诃德》，并告诉她从哪种文字转译都可以。当时她找了五种最有名望的英法文译本细细对比。她说："五种译本各有所长和不足,很难确定用哪一个更好。我觉得任何译本都不能代表原作,要求对原作忠实,只能从原文翻译。"已掌握两门外语的杨绛为译好《堂吉诃德》,毅然决定再学西班牙语:"一九六〇年三月,我读毕《西班牙文入门》后,便开始阅读拉美的西班牙文小说。由浅入深,渐渐能读懂比较艰深的文章了。"这时,杨绛选择了西班牙皇家学院院士马林编著的最具权威性的《堂吉诃德》版本开始翻译。后来,杨绛回顾说:"一九七六年十月,'四人帮'被粉碎。十一月二十日,《堂吉诃德》第一、第二部全部定稿。次年搬入新居后,我又将全书通校一遍,于五月初送交人民文学出版社,一九七八年四月底,《堂吉诃德》出版。六月,适逢西班牙国王、王后来中国访问。我参加国宴,小平同志为我介绍西班牙国王、王后。小平同志问《堂吉诃德》是什么时候翻译的,我在握手间无暇细谈,只回答说'今年出版的'。"

《堂吉诃德》中译本出版后,西班牙政府多次邀请杨绛访问西班牙,杨绛均以自己"口语不佳"为由谢绝,但她又觉得这样做有失礼貌,后来终于在一九八三年十一月前往西班牙访问,受到西班牙政府和人民的热情款待。一九八六年十月,西班牙国王颁给杨绛"智慧国王阿方索十世十字勋章",以表彰她对传播西班牙文化所作的贡献。二十多年来,杨绛翻译的《堂吉诃德》在人民文学出版社先后以"外国文学名著丛书"本、"世界文库"本、"名著名译"本和"中学生课外文学名著必读"本等多种形式出版,总印数已有七十余万套。

杨绛之翻译《堂吉诃德》,受到夫君钱锺书的影响。据张治考证,二十世纪中国人对于《堂吉诃德》这部世界名著的认识,除了得益于自林纾开始的诸多译本之外,在很大程度上还受到两篇文章的影响。一篇是屠格涅夫的《哈姆雷特与堂吉诃德》(1860),此文对这两位几乎同时问世的文学人物进行了对比评说,重在阐发堂吉诃德好理想、肯牺牲的勇敢无畏精神。另一篇文章则是海涅的《精印本堂吉诃德引言》(1837),该文对于《堂吉诃德》的小说风格与文学才能有细致入微的评论。钱锺书一九五六年在北大文学研究所的《文学研究集刊》上发表了他的译文和丰富博学的注释。这篇文章对于小说全貌的把握,对于人物性格的认识都很高明,如钱锺书在译者后记中所说,代表了海涅对《堂吉诃德》"最成熟的见解和最周到的分析"。所以,张治认为:"我个人觉得,……后来杨绛那部脍炙人口的全译本,恐怕很大程度上受到这篇译文的影响甚至可以说是指导。"①

一九六〇年七月，从北京大学中文系毕业的王水照，被分配到中国科学院哲学社会科学部文学研究所工作，所里给他指派了一名导师，此人便是学贯中西的钱锺书。

尽管钱锺书平日里非常繁忙，但他对王水照的辅导丝毫没有懈怠，王水照的很多篇论文和稿子都得到了他的悉心指教，审读意见和修改建议写得极为详细。一些重要论文，钱锺书会密密麻麻地写上五六页纸的意见，有时文字长达两三千字，然后还要约王水照来面谈，认真负责的态度，令王水照感动不已。

钱锺书是名副其实的导师，可他却不愿把自己当成王水照的老师，而看成平等的学人关系，称王水照为贤弟、贤友、吾友、吾弟，并说对方是"吾友明通之识，缜密之学，如孙悟空所谓自家会的，老夫何与焉（与他这个老夫无关）"。其自谦心胸令人折服。

从一九六〇年起，王水照一直在文学研究所古代文学组工作，又具体分在唐宋段。直到一九七八年，因为要与家人团聚，他才调离北京，来到上海，进入复旦大学中文系工作。

笔者一九八〇年进入复旦中文系，至一九八四年本科毕业，在那里度过了难以忘怀的青葱时光。王水照老师是我在本科阶段听课最多的老师之一。他曾经给我们班级上过必修课"中国文学史"唐宋段，以及选修课"苏轼研究"。在课堂上，钱锺书则是王水照经常提及的名字。因为他当年一进文学所，即在钱锺书门下，投入新的《中国文学史》和《唐诗选》的编写中去了。他的治学领域和主攻方向也正式确定为唐宋文学。王水照一直说这段经历对他来说是至关重要的。在文学所工作的十八年是他精力最旺盛的时段，是他吸取各类养料的重要时段。

在与钱锺书一起工作中，王水照多次获得耳提面命的机会："有次我到他家里去，有事情。他说你来了，我最近花了两个星期把《十三经注疏》温了一遍。这话他说起来是非常轻松的一件事情，我是大吃一惊了。《十三经注疏》是什么概念呢？是把中国古代的儒家的十三部最重要的经典，比如《诗经》《易经》《春秋三传》《论语》《孟子》等，进行注释。这本书的分量是怎样的呢？现在，中华书局有印影本，上下两厚册2000多页，每一页有3页宪章本把它补起来的，

---

① 张治：《蜗耕集》，杭州：浙江大学出版社，2012年5月第1版，第94页。

总数是8000多页的大书。他说他花了两星期温了一遍,我是非常吃惊的。"

一九六三年,杨绛到上海探望生病的妹妹杨必,她顺便拜访了挚友傅雷、朱梅馥夫妇。一九八〇年,杨绛在一篇文章中追述了他们见面的情景:"梅馥告诉我她两个孩子的近况;傅雷很有兴趣地和我谈论些翻译上的问题。有个问题常在我心上而没谈。我最厌恶翻译的名字佶屈聱牙,而且和原文的字音并不相近,曾想大胆创新,把洋名中国化,历史地理上的专门名字也加简缩,另作'引得'或加注。我和傅雷谈过,他说'不行'。我也知道这样有许多不便,可是还想听他谈谈如何'不行'。"①

"别时容易见时难。"孰料,这竟是杨绛与傅雷夫妇最后相见的一面。一九六六年九月,"文革"风暴骤起,杨绛、钱锺书多年的好友傅雷、朱梅馥双双饮恨而去,令人扼腕。

二十世纪五六十年代,杨绛正处于年富力强之际,精气神十足,留给他人的印象很深。作为同事加邻居的柳鸣九记得:

> 在文学研究所没有分生出外国文学所以前,我与钱、杨都是一个所里的"同事",只不过,钱锺书所在的中国古典文学研究室,与我所属的文艺理论研究室相隔甚远。但我们这个研究所与杨季康(杨绛)所属的西方文学研究组却经常在一起开"联组会",进行政治学习与一些重大问题的讨论,愈是遇到"整风""路线学习"与政治运动的时候,这种"联组会"就更多一点,因此,从60年代初起,我就常在"联组会"见到"季康先生"。1964年,我被正式调到外国文学研究所中"季康先生"所属的西方文学研究室,同属于一个基层单位,碰面的机会自然较多。此外,在1962年8月,钱、杨搬进他们著名的干面胡同宿舍大楼以前,曾在东四头条的宿舍大院住过一个时期。而那时,我与朱虹也住在那个大院,钱、杨住前院一幢小洋楼,我们则住后院的小木楼。在同事关系之外,又有过一段时间的邻居关系,我便多了一些熟悉与就近景仰的机会。
> 我初见到的杨季康正是50出头的年龄,她精瘦娇小,举止文静轻柔,但整个人极有精神,似乎她就是精气神的高度凝聚,特别是她那两道劲道

---

① 杨绛:《记傅雷》,见《杨绛散文》,杭州:浙江文艺出版社,1994年12月第1版,第80页。

高挑而又急骤下折的弯眉，显示出了一种坚毅刚强的性格。她的衣着从来都是整齐利索，即使是在家里不意碰见来访者敲门的时候。至于参加所里的会议与活动时，更是相当讲究，当时，在整个研究所有两位女士的衣着是很"高级"的，一是"九叶诗人"之一郑敏，她从美国回来不久，常穿款式特别、色彩艳丽的衣裙，极有浪漫风格；另一位是杨季康，她的穿着则很典雅，多少有点华贵，冬天常披一件裘皮大衣，很有高雅气派。她们俩人都保持西洋妇女那种特定的"尊重自己，也尊重别人"的习惯，每次公共场合露面，都对面部做了不同程度的"上妆"，这在五六十年代的国内环境中，是极罕见的。不过，郑敏的"妆"较为浓，而杨季康的则几乎是不着痕迹，似有似无。

在公众场合，季康先生从来是低姿态的，她脸上总是挂着一丝谦逊的微笑，像是在每一秒钟对每一个人都表示着她尊重对方，与人无争、谦虚礼让的善意，她对人不仅是彬彬有礼、和蔼可亲，而且有时近乎谦恭。说实话，在一个高度一元化、官本位的社会里，有的时候不谦恭那就是做得不到位，不达标。政治学习会上以及其他重要的场合中，季康先生极少发言、表态，实在不得不讲几句的时候，她总是把自己的语言压缩到最少的地步，正如她在日后翻译《堂吉诃德》中奉行"点烦"原则，即把用词精简到不可能再精简的程度。她讲起话来，不仅轻声轻语，而且从来都是操持低调，也就是说，从来都带着"原罪"自我认定，如"自己马列主义没有学好""资产阶级学术思想没有改造好""从旧时代过来，身上有旧的烙印"等这类的话经常绝不离口，每当我观察她如此如此之时，心里常这样想：杨老太，我很懂，你这是在"刘备种菜园子"！

50年代后期至60年代初，"文化大革命"以前，杨季康在卞之琳所统率的西方文学研究室任研究员。研究课题是英国小说，上至18世纪的菲尔丁，下至19世纪的狄更斯、萨克莱，基本上就是英国18、19世纪的被惯称为"现实主义"的范围。那时"翰林院"的研究工作任务就是写论文、写专著，一般都是写论文，很少有人径直去写专著，即使建国前写过专著的学者（如写过《福楼拜评传》的李健吾）也不那样做，因为当时研究所的所长何其芳特别强调写高质量的学术论文，把学术论文视为学者研究心得、学力水平最凝聚的体现，认为只有内容厚实、水平高超的学术论文才有可能演绎为学术专著，他自己的专著《论〈红楼梦〉》实际上就是由一篇篇高水平的论文所组成的，因为他当时在政治上与业务上都有很高的威信，他这种主张与他自己的方式也就成为楷模与典范，大家都起而效尤。季康先生后来于1979年出版的《春泥集》就是她五六十年代任研究员所写的研究论文的结集。书名很谦逊，取自龚自珍的"落红不是无情物，化作春泥更护花"，意指她这些文字只不过是"零落的残瓣""可充繁荣百花的一点儿肥料"。虽然只是薄薄的一本，不到10万字，但每篇文章的学术内容高度凝练扎实，风格极为清爽洁净，文如其人，就是一个简洁、干净、利落！学术研究文章写成如此，何况日后的散文？这时已可预示季康先生特有的那种淡泊纯净、含蓄内敛的风格了。

以季康先生的才力，几年之内只写出为数并不多的学术文章，这在"翰林院"里应该说是个人研究成果"比较少"，也许有人要问，她干什么去了？从后来的事情来看，她主要精力是在搞翻译，而且产品丰硕，《小癞子》《吉尔·布拉斯》以及"文化大革命"后才出版的《堂吉诃德》基本上都是她在"翰林院"供职期间译出的，几乎囊括了西欧文学中流浪汉体小说的全部名著，成绩斐然，可谓译出了一个"系列"，一个"体系"。这是其他任何翻译家包括傅雷也没有做到的，这既需要有成熟的文学史的视野与见识，更需要有足够传达出这类小说风格的高超译技与精湛语言修养，那也是学懂了一门外语，只会注重死板的词义与文法关系的"全真派"译匠所望尘莫及的。

应该说明，翻译工作在"翰林院"的研究理念与工作体制中一直没有正式的地位，甚至不那么"合法"，制订研究工作计划时，它没有地位，统计研究工作成果时，它不算是"研究成果"，在评职称时，它不顶用，没有"硬通货"的效用，只是对极少数已修成正果，且名望特别响亮的大翻译家才有特别的"宽大政策"，那就是容许作为"研究员"的他们也可以在"研究计划"中订入翻译的项目，也可以将其译作列入"研究成果"。当然，这些人都已经"功成名就"，不存在"评职称""晋升职称"之类的问题，如潘家洵、罗念生。潘家洵早在"五四"时期就曾以译出了易卜生的戏剧名著，为中国新文化运动立了一大功，他一直抱着易卜生不放，致力于译其全集，对此，"翰林院"的领导当然不能不"认账"，不能不支持，他虽身为"研究员"又供职于"研究室"，却堂而皇之地大搞翻译，当然他的译事也就堂而皇之地列入"翰林院"的"研究计划"。罗念生先生与潘老亦相仿，他号称中国学林中懂得古希腊语的唯一一人，一直在翻译古希腊的悲剧与喜剧，译出初稿后，还要通过英语译本进行校改修订，一校之后，还有二校，以至三校，精益求精，细致雕琢。因此，他的"研究计划"十来年之中却只有那恒久不变的一项：翻译古希腊戏剧名剧。

潘、罗二位资深元老都是"二级研究员"，他们这种"特权"，当时的中青年研究人员是享受不到的，我所记得的唯一例外，是后来的罗新璋。他在敝人所主持工作的"南欧文学研究室"里，身为供职于研究岗位的"研究员"，从来却只搞翻译，基本上不搞作为本职工作的"文学研究"。因为，他是我辈之中最为出色的翻译家，他优秀的才能与单一的兴趣受到最大限度的尊重与照顾，何况，对翻译艺术进行研究何尝不是"研究"？所以，也就有一把"破伞"为他"遮风挡雨"了。不过，愈到后来，随着只学了一门外语而对文学研究既无兴趣更难以适应的"新鲜血液"涌入"翰林院"，原来那个"翻译作品不算研究成果"的不成文的法，也就名存实亡，以搞翻译安身立命之本的人愈来愈多，甚至进入庙堂而居高位者亦大有人在，可惜像罗新璋那样译技精湛，具有大家风范的译师却如凤毛麟角。

杨季康当时在研究所是三级研究员，以她的资格与地位来说，她未尝不可以享受潘家洵、罗念生的那种"特准"，但她是一个很尊重"翰林院"的规则，不过分强调个人兴趣的人。因此，她在个人的研究计划里，从来都订入了文学研究的课题，她的翻译工作，虽然也得到了研究室统领下之琳的"特准"，但在名分上却始终是次要的"老二"。不过，从事实结果来看，她个人的兴趣显然是倾向于搞翻译而不是写学术研究论文。也许，她早就悟出了"理论是灰色的，只有生命之树常青"的道理。巨大的兴趣当然形成了巨大的动力，并演化为巨大的创造性。她找到了适合自己的道路，发挥了自己的所长，回避了思辨力的所短，最后达到了成功的高地。她全部重要的译品基本上都是完成于五六十年代至"文化大革命"之前，今天看来，在西学领域里，她的成就比之于她的同辈，似可谓"后来居上"，在与她同一辈分、同一年龄段的学者专家中，比她的职称级别更高者不止一两个，但在同一个时期，有的正在"官场"中应付各种规矩与法则，在"庙堂"里适应种种规范，耽误了不少学术建树的大好时光，有的自恃掌握了国说主义，深谙政治潮流的方向，热衷于趁风借势，"今天批这，明天批那"，"拳打脚踢"，即或进行译述，却把过去时代风潮中那类跟风趋势的作家作品，误认为永恒经典，对之忘乎所以进行了时间与学力的投资，结果虽不能说是"颗粒无收"，但的确只能说仅收获了一朵"明日黄花"而已。而在这些年里，杨季康却甘于坐冷板凳，埋头"种菜园子"，认定自己的流浪汉体小说系列，辛勤耕耘，厚积薄发，为自己日后的成功与辉煌，打下了扎实的基础。终于，在面对着中国的文化积累史的时候，难道还能说杨季康只是"三级"，而谁人谁人是一级、二级？①

---

① 柳鸣九：《君子之泽，润物无声——心目中的钱锺书、杨绛》，见氏著《翰林院内外》，武汉：长江文艺出版社，2006年3月版，第75—80页。

第九章　十年尘世

一

一九六六年，"文化大革命"开始。

一九六六年八月九日，杨绛就在"如火如荼"的"运动"中被"揪出来了"。三天之后，她的丈夫钱锺书也被"揪出来了"。那时，他们俩同在一个学部，杨绛属外国文学所，钱锺书则属文学所，两所"运动"的过程大致相仿。

在外文所，虽然没有一张揭发杨绛的"大字报"，不过她觉得事情已经不妙。有一次大会前，群众传看一份文件，传到她近旁时就跳过了她，好像没有她这个人。再有一次大会上，忽然有人发问：

"杨季康，她是什么人？"

会后就有人通知她："以后开会，你不用参加了。"

杨绛就这样给"揪出来了"①。一同被"揪出来"的李健吾、卞之琳、罗念生、邹荻帆等，坐在空落落的办公室里"待罪"。

"待罪"之时，报上发表了《五一六通知》。杨绛等人对照这个文件细细研究，窃窃私议，满以为按这个指示的精神，"革命群众"应该请他们"重新归队"。

忽然，有一天，他们被召去开大会，不料会上群众愤怒地控诉他们的种种罪行，并公布今后的待遇：

不发工资，存款全部冻结，每月发给生活费若干元；

每天上班后，身上挂牌，牌上要写明姓名、身份和"自己招认并经群众审定的罪状"；

组成"劳动队""行动听指挥"，并由"监管小组"监管。此外，还有一系列禁令，如不许喝牛奶，不许吃鱼肉蛋禽，只许吃窝窝头、咸菜和土豆，不准

---

① 杨绛：《丙午丁未年纪事——乌云与金边》，见《杨绛全集》第二卷，北京：人民文学出版社，2014年8月第1版，第56页。

戴草帽，不准撑遮阳伞，不准穿皮鞋等。

至于钱锺书究竟为何被"揪出来"，他自己也莫名其妙。杨绛问他时，他说"大概是人家贴了我几张'大字报'"——简直是黑白颠倒：钱锺书身为《毛泽东选集》英文编译委员会成员，书桌上竟然没有"毛选"四卷……

一天晚上，杨绛回家问她的丈夫钱锺书：

"你们怎么样？"

当然，学部各所都是丝毫不差的，他们俩的遭遇也相仿佛。钱锺书的专职是扫院子，杨绛的专职是扫女厕。他们夫妇草草吃过晚饭，就像小学生做手工那样，认真制作自己的"牌子"。杨绛所在的外文所规定"牌子"为圆形，白底黑字。钱锺书所在的文学所规定"牌子"为长方形，黑底白字。下面的情形，杨绛在《丙午丁未年纪事——乌云与金边》一文的记载是这样的：我给默存找出一块长方的小木片，自己用大碗扣在硬纸上画了个圆圈剪下，两人各按规定，精工巧制；做好了"牌子"，工楷写上自己一款款"罪名"，然后穿上绳子，各自挂在胸前，互相鉴赏。我们都好像阿丽思梦游奇境，不禁引用阿丽思的名言："Curiouser and curiouser！"①我们似乎可以听出两人苦涩的浅笑。

接下来的事情使他们感觉愈来愈出奇，夫妇俩度日如年。学部当时还没有供全体员工开会的大礼堂，只有一个大席棚。有一天，大雨倾盆，寒意刺骨。到处"造反"的"红卫兵"把各所"揪出来"的"牛鬼蛇神"都召到大席棚里，"押上台"去"示众"，还给他们都戴上报纸做成的"尖顶高帽"。

杨绛被"批斗""揪斗"，不止这一次，有时单独，有时和钱锺书一起，成为"家常便饭"。其中有一件事非同小可，前面已经提到过钱锺书的"罪名"，对此，杨绛在《干校六记》中的叙述更为详尽：

"文化大革命"初期，有几人联名贴出"大字报"，声讨默存轻蔑领导的著作。略知默存的人看了就说：钱某要说这话，一定还说得俏皮些；这语气就不像。有人向我通风报信；我去看了"大字报"不禁大怒。我说捕风捉影也该有个风、有个影，不能这样无因无由地栽人。我们俩各从"牛棚"回家后，我立即把这事告知默存。我们同拟了一份"小字报"，提供一切线索请实地调查；两人忙忙吃完晚饭，就带了一瓶糨糊和手电到学部去，

---

① 杨绛：《丙午丁未年纪事——乌云与金边》，见《杨绛全集》第二卷，北京：人民文学出版社，2014年8月第1版，第57页。

把这份"小字报"贴在"大字报"下面。第二天,我为此着实"挨了一顿斗"。①

就在这里专门提到的"斗争会"上,杨绛受到"革命群众"的"审问"。

群众问:"给钱锺书'通风报信'的是谁?"

杨绛说:"是我。"

群众又问:"打着手电贴'小字报'的是谁?"

杨绛说:"是我——为的是提供线索,让同志们据实调查。"

台下一片怒斥声。有人说:"谁是你的'同志'!"

杨绛就干脆不称"同志",改称"你们"。

那天,杨绛一口担保,钱锺书的事自己都知道。当时,群情激奋,杨绛也十分气愤。有人递来一面铜锣和一个槌子,下令她打锣"自报罪名"。她正是火气冲天,没处发泄;当下接过铜锣和槌子,下死劲大敲几下,借以发泄无比的愤恨。

这一来可翻了天了——台下闹成一片,"造反派"要驱杨绛到学部大院去"游街"。一位中年老干部不知从哪里找来一块污水浸霉发黑的木板,络上绳子,叫她挂在颈上。木板是滑腻腻的,挂在脖子上很沉。杨绛戴着"高帽子",举着铜锣,给群众"押着"先到稠人广众的食堂去绕一周,然后又在院内各条大道上"游街""出丑"。"造反派"命她走几步就打两个锣,叫一声:"我是'资产阶级知识分子'!"

一向和颜悦色、说话慢条斯理、举止温文尔雅、被人视为"文弱书生"的杨绛,这天一反常态,大声叫喊,她情愿以这一特殊方式,抗议对自己、对钱锺书的种种侮辱,表现了中国知识分子的铮铮傲骨。她的同事叶廷芳在一篇文章中实录其事,读来惊心动魄:那场突如其来的倾盆大雨迫使一个个所谓的"走资派"和"反动学术权威"低下他们高贵的头,面对一张张"大字报"的满篇不实之词,人们只能咽下痛苦的泪水,敢怒而不敢言。但在学部大院内却发生一起例外:一张"揭发""反动学术权威"钱锺书的"大字报"被另一个"资产阶级权威"提出疑问;她写了一张"小字报"贴在那张"大字报"的一角,对"大字报"中的不实之词进行澄清。此人不是别人,正是上述的"弱女

---

① 杨绛:《干校六记》,见《杨绛作品集》(第二卷),北京:中国社会科学出版社,1993年10月第1版,第45—46页。

子"杨绛。不用问,她的"胆大包天"不可能不受到惩罚。她马上被"揪"到本单位大会议室,与其他"牛鬼蛇神"一起"示众"。他们一个个被勒令屈辱地低着头,出乎人们意料,偏偏杨绛拒绝服从,她满面怒容地昂着头!人们斥问她为什么如此顽固!她怒不可遏地跺着脚大喊:"就是不符合事实!就是不符合事实!……"那形象真像一头愤怒的猛狮。杨绛的这一大无畏之举,使在座的"革命群众"中的年长和年轻的同事心中引起共鸣或灵魂震撼。从此,我对她刮目相看,觉得在她的柔弱的外表之内,蕴含着刚正不阿的精神情操和对丈夫的真挚、深厚的爱①。正是出于对丈夫钱锺书的挚爱,杨绛一口担保钱锺书绝无此事。后来,当"红卫兵"实地调查时,也查无实据。对此,时隔多年,杨绛以不乏幽默的笔调调侃道:"我想这有何难,就难倒了我?况且知识分子不都是'资产阶级知识分子'吗?叫又何妨!我暂时充当了《小癞子》里'叫喊消息的报子';不同的是,我既是'罪人',又自报消息。当时虽然没人照相摄入镜头,我却能学孙悟空让'元神'跳在半空中,观看自己那副怪模样,背后还跟着七长八短一队'戴高帽子'的'牛鬼蛇神'。那场闹剧实在是精彩极了,至今回忆,想象中还能见到那个滑稽的队伍,而我是那个队伍的首领!……我心想,你们能逼我'游街',却不能叫我屈服。我忍不住要模仿桑丘·潘沙的腔吻说:'我虽然"游街"出丑,我仍然是个有体面的人!'"②

还有一次,文学所所长何其芳等在北京吉祥大戏院的大舞台"挨斗",他们披戴了各种辱骂性的名号,被一一押到台上。杨绛夫妇在陪斗之列,暂时栖身台下。

那天,杨绛异常困倦,只好低着头打起了瞌睡。台上的"检讨"和台下的斥骂连成一片,她却置若罔闻。忽有人发现,大喝一声:

"杨季康,你再打瞌睡就'揪'你上台!"

杨绛赶忙睁目抬头,觉得嘴里发苦,知道是心里慌张所致。可是一会儿她又瞌睡了,这样被"揪上台"势在难免。

杨绛和钱锺书终于都被点名叫上舞台,登上了台就有"高帽子"戴,并挨一顿混骂。在一片"低头!低头!"的怒骂声中,他们夫妇俩被迫低头"认罪"。

---

① 叶廷芳:《杨绛先生印象记》,见《文汇报》笔会编辑部编《面对永恒》,上海:文汇出版社,1998年4月第1版,第549—550页。
② 杨绛:《丙午丁未年纪事》,见《杨绛作品集》(第二卷),北京:中国社会科学出版社,1993年10月版,第175页。

石定果是钱锺书妹妹钱锺霞的女儿,当年她身临其境,亲眼看见自己的大舅舅、大舅妈被批斗的情景:"我发现大舅舅、大舅妈虽然按规矩低着头,但镇静自若,并无惶恐神色,我惊讶他们何以能仍然如此从容淡定?我只是一个毫无阅历的大学生,我想,大舅舅、大舅妈经过了若干次'政治运动',所以已不害怕了。等到多年之后,我也算领略了点儿世事沧桑,才明白大舅舅、大舅妈的从容淡定是人格的尊严,这尊严来自禀赋,来自教养,来自学识,来自信念。"①

杨绛在单位里挨"批斗",回到干面胡同的中科院宿舍楼后仍要接受"批斗",直到斗得七窍生烟、灵魂出窍,耳畔还响着一声声:"斗!斗!斗!"以至何其芳私下发誓:等逃过难关,一定要治一方"身经百战"的藏书印章以志纪念②。

在宿舍楼大院主持"批斗"的是一位"极左大娘"——一个老革命职工的夫人(不久以后这位"极左大娘"也在前院"挨斗"了,据说她先前是个私门子,嫁过"敌伪小军官"),执行者则是一群正当少年的"红卫兵""红小兵"。

此时那位"极左大娘"还直在大院里大声恫吓:

"你们这种人!当心!把你们一家家'扫地出门'!大楼我们来住!"

她坐在院子中心的水泥花栏上侦察,不时发出警告:

"×门×号!谁在撕纸?"

"×门×号!谁在烧东西?"

一会儿她又叫人快到大楼后边去看看:

"谁家烟囱冒烟呢!"

夜深人静,这位"极左大娘"却睡意全无,老在喝问:

"×门×号!这会儿干吗还亮着灯?"

第二天清晨,杨绛他们都给赶往楼前平房的各处院子里扫地并清除垃圾。不知是谁在前一天晚上下的命令。大家都体谅杨绛,她去扫地的几处,有的说,院子已经扫过了,有的象征性地留着小撮垃圾让她清除。

然而,有一大娘一边口口声声骂"你们这种人",一边下令杨绛爬进铁丝网拦着的小臭旮旯,用手指抓取扫帚扫不到的臭蛋壳和烂果皮。"押"她的一个大

---

① 石定果:《追忆舅舅钱锺书先生》,丁伟志主编:《钱锺书先生百年诞辰纪念文集》,北京:生活·读书·新知三联书店,2010年11月第1版,第259—260页。
② 刘中国:《钱锺书:20世纪的人文悲歌》(下),广州:花城出版社,1999年9月版,第631—632页。

姑娘拿一条杨柳枝做鞭子，抽得她肩背上辣辣的痛。杨绛认识她。

杨绛回头说："你爸爸也是我们一样的人。"

那姑娘立起一对眼珠子说："他和你们不一样！"随手就猛抽一鞭。

二

一个星期天的早上，宿舍大院的平房里忽然出现一个十六七岁的"红卫兵"。他召集大楼里的"牛鬼蛇神"去训话，杨绛也在其中。他下令从此以后每天清早上班之前，不准乱说乱动，只准扫大院，清除垃圾，"改造思想"……不胜其烦。杨绛心想：我们这群"牛鬼蛇神"是最驯良、最和顺的"罪犯"，不论谁的命令都一一奉行。

这时候，杨绛家里的阿姨顺姐被迫离开了。他们生活上的许多事情都得自己料理。"革命群众"已通知煤厂不得为他们家送煤。他们日用的蜂窝煤饼，一个个都得自己到煤厂去买。

杨绛每天下班路过煤厂，买三块大煤、两块小煤，用两只网袋装了一前一后搭在肩上，因为她在所里扫地扫得两手无力，什么都拿不动了。煤厂工人认识她。他们明知是"牛鬼蛇神"，却十分照顾。她下班赶到煤厂，往往过了营业时间，他们总放她进厂，叫她把钱放在案上，任她自取煤饼。有一次，煤厂工人问杨绛：

"你烧得了这么多煤吗？"

"六天买七天的，星期日休假。"她说。

他们听她还给自己"休假"，都笑了。往常给杨家送煤的老田说："干脆我给你送一车吧。"他果然悄悄儿给她送了一车煤。杨绛央求他给同在难中的李健吾和唐棣华家也送些煤，这位师傅也给送了。这事不幸被"极左大娘"知道了，立即带着同伙赶到煤厂，制止了送煤行动。

回顾这段困苦不堪的经历，杨绛沉痛地说道："我虽然每天胸前挂着'罪犯'的'牌子'，甚至在群众愤怒而严厉的呵骂声中，认真相信自己是亏负了人民、亏负了党，但我却觉得，即使那是事实，我还是问心无愧，因为——什么理由就不必细诉了，我也懒得表白，反正'我自岿然不动'。打我骂我欺侮我都不足以辱我，何况我所遭受的实在微不足道。至于天天吃窝窝头咸菜的生活，又何足以折磨我呢。我只反复自慰：假如我短寿，我的一辈子早完了，也不能再责望自己做这样那样的事;我不能像莎士比亚《暴风雨》里的米兰达,惊呼'人类多美呀。啊,美丽的新世界……!'我却见到了好个新奇的世界。"① "文革"把一切都颠倒过来了。按照"颠倒过来"的原则,文学所原来打扫卫生的临时工小刘当起了领导,负起监督文学所全体"牛鬼蛇神"的重任。杨绛和钱锺书、何其芳、俞平伯、陈翔鹤等专家都属她"监管"。杨绛扫厕所,钱锺书扫大院。他们每天不是"劳动改造",就是"写检查",一切正常的业务活动均被取消。

杨绛干的是小刘原来的活儿。杨绛仔细看过那两间污秽的厕所,也料想她这份工作是相当长期的,绝不是三天两天或十天八天的事。她就置备了几件有用的工具,如小铲子、小刀子,又用竹筷和布条做了一个小拖把,还带些去污粉、肥皂、毛巾之类和大小两个盆儿,放在厕所里。不出十天,她把两个斑驳陆离的瓷坑、一个污垢重重的洗手瓷盆和厕所的门窗墙壁都擦洗得焕然一新。瓷坑和瓷盆原是上好的白瓷制成,铲刮掉多年的积污,这样虽有破缺,仍然雪白锃亮。三年后,翻译家潘家洵的太太对杨绛说:"人家说你收拾的厕所真干净,连水箱的拉链上都没一点灰尘。"

杨绛还回忆说:"小刘告诉我,去污粉、盐酸、墩布等都可向她领取。小刘是我的新领导,因为那两间女厕属于她的领域。我遇到了一个非常好的领导。她尊重自己的下属,好像觉得手下有我,大可自豪。她一眼看出我的工作远胜于她,却丝毫没有忌妒之心,对我非常欣赏。我每次向她索取工作的用具,她一点没有架子,马上就拿给我。"这种话只有幽默感十足的杨绛才说得出,叫人忍俊不禁。

其实,杨绛没有那么幸运:一个她喜欢的小女孩,在得知她是"扫厕所的"之后就不再理她了。杨绛说:"那时候扫厕所是惩罚,受这种惩罚的当然不是好人。"至于杨绛自己,却觉得做了扫厕所的人之后,"享到些向所未识的自由"。在"文革"这一特殊条件下,杨绛认为,"收拾厕所有意想不到的好处":其一,可以躲避"红卫兵"的"造反";其二,可以销毁"会生麻烦的字纸";其三,可以"享到向所未识的自由",摆脱"多礼"的习惯,看见不喜欢的人"干脆呆着脸理都不理"。

为了免去"扩散余毒",学部的"牛鬼蛇神"被分别集中起来。文学所的

---

① 杨绛:《丙午丁未年纪事》,见《杨绛作品集》(第二卷),北京:中国社会科学出版社,1993年10月第1版,第162页。

"集中地"是"三楼"。

所谓"三楼",是文学所的特殊名称。在文学所二层楼房顶上有个方堡似的大房间,设计师当年设计这个大房间,也许别有深意,可是没人知道他原来设计的意图,一直把这个大房间当仓库用,也只是堆放缺胳臂断腿的桌椅和废旧报纸杂志。既然没有正式用处,也就没有正式的名称。

现在把"牛鬼蛇神""关押"在这里,才临时起名"三楼"。当时还没有创造发明出"牛棚"这个规范化的"名称"。不过,意思一样,谁若"更上一层楼",被"揪"到这里来了,谁便成了不折不扣的"另类"。

"三楼"墙厚窗高,闷热无比,加之多年储放杂物,到处都是尘埃和蛛网。来到这个安身立命之所,"牛鬼蛇神"忙着打扫卫生,然后沿着四壁,又把那些残缺桌椅摆了一圈,每人被指定给一个座位,即一把椅子和一张椅子宽窄的桌子。钱锺书也身处"三楼"。

钱锺书曾向杨绛形容过小刘这位"监管大员"的"威风",杨绛也挺想看一看钱锺书"一伙"的处境:"文学所的'牛鬼蛇神'都聚在一间屋里,不像我们分散几个办公室,也没有专人监视。我很想看看默存一伙的处境。一次,我估计他们已经扫完院子,就借故去找小刘。我找到三楼一间闷热的大办公室,看见默存和他同伙的'牛鬼蛇神'都在那里。他们把大大小小的书桌拼成马蹄形,大伙儿挨挨挤挤地围坐成一圈。上首一张小桌是监管大员小刘的。她端坐桌前,满面严肃。我先在门外偷偷和室内熟人打过招呼,然后就进去问小刘要收拾厕所的东西。她立即离席陪我出来,找了东西给我。"

杨绛的女儿钱瑗、女婿王德一[①]夫妇是北京师范大学的教师,同校不同系,钱在外语系,王在历史系,这时两人都在学校"接受改造和学习",无暇顾及父母。杨绛与钱锺书自"文革"后更加亲密融洽,被"学部"的人誉为"模范夫妇"。他们一同上班,一同下班,总是肩并肩、手挽手。当时的情形,方舟在《我所认识的钱锺书》中所说的:"一些青年研究人员在背地里说:'看人家钱锺书一对儿,越老越年轻,越老越风流!'"

---

① 王德一(1937—1970),山东济宁人。钱瑗前夫,钱锺书、杨绛的女婿。1955年9月考入北京师范大学历史系学习,当时钱瑗在俄语系上学,与王德一是同一届学生。1959年7月毕业时,王德一留校在历史系当助教。被分配到中国近代史教研组,不久就承担了中国近代史的教学任务,课讲得不错,颇受学生欢迎。钱瑗也于1959年7月毕业时也留校工作,在俄语系当助教。1966年钱瑗转入外语系英语专业工作。1968年年初,王德一与钱瑗结婚。1970年在"文革"中不堪受辱,自杀身亡。

杨绛家里的阿姨顺姐，与杨绛关系很好，杨绛曾说，"文革"开始后，"院里一个'极左大娘'叫顺姐写我的'大字报'。顺姐说：写别的太太，都可以，就这个太太她不能写。她举出种种原因，'极左大娘'也无可奈何。"

据杨绛回忆，"极左大娘"不准顺姐在家里干活，因为她不肯写"大字报"骂杨绛。可是，她又不许阿姨走，因为家有阿姨，随便什么人随时可以打开门进来"搜查"。一次，钱锺书的皮鞋、领带都给闯来的"红卫兵"拿走了，又要拿打字机。阿姨就谎称说是公家的，没让拿走。

为了防止意外，杨绛认为："第一要紧的是销毁'罪证'，因为毫无问题的字纸都会成为严重的'罪证'。例如我和小妹妹杨必的家信，满纸胡说八道，引用的典故只我们姊妹了解，又常用家里惯用的切口。家信不足为外人道，可是外人看来，保不定成了不可告人的秘密或特别的密码。……我每晚想到什么该毁掉的，就打着手电，赤脚到各处去搜出来。可是'毁尸灭迹'大非易事。少量的纸灰可以浇湿了拌入炉灰，倾入垃圾；烧的时候也不致冒烟。大叠的纸却不便焚烧，怕冒烟。纸灰也不能倾入垃圾，因为准有人会检查，垃圾里有纸灰就露馅了。我女儿为爸爸买了他爱吃的糖，总把包糖的纸一一剥去，免得给人从垃圾里拣出来。我常把字纸撕碎，浸在水里揉烂，然后拌在炉灰里。这也只能少量。留着会生麻烦的字纸真不少。我发现我们上下班随身带的手提袋从不检查，就大包大包带入厕所，塞在脏纸篓里，然后倒入焚化脏纸的炉里烧掉。我只可惜销毁的全是平白无辜的东西，包括好些值得保留的文字。假如我是特务，收拾厕所就为我大开方便之门了。"

烧归烧，杨绛不愿意将外国文学名著《堂吉诃德》译稿毁掉，那是她一九六一年开始在无休止的"学习"与"批判"的夹缝中，辛勤笔耕的成果，她用牛皮纸把译稿包好，用麻绳捆上，隐藏起来。前一天，一个出版社的"造反派"到学部"造反"，召集外文所的"牛鬼蛇神"晚饭后冒雨到大席棚"挨斗"。"揪斗"完毕，"革命小将"向杨绛等人下了一道命令："把你们的黑稿子都交出来！"

什么是"黑稿子"呢？据杨绛的"同伙"告诉她，她翻译的《吉尔·布拉斯》"诲淫诲盗"，想必是"黑"的了。《堂吉诃德》是不是"黑"呢？堂吉诃德是地主，桑丘是农民，书上没有美化地主，歪曲农民吗？巨人怪兽，不都是迷信吗？杨绛一想起"造反派"咄咄逼人的威势，不寒而栗，不敢不提高警惕。为了免让这部稿子遭殃，她决定还是请"革命群众"来判定"黑白"，料想他们总不至于把这部稿子也说成"黑稿子"。

《堂吉诃德》原著第一、第二两部各四册，共八册，杨绛刚译完第六册的一半。她每次誊清了译稿，就把草稿扔了。稿纸很厚，她准备在上面再修改加工的。这一大沓稿子很重，她用牛皮纸包好后，再用红笔大字写上"《堂吉诃德》译稿"。

杨绛抱着这个沉重的大包挤上车，再挤下车，还得走一段路。雨后泥泞，路不好走，她好不容易抱进办公室去交给组秘书。杨绛看准他为人憨厚，从来不"左得可怕"。她说明译稿只此一份，没留底稿，并说，不知这部稿子是否"黑"。他很同情地说："就是嘛！"显然他不赞成"没收"。

可是，杨绛背后另一个声音说："交给小C。"小C原是通信员，如今是很有地位的负责人。原来，那时候"革命群众"已经分裂为两派了，小C那一派显然认为《堂吉诃德》是"黑稿子"，应当予以没收。

小C接过稿子抱着要走，组秘书郑重叮嘱说："这可是人家的稿子啊，只有这一份，得好好儿保管。"小C不答，拿着稿子就走了。

杨绛倒抽一口冷气，眼睁睁看着"堂吉诃德"做了"俘虏"。

不久以后的一个星期日，不知哪个"革命团体"又派人来杨绛家里没收尚未发表的创作稿。杨绛这次早打定主意，什么稿子都不交出去了。她干脆地说："没有。"

那位"造反派"又要笔记本。杨绛随手打开抽屉，拿出两本旧笔记交给他以作应付。他却不依不饶，说道：

"我记得你不止两本。"

杨绛的确不止两本，可是当时她只拿出两本并说：

"没有了！"

杨绛事后回想，那位年轻人也许本性温和，也许有袒护之意，并不追问，也不"搜查"，就回去交差了。

他刚走不久，杨绛就找出一大沓整齐的笔记本，原来交出去的那两本是因为记得太凌乱，不打算保留的，所以另放一处。

刘士杰是杨绛夫妇在社科院的同事，他在"文革"中曾被命令"看管"钱锺书。钱锺书去世后，刘士杰在他的悼念文章中记叙了发生在钱家的"抄家"经过：

现在回想起来,在"文革"中,我所做的唯一对不起钱先生的事,就是参与了对他的"抄家"。不过,必须说明的是,那次"抄家"与当时"红卫兵"的"抄家"应该有所区别——这倒不是我有意为自己开脱罪责。当时"红卫兵"的"抄家"是为了所谓的"破四旧",每至一家,打上门去,玉石俱焚,扫荡一切,具有极大的破坏性。而我们那次抄家则是略看一看就完事,应付差事而已。

记得那一天,我跟着几位同事来到干面胡同钱先生的家,钱先生和杨先生诚惶诚恐地迎接我们。走进客厅,我看见一架钢琴,那是钱先生的女儿钱瑗经常弹奏的钢琴。我不禁脱口而出,说了一句:"钢琴!"还上前抚摸了一会儿。多年以后,钱先生还记得这句话和当时我那副幼稚的表情。其实,那次与其说是"抄家",不如说是参观他家。我和我的同事好奇地、满有兴趣地观察这位大学问家屋内朴素而高雅的陈设。除了钢琴外,还有两样东西引起我的兴趣:一是狐狸皮,二是皮鞋。当我们拉开一个柜子的抽屉时,大家惊呆了,抽屉里蜷缩着几块狐狸!仔细一看,原来是狐狸皮。那是冬天女人用来围脖子的。我拿起一块狐狸皮围在自己的脖子上,果然又柔软又暖和。拉开下一个抽屉,则满是琳琅满目的皮鞋。这些狐狸皮和皮鞋都是杨绛先生从国外带回来的。

很快,"抄家"完了,当然什么也没有"抄"到。钱先生的家依然井然有序,根本不像当时别的大多数被"抄"的家那样翻箱倒柜,杂乱无章。尽管如此,我至今仍感歉疚不安,觉得对不起钱先生。虽说那是个特殊的、疯狂的年代,虽说那次"抄家"很文雅,没有给钱家带来任何损失,但毕竟是对一位公民,特别是一位高级知识分子的人权的粗暴侵犯。多少年后,我曾当面向钱先生表示我的忏悔和歉意。钱先生说,对于伤害他的人,特别是年轻人,他都不会记仇的。①

在当时的条件下,杨绛夫妇得到了许多人的无私帮助,身兼中共中央政治局常委、中宣部部长的陶铸就是一个。他来学部(同来的还有陈伯达、关锋、戚本禹等人)作了一次著名的讲话,提出不要死盯住"反动学术权威"不放,还要"抓根根、发发、爪爪",于是学部大乱,互相间开始"混战一场","斗争

---

① 刘士杰:《幸福的回忆,终生的财富》,见氏著《文化名人访谈与回忆》,太原:山西教育出版社,2006年2月版,第95—96页。

方向"就分散了。这就在一定程度上减轻了对包括杨绛夫妇在内的高级知识分子的人身迫害。

一次偶然的机会,刘士杰被分配在学部七号楼"监管"钱锺书。他记得,在这个办公室里,就他们两人。要是有人来"检查",他就板着脸,装得一本正经,做严肃状,而钱锺书则拿起一张报纸很专注地读着,等到来人一走,他赶紧关上门,笑嘻嘻地说:

"钱先生,门一关,就是咱们的天下了!"

刘士杰利用这个机会,向钱锺书请教了许多问题,他说:"从犬儒主义到达达主义……我问一,他常常要回答十,总是不厌其烦,详详细细地给我讲解,使我受益良多。"①"文革"的特殊经历,使两代知识分子成了莫逆之交。

三

一九六七年夏天,外文所的"牛鬼蛇神"陆续得到"解放"。被"解放"的从"牛棚"出来叫"下楼"。杨绛是所里首批"下楼"的两人之一。

当然,从"牛棚""下楼",还得作一番检讨。杨绛"认真"作完"检讨",满以为"革命群众"提些意见就能通过,不料他们向她质问"四个大妖精"的罪行。

杨绛呆了半晌,丈二和尚摸不着头脑。哪里跳出来"四个大妖精"呢?有人把她的笔记本打开,放在她眼前,叫她自己看。

杨绛看了半天,才认出"四个大妖精"原来是"四个大跃进"之讹,想不到怎么会把"大跃进"写成"大妖精",她脑子里一点影子都没有。在她的笔记本上,前后共有四次"四个大跃进",只第二次写成"四个大妖精"。这可能是杨绛开会时,由于连日疲劳战术,眼目惺忪,一不小心走神将"大跃进"写成了"大妖精"。

这时,杨绛即便是长了一百张嘴,也不能为自己辩白。有人甚至把公认为"反动"的"潜意识论"也搬来应用,说她下意识蔑视作报告的首长。假如他们"无限上纲"——也不必"无限",只要稍为再往上提提,说她蔑视"大跃进",也许就把她吓倒了。可是,作报告的首长正是杨绛敬佩而爱戴的,从她的上意

---

① 刘士杰:《幸福的回忆,终生的财富》,见氏著《文化名人访谈与回忆》,太原:山西教育出版社,2006年2月版,第95—96页。

识到下意识，绝没有蔑视的影踪。他们强加于杨绛的"下意识"，她可以很诚实地一口否认。

杨绛只好再作"检讨"。一个"革命派"的"头头"命令她把"检讨稿"先让他过目。杨绛以为"检讨"得很好，他却认为"很不够"。他说：

"你应该知道，你笔记上写这种话，等于写'反动标语'。"

杨绛抗议道：

"那是我的私人笔记。假如上面有'反动标语'，'张贴有罪'。"

"头头"不搭理。杨绛也不服气，不肯重作"检讨"，于是自己"解放"了自己。事后，杨绛说："不过，我这件不可饶恕的罪行，并没有不了了之。后来我又为这事两次受到严厉的批评；假如要追究的话，至今还是个未了的案件。"听来使人不禁感到啼笑皆非。

在杨绛的晚年，她痛陈"四个妖精"与"堂吉诃德"的渊源关系：

"我说'四个妖精'都由堂吉诃德招来，并不是胡赖，而是事实。我是个死心眼儿，每次订了工作计划就一定要求落实。我订计划的时候，精打细算，自以为很'留有余地'。我一星期只算五天，一月只算四星期，一年只算十个月。一年三百六十五天，只有二百个工作日，我觉得太少了，还不到一年三分之二。可是，一年要求二百个工作日，真是难之又难，简直办不到。因为面对书本，埋头工作，就导致不问政治，脱离实际。即使没有'运动'的时候，也有无数的'学习会''讨论会''报告会'等，占去不少时日，或把可工作的日子割裂得零零碎碎。如有什么较大的运动，工作往往全部停顿。我们哪一年没有或大或小的'运动'呢？

"'政治学习'是一项重要的工作。我也知道应该认真学习，积极发言。可是我认为学习和开会耗费时间太多，耽误了业务工作。学习会上我听到长篇精彩的'发言'，心里敬佩，却学不来，也不努力学。我只求'以勤补拙'；拙于言辞，就勤以工作吧。这就推我走上了'白专道路'。

"'白专道路'是逆水行舟。凡是走过这条道路的都会知道，这条路不好走。而翻译工作又是没有弹性的，好比小工铺路，一小时铺多少平方米，欠一小时就欠多少平方米——除非胡乱塞责，那是另一回事。我如果精神好，我就超额多干；如果工作顺利，就是说，原文不太艰难，我也超额多干。超额的成果我留作'私蓄'，有亏欠可以弥补。攒些'私蓄'很吃力，四五天攒下的，开一个无聊的会就耗尽了。所以我老在早作晚息攒'私蓄'，要求工作能按计划完成。

便在运动高潮,工作停顿的时候,我还偷工夫一点一滴地攒。《堂吉诃德》的译稿,大部分由涓涓滴滴积聚而成。我深悔一心为堂吉诃德攒'私蓄',却没为自己积储些多余的精力,以致妖精乘虚而入。我做了"牛鬼蛇神",每夜躺着想这想那,却懵懵懂懂,一点没想到有妖精钻入笔记。我把这点疏失归罪于堂吉诃德,我想他老先生也不会嗔怪的。"[1]

"下楼"后,杨绛想试探自己的身份,恰巧那时正在发放《毛泽东选集》和他的像章,她居然也得了一份。据此,她认为自己已经归属于"革命群众之列"了。

杨绛"下了楼",心里一直惦记着自己的《堂吉诃德》翻译稿。她曾想尽办法,试图把"堂吉诃德"救出来。她向没收"黑稿子"的"头头"们要求暂时发还她的"黑稿子",让她按照"黑稿子","检查"自己的"黑思想"。他们并不驳斥她,只说没收的"黑稿子"太多,她的那一份找不到了。

杨绛每天收拾女厕所,费不了多少时间,其他人往往还没扫完院子。她觉得单独一人傻坐在办公室里不大安全,所以自愿在群众的办公室外面扫扫窗台,抹抹玻璃,借此消磨时光。自从"堂吉诃德""被俘"后,她就想借此寻找"他"的踪迹。可是她的这位"英雄"和古代小说里的美人一样,"侯门一入深似海",她每间屋子都张望过了,也没见到"他"的影子。

过年以后,有一次杨绛他们奉命打扫后楼一间储藏室。她忽然从凌乱的废纸堆里发现了那包《堂吉诃德》译稿。她好像找到了失散多年的儿女,忙抱起放在一只凳上,又惊又喜地告诉别人:

"我的稿子在这里呢!"

杨绛打算冒险把稿子偷走。出门就是楼梯,下楼没人看守;抱着一个大纸包大模大样在楼梯上走也不像做贼,楼下的女厕所虽然不是她打扫的,究竟是个女厕所,她可以把稿子暂时寄放,然后再抱回家去。当然会有重重险阻,她且走一步是一步。当时监视他们的是个老干部。杨绛等他一转背,就把稿子抢在手里,可是刚举步未及出门,同是"牛鬼蛇神"的一个人指着她大喝一声:

"杨季康,你要干什么?"

"监视"她的干部转过身来,诧异地看着杨绛。

杨绛生气说:

---

[1] 杨绛:《丙午丁未年纪事》,见《杨绛作品集》(第二卷),北京:中国社会科学出版社,1993年10月第1版,第170—171页。

"这是我的稿子！"那位干部才明白她的用意。他倒并不责问，只软哄说：

"是你的稿子。可是，现在你不能拿走，将来到了时候，会还给你。"

杨绛说："扔在废纸堆里就丢了。我没留底稿，丢了就没了！"

"看管者"答应好好保藏，随杨绛放在哪里都行。杨绛先把稿子放在书柜里，又怕占了太好的位置，别人需要那块地方，会把稿子扔出来。所以她又把稿子取出，小心地放在书柜顶上，叹了口气，硬硬心肠，撇下不顾。

"军、工宣队"进"驻"学部以后，"牛鬼蛇神"多半恢复人身，重又加入群众队伍，和他们一起学习。这时，杨绛请学习小组的组长向工人师傅要求发还她的译稿，因为她自知人微言轻，而他们也不懂得没收稿子的缘由。

学习组长说："那是你的事，你自己去问。"

对方要么置之不理，要么嘴里答应却不发还。直到下放"干校"的前夕，原先的组秘书当了学习组长。杨绛在晚上学习的时候，递了一个条子给他。第二天早上，他问明情况，立即找来，然后交给了杨绛。

杨绛好像找回了失散多年的儿女，连忙抱在怀里，藏回家去。她无法抑制内心的激动：

"落难的堂吉诃德居然碰到这样一位扶危济困的骑士！我的感激，远远超过了我对许多人、许多事的恼怒和失望。"

秋凉以后，"革命群众"把杨绛同组的"牛鬼蛇神"和两位本所的"黑"领导安顿在楼上东侧一间大屋里。屋子有两个朝西的大窗，窗前挂着芦苇帘子。经过整个夏季的暴晒，窗帘已陈旧破败。他们收拾屋子的时候，打算撤下帘子，让屋子更轩亮些。

杨绛出于"共济"的精神，大胆献计说：

"别撤帘子！"

他们问："为什么？"

杨绛回答："'革命群众'进我们屋来，得经过那两个朝西的大窗。隔着帘子，外面看不见里面，里面却看得见外面。我们可以早做准备。"

他们观察实验了一番，证明杨绛说的果然不错。那两个大破帘子就一直挂着，没有撤下。

杨绛待的那间屋子里没有暖气片，所以给他们装了一只大火炉。他们自己去拾木柴，拣树枝。她和文学所的木工老李较熟；她到他的木工房借得一把锯子，大家轮着学锯木头。他们做小煤饼子，又搬运煤块，轮流着生火和封火；

封灭了第二天重生,检查之类的草稿正可用来生火。学部的暖气并不全天供暖,他们的炉子却整日熊熊旺盛。两位领导都回家吃饭,他们几个"老先生"各带一盒饭,先后在炉子上烤热了吃,比饭堂里排队买饭方便得多。他们饭后各据一隅,拼上几只椅子权当卧榻,叠几本书权当枕头,胡乱休息一会儿。起来了大家一起说说闲话,讲讲家常,虽然不深谈,也发点议论,谈些问题。有时大家懊悔,当初该学理科,不该学文学……

杨绛事后感叹:"我们既是文人,又是同行,居然能融融洽洽,共有帘子的蔽护和炉子的温暖,实在是难而又难的难友啊!"

这时,"造反派"已不再有兴趣去理会那些"反动学术权威",杨绛和钱锺书等人暂时得以"喘息",当了一会儿"逍遥派"。

好景不长,不久"军宣队""工宣队"便进"驻"学部。到了一九六九年,学部的知识分子还在接受"军宣队""工宣队"的"再教育"。杨绛夫妇和全体人员先是"集中"住在办公室里,六至十人一间,过上了类似"集中营"的生活。他们每天清晨练操,上午、下午和晚饭后共三个单元分班学习。过了些时候,杨绛和钱锺书作为年老体弱者,搬回家住,学习时间减为上下午两个单位。

他们俩每天各在自己单位的食堂排队买饭吃。排队足足要费半小时,回家自己做饭又太费事,也来不及。"军宣队""工宣队"后来管束稍懈,他们就经常约会同上饭店。饭店里并没有好饭吃,也得等待;但两人一起等,可以说说话。

四

一九六九年十一月三日,杨绛先在学部大门口的公共汽车站等车,钱锺书从人群中出来。他过来站在她旁边,低声说:

"待会儿告诉你一件大事。"

杨绛看他的脸色,猜不出什么事。

等两人挤上车,钱锺书才告诉杨绛:"这个月十一号,我就要走了。我是'先遣队'。"

尽管天天在等待行期,杨绛乍一听到这个消息,却好像头顶上炸了一个焦雷。因为再过几天是丈夫虚岁六十生辰,他们商量好:到那天两人要吃一顿寿面庆祝。再等着过七十岁的生日,只怕轮不到了。可是只差几天,等不及这个生日,他就得"下干校"。

"为什么你要先遣呢?"杨绛不解。

"因为有你,别人得带着家眷,或者安顿了家再走;我可以把家撂给你。"钱锺书说。

学部"五七干校"的地点在河南省罗山县。钱锺书作为"先遣队",从得知消息到开拔只有一个星期时间置办行装。十一月九日,钱锺书才放假,回到家里,杨绛正在为他收拾东西。杨绛在外文所,暂时留京"接受教育",她根本不放心钱锺书一人"下放"农村。

由于这次"下放"是所谓"连锅端"——含有拔宅下放、一去不复返的意思,所以连一时没用的东西,暂时不穿的衣服,自己宝贵的图书、笔记等一概带走,大包、小包行李一大堆。当时,他们的女儿钱瑗、女婿王德一,各在工厂劳动,不能叫回来帮忙。他们休息日回家,就帮着收拾行李,并且学别人的样子,把箱子用粗绳子密密缠捆,防止旅途摔破或压塌。杨绛的感叹十分耐人寻味:"可惜能用粗绳子缠捆保护的,只不过是木箱铁箱等粗重行李;这些木箱、铁箱,也不如血肉之躯经得起折磨。"

经受折磨,就叫锻炼;除了准备锻炼,还有什么可准备的呢?准备的衣服如果太旧,怕不经穿;如果太结实,怕洗来费劲。杨绛已久不缝纫,胡乱把耐脏的绸子用缝衣机做了个毛毯的套子,准备经年不洗。她补了一条裤子,坐的地方像个布满经线纬线的地球仪,而且厚如龟壳。钱锺书倒很欣赏,说好极了,穿上好比随身带着个座儿,随处都可以坐下。她还说:

"不用筹备得太周全,只需等我也下去,就可以照看他。"至于家人团聚,等几时女儿和德一乡间落户迎接他们同居一起。

到了"先遣队"临行之日,杨绛和他们的女儿、女婿一起到火车站,为钱锺书送行。他们挤上火车,找到个车厢安顿下来。这时,他们的心情是沉重的,杨绛和钱瑗差点流下泪水。钱锺书看在眼里,不等开车就催促他们快回去。他们三人就下车,痴痴地站着等火车开动。

此时此景,杨绛不禁想起三十年代的出国留学:

> 我记得从前看见坐海船出洋的旅客,登上摆渡的小火轮,送行者就把许多彩色的纸带抛向小轮船;小船慢慢向大船开去,那一条条彩色的纸带先后迸断,岸上就拍手欢呼。也有人在欢呼声中落泪;迸断的彩带好似迸

断的离情。这番送人上干校,车上的先遣队和车下送行的亲人,彼此间的离情假如看得见,就决不是彩色的,也不能一迸就断。①

文学所和经济所最先"下放",用部队的词儿,不称"所"而称"连"。两"连"动身的日子,学部敲锣打鼓,大家都放了学去欢送。杨绛记得:"'下放人员'整队而出;红旗开处,俞平老和俞师母领队当先。年逾七旬的老人了,还像学龄儿童那样排着队伍,远赴'干校'上学,我看着心中不忍,抽身先退;一路回去,发现许多人缺乏欢送的热情,也纷纷回去上班。大家脸上都漠无表情。"

话说钱锺书等多人作为"先遣人员"到达罗山县的"五七干校"。罗山地处穷乡僻壤,而"干校"又设在远离县城的一个地方。他们当晚在草铺上,辗转反侧,难以入睡。第二天忽然又下了一场大雪,满地泥泞,天气骤寒。

十一月十七日,文学所和经济所大队人马来到,八十几个单身汉聚居一间屋里,分睡在几个炕上。有个跟着爸爸"下放"的淘气小男孩,临睡常绕炕撒尿一匝,为炕上的人"施肥"。休息日,大家到镇上去买吃的:有烧鸡,还有煮熟的乌龟。后来,杨绛问钱锺书味道如何,他却没有尝过,只悄悄做了几首打油诗寄她。

罗山无地可耕,"干校"无事可干。过了一个多月,"干校"人员连同家眷又带着大堆箱笼物件,搬到息县东岳。那里比罗山更地僻人穷,冬天没有燃料生火炉子,好多女同志脸上生了冻疮。

"干校"的活是拉大车、脱坯、造砖、盖房。钱锺书和俞平伯等几位"老弱病残"者受到照顾,干些杂活、轻活。据说,有一个笑话讲钱锺书和丁声树(著名语言学家)两位一级研究员,被分配烧开水,可是半天烧不开一锅炉水,被人们戏称为"钱半开""丁半开"。杨绛为他们辩护:锅炉设在露天,大风大雪中,要烧开一锅炉水不是容易的事情。可是笑话毕竟还是笑话。

这时,杨绛在北京已不太平,她除了无休止的"学习""检讨"之外,还要挖防空洞,做砖头。挖完了防空洞——一个四通八达的地下建筑,就把图书搬来搬去。捆,扎,搬运,从这楼搬到那楼,从这处搬往那处;搬完自己单位的图书,又搬别单位的图书。

---

① 杨绛:《干校六记》,见《杨绛作品集》(第二卷),北京:中国社会科学出版社,1993年10月第1版,第7页。

有一次,他们到一个积尘三年的图书馆去搬出书籍、书柜、书架等,要腾出屋子来。人一进去给尘土呛得连打了二十来个喷嚏。他们尽管戴着口罩,出来都满面尘土,咳吐的尽是黑痰。杨绛记得那时候天气已经由寒转暖而转热。沉重的铁书架、大书橱、卡片柜——卡片屉内满满都是卡片,全都由年轻人狠命用肩膀扛,贴身的衣衫被磨破,露出肉来。这又使她不禁惊叹:最经磨的还是人的血肉之躯!

杨绛感到:"弱者总占便宜;我只干些微不足道的细事,得空就打点包裹寄给"干校"的默存。默存得空就写家信;三言两语,断断续续,白天黑夜都写。这些信如果保留下来,如今重读该多么有趣!但更有价值的书信都毁掉了,又何惜那几封。"

杨绛还帮助被打成"五一六分子"的同事。有一位年轻人郑土生也被打成纯属子虚乌有的"五一六"反革命集团的"分子",逼他承认,他想到了自杀。当时,他还欠杨绛七十五元钱,一九七〇年四月七日,他把自己五十元的存折和二十五元钱塞进杨绛办公桌的抽屉里,留个条子给她,准备坦然地离开人世。第二天,杨绛一发现,中午赶快到办公室,看见郑土生一人坐在办公桌前低头发呆,那时他已打算待办公室人走后自杀。这时,杨绛立即闪进办公室,快步走到他跟前把一个小纸包放在他的书桌上。郑土生打开纸包,除了他的存折和二十五元钱外,还有杨绛写的字条,上面写着:

"来日方长,要保重身体;要耐心、冷静、坚强。这些钱我不需要,你自己买些生活必需品吧!"

杨绛自己身处逆境,对这样一位人人怕受牵连、避之唯恐不及的"五一六分子"给予极大的关心爱护和鼓励,使郑土生这位年轻人在黑暗中见到光明,从此鼓起了勇气,顽强不屈地生存了下去。郑土生后来成为著名的莎士比亚研究专家,是中国最完备的《莎士比亚全集》的主编。

还有一位年轻人冀元璋,虽然在"文革"初期参加了对杨绛的"批斗",此时,他也被当作"五一六分子"抓了起来。他家在农村,妻子务农,父亲在家长年卧病,家里生活非常艰难,他省吃俭用,每月的工资都寄回家中,还要四处借债。当他被抓起来、全家陷入绝境时,是杨绛不计前嫌,伸出了援助之手,她每月从自己的工资里拿出钱来寄给他家,帮他全家渡过了难关,并支持冀元璋坚持原则,不要向邪恶势力屈服。杨绛的精神深深地感动了这位年轻人。

杨绛还同样关心、帮助所里其他受冤枉的年轻同志。她的正义感赢得了人们的爱戴。北京筑地道期间，每户做砖，一人一百块，自己挖土借工具，做好后自己送交上去。据此，杨绛一家三口就得做三百块。她的丈夫已"下干校"，女儿在厂劳动，女婿也离开了人世，这使手无缚鸡之力的她大感为难，她向监管的"红卫兵小将"求救，商量以代他打一套毛衣交换。这位"红卫兵小将"也知道杨绛、钱锺书都是好人，一口答应，与所里其他年轻人一道为杨绛做好了砖并代她交上，却不肯要她打毛衣。杨绛要"下干校"去了，所里的年轻人主动为她捆扎行李帮她托运。

杨绛待人和善完全出于仁慈的天性，外文所里的同事，不管谁有困难，她都会伸出援助之手。外文所里有位年轻同事的母亲和她年龄一样大，患有哮喘病，杨绛每为钱锺书的哮喘病求医问药，都不忘这位同事的母亲，常常将各种秘方抄给她。外文所里有一位从部队转业的工作人员侯自明，自"干校"回来后一直患病，要不间断地服用糖浆，但老侯家里孩子多，又加上他长年生病，生活很困难。杨绛得知后，每月为钱锺书买糖浆的时候，就连带着为老侯也买一份，每月二十五日杨绛就会准时将糖浆送给他。一年多以后，老侯的病完全治愈了，杨绛与钱锺书又给他家里寄钱和粮票，在经济上不停地支持侯自明一家，每逢过年过节，也不忘寄些钱去，从二十世纪七十年代到九十年代从未间断。杨绛的真情赢得了所里上上下下的爱戴。

杨绛、钱锺书夫妇俩的女婿王德一也在大学里被诬为"五一六分子"而受到"围剿"，他承认自己总是"偏右"一点，可是他说，实在看不惯那伙"过左派"。他们大学里开始围剿"五一六分子"的时候，几个有"五一六"之嫌的"过左派"供出王德一是他们的"组织者"，说"五一六"的名单就在他手里。那时候他已回校，钱瑗还在工厂劳动；两人不能同日回家。他最后一次离开杨绛的时候说：

"妈妈，我不能对群众态度不好，也不能顶撞'宣传队'；可是我决不能捏造个名单害人，我也不会撒谎。"

王德一回到学校就失去了自由。"阶级斗争"如火如荼，钱瑗等在工厂劳动的都返回学校了。"工宣队"领导全系每天三次"斗"王德一，逼他交出名单。就在杨绛"下放干校"前夕，他含冤自尽。

多年之后，杨绛在文章中写"文革"中女婿自杀，像什么都没发生过一样：不动声色，巨大的留白，巨大的悲恸。光想想，令人毛骨悚然。这不是常人能达到的境界。因而可以说，真正平淡至极的文字应该是杨绛。

杨绛是一九七〇年七月十二日随外文所动身"下干校"的。上次钱锺书去"干校"离开北京时，尚有杨绛、钱瑗、王德一三人送行，而在杨绛出发时却只有女儿一个了。一九六八年，杨绛的妹妹杨必被多次威逼交代在国际劳工局兼职一事，后来因急性心脏衰竭在"睡梦里去世"。在"运动"中，杨绛父母和三姑母的墓碑也被砸毁……

钱瑗欲哭无泪地送杨绛上了火车，杨绛促她先归，别等车开。看着她孑然一身的背影，杨绛心里凄楚，忙闭上眼睛；闭上了眼睛，越发能看到女儿在自己破残凌乱的家里独自收拾整理，忙又睁开眼。车窗外已不见了女儿的背影。杨绛又合上眼，让眼泪流进鼻子，流入肚里。火车慢慢开动，杨绛离开了北京。

干校采用军事化的编制和管理方式，将老幼分别编进"连""排""班"，由"军宣队"和"工宣队"领导。在一次集合开会时，一位政委在台上训话："学部这个单位是庙小神灵大，池浅王八多。"一位美国学成归来的女学者曾和徐方谈起美国用洗衣机洗衣服，军宣队指导员知道后在全连大会上"批判"说："有人到了'干校'还宣扬'资产阶级生活方式'，说什么可以用机器洗衣服！"

这些"以无知识自诩"的人手握大权，安排知识分子从事五花八门的劳动：钱锺书当邮递员，每天斜挎大帆布包去公社邮电所取来报纸信件；红学家俞平伯为豆腐坊选黄豆、为盖席棚搓麻绳；语言学家吕叔湘在食堂卖粮票；文学研究所所长、大诗人何其芳被指派养猪。陆志韦是继司徒雷登之后原燕京大学的一位校长，下干校时他已七十六岁，也被安排养猪，有一次竟然昏倒在养猪场。

还有顾准，当时他惨遭迫害，拼命干活。麦收时，顾准弯不下腰，只好跪着割麦子。据《息县日记》记载，顾准从事的劳动种类有：拉沙子、拉石灰、挖土、抬土、脱坯、制瓦、和泥、打夯、出窑等，多达五十一种！

什么是"锻炼"？杨绛一语道破："经受折磨，就叫锻炼。有人经受了折磨，有的则因为劳累过度而断送了生命。"

杨绛到了息县的"干校"，看见钱锺书"又黑又瘦，简直换了个样"，而且他的脸上长了脓疮。正如前述，这时钱锺书已"改行"，不再烧锅炉，而是白天看管工具，晚上巡夜，并且还要充当"信差"。用黄裳的话说就是："这在那种场合已经算是一种'美差'了，也许是对我们的学者的特殊照顾。"[①]

杨绛与钱锺书"虽然相去不过一小时的路程，却各有所属"：杨绛属于外文

---

① 黄裳：《黄裳文集》第四卷，上海：上海书店出版社，1998年4月第1版，第215页。

所，钱锺书属于文学所，不在一个"连"，他们"得听指挥、服从纪律，不能随便走动"。可是，他们可以有书信来往，到休息日才许探亲。不过"休息日不是星期日；十天一次休息，称为大礼拜"。如果有事，大礼拜是可以取消的。这样比起独在北京的女儿，他们"算是同在一处了"。

在杨绛的记忆里，"干校"的"劳动"有多种。种豆、种麦是"大田劳动"。大暑天，清晨三点钟空着肚子就下地。六点送饭到田里，大家吃罢早饭，"劳动"到午时休息；黄昏再下地干到晚。各连初到，借住老乡家。借住不能久占，得赶紧自己造屋。造屋得用砖；砖不易得，大部分用泥坯代替。脱坯是极重的活儿。此外，养猪是最脏又最烦的活儿。菜园里、厨房里弱者居多，繁重的工作都落在年轻人肩上。

有一次，"干校"开一个什么庆祝会，演出的节目都不离"劳动"。有一个话剧，演某连学员不怕砖窑倒塌，冒险加紧烧砖，据说真有其事。有一连表演钻井，演员一大群，没一句台词，唯一的动作是推着钻井机打转，一面有节奏地齐声哼："嗯唷！嗯唷！嗯唷！嗯唷！"大伙儿转哪、转哪，转个没停——钻机并不能停顿，得日以继夜，一口气钻到底。"嗯唷！嗯唷！嗯唷！嗯唷！"散场后大家纷纷议论，都推许这个节目演得好，而且不必排练，搬上台去现成是戏。

有人忽脱口说："啊呀！这个剧——思想不大对头吧？好像——好像——咱们都那么——那么——"

大家都会意地笑。笑完带来一阵沉默，然后就谈别的事了。

杨绛初"下干校"，与七八个人一起分在"菜园班"。而菜园是需要日夜看守的，所以"连部"特地在菜地里盖了一个简陋的"窝棚"，杨绛被分配在白天单独看守。作为一个勤奋好思的学者，岂肯让时间白白流逝？她就利用这个机会看书和写东西，写她每天的见闻和内心感受。其中有许多书信就是写给钱锺书的。钱锺书送信、取信经过的这条路与杨绛的"窝棚"不过百十来步，所以他每天顺便来到菜园，与杨绛见面谈谈心。这时候，杨绛便把一天来写的书信或稿子交给钱锺书。这样的田边相会，大约持续了一年光景，杨绛的记叙极为生动：

……那年十二月，新屋落成，全连搬到"中心点"上去；阿香也到新菜地去干活儿。住窝棚的三人晚上还回旧菜园睡觉，白天只我一人在那儿看守。

  班长派我看菜园是照顾我，因为默存的宿舍就在砖窑以北不远，只不过十多分钟的路。默存是看守工具的。我的班长常叫我去借工具。借了当然还要还。同伙都笑嘻嘻地看我兴冲冲走去走回，借了又还。默存看守工具只管登记，巡夜也和别人轮值，他的专职是通信员，每天下午到村上邮电所去领取报纸、信件、包裹等回连分发。邮电所在我们菜园的东南。默存每天沿着我们菜地东边的小溪迤逦往南又往东去。他有时绕道到菜地来看我，我们大伙儿就停工欢迎。可是他不敢耽搁时间，也不愿常来打搅。我和阿香一同留守菜园的时候，阿香会忽然推我说："瞧！瞧！谁来了！"默存从邮电所拿了邮件，正迎着我们的菜地走来。我们三人就隔着小溪叫应一下，问答几句。我一人守园的时候，发现小溪干涸，可一跃而过；默存可由我们的菜地过溪往邮电所去，不必绕道。这样，我们老夫妇就经常可在菜园相会，远胜于旧小说、戏剧里后花园私相约会的情人了。

  默存后来发现，他压根儿不用跳过小溪，往南去自有石桥通往东岸。每天午后，我可以望见他一脚高、一脚低从砖窑北面跑来。有时风和日丽，我们就在窝棚南面灌水渠岸上坐一会儿晒晒太阳。有时他来晚了，站着说几句话就走。他三言两语、断断续续、想到就写的信，可亲自撂给我。我常常锁上窝棚的木门，陪他走到溪边，再忙忙回来守在菜园里，目送他的背影渐远。从邮电所回来就急要回连分发信件和报纸，不肯再过溪看我。不过我老远就能看见他迎面而来；如果忘了什么话，等他回来可隔溪再说两句。①

  杨绛所在的"菜园班"，他们没用机器，单凭人力也凿了一眼井。位于淮河边上的"干校"好在连续两年干旱，没遭逢水灾。可是干硬的地上种菜不易。人家说息县的地"天雨一包脓，天晴一片铜"。菜园虽然经拖拉机耕过一遍，只翻起满地大坷垃，比脑袋还大，比骨头还硬。要种菜，得整地。整地得把一块块坷垃砸碎、砸细，不但费力，还得耐心。他们整好了菜畦，挖好了灌水渠，却没有水。邻近也属学部干校的菜园里有一眼机井，据说有十米深呢，他们常去讨水喝。人力挖的并不过三米多，水是浑的。他们喝生水就在吊桶里掺一小

---

① 杨绛：《干校六记》，见《杨绛作品集》（第二卷），北京：中国社会科学出版社，1993年10月第1版，第19—20页。

瓶痧药水，聊当消毒，水味很怪。十米深的井，水又甜又凉，大太阳下干活儿渴了舀一碗喝，真是如饮甘露。他们不但喝，借便还能洗洗脚手。可是如要用来浇灌菜园却难之又难……所以他们决计凿一眼灌园的井。选定了地点，就破土动工。

那块地硬得真像风磨铜。那天，杨绛费尽吃奶气力，一锹下去，只筑出一道白痕，引得小伙子们大笑。他们也挖得吃力，说得用鹤嘴镢来凿。杨绛的"拿手"是脚步快；动不了手，就飞跑回连，领了两把鹤嘴镢，扛在肩头，居然还能飞快跑回菜园。他们没停手，杨绛也没停脚。壮劳力轮流使鹤嘴镢凿松了硬地，旁人配合着使劲挖。大家狠干了一天，挖出一个深潭，挖到二米时，土就渐渐潮润，开始见水了。

干土挖来虽然吃力，烂泥的分量却更沉重。越挖越泥泞，两三个人光着脚跳下井去挖，把一桶桶烂泥往上送，上面的人接过来往旁边倒，霎时间井口周围一片泥泞。大家都脱了鞋袜。阿香干活儿很欢，也光着两只脚在井边递泥桶。杨绛提不动一桶泥，可是凑热闹也脱了鞋袜，把四处乱淌的泥浆铲归一处。

这样狠干了不知多少天，井已挖到三米深。水渐渐没膝，渐渐没腿，渐渐齐腰。灌园的井有三米多已经够深。杨绛说要去打一斤烧酒为他们驱寒，借此庆功。大家都很高兴。来帮忙的劳力之一是"后勤排"的"头头"，他指点了打酒的窍门儿。她就跑回连，向厨房说了个道理，讨得酒瓶。厨房里大约是防人偷酒喝，瓶上贴着标签，写了一个大"毒"字，旁边还有三个惊叹号；又画一个大骷髅，下面交叉着两根枯骨。瓶里还剩有一寸深的酒。杨绛抱着这么个可怕的瓶子，赶到离菜园更往西二里路的"中心点"上去打酒；一路上只怕去迟了那里的合作社已关门，恨不得把神行太保拴在腿上的甲马借来一用。她没有买酒的证明，凭那个酒瓶，略费唇舌，买得一斤烧酒。什么下酒的东西也没有，可吃的只有泥块似的"水果糖"，她也买了一斤，赶回菜园。

灌园的井已经完工。壮劳力、轻劳力都坐在地上休息。大家兴冲冲用喝水的大杯小杯斟酒喝，约莫喝得差不多了，瓶里还留下一寸深的酒还给厨房。大家把泥块糖也吃光——这就是他们的庆功宴。

杨绛的这个菜园是中心点。菜园的西南有个大土墩，干校的人称为"威虎山"，和菜园西北的砖窑遥遥相对。砖窑以北不远就是钱锺书的宿舍。"威虎山"坡下是干校某连的食堂，杨绛的午饭和晚饭都到那里去买。西邻的菜园有房子，她常去讨开水喝。南邻的窝棚里生着火炉，她也曾去讨过开水。

杨绛只用三块砖搭个土灶,拣些秫秸烧水;有时风大,点不着火。南去是钱锺书每日领取报纸信件的邮电所。溪以东田野连绵,一望平畴,天边几簇绿树是附近的村落。杨绛以菜园为中心的日常活动,就好比蜘蛛踞坐菜园里,围绕着四周各点吐丝结网;网里常会留住些琐细的见闻、飘忽的随感。

杨绛每天清早吃罢早点,一人往菜园去,半路上常会碰到住窝棚的三人到"中心点"去吃早饭。她到了菜园,先从窝棚木门旁的秫秸里摸得钥匙,进门放下随身携带的饭碗之类,就锁上门到菜地巡视。胡萝卜地在东边远处,泥硬土瘠,出产很不尽如人意。可是稍大的常给人拔去;拔得匆忙,往往留下一截尾巴,杨绛挖出来后用井水洗净,留以解渴。邻近北边大道的白菜,一旦捏来菜心已长瓷实,就给人斫去,留下一个个斫痕犹新的菜根。

有一次,杨绛发现三四棵长足的大白菜根已斫断,未及拿走,还端端正正站在畦里。他们只好不等白菜全部长足,抢先收割。又有一次,杨绛刚绕到窝棚后面,发现三个女人正在拔他们的青菜,她们站起身就跑,不料她追得快,就一面跑一面把青菜抛掷地下。她们篮子里没有赃,不怕追上。杨绛心想:"其实,追只是我的职责;我倒但愿她们把青菜带回家去吃一顿;我拾了什么用也没有。"

杨绛住在老乡家的时候,和同屋伙伴不在一处劳动,晚上不便和她们结队一起回村。她就独往独来,倒也自由灵便。而且她喜欢走黑路。打了手电,只能照见四周一小圈地,不知身在何处;走黑路倒能把四周都分辨清楚。她顺着荒墩乱石间一条蜿蜒小径,独自回村;近村能看到树丛里闪出灯光。但有灯光处,只有她一个床位,只有帐子里狭小的一席地……

杨绛在菜园班的时候,同班的一位诗人从砖窑里抱回一头小黄狗。诗人姓区。偶有人把姓氏的"区"读如"趣",阿香就为小狗命名"小趋"。诗人的报复很妙:他不为小狗命名"小香",却要它和阿香排行,叫它"阿趋"。可是"小趋"叫来比"阿趋"顺口,就叫开了。好在菜园以外的人,并不知道"小趋"原是"小区"。

这只小黄狗,为枯燥乏味的干校生活增添了些许快乐。杨绛在《干校六记》中专门为小黄狗写了一章:《"小趋"记情》。在她的笔下,"小趋"是可爱的——

  默存每到我们的菜园来,总拿些带毛的硬肉皮或带筋的骨头来喂小趋。小趋一见他就蹦跳欢迎。一次，默存带来两个臭蛋——不知谁扔掉的。他对着小趋"啪"一扔，小趋连吃带舔，蛋壳也一屑不剩。我独自一人看园的时候，小趋总和我一同等候默存。它远远看见默存从砖窑北面跑来，就迎上前去，跳呀、蹦呀、叫呀、拼命摇尾巴呀，还不足以表达它的欢欣，特又绕上打个滚儿；打完一滚，又起来摇尾蹦跳，然后又就地打个滚儿。默存大概一辈子也没受到这么热烈的欢迎。他简直无法向前迈步，得我喊着小趋让开路，我们三个才一同来到菜地。

　　我有一位同事常对我讲他的宝贝孙子。据说他那个三岁的孙子迎接爷爷回家，欢呼跳跃之余，竟倒地打了个滚儿。他讲完笑个不了。我也觉得孩子可爱，只是不敢把他的孙子和小趋相比。但我常想：是狗有人性呢？还是人有狗样儿？或者小娃娃不论是人是狗，都有相似处？

　　小趋见了熟人就跟随不舍。我们的连搬往"中心点"之前，我和阿香每次回连吃饭，小趋就要跟。那时候它还只是一只娃娃狗，相当于学步的孩子，走路滚呀滚的动人怜爱。我们怕它走累了，不让它跟，总把它塞进狗窝，用砖堵上。一次晚上我们回连，已经走到半路，忽发现小趋偷偷儿跟在后面，原来它已破窝而出。那天是雨后，路上很不好走。我们呵骂，它也不理。它滚呀滚地直跟到我们厨房兼食堂的席棚里。大家都爱而怜之，各从口边省下东西来喂它。小趋饱吃了一餐，跟着菜园班长回菜地。那是它第一次出远门。

　　我独守菜园的时候，起初是到默存那里去吃饭。狗窝关不住小趋，我得把它锁在窝棚里。一次我已经走过砖窑，回头忽见小趋偷偷儿远远地跟着我呢。它显然是从窝棚的秫秸墙里钻了出来。我呵止它，它就站住不动。可是我刚到默存的宿舍，它跟脚也来了；一见默存，快活得大蹦大跳。同屋的人都喜爱娃娃狗，争把自己的饭食喂它。小趋又饱餐了一顿。

　　小趋先不过是欢迎默存到菜园来，以后就跟随不舍，但它只跟到溪边就回来。有一次默存走到老远，发现小趋还跟在后面。他怕走累了小狗，捉住它送回菜园，叫我紧紧按住，自己赶忙逃跑。谁知那天他领了邮件回去，小趋已在他宿舍门外等候，跳跃着呜呜欢迎。它迎到了默存，又回菜园来陪我。

　　我们全连迁往"中心点"以后，小趋还靠我们班长从食堂拿回的一点剩食过日子，很不方便。所以过了一段时候，小趋也搬到"中心点"上去了。它近着厨房，总有些剩余的东西可吃；不过它就和旧菜地失去了联系。我每天回宿舍晚，也不知它的窝在哪里。连里有许多人爱狗；但也有人以为狗只是'资产阶级夫人小姐的玩物'。所以我待小趋向来只是淡淡的，从不爱抚它。小趋不知怎么就找到了我住的房间。我晚上回屋，旁人常告诉我："你们的小趋来找过你几遍了。"我感它相念，无以为报，常攒些骨头之类的东西喂它，表示点儿意思。以后我每天早上到菜园去，它就想跟。我喝住它，一次甚至拣起泥块掷它，它才站住了，只远远望着我。有一天下小雨，我独坐在窝棚内，忽听得"呜"一声，小趋跳进门来，高兴得摇着尾巴叫了几声，才傍着我趴下。它找到了出"中心点"到菜园的路！

我到默存处吃饭，一餐饭再加路上来回，至少要半小时。我怕菜园没人看守，经常在"威虎山"坡下某连食堂买饭。那儿离菜园只六七分钟的路。小趋来做客，我得招待它吃饭。平时我吃半份饭和菜，那天我买了正常的一份，和小趋分吃。食堂到菜园的路虽不远，一路的风很冷。两手捧住饭碗也挡不了寒，饭菜总吹得冰凉，得细嚼缓吞，用嘴里的暖气来加温。小趋哪里等得及我吃完了再喂它呢，不停的只顾蹦跳着讨吃。我得把饭碗一手高高擎起，舀一匙饭和菜倒在自己嘴里，再舀一匙倒在纸上，用另一手送与小趋；不然它就不客气要来舔我的碗匙了。我们这样分享了晚餐，然后我洗净碗匙，收拾了东西，带着小趋回"中心点"。①

杨绛写得那样克制、那样平静，充满温情，真可谓"怨而不怒""哀而不伤"，待过干校的人，对干校生活刻骨铭心，不堪回首。《干校六记》体现了杨绛"温柔敦厚"的风格和特点，而杨绛在柔弱温和的背后，性格是极其坚强的。

"干校"后期，迁往明港。动身前，杨绛的菜园班全部都回到旧菜园来，拆除所有的建筑。可拔的拔了，可拆的拆了。拖拉机又来耕地一遍。临走，杨绛和钱锺书偷空同往菜园看一眼告别。只见窝棚没了，井台没了，灌水渠没了，菜畦没了，连那个扁扁的土馒头也不知去向，只剩下满布坷垃的一片白地……

这时，干校的任务由劳动改为"学习"——学习"阶级斗争"吧？有人不解"学部"指什么，这时才恍然："学部"就是"学习部"。

看电影大概也算是一项学习，好比上课，谁也不准逃学，钱锺书则因眼睛

---

① 《杨绛散文戏剧集》，海口：南海出版公司，2001年6月第1版，第22—24页。

不好，看不见，得以豁免。放映电影的晚上，杨绛他们晚饭后各提马扎儿，列队上广场。各"连"有指定的地盘，各人挨次放下马扎儿入座。有时雨后，指定的地方泥泞，马扎儿只好放在烂泥上；而且保不定天又下雨，得带着雨具。天热了，还有防不胜防的大群蚊子。不过，上这种课不用考试。杨绛睁眼就看看，闭眼就歇歇。电影只那么几部，这一回闭眼没看到的部分，尽有机会以后补看。回宿舍有三十人同屋，大家七嘴八舌议论，她只需旁听，不必泄露自己的无知。一次，她看完一场电影，随着队伍回宿舍。她睁着眼睛继续做自己的梦，低头只看着前人的脚跟走。忽见前面的队伍渐渐分散，她到了宿舍的走廊里，发现不是自己的宿舍。她急忙退回队伍，队伍只剩个尾巴了；不一会儿，这些人都纷纷走进宿舍去。她不知道自己的宿舍何在，连问几人，都说不知道。他们各自忙忙回屋，也无暇理会她，她忽然好比流落异乡，举目无亲。

抬头只见满天星斗。杨绛认得几个星座，这些星座这时都乱了位置。她不会借屋坐的位置辨认方向，只凭颠倒的位置知道离自己的宿舍很远了。她怕耽误时间，不及沿着小道曲折而行，只顾抄近，直往南去；不防走进了营地的菜圃。她不敢胡思乱想，一手提马扎儿，一手打着手电，每一步都得踢开菜叶，缓缓落脚，心上虽急，却战战兢兢，如临深渊，一步不敢草率。好容易走过这片菜地，过一道沟仍是菜地。简直像梦魇似的，走呀、走呀，总走不出这片菜地。幸亏方向没错，她出得菜地，越过煤渣铺的小道，越过乱草、石堆，终于走上了石块铺的大路。她立即拔步飞跑，跑几步，走几步，然后转北，一口气跑回宿舍。屋里还没有熄灯，末一批上厕所的刚回房，可见她在菜地里走了不到二十分钟。好在没走冤枉路，她好像只是上了厕所回屋，谁也没有想到她会睁着眼睛跟错队伍。她想：假如我掉在粪井里，几时才会被人发现呢？她睡在硬邦邦、结结实实的小床上，感到"享不尽"的安稳。

到了明港，"干校"的条件已有改观："默存和我的宿舍之间，只隔着一排房子，来往只需五六分钟。我们住的是玻璃窗、洋灰地的大瓦房。伙食比我们学部食堂的好。厕所不复是苇墙浅坑，上厕所也不需排队了，居处宽敞，箱子里带的工具书和笔记本可以拿出来阅读。阿圆在京，不仅源源邮寄食物，还寄来各种外文报刊。同伙暗中流通的书，都值得再读。宿舍四周景物清幽，可资流连的地方也不少，我们俩每天黄昏一同散步，更胜于菜园相会。我们既不劳体力，也不动脑筋，深惭无功食禄；看着大批有为的青年成天只是开会发言，心里也暗暗着急。"①这时，钱锺书随身携带的工具书、碑帖和笔记本可以拿出来阅读；他们的女儿在家，不仅不时邮寄食物，还寄来各种外文读物。同伴们也暗中流通着各种书籍。

杨绛、钱锺书还向"同伙"李文俊借阅了原版的《大卫·考伯菲尔》，当然，读时手边还得备好一本小册子或《红旗》杂志，以便遇到情况时拉过来作掩护。此书被读后，页面充满了杨绛夫妇用铅笔所作的"？""×""√""！"等各种批注。②

当时，与杨绛一道"下干校"的李文俊夫人张佩芬，后来，在《文汇报》撰文回忆她和杨绛的"联床之谊"，十分传神：

> 我和杨先生进一步相熟，只有短暂时光——在河南息县一座农舍里，自夏至冬，有过半年的"联床之谊"。外文所从农舍乔迁至"中心点"之初，我们又因为看守工具而有缘长谈竟夜。1970年7月，外文所抵达"干校"那天，气候特别燠热，我、杨先生和另外两位女同事分在同一农家。四人一见曲尺形小屋无门无窗，只能勉强挤进四张床，都沮丧万分。四人中最年轻的那位指着门洞边通风较好的两个位置说："我在这里，你（另一位成分好的同事）在那里。"我正要瞪起眼睛吵架，杨先生脸上的一丝笑意制止了我，但见她指着憋闷的角落平静地说："那么我就在这里啦。"她的"善下之"教育了我，我便一声不吭与她联了床。每日夜晚，人人肮脏不堪，屋里转不开身，又不能在人瞧得见的地方冲凉擦洗，总算在村边一处小山坡上找到一口水井。阳光下野草和灌木丛生的井旁景色显得荒芜杂乱，然而夜色下，尤其是繁星满天的夜晚，闪烁着晶亮光点的水井和草木就会让我觉得颇有歌德《维特》中泉水井台畔的美妙气息。我们时而四人，时而两人，在井边冲凉或洗衣（洗大件衣物当然得等休假日），杨先生又让我经验了她另一种"善利万物"的本领。两年干校生涯中，我最厌烦天天要开会听人说假话。杨先生当然也不可能心情痛快，却总能克制自己，用一种特殊的方式让我们开朗起来。隔了三十年后，再回溯水井边、棚屋里那一次次夜谈，越发感到她的坚强。她坐在不舒服的小马扎上，轻声叙说她儿

---

① 杨绛：《干校六记》，见《杨绛作品集》（第二卷），北京：中国社会科学出版社，1993年10月第1版，第47—48页。
② 李文俊：《同伙记趣》，《文汇读书周报》，1992年2月1日。

时双亲老家、妹妹杨必、女儿钱瑗和丈夫钱锺书的趣闻逸事,没有丝毫刻意构造的痕迹,随意而流畅,就像一支美丽乐曲流淌出宜人的旋律,飘散着抚慰人的乐音。我无以为报,只能回赠以老母寄自上海的巧克力等零食,当时对我而言,亦属"割爱"之举了。杨先生从不推辞,却也从不和我同享,多少令我觉得奇怪。有一天,我清早出工,走在田间,刚取出一枚无花果要吃,迎头撞上了钱先生,便递给了他。他当即剥去包纸塞进嘴里,现出一脸灿烂的笑容。我顿时悟到杨先生不和我同享的原因。难道还可能有别一种不合乎她本性的做法么?①

杨绛寄寓杨村的时候,房东家的猫儿给她来了个恶作剧。他们屋里晚上点一只油盏,挂在门口墙上。杨绛的床离门最远,几乎全在黑影里。有一晚,她和同屋伙伴儿在井边洗漱完毕,回房睡觉,忽发现床上有两堆东西。她幸未冒冒失失用手去摸,先打开手电一照,只见血淋淋的一只死鼠。他们谁也不敢拿手去拈。杨绛战战兢兢地移开枕被,和同伴提着床单的四角,把死鼠抖在后院沤肥的垃圾堆上。

第二天,她大老清早就起来洗单子,汲了一桶又一桶的井水,洗了又洗,晒干后又洗,那血迹好像永远洗不掉。

杨绛遇见钱锺书,就把这桩倒霉事告诉他,说猫儿"以腐鼠'饷'我"。钱锺书安慰妻子说:

"这是吉兆,也许你要离开此处了。死鼠内脏和身躯分成两堆,离也;鼠者,处也。"杨绛听了大笑,凭他运用多么巧妙的圆梦术或拆字法,也不能叫她相信他为她编造的好话。她大可仿效"大字报"上的语调,向他大喝一声:

"你的思想根源,昭然若揭!想离开此地吗?休想!"

这年年底,钱锺书到菜园来相会时,告诉杨绛一件意外的传闻。

当时,钱锺书在邮电所帮助那里的工作同志辨认难字,寻出偏僻的地名,解决不少问题,所以很受器重,经常得到茶水款待。当地人称煮开的水为"茶",款待他的却真是茶叶沏的茶。那位同志透露了一个消息给他。据说,北京打电报给学部"干校",叫"干校"遣送一批"老弱病残"回京,"老弱病残"的名单上有他。

---

① 张佩芬:《我所熟悉的杨绛先生》,《文汇报》,2004年3月27日。

杨绛喜出望外。她想:"默存若能回家,和阿圆相依为命,我一人在'干校'就放心释虑;而且每年一度还可以回京探亲。当时双职工在息县'干校'的,尽管夫妻不在一处,也享不到这个权利。"

过了几天,他从邮电所领了邮件回来,破例过河来看杨绛,特来报告她传闻的话:回北京的"老弱病残",批准的名单下来了,其中有他。

杨绛已在打算为他收拾行李,急煎煎只等告知动身的日期。过了几天,他来看她时脸上还是静静的。她问:

"还没有公布吗?"

公布了,没有他。他告诉杨绛回京的有谁、有谁。杨绛的心直往下沉。没有误传,不会妄生希冀,就没有失望,也没有苦恼。

杨绛陪丈夫走到河边,回到"窝棚",目送他的背影渐远渐小,心上反复思忖。难道自己的丈夫比别人"少壮"吗?她背诵着韩愈的诗《八月十五夜赠张功曹》,感触万端。她第一念就想到了他档案袋里的"黑材料",肯定是这份材料在作祟!

杨绛想起这事仍然心里不服。过了一天,钱锺书到菜园来,杨绛就说:"必定是你的'黑材料'作祟。"他说无聊,事情已成定局,还管它什么作祟。杨绛承认自己无聊:妄想已属可笑,还念念在心,洒脱不了。

回京的人动身那天,夫妇俩清早都跑到广场沿大道去欢送。客里送人归,情怀另是一般。杨绛怅然望着一辆辆大卡车载着人和行李开走,忽有女伴把她胳膊一扯说:"走!咱们回去!"

回家的是"老弱病残"。"老弱病残"已经送回,留下的就死心塌地一辈子留在"干校"吧。杨绛痛苦地联想着。

一天,钱锺书路过菜园,杨绛指着窝棚说:

"给咱们这样一个棚,咱们就住下,行吗?"

钱锺书认真想了一下说:"没有书。"

杨绛认同:真的,什么物质享受,全都舍得;没有书却不好过日子。他箱子里只有字典、笔记本、碑帖等。

杨绛问:"你悔不悔当初留下不走?"

钱锺书说:"时光倒流,我还是照老样。"

在杨绛眼里,钱锺书向来抉择很爽快,好像未经思考的;但事后从不游移反复。而自己则不免思前想后,可是两人的抉择总相同。既然是自己的选择,而且不是盲目的选择，到此也就死心塌地，不再生妄想。

"干校"实在没事干，却是不准离开。火车站只需一小时多的步行就能到达，但没有"军宣队"的证明，买不到火车票。有一次，钱锺书牙痛，杨绛眼睛不好，他们约定日子，各自请了假同到信阳看病。医院新发明一种"按摩拔牙"，按一下，拔一牙。病人不敢尝试，都逃跑了。杨绛夫妇溜出去游了一个胜地——忘了名称。山是一个土墩，湖是一个半干的水塘，有一座破败的长桥，山坳里有几畦药苗。虽然没什么好玩的，他们逃了一天学，非常快活。

后来，杨绛独自到信阳看眼睛，泪道断裂了。她提出要回北京医治，"军宣队"怎么也不答应。而请事假回京，还须领到学部的证明，医院才准挂号。这大约都是为了防止"干校人员"借回家看病，不再返回"干校"。

一九七二年三月，在周恩来总理的特别关照下，杨绛和钱锺书作为这一年的第一批"老弱病残"人员，离开"干校"，回到了阔别两年的北京。据说，周恩来调钱锺书回京是以参加毛泽东诗词的英译工作为名，主要目的是让他少受折磨。

第十章 "流亡"始末

一九九九年十一月十九日,《南方周末》发表了杨绛的文章《从"掺沙子"到"流亡"》一文,叙述了杨绛、钱锺书夫妇"文革"中被"掺沙子"者打的经历。该文发表后,林非夫人肖凤在《鲁迅研究月刊》一九九九年十二期发表《林非被打真相》一文中指出:"一九七三年十二月七日是一个黑暗的日子,那一天,我的丈夫林非被一根大棒毒打,我自己的手指也被咬得鲜血淋漓。"之后该文详述了当年发生的事情,即自己和林非完全是那场纠纷中的受害者。

杨绛的这篇《从"掺沙子"到"流亡"》,原载《南方周末》,二〇〇〇年一月二十八日《中国经济时报》转载,后收入杨绛著、书名为《从丙午到"流亡"》的散文集,由中国青年出版社二〇〇〇年一月出版。杨绛写道:

"文化大革命"期间,有一项革命措施,让"革命群众"住进"资产阶级权威"的家里去。据我后来得知,这叫"掺沙子"。"沙子"其实只是需要住房的人,政治面貌和表现各各不同。

一九六九年五月间,锺书对我说:"要分房子了,我们得分掉两间,×××要迎养母亲,祖孙三代人,至少得住两间房。"他说:"我答应分两间房,不过有个条件:我家东西多,要两个月的时间才能腾出房间。×××答应了。"

当时我们有四个房间。朝南三间,中间是客厅,沿墙放书橱。东边一个套房是锺书的卧房兼书房。西边临阳台的一间是我的卧房兼书房,锺书的衣物都在我的卧房里,朝北西尽头是我们女儿钱瑗和女婿德一的新房,和我的卧房相对。往东是一间卫生间和一间厨房。厨房就在我家的大门口。从大门进来是一条宽宽的过道,分隔朝南和朝北的房间。我们打算让出西尽头的两间卧房,留下客厅和套间自己住,因为面积略大一些。沙发等大件得卖掉,钢琴只能挤放在什么角落里。我们一九六二年八月才搬入这宽敞的新居(原先的宿舍面积很小,不过是一间办公室分隔成数小间），我们增添了家具，7年间累积了许多东西，也加添了人口。这回又紧缩，得狠狠地精简，锺书和我停止了我们的工作，每天得空就忙着清理东西。

没几天，×××说他家老太太已经到北京了，要找我们立即让出房间。他先还宽限几天，但随即改口说，明天就搬进来，我们屋里的东西不必搬走，他家也有用的。按当时的"革命"用语，就是把我们"扫地出门"。经我女婿德一说好说歹，两个"革命男女"答应宽限两天。

当时霖雨连日，旧货店雨里不上门收货。德一和钱瑗在下雨的间歇里，好不容易把沙发等大件送走。且不提我家的慌张忙乱。"革命男女"搬入我家，就是邻居了。我从小听父母教导说，"远亲不如近邻"。我们的"近邻"分明是"强邻"。我们既不能"三迁择邻"，睦邻就更有必要。我们想，邻居相争，往往是为些家常琐碎的事，我们气度大些，站得高些，作为近邻而义不容辞的事，我们都做到，这样总可以求个相安吧？所以我在他们搬入那天，一早把他们预先搬入厨房的煤炉子生上火。我自费配制的卧房门和壁橱门的钥匙一式几枚，留着也没有用了，就做个人情，全部点交给"革命女子"，让她放心使用。傍晚，我和锺书看见停放在楼下的一只小孩子的摇篮，就顺便为他们抬上三楼。"革命男女"大概以为煤炉子自己会生火，摇篮自己会爬上三楼，或许他们认为我们理该如此，反正他们没有理睬。我们由此更看透他们是何等人。所以直到下"干校"，我们两家从没有发生过任何争吵。

我和他们老太太同在厨房做饭的时候，就一起说说话。她是南方人，可和我谈家乡话，过了不多几天，她告诉我说："明天就回家去了。"我很惊诧，还劝她老远来了别就走。她说："叫我来分房子的呀。现在房子分到了，我也可以走了。"这是老太太的话，语气也是她的。第二天她果然走了。据同院的邻居说，老太太从此没有再来过。"迎养母亲"就是这么回事。

这年的十一月，锺书"下放干校"。"革命男女"也先后"下干校"，家里留一个小孩子，由阿姨带领。我是下一年的七月才下放的。钱瑗没有"下干校"。我们和他们家阿姨和孩子，相处得很和谐。他们家阿姨如有困难，就和我们谈，例如孩子病了，或孩子长得快，小衣小被都太小了，怎么办等。我们就帮她想想办法。"革命男女"同时请事假回京后，阿姨就问我们："他们谢你们了吗？"我们怎么要他们谢呢。可是阿姨觉得她说声"谢谢"，还不足以报答，所以她"故意告诉了两遍"。他们从不理睬。阿姨叹气说，"真是一对白××"。（我不重复全句。阿姨还健在，可以问她。）

钟书"下放干校"以后，我"下放干校"前夕，女婿德一因"五一六"案含冤自杀。这件事，我打算等我自己"下干校"后，亲自一点一点告诉钟书，免得他经受不起。当时吴世昌先生和钟书同在"干校"，而他的夫人严伯升和钱瑗是同事。我怕消息走漏，求严伯升帮助我们保密，她非常同情。"革命女子"想必知道了我们隐瞒。我"下干校"后，钱瑗一人在家里，她在厨房里当面质问："你爱人'下干校'啦？怎不回来探亲呀？"钱瑗说："他已经去世了。"随后，钱瑗听到他们屋里哈哈大笑。这是我们事后才知道的。原来"男沙子"是整"五一六"而为革命"立功"的人。

一九七二年三月，我们夫妇由干校回家。七月间，我们学部下放干校的全体人员也都回北京了。他们回北京后，仍天天开会、"学习"。"老先生们"（多数是以前的"牛鬼蛇神"）只在家"学习"，有时到所里开会。钟书开始写他的《管锥编》，我翻译《堂吉诃德》，钱瑗在北师大教学，天天早出晚归。这时，我们和文学所、外文所的许多"革命群众"，因相处多时，已经是很亲善的"不战之友"了。可是"掺入"了我家的"革命男女"，好像还在"继续革命""不断革命"。我们的忍耐再忍耐，似是尚未"触及灵魂"。我女婿德一的自杀，是我家的"一款大罪"。"知罪隐瞒"，罪加一等。"革命男女"经常选中这个伤处，来触及我们的灵魂。例如男女伴作夫妻相骂，女的大叫："我要上吊了！"有一天（该是星期日），"军宣队"领导余震同志带着另一位较年轻的部队领导到我家访问。"革命女子"不知是告状呢，还是示威，莺声历历地在门外骂："五一六的臭寡妇！"钱瑗听了只悄悄转过身，不让别人看见她的脸。余震同志对这句骂深不以为然。他表示了他的不同意。我不记得他怎么说的，笔记本子记了又记。这两位同志想必还健在呢，也许他们记得。

十二月二日是星期日，大家的休沐日。我家请一个钟点工小陈来洗衣服。"革命女子"也要她洗，并且定要先为她洗。钱瑗说，小陈是我家约来的。"革命女子"扬着脸对钱瑗说："你不是好人！"随手就打她一耳光。我出于母亲的本能,不自量力,立即冲上去还手。钱瑗是看惯"红卫兵"行径的,不愿妈妈效尤,拉着我说:"妈妈,别——"可是她拽不动我,就急忙由大门出去了。(她是去找居委会主任的,当时我没有理会。)锺书这时在套屋的窗下看书,我记不清外间的门是开着还是关着,反正他不知道过道里发生的事。这时两个"革命男女"抓住我的肩膀和衣领,把我按下地又提起来,又摔下,又提起,又摔下。小陈当时在场。她向别人说,那女人要挖我的眼睛。我不知道她是什么根据,"革命女子"没有挖我的眼睛,我只感到有手指在我脸上爬。我给跌摔得晕头晕脑,自知力弱不胜,就捉住嘴边的一个指头,按入口内,咬一口,然后知道那东西相当硬,我咬不动就松口放走了。我记不清自己给跌摔了多少次。

我有一架晾手绢、袜子的小木架子,站在过道的靠墙处。我的身体在"革命男女"的操纵下,把那木架子上的五根横棍全撞碎了,架子倒地有声。锺书该是听到木架倒地才出来的。我自己也奇怪,我怎么没叫喊一声。

我没看见他出来,只记得他举起木架子侧面的木板(相当厚的木板),对"革命男子"劈头就打。幸亏对方及时举臂招架,板子只落在胳臂肘上。如打中要害,后果就不堪设想了。我记得"革命女子"回她房间去取一支大粗手杖交给"革命男子"。我忙也到自己家门口拿出一支细藤手杖,但出门就被"革命女子"劈手夺去,好像是我特地拿来奉送的。我一看情势不妙,拉了锺书回房,关上门,锁上锁。

这里我该补上当时发生在别人身上的事以及遗漏的细节。

(一)"革命男子"虽然拿着一支粗手杖,他并未动用。他是不愿打呢,还是没决定打呢,还是我们逃得快,他来不及打呢,我就不知道了。他如要动用手杖,很容易,因为他个子高(男女俩都个子高),年纪轻,对方只是个瘦弱老人。可是他并没有动用手杖。这一点,我该实说。我却是挨自己的藤杖抽了几下,身上留下了几道青紫痕,心上意识到女的比男的手快心辣。

(二)"革命男子"气呼呼地指着自己的袍儿叫我看。他穿的是一件栗色绸子的袍儿,前面许多大脚印,横横斜斜的,一脚一脚从膝部直踹到肚皮上。他又提着自己的衣领叫我看。显然有人一把揪住他衣服的领口，抬脚踹他，把领口的纽襻都扯松了。这一脚一脚的尘土印，分明是男皮鞋的鞋底印。屋子里没有第三个男人，他本人不可能自己踹自己的肚皮。我很快地思维一过，忙用手把他袍儿上的鞋底印掸掉了。鞋底印怎么上去的，我确实没有看见，该是在举起木板之前吧？我掸掉鞋底印，该是在木板劈头之后，因为我当时有抱歉之意，同时也要消灭"罪证"。记忆里，一个个印象很鲜明，却是记不清次序，因为我给跌摔得糊涂了，而有些事我确实没有看见。我只把记忆深刻的印象一一记下，不去追忆细节的次序，免得追忆中产生错误。反正我的推断只是我的推断。

（三）我咬破了"女沙子"的手指。她翘起伤指，到处告状诉苦。有一位听到她诉苦的大妈对我发表意见："手指在你自己身上呀，怎么跑到她嘴里去了呢？"

我锁上了门，两人站在门内，"革命男女"在门外用不知什么东西狠狠打门，打得砰砰响。门是三夹板制成的，有打破的危险。恰好钱瑗带着居委会主任刘大妈来了，她们看见"革命男女"各拿粗木棍打门（木棍是我家的墩布把儿），有一条木棍已打成两段。我们开了门，刘大妈进来问明究竟，然后又到"革命男女"家去问明究竟，并批评了他们，她就走了。

锺书余怒未息。我说："幸亏我身体轻，没伤筋动骨，算了。"锺书用手一抹说："这事不再说了！"他感叹说，和什么等人住一起，就会堕落到同一水平。我很明白，他这回的行为，不是出自本心，而是身不由己，正和我冲上去还手一样。打人、踹人，以至咬人，都是不光彩的事，都是我们决不愿意做的事，而我们都做了——我们做了不愿回味的事。这件事，尽管我们在别人问起时，不免要说个大略，我们私下里确是绝口不再谈论或讲究，因为我们三人彼此间都很知心。

但是毕竟发生了这么一件事，我们不能不向领导汇报。文学所的副所长唐棣华同志住在本楼，我们就向她汇报了一个大略——主要是我汇报，因为锺书所知，不如我周全。唐棣华同志不便介入，只示意我们还该向其他领导汇报。我们一处处汇报，才知道"革命男女"早已各处都告过状了，而且满处宣传："地主打了贫农。"他们还到医院验伤，医院为"革命男子"开了一张验伤证明单。"革命男子"胳臂上有一块青紫，他揎起衣袖时，我偶曾见过一眼。

以后几天，我们两人勉强还继续自己的工作，但保护我们的只有一扇门了。整个"文化大革命"期间，我们虽然被打入"牛鬼蛇神"阵营，我们心里很安定，因为从未觉得"革命群众"是"敌人"，我们和他们只是处境不同而已。这番才第一次有恐怖感，觉得自己容身无地，落在不知什么人手里了。晚间听到"革命男女"窃窃嘻笑，就憷然畏惧。我们听到传言，他们说，这次便宜了我们，下星期日要下毒手，着实打我们一顿。

星期日到了。我乘他们还未起床，早早做了早餐，涮洗了锅碗。以后就没敢再进厨房，因为"革命男女"老在那儿出出进进。我想上厕所，开门张望几次，总不得机会。一次看见那女人叉着腰坐在浴盆边上，如有所待。我就轻轻掩上门，耐心再等等。10点了，10点10分，——20分，——30分，——40分，我们什么时候能做饭呀？我准备等到他们吃饭，或等到他们睡觉。

钱瑗忽然说："咱们逃走吧。"

逃走？逃哪儿去？有路可逃，还不逃吗？

钱瑗说，她在北师大宿舍有个铺位，午后可以躺会儿休息，房间朝北，天气冷，目前没人住，屋里有三只双层床。我们立即决定逃走。我们收拾了几件必不可少的东西，每人拿一二小件。我们商量好如何逃跑，伺机行事。将近十一点，那女人大概是等得不耐烦了，我们忽由窗里看见她骑车走了。我们轻轻开个门缝看看。过道里没人，男的在房间里呢。我们只需逃出大门就不怕，因为在这扇大门以内，我们有理说不清；大门以外，邻家有人，有目共睹，我们不用怕。钱瑗打先锋，她轻轻地开了我们屋子的门，轻而快地过去开了大门，锺书紧跟在后，我殿后。我们房间的锁很复杂，得向左转，又向右转。我也轻快地锁上了门。三人紧贴着溜出大门，我轻轻把大门关上，然后三人一连串走下楼梯，一同喘了一口大气，我们逃出来了！

我们先到附近朋友家去休息一下，吃几口饭，向我们的领导同志们请得准许——这不很容易，不过我们还是得到了准许才逃走的。这是在一九七三年十二月九日。我们过了三年流亡生活，一九七七年二月搬入三里河新居。流亡的生活当然艰苦，可是我们不必担惊受怕了。

锺书不愿再提的事，我始终没有向他再提过，可是从"掺沙子"到流亡的那番往事,毕竟是我一生难忘的亲身经历,也是应该让大家知道的一段历史。别人的传说,都不详、不尽、不实。我应该在自己有生之年,把这段往事公之于众,我说的话可有我负责。①

双方有这段过节,有时代的烙印,在那样一个年代,人往往难以自控。

这一切,都要从一九六二年八月说起。当年,钱锺书、杨绛及女儿钱瑗一家三口,搬入位于北京东城干面胡同15号3楼1室的中国科学院宿舍。房间四个,朝南三间,中间是客厅,沿墙放书橱。东边一个套房为钱锺书的卧房兼书房,西边临阳台一间则是杨绛的卧房兼书房,朝北西尽头是钱瑗和女婿王德一的新房,与杨绛的卧房相对。往东是一间卫生间和一间厨房。厨房就在家的大门口。从大门进来是一条宽宽的过道,分隔朝南和朝北的房间。一家人住在四居室内,摆上沙发、钢琴等物,闹中取静,距工作单位又不远,论条件应该说在当时是很好的了。

然而,好景不长,四年后,一九六六年八月中旬,钱锺书、杨绛夫妇被"揪出来",并于转年五月中旬被打成"资产阶级学术权威",劳动改造,不发工资,并遭揪、斗、辱、骂和殴打,从此,生活便发生了极大的变化。

又过两年,一九六九年五月中旬,中国科学院哲学社会科学部组织"革命群众"住进"资产阶级权威"的家里去,钱锺书、杨绛夫妇房子也被分掉一半。于是,他们打算让出西尽头的两间卧房,留下面积略大一些的客厅和套间自己住。不久,另一家人便搬进来了。住进来的是钱锺书、杨绛夫妇的同事濮良沛(即林非)一家。

杨绛的文章《从"掺沙子"到"流亡"》在发表以后,社会上反响热烈。谢泳撰文《带血的文字》(原载香港《明报》),对杨绛的文章,予以积极评价。他说:

杨先生真是文章高手,她的这篇散文,我以为代表了中国当代散文的最高水平,通篇文章除了冷峻的叙述,极少议论,偶有一些议论,也都是用非常平静的话语道出。当钱家三人被逼到无法生存时,杨先生这

---

① 杨绛:《从丙午到"流亡"》,北京:中国青年出版社,2000年1月第1版,第133—145页。

样写：

"钱瑗忽然说：'咱们逃走吧。'"

"逃走？逃哪儿去？有路可逃，还不逃吗？"

这样的文字是带血的，它让我们感受的不是个人的一时耻辱，而是一个时代的耻辱。

谢泳指出："杨绛先生这篇文章说的并不是什么大事，而是一件生活小事，但这件小事在一定程度上却有象征意义，它象征了中国知识分子在一个时代的普遍生存状态。"文化大革命"时期，有一项革命措施，让'革命群众'住进'资产阶级权威'的家里去。名为'革命'，其实就是在物质上剥夺知识分子的生活条件。这就是所谓的'掺沙子'……杨绛先生的这篇文章，比她八十年代的《干校六记》《洗澡》，更让我们感到一个时代对知识分子的伤害达到了何种程度。如果说《干校六记》和《洗澡》写出了对知识分子群体被改造的共同感受，那么，这篇文章却是一个知识分子独特的个人体验。如果说'下放干校'是对知识分子的集体流放，事后回想也许多少还有一些悲壮感，在《干校六记》中，我们常能感到在那样的环境里，那些被集体流放的知识分子还没有完全失去自己的尊严，他们还能有一些苦中作乐的黑色幽默……"

杨绛所写的文章《从"掺沙子"到"流亡"》，将不堪回首的"文革"岁月中的荒唐一幕，再现给读者，也引起了相当大的争议，其中涉及的当事人被迫开口了。

前述谢泳的文章曾经提及："杨先生这篇文章，有一个小小的缺陷，就是她没有把笔下那两个'革命男女'的真名实姓写出来，在杨先生，这是她的恕道，我们可以理解。但我还是希望有一天，能有知情的当年学部文学研究所的同人，把那两个'革命男女'的真名实姓告诉天下的人，让我们的后代也能知道，曾经有一个时代，人心坏到了那样的地步！"

因为当事人的出现，谢泳的遗憾很快得到弥补。杨绛所谓"革命男女"，实有其人，"革命男子"或者"男沙子"即林非（1931—　），原名濮良沛，一九五五年毕业于复旦大学中文系，著名鲁迅研究专家、散文家，历任中国社会科学院研究生院教授、文学系主任、博士研究生导师，中国鲁迅研究会会长，中国散文学会会长，中国散文家协会名誉会长。"革命女子"或者"女沙子"即肖凤（1937—　），原名赵凤翔，系传记作家、中国作家协会会员，一九五九年毕业于北京师范大学中国语言文学系，历任北京广播学院教师，中央人民广播电台文学编辑、播音员，韩国高丽大学中文系客座教授，中国传媒大学教授，北京市朝阳区第五届政协副主席。

《鲁迅研究月刊》一九九九年十二期在发表肖凤的《林非被打真相》一文时，特意加了一段《编者说明》，指出："本刊系纯学术研究刊物，由于特殊原因，本期破例刊登两篇与鲁迅研究本身无关的文章。今年十一月十九日，《南方周末》发表了杨绛先生的文章《从'掺沙子'到'流亡'》；十二月一日《中华读书报》又予以转载。十二月四日，林非先生致本刊编辑部信说：'已严肃要求两家报纸刊登澄清谣言的文章，等待他们的答复。已有新闻署负责人明确告知，如得不到公平处理，即可诉诸法律。'又说：'已有主持公道和憎恶谣言的几位先生表示，可在有关报纸上发表澄清谣言的文章。寄上肖凤写的此文，务请在贵刊发表。'林非先生信中还表示：'一个鲁迅研究者被谣言诬陷，作为研究鲁迅的权威刊物，发表另一方澄清事实的文章，应该是正常的，让广大读者判断，符合新闻公正的原则。'现将肖凤文章予以刊发，同时转载杨绛先生的《从'掺沙子'到'流亡'》一文。其中是非曲直，读者定能作出正确判断。"

肖凤开首便说："一九七三年十二月七日是一个黑暗的日子。那一天，我的丈夫林非被一根大棒毒打，我自己的手指也被咬得鲜血淋漓。那男人殴打时用力极狠，手中的大棒当即断成两截。那时正值隆冬季节，林非身穿棉袄，挡住大棒的右臂还被打肿和打破，鲜血淤积，漆黑一片，让我深感恐惧而又心疼不止。

"我连忙领着林非去医院看病，接诊的医生一边替他敷药包扎，一边惊叹打人者的心狠手辣，还开列了诊断的证明书，嘱咐我们好好防备打人者的继续行凶。我搀扶着林非从医院回家，走进大门就瞧见公用的走廊里，堆积着许多霉烂的垃圾——吃剩的鸡骨头、长绿毛的橘子皮、碎布条、碎纸片，而打人和咬人的这对夫妇已经走掉了。第二天，在林非单位里'实行无产阶级专政'的'工宣队'，训斥林非怎么敢跟×××吵架，说是他那声势显赫的同学，当时炙手可热的一位高官将会来干预，威胁说要遣送林非去北大荒继续'劳动锻炼'，还派人上我教书的学校，找到了主持工作的一位领导，要他来压制我。这位领导是老革命，刚从'牛鬼蛇神'的队伍中'解放'出来，他在我教书的学校里工作了十几年，对我十分了解，一听就知道他们说的不是真话，就把他们打发走了。"

钱锺书、林非发生冲突时，是在他们刚从河南的"五七干校"回来不久。林非的夫人肖凤日夜都提心吊胆地害怕林非又被赶到更遥远的地方去，觉得他们的用心真是狠毒,却也只好找出家中所有积蓄的零钱,替林非买了一件厚厚的羊皮大衣,好抵御那儿冰天雪地的严寒气候。她回忆说,那时,"整天忧愁地思忖着打人者的阴险,想用这么大的后台来压垮和摧毁我们。林非曾在'五七干校'患过一场大病,为了护理他的身体,并且减轻他精神上的压力,我打算跟他一起前往,可是儿子又太幼小,不能让稚嫩的生命随同我们去受罪,得保护他很好地长大成人,商量的结果是林非先走,我和儿子等一等再说。幸亏那位当时的高官与我们素不相识,无仇无怨,所以并未听信一面之词,将林非置于死地。我们好不容易地熬过了'十年浩劫'的岁月,更何况林非早在'肃反运动'中就被指责为立场'右倾','反右运动中又被指责为犯有平均主义的错误思想',曾在公开的会议上受到过批判,面对着这样坎坷的遭遇,他从'文革'开始后,就只敢采取躲避和逍遥的态度,却还被'造反派'不依不饶地在长篇'大字报'上称为'漏网右派',常常处于胆战心惊的恐惧之中。好不容易难熬的岁月终于过去了,有关的处分也都获得了公正的纠正。我们多么想安安静静地度日,高高兴兴地工作,可是咬人者不断地通过口头和文字的谣言,再三地进行人身攻击,现在又在一张报纸上大肆说谎,所以我不得不放下手头的工作,把林非被打的真相公之于众,相信善良和公正的读者朋友们会作出自己判断的"。

事情的经过是这样的:一九六八年春天,我怀孕了。我的婆母知道消息后,放下了由她照看的三个外孙,千里迢迢地从上海来到北京,准备迎接将要诞生的婴儿。因为林非是她老人家最小和最疼爱的儿子,所以也十分慈爱地照顾着我。我们三人挤在一间只有十平方米的小屋里,除了能放下一张大床、一张小床和一个书桌之外,几乎就没有空地了。我们躲在狭仄的空间里,却也享受着亲情的温馨。这一年冬天,我的儿子降生,小屋里又增添了一个新人,在拥挤的屋子里洋溢着欢乐的气氛。满屋子都拴上了晾尿布的绳子,上面悬挂着洗过的尿布,竟像是万国旗一样。有一天,一位在林非单位里担任"革委会"主任的文学批评家,骑着自行车来我家看望,竟腾不出一席之地招待他坐下。

当时几代同堂住在一间屋子里,是众多青年知识分子的生存状态。我们还曾经跟另外三对夫妇同住在一个单元里面,和谐地相处得像朋友一般,有的邻居至今依旧相互来往。这位文学批评家跟我们是同代人,心灵很容易相通，看着我们如此窘迫的处境，就动了恻隐之心。当时正值"文革"的"斗批改"阶段，整个单位都调整住房，因此也决定分配两间住房让我们搬家。林非有一位后来大名鼎鼎却又流亡国外的同事，就是跟我们一起搬进这座楼房的。

我原来犹豫着不想搬迁到陌生的地方去，但是当时的处境实在太困难了，一是我的产假只有56天，又正值"清理阶级队伍"期间，绝不允许请假，不满两个月的儿子白天只能交给婆母照料，她老人家已经是将届古稀的高龄，真于心不忍，却又毫无办法，只能晚上下班后自己带着儿子，请老人家休息。二是在全国"清理阶级队伍"的高潮中间，婆母的女婿也就是我们的姐夫，忽然被诬陷为"叛徒"，"隔离审查"，不许回家。其实他只是上海一座大型工厂的总工程师，老实巴交，什么问题也没有的。姐姐是小学校长，每天都早出晚归，三个未成年的孩子无人照管，她精神压力又很大，频频来信，述说困难，希望母亲早些南归。三是居委会一个戴"红袖章"的老"红卫兵"，常常上我们原来的住处敲门，逼迫报了临时户口的婆母离开北京。林非和我又必须天天上班，在这万般无奈的紧急关头，我的女友介绍了一位家住郊区的农村大嫂，与我们见面相识，说是如果聘请她帮助我们照顾小孩，我的婆母就得以回到上海慰藉她受难的女儿，这也许是解决困境的唯一办法。这位善良的农民大嫂提出的唯一条件，就是绝对不能与我们夫妇共居一室，这个要求自然是完全合情合理的，于是我不想搬迁也只得搬迁了。咬人者说我的婆母是为了分配住房才赶来充数的，这纯粹是造谣。我慈祥的婆母已经宁静地安息于九泉底下，不会再遭受到任何精神上的伤害了。

在我们搬迁之后，开始时还相安无事，也曾稍稍地点头和说一两句寒暄的话语。咬人者是很讲究保养自己的，吃鸡蛋只吃蛋青而不吃蛋黄，吃西瓜也只吃瓜心而不吃外圈，她要把蛋黄和西瓜的外圈赏给我们，都被我严肃地拒绝了。因为我出生于清高的知识分子家庭，从小接受的家教就是"不受嗟来之食"。

她偶或露面的女婿，听说是北京某著名大学赫赫有名的"造反派"二把手，可是在当时风云突变的"文革"狂潮中，该所大学的"造反派"一把手忽然失宠于"中央文革"的"旗手"，他忍受不了岳母家中种种阴沉和发怒的颜色，竟悬挂在大学校园里一棵老树桠上自杀了。我们本来是丝毫也不知晓的，自己正面临着种种压力，已经感到焦头烂额，身心交瘁，哪有闲暇去过问人家的事情，这还是听到住在旁边单元里一位红学大师的夫人匆匆说起的。

从此以后，咬人者和她的丈夫确实显得有些焦躁，当情绪分外低沉时，就跑进我们的住房，不由分说地抱走我心爱的儿子，放在他们屋子里当作开心取乐的玩具。她根本无视我的人格，无视我作为母亲的存在。在她的心目中，别人都比她低一等甚或是好几等，供她颐指气使地嘲讽和戏弄，包括我幼小的儿子在内，一概都是如此。她这种霸道的态度，和对我儿子的人格的漠视，实在伤透了我的心，使我意气难平。而当我有时跟她的眼光交织在一起时，似乎也感到了她仇恨的心情，后来她丈夫如此凶恶地猛击大棒，更是证明了这一点，看来被殴打和咬噬的命运，从开始时就笼罩于我们的头顶了。

我和林非在几年前奉命去干校时，怕儿子过于幼小，还不适宜去"经风雨，见世面"，只好把儿子托付给那位忠厚和质朴的农村大嫂，并且把两人每个月工资的极大部分都留给了她，她也尽心尽力地带领着我的儿子，跟我儿子建立了深厚的感情。可是我们几年来耗尽了原来就是极为低微的工资，经济情况显得十分拮据，从干校回到北京之后，我们再也没有能力供养一个保姆了。这位善良的农村大嫂非常理解我们经济上的困难，她也愿意另找一家经济收入比我们高的住户去帮工，于是她就和我们很友好地分手了。

我上班的学校，离家有二十多公里的路程，每天赶公共汽车早出晚归，有时就把儿子带在身边。那时候常常要跟学生一起去郊区农村"开门办学"，只好也带着年幼的儿子，和几个女同学睡在老乡家里的土炕上。又教书，又下地，又带着儿子，回家后真是感到劳累不堪。那时候大家都还没有见过洗衣机，正好院子里有一位帮助人们洗衣服的农村大嫂，大家都称呼她为"余嫂"，我也请余嫂帮助洗衣服。一九七三年十二月七日，适逢我刚从郊区农村返京，就请余嫂替我洗洗从农村带回来的衣服，因为几天之后还得带着儿子下乡，时间很紧张，让余嫂赶快洗起来。可是咬人者故意抬杠，坚持要余嫂先给她洗，她的时间比我充裕得多了，为什么要如此着急，于是就争论起来了。在双方的情绪都很激动的口角中，她忽然伸出双臂要抓住我的脸庞，我长得比她高，赶紧向后仰起头，并且伸出双手挡住她，没想到她竟用自己双手紧紧抓住我右手的食指，飞快地塞进嘴里狠命咬了一口，当时抽出来就鲜血迸流。她这个动作是如此的突然和迅猛，完全出乎我的意料之外，所以没有来得及躲闪。中国有句老话说，"君子动口不动手"，连大字不识半个更画不成圆圈的阿Q都懂得这个道理，想不到她竟会如此行事。俗话说十指连心，我疼痛得大叫起来，林非从房间里奔了出来，想要解救我。咬人者的丈夫也从他的房间里奔了出来，双手举起一根大木棒，朝着林非就残忍地抡了下来，咬人者自己也承认，如果不是林非赶紧伸手挡住木棒，打中头颅的话，后果将会不堪设想。

　　咬人者诬称我们将她提起又摔下了不知有多少次，请问我们哪里有这种大力士般的力气？造谣造得实在太荒唐了。而且既然已经跌得晕头晕脑，怎么又能够像她自己不得不承认的咬我的食指呢？打了和咬了人，还要可恶地造谣，真是不知天下有羞耻事。在此次冲突中，我们自始至终都是只动口没动手，咬人者和打人者则是又叫骂又动手。他们的表演和所作所为，让我看清了他们本来的面目。面对着她的造谣生事，我深深地庆幸自己的人格比造谣者要高尚得无可比拟了。

　　这咬人者确实是造谣、攻击和欺负别人的能手，她曾散布过侮辱一位已故著名哲学家人格的流言，那位学者的女儿（一位著名女作家）就曾在报刊上发表文章批驳。还有一位外国文学教授由于讲述了在她家里，听说过她丈夫攻击自己老师的一则谣言，她就威逼这位教授写出书面文字，保证从未听说过此事。她还散布过自己丈夫的几位年轻同事，"拿我们的钱不还"，后来连她丈夫都否认这谣言说，"一切以我说的为准"，可见造谣的伎俩是如何的轻率与离奇。

　　为了澄清咬人者发表的造谣诬陷的文字，我只好放下手里正在撰写的稿子，将二十六年前的那件事实真相写出来公诸众。我对自己写的文字负责到底。在我的有生之年，只要咬人者再度造谣，作为被咬者的我，一定要再次澄清事实的真相。林非单位里有几位充满正义感的同事，先后打来了电话，要我们必须反驳恶意的谣言。我庆幸自己终于生活到了法律面前人人平等的时代，这是新时期给予每个公民的权利，现在已经不是只许咬人者造谣，而不允许被咬者说明事实真相的时代了。我尊敬所有善良和公正的同胞，但是对于一向造谣、攻击和迫害我们的咬人者，是愿意奉陪到底的。

钱濮"公案"公开披露，舆论一片哗然，众说纷纭。《书屋》二〇〇〇年第八期刊登陆仁《反思"文革"岁月的胸怀与境界》，二〇〇九年一月十二日《文汇读书周报》发表钱汉东的《林非谈"钱杨冲突"》，香港《明报月刊》二〇〇〇年第八期刊登了萧为的《钱濮"公案"——钱锺书打人、杨绛咬人》和林非的《驳方丹先生的谣言——杨绛文章说明我们不是"造反派"》。

林非强调，我们并非"造反派"，而且，连"杨文"也承认，是钱锺书殴打了我，我始终都没有还手。林非又在《黄河》二〇〇〇年第三期上，发表《必要的澄清和说明》，矛头直指方丹的《我所认识的钱锺书》及杨绛的《从"掺沙子"到"流亡"》。①

《中国经济时报》《文学报》，登载肖凤《林非被打真相》（以下简称"肖文"），对杨绛的《从"掺沙子"到"流亡"》（以下简称"杨文"）进行了澄清。之后，钱锺书、杨绛跟我们之间的纠纷，完全趋于明朗和公开了。

关于这一场纠纷，出现过不少对我们以讹传讹和肆意攻讦的文章，始作俑者是方丹的《我所认识的钱锺书》（香港《明报月刊》一九七九年八月号）。此文编排我们是"造反派"，说我们打伤了钱锺书。需要声明的是，我们并非"造反派"，而且，连"杨文"也承认，是钱锺书殴打了我，我始终都没有还手。"杨文"尽管包含着向壁虚构和人身攻击的成分，有些叙述却也符合实际情况。例如她说，是在一九六九年夏天，自己的住房"分掉两间"，住进来的"只是需要住房的人，政治面貌和表现各各不同"，接着又将迁入的我们称为"沙子"。这自然是一种怀恨在心的蔑称，却也并未诬陷我们是"造反派"。而在此之前出版的孔庆茂作《杨绛评传》（华夏出版社出版），却与"杨文"的叙述迥然不同，而沿袭方丹的虚构之词，说是由"造反派头头"分派，住进了"这对'造反派'年轻夫妻"。"杨文"不仅未曾诬称我是"造反派"，还说我（蔑称为"男沙子"）"是整'五一六'而为'革命'立功的人"。"学部"（中国社会科

---

① 林非：《黄河》，2000年第3期。

学院前身）当时的"整'五一六'"，是针对垮台后的造反派"红卫兵联队"的，这样说来，"杨文"更是从"政治面貌和表现各各不同"的说明中，又进一步把我视为与"造反派"对立的人了。不过我确实从未立下过这样的功勋，只好辞谢她此种纯属虚构的不虞之誉。如果以当事人一方的"杨文"的说法为准，孔庆茂的叙述当然只能是向壁虚构的不实之词。如果他在叙述这件事情时，并未为此采访过杨绛，而只是出于丑化自己传主对立面的目的，就根据类似方丹那种拨弄是非的误传，不加分析地随意谱写，说明他写作的态度实在是太不严肃了。他的《钱锺书传》（江苏文艺出版社出版）同样是违背事实地诬称我为"造反派"，像这样平白无故地损害和侵凌一个公民的名誉权，从传记写作的道德原则来说，无疑可以说是问心有愧的。

　　今天来回顾"文革"时候的往事，"造反派"已经成为一个带有恶谥意味的名词了，不过在当时作为"响当当的造反派"，却是十分光荣的。而如果站在更高的视角来反思的话，极大多数并未杀人放火的所谓"造反派"，也只是在"文革"狂潮的煽动与迷惑底下，作出了一些超越于正常思维之外的极端行径，除了负有某些个人的责任之外，却又是这场狂潮的受害者和牺牲品，归根结底说来是一场时代的悲剧。正因为在当时作为"造反派"是十分荣耀的事情，所以就必须是在"阶级出身"和"政治表现"方面经得住检验的人，才可能被允许参加进去。而从我自己的情况来说，因为在"肃反运动"中的"右倾立场"，和在"反右派运动"中的"平均主义的错误思想"，早已受过"批判"和处分，所以在"文革"开始之后，就常常处于胆战心惊的恐惧中间，只敢采取躲避和逍遥的态度，以免被"揪"成为"别有用心"的"牛鬼蛇神"，尽管如此，却还在"造反派"张贴的长篇"大字报"上，被批判为"漏网右派"，哪里还有成为造反派的荣幸。自然从我自己的思想感情上来说，也由于缺乏足够的"阶级觉悟"，对于"文革"中的种种行动是丝毫都没有兴趣的。

　　还有一个问题是孔庆茂《杨绛评传》中由"造反派头头"分派房屋的说法，以及乌尔沁夫的《走出〈围城〉的钱锺书》（《文艺报》一九九八年四月三日，以下简称"乌文"）中，违背事实地说是"派驻进来两名'造反派'夫妻"，都是来源于方丹的虚构不实之词。连作为与我们对立的当事人一方的"杨文",也都叙述了实际的情况,却并不采用此说,而"肖文"则说明是在"'文革'的'斗批改'阶段,整个单位都调整住房",一位"'革委会'主任"目睹我们居住得如此拥挤和可怜,"动了恻隐之心","决定分配两间住房让我们搬家",还叙述了"在这座四层楼的公用宿舍里",同时搬进了十对青年夫妇,其中的有些同事后来成了著名的学者,也有人流亡于海外。我要补充说明的是在"文革"开始时,"学部"成立的两派"革命群众组织"中,其一是"红卫兵联队",其二是"红卫兵总队",在一九六七年夏天,"红卫兵联队"就被查封,原来处于劣势被攻击为"保守派",并被"红卫兵联队"查封过的"红卫兵总队"开始掌权,后来又结合被"解放"的"革命干部",成立了管理日常事务的"革委会",它与原来意义上的"造反派"已经毫无瓜葛。正是基于这样的事实,可以证明从方丹、孔庆茂直至"乌文"中的有关叙述,都是子虚乌有的编造。爱默的《钱锺书传稿》(百花文艺出版社出版)更渲染说是他传主的全家,从"干校"回到北京后,才"发现自家房屋被一对青年夫妇占用了",完全是任意编造和信手涂抹,也许是要渲染富有喜剧色彩的社会新闻,却并未诬称我们是"造反派"。

关于双方正式冲突的原因,"肖文"与"杨文"都分别叙述了是由约请保姆洗衣所引起,而"乌文"和这几本传记却并未说明冲突的起因。为什么会像"乌文"所说的,"动手打了钱老"呢?孔庆茂的《钱锺书传》和《杨绛评传》,则编造钱锺书莫名其妙地"与这对'造反派'大打出手,把胳膊都打伤了,闹得满城风雨",从而"名扬千里","连那些'造反派'也都对他敬畏三分"。"杨文"明确地叙述是她丈夫打伤了我的胳膊,这不啻是对于"乌文"的一种驳斥。而从孔庆茂叙述的口气来看,似乎是他传主的"胳膊都打伤了",为什么要这样语焉不详?因为他基本的情况都没有弄清楚,却又急于要袒护自己的传主,只好这样来随意涂抹,怎么能不含糊其词?孔庆茂其余的那些叙述,也都是经不起推敲的向壁虚构之词,首先是在前面已经说得非常清楚了,我与"造反派"绝无任何的缘分,他的说法只能是一种诬陷之词。何况按照常理来说,如果我真是"造反派"的话,作为年长一辈的知识分子钱锺书,怎么敢向我饱以老拳?当时的造反派组织派性极强,当自己"战友"遭受殴打时,一定会采取同仇敌忾的"革命行动",怎么可能会袖手旁观,却反而对殴打者"敬畏三分"？尤其荒唐的是将钱锺书把我打伤一事，竟犹如讴歌美国拳击大王抑或日本相扑冠军那样大肆渲染，夸大成为在"满城风雨"中"名扬千里"，其实当时连居住在同一座楼房里的邻居，都知之者甚少，孔庆茂的肆意夸大之词与实际情况的差别，真何止有十万八千里之遥。而且像这样把钱锺书讴歌成为并非他自己所长的拳击健将，也未免太滑稽可笑，真是欲褒扬之而反成为不伦不类的漫画了。至于爱默《钱锺书传稿》中所说的，他的传主"被人打得不但胳膊带伤，而且眼镜也被打落在地"，更是完全违背了"杨文"中所承认的，我被她丈夫打伤的基本事实。像这样夸大渲染和随心所欲地起哄，都说明这些作者在史识和史德方面存在的问题了。

上述的三部传记（《钱锺书传》《杨绛评传》《钱锺书传稿》）和"乌文"，诬陷我是"造反派"，以及钱锺书大打出手而胳膊负伤，并且"名扬千里"等不实之词，主要是来源于方丹的《我所认识的钱锺书》。此文极不严肃地胡乱编造，竟贻误一批作者写出了向壁虚构的文字，可见从事写作是一桩必须慎之又慎的事情。方丹与我无仇无怨，为何要肆意地违背事实来侵凌我的名誉呢？

完全是违背了客观事实的"乌文"，竟惹来了邵燕祥的《李洪岩文读后》（《杂文报》一九九八年五月二十一日），不知他为何会据此当作论断的根据，在批驳李洪岩有关我是否"造反派"的质疑时，竟不无嘲讽地称赞对方，比"那一对夫妻之所为，也算不无一点进步"，毫不了解实情就信手乱写，还对我们加以恶意的贬抑，实在是有失公正和厚道的。邵燕祥在"反右派运动"中一定会有过被伤害的体验，却还这样无缘无故地伤害别人，不知道是所为何哉？乌先生等诸位作家就是把钱锺书吹捧上云端里去，我除了可以表述自己不同的看法之外，也绝对是无权干预的，可是诸位的文章却不该背离事实地对我们全家进行中伤。

有关"杨文"和"肖文"对于事态的不同叙述，某些与时代氛围关系不太紧密的细节，局外人往往难于作出判断。然而有些与时代氛围关系甚为紧密的细节，揆之于常理来说，局外人也可以作出大致不差的判断。

譬如"杨文"叙述肖凤在"学部"军宣队第一把手面前，大骂她女儿是"五一六的臭寡妇"，乃是为了刻意渲染对方的凶悍。不过经历过

"文革"生涯的人们终生都会难以忘却,当时在"工军宣队"面前是绝对不敢高声嚷嚷的。"工军宣队"的任何一个指令,都可以决定自己的命运,人们在"工军宣队"的年轻师傅和"连"、"排长"面前,都只敢恭恭敬敬地说话,怎么会吃了虎豹的肝胆,敢在这"军宣队"第一把手面前如此吵闹?这样的场面并不可能发生,更何况肖凤是个在待人接物时很有礼貌的人,"杨文"的写法纯属是为了进行抹黑而向壁虚构。

发生在"文革"后期的此种纠纷,是这场浩劫中一个小小的悲剧。钱家原来独自居住,却被迫打破了一统的局面,心里产生出不快与反感的情绪,完全是合乎逻辑的;而我们的迁徙也因为是护理婴儿的保姆,提出绝对不能与我们夫妇同住一室,而不请保姆又无法上班,所以虽然犹豫再三,最后也只好作出迁徙的无奈选择。长期以来整个社会的思潮与有关决策,热衷于掀起紧张的"阶级斗争",却很少为了日益增长与膨胀的人口,考虑怎样去建造更多的房屋,让多少人们混杂在一起居住,生存状态真是处于一种悲剧性的氛围之中。前面已经说明仅在这座四层楼的公用住房内,就同时搬迁进去十户人家,可见居住情况的异常紧张。当时此种"斗批改"的措施,实在也是无可奈何的做法,结果是造成双方都处于别扭与尴尬的环境里面,或明或暗的不和、怄气与吵架,往往就成了必然会发生的事情。

这一回首先于传媒渠道大张旗鼓发动攻击的"杨文",完全是以私人泄愤的方式进行描摹,有些情节明显可以看出虚构的痕迹,还出现了不少人身攻击的词语,而且在叙述钱锺书殴打了我,和自己咬噬了肖凤手指之后,竟还表示他们自己"堕落"到了我们的水平,表现出一种完全没有道理的霸气。卢梭说是"每个人都生而自由、平等"(《社会契约论》),俗话则说"人无完人",人们的品格究竟谁高谁低,很难截然加以确定,而要进行多方面的分析与论辩。即以我和钱锺书的简略比较而言,钱锺书喜爱骂人,骂完了还经常否认。他在五十年代初,曾用粗俗的市井语言嘲骂毛泽东,被人告发后,又指使那人声明是误听了,真有翻云覆雨的本领。不过在当时的政治气氛中,那人的命运就可想而知了,只要自己过关,他竟可以不顾与牺牲别人。"文革"初期曾有几位同事对此贴出过"大字报",杨绛在《干校六记》中这样辩解说,"'告发'显然未经证实就入了档案。实地调查时,那'告发'的人否认有此告发"。而当

"军宣队"要求钱锺书写出"书面检讨"时,他竟"婉转其辞、不着边际地检讨了一番"(《干校六记》)。如果自己从未说过这样的话,为什么要"不着边际"地"检讨",却不去"婉转其辞"地澄清?这是光明磊落的态度吗?钱锺书还讥讽吴宓先生"太笨",诽谤冯友兰先生"出卖朋友","坑人使妻小俱死",过后杨绛又矢口抵赖,像海外著名作家庄因就认为这是很不应该发生的,此事见于近年的报刊。我则不是被压迫到了忍无可忍的地步,从不骂人,而骂了之后就从不加以否认。

……有一位翻译雪莱诗作的著名学者,就认为《围城》是一部调侃与诋毁人的小说。我不擅作文,不过在自己所撰写的《鲁迅和中国文化》《林非散文选》等有关书籍中,却绝无任何的低级趣味,还诚挚地渴望着整个人类都能够向真善美的境界迈进。

钱锺书熟悉许多掌故,号称"典故大王",他的知识自然要比我广博,不过古今中外的掌故实在太多,任何人也不可能件件都记得清楚。在"干校"后期无所事事的日子里,常有几个人凑在一起,相互考问种种掌故,以便消愁解闷和苦中作乐。有一回,当我提出为何要称为"皮里阳秋"时,他沉吟许久,却始终答不出来,倒是一位红学大师拍案大笑,说出了个中的奥妙。其实忘却了几个掌故,又有多大的干系?治学的重点是在于追求自己的论著中间,究竟包容了多少深邃的思想内涵?究竟如何关怀自己民族和整个人类的命运?有一位古学底子很深的诗坛泰斗,在跟我谈天时曾引用南宋吴文英《词源》中所说的"七宝楼台,眩人眼目,碎拆下来不成片段",感叹于并无思想的深度,而只是摩挲和炫耀知识的碎片,又能够有多大的意义?有一位著名的文艺理论家更是怀疑地询问,如果对于社会人生并未诚挚与严肃地加以关切的话,为什么竟会被吹捧和炒作得如此纷纷扬扬?连诗坛泰斗和文艺理论专家都觉得迷惑不解的事儿,区区的我自然就更无法懂得了。

正像《孟子》里所说的"予岂好辩哉,予不得已也"。针对好多悖于事实的荒唐的编造,只得简略地作出上述的澄清。而根本的考虑是要借此来提醒自己,在跟读者朋友进行对话时,都要尽量核对和保证这些话语的真实性,否则不就成为一种欺骗的行径了吗?

人民出版社副编审汤溢泽在《透视钱锺书》(湖南人民出版社，2006年5月第1版)一书，对杨绛夫妇和林非夫妇在"文革"中的这场"闹剧"，也作了客观的叙述与评析。

首先，作者的态度颇为鲜明："钱锺书是一代高人，因而关于钱锺书话题的文本亦氤氲着高雅的气息。笔者在此将钱锺书与林非两家邻里反目、诟谇斗殴叙说一番可能对文学创作与理论裨益不多，相反地倒有宰烹家鸡，然后在文学大堂上扬起掉在地上的一撮鸡毛乃至无聊之嫌。但是近几十年有关此事的阐释出现在有关钱锺书传的不同版本中，且叙说者护钱贬林，笔者对此持异议。"①

《透视钱锺书》历述了各家对这场"闹剧"的不同说法，最后给出了自己的结论："作为公正的读者如笔者等不得不做出公正的判词。钱、林两家斗殴处于非常时期上非常打法，当时虽有两家声言的打工仔余嫂、小陈在场，但作为证人他们没有提供证言，只有两家提供单方面的陈述，且时间、过程有些相厄，但钱锺书打伤林非已属事实。依照现今的《中华人民共和国民法通则》和《民事诉讼法》，只因时过境迁，况且当事人一方钱锺书已仙逝，杨绛风烛残年，故不予追究民事责任：赔偿医药费与误工费等。但是作为学者应以治学为主，不必兼搞斗殴谩骂副业，一则以免浪费宝贵时间，二则不给依赖偷窥名人隐私而吃饭者以任何寄生的机会。否则，中国文坛将永不文明，而只有乌烟瘴气。"②

学部大院在北京建国门内大街5号。杨绛在《从丙午到"流亡"》《我们仨》中记载"文革"后期，杨绛和钱锺书蜗居在学部大院的七号楼一层。当时，著名的思想家、经济研究所研究员顾准及其同事张纯音等住在隔壁的八号楼里，根据张纯音女儿徐方（小名"咪咪"）回忆："一九七二年十月，学部从'干校'迁回北京。我家因下去之前退掉了房子，被安排住在学部大院八号楼二层。这是一座U字形两层的筒子楼，过去是招待所。顾准伯伯有家不能归，也住在这一层楼上。本来跟他同住一室的还有经济所李学曾。李在北京大概还有其他住处，多数时间都不在，故那个12平方米的房间实际上是顾伯伯一个人住。自一九六六年'文革'开始他被'隔离审查'，到从'干校'回到北京，伯伯第一次有了自己的私人空间。他的住室在八号楼二层西侧最南端，离我家非常近，出门沿过道往北走，经过几个房门往东一拐就是我家。位于八号楼南边的七号楼，是一座一字形两层的筒子楼，也用来安置从'干校'回来的'无家可

---

① 汤溢泽：《透视钱锺书》，长沙：湖南人民出版社，2006年5月第1版，第220页。
② 汤溢泽：《透视钱锺书》，长沙：湖南人民出版社，2006年5月第1版，第230页。

归者'。钱锺书先生与夫人杨绛就住在七号楼一层。他们家的后窗正对着我家的前窗，夏天的时候他们常打开后窗通风。我弟弟是智障者，不懂事，有时在家里拉开喉咙放声高歌。每当这时，钱先生家的后窗很快就会关上，可他们从来不找我家提意见。一次我在大院里碰到钱锺书先生，他操着带有无锡口音的普通话，半开玩笑地对我说：'令弟的歌喉不错啊！'听得我差点儿憋不住笑出来。"①

另一位年轻的学者柳鸣九则披露了当时住在七号楼的钱锺书和杨绛留给他的印象：

> 他们挤在七号楼一间狭小的办公室里默默耕耘，过着低调的平民化、群众化的生活，甚至可以说是"与群众打成一片"，没有任何尊大之态，没有任何架子尊严，穿着汗衫短裤与来客说家常话……我想，这是这个时期有很多年轻人、"小人物"乐于接近他们、前往拜访的原因，他们居住在那间小房里，似乎有点像避居在菲尔奈的伏尔泰，倒具有一种强烈的亲和力与吸引力，拥有了一批尊敬他们、佩服他们、亲近他们的"信众"。据我所知，一直聚集在钱、杨周围一批的年轻人、"小人物"，大多是在这个时期与钱、杨建立"忘年交"之谊的……刻意要树立自己权威强势的、刻意要成为宗师的、刻意要建成自己学术王国的，到头来都落空而去。而钱、杨在自己的流落中，却成为"众望所归"的"磁场""气场"，说他们有点像"精神导师"似无不可，其中的人格品位原因是值得深思的。②

从"干校"回京以后，由于住房紧张，刘士杰与钱锺书、杨绛一样，也住到学部大院，钱、杨住在七号楼，刘住在六号楼，两家只是一箭之遥："每到傍晚，钱先生和杨先生总要出来散散步。……有一次，我读《基督山伯爵》的英译本。这种从法文原著译成的英文版本比英文原著好读，适合非英语专业的人阅读。在阅读中遇到了一个生词'Clasic'，我翻遍了英汉词典，还查阅了英文版的《简明牛津词典》《韦伯斯特词典》，可是都找不到。傍晚，我遇到了正在散步的钱先生和杨先生，就向他请教。他并不知道我在读哪本书，可是我话音刚落，他就紧接着说：'哦！这个词是从法语过来的，是法国的一个地名。这个地方以烹饪见长，久而久之，就引申为佳肴的意思，好菜就叫'Clasic'。"我回

---

① 徐方：《干校札记》，广州：广东人民出版社，2016年2月第1版，第67—68页。
② 柳鸣九：《翰林院内外》，武汉：长江文艺出版社，2006年3月第1版，第100页。

去上下文一对，果然是这个意思，心中真是佩服得不得了。从此，我就永远记住了这个词：'Clasic'，像真的品尝了'佳肴'一样高兴，因为我学到了词典上所没有的知识。"① 岁月流逝，多年之后，刘士杰依然记忆犹新。

当时，从河南"干校"回京，与钱锺书、杨绛一起住在学部大院的还有哲学所年轻学者倪鼎夫，那时他与钱家走动颇频：

> 一九七二年，我们都从河南"五七"干校回到学部。此时，住房方面也产生新的变化。许多无房户和单身汉也在学部大院内蜷宿下来，学部大院一时就成了一个住家属的大杂院。过了不久，我记不清是什么时间，有人告诉我，钱锺书先生和夫人杨绛先生也搬来了。他们住的是七号楼最西边底层的一间。恰巧，这间房子的北窗和我住的八号楼一间南窗相对，中间只隔一条不宽的水泥路。
>
> 当时我母亲从家乡来帮助我们一家五口做家务，每次她做好晚饭后，小孩还在外面疯玩，她总是拉着嗓子用道地的无锡话喊："阿宝、阿毛，快转来吃夜饭嘞！"
>
> 渐渐地时间长了，钱锺书先生夫妇听出我们是无锡人，在晚饭后也就主动走过来和我们拉家常，有时逗逗孩子，讲讲无锡话。望之俨然的学者，其实是非常平易近人的。钱先生和杨先生都生长在无锡的大族，书香门第，我是知道的。特别是钱锺书先生老家住城内七尺场东头，我有一个舅家亲戚住七尺场西头，我在上中学和在无锡工作时，经常要经过钱宅去看亲戚。因此，对钱家的情况也就略有耳闻。钱锺书先生的父亲钱基博是著名的文史专家，叔叔钱孙卿（即钱基厚）是无锡著名的社会活动家，钱家人才辈出。我不知道钱穆是否也和他们是一家，有一次，我就问钱锺书先生，他说钱穆是无锡东南乡荡口镇那边的人，我们不是一家。我又问钱锺汉的情况，因为他当过无锡市副市长。钱先生马上反问，你怎么知道？我说你们"锺"字辈的人，我也知道几个。
>
> 那段时间，我曾经到钱先生的房间里闲坐。这间房子不大，没有盥洗设备，没有厕所。说实在话，大杂院中这间房子的方位最差。夏天有西晒，砖墙被太阳烤得滚烫，室温高得惊人。钱先生说，他的办法是晚上开窗，白天

---

① 刘士杰：《幸福的回忆，终生的财富》，见氏著《文化名人访谈与回忆》，太原：山西教育出版社，2006年2月第1版，第100—101页。

关窗，挡住热浪。冬天西北风狂袭，暖气不热，只能再装蜂窝煤炉子御寒。

钱先生在这斗室容身，却对我说："我哪里也不去，我们500块钱够吃够用，我们要做自己要做的事情。"这几句简单平实的话，流露了钱先生的心迹，展现了他的精神世界。他们夫妇在吃饭、睡觉和工作"三合一"的房子里，一住就住了三四年。他们淡泊名利，潜心学问，在蜗居中胸怀江海，潇洒日月，艰苦地攀登着文化昆仑的高峰。①

据倪鼎夫回忆，也就是在学部大院七号楼，钱锺书还参加了英译毛泽东诗词的定稿工作。倪鼎夫还说道："我从'五七'干校回来之后，正在选择新的专业方向，曾经考虑过搞中国逻辑史研究。早知道钱先生博闻强记，涉猎的知识面很广，其中包括哲学和逻辑学的领域。有一次我和钱先生散步的时候，就向他提问说，中国逻辑史有没有搞头？钱先生马上回答说："中国逻辑史内容很丰富，大有搞头，值得搞！"又说，现在搞的人完全照亚里士多德那些东西套下去，是搞不好的，要搞就要有中国逻辑史自己的特点。我记得那天傍晚，他和我谈了很多，也很高兴，是与我最长的一次谈话。"②后来，由于种种考虑，倪鼎夫并没有选择中国逻辑史研究，但钱锺书所说的中国逻辑史内容很丰富的那些话深深地印在他的心上。

---

① 倪鼎夫：《琐忆钱锺书先生》，《光明日报》，2018年12月19日。
② 倪鼎夫：《琐忆钱锺书先生》，《光明日报》，2018年12月19日。

第十一章　著译尖峰

一

一九七六年十月,"文革"结束。从此,中国将拨云见日,迎来改革开放的春天!迎来科学的春天!迎来知识的春天!迎来艺术的春天!将原来套在广大知识分子身上的禁锢,碾为齑粉。

杨绛和钱锺书夫妇,也于一九七七年二月四日结束了"寄宿"生涯,迁居位于三里河南沙沟6栋2门6号3楼的国务院宿舍,新居宽敞而明亮。杨绛记得,当年的一月间,忽有人找她到学部办公处去。当时有个办事人员就交给她一串钥匙,叫她去看房子,还备有汽车,让她女儿陪她一起去,并对杨绛说:

"如有人问,你就说'因为你住办公室'。"

于是,杨绛和女儿同去看了房子。房子就是前面所说的三里河南沙沟寓所。他们的许多年轻朋友得知消息都挺高兴的,帮着搬家,那天正是二月四日立春。

住了新房,杨绛和钱锺书颇费思量。他们连猜了几个人,又觉得不可能。杨绛心想,住办公室已住了两年半,到底是谁让他们搬到这所高级宿舍来的呀?

杨绛他们首先想到了何其芳,何其芳也是从领导变成朋友的。他带着夫人牟决鸣同来看他们的新居。他最欣赏洗墩布的小间,也愿有这么一套房子。显然,房子不是他给分的。这年八月,何其芳去世。胡乔木、周扬、夏衍等领导人都参加了何其芳的追悼会。

十月间,胡乔木造访。他是来"请教"一个问题的。早些时候,钱锺书翻译《毛选》时,有一次指出原文有个错误。

钱锺书坚持说:"孙猴儿从来未钻入牛魔王腹中。"对此,徐永煐请示上级,胡乔木调了全国不同版本的《西游记》查看,结果钱锺书没有错。孙猴儿是变作小虫,给铁扇公主吞入肚里的;铁扇公主也不能说是"庞然大物"。毛泽东就把原文修改两句。

钱锺书虽然没有错,他也够"狂傲"的。胡乔木有一次不点名地批评他"服装守旧",因为钱锺书还穿长袍。他们夫妇住在办公室期间,胡乔木曾寄过两次治哮喘的药方。钱锺书承他关照,但无从道谢。

有一天,胡乔木忽然造访钱寓,杨绛猜想房子该是他配给的吧?但是,他一句也没说到房子。他们的新居共四间房,一间是他们夫妇的卧室,一间给他们的女儿钱瑗,一大间是他们的书房,也充客厅,还有一间吃饭。周奶奶睡在吃饭间里。周奶奶就是顺姐,他们家住在学部时,她以亲戚身份来帮忙,大家称她周奶奶。她说,不爱睡吃饭间。她看中走廊,晚上把床铺设在走廊里。

胡乔木这次是偶来夜谈,看到钱宅大门口却堵着一张床。他后来问钱锺书他们:

"房子是否够住?"

杨绛说:"始愿不及此。"这就是他们感谢胡乔木的话了。

由此看来,杨绛夫妇的生活环境和工作条件,较"文革"之前已有很大改观。

杨绛和钱锺书一样,仍在原"学部"后更名为"中国社会科学院"里工作。他们夫妇俩恢复正常的社会活动。吴泰昌,作为刚刚复刊的《人民文学》的编辑,从那时起,曾多次造访钱锺书和杨绛,他后来回忆了一九七七年与他们初次见面的情形:

> 我初次见到钱先生和他的夫人杨绛先生是在一九七七年。当时《文艺报》尚未复刊,我在《人民文学》杂志待了一段。为了支撑复刊不久的刊物,主编要我们千方百计多约些名家的稿子。我先去求叶圣陶先生。编辑部就在叶老家对面,上班或下班前后,不时去看望他,慢慢熟悉起来。我磨到了叶老好几篇大作,叶老还介绍我去向俞平伯先生求援。有次叶老从开明出版《谈艺录》谈到了钱先生。他问我为什么不去找钱锺书,还有杨绛。我说一直想去拜访他们,听说钱先生正潜心巨制,不愿为报刊赶写应时之作,去了怕碰钉子。叶老听了我的顾虑大笑着说,别怕碰钉子,他们待人很好,钱锺书有学问,人也健谈,拿不到稿子,听他们聊聊也长见识。经叶老的鼓气,我决定贸然去看望钱先生夫妇。

> 在一个金色秋天的下午,来到三里河南沙沟他们的新居。来开门的

是杨先生，当自我介绍并说明来意后，她微笑着细声地叫我稍等，并很快将我引进客厅。只见客厅东头书桌有人在伏案写作，清瘦的脸，戴一副黑宽边眼镜，我知道这就是钱锺书先生。他抬头见我站立着，连忙起身走过来：欢迎，欢迎！我在客厅西头靠近杨先生书桌的一张沙发上坐下，杨先生给我一杯清茶，钱先生在我正对面的一张转椅上坐下了。客厅宽大，明亮；秋阳投照在一排深黄色的书橱上，色调和谐、给人以温馨的感觉。正当我端杯喝茶时，钱先生突然起身摆着手大声地说：写文章事今天不谈。碰钉子我已有思想准备，但没想到碰得这么快，这么干脆。还是杨先生观察细腻，见我有点局促，茶杯在手中欲放不下，便主动岔开话题，问我最近到过哪些地方，知道我刚从上海回来，便急切地问见到巴金先生、柯灵先生没有？他们身体好吗？我将所见所闻一一告知，气氛顿时活跃起来，钱先生的谈兴也上来了。我在静心地听他谈，杨先生在一旁也听着，偶尔插话。钱先生关心地问起了阿英先生身后的状况。他那天所谈，主要是中外文学史上一些名著和中国近现代文坛的趣事。跟随他在书海邀游，他的饱学中西，使我大长见识，他的睿智、幽默、诙谐、风趣的谈话，使我获得少有过的轻松和愉悦。当室内阳光渐渐黯淡时，我才意识到该告辞了。作为一名编辑，在钱先生面前，初次，不，之后多次，我都是个不称职者，我记不起从他和杨先生那里约到过哪篇大作，但是他们的谈话对我素质修养的提高大有教益，即便具体的编辑业务也有许多宝贵的提示。钱先生未必料到，初次听他谈话时，由于他多次忆及郑振铎先生，我才不忘次年郑先生因公遇难二十周年之际为《文艺报》约请冰心先生写了《追念振铎》一文。事隔多年，还得补谢钱先生、杨先生二位。①

一九七八年，钱锺书的《管锥编》巨著正式出版。《管锥编》是钱锺书用了十年时间写成的笔记体著作，全书约一百三十万字，该书是中国学术史上的佳作，获得过首届国家图书奖，影响深远。钱锺书的序写于一九七二年八月，原文为：

---

① 吴泰昌：《秋天里的钱锺书》，见氏著《我认识的钱锺书》，上海：上海文艺出版社，2005年4月第1版，第3—4页。

瞥观疏记，识小积多。学焉未能，老之已至！遂料简其较易理董者，锥指管窥，先成一辑。假吾岁月，尚欲赓扬。又于西方典籍，褚小有怀，绠短试汲，颇尝评泊考镜，原以西文属草，亦思写定，聊当外篇。敝帚之享，野芹之献，其资于用也，能如冢苓桔梗乎哉？或庶几比木屑竹头尔。命笔之时，数请益于周君振甫，小叩辄发大鸣，实归不负虚往，良朋嘉惠，并志简端。

序言中之核心语句则是："敝帚之享，野芹之献，其资于用也，能如冢苓桔梗乎哉？或庶几比木屑竹头尔。"聊聊数字，而"资于用"三字为眼尔。钱锺书不是在写一本茶余饭后的谈资，而是仿佛"鉴于往事，有资于治道"的《资治通鉴》那样的书。不过，此书重点不在"鉴于往事"，而是更重视理论罢了。

钱锺书的广博、他的深刻、他的睿智、他的人情世故，恰恰应当被更多的普通人来认识。只有更多的普通的读者来阅读这部书，才是钱锺书先生所希望的。所谓敝帚，所谓野芹，所谓冢苓桔梗、木屑竹头，都是孤独的惆怅，真正的孤独绝非没有人理解自己，也绝非没有知音，而是不被时代理解、不能在时代里发挥应有的作用。用世以经纶天下才是《管锥编》这部书的用意。

后来，这套书增订了好几版，每次增订，钱锺书都会写上一篇序言，注明和感谢谁谁谁建议和帮他增补及勘误了内容。

一九八二年，中华书局决定对《管锥编》再版，专门派责任编辑到钱锺书家商谈。交谈中，钱锺书提出唯一要求："再版序言我需要重写一份。从第一版至今四年中，很多学生义务为我勘误，还有一些注释是学生们帮我找到的，我要向他们表示感谢。"编辑委婉地建议："序言一般是向前辈表示感谢的，对于晚辈的付出放在后记中就可以了，也可以口头表达，根本没必要放在序言中。"钱锺书摇摇头说："既然要表示感谢，无论对前辈还是后辈，都应该放在首位，这是对他人最起码的尊重。"

不久，编辑收到钱锺书的新序言。在序言中，钱锺书由衷地感谢了青年学者的辛勤付出。后来，《管锥编》又多次再版，而钱锺书也将感谢的序言写了多篇。感谢是以知足的心去体察和珍惜身边的人、事和物，钱锺书的言行，是对这句话最好的注解。[①]

[①] 侯美玲：《序言中的感谢》，《今晚报》，2018年4月12日。

例如，钱锺书在写于一九八二年六月的《管锥编》再版序言中写道：

"国内外学人眼明心热，往往为一二字惠书订谬；其纠绳较多者，则有施其南、张观教、陆文虎三君；而范旭仑君尤刻意爬梳，是正一百余处。洵著之大幸矣！"

在一九八九年十月的增版中，钱锺书也在序言中专门写道："此书于一九八六年再版，海内外读者仍赐函是正讹文脱字，少者二三事，多则如王君依民校雠至百十事。察毫指瑕，都感嘉惠。因仍乞马蓉女士逐处勘改，尉行数墨，亦既劳止！"最后他还写道："固所愿也，非敢望也，谨志忻谢。"

《管锥编》里那些增订的注释，很多都是学生辈帮他找出来的，钱锺书认为适合的，就予以采纳。本来，尊重后辈的劳动，通过口头上的感谢也就可以了，可钱锺书却在如此出名和重要的著作的序言而非后记里，将他们的名字和付出说得清清楚楚，这在当时是不多见的，放在今天就更为罕见了。①

《管锥编》博大精深，畅销学界。一通钱锺书致文史学家周采泉的短札，前几年已经公开，从中可见端倪。钱锺书在信中说：

采泉先生教席：

奉书愧汗，拙作谬承奖饰，本当奉贻一部，感惠酬知，恨于出版时除例赠卅部外，仅增购十部，初意冷摊滞货，已敷分致友好，而适值文代开会，群贤毕集，识与不识，登门索取，欧美学人，复纷纷远寄大著，旨在交易。舍自存者外，早无余本。香港书商以"三联"售罄，三月前已盗印发卖，公然"对面为盗贼"，定价奇昂，获利颇厚，中华无如之何。初版校勘未精，讹漏无虑三四百处，俟他日重刊，当呈教耳。亡友陈君式圭出先公之门，与弟非同学，四十年前归国后曾一面，遂成永别。沧海扬尘，青山化冢，访旧多登鬼录，所谓"此身虽在堪惊"也。专复，即颂暑安

钱锺书上

八月二日②

---

① 尚九华：《〈管锥编〉序言里的说明》，《青年文摘》，2018年第3期。
② 引自彭伟：《钱锺书致周采泉手札小考》，《文汇报》，2017年4月8日。

据彭伟在《钱锺书致周采泉手札小考》中考证，钱氏信末提及四十年前有过一面之缘的"先公"（钱基博）门人陈式圭，这个名字倒不陌生。"徐（燕谋）郭（晴湖）擅词翰，陈髯（式圭）亦轶群"，见于钱氏《槐聚诗存》一九三九年《杂书》诗一组，是"相望不得亲"的"好我二三子"，可见彼时见面甚少。信中又提到其时"适值文代开会"，"文革"结束后十余年间，中国文联先后召开了两次文代会，一次在一九七九年十月三十日至十一月十六日，一次在一九八八年十一月八日至十二日。此札应当写于一九七九年后。

一九七九年文代会前夕，钱锺书确有大著出版，且为两部，一部为《旧文四篇》（上海古籍出版社），另一部为《管锥编》（中华书局）。从"中华无如之何"来看，信中所言正是后者。"文革"万木凋零，一九七九年才刚刚回春，《管锥编》就硕果已成，在当时学界引发的震动，已见于多方记述。同去参加文代会的学者郑朝宗，就在宾馆里收到了钱锺书所赠的全套四册；而钱锺书于同年冬天，赠第一册给了另一位学者傅璇琮。至于"欧美学人"，则未必全是"交易"，也不乏主动奉赠之例。一九七九年四月十三日，钱锺书访美前夕，去信夏志清："《管锥编》约百万言，国庆前可问世……届时将一一奉呈诲正。"对余英时，更是两次航邮寄赠四册，且每册都亲笔批校（《我所认识的钱锺书先生》）。

彭伟认为："从销售上来看，大约也如信札所言。据笔者所知，钱锺书、杨绛的多年挚友朱雯、罗洪两位，并没去索要，而是自行购买。如此一来，《管锥编》欲求'冷摊滞货'亦不可得了。见微知著，火热可想。大约正是因为畅销，香港书商才会将盗版目光盯到了这样一部艰深的学术巨著之上。令钱锺书先生不无愤慨，不下于后来的《〈围城〉汇校本》一案。"①

钱锺书一九七九年在上海古籍出版社出版的《旧文四篇》一书，这是从自己发表过的文章里选了四篇合成的一个集子。这个集子虽然总共还不到一百页，但是，它的分量是很重很重的，因为它蕴含着作者渊博的知识、精深的学问和学术上的真知灼见。

第一篇是《中国诗和中国画》，澄清了中国文艺批评史上的一个重要事实，即中国旧诗和旧画有标准上的分歧。过去盛行一种看法，认为中国旧诗和中国旧画有同样的风格，表现同样的艺术境界，也就是说，中国旧诗和旧画同属于"南宗"。钱先生广征博引，令人信服地指明这种看法是违背历史真实的。中国

---

① 彭伟：《钱锺书致周采泉手札小考》，《文汇报》，2017年4月8日。

画史上最有代表性的、最主要的流派自然是"南宗文人画",其艺术理想是"简约",以最省略的笔墨获取最深远的艺术效果,以减削迹象来增加意境。在旧诗流派中,与这种画风最相一致的是"神韵派"的诗风,南宗画创始人王维也就是神韵诗的大师。然而,神韵派在旧诗传统里并未像南宗画在旧画传统里那样占统治地位,旧诗传统是以杜甫为正宗、为代表的。王维坐着旧画传统里的第一把交椅,而杜甫坐着旧诗传统里的第一把交椅。所以,钱锺书说,中国传统文艺批评对诗和画有不同的标准,评画时赏识所谓"虚"以及相联系的风格,而评诗时却赏识"实"以及相联系的风格。我们知道,自古以来的文艺批评家都比较强调诗画的共同点,中外都是如此。莱辛的《拉奥孔》之所以成为一部不朽的美学名著,在于它强调诗画的各自特点,辨清诗画的界限。当然,钱锺书在文中所要探讨的并不是诗画的界限问题,而是中国旧诗和旧画的鉴赏和评判问题,旨在揭示中国旧诗和旧画在批评标准上有分歧这样一个历史事实。钱先生的希望是,对于这个"批评史里的事实,首先需要承认,其次还等待着解释——真正的、不是装模作样的解释"。

第二篇是《读〈拉奥孔〉》。钱锺书在文章开头指出,研究中国古代美学,不能只注意"名牌的理论著作","倒是诗、词、笔记里,小说、戏曲里,乃至谣谚和训诂里,往往无意中三言两语,说出了益人神智的精湛见解,含蕴着很新鲜的艺术理论,值得我们重视和表彰"。这是钱锺书博览群书后得出的真切体会;他自己也是实践这个主张的,这从他写的包括本篇在内的各篇文章中可以看出。在我国古代,虽然没有像《拉奥孔》这样系统阐述诗画界限的理论著作,但《拉奥孔》的主要论点,我们的古人零零星星都表达过,钱锺书从画论、笔记、绝句中摘引了一些。这些精彩的例举表明,我国古代美学的库藏是十分丰富的,只是需要有眼力的人去发掘和整理。接下去,钱锺书又以中外文学史上的创作经验证明诗歌的表现面要比莱辛所想的还要广阔一些,而莱辛所讲的"富于包孕的片刻",虽然是专为造型艺术说法,但无意中也为文字艺术提供了一个有用的概念。这样,钱锺书总结了许多为莱辛所忽视的文字艺术的表现面和表现法,补正了莱辛论点的欠缺之处。

第三篇是《通感》,总结了中国诗文中的一种描写手法或修辞手法,并按照心理学或语言学的术语命名为"通感"。在日常经验里,视觉、听觉、触觉、嗅觉、味觉往往可以彼此打通或交通,眼、耳、舌、鼻、身各个官能的领域可以不分界限,因而在诗文中才出现有这种反映"通感"的描写。不仅在中国诗文里是如此，在西洋诗文里也是如此，钱锺书列举了许多生动的例子。

第四篇是《林纾的翻译》，对林纾在文学翻译方面的功过得失作了最透彻的分析评价，通过对林译的评价阐明一些翻译理论问题。钱锺书认为："文学翻译的最高标准是'化'。把作品从一国文字转变成另一国文字，既能不因语文习惯的差异而露出生硬牵强的痕迹，又能完全保存原有的风味，那就算得入于'化境'。"林纾翻译的小说尽管漏译误译随处都是，但今天读来仍然保持着一股经久不衰的魅力，为什么呢？就是因为林译多少有点"化"的味道。这首先在于林纾本人文笔好，他译书用的文体是一种"较通俗、较随便、富于弹性的文言"。据钱锺书判定，林纾的中文文笔要比他所译小说作者之一哈葛德的英文文笔高明得多。其次在于林纾翻译态度郑重、热情，在翻译时竭力理解原作的含义和艺术性，"他和他翻译的东西关系亲密，甚至感情冲动得暂停那支落纸如飞的笔，腾出工夫来擦眼泪"。当然，这说的是林纾前期的翻译态度，林纾后期的译笔逐渐退步，因为"他对所译的作品不再欣赏，也不甚感兴趣，除非是博取稿费的兴趣"。钱锺书在这篇文章中阐述的种种翻译道理是值得翻译工作者们细细玩味的。①

钱锺书在《旧文四篇》中的论文，像他的《管锥编》一样，也备受他的读者的珍爱："钱先生学术论文的写作，可谓远超凡俗，达到极致。把义理与文章、智慧与美感完美结合起来，是其论文写作的显著特点：深刻精当，闪烁着学术智慧，而且文采斐然、可读可品，迥异于学院派的高头讲章。这在当代，罕有其匹。他善于把古今中外许多零散材料，经过不断淘洗、选择与提炼，将之串成学术的珍珠之链。他写论文讲究章法结构、用语修辞，喜欢用机智而令人解颐的博喻妙喻，语言轻松风趣。有时不免博炫才学，但实在让人喜欢和佩服。"②

钱锺书以钻研学问为志业，并臻于学术创造的极致："钱锺书无意时时表演勇敢，但他证明，一旦需要，他从不缺乏勇敢。更重要的是，钱氏的勇敢，须臾不离学术之心。与其说他在展示勇气，不如说他在展示诚实，而建基于诚实之上的勇气，理应得到知识分子与学者的共同宗奉。"③

在胡乔木的力邀下，钱锺书于一九八二年出任中国社会科学院副院长。但

---

① 黄宝生：《钱锺书先生的〈旧文四篇〉》，《读书》，1980年第2期。
② 吴承学：《求学途中的路标》，《南方周末》，2018年5月24日。
③ 周泽雄：《学者作为榜样——再以钱锺书为例》，《经济观察报》，2016年9月6日。

条件是不分管行政工作,也不要办公室和工作人员。据外国文学研究专家潘小松在《钱锺书先生轶闻》中披露:"我十年前进社科院行政部门工作时便听说有一个副院长是连办公室都没有的,那就是钱锺书。按级别钱先生该配备专职秘书,但他却坚持劳动自己的女儿,理由是旁人无法用两三种外文处理信函。尝闻先生的女儿钱瑗因此辞不就任北外英语系主任,好帮父亲多承担些琐务。"①

钱锺书这次出任副院长的过程,杨绛在《我们仨》中作过一次特别说明:胡乔木"说:'你们两位(另一位是夏鼐)看我老同学面上……'锺书着急说,他没有时间。乔木同志说:'一不要你坐班,二不要你画圈,三不要你开会。'锺书说:'我昨晚刚辞了文学所顾问,人家会笑我辞小就大。'乔木同志说:'我担保给你辟谣。'锺书没什么说的,只好不再推辞"②。

不过,杨绛又补笔说:"我有个很奇怪的迷信,认为这是老天爷对诬陷锺书的某人开个玩笑。这个职位是他想望的,却叫一个绝不想做副院长的人当上了。世上常有这等奇事。"③这段话让很多读者有了当福尔摩斯的兴趣,于是纷纷分析这个想望副院长而没当上副院长的人究竟是谁。时过境迁,这个人究竟是谁似乎也不太重要,只是这句话里,却很容易就品得出钱杨对待这个副院长身份微妙而复杂的心态。

夏鼐和钱锺书是清华同学,与吴晗合称"清华三才子",和钱锺书此番同入社科院任副院长,也算特别有缘,只是他任职不久,就因病去世了。杨绛的说明过程是否如此,如今已经很难考证。

不过,同为社科院同事的李慎之与何新对此事也有回忆,可以作为钱锺书逊谢副院长而不能的佐证材料:

> 李慎之曾经说过,大约是一九八二年五月份的一个星期六晚上,他(指胡乔木)忽然告诉我"明天要去找钱锺书"。我问为什么?他一字一顿地说:"我要请他看在我的面子上,给社科院撑撑门面,给社科院当个副院长。"素以仕宦为危途的钱锺书对副院长一职是一推再推,但最终被胡乔木

---

① 潘小松:《钱锺书先生轶闻》,载牟晓朋、范旭仑编《记钱锺书先生》,大连:大连出版社,1985年11月第1版,第112页。
② 杨绛:《我们仨》,见《杨绛全集》(第四卷),北京:人民文学出版社,2014年8月第1版,第142页。
③ 杨绛:《我们仨》,见《杨绛全集》(第四卷),北京:人民文学出版社,2014年8月第1版,第142页。

的真诚所打动。①

而何新的回忆则是:"我和钱先生一九八〇年就认识。我在科研局工作的时候,有一次局里派我去接他老人家来院里开会。一路上,他和我闲谈,由天气谈到古今掌故。我感到这位老人很亲切,很健谈,也很幽默。知识极为广博。后来我发表了东西,就寄给他请教。老先生有信必回,对我奖掖有加。还邀我到家中作过长谈。他(指钱锺书)被擢拔为副院长,与胡乔木的个人鼎力推荐有重要的关系。我想,胡乔木此举除了看重他的学问,也是想倚重他作为清流名士的清望。就我所知,钱先生虽然清高,但对于胡乔木,也是始终非常敬重的。"②

当时,钱锺书已开始《宋诗纪事》的研究。这是一部清代人整理的宋代诗集,他计划在其作者厉鹗的基础上修正补足,形成《宋诗纪事补正》。在他的指导下,他的同事、文学所的研究人员栾贵明利用下班后的时间,进行具体编辑与整理。

栾贵明是一九六四年从北京大学中文系古典文献专业毕业的,分配到中国科学院哲学社会科学部(简称"学部",为中国社科院前身)文学研究所。

出于大学时代萌生对钱锺书的景仰,他一来便到处打听哪里可以见到钱锺书,得到钱锺书来单位都会到书库看书的"情报"。所以,在当年九月一个周二的上午,在单位6号楼一楼大书库最后一排书架旁,栾贵明第一次见到了钱锺书。

栾贵明记得,钱锺书当时看的是一部不引人注意的书《丛书集成》。他过去打招呼,简要地做了自我介绍。令他意外的是,钱锺书对他的家世并不陌生。

栾贵明是世家子弟,外公家曾有很多产业,包括颇有名气的北京双合盛啤酒厂,他上高中时就开始协助外婆打理家产。钱锺书认识他的舅舅、研究茅盾的王积贤。从那时起,栾贵明常帮钱锺书做一些琐事,如从所里借书、带信、取工资、报销医药费等,两人逐渐成了忘年交。

围绕《宋诗纪事补正》,栾贵明协助钱锺书做了两年,他发现,这项工作需要做宋代3800多位诗人的补遗工作,工程量巨大。比如,在一处发现了某一句

---

① 原载程中原等:《八十一年人生路:胡乔木生平》,北京:社会科学文献出版社,2017年3月第1版;引自庞惊涛:《"副院长"钱锺书》,《华西都市报》,2020年7月22日。

② 何新:《思考:我的哲学与宗教观》,北京:时事出版社,2001年5月第1版,第80—81页。

诗，就要人工拿这句诗到这位作者的作品集里去查。作品少还好办，像陆游有一万多首诗，查找起来就很困难。钱锺书对工作的进展很不满意，时常说做得"太单薄"。栾贵明提出从所里增加两个人过来一起做，但被拒绝。

一九八四年的一天，他去钱锺书家时，钱锺书告诉他，给他找了一个"好工具"：计算机。他问，什么叫计算机？钱锺书把女儿钱瑗叫了过来，钱瑗开玩笑地说："什么机密都透露给别人。"原来，钱瑗不久前才从英国做访问学者回国，有次向钱锺书提起，英国学者在用计算机辅助研究莎士比亚戏剧。这让钱锺书想到，中国也可以用计算机来研究古籍。

钱锺书让栾贵明放下手边的工作，先研究计算机，还当场拿出8000元交给他。当时钱锺书每月工资为365元，杨绛作为三级研究员的工资稍少一些。

作为钱锺书的学术助手，栾贵明说，钱锺书交办给他说的事，在他那里从不过夜。他从钱锺书位于北京西三环南沙沟的家出来，就骑车沿着三环一路寻找哪里有计算机卖。他正好看到保定计算机厂办一个计算机展销会，就进去细问了半天，并留下了联系方式。当晚他到家时，厂家的推销人员已经坐在他家楼梯上等着了。双方达成协议，计算机可以先免费试用。那时还没有PC机，这是一台苹果机，硬盘只有10兆，售价五六万元，就放在他家里。栾贵明向钱锺书报告借到了计算机，并把8000元还了回去。他把计算机说明书给钱锺书看，钱锺书嫌中文翻译得不好，直接读的英文原文。

栾贵明回忆，社科院很多人都有过疑惑，说钱锺书一个数学只考15分的人，怎么可能想出一个关于计算机的项目？栾贵明说，真正做过文献整理的人，太知道计算机是可以帮助他的。

从一九八四年开始的两年间，栾贵明自己买书，自学了计算机BASIC语言。因为钱锺书对他说，不会德文怎么研究马克思主义，不会文言文怎么研究中国古典文化？计算机技术如同工具，不能找别人帮忙，必须自己学。

在栾贵明对计算机渐渐摸索出门道后，钱锺书让他用计算机录入《论语》。栾贵明告诉《中国新闻周刊》记者，一开始并不知道计算机可以用来做《宋诗纪事补正》，后来随着录入文献的增多，才有了条件做这件事，这是一个逐步认识的过程。但利用计算机研究中国古典文献，有一些文献是一定要录入的，《论语》就是其一。

栾贵明都是利用晚上时间在家做，文学所的同事渐渐听说了，有时会拜托他查找《论语》的资料。

一九八五年夏，时任文学所所长的刘再复和党委书记朱寨，一起来到栾贵明家中，一再劝说他把这个项目转到所里，作为所里的计算机室。栾贵明给钱锺书打电话，钱锺书让他答应了吧，还开玩笑说："你背叛了我。"

隔了一天，栾贵明在院里收到钱锺书给他的信，信中写道："昨得电话，我为你欣兴，我当初对你说此事若你一个人干，能力不够，拼了命亦难如愿。此事若出官，一定不让你带头，只让你镶边，你得把你辛苦得来的一些积累交公。果然不出我所料，因为你的牌子不够领衔，而这桩买卖又是大好招牌，你和我一样只是亲自动手的小工，不是组织人事、支配财务、发号运筹的大帅。我已修行多年，可以挂名，你还得当苦力呢。"

钱锺书亲自为这个项目命名为"中国古典文献数据库"。所里把社科院大楼一层的一个房间拨给栾贵明，作为计算机室的办公用房。从保定计算机厂借的电脑，也由所里支付购买，并添了设备。

计算机室开始招兵买马，第一批十四人，几乎都是高中毕业生，并非社科院正式职工，开始时连合同工都算不上，只是"学员"。整个计算机室没有一个计算机专业毕业生，都是栾贵明带头研究，计算机室的人跟着学。栾贵明吃住几乎在计算机室，曾经在计算机前连续工作40多个小时，以致手足僵直，最后只能被人从椅子上抬下来，放到床上休息。

其间，钱锺书还亲自为栾贵明挑选了一位助手。那是在一九八六年初春的一个上午，他和杨绛一起来到计算机室，让栾贵明把新招的学员找来，与他们分别谈话。当晚，他向栾贵明描述了一个学员的外貌和衣着特征。这个学员就是田奕。

田奕高中毕业时由于生病，没有参加成高考，在社会上打零工。当时《光明日报》办了一个十天左右的计算机培训班，她出于兴趣前去听课。栾贵明也被请来在这个班上授课，她从而得知了社科院的计算机室正在招人的消息。

据田奕回忆，当天钱锺书一身英国绅士打扮，戴一条白色围巾。时至今日，她仍然清楚地记得两件事。

一是握手时，钱锺书的手像面条一样软。她后来常去钱锺书家，与钱锺书和杨绛渐渐熟悉，杨绛开玩笑说这是由于钱锺书"十指不沾阳春水"。

二是钱锺书的皮鞋特别好看，是棕色的，上面还有花纹，泛着皮革自带的光泽。田奕后来知道这是钱瑗在意大利给他买的。钱锺书去世后，杨绛特意把这双皮鞋赠给她留作纪念。

谈话时，杨绛没有说话，都是钱锺书在问问题。谈话内容田奕不记得了，只记得很快就谈完了。

钱锺书告诉栾贵明的是："聪明的孩子容易不可靠，可靠的孩子容易不聪明，这两个优点她都有，她会帮咱们把这个项目完成的。"

钱锺书晚年不肯担任任何单位的"顾问"，唯独计算机室例外。研究规范、规划和方案，都是钱锺书亲自制订的。他戏称，计算机室的年轻人是他的"孩儿们"。他来院里开会，常常先到计算机室落脚。每年过生日收到很多蛋糕和鲜花，都叫出租车送来计算机室，或让学生去他家取，鲜花插瓶，蛋糕分吃掉。

二十世纪八十年代中期，使用繁体字是一个敏感的事情，但钱锺书要求他们尊重著作原貌，必须使用繁体字。先前录入《论语》时，栾贵明使用的是计算机自带的输入法，缺字严重。他们搜罗了近十个中文输入系统的资料，请钱锺书选定，钱锺书敲定了台湾地区的朱邦复创制的"仓颉输入法"。这种输入法以字首笔作为分类，字身作为补充，可以随时添加新字。钱锺书给了栾贵明一万余元，购买了仓颉输入法硬卡。到现在，"中国古典数字工程"一直在使用这种输入法。

在仓颉输入法的框架下，他们研制出了有近3万汉字并具有繁体字自动生成功能的"全汉字库"。钱锺书要求，数据库仅收录中华民国建立之前的古籍。他提出，打破经史子集的传统分类，用作者统揽作品，这在古籍整理领域是一种创举。他还亲自指定了录入所使用的文献底本。他认为，受时代局限和政治考量的影响，乾隆年间完成的文渊阁本《四库全书》有很多不准确和遗漏之处，因此要避免采用。在《全唐诗》版本的选择上，他指定使用乾隆年间江南诗局的原刊本。在《史记》版本的选择上，则使用张元济编的百衲本中的宋本。钱锺书认为这些版本收录全面，也更准确。

一九八六年，栾贵明和团队返工重新录入了一遍《论语》。第一部使用电脑编制的《论语数据库》于一九八七年由人民日报出版社正式出版，钱锺书题写了书名。钱锺书为栾贵明修改该书《前言》时，写下一段评论："有了纸墨笔砚'文房四宝'，准还有人用刀笔和竹简；有了汽车、飞机、电报电话，也还有不惜体力和时间的保守者。对新事物的抗拒是历史上常有的现象，抗拒新事物到头来的失败也是历史常给人的教训。"

根据先"文"（《论语》）、后"诗"、再"经"的顺序，钱锺书给研究小组布置的第二项任务是《全唐诗》。比起《论语》,《全唐诗》可谓浩如烟海，需要增加设备和录入人员，这些都需要经费。栾贵明找所里，所里解决不了；找院里，院里也不能立项。他一遍遍跑院科研局，局长王焕宇下决心冒一次风险，同意从院科研经费中拨出10万元，以借款方式给栾贵明，并约定了还款时间。

研究小组花了近三年时间，录入了27册《全唐诗》的全部正文、异文、补遗和注文，经11次校对，于一九八八年发布了《全唐诗数据库》。通过运算，《全唐诗数据库》判定全唐诗共有53035首、作者3276位，订正了4万多首和两千多人的传统说法。

一九八八年，中国社科院副秘书长兼新闻发言人杨润时向时任社科院院长胡绳和常务副院长丁伟志报告后，邀请中科院计算所的专家和古典文献研究方面的学者，组织了评估会。

评估会上，一位红学家要求当场检索《全唐诗》中有没有出现过"红楼梦"一词、出现过几次。两分钟后，计算机给出答案：总字数达340余万字的《全唐诗》中，"红楼梦"曾在472卷中蔡京的《咏子规》出现："凝成紫塞风前泪，惊破红楼梦里心。"

有老学者兴奋地说，做学术研究时，查书抄卡片是件很辛苦的事，所以常有"皓首穷经"的感慨。有了这种数据库，等于大大延长了科研人员的学术生命。大家认为，如果数据库广泛应用，社会科学研究在手段、工具、方式等方面会发生革命性变化。

一九八九年三月下旬，"中国古典文献计算机处理技术成果"新闻发布会在社科院学术报告厅举行，各大媒体都发了消息。按照钱锺书的要求，他与数据库的关系完全未被提及，他也没有对数据库作出公开评论。杨润时后来猜想，那是为了避免把关注的目光转移到他的身上。

直到两个月后，钱锺书才给杨润时写了一封信，对这一"可喜的成果"表示祝贺，对院领导的支持表示感谢。信中写道："作为一个对《全唐诗》有兴趣的人，我经常感到寻检词句的困难，对于这个成果提供的绝大便利，更有由衷的欣悦。这是人工智能在中国古典文学研究上的重要贡献。"

五月下旬，在院长胡绳的主持下，中国社科院初步议定，把当时属于文学研究所的计算机室改建为院计算机室，同时把这一项目确立为院重点科研项目。

那段时间，计算机室上电视、参加广交会、被海外媒体报道。一九九〇年，"中国古典文献计算机处理技术"被授予国家科技进步三等奖，这是社科院的人文学科研究成果第一次获此奖项，是一个非常有分量的奖项。年底，中国社会科学院计算机室正式组建,栾贵明为该室主任。田奕以《全宋词数据库》的研究通过了论文答辩,获得社科院研究生院中文系古典专业硕士学位。一直在计算机室工作的 17 名学员陆续转为了社科院的正式职工。①

二

而在这时候,杨绛除了继续文学研究和翻译之外,还创作了大量散文、小说,迈上了又一个著译巅峰。

前面提到,杨绛早在一九五九年就选中西班牙大作家塞万提斯的《堂吉诃德》作为翻译的新起点,至"文革"开始已完成译稿的四分之三,"文革"中杨绛这份心爱的译稿几经周折,终于"珠还",这耽搁的数年反倒成了她的"冷却"期。从"五七干校"回来之后,她不满意旧译,又在原来的基础上从头译起,提高了"翻译度",最后经过"点烦"(一点就点去了几万字),"文革"结束前后她抓紧工作,终于将七十多万字的小说译竣。

一九七八年三月,汉译本《堂吉诃德》由人民文学出版社出版。它的问世,填补了我国西班牙语文学翻译的一个空白,立即受到西班牙方面的高度评价,西班牙国王胡安·卡洛斯一世亲自向杨绛颁奖。这是我国文学翻译界少有的殊荣,译者当之无愧。杨绛翻译的《堂吉诃德》流利酣畅,她自己说过:"我翻译的时候,很少逐字逐句地翻,一般都要将几个甚至整段文句子拆散,然后根据原文的精神,按照汉语的习惯重新加以组织。"当然这样的译法非常费力,因此杨绛还说:"我翻译很慢,平均每天也不过五百字。"②可谓"字字皆辛苦"。

为了做好《堂吉诃德》的翻译工作,早在二十世纪六十年代初,杨绛就制订了翻译的计划,她说:我是个死心眼儿,每次订了工作计划就一定要求落实。我订计划的时候精打细算,自以为很"留有余地"③。

由此可见,杨绛为翻译《堂吉诃德》付出的努力有多么巨大!如果不是"文化大革命"的干扰,她的译稿可能更早付梓。

---

① 鲍安琪:《为了钱锺书的"数字梦"》,《中国新闻周刊》,2019 年 11 月 18 日,总第 924 期。
② 叶廷芳:《杨绛先生印象记》,见《文汇报》笔会编辑部编《面对永恒》,上海:文汇出版社,1998 年 4 月第 1 版,第 552 页。
③ 杨绛:《丙午丁未年纪事》,见《杨绛作品集》(第二卷),北京:中国社会科学出版社,1993 年 10 月第 1 版,第 170—171 页。

杨绛通过翻译《堂吉诃德》等（包括文学理论、散文、诗歌），积累了不少经验。她谦虚地说："我翻译的一字一句，往往左改右改、七改八改，总觉得难臻完善，因此累积了一些失败的经验。成功的经验固然难能可贵，失败的经验或许更有实用。"①在同一篇文章，她表述了她的翻译观。她认为，西文冗长，且多复句，一个句子"可以包含主句、分句、形容词组、副词组等。按汉文语法，一个句子里容纳不下许多分句和词组。如果必定按原著一句还它一句，就达不到原文的意义；所以断句是免不了的。可是如果断句不当，或断成的一句句排列次序不当，译文还是达不到原文的意义。怎样断句？……原则是突出主句，并衬托出各部门之间的从属关系。主句没有固定的位置，可在前，可在后，可在中间，甚至也可切断。从属的各分句、名词组都要安放在合适的位置，使这一词组重新组合的断句，读起来和原文的那一句是同一个意思，也是同样的说法。在组合这些断句的工序里，不能有所遗漏，也不能增添"。杨绛在这里表明的意思是，译者要按读者熟悉的语言习惯，在传达原作的内容，做到"信"与"达"的统一。从而，她还引出了"翻译度"的概念：有的译者"以为离原文愈近愈安全——也就是说，'翻译度'愈小愈妥；即使译文不通畅，至少是'信'的。可是表达不出原意的译文，说不上信。'死译''硬译''直译'大约都是认为'翻译度'愈小愈妥的表现。……'翻译度'愈小，就是说字上贴得愈近，那么，在意思的表达上就愈来愈远。原意不达，就是不信。畅达的译文未必信，词不达意的译文必定不信。我相信这也是翻译的常识了"②。这个"翻译度"，就是指译者从原文转化为译文的过程中，经过努力所达到的"信"与"达"的程度。她举出《堂吉诃德》里的一句话为例，这句话可以有三种译文。原句有两层意思：一是"杜尔西内娅受到你的称赞就更幸福，更有名"。二是"别人的称赞都不如您的称赞"。

第一种译法："杜尔西内娅在这个世界上会更幸福更有名，因为曾受到您的称赞比了世界上最雄辩者所能给她的一切称赞。"

这段译文"翻译度"是最小的，虽然"严格"按照原句的顺序和语法，在字句的语序上最靠近原句，主句和分句都没有挪窝，但词不达意，实在谈不通，

---

① 杨绛：《失败的经验——试谈翻译》，见《杨绛作品集》（第三卷），北京：中国社会科学出版社，1993年10月第1版，第228页。

② 杨绛：《失败的经验——试谈翻译》，见《杨绛作品集》（第三卷），北京：中国社会科学出版社，1993年10月第1版，第234—235页。

因而也谈不上"信"。

第二种译法:"您对杜尔西内娅的称赞,盖过了旁人对她的称赞,能为她造福扬名。"

这段译文通是通的,译者把长句断开了,并从语序上做了调整,"翻译度"增加些,可是看来好像缺少些什么,译文"缺了一块七巧板"。

第三种译法:"杜尔西内娅有您的称赞,就会增添了幸福和名望;别人怎么样儿极口赞誉,也抵不过您这几句话的分量。"

这段译文补足了前两种的缺陷。把复句分断为单句虽然在语序上与原句不同,但译文的含义,更加信达。

可见杨绛在翻译《堂吉诃德》时,真正做到"一名之立,旬月踟蹰",无论是在选字方面,还是在造句、成章方面,都总是斟酌再三、一丝不苟,力求译文的"信""达""雅"。

《堂吉诃德》是举世闻名的杰作,堂吉诃德是在西方文学创作里,与《哈姆雷特》《浮士德》并称的杰出典型。杨绛自是十分喜欢这部作品的,译文从一九七八年问世以来曾多次重版,每次她都要悉心校订日臻完善,累计已发行六七十余万册。该译著,还作为教育部《中学语文教学大纲》指定书目,列入中学生课外文学名著必读,由人民文学出版社出版;江苏的译林出版社出版的《杨绛译文集》收入了此书;进入新世纪,在二〇〇四年,人民文学出版社推出八卷本的《杨绛文集》时,汇集了《堂吉诃德》一书。当然,二〇一四年出版《杨绛全集》时,也包括译著《堂吉诃德》。

围绕《堂吉诃德》,杨绛还撰写了一组论文,总共有九篇,它们是:《堂吉诃德和〈堂吉诃德〉》《塞万提斯小传》《再谈〈堂吉诃德〉》《〈堂吉诃德〉译余琐掇》《〈堂吉诃德〉校订本译者前言》《孝顺的厨子——〈堂吉诃德〉台湾版译者前言》《天上一日,人间一年——在塞万提斯纪念会上的发言》《塞万提斯的戏言——为塞万提斯铜像揭幕而作》《〈堂吉诃德〉校订本三版前言》等。

上述这些文章都是围绕作品的时代背景、思想内容、艺术特色,以及作者介绍和有关史实考订等而展开。杨绛在文章中还道出了翻译的甘苦:翻译是一项苦差事,我曾比之于"一仆二主"。译者同时得伺候两个主人:一个主子是原文作品。原文的一句句、一字字都要求依顺,不容违拗,也不得敷衍了事。另一个主子是本国译本的读者。他们要求看到原作的本来面貌,却又得依顺他们的语文习惯。我作为译者,对"译主子"尽责,只是为了对本国读者尽忠。我对自己译本的读者，恰如俗语的称"孝顺的厨子"，主人越吃得多，或者吃的主人越多，我就越发称心惬意，觉得苦差没有白当，辛苦一场也是值得。[①]鉴于杨绛在外国文学翻译领域的杰出贡献，一九八二年，她被推举为中国翻译家协会理事。

杨绛的翻译成就，在业界享有崇高的威望，受到同行的尊敬。据香港特区翻译学会会长金圣华回忆，她与杨绛初次会见是在一九八五年，"那一回，香港翻译学会的执行委员发起海峡两岸暨香港、澳门交流活动，也许因为是第一次举办这种活动，也许是因为内地改革开放不久，这样一个民间学术团体，居然在两岸都得到了高规格的接待。在北京我们拜会了各种机构，包括地位超卓的社会科学院。当天出席的有名闻遐迩的钱锺书、杨绛伉俪，还有翻译高手罗新璋等人。我的座位恰好安排在杨绛和罗新璋中间，因此会上可以尽情向译界前辈讨教。杨绛十分谦逊，说是正在构思一篇有关翻译的文章，准备以慢镜头来剖析翻译的过程，探讨翻译的要诀。这篇文章后来发表时以《失败的经验》为题，阐述翻译时选字、造句、成章的步骤，及后改名为《翻译的技巧》，是我在翻译课上要求学生必读的精彩论述"。

当时，因为坐在杨绛的身旁，金圣华自然谈到她的经典名译《堂吉诃德》，那时候年轻学浅，一口就把书名中的"诃"字念成了"ke"，杨先生立刻予以纠正，"这字念he，不念ke"，杨绛说的时候，声音轻轻软软的，温柔而坚定。对此，金圣华记忆犹新："我当时初识杨绛，就出了个洋相，虽甚觉尴尬，却衷心感念前辈不吝指点后辈的真诚与坦率。"

在这以后，金圣华与杨绛一直保持书信往返。一九八八年，香港翻译学会决定颁授荣誉会士衔予杨绛，由金圣华撰写赞词。虽经竭力劝勉，杨绛还是恳辞邀请，不肯去香港出席颁授典礼。

当时，金圣华对杨绛的这一举动十分不解，直到杨绛去世时，金圣华才悟到："历经'文革'，饱尝忧患之后，不求有名有声，只求有书有诗的钱杨二老，再也不愿意浪费共处的时间，去跋涉奔波。杨绛写了答谢词，要我替她在会上宣读。"

杨绛在颁授仪式上的答词很短，但十分精彩，言语返璞归真，情感恳挚动人，最能表现出她那独特温润的风格，也最能体现出翻译的真谛和内涵：

[①] 杨绛：《孝顺的厨子》，见《杨绛作品集》（第三卷），北京：中国社会科学出版社，1993年10月第1版，第47页。

"翻译大概是没有止境的工作，译者尽管千改万改，总觉得没有到家。世界文学杰作尽管历代都有著名译本，至今还不断有人重新翻译，表示前人的译本还有遗憾。所以译者常感叹'翻译吃力不讨好'，确是深知甘苦之谈。达不出原作的好，译者本人也自恨不好。如果译者自以为好，得不到读者称好，费尽力气自己叫好，还是吃力不讨好。"

答词言简意赅，文如其人。的确，杨绛能用最平实浅显的文字，表达最深邃奥妙的含义，恰似她常以最温柔敦厚的态度，坚持最刚正不阿的原则。

颁奖典礼完成之后，杨绛给金圣华写了封信，信里说："承费神为写赞词，不胜惭汗感激。顷得范君转来证书和你的来信、照片及剪报。照片上看到你这样漂亮的人物代我领奖，代我答谢，得意之至！专此向你道谢。"①

文学翻译一向较少得到舆论的关注，可是自杨绛将《堂吉诃德》译成中文后，国内的一些报纸，围绕文学翻译不同观点，展开了交锋。事情是从一句西班牙成语的翻译引起的。

二〇〇三年八月六日，林一安在《中华读书报》发表《莫把错译当经典》一文，批评杨绛在该书中把西班牙成语"de peloenpecho"译为"胸上长毛"是"望文生义的败笔"；此前，他对该译本还提过别的指责，认为这个译本还需要"补苴罅漏"。随后，北京、上海的报刊接连发表三篇文章，对林文的观点进行反批评。这些文章指出，根据词典释义，这句成语的原意本指"不畏危险和艰难的人"；但书中这句话，是桑丘形容堂吉诃德的意中人时所讲的。在目前书店中销售的五种中译本中，张广森译为"有股子男子气概"，董燕生译为"有股丈夫气"，而杨绛、屠孟超、孙家孟三人均译为"胸上长毛"。对书中此处用这个成语，有人理解，是形容这个女人像男子一样勇敢；另有人则认为，光说勇敢还概括不了，因为这个女人比男人还更有力，而且说这话时是带着某种揶揄的语气。例如，中国社会科学院外国文学研究所副所长陈众议就认为，以"胸上长毛"在此处形容勇力过人的女人，这是杨绛"原汁原味地移植了桑丘对堂吉诃德意中人的不屑"，可谓一个妙笔。杨绛自己则这样解释："'胸上长毛'，是男子汉的具体形象，成语，指的是男子汉的气概，是男子汉的抽象概念，按字面直译不失原意，而在桑丘嘴里，会显得更现成，更自然，也更合适。"

"胸上长毛"的译法究竟是败笔还是妙笔，表面上是一句西文成语不同译法

---

① 详见金圣华：《"经受折磨，就叫锻炼"——怀念杨绛先生》，见《人生边上：钱锺书、杨绛档案》，南昌：江西教育出版社，2018年6月第1版，第238—240页。

之争，却涉及如何评判文学翻译优劣的标准，如何协调词典的义项与文化解读之间的不同诠释，如何看待名家译作中可能存在的"误译"。正是这些译界多年来争议的话题，引发了更多的人对这场争论的关注。

文学翻译不同于商业合同和法律条文的翻译，后者当然要死扣字义，容不得译者有任何想象和艺术修饰；而文学翻译不仅要求传达原意，还要有文采，更要注重文化解读以求完美地体现原作者的创作思想。这样一来，只要不是粗制滥造，不同译者对某些文字作不同的诠释，这是正常的，也应该是允许的，"一千个译者，就有一千个哈姆雷特"。著名翻译理论家尤金·奈达曾明确指出："翻译中绝对的对等是永远不可能的。"林语堂更以自己丰富的翻译实践总结说："凡文字有声音之美，有意义之美，有传神之美，有文气文体形式之美，译者或顾其义而忘其神，或得其神而忘其体，决不能把文义、文神、文体及声音之美完全同时译出……因此，百分之百忠实，只是一种梦想。"可见，评判一部译作是否优秀，从作品全局的把握上看其是否较好地传达了作者在书中想要表达的信息，是否较好地表现了作者特有的艺术特色，理当更为重要。

文学翻译还必须重视接受美学。译文是给别人看的，这就要力求语言通俗易懂，富于形象化。一句"胸上长毛"，使一个"比男人还男人"的壮妇形象跃然纸上[①]。

三

自粉碎"四人帮"以来，杨绛除了翻译以外，还积极从事文学创作、理论研究等多项工作，取得了令世人瞩目的累累硕果。

杨绛淡淡的怀旧情绪，在她的散文创作中尤其明显，因而使她的作品不但具有很深的文学价值，同时还颇具史料价值。综观杨绛全部的叙事散文，多是在追忆往事。这种写作时间与所写内容发生时间的间离，或许只是个人的一种习惯而已，但是这样一来可以不受所谓"现实"的干扰，对所写的东西能看得清楚透彻；二来经历岁月的冲洗，在感情上反而更贴近记叙的对象，保持事实的真实。所以，杨绛的作品从某种意义上讲，是阅历的产物。她的散文作品，已经结集的有《干校六记》《将饮茶》《杂忆与杂写》《从丙午到"流亡"》《杨绛

---

① 参见李景端：《一句成语翻译引发的争论》，《文汇读书周报》，2004年1月8日。

散文》《我们仨》《走到人生边上》等，另有集外散文多篇。

杨绛的散文作品，别开生面，在中国当代文学史占有一席之地。诚如洪子诚所云："杨绛的文字简约含蓄，语气温婉，对历史事件多少保持适度距离，作平静审视的态度。她将笔触专注于大时代事件中的小插曲，在对个人的见闻、感受到记叙中，也能见到时代的光影。"[①]

一九八〇年，杨绛读了清代文人沈复的《浮生六记》后，决定要写一写自己的干校经历，题目也以《干校六记》名之。所不同者，沈复以"闺房记乐""闲情记趣""坎坷记愁""浪游记快"等命名里面的篇目；而杨绛的则是"下放记别""凿井记劳""冒险记幸""误传记妄"……

杨绛的《干校六记》是写二十世纪七十年代"五七"的生活的。她以"下放记别""凿井记劳""学圃记闲""小趋记情""冒险记幸""误传记妄"等片段，从容平实地折射了"干校"中人与人的关系，反映了她以"静"判动的美学追求。其实，当时学部"干校"作为清查"五一六大本营"的基地，充满了"阶级斗争"的意味。作为这场运动直接受害者的亲属，她内心肯定承受了巨大的隐痛。虽然《干校六记》中反映的学部"干校"相对和平宁静，正是体现了她的美学追求——含蓄超脱。钱锺书为杨绛《干校六记》所作的序言中特别点明："'记劳''记闲'，记这，记那，那不过是这个大背景的小点缀，大故事的小穿插。"

随着杨绛的回忆，走进她和钱锺书当年的学部"干校"，那意境似又似"白头宫女在，闲坐说玄宗"的沧桑，让人犹如置身冬日夕阳。没有激烈的情绪，只是平实的叙述，体现她所追求的大智慧、大淡泊。透过这平实淡泊的叙述，我们分明感受到作者对那扭曲人性的年代所生产的荒谬的抵制、对邪恶的抗争。《干校六记》几场送别的场面，颇能反映平和背后的不满与无奈。

第一次是写杨绛、女儿和女婿为作为"先遣队"的钱锺书送行。在那个年代，让年老体弱又不会照料自己生活的钱锺书独自一人"下干校"，杨绛是"心有不甘的"，然而杨绛却说："我们三人就下车，痴痴站着等火车开动。……默存走到车门口，叫我们回去吧，别等了。彼此遥遥相望，也无话可说。我想，让他看我们回去还有三人，可以放心释念，免得火车驰走时，让他看到我们眼里，都在不放心他一人离去。我们遵照他的意思，不等车开，先自走了。几次

[①] 洪子诚：《中国当代文学史（修订本）》，北京：北京大学出版社，2007年6月第2版，第32页。

回头望望,车还不动,车下还是挤满了人。"

第二次是写欢送大队人马"下干校":"文学所和另一所最先下放。用部队的词儿,不称'所'而称'连'。两连动身的日子,学部敲锣打鼓,我们都放了学去欢送。下放人员整队而出;红旗开处,俞平伯和俞师母领队当先。年逾七旬的老人了,还像学龄儿童那样排着队伍,奔赴干校上学,我看着心中不忍,抽身先退;一路回去,发现许多人缺乏欢送的热情,也纷纷回去上班。大家脸上都漠无表情。"

第三次是寥寥数笔就勾勒出"离愁别恨"的场面:"我们'连'是一九七〇年七月十二日动身下干校的。上次送默存,有我和阿圆还有得一(引者按:原文如此,应为'德')。这次送我走,只剩了阿圆一人;得一已于一月前自杀去世。……阿圆送我上了火车,我也促她先归,别等车开。她不是一个脆弱的女孩子,我该可以放心撇下她。可是我看着她踽踽独归的背影,心上凄楚,忙闭上眼睛;闭上了眼睛,越发能看到她在我们那破残凌乱的家里,独自收拾整理,忙又睁开眼。车窗外已不见了她的背影。我又合上眼,让眼泪流进鼻子,流入肚里。"

第四次是写钱锺书夫妇送第一批回京的同事:"回京的人动身那天,我们清早都跑到广场沿大道的那里去欢送。客里送人归,情怀另是一般。我虽然望着一辆辆大卡车载着人和行李开走,忽有女伴把我胳膊一扯说:'走!咱们回去!'我就跟她回宿舍。她长叹一声,欲言又止。我们各自回房。"

第五次是写钱氏夫妇作为第二批回京人员,留下者送他们的情景:"据说,希望的事,迟早会实现,但实现的希望,总是变了味了。……人家也是客中,比我一年前送人回京的心情慷慨多了。而看到不在这次名单上的老弱病残,又使我愧汗。但不论多么愧汗感激,都不能压减私心的欣喜。这就使我自己明白:改造十多年,再加干校两年,且别说人人在企求的进步我没有取得,就连自己这份私心,也没有减少些。我还是依然故我。"

所有这些写送别的文字怨而不怒、哀而不伤,尽管杨绛的笔调格外简净冷峻,正因为如此,更让我们深深地感受到文字之间渗透的无奈与惆怅。大音希声,不事渲染,但这却是极其有力的抗争。

"干校"艰苦的锻炼,结果正如杨绛所言,"我还是依然故我"。她常常"睁着眼""做我自己的梦",通过劳动,似乎转变了立场:"平时总觉得污泥很脏,痰涕屎尿什么都有;可是把脚踩进污泥,和它亲近了,也就只觉得滑腻而不嫌其脏。好比亲人得了传染病,就连传染病也不复厌恶,一并可亲。我暗暗取笑自己:这可算是改变了立场或立足点吧!"杨绛同时感到,如此"早出晚归",似乎"渐渐产生一种'集体感'或'合群感',觉得自己是'我们'或'咱们'中的一员,也可说是一种'我们感'"可是让这些教授"奉为老师"的贫下中农,"对干校学员却很见外",因为"我们不是他们的'我们',却是'穿得破,吃得好,一人一块大手表'的'他们'"。这些"老师"对"偷拿"十分在行:"我们种的白薯,好几垄一夜间全偷光。我们种的菜,每到长足就被偷掉",所以干校要派杨绛等人看管田地,有时她还要追赶偷拿者:"其实,追只是我的职责;我倒但愿她们把青菜带回家去吃一顿。"在杨绛看来,贫下中农的生活太苦了。她的仁慈善良之心处处得到体现。

《干校六记》写的是作者的所见所闻,大多采用的是白描手段,较少修饰,乃至于不修饰,虽则尽管是日常琐闻,而视野却十分广阔深邃,处处体现了她的深沉、实在、朴素、含蓄,读来使人感到:去接受不能改变的一切,去改变能够改变的一切。洞彻久远,傲视当今。《干校六记》一如杨绛往昔的风格,不乏调侃、幽默,人们在看似轻松的阅读中,体会深邃、体会冷峻、体会杨绛那独特的充满回味的浅笑。

《干校六记》写成后,杨绛自信这部作品将超过她以前的作品。在写作前,她曾将自己的想法告诉钱锺书,钱锺书却"泼冷水"道:写什么"六记",没有用的。作品完成后,钱锺书觉得很好,立即写出一篇《小引》。这篇《小引》就是后来《干校六记》出版时的《序言》。钱锺书认为,在"干校"里少不了三类人:一类是"在'运动'里受冤枉、挨'批斗'的同志们",假若他们来写"干校"生活,应当是"记屈"或"记愤";另一类是一般的群众,"回忆时大约都得写《记愧》:或者惭愧自己是糊涂虫,没看清'假案''错案',一味随着大伙儿去糟蹋一些好人;或者(就像我本人)惭愧自己是懦怯鬼,觉得这里面有冤屈,却没有胆气出头抗议,至多只敢对运动不很积极参加"。还有一类人,"他们明知道这是一团乱蓬蓬的葛藤帐,但依然充当旗手、鼓手、打手,去大判'葫芦案'"。所以,钱锺书认为作者"漏写了一篇,篇名不妨暂定为《运动记愧》"。这篇《小引》写成于当年十二月,反思个人在这场"运动"中的所为,应该说钱锺书走在了许多人的前面。

对杨绛《干校六记》先天的不足,当年曾与钱锺书、杨绛、顾准等一起下放河南"干校"的吴敬琏也有同感,他说道:"学部外国文学研究所研究员杨绛先生在一九八一年出版了一本《干校六记》，记述她在学部干校经历的往事。这本书三十多年来一直脍炙人口，备受经历过'文革'动乱和没有经历'文革'但想一窥究竟的人们喜爱。不过，钱锺书先生在为这本书写的《小引》里指出，《干校六记》对'干校'生活的记述还有所不足，如果说沈复的《浮生六记》'仅存四记'，那么，杨绛的《干校六记》就'应为七记'，因为漏记了参加'政治运动'的感受。他希望有那么一天，'缺掉的篇章会被陆续发现，补足填满，稍微减少了人世间的缺陷'。的确，学部'干校'发生的许多事情，都值得认真记录和深入研究。"①

更有学者如胡文辉在比较了反映"文革"历史的作品后，语气中对《干校六记》似乎有些不屑："真正的回忆录未必靠得住，而虚拟的小说未必就靠不住。就以"文革"历史为例，像杨绛《干校六记》那类自述，是何等的轻描淡写啊，那何曾是真实的"文革"呢？相反，《幸存者手记》是小说，是虚构，但在思想意义上，我相信它要比《干校六记》逼真得多，可信得多，更不必说历史思辨上的穿透力了。"②

然而，由于数十年的文风影响，当时人们还习惯于用严厉或高亢的笔调批判"文革"或过往，《干校六记》这种以委婉笔触写出的反思文字，还不大为人们接受。香港《广角镜》的一位编辑李国强有意出版此作，但当时内地与香港联系起来还颇费周折，这位编辑就让杨绛将书稿送交与海外有联系的北京：生活·读书·新知三联书店，负责人范用，请他转寄香港。

范用接到《干校六记》书稿后，自己先作浏览，印象很好。作为出版家，有好稿在手，当然不愿意让海外先得到发表权，稿子就在范用手里搁了一段时间。但能不能用，敢不敢用，范用一时也拿不准。香港那边等不及了，李国强给范用发电报说，"如果你再不把《干校六记》书稿寄我，我就专程飞到北京来取稿子了"。无奈，范用只好将书稿寄出。

在出版单行本之前，香港方面先行将《干校六记》在《广角镜》杂志上刊登了出来，被一贯注重意识形态动向的胡乔木读到了。他随即让中国社科院文学研究所研究员邓绍基传话给文学研究所的负责人许觉民，认为这些文字应该在大陆出版。不久，美国著名华裔语言学家赵元任回国，在国家领导人举行的招待宴会上，胡乔木见到了钱锺书。他郑重地对钱锺书谈到了《干校六记》的

---

① 吴敬琏：《回望干校年代》，见徐方《干校札记》，广州：广东人民出版社，2016年2月第1版，第1页。
② 胡文辉：《想像的回忆录》，载《书边恩仇录》，广州：花城出版社，2013年1月第1版，第181页。

出版问题，并对这部作品给出了十六字的评语："怨而不怒，哀而不伤，缠绵悱恻，句句真话。"

《干校六记》能在内地出版，当然是杨绛所希望的。何况，这部作品中的丰富意味，国内的读者体会起来，定较海外读者更为深切。听到钱锺书告知胡乔木的评价和对出版的意见，杨绛马上想到范用（之前范用曾跟她提及出版的意愿），便给北京：生活·读书·新知三联书店的董秀玉发去一函，当然，也有给《干校六记》出版者打气，使他们减少政治包袱的意思："昨晚乔木同志遇见锺书，嘱他向我传话，说他看到《广角镜》上的《干校六记》，他有十六字考语：'怨而不怒，哀而不伤，缠绵悱恻，句句真话。'他认为国内也当出。我记起范用同志也曾说过国内可出……请转问范用同志，北京：生活·读书·新知三联书店，是否愿出？"

接到杨绛来信的第二天，范用立即写出了一份选题报告："杨绛同志近作《干校六记》，经我的手转寄香港，原来是说出版单行本，未料《广角镜》杂志先发表了。"

接着，范用谈到自己对出版这类作品的一些认识："我曾设想三联可以出版一些纪实的作品。这类作品，并非历史，但是当事者的实录，也可以看作'历史的证言'或'历史的侧记'……这类作品，作者对它有感情。对后人，对了解历史多少有些作用。犹如正史之外的野史、笔记之类（不完全恰当，是指它的作用而言）。题（体）裁不拘，但要求是真实的记录，不必完全视作文学作品（因为它是真实的，不能有半点虚构）……杨绛的《干校六记》也可列入。"

范用还强调了眼下准备出版该书的具体情形："此事原拟在讨论三联方针、任务、选题时提出，因杨绛来信，并候回音，所以先单独提请考虑。"同时，范用还附上了胡乔木对《干校六记》的评语，作为在国内出版政治上的保险杠。

随后的办事效率很高，选题报告送上去的当天，人民出版社的负责人曾彦修便读了大部分作品，并签署了自己的意见："杨绛同志当然不会假借别人名义讲话，我看了前五段，觉得比较平淡，评价不如乔木同志之高……我觉得三联可以出版，但恐怕不会如何轰动。"当然，这些判断从以后的情况来看，略有不足。《干校六记》即使今天看来也仍不"平淡"，它在海内外均产生了较大反响。

当年五月，范用提交选题报告，到七月，《干校六记》第一版便印出两万册发行了。这一版的封面，请了在北大荒待过多年的画家丁聪先生设计：近前是伸向远方的一片白桦林，另一侧下角有几排整齐却简陋的宿舍——这应该是丁聪心中和记忆里"干校"的情形。书名由钱锺书题写——他们夫妇曾有"互题书名"的约定。

但对于这一版的封面设计，范用及作者杨绛都不够满意。后来谈到这个封面时，范用说："第一版的封面是请丁聪设计的。丁聪是大家，但这次设计是失败的。杨（绛）先生也不满意。再版时我就重新设计了……设计其实很简单，画一个框，框上再压一个专色框，用作者手书签名。杨先生对这个封面是满意的。"范用亲自设计的这个封面，简朴雅洁，看去十分爽目。可惜书名用了标准字体，没有继续用钱锺书那潇洒的手迹，只是作者签名用了杨绛自己的字迹，算是略略别具风味吧。

虽然该书在香港、内地两地几乎同时出版，可毕竟香港方面先拿到稿件并先行在杂志上刊出，所以范用还是与香港方面进行了协商，最后达成协议："内地版"不要出口，免得影响"港版"的销路。为此，范用特地向"三联"出版部发一内部通知单："据此，请将此书列为'不出口'。"[①]

《干校六记》写于一九八○年，一九八一年甫一出版，立即引起读书界的热烈反响。它还被译为日文、英文、法文、俄文等外文。

二○○○年九月，杨绛的《干校六记》与钱锺书的《围城》被一起遴选列入"百年百种优秀中国文学图书"。

《干校六记》公开出版后，一纸风行，在她的朋友圈不胫而走。据张隆溪回忆说：

> 杨绛先生曾说钱锺书"痴气"，并对其种种表现有生动的描绘，我总觉得，钱先生对年轻人特别厚道甚至偏爱，在一定意义上也许就是这"痴气"的表现之一。与钱先生谈话时，我常常感到在大学者钱锺书之外，还有一个真挚得可爱的钱锺书。他喜欢说笑话，说完了自己也大笑，笑得很得意，很开心，那神态有时候简直像玩得快活的小孩子。
>
> 杨绛先生的笑则显得温和，幽雅，使人觉得十分亲切。记得我和薇林在一个夏日去三里河拜访，杨绛先生手里拿一把宽窄适中的羽毛扇，一面说话，一面轻轻摇着，从容，恬静，给我们留下的印象与我们读《干校六记》时的感觉相当吻合。《干校六记》在香港《广角镜》发表后，我从杨绛

---

① 杨建民：《〈干校六记〉问世前后》，《风雨同舟》，2016年第4期；李昕：《做书：感悟与理念》，北京：商务印书馆，2015年10月第1版，第48页。

先生那里借来杂志，先睹为快。我觉得《干校六记》那细腻的笔调，那种从一个"弱者"的眼里看周围翻天覆地大变化的写法，那怨而不怒、哀而不伤的情调和风格，都是杨绛的特点。虽然她以抗战时期创作的戏剧最为有名，但《春泥集》里几篇论《堂吉诃德》，论英国小说，论《红楼梦》以及李渔戏剧理论的文章，也写得极好，可以和钱先生的《七缀集》合观。杨绛先生身材弱小，的确给人"弱"的印象，但在我看来，《干校六记》第一记里的一句话："这些木箱、铁箱，确也不如血肉之躯经得起折磨"，才让我们看明白，杨绛先生其实是格外地坚强。后来陆续看到她更多的作品，尤其是《洗澡》和《将饮茶》，都显得举重若轻，在平淡中出深意，使人觉得有无尽的韵味。①

《干校六记》已然成为中国现代散文的众望所归的经典作品，在中国散文发展史上享有崇高的地位。故而，《干校六记》自问世以来，一直为人津津乐道："杨绛《干校六记》就是一部语言平实隽永，内容深邃却表述节制的非虚构佳作，薄薄三万多字的体量，一本小册子，至今读来依然回味无穷。作者克制冷静，细微处点到为止留白深远的文风和内容相得益彰，使人知晓彼时的历史情状，也使人透过那些克制冷静叙述，去探究更多留白处的幽邃。历史叙事、场景和情境的描述、通过对话刻画的人物、叙事者深刻体验却传达清幽的情感，在《干校六记》中如黄公望之富春山居图一般每一笔线条每一笔皴法每一笔点苁都值得回味。只是，二十世纪九〇年代将之称为散文作品，并未以当下的非虚构概念论之。时间流逝，好作品依然在时间中，如同礁石。好作品，并不需要什么概念来定位它。好作品，就是其本身。"②

杨绛的《干校六记》，在海外也是不胫而走。德国汉学家顾彬在其《二十世纪中国文学史》中，是这样评价杨绛的《干校六记》的："翻译家杨绛在《干校六记》（一九八〇）③中记录了自己和丈夫钱锺书在干校接受改造的生活。一九七〇年，两人都已经'下乡'，两年后因为健康原因返回北京。整个'文化

---

① 张隆溪：《怀念钱锺书先生》，见氏著《走出文化的封闭圈》，北京：生活・读书・新知三联书店，2004年10月第1版，第237—238页。
② 龚静：《拂去烟尘，浮现时间和生命的纹路：〈上海纪实〉与纪实写作》，2020-07-23 09：17，来源：《澎湃新闻・翻书党》，https： //m.thepaper.cn/newsDetail_forward_8398791？ from=QRCODE.
③ 原书此地有注，引用时略。

大革命'期间,一共有两千万'干部'被下放到所谓'五七'(指一九六六年五月七日毛泽东发出五·七指示)干校。杨绛的语言波澜不惊,无怨无恨。令人讶然的是,作者在结尾处宣称,自己虽然在干校待了这么长时间,却依然是原来的自己,仿佛没有感到任何苦楚。也许,这正是钱锺书在他那篇颇值得一读的序言里要求再补写一篇《运动记愧》的原因吧,并且钱锺书也没有把自己排除在应该为'文革'罪行感到惭愧的人员之外。"①

一九七九年冬,应中国社会科学院近代史研究所之约,杨绛撰写了《回忆我的父亲》《回忆我的姑母》两篇长文,一九八五年以《回忆两篇》为题,结集交付湖南人民出版社出版。

这是两篇史料翔实、感情真挚的散文。在这里,杨绛记人叙事,一如既往,自然本色,不事修饰,寓隽永于平实。在她的笔下,长辈杨荫杭、杨荫榆等人的形象跃然纸上。人们可以看到,杨绛的父亲杨荫杭是一位辛亥革命前的老同盟会会员,以后又以道义立身,不畏权势,秉公执法,名重天下。然而,理想未能实现,抑郁而终,令人扼腕叹息。杨绛的三姑母杨荫榆也曾是中国现代史上的风云人物,作者描写的着墨点是姑母的生活小事,看似琐碎,实则反映她的性格。杨荫榆的怪癖及不会圆滑处世的个性。

杨绛声称"我也很不喜欢"的姑母杨荫榆,最后死在日本侵略者的枪口之下:"一九三八年一月一日,两个日本兵到三姑母家去,不知用什么话哄她出门,走到一座桥顶上,一个兵就向她开一枪,另一个就把她抛入河里,他们发现三姑母还在游泳,就连发几枪,看见河水泛红,才扬长而去。"

杨绛看似平淡的话语中实则蕴含着无比的义愤。这表明这场全民族的大噩梦在她心灵上刻下的伤痕。

杨绛的散文就是这样非常贴近生活,看似平淡,其实结构精致;来自生活,高于生活,是现代散文百花园中的一枝奇葩。写于二十世纪八十年代早期的《记钱锺书与〈围城〉》,是她的代表作之一,体现了她的文化取向。已故胡河清博士做了中肯的分析:

《记钱锺书与〈围城〉》一文,即表现出杨绛对于人性的深刻认识。杨绛写钱锺书,主要是以弥漫在他身上的一股"痴气"的内在发展为线

---
① [德]顾彬:《二十世纪中国文学史》,范劲等译,上海:华东师范大学出版社,2008年9月第1版,第314页。

索的。"痴气"也者，无非是生命直觉之冲动也。这实际上已包含着属于"魔界"的东西了。而杨绛对此知之甚稔，也自然反映出她文化人格的另一方面。

她以钱锺书小时候的种种"混沌"表现写起。由这"混沌"中生出的"痴气"一开始便带有生命本能自我觉醒的意味。比如杨绛极有趣地描述了钱锺书兄弟俩童年时代戏刺女裁缝女儿宝宝的细节并论曰："兄弟俩觉得这番胜利当立碑纪念，就在隔扇上刻了'刺宝宝处'四个字。……这个大概是顽童刚开始'知慕少艾'的典型表现。""知慕少艾"便点出了钱锺书的"痴气"之真正属性。到了钱锺书读书的时候，这股"痴气"便大大地旺盛起来。杨绛写道："许君上课时注意一女同学，锺书就在笔记本上画了一系列的《许眼变化图》。"这时钱锺书的"痴气"已经具备了体验力，开始窥探别人眼神中变化着的"感情流"了。杨绛实在是参透了钱锺书感情世界的流程。她从不正面写钱锺书的感情历史，而只是带着淡淡的微笑喷他的"痴气"。然而在这些"痴"的零星表现下，却很深微地展示了钱锺书生命内力积累、孕育成熟的过程。

钱锺书曾戏称自己是个幸福的已婚的男人，可见他与杨绛琴瑟之好，情笃深至。然而杨绛在传记文字中却并不正面提及他们夫妇之间的感情生活，只是在笑吟吟地描述钱锺书的"痴气"时，才偶尔透出一些信息来。比如她写到在牛津读书时候的一段轶事，有一次钱锺书趁杨绛午睡未醒之际，在她脸上画了一个大花脸。"他没想到我脸比宣纸还吃墨，洗净墨痕，脸皮像纸一样快洗破了，以后他不再恶作剧，只给我画了一幅肖像，上面再添上眼镜和胡子，聊以过瘾。"其中"他不再恶作剧"一句，用中国传统命学的术语说可谓是"云甲空亡泄天机"。在钱锺书的痴气短暂"空亡"的当口，他对杨绛的一片真情便泄露出来。

老子曰："言者不信，信者不言。"确是千古不易的名理。杨绛的文章言情的笔墨极为简约，而她对世界的体认功夫却极其深挚。[①]

杨绛在文章中多侧面地展示了钱锺书"痴气"盎然的各个层面，她从"书痴"说到"痴福"，自然而然地将"他只要有书可读，别无营求"一句一笔带

[①] 胡河清：《杨绛论》，《灵地的缅想》，上海：学林出版社，1994年12月第1版，第72—73页。

过，使人感慨："钱家人常说锺书'痴人有痴福'。他作为书痴，倒真有点痴福。供他阅读的书，好比富人'命中的禄食'那样丰足，会从各方面源源供应。（除了下放期间，他只好'反刍'似的读读自己的笔记和携带的字典。）新书总会从意外的途径到他的手里。他只要有书可读，别无营求。这又是家人所谓'痴气'的另一表现。"钱锺书从少年开始，读书"食肠很大"，所谓"博览群书"，毫不夸张。几乎没有他不读的书，无论是诗歌、小说、戏曲，"极俗的书"，还是"精微深奥"的"大部著作"，甚至"重得拿不动的大字典、辞书、百科全书……他都"甜咸杂进"。这个习惯后来贯彻到学术研究当中，成为他打通学术壁障的标配。有人考证，百万言的《管锥编》，光引证西方作者就不下千人，著作多达一千七八百种。如果把《谈艺录》《管锥编》《宋诗选注》等书援引的参考书目统计一下，总数估计恐怕数以万计。然而，读者通过杨绛的笔下文字了解到：钱锺书是活人，而不是木偶；他虽属"书痴"，却不是没有生人气味的"蠹鱼"，他不是书的奴隶，而是书的主人。

杨绛以她的亲身体验，为人们勾勒了一个立体的活灵活现的钱锺书，这正是读者十分感兴趣的："《管锥编》《谈艺录》的作者是个好学深思的锺书，《槐聚诗存》的作者是个'忧世伤生'的锺书，《围城》的作者呢，就是个'痴气'旺盛的锺书。"①这些正是钱锺书丰富个性的多个侧面。

杨绛的《记钱锺书与〈围城〉》部分地满足了中外读者了解钱锺书的迫切愿望。钱锺书的《围城》在国外出版后，反响也很大。

据说，有一次，一位外国读者到了北京，打电话给钱锺书，说想拜见下他。钱锺书说，你吃了一个鸡蛋，觉得好吃，又何必认识那个下蛋的母鸡呢？

杨绛、钱锺书夫妇世交宋淇的儿子宋以朗证实："《记钱锺书与〈围城〉》一文中，杨绛曾说钱先生有股'痴气'。以下所述，大概也是他某种痴气的表现。一九八〇年年底，我父亲寄了一些笔给钱锺书。杨绛回信，竟大爆他有咬笔的习惯，很孩子气：'锺书向来不肯用好笔，他爱咬笔杆，每支笔——毛笔、铅笔，以至康克令活动笔都有他的齿痕。竹笔管经常咬扁，所以专用铅笔头恣意咬。近来惯用圆珠笔，咬笔习气已改掉，但仍喜用破笔。'但父亲为什么要寄笔呢？原来是钱先生字迹太潦草，难以辨认，所以我父亲寄笔时附信说：'兹由平邮寄上小包一件。内有PILOT原子笔成双，补充笔芯四支，空邮信纸两册，信

---

① 杨绛：《记钱锺书与〈围城〉》，见《杨绛作品集》（第二卷），北京：中国社会科学出版社，1993年10月第1版，第152页。

封两扎。因友人中多以先生来函太短,有时原子笔太化,字迹难以确认,而墨宝多数又为人所乐于影印流传。前曾嘱子建代奉笔一对,想已遗失,故特再行奉上,略表心意,正所谓纸短心长也。'钱锺书收到纸笔和信,便这样回复:'弟性卞急,而来信须答者又夥,每信手抇败笔作书,累兄目力,疚愧之至,以后当力矫此习。'"① 可见共赏钱函已是他朋友圈中一件赏心悦目的雅事。

的确,作为翻译家的宋淇曾谈到阅读钱锺书书信的感受:"读来信是人生一乐,妙语层出不穷,智慧与幽默共存,而书法圆浑自如,已臻化境,赏心乐事,莫过于此。"钱锺书给他的信用毛笔、圆珠笔、打字机的都有,似乎信手拈来,语言主要是文言文,只有第一封是全英文,但实际上每封信都点缀着多国语言,字体是行草之类。宋以朗说:"看他用毛笔写中、英、法、德、意、拉丁文,广东话所谓'舞龙咁舞',我其实真有点头痛。"

有段时间,因为钱锺书的信太短,加上圆珠笔字迹易化难认,不便保存流布,因此,便有宋淇给钱锺书寄送一包好笔好纸的事情!

自从一九八〇年钱锺书的《围城》由人民文学出版社重版以来,读者如云,许多人都想了解作者的情况。在胡乔木等人的建议和催促下,杨绛终于写下了《记钱锺书与〈围城〉》(最初收入朱正主编的《骆驼丛书》,由湖南人民出版社出版),从而向世人展示了"文化昆仑"的风采。杨绛在文中申明"我所记的全是事实""锺书读后也承认没有失真"。

一九九八年一月十七日,杨绛在上海《文汇读书周报》上以钱锺书之名发表了《收藏了十五年的附识》:

> 这篇文章(引者按:指《记钱锺书与〈围城〉》)的内容,不但是实情,而且是"秘闻"。要不是作者一点一滴地向我询问,而且勤情地写下来,有好些事连我自己也快忘记了。文笔之佳,不待言也。
>
> 钱锺书识
一九八二年七月四日

杨绛的《附识》是:

---

① 宋以朗:《宋家客厅:从钱锺书到张爱玲》,广州:花城出版社,2015年4月第1版,第106页。

我写完《记钱锺书与〈围城〉》，给锺书过目。他提笔蘸上他惯用的淡墨，在我稿子后面一页纸上，写了几句话。我以为是赞美，单给我一人看的，我收了藏好，藏了十五年。如今我又看到这一页"钱锺书识"，恍然明白这几句是写给别人看的。我当时怎么一点儿也没有想到！真是"谦虚"得糊涂了，不过，这几句附识如果是一九八六年和本文一起刊出，也许有吹捧之嫌。读者现在读到，会明白这不是称赞我，只不过说明我所记都是实事。

据此，人们可以相信，《记钱锺书与〈围城〉》是一篇独特的评传，虽然全书一万六千来字，但这丝毫不掩其对钱锺书及其《围城》研究的价值。

蹊跷的是，上述钱锺书写的《附识》，对照钱锺书的手迹，收入三本书时的释文都不一致，似乎搞错了一个词。对比钱锺书的手迹三个版本。

人民文学出版社二〇一四年八月出版的《杨绛全集》第二卷第196页，保存了钱锺书《附识》的手迹：

这篇文章的内容，不但是实情，而且是'秘闻'。要不是作者一点一滴地向我询问，而且勤情地写下来，有好些事连我自己也快忘记了。文笔之佳，不待言也。

北京：生活·读书·新知三联书店，二〇〇八年十月出版的吴学昭《听杨绛谈往事》，对此的释文如下：

这篇文章的内容，不但是实情，而且是'秘闻'。要不是作者一点一滴地向我询问，而且动情地写下来，有好些事迹我自己也快忘记了。文笔之佳，不待言也！

作为《钱锺书集》之一的《写在人生边上　写在人生边上的边上　石语》（北京：生活·读书·新知三联书店，二〇〇二年十月第一版）和杨绛自己的《将饮茶》[见《杨绛全集》（第二卷）]里也分别收录了钱锺书的这段话，不同的是，《听杨绛谈往事》里面释文中"动情"二字，在《写在人生边上　写在人

生边上的边上　石语》和《将饮茶》释为"勤快"。

参看钱锺书笔迹，上述三本书及杨绛一九九八年一月十七日在上海《文汇读书周报》上以钱锺书之名发表的《收藏了十五年的附识》（也释为"勤奋"），似乎都将这个词辨识错了，或应为"勤情"二字。钱锺书籍贯是无锡人，无锡方言里有"勤情"这个词，意思就是"勤快"的意思。

据此，钱锺书的笔迹"勤情"二字，在公开印行的出版物中，释义却有三个："动情"（吴学昭书）、"勤快"（钱锺书集）、"勤奋"（杨绛全集）。

这是钱锺书、杨绛作品出版史的有趣记录，爰记以博一粲。

四

杨绛于二十世纪八十年代中期还创作了长篇纪实散文《丙午丁未纪事——乌云与金边》，这是反映她在"文革"初期经历的力作。一九八七年，杨绛将它与《回忆两篇》《记钱锺书与〈围城〉》合编为《将饮茶》一书，由北京：生活·读书·新知三联书店出版，她还写了《孟婆茶（胡思乱想）》，和《隐身衣（废话）》，作为《将饮茶》的代序与代后记，分别刊于书前书后。

杨绛的《孟婆茶》虽平淡，却使人清醒。杨绛在这里，引入了孟婆这一神话人物。据《佛学大辞典》"孟婆神"条载："相传孟婆神生于汉代。幼读儒书，壮诵佛经，惟劝世人戒杀吃素。年八十一岁，犹是处女。因姓孟，故称曰'孟婆阿奶'。时有能知前因者，妄认前生眷属，泄露阴机。上帝教令孟氏女为幽冥之神造醧忘台，又探取世俗药物合成似酒非酒之汤，分为甘、苦、酸、辛、咸五味，孟婆神掌之。使鬼魂饮之，以忘前生。"故杨绛要说："喝它一杯孟婆茶，一了百了！"

虽然语言不平与无奈，其实也是实话。任是何人，到头来总不免要饮一杯孟婆茶。只是，杨绛想推迟喝此茶，这世界海晏河清，她还有许多事要做，不过她觉得老之将至，不免浮想联翩：

> 我登上一列露天的火车，但不是车，因为不在地上走；像筏，却又不在水上行；像飞机，却没有机舱，而且是一长列；看来像一条自动化的传送带，很长很长，两侧没有栏杆，载满乘客，在云海里驰行。我随着队伍上去的时候，随手领到一个对号入座的牌子，可是牌上的字码几

经擦改，看不清楚了。我按着模糊的号码前后找去：一处是教师座，都满了；一处是作家座，也满了，没我的位子；一处是翻译者的座，标着英、法、德、日、西等国名，我找了几处，都没有我的位子。传送带上有好多穿灰色制服的管事员。一个管事员就来问我是不是"尾巴"上的，"尾巴"上没有定座。可是我手里却拿着个座位牌。他要去查对簿子。另一个管事员说，算了，一会儿就到了。他们在传送带放下一只凳子，请我坐下。

……

我悄悄向近旁一个穿灰色制服的请教：我们是在什么地方。他笑说："老太太翻了一个大跟头，还没醒呢！这是西方路上。"他向后指点说："那边是红尘世界，咱们正往西去。"说罢也喊"往前看！往前看！"因为好些乘客频频回头，频频拭泪。

我又问："咱们是往哪里去呀？"

他不理睬，只用扩音器向乘客广播："乘客们做好准备，前一站是孟婆站；孟婆店快到了。请做好准备！"

前前后后传来纷纷议论。

"哦，上孟婆店喝茶去！"

"孟婆茶可喝不得呀！喝一杯，什么可都忘得一干二净了。"①

杨绛历经风风雨雨，道路坎坷，但她并不想立刻就上孟婆店，到西方的极乐世界。她说："我夹带着好些私货呢，得及早清理。"②从二十世纪八十年代起，她清理自己脑子里多年的生活往事和经历，写下了诸多美文。

杨绛在《将饮茶》一书的代后记中表达自己善良的愿望：夫妇两人"都要一件隐身衣；各披一件，同出遨游。我们只求摆脱羁束，到处阅历，并不想为非作歹。"，并且"消失于众人之中，如水珠包孕于海水之内，如细小的野花隐藏在草丛里，不求'勿忘我'，不求'赛牡丹'，安闲舒适，得其所哉。一个人不想攀高就不怕下跌，也不用倾轧排挤，可以保其天真，成其自然，潜心一志完成自己能做的事"。

二〇一〇年七月，杨绛在北京：生活·读书·新知三联书店出版了新版的

---

① 杨绛：《孟婆茶》，见《杨绛作品集》（第二卷），北京：中国社会科学出版社，第53—54页。
② 杨绛：《孟婆茶》，见《杨绛作品集》（第二卷），北京：中国社会科学出版社，第56页。

《将饮茶》,据出版说明称:"《将饮茶》是杨绛先生的散文名作,一九八七年初版。此次再版,除增加了《收藏了十五年的附识》一文之外,《回忆我的父亲》一文还增加了一篇附录,即《申辩中之高检长惩诫案》。特此说明。"

杨绛在新时期出版的另一部散文集是《杂忆与杂写》,由花城出版社于一九九二年出版。这部集子的缘由和内容,杨绛在《自序》中有所交代:

> 我近来常想起十九世纪英国诗人蓝德的几行诗:
> "我双手烤着
> 生命之火取暖;
> 火萎了
> 我也准备走了。"
> 因此我把抽屉里的稿子整理一下,汇成一集。
> 第一部分是怀人忆旧之作。怀念的人,从极亲到极疏;追忆的事,从感我之深到漠不关心。……
> 第二部分从遗弃的旧稿里拾取。……

杨必是杨绛的小妹妹,《记杨必》就是杨绛为怀念已去世二十二年的杨必而作。据杨绛记载,杨必排行第八,因为"必"是"八"的古音,家里就称阿必。阿必是她们父母的"心肝宝贝",她性情平和,安静。可是自从她刚刚学会走路,就成了妈妈所谓的"两脚众生"(无锡话"众生"指"牲口"),看管不住了。

阿必喜爱猫,常常一人偷偷爬上楼梯,到女用人的楼上去看小猫。一次,妈妈看见阿必一脸狼狈相,鼻子上抹着一道黑,忙问她怎么了,才两岁多的阿必还不大会说话,装作若无其事,只说:"我囫囵着跌下来的。"这么小的孩子从楼梯上滚下来,还说着如此幽默的话,一家人既心疼又想笑。杨绛上学回来,专管阿必睡觉,并给她讲故事,两人很亲密。后来,阿必长大,在震旦女子文理学院上学时,钱锺书正在那里教课,教过她。中华人民共和国成立后,杨必被分配在上海复旦大学外文系任教,业余还翻译外国文学名著,后因急性心脏衰竭遽然去世。对此,杨绛非常痛心她的早逝:"竟颠倒了长幼,阿必抢先做了古人。"她还写道:

杨必翻译的《名利场》如期交卷，出版社评给她最高的稿酬。她向来体弱失眠，工作紧张了失眠更厉害，等她赶完《名利场》，身体就垮了。……阿必成了长病号。阿七和我有时到上海看望，心上只是惦念。我常后悔没及早切实劝她"细水长流"，不过阿必也不会听我的。工作拖着不完，她决不会定下心来休息。而且失眠是她从小就有的老毛病，假如她不翻译，就能不失眠吗？不过我想她也许不至于这么早就把身体拖垮。①

　　不过，杨必幸运的是，她毕竟是没有病苦。"她终究睡熟了，连呼吸都没有了。'她脸上非常非常平静。'"从字里行间中，我们能够感受到浓郁的亲情。

　　《纪念温德先生》写的是杨绛与钱锺书在清华求学时的老师温德。"他是一个丧失了美国国籍的人，而他又不是一个中国人。"他早年来到中国任大学教授，"他爱中国，爱中国的文化，爱中国的人民"。他最早在中国课堂上讲授马克思主义文艺理论，中华人民共和国成立前夕，他保护过进步学生，以及吴晗等人。杨绛追忆道："我们夫妇是他的老学生，他和锺书两人又一同负责研究生指导工作，我们该多去关心他，了解他。我们并不推辞。不久，锺书调往城里工作，温先生就由我常去看望。"一九五五年"肃反运动"，温德被扣上了背了"进步包袱"和有"问题"的"罪名"，钱氏夫妇不得不和他划清界限，"偶尔相逢，也不再交谈，我们只向他点个头，还没做'站稳立场'，连招呼也不打"。"文革"前夕，杨绛在王府井大街，偶遇温德先生，"他见了我喜出望外，回身陪我过街，关切地询问种种琐事。我们夫妇的近况他好像都知道"。从那时到一九八六年，又过去了二十年，杨绛再去看望温德时，"他对我看了又看，却怎么也记不起我了"。②不久，温德去世，杨绛撰写此文，纪念这位中国人民的老朋友。

　　杨绛还善于写她生活中的"小人物"，这些人纯朴善良，与她和家人相处友善。《赵佩荣与强英雄》和《阿福和阿灵》回忆的是中华人民共和国成立前她家里的几个用人和门房，"大概浪漫故事总根据民间实习，而最平凡的人也含有不平凡的胸襟"。阿福是有些畸形的男孩，是门房赵佩荣的同乡，阿灵也是个苦命的女人，杨绛母亲可怜他们，收留在家里做用人，让他们攒钱。后来"阿灵回

---

① 杨绛：《记杨必》，见《杨绛作品集》（第二卷），北京：中国社会科学出版社，第261—262页。
② 杨绛：《纪念温德先生》，见《杨绛作品集》（第二卷），北京：中国社会科学出版社，第206—209页。

乡很风光，不再挨打。她简直像旧时代的'衣锦还乡'或近代的留学回国"！《老王》《林奶奶》《顺姐的"自由恋爱"》所写的三人均为杨绛在"文化大革命"爆发前结识的小人物。一位是热心无私的车夫，另两位则是到了新社会家里仍旧很穷的用人和保姆。然而，他们与杨绛都相处得很好。在杨绛眼里，老王非常乐于助人，且为人大方："有一年夏天，老王给我们楼下人家送冰，愿意给我们家代送，车费减半。我们当然不要他减半收费。每天清晨，老王抱着冰上三楼，代我们放入冰箱。他送的冰比他前任送的大一倍，冰价相等。胡同口蹬三轮的我们大多相识，老王是其中最老实的。他从没看透我们是好欺负的主顾，他大概压根儿没想到这点。""'文化大革命'开始，默存不知怎么的一条腿走不得路了。我代他请了假，烦老王送他上医院。……老王帮我把默存扶下车，却坚决不肯拿钱。他说：'我送钱先生看病，不要钱。'"

林奶奶也是一位可怜的老人，诉诸杨绛笔端的是：

> 因为她穿得太破烂肮脏，像个叫化婆子。我猜想她年轻的时候相貌身材都不错呢。老来倒眉塌眼，有一副可怜相，可是笑起来还是和善可爱。她天天哈着腰坐在小矮凳上洗衣，一年来，一年去，背渐渐地弯得不肯再直，不到六十已经驼背；身上虽瘦，肚皮却大。其实那是虚有其表。只要掀开她的大襟，就知道衣下鼓鼓囊囊一大嘟噜是倒垂的裤腰。也系一条红裤带，六七寸高的裤腰有几层，有的往左歪，有的往右歪，有的往下倒。一重重的衣服就都有小襟，小襟上都钉着口袋，一个、两个或三个，"上一个，下一个，反面再一个，大小不等，颜色各别。衣袋深处装着她的家当：布票、粮票、油票，一角二角或一元二元或五元十元的钱。她分别放开，当然都有计较。我若给她些什么，得在她的袋口别上一二只大别针，或三只小的，才保住东西不外掉。①

林奶奶白天黑夜地干，省吃俭用，总算积攒些钱在城里买了一间小房子。恰逢"文革"，她赶紧把房"献"了。她深悔置房子"千不该、万不该""我成了地主资本家！"她还到处受人欺侮，东西被人偷走。杨绛帮她存下的"防老钱"，被儿女骗去。最后，病困而死。

---

① 杨绛：《林奶奶》，见《杨绛作品集》（第二卷），北京：中国社会科学出版社，第199—200页。

杨绛家里的另一位保姆顺姐也是一位可怜的妇人。她是一个地主的小老婆，在中华人民共和国成立后仍然遭受夫家的欺凌。总在干活，没有享受。她和林奶奶一样，把杨绛当成自家人，心里有什么话，总要对杨绛倾诉。杨绛对她们倾注了深深的同情。

石华父是陈麟瑞的笔名。他和夫人柳无非是杨绛夫妇的老朋友。陈麟瑞不幸于"文革"中"暴病"去世。杨绛从"干校"一回来就去看望柳无非，得知陈麟瑞在"文革"时期，绝望灰心，只得自吟"劈开生死路，退出是非门"。杨绛记得他生前常对她们讲，他打算写一部有关喜剧和笑的论著，还在继续收集资料。可是他始终没有动笔，而如今连他已写成的作品都不齐全了。

杨绛每念及此，就有无穷的感慨；对他没有心绪写出的剧本和没有时间写出的著作，更有无限向往。杨绛的《怀念石华父》写于一九八五年，她追忆道：

> 在我们夫妇的记忆里，麟瑞同志是最随和、最宽容的一位朋友。他曾笑呵呵指着默存对我说："他打我踢我，我也不会生他的气。"我们每想到这句话，总有说不尽的感激。他对朋友，有时像老大哥对小孩子那么纵容，有时又像小孩子对老大哥那么崇敬。他往往引用这位或那位朋友的话，讲来满面严肃，好像是至高无上的权威之论。后来那几位朋友和我们渐渐熟识，原来他们和麟瑞同志一样，并不以权威自居。他们的话只是朋友间随意谈论罢了，麟瑞同志却那么重视。他实在是少有的忠厚长者、谦和君子。去年，我在报纸上读到一篇《陈麟瑞先生二三事》，作者吴岩是麟瑞同志在暨南大学教过的学生；据说麟瑞同志是最认真、最严格的老师。我想，他的温厚谦虚，也许正出于他对待自己的严格认真。他对自己剧作的要求，显然比他对学生功课上的要求更加严格认真。[1]

寥寥数语，勾勒出石华父这位谦谦君子的可敬形象。

《读〈柯灵选集〉》一文，是杨绛应约为《中国现代作家选集丛书》里的《柯灵选集》所作的序言。杨绛以《柯灵选集》所收的散文、杂文、小说、论文为例，称赞他的为人为文，她说："和柯灵同志略有交往的人，都会感到他和善诚挚。如果无缘和他深交熟识，读了他的文章，就能看出他的和善诚挚不同一

---

[1] 杨绛：《怀念石华父》，见《杨绛作品集》（第二卷），北京：中国社会科学出版社，第347—348页。

般。他和善,因为处处把自己融人民群众之中。他诚挚,因为抱有坚定的信念,指引他为国为民,忠贞不渝。用他自己的话说,'人民有不可违拗的意志',所以他的和善会变成勇猛。而他对自己信念的诚挚,使他在艰苦中也不灰心丧志,能变方换法,为他信奉的理想奋斗。这样的人,聪明不外露而含蕴在内,他并不光芒射人,却能照见别人所看不到的地方。"杨绛认为,柯灵的写景散文,"情景交融,很有诗意"。"可是作者并不像杜少陵那样'此身饮罢无归处,独立苍茫自咏诗',或陆放翁那样'此身合是诗人未,细雨骑驴入剑门',露出诗人自我欣赏的姿态"。他的忆旧散文"带些惆怅迷惘之感,可是并非流连过去,而是要冲破陈旧,另开新局。逗留在他记忆里的是那些碌碌终身、默默无闻的艺术家,或筵前卖笑的妓女,戏院里卖糖的孩子"。柯灵的悼念之文"充满了作者坚守不渝的信念";他的杂文是"忧时愤世之作",他的小说"似散文",写得亲切自然,"好像随笔记下些身经目击的事";他的评论文章"不作随声附和的判断,而有独到的见地,并流露出他从不卖弄的丰富学识"。杨绛的评论,有据有实、客观自然、文情并茂。

杨绛平生不轻易替人写序,这是难得的举动。对此,作为著者,柯灵十分在意,他的由衷之言是:

> 钱氏和夫人杨绛,伉俪同负重名,索落自甘,如出一辙。她兼擅著译,珠玉纷呈,而自谦为"坛下人",意谓她游移于文坛之外,和《红楼梦》中妙玉自称"槛外人"相似。我生平出书,都是自己写序,只有列入《中国现代作家选集丛书》里的《柯灵选集》一集,求她作序……视为殊荣。数年前,在北京文艺界的一次座谈会上,李健吾高谈阔论,一力揄扬钱氏;夏衍说"你捧锺书,我要捧杨绛。"一吹一唱,传为文苑逸闻。夏衍平时谈到钱氏夫妇,则常以赞叹口吻,说"这是一对特殊的人物"。①

傅雷也是杨绛夫妇交往多年的老朋友,"文革"风云骤起,傅雷夫妇双双饮恨而亡。但是,杨绛与钱锺书时常怀念傅雷夫妇,常"会记起傅雷家的夜谈",特别是杨绛,她在《〈傅译传记五种〉代序》中为世人留下傅雷特有的性格和形象,读了为之击节:

---

① 柯灵:《促膝闲话中书君》,原载《读书》,1989年第3期;又见《柯灵七十年文选》,上海:上海文艺出版社,1996年4月第1版,第351页。

梅馥称傅雷为"老傅";我回家常和锺书讲究:那是"老傅"还是"老虎",因为据他们的乡音,"傅"和"虎"没有分别,而我觉得傅雷在家里有点儿老虎似的。他却自比为"小老鼠"!但傅雷这话不是矫情,也不是谦虚。我想他只是道出了自己的真实心情。他对所有的朋友都一片至诚。但众多的朋友里,难免夹杂些不够朋友的人。误会、偏见、忌刻、骄矜,会造成人事上无数矛盾和倾轧。傅雷曾告诉我们:某某"朋友"昨天还在他家吃饭,今天却在报纸上骂他。这种事不止一遭。傅雷讲起的时候,虽然眼睛里带些气愤,嘴角上挂着讥诮,总不免感叹人心叵测、世情险恶,觉得自己老实得可怜,孤弱得无以自卫。他满头棱角,动不动会触犯人;又加脾气急躁,止不住要冲撞人。他知道自己不善在世途上圆转周旋,他可以安身的"洞穴",只是自己的书斋;他也像老鼠那样,只在洞口窥望外面的大世界。他并不像天上的鹤,翘首云外,不屑顾视地下的泥淖。傅雷对国计民生念念不忘,可是他也许遵循《刚第特》的教训吧?只潜身书斋,做他的翻译工作。

　　傅雷爱吃硬饭。他的性格也像硬米粒儿那样僵硬、干爽;软和懦不是他的美德,他全让给梅馥了。朋友们爱说傅雷固执,可是我也看到了他的固而不执,有时候竟是很随和的。他有事和锺书商量,尽管讨论得很热烈,他并不固执。他和周煦良同志合办《新语》,尽管这种事锺书毫无经验,他也不摈弃外行的意见。他有些朋友(包括我们俩)批评他不让阿聪进学校会使孩子脱离群众,不善适应社会。傅雷从谏如流,就把阿聪送入中学读书。锺书建议他临什么字帖,他就临什么字帖;锺书忽然发兴用草书抄笔记,他也高兴地学起十六帖来,并用草书抄稿子。

　　……

　　我只看到傅雷和锺书闹过一次别扭。一九五四年在北京召开翻译工作会议,傅雷未能到会,只提了一份书面意见,讨论翻译问题。讨论翻译,必须举出实例,才能说明问题。傅雷信手拈来,举出许多谬误的例句;他大概忘了例句都有主人。他显然也没料到这份意见书会大量印发给翻译者参考;他拈出例句,就好比挑出人家的错来示众了。这就触怒了许多人,都大骂傅雷狂傲;有一位老翻译家竟气得大哭。平心说,把西方文字译成中文,至少也是一项极繁琐的工作。译者尽管认真仔细,也不免挂一漏万，译文里的谬误，好比猫狗身上的跳蚤，很难捉拿净尽。假如傅雷打头先挑自己的错作引子，或者挑自己几个错作陪，人家也许会心悦诚服。假如傅雷事先和朋友商谈一下，准会想得周到些。当时他和我们两地间隔，读到锺书责备他的信，气呼呼地对我们沉默了一段时间，但不久就又回复书信来往。

傅雷的认真，也和他的严肃一样，常表现出一个十足地道的傅雷。有一次他称赞我的翻译。我不过偶尔翻译了一篇极短的散文，译得也并不好，所以我只当傅雷是照例敷衍，也照例谦逊一句，傅雷怫然忍耐了一分钟，然后沉着脸发作道："杨绛，你知道吗？我的称赞是不容易的。"我当时颇像顽童听到校长错误的称赞，既不敢笑，也不敢指出他的错误。可是我实在很感激他对一个刚试笔翻译的人如此认真看待。而且只有自己虚怀若谷，才会过高地估计别人。

傅雷对于翻译工作无限认真，不懈地虚心求进。只要看他翻译的这传记五种，一部胜似一部。《夏洛外传》是最早的一部。《贝多芬传》虽然动笔最早，却是十年后重译的，译笔和初译显然不同。他经常写信和我们讲究翻译上的问题，具体问题都用红笔清清楚楚录下原文。这许多信可惜都已毁了。傅雷从不自满——对工作认真，对自己就感到不满。他从没有自以为达到了他所选的翻译标准。他曾自苦译笔呆滞，问我们怎样使译文生动活泼。他说熟读了老舍的小说，还是未能解决问题。我们以为熟读一家还不够，建议再多读几家。傅雷怅然，叹恨没许多时间看书。有人爱说他狂傲，他们实在是没见到他虚心的一面。

……

傅雷翻译这几部传记的时候，是在"阴霾遮蔽整个天空的时期"。他要借伟人克服苦难的壮烈悲剧，帮我们担受残酷的命运，他要宣扬坚忍奋斗，敢于向神明挑战的大勇主义。可是，智慧和信念所点燃的一点光明，敌得过愚昧、褊狭所孕育的黑暗吗？对人类的爱，敌得过人间的仇恨吗？向往真理、正义的理想，敌得过争夺名位权利的现实吗？为善的心愿，敌得过作恶的力量吗？傅雷连同他忠实的伴侣，竟被残暴的浪潮冲倒、淹没。可是谁又能怪傅雷呢？他这番遭遇，对于这几部传记里所宣扬的人道主义和奋斗精神，该说是残酷的讽刺。但现在这五部传记的重版，又标志着一种新的胜利吧？读者也许会得到更新的启示与鼓励。

傅雷已作古人，人死不能复生，可是被遗忘的、被埋没的，还会重新被人记忆起来，发掘出来。

在杨绛的记忆中，傅雷的影响是永远不可磨灭的。他们一起交往，一起品文谈艺，一起探索……然而，这极有价值、极富意义的交往，随着翻译家的含冤去世而终止。

杨绛自二十世纪八十年代以来在文学创作上蔚为大观。特别是散文创作较之四十年代有着很大的突破。二十世纪八十年代，她的散文创作，无论是遣词造句，还是谋篇布局，浑然一体，竟无矫揉造作，一切似乎都在不经意中完成，正应了一句古诗："庾信文章老更成。"读杨绛的散文，恰如品味一壶明前龙井，清雅、醇和、隽永，令人难忘，回味无穷。

杨绛的散文，开创了新时期散文美学的新天地，文章表现出的静观的态度，与"采菊东篱下，悠然见南山"的陶渊明的"静穆"，可有一比。

第一，杨绛具有对于人生、历史和社会的深刻理解，没有这种理解，就不可能有这种静观的态度。

第二，从根本上讲作者深入地把握人生、社会和历史，她从容地写出命运的事情，表现人类的痛苦，她的散文作品反映了二十世纪中国知识分子心灵激荡的历史。

第三，杨绛这种静观的态度使她能够在创作过程中，无论所介绍的内容是有关别人的，还是她自己的，行文都含蓄、简约，其思想、情感，不予以特别强调，宁肯少说一点儿给人多些可以回味的东西。所以，杨绛的散文处处散发着大气的美、成熟的美。

第十二章　笔耕不辍

一

杨绛的小说创作，成绩斐然。她的短篇小说集《倒影集》，分别由香港文学研究社、人民文学出版社于一九八一年、一九八二年出版。

《倒影集》共收录《璐璐，不用愁！》《"大笑话"》《"玉人"》《鬼》《事业》等五篇短篇小说，除《璐璐，不用愁！》是作者一九三四年秋第一次试作的短篇小说外，其余均作于一九七七年至一九八〇年，内容全部反映二十世纪三四十年代的女性生活。二十世纪三十年代留学前写的短篇只是能够被一眼看穿的感情故事，但是二十世纪七十年代的四篇短篇，却是她历尽抗战时谋生活的窘困，"文革"时刷厕所的折磨，如此半生的酸甜苦辣后写成的，翻译过西方诸多著作的她，豁达和理性。文字里看不到她对命运的怨恨和苦大仇深，只是用一眼看不透的温和、老辣来叙说人性。几个不长的故事，讲了一些善良的人，在旧社会曲折、错位的命运，和她们或抗争、或牺牲的人生。

杨绛曾就为何起名《倒影集》解释道："故事里的人物和情节，都是旧社会的。在我们的新时代，从前的风俗习尚，已陈旧得陌生，或许因为陌生而变得新奇了；当时见怪不怪的事，现在也会显得岂有此理而使您嬉笑、使您怒骂。这里收集了几个故事，好比是夕照中偶尔落入溪流的几幅倒影，所以称为《倒影集》。"她还对读者说：

这些稿子还藏在抽屉里的时候，我曾给柯灵同志看过一部分。他督促我发表。我常记起《小癞子》里引的一句话："一本书不论多糟，总有些好处。"那句话在这里未必适用，可是我仍然用它作为出版的借口。

我希望这几个小故事，能在您繁忙之余，供您片刻的消遣，让您养养心歇歇力，再抖擞精神投入工作。这就是我最卑微的愿望。假如您看完后，觉得还有点意思，时间消耗得不算无谓，那就是我更高的愿望。①

此文写于一九八〇年六月，杨绛当时年近七旬，这是一位不知疲倦的老作家对广大读者的最好奉献。

《倒影集》里最长的一个故事是《"大笑话"》，也是钱锺书最新喜欢的一篇作品。讲的是同一个院子里各式性格的教授太太利用一个年轻漂亮的寡妇争风吃醋、斗智斗勇的荒唐故事。和她后来的作品《洗澡》的情节相似，男女之间的感情总是在不经意的时间、地点，甚至人物中出现，却被周边人和命运无情的毁灭。知识分子在关键时的懦弱莫名击中很多人的内心。

杨绛的《"大笑话"》写的是发生在国民党时期，北京平旦学社内的故事。学社位于北京南郊的温贝子坟园，"社员名额控制很严，须有学位，有著作，由指定的名流推荐，经专设的委员会批准。学社的经费充足，社员生活优裕，家眷住在园内，称为温家园。里面设备应有尽有，自成天地"。这里面的社员——高级知识分子的太太生活优渥富足，往往无事生非，演绎出一幕幕闹剧，死水微澜，风波迭起。《"大笑话"》就是由这些女人构成的世界。

作品的人物有平旦学社副社长蔡达的夫人朱丽、民法专家林子瑜的夫人周逸群、生物学家褚家麟的夫人褚太太、金融史专家王亚孚的夫人沈凤、平旦学院社总务长冯彦献的夫人孙秀、近代史学家程涣的夫人李淑君、已故王世骏博士的遗孀陈倩等。

故事从在上海的陈倩在王世骏死后两年"翩然临社"开始。陈倩清秀高雅、落落大方，被这群女人称为"高汤"，她们见到陈倩，"在关怀的幌子下，无耻地好奇，无耻地盘问，风度斯文的陈倩被她们问得很有点恼怒的意思，两颊红晕，双目放光，只顾咬嘴唇"。陈倩原来到京只是拿回王世骏的遗物，但这群女人不罢休，硬要留她住下来，她们的做法"简直把陈倩当个口袋似的翻了一个过儿，把她的老底都翻出来了"，还想为她介绍男朋友。故事一开始，就把这群女人揭人隐私、互相吹捧的丑行暴露出来。

这个男人是一位据说"很不错的大夫"，名叫赵宋恒，他与周逸群、朱丽都有瓜葛。周逸群是个虚荣的女人，年纪四十一岁，比赵宋恒大四岁。七年前虽然不如二十多岁时鲜妍美丽，可是"身段还很苗条，脸盘儿还不嫌肥大"。那时

---

① 杨绛：《〈倒影集〉致读者》，见《杨绛作品集》（第一卷），北京：中国社会科学出版社，1993年10月第1版，第208页。

候,赵宋恒对她有"非礼之求",她"拒绝"了他的身体,却霸占了他的心。从此,两人保持了不即不离的情人关系,赵宋恒对周逸群言听计从,有什么事毫无隐瞒。虽然有人说些闲话,逸群觉得自己"纯洁"得"不同凡俗"。

可是,后来人称"奶油咖喱汤"的朱丽从中作梗,赵宋恒开始与她相好。朱丽年龄只比周逸群小几岁,但总打扮得花枝招展,她"眼睛不大,特把眉毛修镊描画得又长又弯又细又黑。她下颚稍尖,嘴微阔,要和长眉呼应,总把嘴唇涂得丰满浓艳"。自从她勾引了赵宋恒以后,赵宋恒对周逸群渐渐变了态度,说话不尽不忠,"甚至把从前承认和朱丽的关系都赖个干净,好像他们俩的交情,也像他和逸群的关系一样'纯洁'。逸群听他有些话分明是朱丽教的",周逸群觉得赵宋恒被朱丽拉到污泥里去。而朱丽自视颇高,她仗着年轻漂亮,又是副社长太太,不把周逸群放在眼里。

对此,周逸群当然于心不甘,她和其他太太合谋,利用刚来的陈倩,让陈倩去做赵宋恒的朋友,以对付其新的情人朱丽。可是陈倩出淤泥而不染,她既没有这些太太的心机,也不清楚为她介绍男朋友的动机。周逸群等一帮太太与朱丽围绕赵宋恒明争暗斗。就在她们的纷争中,谁也没有想到陈倩竟然对周逸群的丈夫林子瑜产生了一丝情感,他们有说有笑,很是契合。林子瑜对温家园的太太们的争风吃醋和钩心斗角很是讨厌,也对清纯的陈倩很有好感,并给她以理解与鼓励。

朱丽发现了陈倩与林子瑜之间的微妙关系,突然改变战略,采取请吃冰激凌、留字条等手段企图抓住陈、林两人的把柄,放出"大笑话!要抢人家的情人,给偷掉了自己的丈夫"的谣言。陈倩觉得很冤枉,她想尽快脱离温家园这个是非之地。作品最后写道:

> 陈倩想,她还找谁解释呢。她的旅行包早已整理好,半空的,很轻,她开发了褚家老妈子的赏钱,听说褚太太在沈凤家。她得去找褚太太面辞一声,也打算向孙秀辞行,不管卧铺车票能否买到,反正她马上动身了。
>
> 陈倩到沈凤家,听见里面大说大笑,十分热闹。她刚一露脸,大家立即鸦雀无声,沈凤脸上的笑容还未敛尽。褚太太呆着脸迎上来,孙秀也在那里。陈倩硬着头皮,老着面皮,向她们辞行道谢,说种种搅乱了她们。孙秀说:"待会儿我们送送你。"陈倩辞谢,含糊说还要进城买点

东西，题目并不坚持要送。她刚转身出来，客厅里那群人就哄然大笑，孙秀的"嘘"也禁压不住，像个大炮似的把陈倩直轰出去，踉踉跄跄跑回褚家，取了东西，赶上班车。

　　她上了火车只觉得身心俱惫。忽见一个高高的个子，穿一身浅灰西装，好像在远处找人。难道是找她吗？她料想不可能有谁找她。车已经开动，她只怕会有人找她，忙伸出头来，向那边挥手绢儿；反正认错了人，人家也不认识她。她缩回脑袋，擦掉眼角的泪，自觉可笑。全列火车的轮子，有节奏地齐声说：

"大笑话！大笑话！大笑话！"

刚才那笑声，一路直追着她。①

　　《"大笑话"》就这样结束了。杨绛在这里为人们展示的似乎是一幅特殊女人所构成的百丑图。照我看来，与其成为"大笑话"，还是趁早离开这帮整天无聊的女人。读到陈倩坐上火车，擦干眼泪，我真替她庆幸。如果说，《"大笑话"》是女人的群像的话，那么下面的《"玉人"》《鬼》《事业》诸篇，则是女人的独影。

　　《"玉人"》描写的是与《"大笑话"》不同的男人。大学毕业的郝志杰是中学英文教师，他的妻子是附小老师；"玉人"则是郝志杰十多年前读大学在苏州刘家花园里所遇见的园主独生女儿枚枚小姐。当时，枚枚小姐只有十五六岁，长着新鲜的脸容、轻盈的体态，一口苏侬软语叫着"郝家哥哥"，叫得很亲热。郝志杰很喜欢她，还曾为她攀折过篱笆高处的月季。假期中这段快乐而短暂的生活，给郝志杰留下一个"玉人"的美好回忆，常常引起他无尽的情思。郝志杰怀念过去无忧无虑的岁月，似有如无的情意，写了一首诗：

玉人何处

　　常记那天清晨，
　　朝霞未敛余晕，
　　她在篱旁采花，
　　花朵般鲜嫩！

---

① 杨绛：《"大笑话"》，见《杨绛作品集》（第一卷），北京：中国社会科学出版社，第108页。

> 冰雪般皎洁！
> 白玉般莹润！
> 如初升的满月，
> 含苞的青春，
> 美好的想望，
> 蠢动的欢欣！
> 几度星移月转，
> 往事皆已成尘，
> 伊人今复何在？
> 空自怅惘怆神。

这首诗是郝志杰为思慕"玉人"而写的诗，写得缠绵悱恻。多年以来，尽管他已成家立业，已有妻儿，仍难改变他对"玉人"的一往情深。

郝志杰的妻子田晓非常贤惠，相夫教子，是郝志杰"日常生活里少不了的实际妻子"，她常想，"反正你想你的'玉人'，我尽我的本分"。他们的生活负担虽然沉重，郝志杰又因车祸腿上摔断了一根骨头绑上了石膏，但田晓能够同他患难与共，整天忙家务带小孩，还要抽出时间做家庭教师，赚钱贴补家用，到医院照料他，并为他另租了新房。

郝志杰一家搬进新租的房子，房东许太太是一个既抽大烟又搓麻将的再醮女人。她那被大烟熏得很黑的面孔用胭脂搽得通红令人实在看不顺眼，被郝志杰的儿子取了个绰号叫"猴屁屁"。这位许太太是个十足的小市民，爱沾光贪小便宜。她自家有厕所，却不准用人使用。田晓问房东的用人事出何故，他们回答："少奶奶不答应啊。那一间好比是她的小厨房。她的精致好小菜都在里面那只绿纱橱里。还有小电炉——煨莲子桂圆的——她不让说——怕你们不肯多摊电费。她自己的尿是香的！我们放个屁就熏臭了她的火腿、熏鱼、肉松、香肠。还怕我们偷嘴呢！"

田晓就为自家的厕所配了钥匙，但许太太乘田晓不注意偷了一把钥匙，又自配了两把给用人。瞅准田晓不在家时，打开郝家厕所大行其事，乱倒马桶、痰盂，把厕所弄得臭气熏天。

对此，郝家人很气愤。

郝志杰出院回家，峰回路转，他一眼认出这位房东许太太，原来竟是他朝思暮想的"玉人"——枚枚！这真是绝妙的讽刺！

故事讲到这里，结局也十分明白：

许太太的小厨房当然只好开放。不过，她居然找到了买房子的主顾，买主急要租户出屋，直接和田晓交涉，很慷慨地按硬币折算了那笔押租。志杰家不久就搬入二乐中学的储藏室。他们搬家那天，许太太把脸搽得比往常更红，娇滴滴一口苏州话：

"郝家哥哥、郝家嫂嫂，有空来白相相，叉两圈小麻将。"但她家将搬到哪里去呢？志杰夫妇当然没问。

志杰不免还要发他的"牛脾气"，田晓照旧还说："找你的'玉人'去吧！"于是，她嘴角的细酒窝一现，加上一句苏白：

"有空来白相相，叉两圈小麻将。"

志杰气呼呼地说："好了，好了，你那位'玉人'已经砸得粉碎了！"

"我那位'玉人'也许是砸碎了；你的'玉人'却砸不碎，好比水里的月亮，碎了又会拼上。"

在这篇作品中，杨绛将高超的讽刺艺术呈现在读者眼前，读后确实十分过瘾。

在读了杨绛另一篇短篇小说《鬼》后，同样使我们感到憋气，不过故事里的贞姑娘还是值得同情的，小说写的家庭教师遇见"鬼"的故事。那是一九三二年秋天，胡彦大学刚毕业，经人介绍得了一个补习英文的馆地，东家姓王。他在王家教一个多病的大少爷，他俩还谈得来，他的工作量并不重。胡彦"独在王家外书房过了中秋节"，这天凄凄凉凉，他正"对月伤感"，恰巧在此时他碰见了"女鬼"。他一把揪住了"女鬼"。"不揪时万事全休，这一揪啊，他立即着了鬼迷。他刚接触那只鬼手的时候，还觉得彻骨冰冷。一碰之后，却感到了温软。看她回眸一笑，只见楚楚可怜，柔媚动人。"胡彦这时失掉了理智和意志，不由自主地像《聊斋》里的书生一样，把女鬼拥入帐中。翌日早上醒来，他很害怕，托故离开了王家，从此再也不回来了，逢人便讲这个可怕的遇鬼故事。

其实，胡彦夜遇的不是什么"女鬼"，而是王家大少爷讨来的婢女。王家少爷结婚十年没生孩子，他的寡母做主为他讨小，讨了一个女子贞姑娘做二房奶奶。这位贞姑娘到了王家实际上还要做婢女的差事。她爱上了家庭教师胡彦，但不敢公开表白。于是，一天晚上她化了装，穿上一双白布底的绣花鞋，悄悄地溜进胡彦的房间,与他私会。可是,贞姑娘还没有时机向胡彦诉说衷肠,她不知道他的名字,也没有他的地址,她十分气馁。而胡彦也不晓得她的真实身份,还自以为真的遇上了"女鬼"。

贞姑娘很快被发现怀孕了,为王家接上了传宗接代的香火,却被迫由少奶奶"替"她生产。也许少奶奶装怀孕装得太过分了,"产生"下小孩后,竟然阴错阳差,害产褥热而死去——

> 少奶奶的娘家和亲戚朋友,陆续不断的给少奶奶送月子。淡的白炖蹄膀,淡的白煮鸡汤,淡的鲜剑鱼汤……少奶奶在人前总得呷两口;强不过少爷的关切,还得勉强吃点。她产前已有一星期不思饮食,产后吃这些淡而腻的东西,不胜其苦。她怀孕九个月,实在够吃力的。当然都是靠沈妈的艺术,可也难为她始终没露马脚,从"爱吃酸"到"只吃淡气",模仿都力求适合身份,谁也没觉察她不合真实。
>
> 天下事常出人预料,所谓"人有千算,天有一算"。往往说来万无此理的,却会真有其事。少奶奶装产妇装得太像,竟害"产褥热"去世。她只连发几天高烧,就昏迷不救。
>
> 少奶奶初发病,太太只以为她是寒暖不调,当着人捂得太热,背着人把被全掀掉,下床也不披上些。少奶奶平时小有病痛,总请她信任的老西医来家诊视……①

杨绛以慧黠的笔调,讽刺了这一闹剧。最后,杨绛意味深长地写道,贞姑娘升做了夫人,接过了象征地位的一串钥匙。"贞姑娘紧紧握着这串钥匙。短短一年多,她已经眼看自己和旁人的许多希望、许多算计,都像小皂泡似的吹出来又破灭了。这串钥匙虽是铜的、铁的,安知不也只像肥皂泡一样。可是少爷母子对她母子的这一片心,她只有感激惭愧,……预定她儿子已是一家之主了。儿子总会认得妈妈,可怜的只是少奶奶。"②

杨绛塑造的贞姑娘形象比较成功,她不满命运的安排,却没有公开反抗命

---

① 杨绛:《鬼》,见《杨绛作品集》(第一卷),北京:中国社会科学出版社,1993年10月第1版,第162—163页。
② 杨绛:《鬼》,见《杨绛作品集》(第一卷),北京:中国社会科学出版社,1993年10月第1版,第166页。

运的胆量,她虽然被扶了正,但终究是一个悲剧人格。叶至善曾在一篇文章中嫌贞姑娘这个人物的反抗性格不够突出①。但这正是她性格的可悲之处,在于其典型意义和社会认知价值。

杨绛短篇小说的风格以诙谐幽默见长,在潜沉往复的笔调中,有诸多调侃与讽刺。《事业》这篇小说塑造了正面的人物形象,与前几篇作品风格迥然不同。

《事业》的主人公是私立求实女中校长周默君(小说中称"默先生")。故事是以她与她的一群学生为线索,并贯穿求实女中的兴衰起落。默先生倾家办学,以校为家,一辈子都为学校奉献,而她自己的生活却极为简朴,只"靠很小一笔存款的利钱过日子";学生都说她为学校"鞠躬尽瘁,死而后已",并称赞:"'求实'是默先生扩大的自我!"大家都很崇拜默先生,要为她立铜像。默先生为学校的事业,耽误了自己的婚事,成了老姑娘,但她还是很乐观,可爱可敬、不偏执、不怪僻。她与一群青年学生关系密切,很好地相处,她为人和蔼可亲,喜欢这些天真烂漫的学子。在作品中,这些活泼的女孩都有诨名,如陈倚云名为"晨莺"、华绳以名为"花生米"、裘亦善名为"皮球"、刘霭青取名"小矮"、吴澍取名"呜呼"等,随着她们的言语交谈,人物形象跃然纸上,个个显得生动活泼。她们虽然喜欢打趣开玩笑,并在背后议论自己的老校长,内心对老校长却充满敬佩爱戴之情,即使毕业后,还不时联袂回校拜访老校长。

小说中的求实女中,她们所在的城市在抗战时沦陷,默先生不得不在上海复课。这时,我们可以看出陈倚云似乎带有杨绛的影子:毕业后随丈夫出洋留学,乘船回国途中,丈夫在香港下船转入内地,默先生请她出任复校的求实校长。因为出于怕暴露身份等考虑,默先生再三要求陈倚云做校长,她起先不肯,后来她望着"默先生灰白的两鬓和枯瘦的面颊",不忍违背老校长的厚望,终于答应下来了。陈倚云的诙谐机灵,对工作的全身投入及不爱"当官",分明与作者十分相似。

读完《事业》这篇小说,我要说的是,作品中的默先生一心办学,受到学生的尊敬。可是她的学生,恐怕没有一个人真正理解她。而她自己也未必了解本人,只因为这是母亲留下来的"事业",不管遇到什么逆境,她都得勇往直前,想尽办法将学校办下去。而一个人具有这种百折不挠的精神,应该是值得

---

① 叶至善:《致〈倒影集〉作者》,《读书》,1982年第9期。

人们尊敬的。

杨绛在她的小说中,用一支普普通通的笔,塑造出陈倩、周逸群、朱丽、田晓、许太太、贞姑娘、默先生、陈倚云等人物,在是与不是、似与不似之间漫步,在"新时期"的文学形象中比肩而立。

在杨绛的笔下,没有高大的英雄人物,只有很平常、很普通的人物,不管是可亲可爱的,还是可憎可恶的,抑或是可悲可叹的人物,他们在日常生活中很常见,演绎的是这些寻常人物的家长里短,因而更带有生活气息。由于作者长期生活在都市之中,对都市人群的善恶,有着敏锐的洞察力。她的作品,针砭了一些人物的虚伪自私,褒扬了一些人物的善良可爱,下笔恰如其分;对了解都市人生的真相,是有帮助的。因为在现实世界中,除了假、恶、丑之外,肯定还有真、善、美,这也正是人们生活的真谛所在。

二

杨绛在"新时期"的文学创作中,其代表作当推《洗澡》,这也是作者迄今为止唯一长篇小说。

《洗澡》是反映知识分子生活的作品。杨绛出身知识分子家庭,家学渊源,而从受教育的背景来看,对西方文化尤为熟稔。本人又是一位文学家翻译家,生活在上层知识分子的圈子中,对于当代中国知识分子的生活习性、思想状态、个性的群体特征等多有体认,尤其对知识分子的优点特别是弱点有相当真切的把握。这在她的短篇小说集《倒影集》里,已初见端倪。《洗澡》则充分展现了这种生活,通篇采用了幽默和讽刺的笔法,描摹了知识分子在中华人民共和国成立之初的众生相。

杨绛的书名为什么起名《洗澡》,她是如何思考的,又是如何下笔的呢?作者在前言中简明扼要地告诉读者:

> 这部小说写解放后知识分子第一次经受的思想改造——当时泛称"三反",又称"脱裤子"的说法,因此改称"洗澡",相当于西洋人所谓"洗脑筋"。
> ……
> 小说里的机构和地名纯属虚构,人物和情节却据实捏塑。我掇拾了

惯见的嘴脸、皮毛、爪牙、须发,以及尾巴,但决不擅用"只此一家,严防顶替"的货色。

杨绛的长篇小说《洗澡》,受到文学家施蛰存的褒誉:"《洗澡》给我的印象是半部《红楼梦》加上半部《儒林外史》。《红楼梦》的精神表现在全书的对话中。一部小说中的对话部分,不是为故事展开服务,就是为塑造人物性格服务。一部《红楼梦》中的许多对话,绝大部分都是为塑造人物性格服务的。没有这许多对话,就没有一部《红楼梦》了。《洗澡》的作者,运用对话,与曹雪芹有异曲同工之妙。每一个人物的思想、感情、性格都在对话中表现出来,一段也不能删掉。……《儒林外史》的精神,不用解释,因为《洗澡》中的人物,也都是"儒林"中人。不过最好的一段,许彦成、杜丽琳和姚宓的三角故事,都是吴敬梓写不出来的。这个三角关系,写得非常高雅,对现代青年会有良好的教育作用。不过我又怀疑这是不是作者的理想主义?是不是可以说,还有"发乎情,止于礼义"的儒家伦理观念?"施蛰存以此为由头,生发感触,称赞杨绛"自是语文高手":

> 我已有好几年没有看完一整本创作小说了。常常是,抓起一本小说,看不到二三十页,就碰到了"不辞而别""羞羞答答""尽力而为"这一类似通非通的成语或滥调,我就把书丢下了。这本《洗澡》,自始至终,没有迫使我丢下,作者毕竟是钱锺书夫人,自是语文高手。说来也可笑,语文纯洁,本来是读者对作者,或作者自己对他的作品的最低要求。但在近十年来,却已成为最高要求,在一群三十岁左右的青年作家的作品中,要找一本像《洗澡》那样语文流利纯洁的作品恐怕很不容易了。

不过,施蛰存阅读《洗澡》颇为细致,以他的慧眼指出了《洗澡》中的几处瑕疵:

> 一、我记得"思想改造"是在一九五二年,"三反"是在一九五三年,本书作者说"思想改造"是"三反"运动中的事,恐怕错了。
> 二、作者说:许彦成和杜丽琳同在上海一个教会大学读外文系。据我所知,上海的教会大学没有外文系。

三、第六十八页出现了一个"现当代组"。"现当代"这个名词，一九七八年以后才产生。

四、第一三七页说：装书的纸箱，可以"叠扁了放在角落里"。这种纸箱，一九五二年还没有。

五、第一九七页，许彦成的母亲得了"胃癌"。在一九五二年，还没有"胃癌"这个词，只有"胃溃疡""胃出血"。

六、第二七三页，出现了"人不为己，天诛地灭"。这句话，在一九五八年反右时才流行，一九五二年还没有。①

施蛰存给杨绛的小说《洗澡》一书写的书评很实在，杨绛看了深感"最焐心"。因为施蛰存读得这样认真，评价又如此贴切，无怪乎杨绛会这么欣赏施蛰存的这篇书评。②

虽然好评如潮，而杨绛则自谦道："《洗澡》是我的试作，我想试试自己能不能写小说。"③从散文、翻译到剧本、小说，这个"试"是一种从容不迫的平常心，没有一丝跳着跑着争名夺利的浮躁。

一九五二年前后，与"三反运动"同时进行的是"知识分子思想改造运动"，杨绛亲身经历了这场运动。三十多年后，她调动了自身的生活经验和积累的丰富素材，根据亲身的体会和感受，写下了脍炙人口的《洗澡》。作品中的人物与情节虽然是虚构，但它们都"据实捏塑"，作者的经历加上合理的想象，构成了作品的内容，这里面既有杨绛本人，也有作者周围的烙印。有研究者经过研究，就曾推测："《洗澡》中的姚宓的经历，我想很有可能就是杨绛'假设性'自传。"④当然，杨绛动笔撰写这部小说，也是为了尝试创作长篇小说。她说："我没有写过长篇小说，只是看过很多，我有点手痒，所以过过瘾。"

杨绛在《洗澡》的前言里还写道："写知识分子改造，就得写出他们改造以前的面貌，否则从何改起呢？凭什么要改呢？改了没有呢？"因此，《洗澡》共

---

① 施蛰存：《读杨绛〈洗澡〉》，《解放日报》，1989年10月7日。又见氏著《北山散文集》（二），上海：华东师范大学出版社，2001年10月第1版，第1085—1087页。
② 高克勤：《忆京城访杨绛先生》，《新民晚报》，2016年11月24日。
③ 引自江胜信《回忆与杨绛先生的交往点滴》，见氏著《春深更著花》，深圳：海天出版社，2017年7月第1版，第5—6页。
④ 胡河清：《灵地的缅想》，上海：学林出版社，1994年12月第1版，第70页。

分三部分,这三部曲构成了"洗澡"的前奏、过程及洗后的结果。每部分包含若干章,每部的标题取诸先秦诗文的名句,意蕴深长。整个作品是用男女主人公许彦成、姚宓的爱情故事来串联起来。准确地说,是以两人的精神恋爱为主线的。

小说第一、二部的题目均采自《诗经》,司马迁曾云:"《诗》三百,大抵圣贤发愤之所为也。"杨绛正是从这层意思上引用的。

第一部名为《采葑采菲》,源自《邶风·谷风》。《谷风》的主人公是一位勤劳的已婚妇女,后来她的丈夫移情别恋另娶女人,要把她抛弃。她对丈夫说,"采葑采菲,无以下体",葑菲是葡萄蔓茎之类,其根有好有坏,"采之者不能以根恶并妄其叶"①。杨绛用这一诗句来比喻小说中的余楠有"花心",他好色不好德,又是一毛不拔的"铁公鸡",他爱上胡小姐后欲遗弃贤惠的妻子宛英,宛英在家里相当于"没工钱,白吃饭"的老妈子。杨绛的另一层含义也许包含了新建立的中国需要不拘一格采集人才,不因一些知识分子有旧思想或因品德不好而抛弃他们,用他们的一技之长为建设国家服务。余楠之流在中华人民共和国成立之初被录用就是证明。这些知识分子有些是品行端正、学有专长的,如许彦成、姚宓等,而有些则如余楠、施妮娜、丁宝桂之类,这就是"洗澡"成为必然的理由。

第二部名为《如匪浣衣》,源自《邶风·柏舟》:"心之忧矣,如匪浣衣。"谓内心的思绪像未经洗涤的脏衣服一样。这里比喻许彦成与姚宓纯洁的爱情,受夫人杜丽琳的监视、姜敏制造的"桃色新闻"的各种干扰。透过许姚两人的精神恋爱,从"洗澡"的角度,当然可以理解为"文学研究社"里不少知识分子的思想像脏衣服那样沾满污泥,亟须"洗澡"。

第三部名为《沧浪之水清兮》,源自《十三经》之一的《孟子·离娄上》引《孺子歌》:"沧浪之水清兮,可以濯吾缨;沧浪之水浊兮,可以濯吾足。"这里比喻许彦成与姚宓两人之间的爱情升华,如清澈之水,不染任何杂质。同时也可以理解为,"洗澡"之水本是干净清洁的,可以洗涤人们的尘垢,但是诸如余楠、施妮娜之流不仅没有洗干净身体,反而玷污了清水,反成浑水。这些人肮脏的灵魂,恐怕不是一两次"洗澡"可以解决问题的。

小说中的姚宓、许彦成是作者褒扬的人物。姚宓不得不放弃留学的打算,

---

① 参见王吟风编著:《走出魔镜的钱锺书》,北京:金城出版社,1999年1月第1版。

很早便挑起了维持家庭生计的重担,成了一名默默无闻的图书管理员。从姚宓身上所透出的浓浓书卷气,可以感受她的独特气质。有人分析道:"杨绛在《洗澡》中对姚宓双亲的籍贯提及不多,但看姚宓的气质,却既有京都才女的淳厚蕴藉,又有江南闺秀的冰雪聪明。南北之气于此抟成一体,好比幽谷里的兰草,移到燕地群山中种下,开出的花儿不改资质的秀媚,而且又隐隐源出一种北国女侠的英气。"[①]姚宓身上毫无俗气,因而得到许彦成的爱慕。许彦成是有妇之夫,他的妻子杜丽琳出身天津的豪富人家,后又留学美国,人也极为聪明大方,但她缺少姚宓的涵养,缺少经过苦难洗礼出来的平等慈怀心,她漂亮有风度,被杨绛称为"标准美人"。因而,许彦成舍杜丽琳而娶姚宓。在杨绛的笔下,许姚两人的爱情是纯洁无瑕的,文学家胡河清的论述对此有独到的见解:

　　《洗澡》是中国文学中少有的一部以精神恋爱为题旨的小说。许彦成也是一个"痴人",他有的是真性情,一点不会作假。他也因此在感情生活上很难得到满足。他的夫人杜丽琳,既有高贵的家世,又有豪奢的财富,风度教养都极佳。在世间一般的男子看来,能赢得这样一位夫人的一片痴情,也可说是福泽深厚至极的了。然而正因为许彦成"痴",他倒未必很看重这种天生的福气。相反他感到"标准美人"杜丽琳似乎少了点什么东西。这样也就慢慢地疏远了她。

　　许彦成爱上姚宓,并不是偶然的。姚宓身上,凝聚着一股中国书香名门传了几代人的仙气。而要呼吸领会之,非得有许彦成那股"痴气"不可。这"痴气"的真实内涵,是指大本之人有所情痴,其感应力不是凡俗之流可及的。在此意义上说,许彦成和姚宓的这段因缘,乃是有宿根的。

　　许彦成和姚宓这时已重归平静。他们有迫切的话要谈,无暇在痴迷中陶醉。不过他们彼此间已有一千年的交情,他们俩已经相识了几辈子。

　　这里的"一千年""几辈子",就是夙缘的意思。在中国文学史上,自从《红楼梦》以后,很少有人像杨绛先生这样凝练地写出过这种具有东方神秘主义色彩的心灵经验。因缘流转,如恒河沙数;惟两心相契而臻完美之境,则能于一瞬中参透往昔无量劫。这种超越个体生命大限的

[①] 胡河清:《灵地的缅想》,上海:学林出版社,1994年12月第1版,第68页。

心理感觉，表明精神恋爱已达到了极致的境界。

《洗澡》中顶有趣的情景，莫过于许、姚两人游西山之事了。先是许彦成约了姚宓去游山，可一夜下来，又觉得懊悔，因为他感到这样一来就对不起杜丽琳。而姚宓也是很心高气傲的。她并不对许彦成的反悔感到气恼，她的自尊心不允许她作如是想。可她的道行再高毕竟还有些赌气。所以就决定独自一人去游山。许彦成放心不下，于是跟了去。姚宓发现他跟着去，而且还在同一节公共汽车车厢里，怎么也要想法子避开他。避来避去，就生出诸多细节来。

杨绛在《洗澡》中一再征引《诗经》，我觉得这段情景描写，也倒很可以使人联想到《诗经》中的一则名诗——《蒹葭》。《蒹葭》写的是青年人的爱情，"伊人"却总如缥缈如孤鸿影，怎么也追不到。而《洗澡》中却是成年人的爱情，大家都想躲避对方，躲来躲去，心里却好像彼此已经认识了一千年，又好像会通灵术那般默契。我有时在想，杨绛的这段描写，也许可以称之"反《蒹葭》"；而其诗意之神妙，倒是与《蒹葭》对等的。

按照东方哲学的智慧，盛极而衰，高丘之下必有深谷。姚、许在小室中相对而坐的一刻实在已达到了精神恋爱的极致，这种心灵经验是难以逾越的，也是不容重复的，故他们从此之后的恋情已有"衰势"。杨绛对恋爱心理之微妙逻辑的准确把握，于此可见一斑。[1]

作者假许彦成之口说："我认为知识分子应当带头改造自我。知识分子不改造思想，中国就没有希望。我只是不赞成说空话。"杨绛以平淡自如的笔调，细腻地描述"洗澡"前后的众生相。

余楠留过洋，"学贯中西"，中华人民共和国成立前在上海一个杂牌大学教课，并在一个反动政客办的杂志当主编，下笔很快，要什么文章，他下笔即来。他迷上了胡小姐，为了利用她达到出国的目的，他想抛弃发妻与女儿，乘机一走了之。但是，余楠非常吝啬，不肯花费一分钱，结果被胡小姐甩了。上海解放后，他虽然对新中国心有芥蒂，但还要吹牛被北京的文学研究社"录用"。

文学研究社成立时，来了许多"专家教授"，社长马任之，副社长傅今，他新娶的夫人、女作家江滔滔，江滔滔的密友、研究苏联文学的"河马夫人"施

---

[1] 胡河清：《灵地的缅想》，上海：学林出版社，1994年12月第1版，第73—73页。

妮娜，法国文学专家朱千里，"专修国学"的丁宝桂，以及国外留学归来的许彦成和杜丽琳夫妇，还有新分配来的大学毕业生姜敏、罗厚、陈善保等人。这些人当中，余楠最为"演戏"，标榜自己追求进步，"因为他确定自己是爱上了社会主义，好比他确信自己决不抛弃宛英一样"。为了自己的私利，他讨好拉拢傅今。经过激烈的竞争，外文组分成四个小组，形成一个专家带领一个助手的格局。余楠一组，带一个年轻助手陈善保；朱千里一组，带着罗厚；杜丽琳一组，带姜敏；许彦成一组，带姚宓。杜丽琳为了更好地监视许彦成与姚宓，建议两组合二为一，成为"夫妻组"。而那个不学无术的施妮娜所在的苏联文学组单设一组，一副凌驾于各组的态势。杨绛让这些各色人等，依次登场，各自表演，上演一出出知识分子善良与丑恶、追求与堕落、良知与鄙俗之间较量的令人发噱的喜剧。

"三反"开始了，每个知识分子都得"洗澡"，叫作"人人过关"。不管是"大盆"、"中盆"还是"小盆"，也不管像余楠那样积极靠拢组织的，还是像朱千里那样连"三反"到底反什么也弄不清楚的，反正概莫能外。大家都得像范凡所作的动员报告那样："要抛掉包袱，最好是解开看看，究竟里面是什么宝贝，还是什么肮脏东西。有些同志的旧思想、旧意识，根深蒂固，并不像身上一个包袱，放下就能扔掉，而是皮肤上陈年积累的泥垢，不用水着实擦洗，不会脱掉；或者竟是肉上的烂疮，或者暗藏着尾巴，如果不动手术，烂疮挖不掉，尾巴也脱不下来。我们第一得不怕丑，把肮脏的、见不得人的部分暴露出来；第二得不怕痛，把这些部分擦洗干净，或挖掉以至割掉。"在动员大会上，满座的年轻人个个正襟危坐，神情严肃，一张张脸上漠无表情，显然已经端正态度，站稳立场。不要说平时与这些年轻人不大接触的丁宝桂、朱千里觉得他们严冷可怕、不可理喻；就连平日和年轻人相热的许彦成，也觉得自己忽然站到群众的对立面去了。他们几位坐立不安，觉得芒刺在背。

动员会以后，就要发动群众对这些"改造对象"或者称为"浴客"的知识分子给予"帮助"和"启发"。杨绛皮里阳秋地写道："'帮助'和'启发'不是一回事。'启发'只是不着痕迹地点拨一句两句，叫听的人自己觉悟。'帮助'却像审问，一面问，一面把回答的话仔细记下，还从中找出不合拍的地方，换个方向突然再加询问。"自觉没有什么问题的丁宝桂第一个接受"启发"和"帮助"，却被指责为"还没有端正态度""还在抗拒"。接下来，朱千里要求在大会上作"检讨"，对自己大骂一场，"每个细节都不免夸张一番，连自己的丑恶也要夸大其词"，结果，被激怒的群众举起拳头齐喊口号："不许朱千里胡说八道，戏弄群众！""不许朱千里丑化运动！"朱千里被打了下去，他"像雷惊的孩子，雨淋的蛤蟆，呆呆怔怔，家都不敢回"。表面上一向要求进步的余楠苦思冥想地准备自我"检讨"，反复罗织"罪名"。他"不慌不忙，摆出厚貌深情的姿态，放出语重心长的声调，一步一步'检讨'，从小到大，由浅入深，每讲到痛心处，就略略停顿一下，好像是自己在胸口捶打一下"，想不到"检讨"不到一半，群众就认为他"狡猾"而被打断了。余楠像被打残的癞皮狗，趴在屋檐下舔伤口；朱千里自杀未遂，还继续洗；丁宝桂说："洗伤了元气了！洗螃蟹似的，捉过来，硬刷子刷，掰开肚脐挤尿，一之为甚，其可再乎？"他们几位"浴客"被反复"洗了几次澡"，才获通过。倒是杜丽琳声泪俱下，"给大家一个很好的印象"而一次通过了"检讨"。"问题不如别人严重"的许彦成没有打好底稿，没说自己是洋奴，也没人强迫他承认，作完"检讨"，"大家就拍手通过了"。就这样，文学研究社的"年轻人互相批评接受教育，不必老先生操心。老先生的'洗澡'已经胜利完成"。

在小说的结尾处，杨绛意味深长地说：

> 当时文学研究社不拘一格采集的人才，如今经过清洗，都安插到各个岗位上去了。

一切尽在不言之中。杨绛以一位女作家特有的慧眼、慧心，静观与体味这一运动的发展，叙述了"洗澡"的前因后果，引人入胜。她如行云流水般的平淡自然的风格，相信给众多的读者留下难忘的印象。其从容、温文、幽默的笔触真实记录了男女主人公的爱情，以及知识分子"洗澡"的种种处境，读来令人叹息，掩卷长思。

胡乔木曾经向翻译《钢铁是怎样炼成的》的梅益推荐："你一定要看看杨绛的《洗澡》。"梅益便向杨绛讨要该书。杨绛给了，给的时候心里嘀咕："他怎么不去买一本呢，或者把《钢铁是怎样炼成的》回赠我一本？"

后来又一次见面的时候，杨绛大胆问："你把《洗澡》拿了去，也该把你翻的《钢铁是怎样炼成的》送我一本吧。"梅益这才回赠。

的确，杨绛的作品以其独特的魅力赢得了无数的读者，其中就包括著名作家夏衍。

夏衍与杨绛、钱锺书夫妇的渊源很深。以创作报告文学《包身工》闻名于世，又有《秋瑾传》《法西斯细菌》《上海屋檐下》等戏剧作品加持的左翼文学家夏衍，早在二十世纪四十年代在中共南方局担任要职。他一接触到杨绛的喜剧作品和钱锺书的《围城》，即被迷倒，一唱三叹！夏衍之女儿沈宁曾有忆述："我说我和杨先生有缘，其实他们和我父亲夏衍虽然来往不多，但相互钦佩，相互关怀。我曾多次听父亲对我说，钱锺书是个大学者、活字典，他'中外古今一脚踢'。有一次在一个文艺座谈会上，李健吾老先生大捧钱先生，我父亲就说：'你们捧锺书，我捧杨绛。'因为父亲原来写过剧本，他品得出杨先生的剧本写得好。整理父亲遗物时，我发现他在一个小笔记本上，抄录有杨先生文章里的一段话……"①

三

除了文学创作和翻译之外，杨绛这一时期还撰写了不少文学评论的文章，在报刊上发表，并先后结集出版。她的论文集《春泥集》一九七九年十月由上海文艺出版社出版，其中共收论文六篇：《堂吉诃德和〈堂吉诃德〉》《重读〈堂吉诃德〉》《萨克雷〈名利场〉》《斐尔丁的小说理论》《艺术与克服困难——读〈红楼梦〉偶记》②、《李渔论戏剧结构》。出版于一九八六年的《关于小说》（北京：生活·读书·新知三联书店，版）则收录了杨绛新时期所写的六篇论文，它们是：《事实—故事—真实》《旧书新解——读〈薛蕾丝蒂娜〉》《有什么好？——读奥斯丁的〈傲慢与偏见〉》《介绍〈小癞子〉》《补"五点文"——介绍〈吉尔·布拉斯〉》《砍余的"五点文"》。

这里，除第一篇是小说理论的研究外，其余都是对作品的评论。对于这些论文，杨绛自己有过解释："关于小说，有许多深微的问题值得探索，更有无数具体的作品可供分析。可是我苦于对超越具体作品的理论了解不深，兴趣不浓，而分析西洋小说，最好挑选大家熟悉的作品作为事例。"（《自序》）

《事实—故事—真实》一文揭示的是从古今中外文学现象总结出来的创作规

---

① 沈宁：《杨先生，想念您！》，见周绚隆主编：《杨绛，永远的女先生》，北京：人民文学出版社，2016年12月第1版，第140页。
② 见《杨绛全集》（第五卷），北京：人民文学出版社，2014年8月第1版，第323—331页。此文在香港《明报月刊》1966年第2期发表时，题为《艺术是克服困难——读〈红楼梦〉管窥》。

律。以小说为例，作为文学创作的小说，虽然是虚构的"故事"，可它依据"事实"，从而表达"真实"。也就是说，文学作品是由"事实"而加以想象构思写成"故事"表达出贴合人生真相的"真实"，如果套用公式的话，便是"事实—故事—真实"。因而，杨绛告诉人们：

> 尽管小说依据真人真事，经过作者头脑的孕育，就改变了原样。便像历史小说《三国演义》和历史《三国志》就不同；《三国演义》里披发仗剑的诸葛亮，不是历史上的诸葛亮。小说是创造，是虚构。但小说和其他艺术创造一样，总不脱离西方文艺理论所谓"模仿真实"。"真实"不指事实，而是所谓"贴合人生的真相"，就是说，作者按照自己心目中的人生真相——或一点一滴、东鳞西爪的真相来创作。[①]

在此，杨绛非常强调想象在艺术创造中的作用，她指出："小说家没有经验，无从创造。但经验好比点上个火；想象是这个火所发的光。没有火就没光，但光照所及，远远超过火点儿的大小。《水浒传》写一百零八个好汉，《儒林外史》写各式各样的知识分子，《西游记》里的行者、八戒，能上天、入地、下海，难道都是个人的经验！法国小说《吉尔·布拉斯》写的是西班牙故事，作者从未到过西班牙，可是有人还以为那部小说是从西班牙小说翻译的。这都说明作者的创造，能远远超出他人的经验。"杨绛认为，作者的经验固然重要，但小说里的人物不是现成的真人而是创造，或者说是"捏造"，即把不同来源的成分"捏"成一团。

在艺术创造中，想象是极其重要的，但它必须贴切真实，离不开"判断力"的调控。杨绛通过对众多作品的分析，理出形象思维与逻辑思维的关系："小说家的构思，一方面靠想象力的繁衍变幻，以求丰富多彩，另一方面还靠判断力的修改剪裁，以求贴合人生真相。前者是形象思维，后者是逻辑思维，二种思维同时并用。想象力任意飞翔的时候，判断力就加以引导，纳入合情合理的轨道——西方文艺理论所谓'或然'或'必然'的规律，使人物、故事贴合我们所处的真实世界。因为故事必须合情合理，才是可能或必然会发生的事。我们才觉得是真实。人物必须像个真人，才能是活人。作者喜怒哀乐等感情，必须

[①] 杨绛：《事实—故事—真实》，见《杨绛作品集》（第三卷），北京：中国社会科学出版社，1993年10月第1版，第144页。

寄放在活人心上，才由抽象转为真实的感情。……作者写一部小说，也是要读者置身于他虚构的境地，亲自领略小说里含蕴的思想感情；作者就把自己的感受，传到读者心里，在他们心里存留下去。"杨绛的这番话，确实道出了小说创作的个中三昧。

杨绛在文章中还探讨了真人真事进入小说及小说虚构的规律等。她的论文通篇像漫谈，充满慧见卓识，读来常常使人感到耳目一新。

杨绛的《旧书新解》介绍的是《薛蕾丝蒂娜》(简称《薛婆》)，这部小说里讲的是一个恋爱故事。漂亮阔绰的葛立德少爷爱上美貌的裴府独生女玫丽小姐。葛少爷央薛婆作纤头，和裴小姐互通情愫，约定半夜在裴府花园幽会。花园墙高，葛少爷幽会后逾墙登梯失足，坠地身亡。裴小姐亦因此跳塔自杀。薛婆贪贿，不肯和葛家二小厮分肥，而被刺杀；二小厮随后被捕处死。对于这样一个故事，杨绛说："假如《堂吉诃德》是反骑士小说的骑士小说，《薛婆》可算是反爱情故事的爱情故事。"这是一部打破小说传统而别具风格的西班牙古典小说，又称为"喜剧"或"悲喜剧"。这部作品内容虽然陈腐，在艺术表现形式上却匠心独运。

杨绛认为，"薛婆"虽以戏剧的形式出现，全部是人物对话，但实际上用的是史诗或小说式的叙事结构；如果被称为小说，却又和传说的小说不一样。"《薛婆》这个'喜剧或悲喜剧'读来极像小说，有人干脆就称为小说；有个仅译十六出的英译本竟加上副题，称为'对话体的小说'。但作者究竟不是有意识地写小说；尽管称为小说，只是未合传统的小说，我们现在有意识地把它当小说读，就觉得像一部打破了传统的新小说，和近代某些小说家所要求的那种不见作者而故事如实展现的小说颇为相近。"①杨绛在这里揭橥了《薛婆》的创新之处。其一，小说在表现形式上是戏剧，结构却是史诗性的。其二，作品只有人名和对话(包括旁白和独白)，作者单凭对话来叙说故事，刻画人物，并描述人物的内心活动。作品没有人物的面貌、身段、服饰、动作等提示性的话，成为名副其实的"对话体小说"。整部小说是二十一出的史诗性结构，好比二十一章，从头到尾只有对话，因而对话便成了主要内容。从人物的对话，"口气里可以听出身份，语言里可以揣想性格"，甚至"人物的状貌服饰"也可以对话来形容。对话自然生动，竭尽其妙。

---

① 杨绛：《旧书新解》，见《杨绛作品集》(第三卷)，北京：中国社会科学出版社，1993年10月第1版，第175—176页。

文章的最后，杨绛评价道：

  当然，小说家以"无所不知"的作者身份，自有种种方法来描摹现实，不必用对话体。而且，作者出头露面就一定损坏小说的真实性吗？小说写得逼真，读者便忘了有个作者吗？小说写得像"客观存在的事物"，"客观存在的事物"未经作者心裁，怎样摄入小说？这等等问题都还待研究检验。不过《薛婆》这部分"对话体的小说"，确像人世间发生的客观现实。我们把这部十五世纪末年的"喜剧或悲喜剧"当作小说来读，会有新的收获。这也可算是古为今用吧。①

  杨绛的《关于小说》集子里的第三篇题为《有什么好？》。这里，杨绛翻出一部"老"作品来印证"新"与"旧"的联系和关系，并且对"意识流"小说等要求作者隐去的主张提出了一系列的疑问。显然，杨绛在这里含蓄地给读者建议："我们不妨多信任一点自己的直觉和常识，对所谓'权威'和时新的小说多打几个问号再来决定自己的取舍。"这是一个随笔式的标题，却颇为新奇，居简得要，与众不同。杨绛在文中说："很多人读小说不过是读一个故事——或者，只读到一个故事。"而此文所涉及的那部小说的"故事平淡无奇，没有令人回肠荡气、惊心摄魄的场面。情节无非家常琐碎，如邻居间的来往、茶叙、宴会、舞会，或驾车游览名胜，或到伦敦小住，或探亲访友，等等，都是乡镇上有闲阶级的日常生活。人物没有令人崇拜的英雄或模范，都是日常所见的人，有的高明些、文雅些，有的愚蠢些、鄙俗些，无非有闲阶级的先生、夫人、小姐之流。有个非洲小伙子读了这本书自己思忖：'这些英国的夫人小姐，和我有什么相干呢？'我们也不禁要问，十九世纪外国资产阶级的爱情小说，在我们今天，能有什么价值呢？"②杨绛提出"有什么好"，正是为读者释疑解惑的。

  那个非洲小伙子读的"这本书"，指的是英国作家珍妮·奥斯丁所写的《傲慢与偏见》。杨绛说："奥斯丁显然是故意选择平凡的题材，创造写实的小

---

① 杨绛：《旧书新解》，见《杨绛作品集》（第三卷），北京：中国社会科学出版社，1993年10月第1版，第176页。
② 杨绛：《有什么好？》，见《杨绛作品集》（第三卷），北京：中国社会科学出版社，1993年10月第1版，第179页。

说。"①"我们不能单凭小说里的故事来评定这部小说。"②她条分缕析，细细分说它"有什么好"。杨绛在这里既是品尝，又是鉴定，既是对一部小说的探索，也是对一位作家的研究。让人们通过小说中的凡人琐事、世态人情，领略奥斯丁所寄托的弦外之音。文中说："奥斯丁对她所挖苦取笑的人物没有恨，没有怒，也不是鄙夷不屑。她设身处地，对他们充分了解，完全体谅。她的笑不是针砭，不是鞭挞，也不是含泪同情，而是乖觉的领悟，有时竟是和读者相视莫逆，会心微笑。"③又说："奥斯丁不正面教训人，只用她智慧的聚光灯照出世间可笑的人、可笑的事，让聪明的读者自己去探索怎样才不可笑，怎样才是好的和明智的。梅瑞狄斯认为喜剧的笑该启人深思。奥斯丁激发的笑就是启人深思的笑。"④杨绛的这些叙述，都不是凭空立论，是在列举实例、引证原文、分析了具体作品之后的点睛结穴。读者至此，也不禁"相视莫逆，会心微笑"，感到这里也有一盏"智慧的聚光灯"，照彻了小说的深层及其作者的心曲。⑤

杨绛的《介绍〈小癞子〉》一文开首便交代了她写此文的目的："我翻译的西班牙名著《小癞子》经过修改和重译，先后出过五六版。我偶尔也曾听到读者说：'《小癞子》，我读过，顶好玩儿的。'这正合作者《前言》里的话：'就算他（读者）不求甚解，也可以消闲解闷。'至于怎样深入求解，我国读者似乎不大在意。我作为译者，始终没把这本体积不大的经典郑重向读者介绍，显然是没有尽责。"⑥文章说得十分谦虚，题目也十分平实，然而杨绛娓娓道来的文笔，详细介绍了这部小说的内容及其在文学史上的地位，不啻"书林导游"。篇末的一段话更像神妙之笔，令读者豁然开朗："《小癞子》原名《托美思河的小拉撒路传》。《新约全书》的《路加福音》里有个癞皮化子名叫拉撒路，后来这个名字泛指一切癞皮化子，又泛指一切贫儿乞丐。……我国残唐五代时的口语就有

---

① 杨绛：《有什么好？》，见《杨绛作品集》（第三卷），北京：中国社会科学出版社，1993年10月第1版，第181页。

② 杨绛：《有什么好？》，见《杨绛作品集》（第三卷），北京：中国社会科学出版社，1993年10月第1版，第179页。

③ 杨绛：《有什么好？》，见《杨绛作品集》（第三卷），北京：中国社会科学出版社，1993年10月第1版，第184页。

④ 杨绛：《有什么好？》，见《杨绛作品集》（第三卷），北京：中国社会科学出版社，1993年10月第1版，第187页。

⑤ 详见谷林：《书边杂写》，沈阳：辽宁教育出版社，1995年3月第1版，第13—14页。

⑥ 杨绛：《介绍〈小癞子〉》，见《杨绛作品集》（第三卷），北京：中国社会科学出版社，1993年10月第1版，第197页。

'赖子'这个名称,指无赖而说;还有古典小说像《儒林外史》和《红楼梦》里的泼皮无赖,每叫作'喇子'或'辣子',跟'癞子'是一音之转,和拉撒路这个名字意义相同,所以我译做《小癞子》。"①

杨绛的《补"五点文"》和《砍余的"五点文"》,评论的是法国名著《吉尔·布拉斯》,因前文已有介绍,此处不再赘述。

杨绛这些独具慧心的见解,深得同行的赞誉。杨绛在外文所的晚辈同事黄梅有感于杨绛文章的"品格",她说:"论文也每每有一种品格或'性格'。杨绛先生的文章不似布道,不像讲课,也不是信马由缰地'侃大山',而像一位朋友娓娓地叙谈,字字句句浸透着不同寻常的'诚意'。不知道这是否因先生较多地得了中国文士的真传,把读书治学与修身看作两位一体的事:做学问即是作人,要'诚其意''正其心'地进行。这和西方现代学者越来越把文学当作学术研究的'对象'和赖以谋生的职业是有所区别的。读杨先生的文章,能感到一种人格力量,还有一种如闻其声的亲切感。"②

只因为"文学是人学",故而杨绛的文章每每谈及"谈论人和人生"。因此,黄梅觉得,她最精彩的论述便是关于人的:"写文章的人大概都不满足于独善其身,都试图说服或打动读者。不过,杨绛先生所采取的平和的、低调的语气表明她不想把自己的见解强加给别人。她的议论,仿佛是在谈人,又似乎是在说己。但总之是在很平等很恳切地和读者交流读书和做人的感想,重心不在书本,而在谈论人和人生。不知是不是个人偏见,我觉得杨先生最精彩的论述是关于人的,关于那些形形色色的小说人物。譬如关于堂吉诃德的'疯'和桑丘的'半痴半黠',关于蓓基·夏普的伶俐和工于心计,每每讲得真切、中肯、精妙。她说堂吉诃德是'知其不可而勉为其难',从他斗风车战羊群的荒唐事中看到他执着的理想主义和献身精神,说理想与现实结合的不易,叹他的可敬和可悲。如果作者没有一些切肤的感受和真挚的热忱,她的话还能这样有效地构成'回路'把塞万提斯几百年前编造的游侠骑士和我们联系起来吗?"③

---

① 杨绛:《介绍〈小癞子〉》,见《杨绛作品集》(第三卷),北京:中国社会科学出版社,1993年10月第1版,第213页。
② 黄梅:《"听"杨绛先生话文学》,见氏著《不肯进取》,沈阳:辽宁教育出版社,1996年8月第1版,第164—165页。
③ 黄梅:《"听"杨绛先生话文学》,见氏著《不肯进取》,沈阳:辽宁教育出版社,1996年8月第1版,第165页。

第十三章 生活侧影

一

随着"文革"的结束，改革开放的新时期到来，钱锺书、杨绛伉俪在中国和国际的学术界重新露面。

一九七九年春天，杨绛与钱锺书同机出发赴法，钱锺书转机赴美参加中国社会科学院派出的第一个访美代表团；杨绛则留在巴黎，参加由梅益为团长的中国社会科学院访法代表团，做为期近一个月的访问。这是一个包括中国社会科学各专业学者的学术访问，目的是加强中国与法国的文化交流，考察学习西方国家先进的学术成果。

杨绛如饥似渴地汲取国外的研究成果，她看到了许多未曾看到的书籍，并利用这个机会购阅了不少自己需要的书刊，她怀着丰厚的收获回国了。

杨绛因翻译《堂吉诃德》而获西班牙政府颁发的大奖，并通过西班牙驻华大使馆邀请她出访：第一任大使邀请，杨绛谢绝了；第二任大使送来正式的书面邀请，杨绛正式地以书面谢绝了；第三任大使通过中国社科院领导马洪去请，杨绛感到实在"赖不掉了"，才答应下来。说起此事，钱锺书无不得意地说："三个大使才请动她！"①

杨绛于一九八三年十一月，随中国社会科学院代表团一道到西班牙和英国去做学术访问。她觉得这次访问有很大的收获。

杨绛就在这匆忙的访问中，不时思考着学术问题，利用各种机会解决文学翻译上的疑难杂症。杨绛曾谈过中国明代天启年间，意大利耶稣会神甫艾儒略用文言文撰写的《职方外纪》，这是一部记述"绝域风土"的书籍，其中讲到西班牙的一节说："国人极为好学，有共学在撒辣蔓加与亚尔加辣二所，远近学者聚焉。高人辈出，著作甚高，而陟禄日亚与天文之学尤精。古一名贤，曰多斯

---

① 徐泓：《孜孜不倦，落索自甘——钱锺书夫妇印象》，见罗思编《写在钱锺书边上》，上海：文汇出版社，1996年2月第1版，第119页。

达笃者,居俾斯玻之位,著书最多,寿仅五旬有二。所著书籍,就始生至卒计之,每日当得三十六章。每章二千余言,尽属奥理。后人给彼像,两手各执一笔,章其勤敏也。"杨绛思忖,书中提及的这位从出生到死,每日撰写七万多字的"名贤"究竟是谁呢?她翻译《堂吉诃德》时,发现堂吉诃德提到的一个人名字"托斯达多"很像"多斯达笃"。她顺藤摸瓜孜孜矻矻,终于考证出"多斯达笃"即"托斯达多",就是西班牙阿维拉主教的译音,"陟禄日亚"是神学的译音,两所"共学"便是指撒辣蔓加与亚尔加辣两所大学。而"托斯达多"是绰号,不是人名,意思是"焦黄脸儿"。可是他为什么绰号"焦黄脸儿",他的身世如何,杨绛"总觉不放心"。

杨绛处处留意,她在旅馆的早餐桌上,发现"备有各式面包的盘里,照例有两片焦黄松脆的面包干,封在玻璃纸里,纸上印有'Pan tosotado'二字",于是她猜想到"托斯达多"的脸色。大概就是这种焦黄色。后来,杨绛游览托雷多古城的大教堂,看到一间屋里陈列的历任主教像,没有托斯达多的像。她向导游请教。原来,托斯达多的像在阿维拉,这位主教血统里混有吉卜赛人的血,面色焦黄,不像一般西班牙人的肤色是白的,所以绰号"焦黄脸儿"。托斯达多的著作叠起来有他本人一样高,他是我国文献里最早出现的西班牙作家。杨绛在此得知"焦黄脸儿"("多斯达笃")的缘由,感到"出乎意外的高兴"。正是:踏破铁鞋无觅处,得来全不费工夫。

杨绛又随代表团到西班牙的塞维利亚市访问,参观了当地的印第安总档案馆(Archivo general de Indias),看见陈列的塞万提斯亲笔信一页。那是当年塞万提斯呈送国王斐利普二世的申请书:自陈曾为国家效力,想在美洲殖民地谋个官职。印第安总档案馆馆长得知代表团成员杨绛是《堂吉诃德》翻译者后,特地将这封信原件复制一份,赠送给她留存。

杨绛在英国首都伦敦访问的时候,躲开各种琐事,偷得一个多星期时间,到大英博物馆悉心阅览许多在国内看不到的书籍与稿本,她嗜书如命的性格在国外也时时"发作",于是博览群书,如愿以偿。[①]

杨绛与钱锺书一样,是中外文化交流的友好使者。她除了出访国外,还在寓所中,接受了海内外学者的多次采访,交流信息,增进友谊,他们当中有来自港台地区的,还有英、法、美、德、日、俄、新加坡等国家和地区的人士。

---

① 杨绛:《〈堂吉诃德〉译余琐掇》,见《杨绛作品集》(第三卷),北京:中国社会科学出版社,1993年10月第1版,第39—43页。

杨绛在中外文化的殿堂中驰骋多年，深知外语的重要，因此，对于年轻人的外语学习十分关注。她非常喜欢和年轻人聊天，总是嘘寒问暖，关怀备至。

一九九二年九月的一天，杨绛在接待社科院计算室的两位年轻科研人员董磊、孙小玲的时候，听到他们抱怨外语难学，口语不行，听力也差。她鼓励道："多会一门外语，好比多一把金钥匙，每一把金钥匙都可以打开一座城。城里有许多好看好玩的东西，好像一个大游乐园。你们如果不懂外语，就会比别人少享受很多东西。不要因为自己在学外语的某一方面困难就放弃外语，这样就太可惜了。"她略加思索，接着又说，"我当初学习西班牙语的时候，是没有老师教的。但是只要刻苦和努力就会学好的。"[①]她亲切地笑了笑，这样的见识往往给予年轻人很大的信心。

二

在外人眼中，杨绛与钱锺书非常"高冷"。其实，他们夫妇也爱美食、爱交际。

时任北京：生活·读书·新知三联书店，香港分店的副总编辑潘耀明，作为出版界的名人，他和当代不少文化人、文艺家、学者都有来往，钱锺书被视为最难采访到的一位文人，但是潘耀明于一九八一年在钱锺书家中对他进行了一次成功的访问，同钱、杨夫妇结下了深厚友谊。潘耀明在杨绛去世后，曾经回忆说："此后每次去探访钱先生，都见到杨绛女士。杨绛女士兼具优雅风度和娴淑的品格。她说话从来不亢不卑，不愠不火，语气轻缓、平和。正如她的处事方式：总是轻重有序，有条不紊的；说话也是柔声细气的，与钱先生谈笑文章，挥斥方遒，迥然不同。"[②]其实，潘耀明观察到的只是杨绛的某个侧面，人性是复杂的，杨绛有时也会任性，怒目金刚、不依不饶。

潘耀明与杨绛熟稔以后，他所在的北京：生活·读书·新知三联书店香港分店曾为杨绛出版过《干校六记》英译本。《雅昌拍卖图录》载有一封杨绛致潘耀明的书信，其内容便是关于《干校六记》的出版事宜。此信既已公开，这里引用如下：

---

① 董磊、孙小玲：《钱锺书、杨绛先生寄语青年》，见何晖、方天星编《一寸千思：忆钱锺书先生》，沈阳：辽海出版社，1999年9月第1版，第425页。

② 潘耀明：《运动记愧》，见氏著《一代人的心事》，南昌：江西教育出版社，2017年5月第1版，第249页。

耀明先生：

　　奉到来信，知将赴美，必富有收获而归，大作又添素料，为之欣慰，纽约今春开现代中国文学会时，闻已公布刘君去访消息，今果然矣，拙作《六记》英译事请承费心，感之。当时条件，无摄影机会，未有照相存念。宁缺毋滥，朴素无粧默较为大方，不识尊意以为何如？李孟平先生曾来畅谈，惠寄大作访问锺书记事，收到，谢谢。彼甚感先生笔下春风也。知先生盼回音，故急作复。锺书外出，未能附笔问好为歉，专收

暑祺并祝
远行安吉！

杨绛
八月十一日

　　信封内容：香港中区　域多利皇后街9号　三联书店香港分店　潘耀明先生大启北京三里河南沙沟六栋二门六号　杨绛[①]

　　杨绛致信于潘耀明，托其费心《干校六记》英译事。作为北京：生活·读书·新知三联书店香港分店的副总编辑，潘耀明确在一九八四年赴美留学，攻读美国纽约大学出版课程。信中提到的李孟平（英文名字Bennett Lee）曾协助白杰明完成《干校六记》英文版的翻译工作。

　　翻译家施咸荣青年时曾就读清华大学外文系，师从钱锺书和杨绛两人。以后，他长期从事英美文学研究，更是时常要向他们夫妇求教。几十年来，施家与钱家一直保持着很亲密的关系。施咸荣的太太杜若莹也时常做一些家常小菜送到钱家。钱锺书和杨绛是无锡人，他们很喜欢吃杜若莹做的苏锡风味的菜肴。因之，"杜家菜"声名鹊起。

　　施家以前的餐桌，是一张能够旋转的红木圆桌，圆桌的做工甚为精美，桌子边沿镌刻着花纹，下部是葫芦形状的"百灵台"，且有镂空花纹的四翼，底座也是圆面，比桌面略小。据说，这张红木桌曾是民国初期的财政总长、后来华

[①] 杨淑尧：《杨绛先生佚简六封释读》，中国高校人文社会科学信息网，http://www.sinoss.net.

北头号汉奸王克敏的家具。

施咸荣在清华大学读书时,结识了王克敏的女婿倪先生。倪先生原是王府井中法药房的老板,王克敏在抗战胜利被民国政府枪决后,倪先生续娶了其四女儿,王克敏家的一些残余家具也就作为嫁妆带到了倪家。二十世纪五十年代初,施咸荣与杜若莹新婚后租住了倪家大院的房屋,又从倪家买了一些家具,其中就有这张红木圆桌。杜若莹年轻时素好烹饪,与施咸荣结婚后,租住在倪家大院的房间,认识了原来王克敏雇请的家厨,那人颇得"王家菜"真传,杜若莹从这位厨师处学到了一些烹制菜肴的厨艺。民国初期,"王家菜"曾是京城名噪一时的四大家庭菜肴之一。王克敏的宠妾小阿凤就是苏州人,善于烹制苏菜,还时常指导那家厨做菜。"王家菜"的特色是粤菜与苏菜的某种混合,注重养生,比较精致。

一九八五年中秋节前,钱锺书给施咸荣打来一个电话,说中秋节要来施家做客,他们夫妇一起过来。

那段时间,钱锺书、杨绛夫妇忙于写作研究,不仅杜门谢客,更是绝少到他人家中做客。施咸荣喜吟吟将这个消息告诉了杜若莹,杜若莹足足花了一个星期的时间买菜与选料。她特意从一位高干家里借来了"特供证",从特供商店买来了鸡鸭、活鱼等,烹制了一桌苏锡风味的丰盛菜肴。施咸荣之子施亮清楚地记得,那餐的冷盘有醉虾、白斩鸡、熏鱼、油焖笋,还有一个腊味大拼盘。热菜则有清蒸鳜鱼、炒鳝糊、八宝鸭子、冰糖肘子等。

那天在施家的家宴上,钱锺书吃得颇为惬意,大快朵颐,他连称已经多年未尝到真正的家乡菜了。吃到最后,他分明已经连连打饱嗝了,还忍不住伸出筷子要去夹一块肘子肉。杨绛坐在他的一旁,极其轻巧地用她的筷子一拨,警告地说:

"锺书啊,不能再吃啦,晚上又要闹胃疼啦。"

钱锺书"嘿嘿"憨笑一声,筷子略缩回一下,却仍夹了一小块瘦肉咀嚼着。他解嘲地嘟囔一句无锡话,意思好像是"我撑死也要做个饱死鬼"。

在施亮印象中,钱锺书是性情中人,有人批评他骄傲自负,其实他胸襟坦诚,一片纯真。施亮记得,钱锺书在席间与施咸荣顺口聊到乔伊斯的《芬尼根的守灵夜》,施咸荣直言说他读了几遍也看不懂,钱锺书哈哈大笑道:

"这才是老实人说老实话呢!跟你讲吧,我也看不懂!还有《尤利西斯》,谁能真正读懂啊?"

当天，席间确实很温馨融洽，充满家庭的随意气氛。施亮后来回忆道，"我们与钱、杨夫妇相处好像面对自己的亲人，特别轻松有什么就说什么。杨绛还亲切地问起施亮的妻子付研在医院工作的状况，又问我是否还在坚持写作，都写什么题材。她夹起一块白斩鸡吃，又顺便问我母亲：'对啦，你这白斩鸡怎么做得那么鲜嫩，诀窍在哪儿？'我母亲答：'关键还是火候，煮的时间不能太长，仅七八成熟就可以了，所以鸡汤就不能喝了。如果为了鸡汤好喝，就需要再多煮一些时间，但鸡肉就老了。'钱先生不住点头道：'有道理！许多事情都是这样，不能两得啊。'那天饭后还剩下很多菜肴，父母便统统打包给钱、杨夫妇带走，他们也很高兴地拎着下楼，乘一辆接他俩的小汽车而去。"①

杨绛在三里河南沙沟的寓所四室一厅，家里摆设非常简朴，没有豪华装饰和家具，地面是光光的黄木地板，没有铺设地毯。门左边有一间二十多平方米的房间，这是兼作书房的会客室，屋里只有五个中型书架并排着，给人一种坐拥书城的感觉。清澄的空间，体现了主人不尚繁华的气质。

印象当中，杨绛的住宅是一栋老式的多层红楼。若在几十年前，这楼的质量算是相当好的，主要分配给领导干部和各界名人，可现在无论是建筑材料还是房间格局都显得"落伍"了。杨绛的室内好像从来就没有像现在流行的那样大动干戈地装修过，仍保持着"老模老样""原汁原味"。墙是白灰粉刷的，地是水泥抹平的。家具很简单，客厅里没有太多的陈设，最显眼的是墙上挂的七言条联，上联"二分流水三分竹"，下联"九日春阴一日晴"，是主人的乡贤、清代金石学家吴大澂②的篆书。吴大澂的篆书很有名，小篆与金文融为一体，古拙洗练，工整精绝。壁悬名联，室内顿生高雅之气。另一个显眼的是，杨绛的书柜上还摆着钱锺书的照片。访者看着照片，既羡慕钱锺书的才学，也同情杨绛晚年的际遇。

走进杨绛、钱锺书的家里，只觉得满室书香。他们把客厅与书房合二为一了，主要空间都被书柜和书桌占据着。两张老式的单人沙发挤在一隅，权且待客。

---

① 施亮：《我家的"先生的餐桌"》，《今晚报》，2017年3月3日。
② 吴大澂（183—1902），初名大淳，字止敬，又字清卿，号恒轩，晚号愙斋，江苏吴县（今江苏苏州）人。清代官员、学者、金石学家、书画家，民族英雄。清同治七年（1868）进士。善画山水、花卉，精于篆书。皆得力于金石鉴赏修养。在第二次鸦片战争之后的1886年，在天时地利人和一个不占的谈判桌上，吴大澂据理力争，迫使沙俄重立土字碑，并对中国的出海权进行妥协：图们江口的出海权虽不能共享，但中国船只可以借道出海，俄国不得阻止。吴大澂又设法延长谈判，迫使沙俄归还了黑顶子山地区（今吉林珲春敬信镇）。其战略眼光与爱国精神令后人称颂。

简朴的房间里,最醒目的是大小书柜放满书籍:中文与外文、古典与现代杂陈,显示着两位主人中西文化贯通。《围城》的英、俄、德、日文译本也夹杂在其中。

杨绛曾称钱锺书为"书痴",其实夫妇两人均嗜书如命,乐此不疲。新的、旧的、中文的、外文的,但凡到手都要翻翻看看。好在供他们阅读的书,如富人"命中的禄食"那样丰足,会从各方面源源供应。外文书刊也从不断炊。只要手中有点外汇,他们就张罗着买书,国外出版社的稿酬,他们一般不取现金,而是开出书单子,请对方以实物支付。

屋里一横一竖两张旧书桌,大的面西,是钱锺书的;小的临窗向南,是杨绛的。

"为什么一大一小不一样呢?"人家问道。

"他的名气大,当然用大的;我的名气小,只好用小的!"杨绛回答。

钱锺书马上抗议:"这样说好像我在搞大男子主义,是因我的东西多嘛!"

杨绛笑吟吟地改口:"对,对,他的来往信件比我多,需要用大书桌。"

两人相濡以沫,彼此互助,正如胡志德所云:"钱与杨绛非常默契。正是这种默契,使得他们的生活变得十分自在。"①

在钱氏夫妇的客厅里,听两位世纪老人谈话,清言妙语、谈论风生,真是一种享受。尤其那逸兴遄飞的淘气话儿,时不时似珠玉般涌出,语惊四座,令人忍俊不禁。他们的幽默与众不同,有一股洞达世情又超出物外的味道,使人仿佛置身于一个智慧的世界里。特别是杨绛人如其文,在云淡风轻的谐趣之中,有潜沉的洞彻与谦和的宽容。"珠联璧合"用在他们身上毫不为过。难怪夏衍赞叹他们道:"这真是一对特殊的人物!"

钱锺书取得巨大的成功,离不开杨绛的扶持。钱锺书非常清楚这一点。早在一九八一年,新加坡的蔡叔卿为人们描述了他们夫妻充满鹣鲽之情的一幕幕场景:当年,蔡叔卿初次拜访钱锺书,入座后,钱锺书把收到有关《围城》的译本和书评翻出来,兴奋之余也还有一股他不应该得到这么多荣誉的抱歉神态……

"哦,杨绛女士在吗?我很想见见她。"

---

① [美]胡志德:《钱锺书》,北京:中国广播电视出版社,1990年12月第1版,第14页。

只见钱锺书颇为急切站起来,连说:"她在的,她在的!"转身往里走,没一会儿,把个娇小细致的杨绛给带了出来,是一个跟钱锺书同样和蔼却带点羞怯的女人,说话轻声细气的。黑呢毛衣衬得皮肤更加白皙,给人一种弱不禁风的感觉。

钱锺书把她按在我对面他刚才坐过的椅子上,很有兴味地看着她。听我问起她写作的事情,忙不迭地转身到书架去找书。杨绛在这边厢客气地说"我没写什么"时,他已经把手里一本书递到我面前,是美国耿德华写的《被冷落的缪斯:中国沦陷区文学史(1937—1945)》。他一翻就翻到231页,指着把有关杨绛那一段读出来,叫我吃惊的是他发音的纯正,真不愧是牛津大学出来的。我猛地想起,他的博闻强记,是文坛盛传的佳话,不禁骂自己太大惊小怪。

杨绛的谦虚礼让与钱锺书的急切想把她彰显出来,自然而然表现了夫妻俩的鹣鲽之情。我不由得这样想,钱锺书也许觉得自己的名气太大,所以不肯让杨绛隐在他的名气之下,他要她跟他同享一切的荣耀。当杨绛指着《围城》封面上那两个字这样告诉我时:"他说他出版的书要我写书名,我出版的书由他来写,其实,我写得并不好,新的版本我已重新写过,写得好一些。"更增加我对他俩夫妻情笃的看法。①

这些叙说非常传神,同时,钱锺书的猾急亦可见一斑。

杨绛和钱锺书除了恬淡自如之外,也喜欢聊天交流,甚至"有时也怕寂寞、也怕孤单,也怕意料不到的'冷落'",他们在文学所的同事胡明的一段回忆,可资佐证:

从八十年代初到九十年代初,我很幸运,不但"走近"过钱先生,而且有机会、有条件与钱先生在极近的心理距离上作过多次长谈,动辄几个小时,如坐春风,更幸运的是这种长谈又往往有杨季康先生一同参加。那一段时间正是钱先生夫妇住在南沙沟6号楼深居简出的晚年。虽然深居简出,但他们对中国学术界与我们两个文学所的事却知道得很多。在我的印象中,他们也很希望有信得过、谈得来的同事和朋友来聊聊天。我的拜访

---

① 蔡叔卿:《喜见钱锺书夫妇》,见牟晓朋、范旭仑编《记钱锺书先生》,大连:大连出版社,1985年11月第1版,第227—228页。

也是他们学术工作忙碌之余的一个调剂,看得出,他们很欢迎。

我们聊天说上海话,钱先生的上海话多点无锡口音和三四十年代的流行辞,我的话题更多的是六七十年代的上海新典故和文学所里八十年代初的人物春秋。我们不谈学术问题,更不提典籍文献,我们谈得最多的是人物,人物当然不是陶谢韩柳、李杜苏黄,而往往是何其芳、俞平伯、余冠英、吴世昌等,有时也谈钱钟联、程千帆;外文一摊的则是戈宝权、卞之琳、罗大冈,也偶尔谈及冯至、穆旦;杨先生谈得更多的是陈衡哲、苏雪林、凌叔华、陆小曼、林徽因等。我的印象中钱先生谈风气象阔大,机锋闪烁,语调如行云流水,但言辞犀利而雅洁,往往一目全牛,片语中的,也时时有李慎之先生说的那种"口没遮拦",处处显出先生性情开朗、襟怀豁露,处处显出先生学术人品的高风亮节。风之"高":俯视宇内,超越一代;节之"亮":清光照彻,一片纯明。与钱先生谈话,获益最多的倒不是那些学术人物的评价,而是感染到洞烛世事、辨识人心的一种敏悟和行止方圆、大节进退的一种自觉,这种感染最滋润我的灵魂,给我的"欣悦"是无尽的。

与钱先生的交往中有三件事,印象很深。第一件事与江绍原有关。钱先生曾给《文学评论丛刊》推荐来一篇江绍原的论《楚辞》的文章,我接到稿子一看,很感兴趣。谁知道,这一期的《丛刊》还没有印出来,我却接到了江绍原逝世的通知。通知要我某日下午一时半到商务印书馆集合,统一坐车去东郊火葬场与遗体告别。遗体告别那天,人去了不少,我刚走进那个简陋又拥挤的等候厅,就听到有人在呼叫我的名字:"胡明,胡明,到这边来!"我抬眼望去,在等候厅的一个隅角里,一张破旧的乒乓台边的长条凳上坐着杨季康先生,钱锺书先生站在那里不停向我招手。人群一堆一堆在聊天等候,居然没有一个人认识、更没有一个人照应钱先生夫妇,他俩孤单地?缩在那个隅角里。我赶紧挤过去与他们握手,钱先生脸上露出的喜悦近乎天真,激动地说:"你也来了,太好了!"于是我们坐下来边说话边等候。原先安排在下午第一场的告别仪式因故改为第二场——我们在东郊火葬场那个等候厅的隅角的长条凳上几乎谈了3个小时!那次的谈话内容(话题十分宽阔,也破例谈了许多学术,他还委托我传话给许觉民所长,下达好几条指示——钱先生是副院长)至今清晰可忆,但是那天钱先生头里的委屈和后来的兴致更给我留下深刻的印象。就是"神",有时也怕寂寞、也怕孤单，也怕意料不到的"冷落"。钱先生招呼我时的那份天真与激动，我终身难忘。①

朱圣弢在《钱锺书逃避诱惑》一文中追述："我去看望他们，每次都谈到夜幕降临，房间里很暗了。其实他很愿意与人交流，甚至渴望沟通，只是不喜欢应酬，更确切地说是不喜欢那种功利的带着目的应酬。"②

正是钱锺书这种颇为矛盾的性格，使他自己"夙愿中之著作，十未成一"。据范旭仑分析，钱锺书原来设想，《管锥编》的论述范围从先秦到晚清，但最终为什么没有写成？文章分析，不是才退体衰写不出，亦非卖关子有意不写出，主要是《管锥编》业已绝世无，钱锺书名满天下了，没必要费心卖命去锦上添花。这是范旭仑的臆测，但也可能是人之常情。他还更加大胆地猜想，钱锺书乐得逍遥，把大量日力精力抛洒在谈话写信上，容易表演才情学识，广积德结缘，来博取赢得今生来世的令闻广誉。他说，一个满腹经纶、能写会道而又精力旺盛、表演欲强烈的性情中人，如何能耐得住荒江茅屋闭门不闻窗外事的孤寂呢？③文中举了一个例子，许德政一次见钱锺书喜形于色，便问是何故，钱锺书答曰："没什么。外地有个人，碰到一个拉丁字，查字典，请教当地学者，来京又多方求教，刚才到我这儿来，我随口给他回答了。"④因此得到一个结论：人类的天性，一方面要卖弄，一方面又要掩饰。⑤

范旭仑不为尊者讳，披露了钱锺书自相矛盾一事。一九八五年五月三日，美国现代语言学会聘钱锺书为名誉会员，钱锺书写信给张隆溪，说本欲"告院方发电代辞，而院方以此乃纯学术组织，且与本院有业务交往，命弟接受。纱帽在首，身难自主"。而范氏查得钱锺书告院方发电的亲笔函，乃是"本欲"告院方发电代应允的，真相难免不堪。

这里可以参见潘小松的说法：

---

① 胡明：《迟到的纪念》，《光明日报》，1999年8月27日。
② 朱圣弢：《钱锺书逃避诱惑》，《申江服务导报》，1998年12月30日。
③ 范旭仑：《钱锺书的性格》，冯芝祥编《钱锺书研究集刊》第二辑，上海：上海三联书店，2000年12月第1版，第58页。
④ 范旭仑：《钱锺书的性格》，冯芝祥编《钱锺书研究集刊》第二辑，上海：上海三联书店，2000年12月第1版，第47页。
⑤ 范旭仑：《钱锺书的性格》，冯芝祥编《钱锺书研究集刊》第二辑，上海：上海三联书店，2000年12月第1版，第48页。

八一年美国普林斯顿大学曾以荣誉文学博士和薪金外另赠四千美金价值书籍为饵邀钱先生前往讲学，先生辞却之。八四年法国驻华大使馆通知钱先生说法国政府拟授其勋章，理由是"对中法文化交流的贡献"；"我因自忖并无这方面的贡献，不敢冒牌"，坚辞了。八五年美国现代语言学会选钱先生为荣誉会员，考虑到中美学术机构的关系，先生接受了。此末一事余亲历并代发致美方电文。[①]

范旭仑的这篇文章，或许"揭示"了钱锺书性格中少为人知的一面："钱锺书非'不好'名利，乃实好而畏避，矫情遏性，求己心不乱"而已。[②]

相对而言，杨绛待人接物，则更加讲究。陈子谦曾经写道，他"一直难以忘怀"的一件小事，他写道："一九八四年五月我去拜访钱锺书先生，那天是杨先生开的门，她是那样温文尔雅，一副娇小文弱的样子。当钱先生让我坐下以后，杨先生从里屋用旧式茶盘端出两杯茶来，递一杯给我，递一杯给钱先生，然后双手托着茶盘一直背朝里屋退下，直到我告别时她才从里屋出来，满脸微笑送我到门口，我连忙请杨先生留步，只有钱先生送我下楼。杨先生端茶的动作，特别是她的'却行'显然是一种旧式礼节，这在当时我真还觉得不好理解，特别是对一位后生晚学，何必如此'讲礼'，这般客气？联系着钱先生当时穿的那件对襟布褂，我真是谜一般地猜不透他们的心蕴。现在看来，这就叫文化，这就是我们的传统，不管你如何漂洋过海，懂得多少门外语，受多少西洋风气的影响，到头来骨子里的还是本民族的东西，根子还得牢牢地扎在民族文化的传统中。杨绛尽管留学过巴黎，翻译过《堂吉诃德》，写过现代剧本和小说以及理论著作，但到底还是中国传统文化熏陶出来的女性，所以才是那样的'文质彬彬''温柔敦厚'，写《干校六记》那样的作品也是'怨而不怒'……"[③]

自二十世纪八十年代以来，关心钱氏夫妇的人越来越多，许多仰慕他们的

---

① 潘小松：《钱锺书先生轶闻》，见牟晓朋、范旭仑编《记钱锺书先生》，大连：大连出版社，1985年11月第1版，第113页。

② 范旭仑：《钱锺书的性格》，冯芝祥编《钱锺书研究集刊》第二辑，上海：上海三联书店，2000年12月第1版，第46页。

③ 陈子谦：《天赋通儒自圣狂——正确理解钱锺书》，见氏著《论钱锺书》，桂林：广西师范大学出版社，2005年5月第1版，第282—283页。

第十三章 生活侧影

来访者络绎不绝，特别是"钱迷"们，杨绛只好出面挡驾。她说："我经常看到锺书对来信和登门的读者表示歉意；或是诚诚恳恳地奉劝别研究什么《围城》；或客客气气地推说'无可奉告'，或者竟是既欠礼貌又不讲情理的拒绝。一次我听他在电话里对一位求见的英国女士说：'假如你吃了个鸡蛋觉得不错，何必认识那下蛋的母鸡呢？'我直担心他冲撞人。"①

为了得到平常人的那份安宁，钱氏夫妇杜门谢客实属无奈。两人居家生活，相敬如宾。"杨绛练书法"的逸事，便是一例。

据高莽介绍："杨先生是钱先生的理发员，钱先生是杨先生的书法老师。年逾七旬的杨先生拿起毛笔练字，她请钱先生当教员，钱先生慨然接受。但提出严格要求：学生必须每天交作业，由他评分，认真改正。钱先生审批杨先生写的大字，一丝不苟或画圈儿或打杠子。杨先生嫌钱先生画的圈不够圆，找到一支笔管，让他蘸印泥在笔画写得好的地方打个标记。杨先生想多挣几个红圈儿。钱先生了解杨先生的心理，故意调侃她，找更多的运笔差些的地方打上杠子。我见过杨绛先生的大楷'作业'，她很重视钱先生的批示。两位老人童心不泯感情纯真如初。"②

住在杨绛对门的邹家华，是邹韬奋的长子，曾任中央政治局委员、国务院副总理。两家关系熟稔，十分要好。邹家华出差的时候，干脆就把家里印章留给杨绛，以便邮局送挂号件时能够使用。因为他与杨绛相处很好，教会她做大雁功。杨绛再教给钱锺书，两人一起做大雁功健身。

一九八九年，他们的女儿钱瑗第二次去英国伦敦做访问学者，回国时为两老买了一辆脚踏的健身车，于是两人每日各踩十五分钟健身车权作锻炼。若遇到晴好的天气，再双双散步一二十分钟。这些活动，给颐养天年的老人带来不少恬适和惬意。

据说，一直以来，杨绛总有交好的近邻，她在与谢蔚英（中国社科院文学所图书室的同事）做邻居的时候，杨绛多次问她生活有无困难，还变着法儿帮忙她，借口要找人抄《堂吉诃德》译作，找谢蔚英的大女儿吴同帮着抄，每每抄了一段后，总要付给多数倍的稿酬，让人真不知该如何报答才好③。

---

① 杨绛：《记钱锺书与〈围城〉》，见《杨绛作品集》（第二卷），北京：中国社会科学出版社，1993年10月第1版，第128页。
② 高莽：《钱锺书与杨绛》，《解放日报》，1999年4月12日。
③ 谢蔚英：《和钱锺书做邻居的日子》，《北京晚报》，1999年2月26日。

曾任《文艺报》第一副总编的吴泰昌是著名散文家、文学评论家，自二十世纪七十年代末开始，就与钱锺书夫妇"有着不间断的往来。不频繁，也不稀疏。或书信，或电话，或登门，在春天，在夏天，在秋天，在冬天"①。

在杨绛去世后，吴泰昌撰文缅怀，专门对"为何称杨绛为杨先生？"的问题，作了自己的解读：

一九八七年春天，有次去看望钱锺书和杨绛先生。钱先生开玩笑问我最近又有什么新著问世，我说正在编一本小书，书名叫《梦的记忆》，他听了微笑不语。我请他为我题签，他当即用毛笔写了。可惜，后来不慎丢失了。酷暑过去，心境也凉下来，我想起这个集子该交稿了。在一次电话问候钱先生安康时，顺便向杨绛先生提起了这个"不幸"。杨先生说钱先生正在病中，待精神稍好后再替我补写。可没两天就收到杨先生的信，附来了钱先生重题的书名，信中说："锺书还没有全好，医院回来，上床之前，为你写了'梦的记忆'四字。"

集子一九九〇年三月由广东花城出版社出版了，收到样书，即时呈送给钱先生和杨先生。杨先生在电话中先说谢谢、道贺之类鼓励的话，并说我后记中称谓他们为老师，"我和锺书担当不起，以后称我们先生吧……"不几天，我收到钱先生的信，写道："泰昌兄：奉到惠赠新著，见拙书赫然在封面上，十分惭愧……先此报谢，必将细读。"钱先生又在信末加了一段话："'师'称谨璧。《西游记》唐僧在玉华国被九头狮子咬去，广目天王对孙猴儿说，只因你们欲为人师，所以惹出一群狮子来也！我愚夫妇记牢那个教训。一笑。"

看了钱先生后加的这段话，又回想起杨先生的电话，多少了解谦虚的他们为何长期乐于接受他人给予的"先生"称谓了。这本是他们不愿自诩为"人师"的谦逊。杨先生病逝后，网上有许多疑问：为何称杨绛为杨先生？我的这点亲历说出来但愿对寻求答案的读者有点帮助。②

---

① 吴泰昌：《秋天里的钱锺书》，载《吴泰昌集：亲历文坛》，合肥：安徽文艺出版社，2019年9月第1版，第193页。

② 吴泰昌：《忆谦和细致的杨绛先生》，载《吴泰昌集：亲历文坛》，合肥：安徽文艺出版社，2019年9月第1版，第344—345页。

钱锺书的《围城》问世以后,学术界一时评论蜂起,有不少人认为《围城》的创作,受到英国小说《汤姆·琼斯》的影响,其实非也。从杨绛写于一九八九年的一封信,可见端倪:

志熙同志:
　　来函及附件均收到,锺书和我都向你表示感谢。大文早在《文学评论》上看到,但不知是经编辑擅改过的。锺书对于有关自己作品的毁誉,都不很关怀,因你花费那么大的心力,他很觉抱歉。有一点他愿意提供你参考。把《围城》和《汤姆·琼斯》比较是郑朝宗先生开始的。其实锺书对《汤姆·琼斯》并不太喜欢,也并未受到影响(他读的小说何止这一本呢),《围城》英译本译者序文早记载他在牛津时,"发现"了黑格尔的哲学和法国普罗斯脱的小说。
　　我们年老多病,未能详细作复,草此道谢。
　　即致
　　敬礼!

杨绛十四日
锺书附笔问候

杨绛"十四日"的这封回信,写于当年的十月十四日,是对解志熙几天前的一封道歉和求教的信之回复。其时,解志熙正在北京大学读博,他的博士论文也涉及《围城》,但因为不愿打扰两位老人,所以一直没有与他们联系。而之所以写信给他们,是因为他刚在《文学评论》一九八九年第五期发表的论文《人生的困境与存在的勇气——论〈围城〉的现代性》出了差错,心里很不安,所以致信道歉。

人民文学出版社重新推出《围城》不久,解志熙就买到一本,读得津津有味,觉得与中国现代文学史上的其他著名长篇大不一样,可究竟有怎样的"不一样"处,他当时却想不清楚、无力解释。于是去看当时陆续刊出的一些著名学者和批评家的文章,然而奇怪的是,这些文章对《围城》的好评,几乎众口一词地把它说得与《阿Q正传》《子夜》相差无几,同样推举为现实主义以至革命现实主义的杰作。这让他感到纳闷和失望。后来,随着视野渐渐开阔,他觉得与其说《围城》是一部现实主义的作品,不如说它更像一部现代主义的作品,更接近卡夫卡和加缪的杰作。他就依据自己的观感,写出了评论《围城》的文章。不久就被《文学评论》编辑部王信先生要去了,说是有点新意,准备在《文学评论》刊用。……由于稿子长达两万五千多字,其时《文学评论》积压的稿子较多,所以编辑部希望删节,结果是发表出来的文章,只留下开头和结尾的一万字。

解志熙理解编辑的不得已,但文章因此只剩下了开头和结尾,中间的具体分析全删了,估计钱锺书和杨绛两先生也会看到,自己心里很感不安,所以立即写信给钱锺书先生解释此事。其时,钱锺书先生正在病中,乃由杨绛给他回了这封回信。

杨绛在复信中说,"大文早在《文学评论》上看到,但不知是经编辑擅改过的",指的就是此文此事。同时,解志熙在致钱锺书的信中也乘机向他请教了一个问题,那问题与郑朝宗先生有关。郑朝宗是钱锺书的大学同学,也是好朋友。当《围城》出版之初,郑朝宗先生一九四八年曾以"林海"的笔名,在《观察》第5卷第14期发表书评《〈围城〉与"Tom Jones"》,认为《围城》主要取法于英国小说家菲尔丁的流浪汉小说《汤姆·琼斯》。二十世纪八十年代郑先生此文重新发表,在学术界影响广泛,几乎是被普遍接受的论断。

可是,解志熙基于自己对《围城》与《汤姆·琼斯》的阅读体会,不大同意郑先生的看法,因此在致钱锺书的信中有所质疑也顺便向他请教,于是杨绛在复信中代钱锺书先生回答道:"有一点他愿意提供你参考。把《围城》和《汤姆·琼斯》比较是郑朝宗先生开始的。其实锺书对《汤姆·琼斯》并不太喜欢,也并未受到影响(他读的小说何止这一本呢)。"这个回答来自钱锺书本人,而转述者杨绛则是菲尔丁专家,一九五七年就在《文学评论》第2期发表《菲尔丁关于小说的理论与实践》的杰出论文。解志熙本人认为,"以钱、杨两先生的关系,我相信杨绛先生此函中所转述的钱先生的话以及她自己的进一步解释,足以去除所谓《围城》取法于《汤姆·琼斯》的误解。这也正是杨绛这封回信的学术价值之所在——不知为什么,迄今为止的《围城》研究,似乎一直在重复郑朝宗先生的误解。"[①]

由此看来,杨绛的这封回信释放了重要的信息,也澄清了《围城》研究史

[①] 解志熙:《博学于文 行己有耻——杨绛、钱锺书先生的两封信及其他》,《现代中文学刊》,2019年第1期。

上的一个误区。

卞孝萱（1924—2009）是位自学成才的文史大家，成果丰硕，晚年在文史学界享有盛誉。卞孝萱与钱锺书相识之后，始有书信和赠书往来。"我那时每出版一本书就会送一本让他指教，他也是每出一本书就送我一本。"一九八〇年，《元稹年谱》出版后，他送了一册给钱锺书，请其指正，得评语"真积力久"。此时，正值人民文学出版社重印《围城》，钱锺书就送了一册给他，题"孝萱先生哂存，钱锺书奉"，钤印一方。

晚年，卞孝萱似乎对"钱学"产生了浓厚兴趣，较密集地发表了多篇有关钱锺书的论文，如《诗坛前辈咏钱锺书》《钱基厚笔下的钱锺书》《怎样解读钱锺书〈沉吟〉》《钱锺书冒效鲁诗案——兼论〈围城〉人物董斜川及其他》《钱锺书、乔曾劬唱和考》《成名前之钱锺书——〈孙庵老人自订五十以前年谱〉选注》《〈慎园诗选〉中所见之钱基博、钱锺书》《钱锺书评李详》及《钱锺书以杜诗、禅语评印》等。

卞孝萱的钱锺书研究侧重史实考证，这也是他作为史家擅长的地方。他的"钱学"研究，已有博士作过专文研究，认为其"钱锺书研究是先生晚年学术园地里的一片新栽，虽然浇灌未多，但枝叶扶疏，亦可使后学有所取庇。特别是其中体现出来的敏锐的问题意识与深刻的创新意识，文史互证的学术特点，都有春风化雨、澡雪精神的陶育之功，对推进'钱学'或其他学问的研究均有一定的影响与意义"。撇开他对钱学研究的贡献不谈，其对钱锺书个性也是比较了解的。对钱锺书的神形风貌，他曾用四个字形容："风度翩翩。"通过比较钱锺书的信札与著作，他得出这样一个结论："我从大量的现象中，领悟到钱锺书的一个特点：在信札中，他常常对人谦恭；而在著作中，笔下毫不留情。前者是他的处世之术，后者是他的治学之方，要全面理解。"

这个发现本身并不新奇，最后的结论却很精辟。私下他对钱锺书为人处世的评价就更直接，更能看出他的真实想法。其学生武黎嵩曾忆："师与钱锺书之父钱基博为忘年之交，师母段夫人与杨绛亦为同事，余因问先生与钱锺书交往情形。师云，钱锺书才气大，为人也尖酸刻薄，一旦被他骂了也不得了。故而，与钱锺书交往不能太密切，近则招谤矣，我对钱锺书也是敬而远之。"这"尖酸刻薄"四字，直有惊心骇人之感。有时，钱锺书与同辈学人相互不见容。故而杨绛曾为钱锺书辩解过："能和锺书对等玩的人不多，不相投的就会嫌锺书刻薄了。我们和不相投的人保持距离，又好像是骄傲了。"理解者如向达，言钱锺书:"人家口蜜腹剑,你却是口剑腹蜜。"①

在时任文学研究所所长刘再复的印象中,杨绛和钱锺书都是德高望重的老专家,对青年学者还是很关心的。据他忆述,那是在一九八六年,"我担任文学研究所所长之后不久,我受所里年轻朋友的委托,请求他和所里的研究生见一次面,但他谢绝了,不过,他让我有机会应告诉年轻朋友,万万不要迷信任何人,最要紧的是自己下功夫做好研究,不要追求不实之名。一九八七年,我到广东养病,他又来信嘱托我:'请对年轻人说:钱某名不副实,万万不要迷信。这就是帮了我的大忙。不实之名,就像不义之财,会招来恶根的。(一九八七年四月二日)'作为中国卓越学者的钱先生说自己'名不副实',自然是谦虚,而说'万万不要迷信'包括对他的迷信则是真诚的告诫。迷信,不管是迷信什么人,都是一种陷阱,一种走向蒙昧的起始。钱先生生前不迷信任何权威,所以他走向高峰,死后他也不让别人迷信他,因为他期待着新的峰峦"②。

同时,杨绛作为钱锺书的夫人,坚定地站在丈夫一边。据刘再复介绍:

> 一九八七年反对资产阶级自由化运动开始之前的一个多月。被聘请到广东去担任《现代人报》主编徐刚告诉我,说钱先生给刘宾雁写了一副对联,即"铁肩挑道义,辣手著文章"。这两句话原是李大钊之语,钱先生用以肯定刘宾雁的敢说敢言。没想到,得知此事不久(对联在报上刊出也不久),全国批判"资产阶级自由化"的"运动"开始了,邓小平点了方励之、刘宾雁、王若望三个人的名。当时社会科学院党组立即召集各所党委书记、研究所长等近两百名主要干部传达邓小平指示,并在院外租一旅馆进行"集训",胡绳作了非常严厉的报告。我也带着日常用品去参加集训三天三夜。回来后,我给钱先生打电话,他立即要我到他的三里河之家。一进门,我就开会的情况全告诉他了。并说:刘宾雁被"开除党籍"了。现在党内正在"批判"他。我知道钱先生关注此事,有一个具体原因是他刚刚写了对联赞美刘宾雁,所以就主动提起此事,并安慰钱先生说,您虽然给刘宾雁写了那对联,但这次"运动"不涉及党外,应当不会追查此事。他点点头,一句话也没说,只是呼唤了正在里

---

① 参见钱之俊:《"我对钱锺书也是敬而远之"》,《书屋》,2014年第11期。
② 刘再复:《钱锺书纪事》,载氏著《师友纪事》,北京:生活·读书·新知三联书店,2011年1月第1版,第4页。

屋工作的杨先生，让她出来和我们一起商量一下"要事"。杨先生一出来就说：写就写了。钱先生也接着说，对，写就写了，就这样吧。杨先生似乎早已胸有成竹，给钱先生镇定了一下。

钱先生虽然整天埋头著述，但头脑非常清醒，他好像明白，我虽然当了研究所负责人，其实头脑并不清醒，所以常常提醒我。一九八九年三月，我应邀将到美国五所大学（哥伦比亚大学、芝加哥大学、哈佛大学、斯坦福大学、圣地亚哥大学）进行学术交流并作学术讲演。钱先生除了托我把两本《洗澡》（杨先生小说）分别交给夏志清先生和李欧梵先生之外，就叮咛我说：你到美国这么多学校，交往的人很多，一定要注意一点：只讲公话，不讲私话。刚听钱先生的叮咛，我愣了一下，但很快就明白了，这是钱先生给我的护身法宝。倘若破译一下，就是要我言行端正，不可对任何人讲迎合的话，拉关系的话，更不可讲机密的话。在美国两个多月，我念念不忘的就是钱先生"不讲私话"的嘱咐。

这一年的五月上旬，我因为赶回去参加社会科学院纪念"五四"七十周年的国际学术讨论会（因飞机的耽误没参加上）被卷入政治风波，于八月初又来到美国。在芝加哥大学落脚后，我给钱先生打了一次越洋电话。接电话的是钱瑗。她放下电话去找钱先生。大约三分钟后，钱瑗说：父亲让我告诉你，在海外不要参加任何政治活动。政治不是我钱某能搞的，也不是你能搞的。钱先生这一叮嘱很认真，很郑重。过了几个月之后，香港天地图书公司陈松龄先生告诉我，说他刚到北京去拜访钱先生，一坐下来，钱先生就问，你们知道再复在海外怎样吗？接着又让我们转告你：在海外千万不要参加任何政治活动，政治不是我们这些人能搞的。钱先生不仅在学术上很严谨，在立身处世的态度和方法上也很严谨。绝不参与政治，这是他的坚定立场，也是他能够给予我的最具体、最大的关怀。钱先生的一再叮嘱，对我产生了影响。近二十年来，我绝对不涉足政治。对于社会，我也仅止于关怀，绝不直接拥抱社会是非。二〇〇二年，我在城市大学"客座"时，钱先生的忘年好友綦贵明兄和许德政诸兄到寓所拜访我。贵明兄说钱先生在我出国后一直牵挂着我，甚至在去世前不久还牵挂着。对于钱先生的这份情，我除了心存感激之外，就是要记住他在生前就投射给我的灵魂光辉，坚定地走独自进行精神创造的路，不可落入任何权力角逐的黑暗深渊。钱先生的智慧既呈现于他所创造的中国学问的高峰中，也呈现于具体的人间关怀与世事拒绝中。我真实地书写下来,既为我自己,也为其他如我一样天真而不知政治为何物的年轻朋友。①

刘再复的回忆,吉光片羽,显示了钱锺书、杨绛夫妇的睿智。

三

一九九三年六月,北京各大报刊忽然之间接二连三地刊登了这样的热点新闻,"《围城》再度被围""《围城》被盗印本围困,钱锺书欲依法突围""《〈围城〉汇校本》版权烽烟起""钱锺书和人民文学出版社陷入侵权困扰"一时间,一场有关《围城》的版权官司引起了社会舆论的普遍关注。

《〈围城〉汇校本》是一本对钱锺书小说《围城》进行汇校的书,使用的底本是载于《文艺复兴》杂志上的连载小说。一九九〇年,四川文艺出版社向上海图书公司职工胥智芬约稿,对《围城》一书进行汇校。胥智芬汇校时所依据的《围城》底本,分别为一九四六年二月至一九四七年一月连载于上海大型文艺月刊《文艺复兴》上的版本、一九四七年五月上海晨光出版公司初版本和一九八〇年十月人民文学出版社重印本。此书由四川文艺出版社一九九一年五月第一次印刷,六月重印,两次印数为3万5千册,并向钱锺书、杨绛致送了样书。

接到样书后的杨绛,在家里对正在做客的人民文学出版社责任编辑黄伊说:

"《〈围城〉汇校本》又不是《红楼梦》《水浒传》,作家还活着,四川一家出版社竟出了一本《围城》汇校本,有什么意义?"

钱锺书补充道:"我们事先一点也不知道,我看这是变相的盗版。"②

于是,钱锺书和人民文学出版社向上海市中级人民法院提起诉讼,提出四川文艺出版社和胥智芬未经原书作者同意,对《围城》进行汇校并予以出版,侵害了原作者对《围城》一书的演绎权和出版使用权,也侵害了原授权出版社的专有出版权。这起官司轰动一时,各方看法不一,众说纷纭。法院最后判决,由四川文艺出版社和胥智芬共同赔偿钱锺书和人民文学出版社的经济损失。这

---

① 刘再复:《钱锺书纪事》,载氏著《师友纪事》,北京:生活·读书·新知三联书店,2011年1月第1版,第20—23页。

② 转引自汤溢泽:《透视钱锺书》,长沙:湖南人民出版社,2006年5月第1版,第245页。

本《〈围城〉汇校本》,曾引发了一场与钱锺书的官司。

但是,现代文学作品可不可以"汇校",需不需要"汇校"?四川文艺出版社的龚明德先生始终坚持自己的看法,而且他在学术界也获得一些舆论支持。例如,复旦大学教授陈思和写了文章《为新文学校勘工作说几句话》,对现代文学作品是否有必要校勘提出了看法,并以郭沫若《女神》的修改和巴金的序跋为例,指出研究新文学者,要从初刊文、初版本出发,也就是首先要做汇校工作,才谈得上研究。现代文学作品的汇校本正是为适应这种高层次的研究而出版的……花费了汇校者的严肃劳动,而且有益于新文学研究的工作。①

鲁迅研究专家王得后甚至认为《〈围城〉汇校本》案的审判结果是禁止了现代文学"汇校本"的出版,这对于现代文学的研究"损害是严重的"。他说:"汇校是研究者的本分工作,是公民劳动权利中的一种权利。作者有修改自己作品的权利,但修改过的作品一经出版,不说这已经是商品,总可以说已经是社会公器吧?那么,研究者就有进行比较、校读和汇校的权利。这两种权利互不干涉;只能也应该互相尊重,但彼此是平等的,谁也不能禁止的。"②

作为《〈围城〉汇校本》责任编辑的龚明德,曾写过一篇《〈围城〉汇校本十年祭》的文章,发表于《深圳晚报》的《围城》六十年专号上。他在文章说:"在十年后的今天,我来重新翻看一九九一年五月由四川文艺出版社印行的典雅端庄的初版本《〈围城〉汇校本》,真是欲哭无泪……"只能对这本无法重印的书来一次无声的祭奠。

他在这篇文章的最后写道:

> 我无心来谈《〈围城〉汇校本》的贡献呀、缺陷呀等,倒不是我已经堕落,而是关于这方面的话题已经被人们说得差不多了。官司失败后,学术界的同行都对我表示同情,说我是遭了天大的冤枉。含有这些内容的文章,大多公开发表过,而且都是发表在大报大刊上。我自己,却再也没有发言的勇气了……
>
> 《围城》汇校本从问世到现今,有十六年了。去年,北京某读书大报还发表了一篇为我打抱不平的文字。王得后先生的呼吁,是严谨的学术

---

① 陈思和:《为新文学校勘工作说几句》,见罗思编:《写在钱锺书边上》,上海:文汇出版社,1996年2月第1版,第190—191页。

② 王得后:《中国现代文学的汇校和校记问题》,《中国现代文学研究丛刊》,2005年第2期。

研究界的共同声音。我期待在我有生之年,能不受任何干扰地做点学术活路。

谨此,吊唁《围城》汇校本被"判死刑"十年!

《读书》二〇〇九年第二期杂志上刊登彭林祥的《又见汇校本》,文中写道:

与此案同时,学术界对《〈围城〉汇校本》所引发的现代文学作品的校勘、版本等问题展开了广泛的论争。参与这场论争的有施蛰存、黄裳、朱金顺、陈思和、何满子等,他们就作品修改和校勘提出了各自的观点。一位先生认为:"《围城》是当代作品,又不是古典名著,并不存在各种版本文字互异的问题,有些地方是作者自己对初版做了修改,何劳别人再去'汇校'?"作为钱先生的好友,黄裳先生在《〈围城〉书话》中也对此发表了自己的看法,他认为作家有著作权,有修改自己的作品的权利,自然也有是否重印旧作的权利,而不经作者同意就擅自翻印,自然是侵权。陈思和先生则在《为新文学校勘工作说几句话》中对现代文学作品是否有必要校勘提出了看法,他以《女神》的修改和巴金的序跋为例,指出研究新文学者,一定要从初刊文初版本出发,也就是首先要做汇校工作,才谈得上研究。现代文学作品的汇校本正是为适应这种高层次的研究而出版的,出汇校本是花费了汇校者的严肃劳动,而且有益于新文学研究的工作。紧接着,黄裳先生又写了《〈围城〉书话续》回应,他主张有条件地校勘,重申应该在作家过世,作品已成古典时,研究者才能进行这种工作。朱金顺先生也写了《也谈"汇校本"》参与争鸣。他引用钱锺书《人·兽·鬼》和《写在人生边上》"重印本"序文的内容,表达了对一些老作家拒绝汇校的理解。但他认为,简单地认定出版《〈围城〉汇校本》就是变相盗版,恐怕不是实事求是的结论。如果因它出现了纠纷,就断定新文学领域没有校勘问题,不需要有什么汇校本,也是失之武断的。稍后,陈思和先生又写了《再为新文学校勘工作说几句话》,对黄裳先生的观点又展开了辩驳。双方你来我往,各执一词,谁也说服不了谁。这一论争的余波至今未平。

现代文学史家陈子善谈到这个汇校本时曾说过:"对于版本学家以及《〈围

城〉汇校本》的粉丝来说,这个汇校本自有其价值,只可惜当年惹来了一场官司。"他对《围城》汇校本引发的官司没有发表意见,但对其学术价值予以充分的肯定。

著名文化人流沙河也曾为龚明德鸣不平:"为《〈围城〉汇校本》吃官司,明德先生冤哉枉也,友人皆知。为中国现代小说名著出汇校本,是他的大发明。这有必要吗?我看有必要。因为这些作品一再翻版,作者随之一再修订,已成常例。汇集新旧版本而比较之,而互校之,从文字的改动看文心的改变,可加深对作者的了解,为名著研究新踩一条路。这难道不好吗?好固然好,奈何出版法规可能尚欠周密,牵扯到作者的权益,终不免吃官司。蜀谚云:'起得太早,遇见鬼了。'此之谓也。关于《〈围城〉汇校本》的是非,明德先生有一篇答记者问作申辩,说得十分透彻……"[①]

四

随着岁月的流逝,杨绛和她的丈夫钱锺书年事渐高,她常常自比"红木家具"。她常说:"年纪大了,别看咱们外表挺结实,其实是红木家具。你知道红木家具吗?那是一种用胶水粘起来的家具,摆在那里挺好看的,就是不能搬动。"

从一九九四年开始,钱锺书身体一直欠佳,先是因发烧而住院。医生查出他膀胱部位有癌变,手术中又发现他右肾萎缩坏死。在成功切除癌变组织的同时,医生把坏肾也拿掉了。在钱锺书住院治疗期间,杨绛五十多天不离丈夫左右,她在丈夫的病房内安放一床日夜服侍。待钱锺书病好出院时,杨绛也摇摇晃晃快成纸做的了。在钱锺书住院期间,医生、护士、朋友们多次劝她回家由别人替换,她却一往情深地说:"锺书在哪儿,哪儿就是我的家。"说话时她倦乏憔悴的脸上呈现出静静的笑容。

张建术的《魔镜里的钱锺书》真实地记录下杨绛夫妇医院病床对谈的情景:夜渐深,敲窗的雨声时缓时紧,大颗小粒的雨珠沿着玻璃拉长,零碎地折射进星星点点的光亮。

"季康,不是说咱们找的人手明天就来吗?明天你就回家吧。"黑暗里,钱

---

① 流沙河:《〈新文学散札〉序》,见氏著《晚窗偷得读书灯》,北京:新星出版社,2015年1月第1版,第84页。

锺书说。

"这怎么行,咱这只是从帮忙辅助的意义上找的人,我不走。"折叠床上的杨绛说。

"你可以站在一旁看看她做,看过了你总该放心,就明天一天啊。"

"默存,我发现《槐聚诗存》上有几处我抄错了字,书都印出来了,这可怎么好?"

"打岔。说你该回家的事。"

"我怎么能把你的诗抄错了呢?真是的。我怎么会抄错了呢……"小床上她叹着气。

"明天你就回家去吧。……"

没有回答。在被街衢道路包围的医院里,夜深时总能听见车声。雨地过车声又有不同。床头柜那边传来钱锺书摸索的动静。杨绛问:"找安眠药?"

"睡不着,闹离愁了吧?吃一片吧。不用你,不用开灯。"

杨绛起身,按亮壁灯,端上温开水,看着丈夫服下舒乐安。她自己也拈出一片,钱锺书伸手接住。杨绛挣道:"这不公平,在家时不是我吃安眠药你也陪着吃吗?你说过中毒俩一块中,岂可让我独中乎?"

钱锺书拉着她的手臂:"你不失眠,最近睡得挺好,白天一累,夜里呼噜打得跟咱家原先养的猫似的……你告诉浙江文艺(指出版社),他们不是让我给你的散文集题字吗?我写。"伉俪感情之深笃,于此可见一斑。

钱锺书这次病愈不久,又生病住院,一住四年余,终于不治。先是感冒发烧,医生检查时,又发现膀胱颈上长癌。动手术。不料术后发生急性肾功能衰竭。抢救多天,做血液透析,插管子进行血液体外循环。在这个过程中,杨绛一直陪伴在钱锺书身边,她非常着急,寝食难安。

打这以后,钱锺书一直住院。这一时期,由于药物治疗的副作用,他不能正常说话,语言功能基本丧失,但头脑依然清楚。在这几年里,他已经不能正常进食,只能采取鼻饲的办法。这需要杨绛每天在家里熬了鸡汁或鱼汁送到医院,以便与医院的营养液合在一起。这样,就得每天准时送到。准备工作虽有保姆帮忙,杨绛却必须亲自照料。忙里忙外,她也感到十分疲惫。

杨绛在一封给友人的信中说:"我实在太疲劳了,不得不要女儿代我送去,让我休息几天。但我女儿工作极忙,我又心疼我的女儿。"她每天晚上都睡得很晚，有时甚至夜里两点钟才就寝。①

五

杨绛不仅悉心呵护钱锺书的身体，对《围城》的改编也十分关注。《围城》是钱锺书的传世之作，在荧屏上再现围城故事，一直是电视文艺工作者的夙愿。孙雄飞、屠传德、黄蜀芹等人改编了剧本，专门征询钱锺书、杨绛的意见，时在二十世纪九十年代初期。

黄蜀芹等人首先想到，必须取得钱锺书同意改编《围城》的授权，之前曾有不少人动过改编《围城》的念头，奈何钱锺书坚持"拙作上荧屏不相宜"。

钱锺书、杨绛夫妇与黄蜀芹的父亲黄佐临称得上世交，"孤岛"时期，黄佐临曾经帮助过他们。当时，钱锺书与杨绛于二十世纪四十年代蛰居上海，以著书立说为主，另兼几份教书工作，非常拮据，而就是在这个阶段完成了小说《围城》。黄佐临看中杨绛写的《称心如意》和《弄真成假》两个剧本，先将一笔丰厚的稿费送去，以解他们生活困顿的燃眉之急，再亲任导演，把这两个戏搬上舞台，由苦干剧团上演。

但是，黄蜀芹并没有因此而觉得可以贸然去求钱老先生同意，反而更加顾虑重重，她对孙雄飞说："我真的很怕，万一拍不好，惹得老先生不满意怎么办？或者老先生和老太太根本不同意我们拍，侬讲哪能办啦？"

机灵的孙雄飞出了个主意，才使黄蜀芹觉得靠谱、可行。孙雄飞拜访与黄佐临交往很深、友情非同一般的柯灵，请这位德高望重的老报人、老编剧写了一封引荐信。有了好友晚辈的身份，加上柯灵的亲笔引见，如此双管齐下，黄蜀芹终于鼓足勇气，和孙雄飞一起登上飞往北京的飞机。

叩开位于北京三里河的钱锺书家门，黄蜀芹立刻心定许多。气度不凡的大师丝毫没有传说中的冷僻孤傲、言辞犀利，夫妇俩热情周到地接待黄蜀芹和孙雄飞，坦率、真诚，没有客套与敷衍。在黄蜀芹眼里，他们是跟父母一样超脱率真的同类知识分子。当钱锺书知道黄蜀芹就是黄佐临的女儿时，立刻答应把小说改编权授予这位"贤侄女"。

把小说改成电视剧，无非两种方法：一种是力求忠实于原著，另一种是利

---

① 罗洪：《纪念钱锺书先生》，《解放日报》，1999年1月25日。

用原著的故事构架和人物关系，进行再创作。对于《围城》这样一部名著，黄蜀芹和孙雄飞当然一致认为应该采取前一种方法，原汁原味地把原著的精神展现出来：不回避这群人的弱点，从人性的角度透视人生，具有一种超脱意识。

方鸿渐这个人物的基调是什么？黄蜀芹对杨绛的一句评论印象很深："方鸿渐是个被动型的主角。他总是对别人的态度作出反应，被留学、被爱、被结婚……当然，他是个好人，所以，他不愿同流合污但又不得不随波逐流，不想欺世盗名又不得不弄虚作假，以至于最后结了婚又觉得陷入了围城。"剧本便抓住方鸿渐犹如无根浮萍的性格，并以他为主来写抗日战争前期的这群现代知识分子。人物成功，改编就成功了大半。

如何讲故事？黄蜀芹和孙雄飞商量后确定，以方鸿渐的人生旅途经历为故事线索和中心视角，把小说《围城》的九章改成十集，每两集为一单元，共五个单元。最后让方鸿渐颓然归家，身心疲惫地倒在床上，挂钟敲了六下。黄蜀芹觉得，方鸿渐绝不可能离家出走，只能无奈地归来——这样的结尾才有深意。这是钱锺书给人物定的基调，是基于时代与生活的思考给出的结论，不能轻易修改。

在改编《围城》的同时，《画魂》的准备工作也不能完全放下。不料，在一次为《画魂》选景途中出了车祸，黄蜀芹的右小腿粉碎性骨折，郑长符原本有伤的腰再次受损。伤筋动骨一百天，黄蜀芹只能躺倒休养。与此同时，拍摄《围城》的准备工作拉开了序幕。黄蜀芹坐着轮椅，丈夫郑长符是"特别护理"，不拿报酬的编外人员，推着轮椅，夫妻双双进了剧组。

黄蜀芹给演员们定了个原则：快乐。因为拍的是名著，大家可能会有些心理负担。所以，黄蜀芹这样要求自己，也这样要求摄制组的每一位，要尽情尽兴快乐地拍、快乐地演。黄蜀芹就以一种放松的心态进入《围城》的创作。她不写导演阐述，也不作人物分析。她对全组演员只说一句话："《围城》是不装蒜的聪明人戳穿装蒜的自以为聪明的人的一部作品。"再三强调："不要有名著情结，不要有压力，放松了演！"

黄蜀芹最欣赏杨绛的一句话："写《围城》的钱锺书是'痴气十足'的钱锺书。"黄蜀芹理解，这"痴气十足"指的是钱锺书真诚、童心、游戏感十足的创作心态。因此，黄蜀芹不想用理性分析来束缚大家，免得演员失去灵性而显得呆板。她坚决要求大家扔掉包袱，《围城》中的那些留洋学生、大学教授也是普通人，他们未必个个西装笔挺、风度翩翩，他们身上也有程度不同的猥琐与丑陋。

黄蜀芹决定十天拍一集，一百天拍完，像电影一样采用双机拍摄，一段戏从头至尾反复数遍，耗片比达到1:6。每集戏不是一般电视剧的两百多镜头，而是翻了一倍，然后交叉剪辑加选择组接，每个镜头都为观众提供足够的信息量，以求达到这样的效果：观众期待的不是下一集的情节将如何展开，而是下一个镜头有什么吸引人的新内容。

钱锺书、杨绛两人对黄蜀芹改编的《围城》基本满意，钱锺书的信中说：录像带他们一家三口"费半夜与半日，一气看完"；杨绛在信底部附上小字写道："我们看录像看得寝食俱废！"两位老人信中对"贤侄女"的关心，让黄蜀芹感动；他们对电视剧的具体评价，更让她兴奋。她当即给钱锺书、杨绛两人回封长信，做了一番自我批评。很快，二老回信，对改编过程中不可避免的遗憾表示包容。钱锺书借《红楼梦》里史湘云说话"咬舌子"作比，"脂砚斋评语说什么'真正美人方有一陋处，如太真之肥，飞燕之瘦，西施之病'等。只有不创作的人，才会不创作坏东西。想来令尊大人也会同意的"。

钱锺书对于《围城》的改编有很精辟的见解："影视艺术当然和文学不尽可比。书中精细的心理描写和巧妙机智的语言难以在电视片中充分表现，但是影视艺术通过人物、场景、形象给予的视听直觉也非小说所能代替。总之这部电视是编、导、演的一个杰作。"杨绛更是笔触灵动地说道："我们院内的领导和许多同事看了《围城》电视录像都欣赏得不得了，有一人坐在桌上笑得跌下来。"①

一九九〇年十一月二十一日，中央电视台黄金时段开播《围城》，那天正是钱锺书八十寿辰。黄蜀芹很高兴，她带领"快乐团队"，选这样一个令人快乐的时机，向钱锺书表示敬意。

十集连续剧《围城》成为中国电视史上的一部精品，荣获第十一届"飞天奖"长篇电视剧二等奖、优秀导演奖、优秀男主角奖和第九届中国电视金鹰奖优秀电视剧奖。面对荣誉，黄蜀芹说："我觉得这是大家齐心协力的结果，当然，我也很开心，觉得自己很幸运。"②

果然，电视剧《围城》在全国播出后，钱锺书更成为街谈巷议的议论话题，

---

① 王彦：《我们没有忘记黄蜀芹 她的电影是解读人世的眼睛》，《文汇报》，2017年9月15日。
② 沈一珠、夏瑜：《写意光影织妙镜·黄蜀芹》，上海：上海文化出版社，2017年9月第1版，第122—143页。

"甚嚚，尘且上矣！"

由名著改编的影视作品往往存在着是否尊重原著的问题，在这一点上，黄蜀芹与钱锺书合作得很愉快："我是从十几年前与钱锺书和杨绛两位先生接触的，我觉得他们并不像外界说的那样不可接近，而是非常和蔼可亲。在改编《围城》时，与钱锺书先生的沟通没有任何困难，因为他一直强调：小说是小说，电视剧是电视剧，这根本就是两种不同的艺术形式。先生总是说随我们的便，爱怎么样就怎么样。从来也没有说过你们必须这样、不要那样，这也是很明智的。"这是黄蜀芹后来的追述。

杨绛对电视剧《围城》的改编、拍摄倾注了不少心血。对此，编剧孙雄飞记忆深刻，他说：

第一次访问，太出乎我们的意外。热情的接待，真诚的鼓励，使我和黄蜀芹心里都觉得热乎乎的。我们相约9月7日下午再次拜访，聆听他们对剧本的意见。

为了我们7日的拜访，杨绛这一天半中一直坐在书案边，读了两遍剧本，并逐段写出了修改的意见。

"现在的剧本比我们想象的要好，"杨绛在肯定剧本的基础上说，"我对剧本最大的意见是开头。小说是文字写的，轻描淡写记载了几桩事，不是给人很深的印象。现在变成形象，这个印象就深了，好像方鸿渐是个骗子，从这个女人追到另一个女人。其实方鸿渐这个人心肠软，意志弱，略有才学，却不能干。他的性格是被动的。什么都不主动，他反抗了一下老太爷，被一骂，就不声不响地坐下来……"

钱锺书补充道："方鸿渐是个被动的主角。Things happen to him。"

杨绛说："实际上，是苏文纨在追他，而且还受了鲍小姐的骗，现在的开头容易给人以不好的一个印象。追女人呀，很荒唐啊，品德完全不可取的形象。听蜀芹同志讲过，现在的剧本要改成十集，我有一个大胆的想法，干脆把船上的戏砍掉。戏从下船起，鲍小姐这个人物不要，用照片，用苏小姐的几句话把过去的事交代出来……"

她为我们设计了一个较详细的修改方案。接着，她谈了结尾的钟、方鸿渐游学四年等数十条意见。在纠正剧中人怎样称呼太太、老爷时，钱先生学着叫花子的腔调说："先生，先生娘娘……应该是这样叫的。"引得我们笑了起来。"上次孙同志提到《围城》的内涵,我这里写了一段。"杨绛继续说,"现在只用春川菜馆筵席上褚慎明的议论,只用了一点,不清楚。这一段文字在片头工作字幕,也可以用作旁白。"她把纸条递给我,纸上写着这么一段文字:

《围城》的主要内涵:"围在城里的想逃出来,城外的人想冲进去。对婚姻也罢,职业也罢。人生的愿望大都如此。"①

杨绛对小说《围城》含义的概括,言简意赅,后来在电视连续剧每集的片头出现,并配上这一旁白。

六

一九九八年五月十四日,杨绛在北京《人民日报》和上海《文汇报》同时发表《吴宓先生与钱锺书》。后来,杨绛又将该文先后刊发在同年五月二十六日的天津《今晚报》《读书》第六期和《书屋》第七期,并被许多报刊转载转摘。现将《吴宓先生与钱锺书》引述如下:

钱锺书在《论交友》一文中曾说过:他在大学时代,五位最敬爱的老师都是以哲人、导师而更做朋友的。吴宓先生就是其中一位。我常想,假如他有缘选修陈寅恪先生的课,他的哲人、导师而兼做朋友的老师准会增添一人。

我考入清华研究生院在清华当研究生的时候,钱锺书已离开清华。我们经常通信。锺书偶有问题要向吴宓先生请教,因我选修吴先生的课,就央我转一封信或递个条子。我有时在课后传言,有时到他居住的西客厅去。记得有一次我到西客厅,看见吴先生的书房门开着。他正低头来回来回踱步。我在门外等了一会,他也不觉得。我轻轻地敲敲门。他猛抬头,怔一怔,两食指抵住两太阳穴对我说:"对不起,我这时候脑袋里全是古人的名字。"这就是说,他叫不出我的名字了。他当然认识我。我递上条子略谈锺书近况,忙就走了。

---

① 孙雄飞:《钱锺书、杨绛谈〈围城〉改编》,见沉冰主编《不一样的记忆》,北京:当代世界出版社,1999年8月第1版,第341—342页。

钟书崇敬的老师，我当然倍加崇敬。但是我对吴宓先生崇敬的同时，觉得他是一位最可欺的老师。我听到同学说他"傻得可爱"，我只觉得他老实得可怜。当时吴先生刚出版了他的《诗集》，同班同学借口研究典故，追问每一首诗的本事。有的他乐意说，有的不愿说。可是他像个不设防的城市，一攻就倒，问什么，说什么，连他意中人的小名儿都说出来。吴宓先生有个滑稽的表情，他自觉失言，就像顽童自知干了坏事那样，惶恐地伸伸舌头。他意中人的小名并不雅训，她本人一定是不愿意别人知道的。吴先生说了出来，立即惶恐地伸伸舌头。我代吴先生不安，也代同班同学感到惭愧。作弄一个痴情的老实人是不应该的，尤其他是一位可敬的老师。吴宓先生成了人口谈笑的话柄——他早已是众口谈笑的话柄。他老是受利用，被剥削，上当受骗。吴先生又不是糊涂人，当然能看到世道人心和他理想的并不一致。可是他只感慨而已，他还是坚持自己一贯的为人。

钱钟书和我同在英国牛津的时候，温源宁先生来信要钟书为他《不够知己》一书中专论吴宓的一篇文章写个英文书评。钟书立即遵命写了一篇。文章寄出后，他又嫌写得不够好。他相信自己的英文颇有进境，可以写出更漂亮的好文章。他把原稿细细删改修润，还加入自己的新意，增长了篇幅。他对吴宓先生的容易受愚弄不能理解，对吴先生的恋爱不以为然，对他钟情的人尤其不满。他自出心裁，给了她一个雅号：super-annuated Coquette。 Coquette，在我国语言里好像没有等同的名称，我们通常译为"卖弄风情的女人"，多少带些轻贱的意思。英语里的这个字，并不一定是贬辞。如果她是妙龄女郎，她可以是个可爱的女子。但是加了一个形容词super-annuated（过期的，年龄过高的，或陈旧的），这位Coquette只能是可笑的了。如译成中文，名称就很不客气，难免人身攻击之嫌。而这两个英文字只是轻巧的讥诮。钟书对此得意非凡，觉得很俏皮。他料想前不久寄给温源宁先生的稿子不会立即刊登。文章是议论吴宓先生的，温先生准会先让吴先生过目。他把这篇修改过的文章直接寄给吴先生，由吴先生转交温先生，这样可以缩短邮程，追回他的第一稿。他生怕吴先生改掉他最得意的super-annuated Coquette之称，蛮横无礼地不让删改一字。他忙忙地寄出后就急切等待温先生的欣赏和夸奖。

温先生的回信来了，是由吴先生转来的。温先生对钟书修改过的文章毫无兴趣，只淡淡说：上次的稿子已经刊登，不便再登了。他把那第二稿寄吴宓先生，请他退回钱锺书，还附上短信，说锺书那篇文章当由作者自己负责。显然他并不赞许，更别说欣赏。

锺书很失望，很失望。他写那第二稿，一心要博得温先生的赞赏。不料这番弄笔只招来一场没趣。那时候，温源宁先生是他崇敬的老师中最亲近的一位。温先生宴请过我们新夫妇。我们出国，他来送行，还登上渡船，直送上海轮。锺书是一直感激的。可是温先生只命他如此这般写一篇书评，并没请他发挥高见，还丑诋吴先生爱重的人——讥诮比恶骂更伤人啊，这对吴先生出言不逊。那不是温先生的本意。锺书兴头上竟全没想到自己对吴先生的狂妄。

锺书的失望和没趣是淋在他头上的一瓢清凉水。他随后有好多好多天很不自在。我知道他是为了那篇退回的文章。我也知道他的不自在不是失望或没趣，而是内疚。他什么也没说，我也没问，只陪着他心中不安。我至今还能感到那份不安的情味。因为我不安也是内疚。我看到退稿，心上想了想：温先生和吴先生虽然"不够知己"，究竟还是朋友；锺书何物小子，一个虚岁二十七的毛孩子，配和自己崇敬的老师辈论知己吗？我如果稍有头脑，应该提醒他，劝阻他。尽管我比他幼稚，如果二人加在一起，也能充得半个诸葛亮。但是我那时身体不适，心力无多，对他那两篇稿子不感兴趣，只粗粗地看看，跳进眼里的只是那两字的雅号，觉得很妙。我看着他忙忙地改稿寄信，没说什么话。我实在是对他没有关心，而他却没有意识到我的不关心。这使我深深内疚。我们同在内疚，不过缘由不同。

我的了解一点不错。多年后，我知道他到昆明后就为那篇文章向吴宓先生赔罪了。吴先生说："我早已忘了。"这句话确是真话，吴宓先生不说假话。他就是这样一位真诚而宽恕的长者。

一九九三年春，锺书住医院动了一个大手术。回家刚不久，我得到吴宓先生的女儿吴学昭女士来信，问我们是否愿意看看她父亲日记中说到我们两人的话。她征得同意，寄来了她摘录的片段。锺书看到后，立即回信向学昭女士自我检讨，谴责自己"少不解事，又好谐戏，同学复怂恿之，逞才行小慧……"，等等。这段话似乎不专指一篇文章，也泛指他早年其他类似的文章。信上又说："内疚于心，补过无从，惟有愧悔。"

这显然是为了使吴宓先生伤心的那篇文章。尽管他早已向吴先生当面请罪，并得到宽恕，他始终没有忘怀。他信上还要求把他这封自我检讨的信附入《吴宓日记》公开发表，"俾见老物尚非不知人间有羞耻事者。"按说，多年前《天下》刊登的那篇文章是遵温源宁先生之命而写的，第二稿并未公开发表，读到全文的没几个人。小事一桩，吴先生早已忘了，锺书也不必那么沉重地谴责自己。可是，我过去陪着他默默地内疚，知道他心上多么不好过。他如今能公开自责，是快意的事。他的自责出于至诚，也唯有真诚的人能如此。锺书在这方面和吴宓先生是相同的。吴宓先生是真诚的人，锺书也是真诚的人。

　　锺书对我说：吴宓先生这部日记，值得他好好儿写一篇序。他读过许多日记，有的是Rousseau式的《忏悔录》，有的像曾文正公家书那样旨在训诫。吴先生这部日记却别具风格。可惜他实在没有精力写大文章，而他所看到的日记仅仅是一小部分。他大病之后，只能偷懒了。他就把自己的请罪信作为《代序》。

　　《代序》中说，他对吴宓先生"尊而不亲"。那是指他在清华当学生的时期。其实，吴宓先生是他交往最长久、交情最亲近的一位老师。其他几位，先后都疏远了。六十年代初，吴先生到了北京，还到我家做客，他在我们家吃过晚饭，三人在灯下娓娓话家常，谈体己，乐也融融。此情此景，一去不复返了。

　　现在却流传着一则谣言，说钱锺书离开西南联大时公开说："西南联大的外文系根本不行：叶公超太懒，吴宓太笨，陈福田太俗。"自命"钱学专家"的某某等把这话一传再传。谎言传得愈广，愈显得真实。众口一词，还能是假吗？据传，以上这一段话，是根据周榆瑞的某一篇文章。又据传，周榆瑞是根据"外文系同事李赋宁兄"的话。周榆瑞去世已十多年了，可是李赋宁先生还健在啊。他曾是钱锺书的学生。我就问他了。他得知这话很气愤。他说："想不到有人居然会这样损害我的几位恩师。"他也很委屈，因为受了冤枉。他郑重声明："我从未听见钱锺书先生说：叶公超太懒，陈福田太俗，吴宓太笨。或类似的话。我也不相信钱先生会说这样的话。"他本想登报声明，可是对谁声明、找谁申辩呢？他就亲笔写下他的"郑重声明"，交我保存。我就在这里为他声明一下。高明的读者，看到这类"传记"，可以举一反三。

然而,杨绛的《吴宓先生与钱锺书》刊发不久,学者范旭仑和李洪岩等人提出:在史实上,杨绛的文章净是想象揣摩之词;在态度上,杨绛充满偏见和歪曲。

当年六月十七日,《中华读书报》将他们的文章删改并标题为《杨绛〈吴宓先生与钱锺书〉一文指疑》,作为重头文章予以刊登。由于杨绛素来人气甚浓,以"纪实"大家名世,人们不敢不愿相信这样一位望重名高的大小说家也作伪,一时舆论大哗。

七月三日,南京《服务导报》发表《一起级别最高的文坛公案:学者指称杨绛〈吴宓先生与钱锺书〉堪疑》。接着,七月十五日《羊城晚报》、七月十六日《文学报》、八月四日《重庆晚报》、八月五日《作家文摘》等纷纷转载。争鸣交锋,煞是热闹。

同样也是钱锺书在西南联大期间的学生许渊冲,却有自己的观点。许渊冲认为,这句话说得很妙,像是老师说的,并在多篇文章中条分缕析了一番。他认为:"《钱锺书传稿》①中说,'叶公超太懒',作为学者,这话可能不无道理,因为胡适要他和徐志摩、闻一多、梁实秋合译《莎士比亚全集》,结果他一本也没有翻,却让梁实秋一个人译完了。"②

许渊冲在不同的场合说过:"这句话看起来像是钱先生说的,因为它是一个警句。"与其探讨这话是不是钱锺书说的,不如看一看这话说得是否准确。叶公超是不是太懒?许渊冲在《钱锺书先生和我》一文中,列举了很多证据:

他的学生季羡林说:"他几乎从不讲解。"另一个学生赵萝蕤说:"我猜他不怎么备课。"他的同事柳无忌说:"这时的西南联大尚在草创阶段,三校合并,人事方面不免错综复杂,但我们的外文系却相安无事,那是由于公超(系主任)让教授各自为学,无为而治的政策——我甚至不能记忆我们是否开过系务会议。"③许渊冲的同班同学杨振宁也回忆:"叶教授的英文课很糟糕,他对学生不

---

① 爱默:《钱锺书传稿》,天津:百花文艺出版社,1992年3月第1版。
② 许渊冲:《逝水年华》,北京:生活·读书·新知三联书店,2008年1月第1版,第47页。
③ 引自许渊冲:《钱锺书先生和我》,见氏著《山阴道上——许渊冲散文随笔选集》,北京:中央编译出版社,2005年6月第1版,第204页。

感兴趣。"①

许渊冲又说:"我还记得一九三九年十月二日我去外文系选课时,系主任叶先生坐在那里,吴宓先生站在他旁边,替他审查学生的选课单,他却动也不动,看也不看一眼,字也不签一个,只是盖个图章而已,真是够懒的了。"②

此番争议充满戏剧性。多年过去,时过境迁,对此舆论仍存质疑。如黄恽在二〇一七年的《南方周末》曾撰文指出:"钱锺书曾评论他的几位老师:'叶公超太懒,吴宓太笨,陈福田太俗',虽然经他的夫人杨绛撰文郑重否认过,却并没有动摇学界的判断:这话就是钱锺书说的,别人不敢说也说不出来,且钱锺书说此话在西南联大,杨绛当年却在上海,证伪力度不足。杨绛太卫护夫君了,把一个当代稀有的'魏晋人物',生生弄成无趣的方巾之士,未免大煞风景。"③

不过,值得回味的倒是吴宓与钱锺书的历史交往究竟如何。

吴宓与钱锺书都是现代文化名人,二十世纪八十年代以来,均受到读书界广泛关注,两人的历史交往与情感交流也引起读者极大的兴趣。但是,由于受史料限制,对两人关系的认识,只能通过《吴宓诗集》等公开出版物进行梳理,而这些史料,主要表明了二人关系"好"的一面。例如:

吴宓曾书赠钱锺书两句诗:"才情学识谁兼具,新旧中西子竟通。"④这里,既包括了学术,也包括了创作。

这种情况到一九九八年三月发生改变,以往的认识遭遇极大挑战。这时人们才知道,吴宓并非对钱锺书仅仅有夸奖,而且曾经有过非常严厉的驳诘以至呵斥。

原来,从一九九八年三月至一九九九年三月,北京:生活·读书·新知三联书店陆续出版了《吴宓日记》,这是著名学者吴宓数十年学术生涯、个人际遇和在学界的活动与交往情况的记录,也是二十世纪中国学术史、教育史的重要

---

① 许渊冲:《叶公超和赵萝蕤》,见氏著《诗书人生》,天津:百花文艺出版社,2003年1月第1版,第22页。
② 许渊冲:《钱锺书先生和我》,见氏著《山阴道上——许渊冲散文随笔选集》,北京:中央编译出版社,2005年6月第1版,第204—205页。
③ 黄恽:《白鹏飞指摘褚民谊》,《南方周末》,2017年3月23日。
④ 吴宓:《赋赠钱君锺书即题中书君诗初刊》,收入《吴宓诗集》第13卷,北京:商务印书馆,2004年第1版。引自丁伟志主编《钱锺书先生百年诞辰纪念文集》,北京:生活·读书·新知三联书店,2010年11月第1版,第26页。

史料。《吴宓日记》的整理者正是著者的女儿吴学昭，但她在整理日记时，是否做过什么改动，不好轻易断定。据其《后记》谓："父亲生前无意刊布日记，事实上当时的情势也使他根本无法考虑这事。我们姐妹以为，父亲的日记无论其思想议论观点如何，作为一种思潮的表达、一个时代的记录，自有它的历史价值，应该整理下吧。因此，在两位姐姐的委托下，我负起了整理的责任。"①

吴宓日记涉及杨绛的记载只有一处，寥寥数字："一九四六年六月一日：宓读杨绛撰四幕悲剧《风絮》。"②而对钱锺书的记载共有八处，分别是：

一九三〇年二月二日；一九三七年三月三十日；一九三七年四月十一日；一九三七年六月二十八日；一九三七年十一月十九日；一九三八年六月二十日；一九三八年十一月三十日；一九三八年十二月五日。

其中有三段，吴宓对钱锺书流露出相当不满的情绪。如他在一九三七年三月三十日的日记写道：

下午，接钱锺书君自牛津来三函，又其所撰文一篇，题曰 *Mr. Wu Mi & His Poetry*（《吴宓先生及其诗》），系为温源宁所编辑之英文《天下》月刊而作。乃先寄宓一阅，以免宓责怒，故来函要挟宓以速将全文寄温刊登，勿改一字。如不愿该文公布，则当寄还钱君，留藏百年后质诸世人云云。至该文内容，对宓备致讥诋，极尖酸刻薄之致，而又引经据典，自诩渊博。其前半略同温源宁昔年 China Critic（英文杂志《中国评论周报》）一文，谓宓生性浪漫，而中白璧德师人文道德学说之毒，致束缚拘牵，左右不知所可云云。按此言宓最恨……至该文后部，则讥诋宓爱彦之往事，指彦为 super-annuated Coquette（年华已逝的卖弄风情的女子），而宓为中年无行之文士，以著其可鄙可笑之情形。……

又按钱锺书君，功成名就，得意欢乐，而如此对宓，犹复谬托恭敬，自称赞扬宓之优点，使宓尤深痛愤。乃即以原件悉寄温刊登，又复钱君短函（来函云候复），告以稿已照寄。

---

① 吴宓：《吴宓日记》（第十册），北京：生活·读书·新知三联书店，1998年3月第1版，第500页。
② 吴宓：《吴宓日记》（第十册），北京：生活·读书·新知三联书店，1998年3月第1版，第60页。

……四至五时,贺麟来上课。宓送之上汽车入城,告以钱所撰文。麟谓钱未为知宓,但亦言之有理云云。宓滋不怿。①

一九三七年四月十一日日记:

昨接温源宁寄回宓三月三十日所寄去之钱锺书撰《论吴宓之诗》一文。附函,谓本月前钱君曾致温君一函,中论宓诗,命刊登《天下》,业已登入。今此文更详,碍难重登,应识,由钱君负其责也云云。宓即又以原稿,并温函,寄回牛津钱君收,以了此公案云。②

一九三七年六月二十八日日记:

12:00文学院院长冯友兰来。言外国语文系易主任之事,以宓欲潜心著作,故未征求及宓,求宓谅解。又言,拟将来聘钱锺书为外国语文系主任云云。宓窃思王(文显)退陈(福田)升,对宓个人尚无大害,惟钱之来,则不啻为胡适派、即新月新文学派,在清华占取外国语文系。结果,宓必遭排斥。此则可痛可忧之甚者。③

这是《吴宓日记》中对钱锺书最直接的记载。

吴宓是钱锺书的老师,一九二九年,钱锺书以英文满分的成绩考入清华大学外文系,成为吴宓的得意门生。他上课从不记笔记,总是边听课边看闲书或作图画、练书法,但每次考试都是第一名,甚至在某个学年还得到清华超等的破纪录成绩。吴宓对这个天才弟子"青眼有加",常常在上完课后,"谦恭"地问:"Mr.Qian的意见怎么样?"钱锺书总是先扬后抑,不屑一顾。吴宓也不气恼,只是颔首唯唯。

一九二八年五月,英文杂志《中国评论周报》(The China Critic)在上海创办,编委中有林语堂。一九三三年六月,钱锺书即将从清华外文系毕业,文学院院长冯友兰亲口告诉他,将破格录取他留校继续攻读西洋文学研究硕士学位。

---

① 吴宓:《吴宓日记》(第六册),北京:生活·读书·新知三联书店,1998年3月第1版,第96—97页。
② 吴宓:《吴宓日记》(第六册),北京:生活·读书·新知三联书店,1998年3月第1版,第107页。
③ 吴宓:《吴宓日记》(第六册),北京:生活·读书·新知三联书店,1998年3月第1版,第157页。

钱锺书却一口拒绝，并说："整个清华，叶公超太懒，吴宓太笨，陈福田太俗！没有一个教授有资格充当钱某人的导师！"（也有说这段话是在西南联大时所说，但据前引杨绛之文说，钱锺书不曾说过此话，吴宓日记中亦无记载，成为文坛一疑案）。

不久，"长舌"的周榆瑞将这话告诉吴宓。吴宓一笑，平静地说：Mr. Qian的狂，并非孔雀亮屏般的个体炫耀，只是文人骨子里的一种高尚的傲慢。这没啥。

钱锺书从清华毕业，来上海光华大学任教，原在清华执教的温源宁也南迁来沪。温源宁（1899—1984），知名人文学者，曾任北京大学外国语文系主任、清华大学外文系讲师。他是钱锺书"最敬爱的老师"之一，是二十世纪三十年代钱锺书交往最为密切的学者。他曾经给钱锺书一班人开英语课，对这个学生格外欣赏，给过"超"最高分。后来钱锺书之父钱基博聘请温源宁为光华大学教授。钱锺书的旧诗中，有一首题为"与源宁师夜饮归来，不寐，听雨申旦"，足见二人交情之深。

不久，钱锺书与温源宁都成为《中国评论周报》编委。林语堂是该刊《小评论》专栏编辑，钱锺书在该栏目发表过一篇讽刺上海人的小评论。钱锺书还发表了两篇学术论文，另有几篇英语书评刊登在潘光旦主持的《书评》专栏里。温源宁则在自己主持的《亲切写真》栏里写了二十多篇富有"春秋笔法"的"当代"中国名人小传。温源宁从中挑出十七篇，辑成一本小书，于一九三五年年初在上海别发洋行出版。钱锺书将其翻译作《不够知己》，也有译作《一知半解》的。

同年，钱锺书为温源宁的这本小册子用中文写了一篇书评，刊登在林语堂主编的《人间世》第29期上。钱锺书写这篇书评的缘由，据他本人在《吴宓日记序言》中讲，是应林语堂之约，林语堂欣赏钱锺书把书名"Imperfect understanding"翻译成《不够知己》的"雅切"。在这篇中文书评中，钱锺书赞美了温氏"那支生龙活虎之笔"[①]，说它"包含好多顶犀利的文学批评"[②]。当然，钱锺书在文章中刻薄地调侃吴宓和毛彦文，使吴宓的"罗曼蒂克爱情"成为一时笑柄。

---

① 钱锺书《写在人生边上　人生边上的边上　石语》，北京：生活·读书·新知三联书店，2002年10月第1版，第335页。
② 钱锺书《写在人生边上　人生边上的边上　石语》，北京：生活·读书·新知三联书店，2002年10月第1版，第336页。

温源宁《不够知己》书中十七篇小品里有一篇是讲吴宓的。这篇吴宓小传，原本登在《中国评论周报》第7卷第4号（一九三四年一月二十五日出版），后由林语堂译成中文，刊登于《人间世》第2期《今人志》专栏。此文很有名，流传颇广，许多讲吴宓的文章都提到它。文章采用开玩笑的语气，若嘲若讽，在嬉笑中维持着公正，明贬暗褒，用心本是善的；如说吴宓"脑袋形似一颗炸弹""一对眼睛亮晶晶的像两粒炙光的煤球"等。吴宓却对这篇文章非常生气，耿耿于怀，直到一九三七年二月二十八日，他还在日记中发泄愤懑：

> 见《逸经》二十四期有倪某重译温源宁所为英文我之小传，而译其题曰"吴宓：一个学者和绅士"，不曰"君子人"。译笔亦恶劣。尤可恨者，编者简又文乃赘词曰：使吴君见之，必欣然，谓"生我者父母，知我者源宁也"。呜呼，温源宁一刻薄小人耳！纵多读书，少为正论。况未谙中文，不能读我所作文。而此一篇讥讽嘲笑之文章，竟历久而重译！宓已谢绝尘缘，而攻讦中伤者犹不绝。甚矣，此世之可厌也！①

钱锺书却毫不含糊地说："被好多人误解的吴宓先生，唯有温先生在此地为他讲比较公平的话。"这大概也就播下了日后吴宓骂钱锺书的种子。

一九三七年，当时留学欧洲的钱锺书为《吴宓诗集》写了书评，题为《吴宓先生及其诗》。

原来，早在一九三五年五月，北京：中华书局出版了吴宓自编的《吴宓诗集》；七月下旬，钱锺书得到中华书局的赠书，并回信致谢。紧接着，一九三五年八月，温源宁、林语堂等人在上海创办了英文月刊《天下》（The Tien Heia Monthly），有温、林二人在，也就注定了钱锺书必然会与这个杂志发生关系，所以创刊号就刊布了钱锺书研究中国古典戏曲的论文。

一年后，钱锺书去英国牛津大学念书，一天又收到温源宁寄来的《吴宓诗集》，请钱锺书用英语写篇评论。于是，一九三七年三月七日，钱锺书在牛津恼人园（Norham Gardens）16号，作了一篇书信体的书评。温源宁把它立即编入《天下》月刊第四卷四期，一九三七年四月出版。从完稿到邮寄到刊登，只用了二十来天，足见温源宁对钱氏文章的欣赏与重视。而这篇书信体的书评，也就

---

① 《吴宓日记》（第六册），北京：生活·读书·新知三联书店，1998年3月第1版，第81页。

是《吴宓日记》中所说"钱君曾致温君一函,中论宓诗"的那个"函"。

可是,这篇书信体的书评写好发出后,钱锺书又觉得意犹未尽,便在书评稿的基础上,痛痛快快、详详细细地又写了一篇论文,直接寄给了吴宓,还在附函中对吴宓说,一个字都不能动,看后速将全文寄给温源宁,在《天下》上刊登。如果吴宓不愿意该文问世,就把稿子退回来,咱们留待百年,让世人去评说。这文章就是《吴宓日记》中所记的名叫"Mr. Wu Mi & His Poetry"的论文。

不赶巧,当钱锺书第二次寄出的稿子经吴宓之手到了温源宁手中的时候,他那第一次寄出的稿子已经刊出了!这样一来,这篇稿子也就无法刊登了!原因很简单:两篇稿子都是评《吴宓诗集》的,虽有长短详略的不同,但内容毕竟一致,作者毕竟是一人,怎么可以再用呢?所以,十天后,《吴宓日记》转述温源宁的信函说:"半月前钱君曾致温君一函,中论宓诗,命刊登《天下》,业已登入。今此文更详,碍难重登,应由钱君负其责也云云。"

就是这篇未曾公开发表的文章引起吴宓颇不高兴。吴宓看了书评后,当然怒不可遏,大为恼火,真让他伤心到了极点。

实际上,吴宓的无名火起是他遭受婚姻恋爱失败打击所郁积怨恨的发泄,完全怪不得钱的文章。钱锺书文章的基本格调,一如温源宁那个《吴宓小传》,完全是公平评价吴宓,既为老师一洗系横遭粉墨之耻,又夸奖了吴宓的师德和学识,与"丑诋讥诮"完全不沾边。所以,当时贺麟就说"钱亦言之有理",吴宓本人也自言自语:"犹复谬托知己,赞扬宓之优点",尽管是气哼哼的。

此事引起了吴宓心中的愤恨。这事波及清华欲请钱锺书回校任教时,试图大度包容徒儿的吴宓一时没想开,才出了一口闷气——投了反对票。在一九三七年六月下旬清华大学外文系主任变动时,吴宓立即避而不谈。

但吴宓后来还是宽宥了学生的冒犯。据杨绛说,一九三八年钱锺书到昆明,特意去西南联大拜访恩师吴宓。吴宓喜上眉梢,毫无芥蒂,拉着得意门生谈解学问、下棋聊天、游山玩水。钱锺书深感自己的年少轻狂,红着脸就那篇文章向老师赔罪。吴宓一脸茫然,随即大笑着说:"我早已忘了。"

但钱锺书此后依然拿老师的事情作为谈资。《吴宓日记》一九三九年七月二日,吴宓曾向钱锺书述及自己同前妻陈心一的"冤苦"关系,"不意明晚滕君宴席中,锺书竟以此对众述说,以为谈柄!"[①]

[①] 吴宓:《吴宓日记》(第七册),北京:生活·读书·新知三联书店,1998年6月第1版,第22页。

从吴宓日记来看，吴宓最终又宽宥了自己的学生，依旧将钱锺书看作自己的得意门生，与钱锺书一起散步、访友、宴会。

在钱锺书到西南联大任教一事中，吴宓起了极大的作用。只是，任教年余，钱锺书由于种种原因，离开了西南联大。

钱锺书离去后，吴宓借学生李赋宁的笔记来读。这是钱锺书讲课的讲义笔记。内容有两门课：一是 Contemporary novel（当代小说），一是 Renaissance Literature（文艺复兴时期的文学）。吴宓在日记里写道：九月二十八日，"上午读宁所记之钱锺书 Contemporary novel 讲义"[1]。二十九日，"上午读宁所记钱锺书 Contemporary novel 讲义，甚佩"[2]。九月三十日，"读宁所记之钱锺书 Renaissance Literature 讲义，亦佳"[3]。十月四日，"读宁所记钱锺书 Renaissance Literature 讲义完，并甚佩服。而惜钱君今年之改就师范学院教职也"[4]。

《吴宓日记》出版前，编者想请年已八十多岁的钱锺书为之作序。钱锺书为此写了一封信给编者，请其将此信附入日记中。钱氏当年才高气盛，说话不留意处，一定是有的。不过直到此时，钱锺书才在吴宓的日记里见到，几十年前自己的言语曾使吴宓很不愉快。当看到早已过世的"傻得可爱"又"老实得可怜"的老师人生历程中饱蘸深情与椎心泣血的记述，钱锺书内心受到极大震撼。

他在序言里自我谴责检讨："先师日记中道及不才诸节，读后殊如韩退之之见殷侑，'愧生颜变'，无地自容。"称自己"少不解事，又好谐戏，同学复怂恿之，逞才行小慧，以先师肃穆，故尊而不亲。且先师为人诚挚，胸无城府，常以其言情篇什中本事，为同学笺释之。众口流传，以为谈助。"钱锺书深悔自己随众而对老师恭而不尊，以致"弄笔取快，不意使先师伤心如此，罪不可逭，真当焚笔砚矣！"但事已至此，"内疚于心，补过无从，惟有愧悔"。

此时的钱锺书虽以《写在人生边上》《围城》《谈艺录》《宋诗选注》《管锥编》在学识与声名上已远远超过了自己的老师吴宓，但他还是在《序》表示，作为一名白头门生，愿列名吴先生弟子行列之中。他说，将此文附入书里，"俾见老物尚非不知人间有羞耻事者，头白门生倘得免乎削籍而标于头墙之

---

[1] 吴宓：《吴宓日记》（第七册），北京：生活·读书·新知三联书店，1998年6月第1版，第77页。
[2] 吴宓：《吴宓日记》（第七册），北京：生活·读书·新知三联书店，1998年6月第1版，第79页。
[3] 吴宓：《吴宓日记》（第七册），北京：生活·读书·新知三联书店，1998年6月第1版，第80页。
[4] 吴宓：《吴宓日记》（第七册），北京：生活·读书·新知三联书店，1998年6月第1版，第85页。

外乎！"①

  旅居海外的学者张隆溪，在钱锺书去世后曾提及："对我来说，钱先生的学问自然令我倾心向往，但同样使我崇敬的还有他正直、孤傲的性格。在与钱先生交谈之中，我对后者尤其有亲切的体会。钱先生谈话中常常品评各样的人和事，谈论各类的书和文艺，言语诙谐幽默，然而谑而不虐。初见面不久，他知道我是从四川来的，就问我认不认得吴宓先生。我回答说听过吴宓先生的大名，但我在成都，吴先生在重庆，所以无缘识荆。钱先生闻言颇为我惋惜，说要是我在四川有机缘认识吴宓先生，一定会得益良多。我刚到北大时，李赋宁先生也说过类似的话，使我深恨自己失去了求学的机会。不过'文革'时我只是中学毕业生，'上山下乡''工厂学徒'，前后折腾了十年。吴宓先生五十年代后在重庆西南师范学院任教，一直被视为'改造对象'而受压制，'文革'中更被反复'批斗'，受尽折磨，终于含恨而死。在当时的条件下，实在是没有见面的可能。"②

  上述事例，也可以说明晚年的钱锺书，对老师吴宓还是比较尊重的。

---

① 《吴宓日记》第一册，北京：生活·读书·新知三联书店，1998年3月第1版，第1—2页。
② 张隆溪：《怀念钱锺书先生》，见氏著《走出文化的封闭圈》，北京：生活·读书·新知三联书店，2004年10月第1版，第227页。

第十四章　笔墨官司

一

在世人眼里,杨绛给人一种温婉和蔼、蕴藉含蓄、不动声色的感觉。不过,她也有怒目金刚的一面,有时她的眼神不怒自威,目光中闪着寒光余威,不免使人联想杨绛性格的多重复杂性,至少应该认识到,这是一个简单的普通人。正如英国哲学巨匠维特根斯坦所云:"人的目光具有赋予事物以价值的魅力,但它也抬高了事物的价值。"①此语意味深长。

二十世纪九十年代,杨绛与宗璞的笔墨官司在文坛上轰动一时。

事情要从一九七三年十月说起。北大、清华两校成立大"批判组"(笔名"梁效"),受江青领导,特邀年近八十的冯友兰为顾问。之后,冯友兰发表了许多"大批判文字"。

冯友兰在《三松堂自序》描述:"一九七三年,'批林运动'转向'批林批孔运动','批孔'还要'批尊孔'。当时我心里又紧张起来,觉得自己又要成为众矢之的了,后来又想,我何必一定要站在群众的对立面呢?要相信党,相信群众嘛。我和群众一同批孔批尊孔,这不就没有问题了嘛。在这种思想指导之下,我写了两篇文章。这两篇文章在会上念了一遍,果然大受欢迎……自从这两篇文章发表以后,各地方的群众向我鼓励的信,蜂拥而来,每天总要收到好几封。写信的人,有青年、也有老年;有男的,也有女的;有学生,也有解放军;有农民,有工人;有的来自黑龙江,有的来自新疆;有的信写的很长,很好,有真挚的感情,有诚恳的希望。在领导和群众的鼓励之下,我暂时走上了'批林批孔'的道路。"这"暂时"两字耐人玩味。

按照冯友兰女儿宗璞的说法,冯友兰之屈从"江青",是为了逃避"运动"以获得写作的空间。"开始'批孔'时的声势浩大,又是黑云压城城欲摧的气

---

① [英]路德维希·维特根斯坦:《文化与价值》,南京:译林出版社,2014年10月第1版,第1页。

氛。很明显,冯先生又将成为众矢之的,烧在铁板下的火,眼看越来越大,他想脱身,想逃脱烧烤——请注意,并不是追求什么,而是逃脱!那怕是暂时的。他逃脱也不是为了怕受苦,他需要时间,他需要时间写《中国哲学史新编》。哪时他已近八十岁。我母亲曾对我说,再关进'牛棚',就没有出来的日子了。他逃的办法就是顺着说。"

随着"文革"的结束,此事也便告一段落。

一九七九年四五月间,钱锺书随中国社会科学院代表团到美国参观访问。

在旧金山斯坦福大学(或作史丹福大学),钱锺书应邀参加该校亚洲语文系的一场座谈会,当时参加座谈会的有刘若愚教授、庄因教授等三十余人。座谈会后,中国台湾《联合报》的副刊编辑丘彦明打电话采访庄因教授,请他谈谈对钱锺书美国之行的印象,并在六月十五日的《联合报》副刊上发表庄因口述、丘彦明记录的文章《钱锺书印象》:那天提问题的人很多,气氛可说相当热烈,钱锺书也表现出很愿意答话的样子……"座谈会中也提到了哲学家冯友兰,钱锺书把冯友兰骂了一顿。他说,冯友兰简直没有文人的骨气,也没有一点知识分子的节操观念。又说,冯友兰最不应该的是出卖朋友,在座有人问冯友兰究竟出卖了哪些朋友,钱锺书却不愿指出姓名。"文章还写道,钱锺书又说:"冯友兰捏造事实,坑人使妻小俱死。冯现在在北大人人嗤之以鼻,人缘扫地。钱氏用英文说'Feng's name is now stinking in Peking University',情绪颇为激动。"①

庄因的这篇《钱锺书印象》及《关于〈钱锺书印象〉的补充》二文,收入了中国台湾天一出版社出版的《钱锺书传记资料》第一辑。另外,大连出版社出版的《记钱锺书先生》也收有庄因此文。

一九九二年四月,江苏文艺出版社出版了孔庆茂著《钱锺书传》,作者间接引用了庄因的文章:

> 当座谈会上有人提到某哲学家的赫赫大名时,钱锺书说此人在"文革"中出卖朋友,致朋友迫害而死,简直没有一点学人的骨气,也没有一点知识分子的节操观念。钱锺书情绪颇为激动,他说他不愿提及此人,他的正义感使在座的人十分敬佩。②

---

① 转引自徐林正:《文化嘴脸:丑陋的中国文艺界》,北京:台海出版社,2001年3月第1版,第30页。
② 孔庆茂:《钱锺书传》,南京:江苏文艺出版社,1992年4月第1版,第222页。

一九九七年三月，海南国际新闻中心出版了孔庆茂著的《钱锺书与杨绛》一书，依然引用了庄因一文。作者在《钱锺书传》一九九五年一月第三次印刷本的《再版后记》云："本书出版后，钱锺书先生曾在信中纠正了几个错误之处。"若孔庆茂的《再版后记》属实的话，那么至少可以说明：钱锺书看过《钱锺书传》。

尽管庄因的文章是在一九七九年发表的，孔庆茂的《钱锺书传》是一九九二年出版的，但宗璞于一九九七年春节才看到《钱锺书传》。宗璞感到异常震惊。宗璞说："去年十月向杨先生提出此事，并希望她婉转向钱先生问明究竟。杨先生拒绝去问，坚决否认钱先生曾说过上述的话（钱指责冯的话）……但杨先生至今没有公开声明钱先生未说过那些话。最近，又有其他书籍引用了这段文字。"

据此，宗璞在《文学自由谈》一九九八年第四期发表了《不得不说的话》一文，文中说：说冯友兰"文革"中出卖朋友"纯属诬蔑不实之词"。宗璞的全文如下：

《不得不说的话》
冯锺璞（宗璞）

没有料到，有一天会需要写下这样一篇文字。

这是不得不说的话。

一九九七年春节稍后，有朋友拿来孔庆茂所著《钱锺书传》（江苏文艺出版社一九九二年出版），其第222页说，钱锺书一九七九年五月十日曾在美国史丹福大学亚洲语文系一次座谈会上发表讲话，"当座谈会上有人提到某哲学家的赫赫大名时，钱锺书说此人在'文革'中出卖朋友，致朋友迫害而死"。该书第232页注明此段文字的根据是庄因《钱锺书印象》及《关于〈钱锺书印象〉的补充》。此后，我又见到牟晓朋、范旭仑所编《记钱锺书先生》（大连出版社一九九五年出版），其208至210页就收了庄因这两篇文章。前说，"座谈会中也提到了哲学家冯友兰，钱锺书把冯友兰骂了一大顿。……又说，冯友兰最不应该的是出卖朋友，在座有人问冯友兰究竟出卖了哪些朋友，钱锺书却不愿指出姓名"。

后者补充说，钱锺书在座谈会上还曾说过这样的话："冯友兰捏造事实，坑人使妻小俱死。"文中没有孔庆茂所写"致朋友迫害而死"字样。

自四十年代末以来，我见到的对先君冯友兰先生的批判、责备不可胜数，但这样白纸黑字的谩骂还是第一次见。我认为有必要立即与钱锺书和杨绛先生联系，问清情况。但因得知他们的女儿去世，钱先生又在病中，我不愿给他们增添烦恼，故久久未说。而我心情压抑，随即患病，此事遂一搁数月。后因想到必须乘当事人都在世时把事情说清楚，乃于去年十月向杨先生提出此事，并希望她婉转向钱先生问明究竟。杨先生拒绝去问，坚决否认钱先生曾说过上述的话，所举理由有冯先生是钱先生的五大恩师之一，他决不会说，等等。但杨先生至今没有公开声明钱先生未说过那些话。

最近，又有其他书籍引用了这段文字。

鉴于上述情况，作为冯友兰先生的女儿，我要在此郑重声明，"出卖朋友，致朋友迫害而死"、"坑人使妻小俱死"云云，毫无事实根据，也无旁证。为什么提不出具体内容？为什么要到美国去抨击？显然，它纯属诬蔑不实之词，既损害了冯先生的名誉，也给冯先生的遗属造成了精神伤害。此等中伤，自显其恶，日月昭昭，天人共鉴！

本着先君宽以待人的态度，我现在对此话的来源不予追究——这应该是钱、杨与庄因、孔庆茂之间的事。只希望今后人们能够尊重历史，把历史的真相留给后人；能够尊重人权，不随意侵害别人名誉。我们在"文化大革命"中已经受够了"斗争"的折磨，现在应该痛定思痛，再也不要不顾事实，加罪他人，制造新的伤害。

作者、编者和出版社对那些关涉他人的文字都应慎重核实，这是起码的职业道德。言论和出版的自由都应建立在尊重他人的基础之上。他人也有生存的各项权利。这应该成为我们的共识。现在出现的情况只能让人深感遗憾。

我的身体不好，来日无多。我更希望我们的社会能形成一种风气，对人有同情的理解，对己能自重自律。如能把宝贵的时间无损耗地用在文化的创造上，何幸如之！

一九九八年六月

同年九月五日，杨绛在《新民晚报》发表《答宗璞〈不得不说的话〉》一文，杨绛在文中说，冯友兰是钱锺书的五大恩师之一，钱锺书怎么会说诬蔑、毁谤冯先生"出卖朋友，致朋友迫害而死"等话呢？杨绛在文中强调指出："我没有必要把传说的话去困扰病中的钱锺书。"杨绛的回应说：

宗璞根据传说钱锺书的记载，曾一再来信、来电话，谴责钱锺书访问美国时诬蔑毁谤冯友兰先生。我也曾一再向她举出事实，说明这事不可能。最近我在《文学自由谈》（一九九八年第四期）读到她《不得不说的话》。她仍是不理会我举的事实，仍强烈谴责钱锺书，并怪我拒绝向钱锺书问明究竟。她说自己"来日无多"，要在生前和我把事情说说清楚。我就遵照她的要求，公开说明钱锺书不可能在美国诬蔑、毁谤冯友兰先生"出卖朋友，致朋友迫害而死"、"坑人使妻小俱死"等话。

根据宗璞一九九七年十月二十四日给我的信，所说的"朋友"，指章廷谦。她信上讲了"文化大革命"中冯先生和章廷谦的事。这件事，钱锺书和我是在冯友兰先生去世一周年后才听到的。钱锺书随社科院代表团访问美国是在一九七九年四五月间，当时对章廷谦事件还一无所知，怎能据章廷谦事件而诬蔑、毁谤冯先生"出卖朋友，致朋友迫害而死"、"坑人使妻小俱死"等话呢？稍有理智，都会明白这是绝不可能的。

我没有必要把传说的话去困扰病中的钱锺书。我自己记得很清楚。冯友兰先生去世是在一九九〇年十一月二十六日。他去世一周年后——一九九一年的十二月底，一位朋友打电话拜早年，谈起纪念冯友兰先生的文章，因而说到章廷谦事件。我闻所未闻。那位先生说："不知道就别问了。"当天下午，有客来拜早年，他是北大毕业的。他讲了"文化大革命"中冯先生和章廷谦的事。他所讲的和宗璞信上写的大致相同，只是不如宗璞写得详尽。钱锺书和我交游不广，平时杜门谢客，这个传闻确是第一次听到。

冯先生去世后一天，晚饭后，老晚了，台湾季季女士打来长途电话，说冯友兰先生昨天去世了，知道吗？我说知道。她要问宗璞的电话号码。我不知道。她随后问：钱锺书先生对冯先生的学问如何看法。我把这话告诉我旁边的钱锺书。他叫我传话："冯先生是我的恩师。但是我们对学问的看法不同。"这是钱锺书访问美国十一年以后说的话。钱锺书并没有忘记冯友兰先生是他的恩师。季季女士还健在。她是一位名记者，多年前的一个电话她很可能不记得了，也可能记得，说不定还报道过。

近年来，出现了不少传说钱锺书的记载。这类书籍的出版，一概未得钱锺书许可；书籍的内容，也一概不由钱锺书审定。钱锺书好像是个公用的题材，人人可随意写，钱锺书本人没有主权。他的准许没有必要，他反对也没有用。甚至经编者向钱锺书公开致歉、保证销毁封存的书（也正是转载钱锺书大骂冯友兰先生那段传说的书），仍公然在市上销售呢！我国的法制还有待完善。我国的"著作权法"执行不力。钱锺书没有得到一个公民应有的保障。

不过，上述情况只是暂时的，而且是个别现象。反正是非曲直自有公道。传说、记载钱锺书的书籍，既不由他本人审定，内容失实谬误当然不能责问钱锺书。上文提到的那编者说了话不当话，正是他公开用实际行为，证明自己不可信。可是宗璞相信书的白纸黑字。在她的责问下，我得为钱锺书答复。

钱锺书不需要宗璞的宽宏大量。钱锺书没有跑到美国去诬蔑、毁谤冯友兰先生。谁要指控他做过这件事，必须提供确实、充分的证据，指控才能成立。这是法律。再说，钱锺书没做过的事是没有的事。没有的事不能证实。这是合乎逻辑的情理。不论讲法律或讲情理，钱锺书不必、也不能为他没做过的事提供"事实根据""具体内容"。

至于究查诬蔑之词是何来源以及澄清事实真相，也能是钱锺书和我的责任吗？我能理解宗璞，也很同情她。我希望宗璞保持自己的理性，不要太感情用事，折磨自己。

一九九八年八月八日

钱锺书为什么不说话？杨绛"是否护短"？冯友兰已于一九九〇年十一月二十六日去世。那么，对此"笔墨官司"，澄清事实最有发言权的人应该是钱锺书。

当年《福州晚报》记者徐林正就此问题采访过杨绛：

> 她在接受采访的过程中一直用异常气愤的口气说话。杨绛说："我们

（指她和宗璞）好好的，没有什么'笔墨官司'，我也不应战。"记者："请问您认为这件事的'罪魁祸首'是谁？"杨绛："是乱传、乱登消息的人。"记者："这件事，钱锺书是最有发言权的。能不能让钱锺书说句话呢？"杨绛："用不着钱锺书说话。"记者："也就是说，你的观点就是钱锺书的观点？"杨绛挂断了电话。①

这场笔墨官司，由钱锺书对冯友兰批评的话而引发。时值钱锺书重病在床，冯友兰早已撒手人寰，当事人早已无法对证。最后，这场官司以涉事出版单位向宗璞公开道歉而了结。

《巴金全传》的作者陈丹晨在杨绛去世后不久，在上海作家协会主办的《上海文学》杂志上，刊发了一组"钱寓琐闻"，其中对他所亲闻的杨绛在这场笔墨官司的一些经历，叙述比较详备，可资佐证：

当年得知钱先生逝世的消息后，心里一直很难过，常常想起钱先生生前对我的关爱和教导。所以在半个多月后，一九九九年年初，我去南沙沟看望杨先生。进屋看见过道边沿地上还堆放着许多鲜花、花篮、水果等。看来一时还来不及或顾不上收拾安置，显然因为没有心思，精力体力不够……到了客厅，保姆进里屋去向杨先生报告后出来说："奶奶身体不好在里面休息，说谢谢你，今天不出来跟你说话了。"我说："好的。那我给杨先生留个条吧！"就向保姆要了纸和笔，写了几句悼念钱先生的话，敬请杨先生节哀珍摄、多多保重。我把条交给保姆就离去了。

大概过了半年，W打电话给我说：杨先生让他传话转告我，上次你去看她因为她那天身体很不舒服，所以没有见到，她很抱歉。我听了很过意不去，觉得老人家太周到了。那正是她伤心难过的时候；经过这么长时间服侍病重的钱先生直到逝世，身体疲累，不能见客，不是太正常了吗？何况我们晚辈见不见都是无所谓的事。他们这辈老人特别讲礼数，我心里感动很久。到了二〇〇〇年春节，正月初三我又去南沙沟向杨先生拜年。

我到钱府时，杨先生还在院子里锻炼没有回来。我和保姆刚说了几

---

① 徐林正：《宗璞、杨绛"笔墨官司"了结期间诸多疑问未释》，《福州晚报》，1998年12月14日。

句话，杨先生就进来了。看杨先生的精神气色都很不错，大概已经度过了那段悲伤时期。她说：她练八段锦，坚持不懈。边说边还做了几个动作。我仍坐在那个小沙发，杨先生则习惯性地坐在她自己书桌前的椅子。我们说了一会儿她的身体情况后，不知怎么，她说起钱先生故去后，"有的人觉得钱先生走了，钱瑗也走了，就剩下我一个人，都来欺负我"。我听了，很意外吃惊，说："是吗？！怎么会呢！不会吧！"

杨先生很坚持地说："就是这样的。"想到杨先生正在服丧期间，不宜过于烦恼有损健康。我就劝慰杨先生说："不是过去那么多年了嘛，就不要再想它了。这都是当时历史造成的。杨先生您就放下吧！"

杨先生却很不同意我的说法，态度强硬地说："不！不是那样的！这是人的问题……"说着，她把一篇剪报给了我说："喏！这报纸送给你，你拿回去看吧！"……因为过去在他们两位面前说话随意惯了，从来没有看见过杨先生这么恼怒，我想把气氛缓和一下说："杨先生您现在怎么火气这么大呀！"

她说："怎么是我火气大？！"虽然杨先生正在不高兴时，说话仍然轻声细语的。我一看不对劲赶紧又解释说："那是我觉得您一向是温柔敦厚，脾气好……"

她说："那些人看着就剩我一个了，都想来欺负我……我要保护钱先生，绝不会让人随便碰他。"她就又谈到那些研究钱先生的人，说有四种人：一是炫耀自己；二是想赚钱；三是欺侮人；四是没有什么意思的，都是胡说。提到其中两位名字说："F，本来我还支持过他，提供过资料，哪晓得这么卑鄙。还有L……那些人都很卑鄙无耻……"我完全不知道其中的事，听得很惶惑时，忽然听见另一个声音在骂骂咧咧，"卑鄙！无耻！"

我循声抬头看去，发现那保姆正站在客厅东北角门口，脸朝着我开骂，我不免吃惊而愕然。她误会了，以为杨先生是在骂我呢！她来帮主人助阵……这时我和杨先生面对面坐在客厅的西南角，杨先生也发现了，掉头看见保姆很生气地叱骂她："走开！这儿不是你说话的地方！"

那天我们聊了一个钟点，从十一点到十二点，几乎讲的都是这些事，我才告辞离去。这么多年，我是第一次看到杨先生这么生气。我想是因为钱先生故去对杨先生的打击太大了，爱女钱瑗又早逝，剩她一个人独处,难免生出许多偏颇的想法。看来很快她度过了这个艰难时刻,就转入到"打扫战场",整理钱先生的遗著出版;自己也进入到一个新的创作时期,在百岁高龄期间翻译、写作了许多精致的作品。如她自己后来说的:"……我很伤心,特意找一件需要我投入全部心神而忘掉自己的工作,逃避我的悲痛……"(《坐在人生的边上》,《杨绛全集》(第四卷)第350页)另外我也看到吴学昭写的《杨绛先生回家纪事》中说:杨先生"为保护自己及他人隐私,她亲手毁了写了多年的日记,毁了许多友人来信;仅留下'实在舍不得下手'的极小部分"(《文汇报》二〇一六年十二月九日)。想到那次谈话,我也就比较理解她的真实想法了。

……从《从"掺沙子"到"流亡"》看到杨先生的坦率和反思使我感动。但是,后来她在编纂全集时,这些争论的文章都没有收入。她在《作者自序》中作了说明,看来情绪仍然不小,她的心结最后似乎也还没有放下。①

从上面的引文中,读者不难发现,如果动辄生气的杨绛心胸再开朗些,应该不会活得如此累!

杨绛去世后,《今日头条》刊登辣笔萧三匝的文章,对杨绛生前"处处维护丈夫的声誉"一些做法,提出了他自己的看法,这里谨录以备考:

钱锺书先生的名气主要源自其学养博雅,按他自己的话说:"西方的大经大典,我算是都读过了。"世间人物对钱锺书的赞赏也主要是因为其"博闻强记"。典型的赞誉来自他的清华同学"二乔"——乔冠华、胡乔木。乔冠华说:"锺书的脑袋不知道是怎么生的,过目不忘,真是Photographicmemory(照相式记忆)。"胡乔木则说:"同锺书谈话是一大乐趣,但是他一忽儿法文,一忽儿德文,又是意大利文,又是拉丁文,我实在听不懂。"其实钱锺书本来并不重视博闻强记的,后来之所以重视,是受了宣统皇帝的英文教师庄士敦的刺激。钱年轻时在牛津读书,庄士敦对他的论文提出过批评,说是引据不全,又不是原始出典。"我以前哪里懂得这个,以后就注意了。"但难道仅仅靠博闻强记,钱锺书就可以被尊为学

---

① 陈丹晨:《琐闻补叙》,《上海文学》,2018年第6期。

术大师吗？好在一片赞誉声中，还真有人敢对他略露微词，而这几个人既不是嫉妒他，也不是无名鼠辈，更不是不服他的渊博。他们只是惋惜钱锺书长于渊博而止于渊博而已。在当今海内外华人学者中，余英时被公认为是"人中龙凤"，可见学界对其学术水平之推崇。余英时是钱穆的学生，钱锺书与钱穆都出于无锡钱氏，同谱而不同支，故余英时与锺书也算是有些渊源。余英时访问大陆时曾拜会锺书，锺书给他留下了深刻印象，相互之间评价也很高。不过，后来在评论钱锺书的学问时，余英时的看法是，钱锺书是"一地散钱——都有价值，但面值都不大"。李泽厚与钱锺书曾为社科院同事，当然钱是李的前辈。钱、李曾在任继愈家里见过面，钱还曾给李写过信。李泽厚对钱锺书的评论概括起来是"买椟还珠"四个字。具体来讲，就是"我问过推崇他的人，钱锺书到底提出了什么东西？解决了什么问题？有长久价值的。大家大都讲不出来。我认为这就是问题所在。好像这个'杯子'，他可以讲出许多英文的、德文的、西班牙文的、意大利文的、拉丁文的典故。'杯子'在宋代、明代、中国、外国怎么讲，那是很多。不过这个工作，到电脑出来，就可以代替，电脑记得更全。所以博闻强记就不能成为一种标准。他读了那么多书，却只得了些零碎成果，所以我说他买椟还珠，没有擦出一些灿烂的明珠来永照千古，太可惜了"。上面说到的任继愈是李泽厚的老师，任继愈对钱锺书的评价最有意思，就两个字"自私"。为什么？因为钱锺书的学问是老师教的，应该把他回馈给社会，而他一个学生都不带，所以自私。如果说余英时对钱锺书的评价充满历史感，李泽厚对钱锺书的评价重在思想力，任继愈这个看问题的角度确实独特。钱锺书的小说《围城》风靡天下几十年，但李泽厚也不喜欢，因为"《围城》除了卖弄机智之外没有别的东西"。"他卖弄英国人的小趣味，我不仅不喜欢，还很不舒服。这当然或许是我的偏见。"文学作品风格鲜明当然也好，但《围城》里看不到其发表时中国社会一丁点儿现实危难，这未免也过于"事不关己，高高挂起"了。从这个角度说，近年来把钱锺书、张爱玲的小说捧得如此高是不是有点"商女不知亡国恨"的味道呢？现在有人苛责钱锺书在"文革"中翻译"红宝书"的事，我以为无论事实如何，都没必要过于追究。毕竟，与郭沫若、冯友兰等人比起来，钱锺书的选择确实有不得已之处。但是，钱锺书一九九八年才去世，整个八九十年代都没见他对"文革"公开而系统的"批判"过，这就不能不说他有些太"冷"

了。我的朋友甚至用四个字来评价钱锺书：冷眼冷肠。总的来说，钱锺书在性情上是一个近于庄子的人物，喜逍遥而厌俗务；在学术上承接、发扬了乾嘉学派的传统，重考证探源而轻义理。但他虽然高蹈，毕竟终生未摆脱"名"的束缚，甚至给人留下"恃才"的鲜明印象。而在目前这个时代，他的学术大概只剩下供幽人品鉴的价值了。试问，如今有几个人愿意细读《管锥编》《谈艺录》？如今盛产所谓"知道分子"，怕是连"知道分子"都未必知道钱先生在学术著作里到底写了些什么吧。

　　今天（二〇一六年五月二十五日），钱锺书夫人杨绛去世了，她终于可以到另一个世界与她深爱的丈夫团聚了。中国人有"喜丧"的观念，杨绛得享高寿，自然是喜丧，因此我们可以缅怀她，但也无须为她悲伤，反倒应该为她的解脱高兴。杨绛生前其实并未达到解脱的境界。她太爱自己的丈夫，甚至偏向于认为钱锺书是她一个人的，所以处处维护丈夫的声誉。钱锺书在给友人的通信中曾直言臧否现当代人物，在钱先生去世后，友人多次与杨绛协商出版其与钱先生的书信集，这本身是很有价值的，但均被杨绛明确拒绝。也可以说，杨绛生前为学者们对"钱学"的研究划了框框，出于对杨绛的尊重，研究者也只能作罢。想来杨绛去世后，相关书籍很快就会出版了吧。钱杨夫妇本质上是传统的知识分子，能洁身自好是其长，不能奋勇担当是其短。他们的道德文章还能助推我们这个时代吗？在我看来，这个时代需要的不是悠然的回望者，而是具有穿透力与前瞻性的思想家，以及勇猛的行动者。按中国传统的说法，人死为大，在此刻批评钱锺书是不智的，我们还是应该保留点世故。但问题在于，中国人不是世故太少，而是太多了，而且我们总是把世故当聪明。如果我们少一点世故，像哈维尔说的那样，"活在真实中"，我们或许就会多一些自由。我这一篇小文的前半段，此前其实已经在网上发过，因此并不是非得要现在来凑热闹。我之所以修订、增补以后在此刻再次刊发，实在是希望文中所提问题引起读者诸君重视。知我罪我，其惟苍穹乎。①

---

① 萧三匝：《在杨绛忌日，说几句不合时宜的话》，http://toutiao.com/i6288659702209315329/。

二

杨绛与宗璞的笔墨官司,刚刚消停不久,二〇〇〇年四月,杨绛又受到了她的同事、中国社会科学院副研究员李洪岩和大连图书馆的学者范旭仑的批评。他们指出,现在有些事情要趁杨绛健在的时候说清楚。

当时,李洪岩在其住处告诉记者,一九九七年十二月十七日,社会科学文献出版社刊登致歉声明:"本社于一九九六年十一月出版的《钱锺书评论》(卷一)一书,编者李洪岩、范旭仑。该书未征得钱锺书先生许可使用了他的信函、手迹等,其中未发表作品31件;编者未经钱锺书先生许可,对钱锺书的《围城》进行注释,侵犯了钱锺书先生的著作权。为此,我社除已对《钱锺书评论》(卷一)一书封存销毁,停止发行外,特向钱锺书先生公开道歉,并保证今后不再发生类似事件。"

李洪岩还向记者出示了收条——他手头现存的115册样书也被迫交出。

对于道歉声明,两位编者一直隐忍不发,这时,范旭仑终于愤怒地开口说话了:"作为该书的编辑,我们从来没有在任何报纸上向任何人作过任何道歉,至于说该书的出版者社会科学文献出版社的道歉声明,既没有我和李洪岩的署名,事前更没有征得我们的同意,事后也完全不打招呼。为此,我们曾一度想状告社会科学文献出版社侵犯了名誉权,歪曲了作品,但碍于李洪岩、杨绛与该出版社都是社会科学院的,压力颇大,才隐忍不发。但不少人又据此大做文章,说我们侵权。"

因此,李洪岩和范旭仑表示:"必须趁杨绛先生健在的时候,将此事说说清楚。"

李洪岩面对记者,一脸愤懑和无奈,他表示,严肃、正常的学术研究遭到了无理却有力的干涉。①

此外,令时在大连图书馆任职的范旭仑耿耿于怀的是,"杨绛是在恶意欺负卑贱软弱者"。而这一事情的持续发酵,显然是由一本名为《记钱锺书先生》图书引起的。

一九九五年十一月,范旭仑与牟晓朋一起精心制作的、作为献给钱锺书诞辰八十五年的寿礼,被杨绛当成废品"勒令销毁"。这就是杨绛发起的《记钱锺

---

① 徐林正:《文化嘴脸:丑陋的中国文艺界》,北京:台海出版社,2001年3月第1版,第38—39页。

书先生》的著作权纠纷。

尽管时间过去好几年了，但作为当事人之一的范旭仑一直心存郁结，他认为：这只不过是当年忍辱负重，全盘接受对方"不平等条约"的结果。

纪念文集《记钱锺书先生》全书近30万字，收海内外33位学者各类文字37篇。从内容上看，可以分为三部分。第一部分，是发函约来的专稿；第二部分，是转载海外报刊上的文章；第三部分是文献资料整理。可以说，这是一本有很高的学术价值的著作。

一九九七年五月三十一日，杨绛、钱锺书致信国家版权局，指出："大连出版社未经著作权人许可，于一九九五年十一月擅自将我们的私人诗函、墨迹、照片等，连同其他记载失实的报道，编成《记钱锺书先生》一书"，是对他们著作权、肖像权的严重侵害，请求国家版权局予以保护。

杨绛和钱锺书对《记钱锺书先生》的评价是："格调低下，文字粗俗，其所收罗之多篇报道内容失实，不知所云，甚至无中生有，恶意中伤。"

他们提出了系列要求：立即停止侵害，封存未售出的图书，公开赔礼道歉，同时收缴《记钱锺书先生》一书非法所得，并依法对大连出版社予以罚款，并要求大连出版社和编者赔偿损失。

范旭仑和牟晓朋非常愤怒："老实说，看了杨绛先生的诉状，我们非常震惊和愤怒。凭仗丈夫的势力，假借法律的名义，杨绛不是在恶意欺负卑贱软弱者吗？——不过生气归生气，由于我们一向尊重杨老人家，担心他因此而坏了身心健康——毕竟是要九十岁的人了，所以看了他的诉状，二话没说，虚心满口地赔礼道歉。经济赔偿也好，其他处置也好，只要杨绛先生高兴，我们都乐意承受。"

接下来，他们写了道歉信，花了五千元在出版社登道歉广告，国家版权局下达了调解书，让出版社赔偿给钱锺书、杨绛一万元，并对出版社处罚款一万元。按照出版合同，所有的损失都要编者承担。

机缘凑巧，笔者的好友、时任辽宁省出版局图书处副处长、现为上海理工大学编审的贾建明正是当年受命办案的官员。据他以亲历亲闻的回忆：

贾建明：我曾查处过范旭仑的书，就是国家新闻出版署来电指其侵权惹麻烦。

笔者：贾先生，范旭仑当年是在大连出版社出版的书吧？大连出版社在您辽宁省局辖下,其经过愿闻其详,多谢!

　　贾建明:记忆有点模糊了,当时大连社屡屡出状况,我们盯他们选题盯得比较紧,这个事情我印象里记得是上面来了明传电报要求我们处理,我们也就是应付差事而已,没有处分出版社只是要社里做了情况汇报和检讨就完事了,没有查封出版物。但从此大连社和范的同类选题就不批了……

　　贾建明:对了,后来杨绛不依不饶打了官司,范最后败诉赔了一万块。好像当时书里涉及钱杨与文学所林姓夫妻之间矛盾冲突的事,尤其引得杨绛不满意。

　　笔者:这些亲历亲闻,弥足珍贵,谢谢你的忆述。①

但事情似乎还没有完。他们认为,杨绛还在"不依不饶",此事被全国媒体曝光。

范旭仑对此事作出如此的质问:"杨绛为什么如此穷追痛打、不依不饶呢?我们想来想去不知所以:是否因为我们书中指出杨绛哪个名作许多无稽失实的记载?是否因为我们在学术研究中引述杨绛忌讳的种种?是否因为我们在学术研究中公开批评杨绛所犯的低级错误?是否因为我们在学术研究中公开非议杨绛背叛钱先生的意愿、四处登广告征集钱先生书信等所有字纸?"

范旭仑说:"本来,这些事情我们都不想说,我们自己受些委屈也就算了。但杨绛先生做得实在太过分,迫使我们不得不说!"②

那么究竟杨绛为什么对善意的"编书"有如此大的火气呢?据李洪岩分析,杨绛愤怒的原因是编者指出了杨绛著作的错误。

杨绛在给国家版权局的信中是这样说的:"该书未经著作权人许可,擅自对杨绛所著的《记钱锺书与〈围城〉》进行所谓笺证,肆意改动杨著原题,斫削改缩原文,截头去尾,抹去章节,挖掉重心,致使杨著尽失本意,支离破碎,面目全非。"

范旭仑说:"这款指责针对书中的《杨绛〈钱锺书与围城〉笺证稿》,纯属歪缠诬指。"

---

① 2019年12月29日微信采访。
② 详见范旭仑《〈记钱锺书先生〉著作权纠纷经过》,见李洪岩、范旭仑《为钱锺书声辩》,天津:百花文艺出版社,2000年1月第1版,第251—264页。

李洪岩指出，杨绛所称指的是自己学历和钱锺书学历的问题。

李洪岩在《杨绛〈吴宓先生与钱锺书〉辩疑》一文中指出：杨绛自称"我考入清华研究生院在清华当研究生的时候"有误，"研究生院"是"研究院"之讹。《杨绛作品集》第二册95页，"清华研究院各系"之"系"亦误，标准名称是"清华大学研究院文科研究所外国语文部"。六大册《清华大学史料选编》不见杨季康（即杨绛）名。又据清华校史专家告之，杨绛是由燕京大学转入清华大学的。而范旭仑则在《杨绛〈记钱锺书与围城〉笺证稿》中指出，杨绛是借读清华大学的。——这些是否因此犯了杨绛的忌讳——杨绛不是自始至终的清华？

李洪岩、范旭仑还指出杨绛《记钱锺书与〈围城〉》的数十处错误。如杨绛认为钱锺书的"锺书"是小时候抓周抓到一本书得到的，但事实上是钱锺书的爷爷所取的。

应该说李洪岩、范旭仑指出了杨绛作品的大量错误，这是事实；杨绛对此举非常在意，也是事实。

学界认为，李洪岩和范旭仑都是勤勉的钱锺书研究者，许多评论也认为这是两位非常严肃认真的学者。但他们却遭遇了不公：编著的两部书最终遭到毁版停印，公开赔礼道歉并进行经济赔偿。

范旭仑说，他的看法是，杨绛是钱锺书的妻子，但并不代表钱锺书，两人性格不同，思想迥异，比如杨绛以"杂写和杂忆"闻名，而钱锺书则极端讨厌自传和回忆录。无论是杨绛自称"钱锺书就是我"，还是大多数人误会"杨绛代表钱锺书"，都值得商榷。

有的学者很中肯地指出，进入世纪之交的一个时期，杨绛对她看不上眼的东西，不管是出自自家之嘴，还是得于他人笔录，一律斥之为"传说""造谣"，一笔勾销，任我抑扬。按理说，作为钱锺书的妻子，杨绛在对钱锺书某些方面的感受上，是"最有资格"或"权威"的。可她却过分或完全倚仗这优越性，自以为说什么是什么，无视历史文献（"书上的白纸黑字"），老爱信赖和依赖自己的记忆能力与写作能力，老爱使用自家擅长的稗官笔法去"杂忆与杂写"，失实失真，自不可避免。

李洪岩和范旭仑在他们于二〇〇〇年一月出版的《为钱锺书声辩》[①]里，对

[①] 李洪岩、范旭仑：《为钱锺书声辩》，天津：百花文艺出版社，2000年1月第1版。

杨绛等的一些做法，作了必要的回应，并且在这本书的扉页、封底都印写了下面这样的话：

> 你不能以一手掩天下之耳目！你不能在旷野里安上大门！你不应惧怕事实，你应该敢于面对真理！在真理的圣殿里，正像在死神眼前，没大没小，无贵无贱。真理只亲近真相，不在乎软磨硬泡。真理能唤起良知：或许夜深人静，你会真情流露，感觉自己错了，感觉自己太无耻了。咋办？

杨绛去世后，生于一九七七年的学者张治在《外滩画报》网络版撰文说：

> 回顾近三十年杨绛出面较真的事件，诸如《〈围城〉汇校本》、"《钱锺书评论》第一集"、《记钱锺书先生》、"书信手稿拍卖"等，她最担忧的是未经钱锺书生前认定的文字重新公诸世。其实，这些佚文与信札的内容并无不妥之处，甚至还为钱锺书的形象增色不少。
>
> 然而，"在收藏家、古董贩和专家学者通力合作的今天"，杨绛对研究者们自行引用、披露这些材料是极为不满的，这在一定程度上造成了钱锺书研究领域在他去世后最关键的时期里搜罗整理散佚文献的困难，虽然与此同时，杨绛审订并授权出版的七十二卷《钱锺书手稿集》有所弥补。
>
> 我记得程千帆曾向学生说，钱锺书"太要好"了，故而《槐聚诗存》删到那么薄薄一册。"与君皆如风烛草露，宜自定诗集，俾免俗本传讹"，这是《诗存》序引述杨绛所言，可我们今天不仅知道《诗存》缺作品多，年代排定也大多有误，令解诗者一时猜不透本事。因此，虽然想只让自己再三择定的作品版本与篇目传世，但传世也需要研究界的深入理解，后者希望可供参考的资料多多益善，便不能满足于听从著作者（以及家属）的限定要求了。①

《读杨绛》一文，说得辗转委婉，褒中有贬，贬中有褒，值得回味。复旦大学教授骆玉明此前更是一针见血："钱锺书平日闯下的祸，到了他老病不能言的

---

① 张治：《读杨绛》，《蚁占集》，杭州：浙江大学出版社，2017年7月第1版，第216—217页。原题《如何解读一个真正的杨绛？》，《外滩The Bund》微信公众号，2016年5月28日。

日子一桩桩爆发，累坏夫人杨绛。先是他当年在西南联大，是否说过'吴宓太笨'，杨绛说不可能，因为吴宓是钱锺书敬爱的老师，她还特地让人写下书面证词，好像要提供庭审似的；后是钱锺书在美国有没有骂过冯友兰，杨绛说不可能，因为冯友兰是钱锺书的'五大恩师'之一。但她的辩白相信的人实在不多，那些话、那些事都带有钱锺书风格——或许细节有出入，或许要加上特定条件的限制。说起来，杨先生也是很可爱的（抱歉，越分了），她用尽力气，文章登到四面八方，要维护钱锺书作为温雅君子的形象。——她觉得这很重要吧？这令人想起她那《写〈围城〉的钱锺书》①，直把钱锺书描绘成一个爱闹事的顽童；又想起某篇文章所记，钱锺书阻止把杨绛为他织的一件毛衣捐给灾民，说那是'慈母手中线'——是慈母呢！"②

其实，在杨绛"高冷低调""与世无争"的表象后面，还有一个寻常人所不知的"杨绛"，这就是"任性强势""唯我独尊"的杨绛！

见过杨绛或与其接触过的人，都有这样的感觉，她不是一个简单的人，内心复杂、锱铢必较。比如在笔者的印象当中，她的眼神很特别，炯炯有神，目光中不时流露出桀骜不驯、睥睨一切的神态，难怪有人说她的"凤眼冷冽而温柔"，不失神来之笔。

在台湾地区作家季季笔下：

"比钱锺书小一岁的杨绛，清瘦坚毅，脊梁挺直，黑色衣裤外罩浅灰毛衣，脸上戴着褐框近视眼镜，胸前垂挂黑框老花镜。微笑地看着钱锺书说话时，杨绛那双著名的凤眼冷冽而温柔，眼底尽是凝望偶像的光芒。"③

这样的眼神，将进入历史，为后人所乐道。

---

① 《写〈围城〉的钱锺书》，是杨绛的《记钱锺书与〈围城〉》中的一节。
② 骆玉明：《近二十年文化热点人物述评》，上海：复旦大学出版社，2000年10月第1版，第392页。
③ 季季：《钱家园》，见氏著《写给你的故事》，中国台北：台湾INK印刻文化出版有限公司，2005年9月第1版，第277—278页。

第十五章　抵抗不幸

一

　　杨绛的家庭充满着恩爱、和谐的气氛，但是短短两年，杨绛屡遭不幸。先是爱女先老人而去，钱锺书又一直在重病中。翌年，钱锺书也离开了杨绛。事属意料之中，但毕竟相濡以沫一辈子，杨绛的痛苦可想而知。

　　女儿钱瑗的病是累出来的。钱瑗固然淡泊名利，但非常重视肩上的责任。因为学校人手不够，她作为博士生导师，除了研究生的课之外，还开本科生的课。加上她住在城里，来往不便，因此感到十分疲惫。她的精神亢奋而紧张。北京交通高峰时常堵车，遇到这种情况，平时沉稳而有风度的钱瑗，则像热锅上的蚂蚁，心急如焚。为了不误课，只有一个办法：早起早走。一次，她因夜间工作起得晚了，匆匆梳洗后出门，一路急走，赶到车站，盼车、挤车……总算到了学校，松了口气，可上教学楼的台阶时，一低头，发现自己穿的布鞋竟是两样颜色，真是忙中出错！怎么办呢？只好请一位住校的老师赶紧回家把夫人的鞋拿来换上。乍看起来，这只是一件令人发笑的小事，可也说明钱瑗精神的紧张程度，她像一架上紧发条的机器，已经松不下来了。有人问她近况如何，她答："心力交瘁。"人家好意地劝她赶紧"勒马"，她说："我是骑在虎背上……"

　　据钱瑗的老同学章廷桦透露："钱瑗的头衔确是不少：中英合作项目负责人，英国《语言与文学》编委，全国高校外语专业指导委员会和北师大学术委员会、学位委员会的各种委员……一个个头衔和职务就像套在身上的一条条绳索，勒得钱瑗动弹不得。再加上她是出名的'死心眼'，办事认真得让人吃惊，也让人敬佩。拿一年一度的职称评定工作来说，钱瑗是校评审委员、外语学科评审组组长，事务繁忙，耗时费心，而且还有全国各地为提职称而寄来的一篇篇论文和一本本专著，请她评审。要评审，必须研读，这是多大的工作量啊！一次，外省某大学寄来一篇论文，钱瑗读后有似曾相识之感，再读则更觉得有抄袭之嫌，然此事干系重大，不可贸然下定论。于是根据回忆，翻遍书架，终于找到原书，再从头通读，列出抄袭部分的页码和段落。事后该校写来了感谢信，可他们并不知道钱瑗为此付出了多少精力。"①

人非钢铁，而钢铁"过度疲劳"也会发生断裂。长期超负荷工作，使钱瑗这块钢铁出现了裂纹。先是咳嗽，继而腰疼。让她去看病，她说不要紧，休息休息就能好，实在不行，就在回家时顺路买点药丸吃吃，就算"治"了病。一九九六年春，钱瑗腰疾加剧，一日清晨竟无法坐起，她瞒着老母杨绛悄悄地打电话到北师大外语系求助。尽管她不愿意，可还是被"押送"到医院，检查发现是骨结核，脊椎有三节病变，并且不排除有癌细胞的可能。以后再查，又发现肺有问题，住进北京温泉胸科医院，经专家会诊，确诊为肺癌晚期，肺部积水癌，细胞扩散，已是病入膏肓。

这一消息，对杨绛来说无疑是雪上加霜，她的丈夫钱锺书已重病在身，在医院卧榻不起。这时，女儿钱瑗又病倒了，她非常着急，分身照顾两个病人。但是，钱瑗不让母亲来看望，怕母亲见到自己那副样子痛心。

钱瑗的病情发展很快，缠绵病榻无几，便告病危。一九九七年三月初，她提出想见母亲杨绛，大概已预感到最后的日子来临了。三月四日下午，钱瑗的心脏停止了跳动。

白发人送黑发人，是何等沉重的打击啊。但是，杨绛坚强地挺住了。她打起精神，全身心地照顾丈夫。

对于钱瑗再婚后的家庭生活，一向喜欢"杂忆杂写"的杨绛却惜墨如金，而钱瑗的继子胖胖撰有《我的继母钱瑗》，可以弥补这一缺憾。胖胖，本名杨宏建，北京体育学院毕业，美国纽约州立大学体育系硕士，后为北京国际体育交流中心业务经理。他说：

> 继母钱瑗去世已经七年了。通常当一个人离开大家之后，他或者她就会在家人的记忆中渐渐地淡化、远去，没人能够例外。是杨绛外婆的《我们仨》又把钱瑗鲜活地带回到我的眼前。
>
> 当我读到一些熟悉的人物与往事，有时会在心里浮现出一丝会心的笑。在"他们仨"的人生旅途中，我只是在某一个路段与钱瑗相遇，并

---

① 章廷桦：《同窗钱瑗》，《文汇读书周报》，1997年9月6日。

得到了一些她的帮助。

　　我父亲与钱瑗结婚时我18岁，刚刚到工厂上班。当时我并没有像现在一些家庭问题专家说的那样，对父亲再婚感到很不安。因为"钱瑗阿姨"，是个很随和的人，不像个"后妈"。那时我心里还有一个小算盘，"反正爸爸应该再结婚，那么钱瑗起码是个不坏的选择"。

　　果然，钱瑗在进入西石槽杨家的生活之后，从一开始就与我和妹妹以大朋友的方式交往着，从未让我们感到有"继母"的感觉。同时，我俩从她那里得到的帮助是多方面的，她对我们的人生轨迹有很大影响。比如说我在25年前上大学时，从未想到过由钱瑗辅导的英文会对我的一生起到如此积极的作用，为此我永远感谢她！

　　记得钱瑗从英国学习回来之后，就从我爸爸手中接过了给我上英文课的差事。当时，我学英文的出发点只是在体育运动课之余找个有益的消遣，因此学习的过程肯定会比现在学生"目的明确"的学习要有趣得多。我刚刚上钱瑗的课时有些怕，因为她职业性的"诲人不倦"常常让我消化不了。

　　比如我问她一个小问题，她会引经据典地把那事的祖宗八代查出来讲给我听。从书房追着讲到厨房，你不听都不行！后来我也习惯了，把问题留到最后再问，这样她讲多少我就听多少，不明白也先听着。还甭说，钱瑗当年告诉我的一些知识与方法至今仍在起作用，并未过时。

　　现在有时身边的人会提出一个有关英文的问题，我答不上来，总会遗憾地说：要是我妈在就好了，她会让你"听不了兜着走"！我与钱瑗有一个奇怪的共同点，就是英文字在我们脑子里是彩色的，如果拼写错了会有颜色不对的感觉。但是我们的颜色感不同，因此交流一下某个字是什么颜色也是我们英文课的一件乐事。

　　钱瑗不是一个擅长家务的家庭主妇，大概也没有人会这样要求她。所以很有"自知之明"的钱瑗会尽量以其他方式弥补自己的这一"缺点"。在很长的一段时间，每到星期六她该回西石槽的日子我会很盼着她，原因是她经常会给我们带回一些好吃的东西。

　　从北师大到灯市口的这一路是钱瑗买东西的路线。夏天经常是一大饭盒新街口丁字路口的四川凉面，秋冬天则是平安里一家清真肉店的上好牛肉。有时她会特地在灯市西口早下车，走到王府井东来顺去买那里特别的大块肉羊肉串，或者是牛肉馅饼。有时还专门去崇文门内的"春明"去买那时很稀罕的西式点心。因为要买东西，她一路要几次换公交车，经常到家很晚。如果是冬天，很早就黑天了，我们在家准备好了晚饭等着她。有时快七点了，我爸总是说："先吃吧，妈可能马上就到了。"往往是我们刚坐下来吃饭，门开了，妈随着冷风背着大包小裹进得门来。她总是走得脸红红的，脑门上冒出汗珠。一边急匆匆地从包里往外掏东西，嘴里忙不迭地说："对不起，对不起，来晚了，来晚了！"

　　我们习惯了她这样出现，也很喜欢这样的一个晚上。饭后我们通常看电视，电视剧居多。钱瑗从没有时间或耐心看完一部电视剧，但又舍不得对此"孤陋寡闻"，因此她总是提前看电视节目报，用这种"cheating"（作弊）的方式了解一个故事的前因后果，然后得意地告诉我们："后来……"对此，我们很有"意见"，认为她把悬念给破坏了。

　　这样的日子持续了一些年，直到腰痛迫使她改变了生活的内容与习惯。我们也就失去了这样的温馨周末夜晚。我感到庆幸的是每当我们现在提起钱瑗的时候，浮现在我眼前的不是她在医院中的形象，而总是她满脸通红，急匆匆迈进家门的那一刻。那是一个忙碌而充满活力的钱瑗，她一直是这样的。[1]

　　一九九三年春天，钱锺书入院割去左肾，手术长达六小时之久，到夏天病愈出院，从此谢绝外务与来客，十一月，还辞去中国社会科学院副院长的职务，出任"特邀顾问"。这以后他终于可以专心修订自己的文稿和著书，不久后便出版了《槐聚诗存》与《石语》。《槐聚诗存》的序与《石语》的前记，是钱锺书最后一次入院治病前写下的正式文字，可能也是他一生最后的撰述。

　　一九九四年，钱锺书给夏志清写了一封信，在这封信中，钱锺书向老友透露了自己上年住院治疗的一些情况：

志清我兄如握：

　　忽奉手柬，惊喜交集。闻尊体违和，则甚系念。以年齿论，兄幼于弟，尚不应并列老病行伍也。弟于去春住医院，割去左肾，手术六小时之久。内人本患疾恙，陪院三月，辛劳万状，故出院后亦心脑均病。现愚夫妇皆

---

[1] 胖胖：《我的继母钱瑗》，见杨绛等著《我们的钱瑗》，北京：生活·读书·新知三联书店，2005年8月第1版，第199—202页。

以问医服药为日课。一向本不喜交游、"活动",现在更谢绝外务及来客,离群索居,已堪当亚里士多德《政治学》所谓'老朽'而无意义矣!八十翁妪,实已为死亡之狱的常客了。

　　来教所云"读书写作之乐",乃乌托邦语言也。呵呵!悌芬久不通问。承示其迹况,殊堪忧虑。"故人有似庭中树,一日秋风一日疏",回肠萦虑,唯有遥祷天佑而已。……(一九九四.一.五)①

此信悲秋苍凉意味已经很深。钱锺书比夏志清大十一岁,大约夏志清给他的信中劝他"读书写作之乐"之类,钱锺书不客气地回复这些对他已经是风马牛,风烛残年的他其实对此已了无意趣;而这种心情,写信给他的夏志清尚无法体会。信中提及的悌芬乃他们共同的友人暨介绍夏志清认识钱锺书的远在香港的宋淇。宋淇比钱锺书小八岁,从中年起久病缠身,终于先钱锺书两年过世。

《槐聚诗存》选定以前,钱锺书始终不满意,成天把自己的诗改了又改,反复跟杨绛推敲字句。他改完诗,杨绛再帮他抄,最后由他审,反反复复,一改就改了小半年。

诗存选定又抄完后,钱锺书很高兴,拉着杨绛的手,夸她是"最贤的妻,最才的女"。他自我感觉良好,还激动地对妻子说:"咱们就这样再同过十年。"杨绛自认无此奢望,只脱口回他贪心,她没想那么远,"三年、五年就够长了"。

没想到,说完这句话不久的一九九四年七月,钱锺书又住院了,诊断结果说他是肺炎。那句无心的埋怨话在后来成为杨绛一生的遗憾,她总是自责,认为是那两句话"害得锺书愁出了病"。

钱锺书多次以妻子、情人、朋友似乎不相容的三者关系,来形容和赞赏杨绛,夸她是"最贤的妻,最才的女"。吴学昭对此不解,后来就问杨绛:"你们是夫妻,钱锺书为什么会写这样的话?"

杨绛摆摆手,说:"谈不上赞赏,可算是来自实际生活的一种切身体会吧。锺书称我为妻子、情人、朋友,绝无仅有的三者统一体。我认为三者应该是统一的。夫妻应该是终身的朋友,夫妻间最重要的是朋友关系,即使不是知心的朋友,至少也该是能做伴侣的朋友或相互尊重的伴侣。情人而非朋友的关系是不能持久的。夫妻而不够朋友,只好分手。"

---

① 引自王祖远:《鸿雁叼来的文学史——钱锺书致夏志清书信解读》,《中华读书报》,2018年1月24日。

杨绛又说:"锺书和我都以为'五伦'——中国以前的人伦关系:君臣、父子、兄弟、夫妇、朋友,'五伦'中,朋友非常重要。其他四个如能复为朋友,交心而知己,关系肯定会非常融洽、和谐。我们俩就是夫妇兼朋友。"

接着,杨绛又说:"我已经不记得哪位英国传记文学作家写他的美满婚姻,很实际,很低调。"这位英国作家写道:"我见到她之前,从未想到要结婚;我娶了她几十年来,从未后悔娶她;也从未想要再娶别的女人。"

杨绛接着说,我把英国作家的这段话读给锺书。听后,他认真地说:"我和他一样。"杨绛也郑重地说:"我也一样。"①

钱锺书这次入院,就再没出过院。最辛苦的人是杨绛,她白天到医院送饭送菜,在病榻前陪他,晚上还要时刻警惕,防止他睡着了乱动插管。她写信给友人说:"我实在太疲劳了,不得不要女儿代我送去,让我休息几天。但我女儿工作极忙,我又心疼我的女儿。"后来,女儿钱瑗也病了,照顾钱锺书的工作全由杨绛一人承担。

杨绛夫妇的挚友柯灵夫人陈国容谈道:那几年来杨绛实在辛苦,女儿先走了,丈夫卧病在床,她每天都去医院,而外界围绕钱锺书的是非纷扰不断,她自己也是八十岁的老人了。陈国容说,她真的很坚强。②自钱锺书住院以后,杨绛几乎天天带着自己做的便于他食用的饭食到医院探望。他俩在一起时,有时用无锡话交流,有时讲英文。杨绛真诚地祈祷,钱锺书能够战胜病魔。

有关领导非常关心钱锺书,经常上门慰问。据时任中共中央政治局委员、中国社科院院长李铁映忆述:

> 我未到社科院前,已闻钱锺书先生、杨绛先生之大名,敬慕其学问,崇敬其品德。初次认识他们,则是钱先生因病住院之后。当时,我去北京医院看望钱先生,杨绛先生亦在场,与其双手相握,见先生虽面容憔悴而精神自然。说话语气谦和,柔细而有磁性,使人如聆琴音。因钱先生久卧病榻,一切问题都由杨先生代答。我了解了病情和治疗情况,问她还有什么需要,院里将尽全力提供帮助。杨先生忙答:一切都照顾得很好,医院

---

① 引自姜炳炎《杨绛妙论夫妻关系》,《报刊文摘》,2019年9月16日。
② 徐春萍:《渊博睿智风范长存》,《文学报》,1998年12月24日。

已尽最大努力，社科院很重视和关心。谢谢组织……①

一九九八年十一月二十日，钱锺书在北京医院度过了他最后的一个生日。

第二天，北京的天空瑞雪纷飞。李铁映在副院长王忍之的陪同下，冒雪来到北京医院，祝贺钱锺书八十八岁华诞。当李铁映来到病房门口时，杨绛热情地表示感谢。李铁映和王忍之举起两只花篮送给杨绛。花篮上分别写着：

祝钱锺书先生八十八华诞　李铁映贺
祝钱老八十八华诞　中国社会科学院敬贺

二

刚刚度过生日的钱锺书，在此后的十多天里，病情十分平稳。但在十二月初，却突然高烧。钱锺书的病情不仅使杨绛寝食难安，也牵动着中央领导同志的心，牵动着中国社科院领导的心。北京医院的专家多次会诊，采用各种办法，但他的高烧仍持续不退。

钱锺书在弥留之际没有经受痛苦，杨绛始终陪伴在他身旁，不停地用家乡无锡话在他耳边轻轻祝福着。

人们没有想到，十二月十九日清晨，钱锺书匆匆而去。这位德高望重、学贯中西、成就卓著的学者，对自己的身后事早已作了最简朴的安排。他给夫人杨绛留下这样的遗嘱："遗体只要两三个亲友送送，不举行任何悼念仪式，恳辞花篮花圈，不保留骨灰。"钱锺书的丧事留给了与他六十余年相濡以沫的妻子——杨绛。

钱锺书的呼吸停止了，杨绛亲吻了他的额头，久久地贴着他的脸颊。

钱锺书去世的消息发布后，来自全国各地和海外的唁电唁函，发给杨绛和中国社科院，时任法国总统希拉克在给杨绛的唁电中高度评价了钱锺书的学术造诣和他对法中文化交流所作的贡献……

按照钱锺书的遗愿，丧事一切从简。

杨绛也一再对社科院的领导表示，要尊重钱锺书的意愿。

---

① 李铁映：《敬悼杨绛先生》，周绚隆主编：《杨绛，永远的女先生》，北京：人民文学出版社，2016年12月第1版。

十二月二十一日上午八时三十分，北京医院事先征得杨绛同意后，对钱锺书遗体进行病理解剖。十一时，医院工作人员为钱锺书穿上他生前喜欢的衣服。其中有些衣服，是杨绛亲手编织的，杨绛曾打算捐出去救灾，但钱锺书用双手护住，说："这是'慈母手中线'，其他衣服可以捐，这几件留着。"

十一时三十分，钱锺书遗体被送至北京医院告别室。杨绛同意钱锺书遗体在北京医院告别室作短暂停留，以便有关领导在这里向钱锺书作最后凭吊。

遵照钱锺书的意愿，告别室内没有挽联、没有挽幛、没有鲜花，也没有播放哀乐，只有洁白的床单和常青松柏——万年青。钱锺书身着一件黑色呢子大衣，戴深蓝色贝雷帽，系灰色围巾，安卧在一具简易棺椁中。杨绛把她亲手扎制的插有紫色勿忘我和白玫瑰的花篮，摆放在钱锺书的身旁。

一时五十分，钱锺书的遗体被送上灵车。杨绛撒了少许鲜花的花瓣，然后拉着曾经协助她看护钱锺书的女护工，一起上了灵车，灵车缓缓西行。随车送行的人群中，只有钱锺书的家人和王忍之等数人。

二时四十分，钱锺书的灵柩被暂时安置在八宝山火葬场第二告别室。灵堂里依旧没有任何摆设，也没有哀乐。在八宝山的灵堂里，全国政协原副主席、原社科院院长胡绳专程来向钱锺书告别，时任中共中央政治局委员、中宣部部长丁关根委托中宣部副部长白克明赶来为钱锺书送行。

现场没有出现人山人海、络绎不绝的场面，到场送行的始终只有二十多人，包括杨绛、钱锺书的女婿、外孙、外孙女，他的学生，以及几位闻讯赶来的朋友。

三时许，钱锺书的遗体被送至火化车间。

杨绛把白布掀开，微微仔细凝视钱锺书，并将眼镜摘下，目视遗体送进火化间。火化间的门关上时，旁人劝她离开，她说："不，我要再站两分钟。"

钱锺书的遗体火化后，根据他生前的意愿，骨灰当晚就近抛撒。

在杨绛主持下，钱锺书从停止呼吸到火化完毕，历时五十七个小时。

钱锺书的后事安排非常简练。钱锺书生前有遗嘱，但假如不是杨绛坚持按照钱锺书遗愿办，丧事也很难办得如此简朴庄重。有关方面出于好意，希望能够帮助杨绛把钱锺书的丧事办得隆重些。

杨绛却坚持说："锺书走了，他只有这么一点点遗愿，希望大家能够体谅，能够予以满足。"亲友们也都希望送挽联、鲜花，但都被杨绛谢绝了。

杨绛非常坚强。她说，锺书不喜欢人家哭他。但悲痛与劳累使杨绛显得疲怠。李铁映请有关负责同志征求杨绛的意见，安排她去想去的地方休养。社科院的有关负责同志还定期到杨绛家里探望。杨绛家里陈设如故，客厅里五六十年代老式的书架上，依然摆放着钱锺书生前阅读的外文书、线装书、人物传记、读书笔记等。杨绛会客时常着黑色衣裤。钱锺书的家人，以及生前的司机、保姆仍沉浸在悲伤的情绪之中。

新华社记者韩松是当时唯一采访报道钱锺书丧事的媒体记者，他事后专门回溯了钱锺书的最后瞬间。

一九九八年十二月二十一日中午，我接到深入、详细报道钱锺书先生的任务。我即与钱先生生前所在单位中国社会科学院的新闻办联系。这个时间根本找不到人。我赶紧呼平时联系较多的一位朋友，他不在，是一位叫孙海泉的同志回的电话。

他说："唉呀，你快来吧，我们也正在商量这两天请新华社和《人民日报》发一个弘扬钱锺书精神的长篇通讯呢。你打个车来，一点半就要向遗体告别了。"

最后一句话很重要！我一看表，这时已经一点了。我马上赶到北京医院告别室。门口有几个港台记者被拦住了，不让进。看样子，国内记者就我一人。

这很可能是一次独家报道。

孙海泉说："你先看一看。今天采访很困难，杨绛不同意采访。"

钱锺书要求丧事从简，现场没有挽联，没放哀乐，也没有几个前来告别的人。钱先生的外孙在忙着拍照；还有社科院文学所的所长和几个工作人员。几分钟后，李铁映来了，然后杨绛也来了。他们说了一些话。

我想采访杨绛，哪怕请她说一句话，但是这时已经没有时间了，而且看样子对方的心情也不允许。

我问了一下殡仪工有关情况。这位姓刘的大爷谈了对钱先生的感想。他很早就知道有这么一个名人，写了很多书，他看过电视剧《围城》。

名人的后事办得这么简单，很少见，他很感动。作为一个普通百姓，能说出这么一些关于一位大学者的肺腑之言，我觉得很有价值。

另外要做的一件事情就是仔细观察，包括灵堂陈设、钱先生的形象、人们的神态动作，尤其是杨绛的一举一动。

两点钟，一辆丰田旅行车载着钱先生的灵柩出发了。

我向社科院的同志提出，要跟着去，他们同意了，并让我搭乘王忍之的车。

在去八宝山的路上，我和王忍之聊起来，他语气沉重，欲言又止，感情十分真挚。

王忍之谈到了他来社科院四年中，与钱锺书的交往和印象。他说他自己没有水平评价钱先生的学术，但钱锺书的确是一个淡泊、亲切、不求名利的人。

他还谈到了钱锺书的一些情况，钱先生住院有四年了，一个星期前才出现病危。

王忍之不是以社科院党组副书记、副院长的身份来的。他说，他是以钱先生朋友的身份来的。唯其如此，杨绛才同意了。

我更感到，我能来，的确不容易。后来听说，钱锺书逝世后，社科院接到40多家新闻单位要求采访的电话，新闻发言人的回答一律是"没有消息"。

王忍之说话时，我没有记笔记，而是把一切记在脑子里。

一边谈，我一边注意前面的灵车。能看见司机后面杨绛的背影，坐得很端正。她始终没有回头看躺在身后的钱锺书。

一路上，车子也跟任何一辆普通车一样，遇到红灯就停下来等待，车速只比其他车稍慢一点，没有市民注意这辆车。

我们后面，跟着港台记者的一辆车。在北京医院，他们虽然没能进去，但在马路对面，用长焦镜头对现场作了拍摄。李铁映来，杨绛来，王忍之来，他们都看在眼里。

看着他们的车，我心里想，作为新华社记者，一定要把今天的新闻报道出去，并且报道好。

车子开了40分钟，到八宝山。火化的事情没有对钱锺书的同学、朋友、学生发任何通知。来送行的，除了亲属，其他人大都是打听到消息后自发来的。这中间有《人民日报》的方成，也是要事先"禀报"，通过传话，才"放"进灵堂来的。

钱锺书的遗嘱说，只希望二三亲属送行。不过，在场的还是超过了20人。到八宝山来的，还有胡绳，中宣部副部长白克明。

现场没有看见港台记者。我想他们一定被坚固地封锁在外面了。

国内记者好像也没有。我小心翼翼接近了钱锺书的主治医生李大夫。

她四年中一直为他治病,刚才一直搀扶着杨绛。

我说:"听说您是钱先生的医生。"

她说:"是。但我今天是以钱先生的朋友的身份来的。"又反问我是做什么的。

我说我是新华社的。她脸色微变,径直走到一个剃着平头的彪形大汉面前,说:"他是记者。"那人也不客气,连搡带推把我拽到灵堂外面。

他审视着我说:"你来干什么?"

我说:"我是新华社记者,我来采访的。"

他严厉地说:"什么记者也不行。你们也不真知趣,也不看看是什么场合。今天不让采访。你马上走!"

说着堵在门口。又上来另一个人往外推我。

这时,我看见社科院办公厅主任崔智友。我忙打招呼。他才来解了围。

但采访杨绛的企图却完全落空了,甚至都不让接近她。我只能把看到的一切,牢牢记录在脑海里。

近年来,包括中央电视台"东方之子"在内的多家新闻媒体曾试图采访钱锺书和杨绛,但都被拒绝了。

火化还要等一会儿。现场很感人。杨绛两次从座位上起来,扶着棺沿细细打量丈夫。神态和身体语言都耐人寻味。

杨绛的坚强留给在场的人很深的印象。钱锺书和杨绛唯一的女儿去年也去世了。

还有胡绳,他和杨绛默默坐在一起,两个显得十分衰老的人,无言地让人们拍照。这些,都是比谈话更感人的细节。但因为稿件容量有限,很多都没有能写进去。

在报道中,我没有提胡绳全国政协副主席的官衔,只提了他是"另一位学术大师"。

后来我只跟钱锺书的一位"学生的学生"聊了一小会儿。她也很烦记者的样子。这些人都继承了钱先生的品行,不愿与媒体打交道,并以沉默来维护钱先生最后的片刻安静。

火化时，大家都到了炉边。这时，胡绳、白克明、王忍之等都走了。

工人先把放在钱锺书头边的几张发票一样的单子拿起来看了看，大概是确认一下。然后把棺椁停在一边，先打开炉道，从里面拉出前面刚烧过的一具尸体，把骨灰铲进一个筐里，然后叫大家退后，他则用一块白布使劲扑打尸床上的余灰。灰很大，一些人咳嗽起来，并开始抱怨。我注意观察杨绛，发现她没有表情，也未捂口鼻，定定地看着工人干活。有人一直扶着她。

然后轮到钱锺书了。炉门关上时，我真切地感到了两个世界的分界线。

杨绛没有看火化炉。她站着不动。有人要让她坐下，她坚决不坐。

有人要她离开，说车准备好了。她说："不，我要再站两分钟。"她没有掉一滴眼泪。

杨绛和亲属离开后，崔智友过来对我说："我跟你商量一下，今天不要发稿了。杨先生也不同意。"

我一听急了，不发稿我也不同意我说："必须得发。否则，就没有人记录钱先生这最后的时刻了。"交涉了好一会儿，他最后才答应让我写一个"简单的消息"。

在回去的路上，我有意与钱先生的女婿杨伟成先生、夏衍之女沈宁女士、社科院外文所的薛先生同乘一辆车。路上，他们刚开始也不同意采访，说遗嘱都说好了，不希望渲染，他们不能"承担责任"。我便说我是唯一的记者，报道钱先生这最后的时刻，是新华社记者的任务和职责。

我说："有千千万万人在关心钱先生。我们尊重钱先生淡泊不争、不求名利的品格，但毕竟，钱锺书这个名字已属于全社会。他是虚怀无私的人。为什么不可以报道呢？"

他们才小心谨慎地讲了一些钱锺书逝世前后的事情，以及对他的评价。尤其是转述了杨绛的一些话。他们其实也希望钱先生的做人和治学风格能影响到整个社会。但他们说，消息越短越好，并且千万不要提到他们。

但这些对于今天的报道来说，已经足够了。

我回去后，赶快写了一篇国内消息、一篇对外消息，并送审。杨绛一定要看。据说是做了很多说服工作，她才同意报道。另外，我还写了一篇特写稿对海外播发了。

我决定在钱锺书火化的报道中,不发一句议论,全用白描。这倒并不是出于一定要把行文风格与钱锺书后事从简的实际相配合。我只是一个冷静、客观、注重细节与活生生的现场的表述者,希望今天的人、以后的人、每一个,都能从我的新闻中看到他们想要知道的关于钱先生的东西。

让时间和读者去诠释吧。

第二天,几乎所有报纸都采用了我写的消息。

崔智友后来对我说:"你成了目睹这一历史时刻的唯一的记者。"

但我却感触良多,也有许多遗憾。如果不是竭力争取,这篇新闻可能就发不出来了。长期从事新华社对外报道养成的一种敬业心和新闻敏感,使我在参加钱锺书遗体告别仪式时自始至终强烈地意识到,我必须成为这一历史事件的忠实记录者。今天的新闻就是明天的历史。我不能让历史在我的笔端留下空白。①

韩松在上文中回忆钱锺书后事的一些细节,史料价值绝对至为珍贵。

钱瑗和钱锺书先后去世,堂弟钱锺鲁和妻子陈霞清特别难过,他们从前在机械部工作的时候,就住在钱锺书三里河南沙沟的寓所对面,两家走动频繁,深知这种痛苦巨大。可是去见大嫂,杨绛竟一点眼泪都没有。陈霞清也是无锡人,用无锡话对大嫂说:"你哭吧,好受点。"

枯瘦的杨绛身体并不好,有阵子她只能扶着墙壁走路,陈霞清他们见到她没有眼泪,但在晚上要吃安眠药度日。

杨绛让钱锺鲁他们不要担心她,她说自己"要打扫现场,尽我应尽的责任"。她的办法,就是一头把自己扎进书里,把自己忘掉。钱锺鲁觉得,她做到了。

钱锺鲁说,大嫂一向是他们家的长者,平素大家敬重她的为人,不仅因为她的学识和名声,纯粹是因为她的人格上的魅力。

据舒展介绍说,钱锺书离世后,他的老伴去看望杨绛,一进门还没说话,只见杨绛孤身一人,老伴就抑制不住抽泣,后来干脆放声大哭起来。杨绛拉着她的手,让她坐到沙发上说:"你比钱瑗小四岁吧?傻孩子,我都挺过来了,你还这样哀伤?你不懂呀,如果我走在女儿和锺书前面,你想想,钱瑗、锺书受得了吗?所以,这并不是坏事,你往深处想想,让痛苦的担子由我来挑,这难

---

① 韩松:《记录钱锺书先生的最后瞬间》,2016-05-28 12:37:25,《博客中国》,http://fengbaohua.blogchina.com/3044781.html.

道不是一件好事吗？"

舒展老伴回来向他转述以后，舒展说："瞧你这点出息，让你去安慰老太太，反倒成了被安抚者。"

三

这时，杨绛已经八十多岁了。身体却远没有后来好，她非常瘦弱，走路颤颤巍巍，得扶着墙。

女儿和丈夫先后离去，受到致命打击的杨绛陷入重度失眠，夜里需要吃两次安眠药，先吃两颗安定，睡到半夜又醒，再吃一次，接着睡。

杨绛读了许多古圣哲的书，最后选择了柏拉图对话录中的《斐多》篇（又称《裴洞》篇），反复读了很多遍，最后决意翻译这篇对话。

杨绛说过："悲痛是不能对抗的，只能逃避。"她的逃避方式便是埋头翻译像柏拉图的《斐多》，苏格拉底相信灵魂不灭，坚持自己的信念，因信念而选择死亡。书中苏格拉底就义前从容不惧与门徒讨论生死问题的情景深深打动了杨绛，给了她一个人生活下去的勇气。杨绛想借翻译自己不识的希腊文，投入全部心神而忘掉自己。

德国的莫芝宜佳（有时也称莫宜佳）博士为中译本作序：

> 柏拉图的对话录《斐多》，描绘的是哲人苏格拉底就义的当日，与其门徒就正义和不朽的讨论，以及饮鸩致死的过程。在西方文化中，论影响的深远，几乎没有另一本著作能与《斐多》相比。因信念而选择死亡，历史上这是第一宗。
>
> 苏格拉底生在动荡的时代。伯罗奔尼撒的战事，令现存的价值观受到了怀疑。从业石匠的苏格拉底，在雅典的市集内牵引市民参与讨论：什么才是正确的思想和行为。他开创了一个崭新的方法，后世称之为"接生法"：苏格拉底并不作长篇大论，而是提出问题，往返之间，令对手渐渐自缚于矛盾，而从困境中获得新见地。他于公元前399年在雅典受控被判死刑。从柏拉图另一对话录《辩护》中，我们得知他的罪名是误导青年、颠倒是非黑白，以及否定希腊传统神祇的存在。事实上，恐怕嫉妒和毁谤，才是他被控的主因。

苏格拉底本人不曾留下文献。我们可以想象,柏拉图对话录中苏格拉底所说的话,不尽出于其口,其中有不少应是柏拉图借老师的口说话。《共和国》内最脍炙人口的理念论,即是其中一例。苏格拉底的风韵神态令门徒心仪,倒是显而易见的。而这种风韵和他的相貌无关,纯粹是心灵的外发力量。从另一对话录《酒会》中可以得知,他又胖又矮、相貌奇丑、酒量惊人、充满反讽,而非常能言善辩。

在《斐多》中,苏格拉底予人的印象最为活泼而深刻。如果他要苟且偷生,大可以逃往其他城邦,或答应从此保持缄默,不再在雅典街头与人论道。但他不肯背叛他的信念。即在今日,他在就义前从容不惧,与门徒侃侃论道的情景,仍然令人惊叹向往。

在《斐多》中,苏格拉底一再呼唤他内在的"灵祇",指引他正直的途径。我们可以说,在西方文化史上,苏格拉底第一个发现了个人良知。对他来说,这个内在的声音并不囿于个人,而指向一个更高的层次,是人类共同的价值。哲学既是对智慧和正义的热爱,也就是团结人类社群和宇宙的义理定律。由此观之,哲学是幸福快乐不会枯竭的泉源,因此能战胜死亡。

对苏格拉底的审判和他最后时刻的描述,至今天还是西方伦理学的基础。中国数千年的文化中,自然有不同的传统,但与西方文化也有很多相通的地方。不论在西方,还是在中国,我们都应该感谢杨绛先生把《斐多》译成了中文。推动中西思想和理念的汇合和交流,《斐多》实在是一本最适当的经典著作。

杨绛在译后记袒露了自己翻译《斐多》篇的心曲:"我不识古希腊文,对哲学也一无所知。但作为一个外国文学研究者,知道柏拉图对西洋文学有广泛而深远的影响,也知道《斐多》是一篇绝妙好辞。我没有见到过这篇对话的中文翻译。我正试图做一件力不能及的事,投入全部心神而忘掉自己。所以我大胆转译这篇不易翻译的对话。我所有的参考书不多。我既不识古希腊文,讲解《斐多》原文的英文注释给我的帮助就不免大打折扣。可是很有趣,我译到一句怎么也解不通的英语,查看哈佛经典丛书版的英译,虽然通顺,却和我根据的英译文有距离;再查看注释本,才知道这是注释原文的专家们一致认为全篇最难解的难句。我依照注释者都同意的解释,再照译原译文,就能译出通达的话来。我渐次发现所有的疑难句都是须注解的句子。由此推断,我根据的译文准是一字一句死盯着原文的。我是按照自己翻译的惯例,一句句死盯着原译文而力求通达流畅。苏格拉底和朋友们的谈论,该是随常的谈话而不是哲学论文或哲学座谈会上的讲稿,所以我尽量避免哲学术语,努力把这篇声称语言生动如戏剧的对话译成戏剧似的对话。但我毕竟是个不够资格而力不从心的译者,免不了有各方面的错误。希望专家们予以指正。"

杨绛的译作《斐多》,最初由辽宁人民出版社于二〇〇〇年四月出版。

《斐多》体现了杨绛自己特有的翻译风格和准则。她曾说过:"我最厌恶翻译的名字佶屈聱牙,而且和原文的字音并不相近,曾想大胆创新,把译名一概中国化,历史地理上的专门名字也加简洁,另作'引得'或加注。"(《〈傅译传记五种〉代序》)。十几年以后,杨绛翻译《斐多》,再次实践了这个创新。她在《前言》中说:"人名地名等除了个别几个字可翻译,一般只能音译。一个名字往往需要许多字,这一长串毫无意义的字并不能拼出原字的正确音,只增添译文的涩滞,所以我大胆尽量简化了。不过每个名字不论简化与否,最初出现时都附有原译的英文译名。"杨绛的这种做法,既是创新,又不失谨严。

译文虽然只有六万余字,但在杨绛笔下,字字珠玑。译文老到流畅,像舞台上的戏剧台词,连人物的嘀咕、动作、辩论中高潮起伏,全部活灵活现,丝毫没有读哲学著作那种晦涩深奥之感。如此通俗又有韵味的译文,不管谁读都会感觉是一种享受。著名出版人赵武平在评论她的这一译作时,深情地说道:

> 很早前就听说,杨先生在翻译一部难度很大的古典著作,但对书名和内容一无所知。不久前,朋友陪同金圣华女士前往探望先生回来,告知所译乃是柏拉图的《斐多》。我当时闻之备感怅然,因为斐多描绘给宗师的辞别场面胸怀充满悲喜交集的心情;而杨先生译此书前,也刚刚送走两位最亲近的家人。我们不得不钦佩这位耄耋老人的镇定自若。[①]

笔墨不多,却也道出了众多读者的心声。

对于杨绛而言,翻译《斐多》的意义也许还不仅仅在于"投入全部心神而忘掉自己"。《斐多》描述的是苏格拉底就义当日,与门徒辩论灵魂不朽,然后从容不迫饮鸩赴死的情形。在书中,苏格拉底对门徒说:"真正的追求哲学,无

[①] 赵武平:《杨绛笔下的苏格拉底》,《中华读书报》,2000年9月13日。

非是学习死,学习处于死的状态。"投入全部心力去翻译这本关于灵魂不朽的书,大约也是杨绛本人关于生命归宿的叩问。这种追问,不是对于个体生命存在形式的执着,而是对超越生死界限的交流的渴望。

尽管杨绛年事已高,身体也不是很好,但她置自己的健康于不顾,在钱锺书的生前身后,悉心整理他的文稿,交付出版。

杨绛在钱锺书生前曾撰文写道:"我们感谢社科院领导同志的关注,我尊奉大夫嘱咐,为他谢客谢事,努力做'拦路狗',讨得不少人的嫌厌,自己心上还直抱歉。偶有老友过访,总说:'啊呀,你们还这样成天忙啊?'其实哪里是'忙',锺书只是'锺书'而已,新书到手忍不住翻阅一下。至于我,健忘症与年俱增,书随读随忘,'温故'如'新',倒也'不亦乐乎'。"①

钱锺书去世后,杨绛一如既往,杜门谢客,潜心读书。她的闭门读书不是消极避世,不通人情世故,而是"追求精神享受"。她说:"我觉得读书好比串门儿——'隐身'的串门儿。要参见钦佩的老师或拜谒有名的学者,不必事前打招呼求见,也不怕搅扰主人。翻开书面就闯进大门,翻过几页就升堂入室;而且可以经常去,时刻去,如果不得要领,还可以不辞而别,或者另找高明,和他对质。不问我们要拜见的主人住在国内国外,不问他属于现代古代,不问他什么专业,不问他讲正经大道理或聊天说笑,却可以挨近前去听了足够。我们可以恭恭敬敬旁听孔门弟子追述夫子遗言,也不妨淘气地笑问'言必称亦曰仁义而已矣的孟夫子',他如果生在我们同一个时代,会不会是一位马列主义老先生呀?我们可以在苏格拉底临刑前守在他身边,听他和一位朋友谈话,也可以对斯多葛派伊匹克悌忒斯的《金玉良言》思考怀疑。我们可以倾听前朝列代的逸闻轶事,也可以领教当代最奥妙的创新理论或有意惊人的故作高论。反正话不投机或言不入耳,不妨抽身退场,甚至砰一下推上大门——就是说,拍地合上书面——谁也不会嗔怪。"杨绛非常珍视如此读书的自由,她还感叹道:"壶台悬挂的一把壶里,别有天地日月,每一本书——不论小说、戏剧、传记、游记、日记,以及散文诗词,都别有天地,别有日月星辰,而且还有生存其间的人物。我们很不必巴巴地赶赴某地,花钱买门票去看些仿造的赝品或'栩栩如生'的替身,只要翻开一页书,走入真境,遇见真人,就可以亲亲切切地观赏一番。……尽管古人把书说成'浩如烟海',书的世界却真的'天涯若比邻',

---

① 沉冰主编:《不一样的记忆:与钱锺书在一起》,北京:当代世界出版社,1999年8月第1版,第1页。

这话绝不是唯心的比拟。世界再大也没有阻隔。佛说'三千大千世界',可算大极了。书的境地呢,'现在界'还加上'过去界',也带上'未来界',实在是包罗万象,贯通三界。而我们却可以足不出户,在这里随意阅历,随时拜师求教。谁说读书人目光短浅,不通人情,不关心世事呢!这里可得到丰富的经历,可以识各时各地、多种多样的人。经常在书里'串门儿',至少也可以脱去几分愚昧,多长几个心眼儿吧?"①杨绛读书时的惬意,无疑也是众多读书人心向往之的精神世界。

杨绛是一位作家,写作是她的生命所在。《软红尘里》是她拟写的一部小说,面世的只有一个"楔子",至于下文,尚不清楚。杨绛在楔子里勾勒了一个虚拟的世界,女娲和太白星君是这个世界的主人。尘世之外的女娲俯视着人间,看着芸芸众生的行踪,不由得发出感叹:"怎么得了啊!天,穿了窟窿,臭氧层破裂了。地,总是支不稳:这里塌,那里陷,这里喷火,那里泥石流,再加上捣乱的暴风,随处闯祸。兵者不祥之器,威力却日见强大。从未偃息的战火,注定是愈烧愈烈。瘟疫的种类,现在也愈出愈奇。机械发达,把江湖海洋全都污染了。芸芸众生蒙在软红尘里,懵懵懂懂,还只管争求自己的幸福。我这片小天地,看来破败得不堪收拾了。"悲天悯人的女娲还发出了对人世间的希望:

> 我不要求过多,只愿他们一代代求得的智慧,能累积下来,至少一脉流传,别淤塞,别枯竭。只求他们彼此之间,能沆瀣一气,和谐一致,大家同心同德,把这个世界收拾得完整些,美好些。可是,当今的一代鄙弃过去的一代,亿万人又有亿万个心。说起来倒是目标相同,却为了救济世界,造福人类。可是道不同不相为谋。那伙自封的英雄豪杰,一个个顶天立地,有我就没有你。请瞧吧,古往今来,只见你挤我,我害你。个人之间,是人与人的互相倾轧。大家永远停留在彼此排挤、互相伤害的阶段上,能有什么成就可说呢?他们活一辈子,只在黑暗中挣扎,我又何苦为他们操心呢?②

其实,我们完全可以把这番话视作杨绛的心声,可以看作杨绛对人类的劣根性的鞭挞和对人类前途的关怀。

---

① 《杨绛散文》,杭州:浙江文艺出版社,1994年12月第1版,第311页。
② 《杨绛散文》,杭州:浙江文艺出版社,1994年12月第1版,第314页。

杨绛在一篇文章中,透露了钱锺书曾为她创作的小说代拟了无题诗七首,她这样写道:"'代拟'者,代余所拟也。余言欲撰小说,请默存为小说中人物拟作旧体情诗数首。默存曰:'君自为之,更能体贴入微也。'余笑曰:'尊著《围城》需稚劣小诗,大笔不屑亦不能为,曾由我捉刀;今我需典雅篇章,乃托辞诿乎?'默存曰:'我不悉小说情节,何从著笔?'余乃略陈人物离合梗概,'情意初似'山色有无中',渐深渐固,相思缠绵,不能自解,以至忏情绝望犹有余恨,请为逐步委婉道出。'并曰:'君曾与友辈竞拟《古意》,乃不能为吾意中痴儿女代作《无题》数首耶?'默存无以对,苦思冥搜者匝月,得诗七首掷于前曰:'我才尽此,只待读君大作矣。'余观其诗,韵味无穷,低回不已。绝妙好辞。何需小说框架?得此空中阁楼,臆测情节,更耐寻味。若复黏着填实,则杀尽风景。余所拟小说,大可不着一字,尽得风流也。"①吕约先生在纪念杨绛先生诞辰110周年时写过一篇文章《杨绛的文学生命与智慧境界》,他说:"假设杨绛没有毁掉已经完成了20个章节的小说手稿,将《软红尘里》这个长篇写完的话,我们可能会看到一部浓缩她全部人生智慧和艺术才华的鸿篇巨制。尽管杨绛毁掉书稿一事是一个谜团,但已经写成的作品中,同样包含了她全部的人生体悟和艺术风格。"

二十世纪九十年代末期,杨绛还发表了一些纪实散文,如《方五妹和她的"我的老头子"》《钱锺书离开西南联大的实情》《钱锺书集代序》《〈钱锺书手稿集〉序》等。

《槐聚诗存》是钱锺书颇为看重的一部旧体诗集,用杨绛的话说,"《槐聚诗存》的作者是个'忧世伤生'的锺书"。②"文革"前夕,钱锺书曾"自录一本",删弃了一些篇什,杨绛"恐遭劫火,手写三册,分别藏隐,幸免灰烬"③。

杨绛认为,钱锺书的《槐聚诗存》属于自家赏玩的诗作,平常秘不示人。但是,自从杨绛的《记钱锺书与〈围城〉》向世人披露这本旧诗集后,许多读者迫切希望能够早日读到这部诗集。北京:生活·读书·新知三联书店早就有意出版此书,但一再被婉拒。后来,大概是他们说动了杨绛,再由杨绛游说钱锺书:……绛谓余曰:"与君皆如风烛草露,宜自定诗集,卑免俗本传讹。"因助余选定推敲,并力疾手写。余笑谓:他年必有搜集妄余,矜诩创获,且凿空索

---

① 钱锺书:《槐聚诗存》,北京:生活·读书·新知三联书店,1995年3月第1版,第133—135页。
② 《杨绛散文》,杭州:浙江文艺出版社,1994年12月版,第189页。
③ 钱锺书:《槐聚诗存》,北京:生活·读书·新知三联书店,1995年3月第1版,第1—2页。

隐，发为弘文，则拙集于若辈冷淡生活，亦不无小补云尔。钱锺书的序文作于一九九四年元月。同年五月，北京：生活·读书·新知三联书店，以杨绛钢笔字抄录者为底本，线装影印，古色古香。翌年三月，出版了平装排印本，共收录诗作二百八十首。

钱锺书的《槐聚诗存》，既已公开发行，即成公共产品。曾有学者尝试笺释，杨绛则力阻，给出的理由为："诗只供研究，不能注释。"以华东师范大学古籍研究所教授刘永翔的经历为例：

> 钱公作《宋诗选注》时，曾有诗云："碧海掣鲸闲此手，只教疏凿别清浑。"上句透露出他对自己的诗才是颇为自负的。《槐聚诗存》出版后，却一直没有读到详研先生诗艺的文字，我遂不自量力，草成《读〈槐聚诗存〉》一文，历论其学诗的经历，对新诗的态度，唐宋两忘、自成一体的风格，钱诗与陈寅恪诗的比较，时人对钱诗的误释诸端。有出版社见之，约我为钱诗作注，与杨绛先生联系，不意杨先生说，诗只供研究，不能注释。其说斩钉截铁，必有道理，须予尊重，遂决定不为钱诗作郑笺了。后来，江西师大刘世南丈曾托复旦汪少华教授带信要我注《槐聚诗存》，谬夸只有我一人能为，其实我纵想铅刀一割，也只能善刀而藏了。记得王水照先生曾命其学生将《容安馆札记》中论宋诗部分打印出来以备出版，也被杨先生以钱公著作当整体观而不可肢节求为由予以拒绝。此等事数十年后且让后生辈去做吧。
>
> 斯人已逝，其著长留，音容之接虽遥，文字之缘永继。上述有关钱学之文，大多作于先生身后，即是一证。退休后无事，更可"日坐风檐观学海"，既以增强学力，亦以疏浚心灵。坐此槐阴，已为奇福，七十老翁，尚何所求耶？①

杨绛在整理抽屉里的稿子时，逐一翻阅钱锺书的旧稿，不意竟检出《石语》。这篇文章原系一九三二年除夕，著名诗人、学者陈衍招钱锺书度岁，"退记所言，多足与黄曾樾《谈艺录》相发"。

杨绛检出这篇长达二十一页的手稿，逐页粘衬起来，并由女儿钱瑗订成一

---

① 刘永翔：《槐缘六记》，《中国文化》，2020年春季号。

册。钱锺书读罢,写了寥寥不足三十字的小序。一九九六年一月,这部《石语》由中国社会科学出版社出版,除影印了全部手稿,还附点校过的排印稿。研究者认为,这篇谈话录不失为一篇研究近现代文学史、学术史以至钱锺书本人学术思想不可多得的重要资料。

《钱锺书散文》由浙江文艺出版社一九九七年七月出版,杨绛审定收录的全部篇目,其中部分篇目的文字,杨绛还亲手校订。

其时,钱锺书的散文结集出版还刚刚起步,对此,止庵认为,"读过《七缀集》《写在人生边上》的人会发现,《钱锺书散文》除了包括那两本书的全部外,还搜集了作者的很多集外文章。喜欢钱文的人真可以一饱眼福了,而且对散文家钱锺书也就有较前更加完整的了解,所以实在很应该感谢编者为此所花的功夫"①。他还强调《钱锺书散文》的出版,拓展了"散文"的域界及重新认识钱锺书作为散文家的地位:

> 《写在人生边上》和《七缀集》过去读过不止一遍,这回看到把它们放到一块儿,而且统归在'钱锺书散文'这一题目之下,我觉得这里有着特别的意义;而这意义不为钱文的范围所囿,可以扩大成为对散文这一文体的一种新的认识。也就是说,散文应该是一个广泛的概念,它不仅包括像《写在人生边上》这样的随笔,而且还包括像《七缀集》这样有文学色彩的学术论文。虽然本书在这方面并不能算是创举,但是它至少与散文观念的这种更新是同步的。很长一段时间我们看散文的眼光非常狭隘,乃至差不多认定只有抒情之作才算散文,这不仅仅使二十世纪中国散文损失了一批最优秀的作者和作品,而且把我们的散文本身几乎变成一种做作而贫弱的文体了。散文视野的扩大有助于匡正这一流弊。而我觉得在大散文视野下看钱锺书,他的散文成就似乎更大一些,他作为散文家的地位也似乎更重要一些。虽然这样我们看到的散文家钱锺书,似乎只是学者钱锺书的一个影子,但这并不构成对前者的贬损,反倒使其有所依靠;有这个做底子,一切都厚实得多,而且他学者的博学在这里也变得意味深长了。《写在人生边上》是一本绝对聪明的书,可是如果只把钱氏的这一部分作品看作散文,关于这位散文家我们或许会仅仅得出一个绝对聪明的印象。而在《七缀集》

---

① 止庵:《读〈钱锺书散文〉》,见氏著《六丑笔记》,天津:百花文艺出版社,2016年1月第1版,第34页。

里作者不是在表现他的聪明，他是聪明地表现他的学术。聪明而不止于聪明，我们该说这是智慧。对于随笔来说，最重要的还在于其中所体现的那个态度是随意的。从这一点出发，钱氏所写的论文，其实反倒比他的随笔更加接近于随笔的本质。因为只是聪明到底还是紧张的，必不可少的是一种内在的节制；而这些文章的内容，甚至作者的博学，在这里都起着对聪明的缓冲作用。如果大体按照写作时间而不是按照现在的编排顺序去读这本《钱锺书散文》，我们会发现从最早的那些书评，到《写在人生边上》，再到《七缀集》和作者的另一部学术著作《宋诗选注》，钱氏所走过的正是一条由聪明而智慧的路子。放到二十世纪散文史上看，可以说其聪明可及，而其智慧难及；这才是钱锺书之为钱锺书的地方。①

收录钱锺书全部著述的规模空前的《钱锺书集》，新世纪伊始由北京：生活·读书·新知三联书店隆重推出，全书繁体横排，凡十种十三册。它的出版，饱蘸了杨绛的心血。杨绛为此作序，她谦虚地说：

钱锺书绝对不敢以大师自居。他从不厕身大师之列。他不开宗立派，不传授弟子，也不号召对他的作品进行研究——严肃认真的研究不用号召的，号召能招来什么？《钱锺书集》不是他的一家言。②

《钱锺书集》的出版，是中国文化事业的一件大事，杨绛功不可没。

当然，我们如果要求再严格些，这一《钱锺书集》其实是有欠缺的，原因之一就是少了书信卷，正如楼培所说："钱锺书先生腹笥之丰，文笔之美，古今罕匹，其著述中卓荦大者已汇集成册，流布于世。三联版《钱锺书集》，皇皇巨著，凡十种十三册，嘉惠士林，泽被后学，固不待言。然'集'而未'全'，难免为人'求全责备'。如钱先生妙语隽永的书札一概未收，实在让企慕仰止的'钱迷'们感喟遗珠之憾。据说'按照原先的筹划，《钱锺书集》本拟推出书信卷。多年从事钱锺书研究的陆文虎先生，也曾花费相当时间和精力，征集到一批钱锺书先生写于各个时期的书信。这些信后来并没收入《钱锺书集》。杨绛先

---

① 止庵：《读〈钱锺书散文〉》，见氏著《六丑笔记》，天津：百花文艺出版社，2016年1月第1版，第34—36页。
② 杨绛：《〈钱锺书集〉代序》，《人民日报》，2001年1月13日。

生说，放弃汇集书信的设想，实际上是出于对读者负责的态度。钱锺书先生散落世间的书信数量巨大，现在全部收齐办不到。至于只挑小部分出版，选择标准也不易制定。况且，他的信多为回复来函的普通书简，没有特别的价值和意义。即使个别书信涉及学术问题，内中观点也已在他的著述中详细阐明，不必再收入文集'，同时，'据杨绛先生回忆，钱锺书先生许多随手而写的书信，行文难免月旦人物，属于自己隐私，现时发表未必合适，（赵武平：《'对过去写过的东西，我并不感兴趣'——写在〈钱锺书集〉出版之际》，《中华读书报》，2001年1月23日）。杨绛先生和出版社的考虑自有道理，但其'言之成理而未澈，持之有故而未周'，钱先生的著述属于社会不可多得的宝贵财富，对其评价自可见仁见智，书信中时有珠玑妙语，益人神智，亦是'咳唾随风抛掷可惜也'。到目前为止，只有浙江文艺出版社的《钱锺书散文》（1997年版）所收钱氏23封书信是钱、杨认可公布的。然而，事物往往相反而相成，人生往往无为而有为，近年来的出版物中钱氏书札屡屡出现，实是让人怡情惬意，大饱眼福。套用钱先生自己的话说，'谁知道没有那么一天'，这些钱氏书信'会被陆续发现，补足填满，稍微减少了人世间的缺陷'。"[①]

四

钱锺书去世后，杨绛所做的一件大事就是，她决定把他们夫妇的全部稿酬版税，包括二十世纪初刚出版的《钱锺书集》，以及《钱锺书手稿集》（四十卷）、《宋诗纪事补正》等的稿酬版税，捐赠给清华大学设立"好读书"奖励基金，以奖掖那些好学上进、成绩优秀的学生。"好读书"奖学金的设立，不仅会帮助一些学子实现他们的梦想，还作为一种精神表征，寄寓着两位文化前辈的魂魄与期待。

杨绛晚年轻易不外出，她一直闭门谢客，特别是在钱锺书刚离她而去的那些日子。然而，对教育的关切，对清华的深情，让她走出了家门。二〇〇一年九月七日，清华大学"好读书"奖学金捐赠仪式上，当杨绛宣布将钱锺书、杨绛夫妇当年上半年所获稿酬七十二万元，以及以后出版作品获得报酬的权利，捐赠给清华大学教育基金会时，全场立即响起一阵热烈的掌声。随后，杨绛和

---

① 楼培：《钱锺书致周采泉书札一通》，《寻根》，2007年第6期。

时任清华大学党委书记贺美英代表双方在协议上签字，清华的代表将书有"功存教育，义声长孚"的荣誉证书颁赠给九旬老人杨绛。

这样，从捐赠当天开始，在《中华人民共和国著作权法》规定的保护期内，钱锺书、杨绛夫妇作品发表权和使用权由清华大学享有。

这天，杨绛端庄朴素、气色很好、神态安详，孕育于江南水乡的温婉气质与知识分子特有的典雅使这位老人看上去还是那么迷人、万般隽永。一名年轻的清华学子献上大束嫣丽的鲜花，杨绛小心地接过捧在胸前，对着鲜花，她凝视良久，一丝微笑挂在嘴角。

轮到杨绛发言了。"我个子小，要站起来说。"她微笑着婉拒了会议主持人让她坐着发言的好意。

"这次是我一个人代表三个人说话，代表我自己、已经去世的钱锺书和女儿钱瑗。"杨绛的语调轻柔舒缓，然其言切切，载着深情，"我只说三句话：在一九九五年钱锺书病重时，我们一家三口共同商定用全部稿费及版税在清华设立一个奖学金，名字就叫'好读书'，而不用个人名字；奖学金的宗旨是扶助贫困学生，让那些好读书且能好好读书的贫寒子弟，能够顺利完成学业；期望得奖学金的学生，永记'自强不息、厚德载物'的清华校训，起于自强不息，止于厚德载物，一生努力实践之。"

对于钱锺书和杨绛夫妇来说，读书已经不仅仅是职业而是他们的精神支点。书中的知识和智慧已经通过深刻的感悟内化为个人的精神信念，引导他们走向完美的人生。当主持人介绍钱锺书先生的生平，提到他曾获得过英国牛津大学文学副博士学位时，杨绛坦然而又坚决地纠正道："不是副博士，是学士学位。"

杨绛的礼貌体现出她那一代知识分子特有的良好修养。讲话完毕，她真诚地鞠躬说："谢谢清华大学帮助我实现了我们一家三口人的心愿。"

清华的校友介绍说，这位海内外闻名的大学者，过九十岁生日时，不想张扬。就在清华校园的招待所住了一个星期，每天在学校参观散步。其间，只与极少数的亲友在一起吃了顿面条和一个小蛋糕。她坚持自己花钱，说是自己过生日，要请大家吃饭。

杨绛认为，在信息无边的网络社会，需要有很好的学识去鉴别好书与坏书。"钱锺书比我强，他鉴别得很好，他的底子厚。"

捐赠仪式气氛庄重热烈，杨绛凝视着满屋年轻的身影，达观地说："他们是嫩芽芽，我是日薄西山。"①

清华大学中文系教授徐葆耕与钱氏夫妇比较熟稔，他撰文披露了这一奖学金设立的前前后后：

> 最近，我有幸拜谒杨绛先生，当问及其基金何以设立在清华时，先生答道："我们一家三口都最爱清华大学。"杨绛先生"三进清华"和清华为钱锺书"两次破格"的佳话都已广为人知。对他们的女儿钱瑗来说，清华园是她童年美梦的摇篮。清华园的魅力何在？在于"读书"。初降世间就倾情于书的钱锺书，一迈进清华就被"邺架巍巍"的图书馆吸引。他读书之博，见解之精，令同辈叹为观止。杨绛先生一进清华就同"二书"结缘：一为读书，二为"锺书"——因爱读书，而爱读书的"锺书"，因爱锺书而更爱读书。
>
> 她在《光明日报》上发表的近作《我爱清华图书馆》中称，自己本来可以在宿舍里读书的，但偏爱去图书馆。她说，读书如"串门儿"，而站在图书馆的长长的书架前，"家家户户"自由出入，兴会无穷。可见杨绛在读书上也是一位饕餮者。"好读书"可以说是钱、杨的共同志趣，也是联结两个情缘的一条红线。石遗老人于钱、杨结婚时的赠诗中有"旁行书满腹，同梦笔生花"，可以作为他们六十余年相伴相随的写照……
>
> 钱、杨先生提倡的"好读书"中的"好"字大有深意存焉：即读书首先应成为一种"爱好"，或曰"嗜好"。读书治学就是他们的生命本身，就是他们选择的生命存在方式与价值所在。《论语》说："学为己"，读人文之书首先是精神上的需要，而不是功利的需要。②

"好读书"奖学金是怎么运作、运转的？据杨绛后来披露："由钱锺书和我的作品收入所得、于二〇〇一年建立的'好读书奖学金'，设在我们的母校清华大学。截至二〇一一年五月为止，基金已由起初的72万元，增至929万元。为268名品学兼优的清华学子颁发了奖学金，获奖的学生中有的也是我和钱锺书作品的读者。他们手写书信给我，谈谈自己的成长和校园生活，我由此得知现代大学生的一些状况和心态。有的同学说我与清华同岁，邀我百年校庆时回校

---

① 详见刘江：《"好读书"和杨绛》，《人民日报》，2001年9月27日。
② 徐葆耕：《垂馨百代共筑昆仑》，《光明日报》，2001年9月5日。

与清华同过生日。我曾请获奖同学来家做客。大家说说笑笑顶高兴。他们争着翻阅钱锺书批注的韦氏大辞典,对老学长的精深细致惊叹不已。'好读书'奖学金由清华大学教育基金会管理,他们运作很好。……清华大学教育基金会会长贺美英女士是贺麟先生的女儿,我们住干面胡同时的邻居小友,她和基金会的同志对我很关心,常来看望,大家成了朋友。钱锺书逝世十周年,基金会请来锺书在社科院的同事罗新璋、薛鸿时先生演讲,介绍钱锺书的学术人生。夜晚,同学们聚集大草坪,用烛光、朗诵和提琴演奏追思他们的老学长。我年老,未能身临其境,但深为他们的真诚感动。"[①]

在生活中,杨绛是非常简朴的,她摆脱了世俗的陋见。如今她所住的房间水泥地、白灰墙,比照当今一些人士新迁的住宅,可谓简陋至极,但所有房间都干净、整洁、雅致,涌流着一股沁人心脾的书卷气。杨绛的服饰朴素无华,毫无珠光宝气。她心系科教兴国,毅然将自己的积蓄全部捐赠给"好读书"的学子。这一慷慨之举,是值得世人敬仰和效仿的。

五

一九九八年钱锺书去世以后,年近九旬的杨绛用了无数个日日夜夜,将钱锺书留下来的零散而残破的手稿,一张一张精心拼贴起来,井井有条地整理好,并陆续付梓。杨绛曾笑称自己现在还是"钱办主任",是他们家留下来"打扫战场"的。多亏有了杨绛这样的"主任",钱锺书先生仍然不断有作品出版,使世人得以了解一个文化巨人丰富的精神成果。

杨绛的这种"打扫战场"的精神,值得世人尊重。将杨绛一再声称的"不争和不屑"与"打扫战场"的精神一起观照,不难得出:"不争和不屑加在一起,构成一种政治态度,而且是我们这个时代的稀缺品种。其实杨绛一直在争,她的不争,绝非犬儒式的冷眼旁观;只不过,她争的内容并非世俗意义上的个人利害,也不是易于理解的代言社会疾苦,而是作为人的精神尊严。倘非如此,她为何要亲自一件一件地'打扫'(即自己来说明)一辈子留下的痕迹,且明言打扫的是'战场'?当然,杨绛一生的'战场'都在知识圈内,《洗澡》与《围城》一样,揭露的都是知识分子内部的苟且、龌龊、尔虞我诈;这个曾经让杨

[①]《坐在人生的边上——杨绛先生百岁答问》,《文汇报》,2011年7月8日。

绛夫妇心寒的、让一代又一代人在面对名利诱惑时发生分化的知识状况，至今依然是'知识界'的生态景观。杨绛的争与不争，以极其纯粹的个人形式，表达了学术政治中个人选择的可能性与选择的艰难……而在这样的知识状况中，为了保持精神上的尊严，正面的抵抗未必有效，低调的坚持也未必是逃避，或许'不争'才是最真实的选择……正是在此意义上，杨绛的'不争'，也是一种积极的生活态度和政治立场。它所折射出的不卑不亢、温和坚定，并不是被动与怯懦，而是一种区别于通俗意义上'抵抗'的抵抗。"①

据杨绛介绍说，钱锺书的手稿多年来一直跟随他们颠簸，去过"干校"，也住过办公室，有时装在箱子里，有时甚至装在麻袋里、枕套里，历经了多少磨难方才保存下来。她十分珍视钱锺书遗留下来的手稿。钱锺书尚在卧病的时候，就有人来电话问，可不可以出版他的东西。那时候钱锺书就说：

"我的东西，非得要经过我自己审过，才可以出版。"

后来，出版钱锺书手稿，杨绛反复说明："我这么做，出版他的东西，他本来是不同意的呀！可是我怎么办呢？难道我亲手毁了它们？我下不了这个手呀。我想来想去，还是想，把它们当作资料留下来吧。"

钱锺书大量的手稿，有些已经破损模糊，有些本来钱先生记时就是勾勾画画，所以整理手稿的事务就落到了最了解钱锺书的杨绛身上。但是杨绛不懂德文、意大利文和拉丁文。翻译《围城》的德国汉学家莫芝宜佳博士自告奋勇，编排了全部外文笔记，但还是有大量中文及中英文相杂的笔记等要杨绛一页一页地辨认、收拾。这件事成了杨绛晚年最大的动力和压力，她每天把手稿摊一桌子，一点点儿地粘贴。

杨绛多次说：

"我来日无多，总怕来不及做完这件事，常常失眠，睡不着觉。"

睹物思人。在拼贴书稿的日子里，杨绛是怎样的心境，无人知晓。有一天，作为《钱锺书手稿集》的责任编辑，郭红到杨绛家取资料，看见临窗的桌前摊满了钱锺书残破的手稿，旁边还摆放着剪刀和胶水。杨绛的眼睛异样红肿，她说正在拼对钱锺书的手稿呢。每天，她就这样仔细辨认那些因年久而模糊的蝇头小楷，并把它们准确地粘贴起来。这只能是一个学者、一个真正爱书的人、一个了解并尊重钱锺书真正价值的人、一位深情的妻子的唯一选择……

---

① 孙歌：《杨绛的"打扫战场"》，《读书》，2017年第5期。

那些年，杨绛整理钱锺书的笔记，计有外文笔记一百七十八册，三万四千页，中文笔记部分大体数量与此相当；另有"日札"二十三册，二千余页，合在一起足足有四十卷。在为《钱锺书手稿集》写的序言中，杨绛说："许多人说，钱锺书记忆力特强，过目不忘。他本人并不以为自己有那么'神'。他只是好读书，肯下功夫，不仅读，还做笔记；不仅读一两遍，还会读三遍四遍，笔记上不断地添补。所以，他读书虽多，也不易遗忘。"

早在一九九一年，杨绛要求钱锺书为自己构思中的小说人物写几首情诗。钱锺书苦思冥搜数月，得诗七首。其中"梦魂长逐漫漫絮，身骨终拼寸寸灰"两句，竟成了后来杨绛整理钱锺书遗稿时的精神写照。

北京：生活·读书·新知三联书店出版的《读书》杂志二〇〇一年第九期上发表了杨绛撰写的《〈钱锺书手稿集〉序》，详细介绍《钱锺书手稿集》的有关情况。她说：钱锺书"做笔记的习惯是在牛津大学图书馆读书时养成的。因为饱蠹楼的图书向例不外借。到那里去读书，只准携带笔记本和铅笔，书上不准留下任何痕迹，只能边读边记……做笔记很费时间。锺书做一遍笔记的时间，约莫是读这本书的一倍。他说，一本书，第二遍再读，总会发现读第一遍时会有很多疏忽。最精彩的句子，要读几遍之后才发现。锺书读书做笔记成了习惯。但养成这习惯，也因为我们多年来没个安顿的居处，没地方藏书。他爱买书，新书的来源也很多，不过多数的书是从各图书馆借的。他读完并做完笔记，就把借来的书还掉，自己的书往往随手送人了。锺书深谙"书非借不能读也"的道理，有书就赶紧读，读完总做笔记。无数的书在我家流进流出，存留的只是笔记，所以我家没有大量藏书"。

杨绛还说："锺书的笔记从国外到国内，从上海到北京，从一个宿舍到另一个宿舍，从铁箱、木箱、纸箱，以至麻袋、枕套里出出进进，几经折磨，有部分笔记本已字迹模糊，纸张破损。锺书每天总爱翻阅一两册中文或外文笔记，常把精彩的片段读给我听。我曾想为他补缀破旧笔记，他却阻止了我。他说：'有些都没用了。'哪些没用了呢？对谁都没用了吗？我当时没问，以后也没想到问。"

杨绛在钱锺书去世后，找出他生前留下的大量笔记，经反复整理，共分出三类。她介绍说：

第一类是外文笔记（外文包括英、法、德、意、西班牙、拉丁文）。除了极小部分是钱锺书用两个指头在打字机上打的，其余全是手抄。笔记上还记有书目和重要的版本及原文的页数。他读书也不忽略学术刊物。凡是著名作家有关文学、哲学、政治的重要论文,他读后都做笔记,并记下刊物出版的年、月、日。他自从摆脱了读学位的羁束,就肆意读书。英国文学,他已有些基础。他又循序攻读法国文学,从十五世纪到十九世纪到二十世纪;也同样攻读德国文学、意大利文学的历代重要作品,一部一部细读,并勤勤谨谨地做笔记。这样,他又为自己打下了法、德、意大利的文学基础。以后,他就随遇而读。钱锺书在国内外大学攻读外国文学,在大学教书也教外国文学,"院系调整"后,他也是属于文学研究所外国文学组的。但他多年被派去做别的工作,以后又借调中国古典文学组,始终未能回外文组工作。他原先打算用英文写一部论外国文学的著作,也始终未能如愿。那些外文笔记,对他来说,该是"没用了"。但是对于学习外国文学的人,对于研究钱锺书著作的人,能是没用吗?

第二类是中文笔记。他开始把中文的读书笔记和日记混在一起。一九五二年知识分子第一次受"思想改造"时,他风闻学生可检查"老先生"的日记。日记属私人私事,不宜和学术性的笔记混在一起。他用小剪子把日记部分剪掉毁了。这部分笔记支离破碎,而且都散乱了,整理很费功夫。他这些笔记,都附带自己的议论,亦常常前后参考、互相引证。以后的笔记他都亲自记下书目,也偶有少许批语。中文笔记和外文笔记的数量,大致不相上下。

第三类是"日札",即钱锺书的读书心得。日札是"思想改造"运动之后开始的。最初的本子上还有涂抹和剪残处。以后他就为日札题上各种名称,如"容安馆日札""容安室日札""容安斋日札";署名也多种多样,如"容安馆主""容安斋居士""槐聚居士"等;还郑重其事,盖上各式图章。这些日札共二十三册,两千多页,分八百零二则。每一则只有数目,没有篇目。日札基本上是用中文写的,杂有大量外文,有时连着几则都是外文。不论古今中外,从博雅精深的历代经典名著,到通俗的小说院本,以至村谣俚语,他都互相参考引证,融会贯通,而心有所得。他的《管锥编》就是把日札里的心得,经发挥充实而写成的文章。例如《管锥编·楚辞洪兴祖补注》十八则,共九十五页,而日札里读楚辞的笔记一则,只疏疏朗朗记了十六页;《管锥编·周易正义》二十七则,共一百零九页,而日札里读《周易》的笔记,只有一则,不足十二页。

杨绛发自内心地说:"这大量的中、外文笔记和读书心得,锺书都'没用了'。但是他一生孜孜矻矻积聚的知识,对于研究他学问和研究中外文化的人,总该是一份有用的遗产。我应当尽我所能,为有志读书求知者,把锺书留下的笔记和日札妥为保存。"

从这些日积月累下来的珍贵的读书笔记中，不难窥出钱锺书一生治学的路径和特点："不盲目推崇名家宗师，不轻视小家末流，善寻觅中西文学共通契合之处加以阐扬，而这些都可视作他学术研究的重要特点。"①

这些珍贵的读书笔记，真切地反映了"钱锺书毕生以读书为志业，博览中西典籍，但他对书'无情'，自少到老既不藏书，更不将书视若拱璧，而是尽量'消化'之，在书上随兴眉批，勤作笔记，阅后往往将书转送别人，弃如敝屣，他所景慕的是书中的知识，而不是书本身。他读书成癖，……经常是'读书如恒'。而且留下大量的读书笔记。他不藏书，藏书万卷者不一定能读，而他的笔记则是他读过的藏书，不仅读过，而且心到、手到。他的人生除了在意他喜欢看的书之外，其余如穿着与用品都不放在心上"②。

四十卷的《钱锺书手稿集》是由商务印书馆出版的。二〇〇四年面世的是前三卷《容安馆札记》。杨绛依照与钱锺书在世时的约定，为此书题写了书名。

据该书的责任编辑郭红介绍，在出版过程中，出版社曾提出是不是把手稿整理出来，做成印刷体，方便读者。但是这却要面临一个巨大的障碍：这么多的语种，这么大的量，有谁有这个能力来做呢？因为即使是中文笔记，里面也不时有外文出现，七种外文里，又夹杂着大量的中文。杨绛自己也发愁：我只识得里面的英文、法文和西班牙文，别的不认识，可怎么办呀？就算是找到了懂得这些语言的人，但涉及面那么广，笔记中的文本考证工作又要花多大的力气才能完成。经过慎重考虑，决定还是把手稿的原貌保存下来，以后慢慢整理。

这些手稿，有的年代久远，几经搬腾；有的遭过日晒雨淋，许多都已模糊破损。大部分手稿的纸张已经发黄，有的已经薄软到拿不起来的地步，甚至连字迹都已经很难辨识了。加之钱锺书做笔记还有一个特点就是非常节省纸张。无论是小小的笔记簿，还是堂皇的十六开的大纸，他一视同仁：统统写满，不留空隙。第一道写的笔记是按照纸的标准内芯写的，但是接下来，就会有对某一句的补充和添加，就会有一道线条远远地拉到边上，用蝇头小楷写上新的内容。一张稿纸上，经常会有四种不同的颜色的笔做出的记号，字迹互相重叠，估计除了钱先生本人之外，别人很难辨认出来。他写的时候也许是为了多写一些字，也许是想把相关的内容挨得近一些，总之为了写下它们，他就向任何有空白的地方去写。这样，在阅读的时候，需要把纸转过来掉过去地看，也许一

---

① 张治：《钱锺书学案》，《文学的异与同》，商务印书馆2019年1月第1版，第78页。
② 汪荣祖：《槐聚心史：钱锺书的自我及其微世界》，北京：中华书局，2020年1月第1版，第55—56页。

页的内容读下来，一本书就整整地转了一圈呢。钱锺书在做笔记的时候，有时还会"顽皮"起来，在密密麻麻的文字中画上一幅小小的插图，有时是几笔勾成的名人肖像，有时是淘气的漫画，非常生动，使严肃的手稿活泼起来。

最大限度地保存手稿的内容，使它更清晰，易于辨认，是一项艰巨的任务。商务印书馆技术部的同志们在扫描过程中发现，只有一种方法才能最大限度地保持手稿的信息量，那就是把每页稿子都划分为许多小区域，然后把每一小块都放大，除去其中的污点，同时调整它的清晰度，直到达到最佳效果；这种方法使最终收入到书中的手稿，比原稿更清晰。但同时，这种方法极大地增加了工作量，降低了扫描进度，整个工作周期比预期的要拉长很多，投入也更大。但是为了高质量地完成这项出版工作，他们没有丝毫怠惰。

出版钱锺书的手稿，是一个需要远见与胆识，并且对于文化的积累和文物的保护具有强烈责任心的重大决定，也是一个巨大的工程。这首先是因为钱先生的手稿数量很大，需要巨大的资金投入，而此类书的销量又没有先例可资保证。二〇〇〇年的秋天，时任商务印书馆总经理杨德炎在全面考虑了各方面的情况以后，特批了这个预计需要投入将近三百万的项目，并立即指示下属的技术部门斥资购进了最先进的扫描仪器，指定专人负责此项目，还专门聘请了技术熟练并有相当经验和责任心的扫描员进行手稿的扫描工作。经过两年的悉心整理和工作，备受国内学者瞩目的这套珍贵的文化遗产，终于陆陆续续地面世了。

但是，它的出版，仅仅是第一步。当它能为"有志读书求学的人"提供最有价值的资料和方便，并且促进学术的进步时，才能真正彰显出它的价值与意义。

当然，"有志读书求学的人"也应当感谢杨绛为此所作的奉献。

六

通过对杨绛作品及其为人的了解与研究，我个人认为，杨绛所创作的《干校六记》《洗澡》《我们仨》，单凭这三部作品，杨绛在中国文坛的女性作家中已是非同一般了，更何况还要加上她在翻译上的贡献。可就是这样一个"上得厅堂、下得厨房"的人，生活却是如此低调，甚至会给人高傲、远离尘世的感觉，那么，杨绛的低调从何而来？为何杨绛和钱锺书会选择低调的生活方式、一心研究学问？

他们夫妇二人埋头钻进了学问中，并在其中自得其乐，在钱锺书走后，年事已高的杨绛毅然坚持整理钱锺书的文稿，一丝不苟，态度严谨。而不问世事其实也是他们专心做学问的一种表现，处世和做学问相同的严谨态度，也让他们在低调中做到了幸运和成功，这对于一般人来说都是极为困难的。

晚年的杨绛已经淡出了人们的视野，即便是有电话来了，她也只是淡淡地感谢大家的关心，说自己年岁已高不想接受采访了。据我所知，杨绛活着的时候，每天会拿出很大一部分时间来整理钱锺书的书稿和手稿，并在钱锺书过世后，出版了多部著作。所以可以说，杨绛是为钱先生而活的。我这样说是因为两点，一是，杨绛曾说自己是钱先生的"拦路狗"，在钱先生走后，她应该为钱先生谢世、谢客；二是，钱先生过世后，她所做的事情都在围绕着钱先生，通过这样两点我总结的这句话。在我看来，这样的活法并没有这个必要，因为每个人都只有一次生命，应该为自己的理想和信念而活，但我尊重杨绛的选择。

然而，以笔者过往与杨绛的交往的经验来说，杨绛又是一个充满个性，自有主见的女性，她是"强势"的，而这种"强势"与前述的"低调"并不矛盾，是其性格的一体两面，互为表里的。其实，人的性格有时颇像大海，深不可测，别人所了解只不过是"冰山一角"罢了。

写到这里，不妨引述张治的一段文字：

> 杨绛显然具有着一种要强、要好、认死理的固执性格，晚年文笔间流露的温和驯顺是她刻意留下的形象。无论自己执笔的《我们仨》，还是他人记述的《谈往事》，能干、机敏、圆熟却又厚道、处处忍气吞声的杨绛总给人深刻的印象。但我依然疑心钱锺书不仅如辛笛所说uxorious，而更可能henpecked，他排过古今中西大哲人的"怕老婆"名单，自己叨陪末座也是可以的。读者们如不信，可读读吴学昭记的这段话：
>
> 杨先生说："锺书病愈即到南京接受出国培训了。我挨过了十天，就要求回娘家。公婆要小姑子陪我回（因为不可单回门）。小姑子正因公公稀罕我而大发脾气，披散了头发不肯梳辫子。我一路哄，总算编上了辫子才到庙堂巷。妈妈招待了她，还让门房把她送上火车。"
>
> 北京生长的大律师千金下嫁给老家乡绅的儿子，这是受了多大的委屈。后来虽然琴瑟和鸣，甚而甘为"灶下婢"，但四十年代的上海文坛上，也是杨绛名气大。年富力强之时，家中事情无论巨细都要掌控，在杨绛笔下的

钱锺书,"痴气旺盛",似永远不能自理生活,倒也是幸亏如此才成就了学问事业。然而等到年过九旬,孤独一人"打扫战场"之时,这种强势的性格便成为老人劳心劳神的牵累;可也没准儿正是因为这股子亲力亲为的较真劲头,反而成为她暮年生命里的一个寄托了呢。[①]

张治的话,说得很实在,由此,笔者是不是可以这样说——"吾道不孤"?

杨绛生前一再对笔者说,自己是一个平凡的人。笔者认为,其实杨绛并不是一个平凡的人,无论是从创作上,还是她的翻译工作上,她都在做着不平凡的事情。但她说自己是一个平凡的人,或许这也是她低调生活方式的一种表现,是她保护自己的一种方式。

在笔者看来,杨绛这位出生于江苏无锡的江南女性,身上蕴含了中国传统女性所有理想化的特征。世人皆知的杨绛,大多是作为'钱锺书夫人'面貌呈现的。而杨先生自己也非常中意这个称呼,并未因为自己的文学和翻译成就而要求别人称她"翻译家、散文家杨绛"。如果要笔者用一句话来形容杨绛,那么一定是"落花无言,人淡如菊"——温柔和婉,聪颖贤惠。

笔者认为杨绛一生最打动人的是她所具备的中华民族传统的沉静之美、内秀之美,还有她的甘做"灶下婢"的奉献精神。从她的本意上,她并不希望我们小辈去写她。当提出采访她时,她总是很谦虚地谢绝。对此,感触良多。

[①] 张治:《读杨绛》,《蚁占集》,杭州:浙江大学出版社,2017年7月第1版,第217—218页。

第十六章　文化担当

一

杨绛和钱锺书一样，一生淡泊名利，人们对其家庭生活一向不甚了解。其实，这是一个普通的三口之家，一个长期身居陋室、吃苦耐劳、只知埋头做学问的典型中国知识分子之家。

唯一的女儿和一生的伴侣相继离去，杨绛晚年之情景非常人所能体味。天上人间，阴阳隔断，却难断亲情、挚情。在人生的伴侣离去四年后，九十二岁高龄的杨绛独伴青灯，用心记述他们这个特殊家庭六十多年的风风雨雨、点点滴滴，结成回忆录《我们仨》。在这部书里，她向彼岸的亲人倾诉心声：

>……一家三人就此失散了。就这么轻易地失散了。"世间好物不坚牢，彩云易散琉璃脆。"现在，只剩下了我一人。
>
>我清醒地看到以前当作"我们家"的寓所，只是旅途上的客栈而已。家在哪里，我不知道。我还在寻觅归途。①

九旬老人杨绛还在"寻觅归途"。很可能所有仍正常活着的人都不知道家究竟在哪里，但是，其中有少数人已经看明白，它肯定不在我们暂栖的这个世界上。

杨绛的《我们仨》品质高贵、趣味高洁盎然，加之其家庭独特的文化背景，因而深受广大读者的青睐。也许只有靠结实的情感，或饱经岁月的人，才能用这样单纯的笔墨来慢慢地叙述自己的生活，用这么温暖的语调来思念去世的家人。杨绛的《我们仨》就给人这么一种印象。在书里杨绛把最痛心的日子，写成了一个万里长梦，事情像是子虚乌有云一样抓握不住，情感却是沉着。能把

---

① 杨绛：《杨绛作品精选·散文（二）》，北京：人民文学出版社，2004年5月第1版，第133页。

握的是这个家里坚定的家常日子,接着,她就把过去的生活,从一九三五年和钱锺书结婚,一九三七年女儿钱瑗出生到最后分离,记录成一份宝贵的回忆录。

《我们仨》分作三部分。其中,第二部分是全书的浓墨,正是写那一段不堪回首的日子的。第一部分仅几百字,记一个真实的梦,引出第二部分的"万里长梦"。第三部分篇幅最大,回忆与钱锺书结合以来及有了女儿后的充满情趣的岁月。前者只写梦,后者只写实,只有第二部分的"万里长梦",是梦非梦,亦实亦虚,似真似幻。作者采用这样的写法,也许是要给可怕的经历裹上一层梦的外衣,也许是真正感到可怕的经历像梦一样不真实,也许是要借梦说出比可怕的经历更重要的真理。

杨绛的确以"我们仨"自豪,"我们仨是不寻常的遇合""我们仨都没有虚度此生,因为是我们仨"。这样的话绝不是寻常家庭关系的人能够说出。这样的话也绝不是寻常生命态度的人能够说出。因而使得"我们仨"最后的失散,令人痛心至极。第二部分的标题是《我们仨失散了》,第三部分的首尾也一再出现此语,这是从心底发出的叹息,多么单纯,又多么凄惶。读整本书时,读者听到的始终是这一声仿佛轻声自语的叹息:我们仨失散了,失散了,就这么轻易地失散了……这是一本已连续列入畅销榜的书。当然,杨绛写此书,根本就无意于"畅销"。这就是所谓"桃李不言,下自成蹊"吧。杨绛把"我们仨"相依为命的往事,"失散"之后的落寞和无尽的思念,写成了一个"万里长梦"。从她的"梦"中,我们读到如许的温暖和单纯。话语也许是多余的。还是掀开书页静静地去读吧,用如她一般的宁恬心境。由此,九十二岁的杨绛再次成为人们追逐的明星。

《我们仨》的创作和出版,经历了漫长的、难以想象的艰辛过程,北京:生活·读书·新知三联书店前总经理董秀玉清楚地记得整个阶段。据其披露:"我和杨绛先生的往来,大都是为工作。第一次去钱家早在一九八一年,是当时的北京:生活·读书·新知三联书店总经理范用带我去的,那年香港《广角镜》出版社出版了《干校六记》,范用先生读完很激动,想在内地出这本书,便去向杨先生请求,几个月后这书在三联出版了,是我最早编辑的杨绛先生的书。之后三联又出了《将饮茶》《洗澡》,责任编辑也是我。后来,我被派去香港三联工作,再回到北京三联。这么多年,《我们仨》是我重新事无巨细、从头至尾地操作的一本书。"在《我们仨》的版权页上,责任编辑一栏署名"冬晓",这位"冬晓"就是北京:生活·读书·新知三联书店前总经理董秀玉。

从范用先生时代起，钱锺书和杨绛二位先生就给了北京：生活·读书·新知三联书店很多支持。钱锺书先生的诗集《槐聚诗存》一九九五年在北京：生活·读书·新知三联书店分别出版了线装和平装两种版本。一九九八年六月，北京和香港生活·读书·新知三联书店，联合印行大型文库"中国近代学术名著丛书"，这是钱锺书唯一一次出任丛书主编，并亲自审定编辑设想、编纂方案和拟选书目。"我在香港三联期间，听钱先生有次批评出版界古籍泛滥，提出应该重视中国在二十世纪初西风东渐时期的学术思想。这样我就想办法做了这套'中国近代学术名著丛书'，请钱锺书担任主编，复旦大学历史系的朱维铮教授做执行主编。"董秀玉回北京主持三联工作后，又促成出版《钱锺书集》，三联组织最权威的学者编校文稿，不惜工本印制最优秀的版本，历时六年，终于在二〇〇一年出版，包括《谈艺录》《管锥编》《宋诗选注》等十种十三册，计三百多万字。

"杨先生把《我们仨》书稿交三联出版，有前面这些渊源。"董秀玉说。

关于《我们仨》这本书定题、写作和出版的经过，董秀玉至今记得每一个情景：

> 一九九四年夏、一九九五年冬，钱锺书先生和女儿钱瑗相继住院，杨绛先生八十多岁了，奔波于家与两所医院之间。三人分居三处，这样的生活持续了几年。其间有一次我去看望杨先生，当时钱先生和女儿都病情加重，再加上一些无聊的烦心事干扰，杨先生的心情很不好。我劝先生不理那些莫名其妙的事，赶快抓时间写写你们仨，这件事只有你能做，而且十分有意义。杨先生答应了我，说好，就写一本《我们仨》。
>
> 最初设想，这本书一家三口各写一部分，钱瑗写父母，杨先生写父女俩，钱先生写他眼中的母女俩。到一九九六年十月，钱瑗已经非常衰弱，预感自己的日子不多了。她请求妈妈，把《我们仨》的题目让给她写，她要把和父母一起生活的点点滴滴写下来。躺在病床上，钱瑗在护士的帮助下断续写了5篇，最后都不能进食了，还在写。杨先生见重病的女儿写得实在艰难，劝她停一停。这一停，就再没有能够重新拿起笔。我记得钱瑗最后一篇文章落的日期是一九九七年二月二十六日，她去世的前6天。
>
> 一九九七年三月，钱瑗走了。一九九八年十二月，钱锺书先生也去

了。相继失掉两个最亲爱的人,杨先生心里的哀痛可以想见。年近九十的老人给自己安排了繁重的工作:一九九九年用一年时间把手头正在翻译的柏拉图对话录《斐多》译完,二〇〇一年把北京:生活·读书·新知三联书店,6年来一直在编校的《钱锺书集》定稿出版,同时着手誊清、粘贴、整理钱先生生前留下的大量手稿和读书笔记,交商务印书馆影印出版了《钱锺书手稿集》。二〇〇二年冬天,杨先生终于开始写《我们仨》。

从约稿到动笔,时隔多年,董秀玉说她从未想过要催促杨绛,"我知道她心中有数,能写的时候自然就会写了"。

二〇〇三年四月,杨绛打电话给董秀玉,告知写完了,要她去家中取书稿。董秀玉赶到杨绛在三里河的寓所,坐在客厅里一口气读了两个小时,"杨先生回忆了先她而去的女儿、丈夫,一家人那些快乐而艰难、爱与痛的日子,她的文字还是像过去那样含蓄节制,哀而不伤,怨而不怒,安静得难以言表的忧伤都在字里行间"。

"一个寻寻觅觅的万里春梦。一个单纯温馨的学者家庭。相守相助,相聚相失。"书出版后,印在封面上的这几句话,是董秀玉浓缩了自己从这部书稿中感受到的全部。书稿没有能够像当初设想的那样由三人各写一部分,而是像杨绛在书稿中写的,"我一个人思念我们仨"。尽管如此,董秀玉还是希望通过细节,尽可能将一家三口相互温暖的珍贵情感传递给读者,编辑工作始终贯彻了"我们仨"的这个主题。照片以夫妻和女儿的三人合照为重点选择。和钱锺书先生一家认识这么久,董秀玉知道杨绛的头发一直是钱先生帮她理,于是挑了在家中理发的那张照片放进去。她在书稿末尾增加了附录部分,从杨先生提供的日常家信中选了几封,还有钱瑗病重时写给父亲的信,杨绛给女儿写的便条,钱瑗为父亲画的生活小像。钱瑗去世前在病床上写的五篇小文,杨绛亲自选定了其中三篇,也一并收进附录。

董秀玉请来香港著名装帧设计师陆智昌负责整本书的设计。他对人说,看完书稿之后,眼前总是浮现一个情景:一个安详的老人,坐在三里河洒满了阳光的床边,写下一份至情至性的回忆。他对这本书的设计原则,是装帧尽量不"打搅"老人的平静,要像老人的文字一样节制、干净,而过往那些显得理所当然的设计元素,在这本书面前都似乎变成了不可忍受的噪声,被他一一舍弃。

于是在北京：生活·读书·新知三联书店的架上，读者看到了这样一本素朴的书。

作为编辑，董秀玉想让读者看到的是钱锺书一家严谨的治学精神、温暖的亲情故事和淡泊名利的生活态度。最终全书只选了少量照片，采用双色制作和印刷。第一版的平装本定价为18.80元。

二〇〇三年夏初，"非典"疫情暴发。本来计划在五月和读者见面的《我们仨》，出版时间推迟到了六月二十五日。

杨绛和钱锺书先生一样，一向不喜欢在媒体面前抛头露面。《我们仨》出版后，杨绛不同意为书做宣传，觉得鼓动读者买书这种事情太商业了，她不喜欢。"杨先生提出，她自己不接受采访，三联也不要在媒体上谈这本书。我问，要是人家自己写了书评怎么办？杨先生答我：人家说就管不了了。"董秀玉有点发愁：书出了，不声不响行不通，可又不能违背杨先生的心意。在为难的时候，有人帮了董秀玉的忙。"书出来后，北京：生活·读书·新知三联书店给人寄赠过一些样书，其中有中央电视台的王利芬女士，那会儿她负责制作一档经济对话节目。有一天，王利芬给我打来电话，说书看了，特别感动，想给它做一期访谈。我们尊重杨先生的意见，只是请了钱瑗在北师大的学生和同事好友，还有几个老同学，谈论他们眼里的钱瑗和她父母。大约是二〇〇三年年底，节目播出了，反响很大，关注这本书的人更多了。事后我问杨先生，您没说话，我也没说话，这样可以吗？杨先生没表示异议。"

书甫一上架，《我们仨》就成了读书界的热点。这种关注不是对一个名人家庭的私生活的兴趣，而是读者对一个时代的知识分子的生活状态、生存空间有深切感念，是这个学者家庭里的温暖情感，将读者的心和书联系在一起了。

《我们仨》迅速成为各书店的畅销书榜首。很多人都是泪流满面地读完这本书，媒体书评栏目将它评为"二〇〇三年最感人的书"。董秀玉说她本来建议首印20万册，以钱锺书和杨绛的影响力，她对这个印数很有把握。北京：生活·读书·新知三联书店出于谨慎，首印定为3万册，结果在12天内即销售一空，之后半月内连续加印3次，每次都是前一批书还没有下机器，后面的加印单就来了。直到半年后的二〇〇四年二月，发行部提供的数字仍保持"一个月内发书6万册"。第一年，《我们仨》就发行了47.5万册。

首印数过于保守还带来一个小插曲。董秀玉回忆说，封面设计当初有两个方案待选，一是现在读者熟悉的浅棕条纹纸，朴素而有质感；另一设计为黄绿皮封面，中间放一张杨绛与钱锺书全家的合影。最终定稿采用了条纹纸这版。"因为首印只定了3万册，印厂备货不足，三联反复要求加印时，封面用纸供应不上了，结果第一个月印发的那批书里面，大约有两三万册改用了那版黄绿色的封面设计。"这算是一个意外的"错版"。

二〇〇四年七月，为纪念《我们仨》发行一周年，北京：生活·读书·新知三联书店，又出版了珍藏本，封面为蓝色布面烫银精装，其中一千册为读者在版权页上加盖了钱锺书、杨绛和钱瑗的印章。征求了十几家书店的意见后，三联决定珍藏本首印六千册，没想到读者需求远在书商的估算之上，几次加印，珍藏本也发行了1.8万册。董秀玉说，她曾想为这本书再做一本五周年纪念版，把钱瑗的同事和学生为她栽种纪念树的照片加进书里，可惜没有做到。"《我们仨》这本书我知道会畅销，但没想到那么畅销。杨先生用她的全部感情在写，读者也用心在读，这种心和感情的深入交流真是太难得了。杨绛先生把书稿交给我的时候，我已经退休离开三联了。但我觉得这书应该是三联的，我离开了，就算是送给三联的一份礼物吧。"①

《我们仨》的日译本的译者是日本学者樱庭弓子，她是二十世纪八十年代曾留学中国，留学结束后，她身边的前辈推荐她阅读了杨绛的《干校六记》，这本书令她非常震撼，使她有一种被救赎的感觉，并且觉得杨绛的文字背后隐隐显现着一种特别的人生态度，这引起了她的共鸣。当时，她非常想了解能写出如此文体的人到底是何方神圣，这就是她开始研究杨绛的契机。她的硕士论文就选了杨绛的《干校六记》作为课题。

当时，正在写硕士论文的樱庭弓子读了一九八六年第二版的《干校六记》（北京：生活·读书·新知三联书店出版），钱锺书所写的序文中说他非常喜欢《浮生六记》。但是，根据她自己的研究直觉，钱锺书应该不会喜欢《浮生六记》。经由东京大学研究中国电影的刈间文俊教授介绍，她大胆地给钱锺书先生写信询问了此事。很快便收到了他的回信，还表示了歉意，说是印刷出错，"一字之差，横生枝节"。当时她还只是一名普通的学生，能够收到回信，这份温情和感动难以忘怀。

后来，樱庭弓子由于翻译杨绛的作品《我们仨》，和杨绛也有过书信往来。杨绛对于金钱问题并不重视，不是说"稿费不劳汇寄，移赠译者"，就是"如有

---

① 曾炎：《2003：〈我们仨〉亲情感动中国》，载邹凯编写《守望家园——生活·读书·新知三联书店》，北京：生活·读书·新知三联书店，2008年12月第1版，第183—192页。

麻烦，就不必汇了"。自一九八六年收到钱锺书的回信以后，樱庭弓子开始与夫妇二人有书信往来，也收到过他们的贺年卡，但与杨绛第一次见面是在二〇一〇年三月，她到访杨绛位于三里河的家，她记得当时她想借用一下洗手间，杨绛让她稍等，特意确认了洗手间的清洁程度等之后才示意请进，实在是和蔼可亲、风度翩翩。①

樱庭弓子后来在接受访谈时，谈到她眼中的杨绛："作为日本学者，和中国学者相比，在观察杨绛的距离感上有所不同。例如，我很注意杨绛的教育背景和家庭环境，因为一个人的思想形成期所处的环境将决定其之后的人生态度。杨绛先生的父亲是一位既有中国传统文人气质，又有启蒙思想的律师。杨绛先生的读写技能最初来源于她的父亲，以及她的父亲所赞同的近代化教育制度。而在当时推动近代化的过程中，读写技能的教育是创造近代国民的基本条件，往往以男子作为对象。而开明的杨荫杭从一开始就支持并帮助自己心疼的女儿获得这种能力，换个角度说，杨绛先生从她父亲那里取得了参与男子'特权'下的文化知识体系的'通行证'。因此，对于杨绛先生而言，她的父亲就是知识的象征，是她心中的一块思想圣地。另外，她那和谐的家庭中，她母亲从不提出自我主张，而是管理家庭内部，关心子女教育，并在精神上支持在外工作的男性，这种家庭在某种程度上可以说是'近代'理想家庭的典范。我认为，这种家庭环境，可以说是杨绛先生观察事物的一个出发点，也是影响她一生的一片精神土壤，这直接关系到她的写作方式与世界观。她长大之后，很幸运地与钱锺书先生相识相恋相伴，此后钱锺书先生替代了她的父亲，成了她心目中知识的象征。从这个意义上而言，她既是杨荫杭的女儿，又是钱锺书的女儿，事实上她也接受了这两种角色给予的制约，因为这两位男性象征着她所珍惜甚至可以说崇拜的'知识体系'，她也不愿意超过被制约的范围。我认为，杨绛先生基本上还是以钱锺书先生为主的，同时，两者的想法几乎融为一体。在这一点上，林徽因则有所不同。相比于作为谁的妻子或者谁的女儿，林徽因更希望做自己，因为这种性格，林徽因的文章会有一种'势'，有随性发挥的成分，杨绛则更会控制自己。"②

据二〇〇四年一月十日《新闻晚报》报道，在《谁是二〇〇三年中国最有

---

① 樱庭弓子：《"相视目逆，会心微笑"》，《文汇报》，2017年5月24日。
② 周俊：《学人访谈丨樱庭弓子：一位日本学者眼中的杨绛》，《法史漫谈》，2019年6月15日，https://kuaibao.qq.com/s/20190615AZNX7900？refer=spider.

影响力的女性人物？》的标题下，称"杨绛——她用《我们仨》感动中国"。报道说，她被人评说，"瘦小的身躯里蕴藏着感动中国的力量"。二〇〇三年，她的新书《我们仨》出版，人们在字里行间看到了一个知识女性的操守和深情。她对待媒体的态度也始终如一，不肯出现在镜头前，既是一种坚持，也是一种智慧。人们很早就尊称她为杨先生，原因在于，在她的身上，人们看到了更多的智慧。她在三年前译柏拉图的《斐多》时，自称"力不能及"，只为"投入全部心神而忘掉自己"。没想到，钱氏父女走后，她靠着生来的坚倔，靠着哲学的救助，将钱锺书先生留下的大量读书笔记补上。人类进入新的世纪，她再一次进入了新的人生境界。

差不多与此同时，二〇〇三年度中华文学人物的评选揭晓，巴金获得该年度的"文学先生"称号，而杨绛则成为年度的"文学女士"，两位作家均以全票通过。这次评选由人民文学出版社旗下《中华文学选刊》杂志社、中国当代文学研究会、《南方都市报》《南方文坛》、新浪网等五家机构联合国内百家媒体共同参与。

评委会给出的评语称：

> 一个不平凡的人，在2003年度出版了一本平凡的书，见证了一段悲怆而温暖的旅程。《我们仨》里那个中国著名的家庭，经杨绛女士朴实、节制的描述，成了我们时代一个意味深长的象征。那种细节中的真情、真情中的人性，既让人心向往之，又让阅读者潸然泪下。这个得了汉语精髓，入了人生化境的文学名宿，正以她博大的坚韧和涵养，唤醒越来越多粗糙的灵魂。①

评委会主任、中国作家协会副主席张炯说，"文学先生"与"文学女士"的称号是对作家全面的考量，除了文学成就，对其人品的评判也是必不可少的指标。

林达作为普通读者，品悟出杨绛《我们仨》的独特的感人之处在于，"我们也许有了我们重视的脊梁骨和犀利，可是，和钱锺书、杨绛、圆圆一家相比，却失落了温良、敦厚、谦和、幽默、宽容、平稳。这不仅是两代人不同的个人

---

① 王干、付艳霞编选：《年度中华文学人物作品选》，北京：中央编译出版社，2004年7月第1版，第63页。

素质,而是通过知识阶层所表现出来的不同时代的文明厚度。'我们仨'是一个家庭故事,却让我想到,破固然不易,立,则千难万难"①。

《我们仨》出版仅仅一年,不断有读者给杨绛写信,她自己也不知道这些信究竟有多少,反正天天有。她每天都会看这些信,心里觉得特别高兴。读者对她的关心让她特别感动。她认为:"我没写什么大文章,只是把自己个人的思念之情记录了下来,不为教育谁用。书在外面受到人们欢迎的情况,我也实在承担不起。我习惯清静了,我愿意在家里清静清静……"她还说过,"我只不过写了我自己想写的一些文字,完成了自己给自己布置的一个任务。大家能喜欢,我特别感谢。"

二

在湖南师范大学文学院主办的《中国文学研究》二〇〇六年第一期里,刊登一篇题为《杨绛先生与刘梅竹的通信两封》的文章,系法国学者刘梅竹二〇〇四年十二月及二〇〇五年六月通过信件往还采访杨绛的内容摘录。

这些访谈透露了一些极有价值的信息:如杨绛自承,"我不是教徒,(但)也不是无神论者,我信奉上帝";如杨绛反复强调,她自己古文功底不高——"都是自习,所以功底不深。很差,很差";如杨绛明确说明,她自己作于二十世纪四十年代的喜剧《游戏人间》的底本是自毁自弃,不是丢失;如杨绛反复强调,研究者使用人民文学出版社出版的《杨绛文集》第三次印刷本十分必要("最好买第三次印刷,因有修改"),等等。

为有意研究杨绛其人、其事、其作品的学人提供一些信息,经杨绛同意,通信内容得到公开。二〇〇四年十二月,杨绛回复刘梅竹第一封信时,其病体刚刚恢复,令人感佩。

在二〇〇四年十二月十五日的信中,刘梅竹向杨绛提了18个问题。下面是所提问题及杨绛的回答。

刘:您早期的七篇散文,除《阴》及《收脚印》以外,其余五篇:《流浪儿》《风》《喝茶》《听话的艺术》《窗帘》在三四十年代是否曾发

---

① 林达:《读〈我们仨〉》,《扫起落叶好过冬》,北京:生活·读书·新知三联书店,2006年10月第1版,第452—453页。

表过?

杨：我的散文都是先发表，后收入集。人民文学出版社最近出了《杨绛文集》八卷。前四册是创作，后四册是翻译。有我序文及《生平大纪事》，散文有补充，都可供你参考。创作按创作先后为次序，但也分门别类（最好买第三次印刷，因有修改）。

刘：孟度先生在一九四四年五月十日第15卷第2期的《杂志》月刊上发表过一篇对您作品的评论文章。其中转引了李健吾先生在"某篇"文章中对您及您的《弄真成假》的评价。您能否提供李先生这篇文章的出处？（我曾翻阅过《咀华集》）

杨：好像李健吾曾说《弄真成假》是喜剧的里程碑。大约是广告性的吹嘘，不记得文章出处。

刘：据传您的《游戏人间》底稿丢失，请问后来是否找到？

杨：此剧是名导演姚克导演，但剧本无足取。所以我自己毁了，不要了，没有了。

刘：在您的作品中，您最喜欢哪一部？

杨：都不满意。

刘：您一生中最大的遗憾是什么？

杨：未能在清华大学本科读外语系，却在东吴大学读政治系。

刘：您有否宗教信仰？

杨：我不是教徒，也不是无神论者，我信奉上帝。

刘：我认为，您的作品更多的是对人、对道德的关注，而非对社会、政治或体制的批判。对此，您认可吗？

杨：对。

刘：我觉得，您不热衷英雄主义，反对狂热的理想主义，但同时却坚信人的力量。不过，这种力量不在于战胜别人、战胜环境。而在于面对各种人、各种环境均能调整自己，使自己适应环境而更好地生活下去，并力所能及为社会服务。对此，您同意吗？

杨：对。但主要不是适应社会要求，是战胜自己，做最应该做的事。逆境是对人的锻炼。

刘：您曾在两篇文学评论文章中提到"西方人文主义"。

杨：东方西方一样。那么您认为"西方人文主义"与"东方人文主义"的根本区别是什么？

刘：外国作家中的珍妮·奥斯丁（英）和中国作家中的凌叔华二位的作品风格和您的最相近。您能接受这种说法吗？

杨：不能接受。

刘：您虽精通多门外语，熟读外国文学，了解外国文化，但骨子里，您仍是一位纯粹的、现已不多得的中国传统文人，对吗？

杨：对。

刘：您对人生的见解更接近于老派传统哲人，如（除钱先生外）陈寅恪、林语堂等。甚或古代哲人苏东坡、陶渊明等。对此说法，您能接受吗？

杨：我爱苏东坡，最富有人情味。也爱陶（渊明）的风骨。对于你所提的前辈，我都不熟悉。

刘：我们知道钱先生曾上过私塾，跟大伯父也学过古文。那么您是在何时何地、以何种方式研习古文的？

杨：都是自习，所以功底不深。很差，很差。

刘：《我们仨》中，您提及三十年代曾在巴黎大学注册。您能否忆起当时您想做哪方面的论文，对哪门学科感兴趣？

杨：法国小说。

刘：您一生中，如果家庭与事业之间发生矛盾（一个女人很可能遇到这类问题），您会为事业牺牲家庭吗？为什么？

杨：有幸生长在一个和爱的父母家，又成立了一个和爱的小家庭，从未想到背叛。家庭和事业从未有过矛盾。

刘：您认为人生的目的／意义是什么？

杨：尽力做一个稍有价值的人，不虚度此生。

刘：您最喜欢哪种人？

杨：各种人都喜欢。不论地位、年龄，各种人都可爱。

刘：您最讨厌哪种人？

杨：讨厌我的人，我也讨厌他们。

在二〇〇五年六月二十六日的信中，刘梅竹再次向杨绛提了若干补充问题。杨绛则在当年七月二十八日的信中作答。下面是这两封信的摘要。

刘梅竹的信：

尊敬的杨绛先生：

您好！

……

我最近一直在思考一个问题：中国近现代著名学者、文人大都是学贯中西。而且他们中不少人自认为在国外学习、生活过几年后，反而对中国的传统思想、文化更有认同感了。不知您是否有此同感？

此外，上封信里您提及自己信奉上帝。请问从什么时候开始、受什么或受谁的影响？是否与您上的教会学校有关？

经过几年的思考、研究，我最后为您的一生总结为：以儒家思想做人，以道家思想处世，以弘扬人文主义思想（人的自知、自爱、自尊及自我完善）为己任，以科学务实的精神工作（您文学评论文章中的注释都很精确）。请指正。

对不起，杨先生。因本人未能从您作品中获得有关信息，只好请求您在身体状况允许的情况下略述一二。

最后祝您生日快乐，望保重身体。

晚辈刘梅竹
2005年6月26日于波尔多

杨绛先生的回信：

刘梅竹女士：

你好！

你问的问题让我一一回答。

"天资聪慧"我说不上。我是中上之资。有幸生在不重男轻女的家庭。我是父亲刻意栽培的女儿。他要我能独立思考、意志坚强（这话他从未说过）。

我在国外读书，只是国内上学的继续。我们带出国的书箱里，主要是中国经典。我们夫妇每日读书，不荒疏本国经典。我中学时期，学校偏重数理英语，国文老师数受学生欺负。我的国文根基薄弱，至今还在补习。我发现不懂外文的人，思想往往偏激，或偏左、或迂腐泥古。

我的小学是天主教会办的，大学是基督教新教办的。但学校对我宗教信仰没有影响。我不是教徒。上帝是我自己信的，不受任何人影响。也不知什么时候开始。信仰由经验、读书、思考的反复积累，逐渐坚定。

你对我的了解大致不错，但我认为我为人处世也是儒家思想。我最爱《论语》，孔子是最富有人性的人。

匆匆先寄此信，希望还不太晚。一片诚心祝你论文通过，获得学位，一切顺利。

……

杨绛

2005年7月28日于北京

刘梅竹女士：

你好！

来信奉悉，我给你的信原是私人信，不准备公开的，你既有急需，发表也无妨。只是我比你更怕出头露面，所以希望温教授能为你找个学术性高而销路不广的刊物，你和我都可以少招人注意。

第二页（）内的两句，可改为（最好买第三次印刷，因有修改）

《临水人家》作于一九九四年四月一日病中，忘了刊登哪个刊物上，待查明再奉告。另有一篇《记章太炎先生谈掌故》也是我病中写的，一九九三年十一月十日，病中不寐，记下那天我坐在大舞台记录席上一句也听不懂的出丑事，也曾发表，都忘了收入《文集》。

勿复，祝你谋事有成！

杨绛

二〇〇五年九月三十日晚

二〇〇四年，适值杨绛从事创作七十周年之际，人民文学出版社定于同年五月推出汇集杨绛主要创作和翻译作品的《杨绛文集》。这部文集在原有发表作品修订的基础上,还收入《钱锺书离开西南联大的实情》《怀念陈衡哲》等新文章,杨绛撰写的作者《自序》和《杨绛生平与创作大事记》,以及大量她亲自为文集选订的珍贵文献和人物图片。《杨绛文集》从一个侧面反映了时代的演进轨迹,堪称一代知识分子的心路历程的缩影。

杨绛的这套文集共约二百五十万字。其中一至四卷为创作部分,第一卷"小说卷"选收长篇小说《洗澡》和七篇短篇小说。第二、三卷"散文卷"选收《干校六记》《将饮茶》《杂忆与杂写》以及二十世纪九十年代中后期至新世纪之初所创作的全部重要散文。第四卷"戏剧文论卷",收入尘封已久的两部喜剧《称心如意》和《弄真成假》,"文论"部分汇编了作者评析外国文学名著的理论作品,以及她论述《红楼梦》和谈文学创作与谈翻译等的论文十四篇。第五至八卷译文部分则收入她的重要译作《堂吉诃德》《吉尔·布拉斯》《小癞子》《斐多》等。值得注意的是,《杨绛文集》卷首冠以《作者自序》简略说明自己的创作情况及《文集》的编选规则;卷尾的《杨绛生平与创作大事记》,是杨绛先生根据回忆和记录亲自撰写和编订的,它相当于一部微型的《杨绛传记》。《杨绛文集》八卷本还收入了作者选定的照片和插图80幅,其中大部分图片都为首次发表,是一套相当有价值的研究资料及个人藏书。为了符合各个层次读者的阅读需要,出版社在出版《杨绛文集》的同时,还推出一套平装本的《杨绛作品精选》(三卷本),精选作者散文作品两卷包括《干校六记》《我们仨》等以及小说和戏剧一卷。当年出版《杨绛文集》后,她表示,只要身体健康,她还将再写一些回忆性散文。二〇〇四年三月二十七日,《文汇报》率先发表了《杨绛文集》自序,其中谈道:

> 我不是专业作家;文集里的全部作品都是随遇而作。我只是一个业余作者。
>
> 早年的几篇散文和小说,是我在清华上学时课堂上的作业,或在牛津进修时的读书偶得。回国后在沦陷的上海生活,迫于生计,为家中柴米油盐,写了几个剧本。抗日战争胜利后,我先在上海当教师;解放战争胜利后,我在清华大学当教师,业余写短篇小说和散文,偶尔翻译。"洗澡"(知识分子改造)运动后,我调入文学研究所做研究工作,就写学术论文;写论文屡犯错误,就做翻译工作,附带写小量必要的论文。翻译工作勤查字典,伤目力,我为了保养眼睛,就"闭着眼睛工作",写

短篇小说。一九七九年社科院近代史所因我父亲是反清革命运动的"人物之一",嘱我写文章讲讲我父亲的某些观点。我写了《一份资料》。胡乔木同志调去审阅后,建议我将题目改为《回忆我的父亲》;我随后又写了另一篇回忆。我又曾记过钱锺书的往事,但不是我的回忆而是他本人的回忆。我就在研究和写学术论文的同时,兼写小说和散文,还写了一部长篇小说。一九八七年退休后,我就随意写文章。钱锺书去世后,我整理他的遗稿,又翻译了一部作品,随事即兴,又写了长长短短各式各样的散文十来篇。

全部文章,经整理,去掉了一部分,把留下的部分粗粗分门别类。一半是翻译,一半是创作。创作包括戏剧、小说和散文。散文又有抒情、写意、记事、记人、论学、评书等。文章既是"随遇而作",按时期编排较为方便。

不及格的作品,改不好的作品,全部删弃。文章扬人之恶,也删。因为可恶的行为固然应该"鸣鼓而攻",但一经揭发,当事者反复掩饰,足证"羞恶之心,人皆有之";我待人还当谨守忠恕之道。被逼而写的文章,尽管句句都是大实话,也删。有"一得"可取,虽属小文,我也留下了。

我当初选读文科,是有志遍读中外好小说,悟得创作小说的艺术,并助我写出好小说。但我年近八十,才写出一部不够长的长篇小说;年过八十,毁去了已写成的二十章长篇小说,决意不写小说。至于创作小说的艺术,虽然我读过的小说不算少,却未敢写出正式文章,只在学术论文里,谈到些零星的心得。我写的小说,除了第一篇清华作业,有两个人物是现成的,末一篇短篇小说里,也有一个人物是现成的,可对号入座,其余各篇的人物和故事,纯属虚构,不抄袭任何真人真事。锺书曾推许我写小说能无中生有。的确,我写的小说,各色人物都由我头脑里孕育出来,故事由人物自然构成。有几个短篇我曾再三改写。但我的全部小说,还在试笔学写阶段。自分此生休矣,只好自愧有志无成了。我只随笔写了好多篇文体各别的散文。承人民文学出版社几位资深编辑的厚爱,愿为我编辑《文集》,我衷心感谢,就遵照他们的嘱咐,写了这篇序文,并详细写了一份《杨绛生平与创作大事记》。

杨绛谢绝了他人策划的参加个人作品研讨会的邀请,她对来人说:"我把稿子交出去了,剩下怎么卖书的事情,就不是我该管的了。而且我只是一滴清水,不是肥皂水,不能吹泡泡,所以开不开研讨会——其实应该叫作检讨会,也不是我的事情。读过我书的人都可以提意见的。"

她一向认为研讨会应该叫作"检讨会",否则"它对作家来说就没有多大意义。我不参加'检讨会',不是不打算接受批评,我已经把多年来收到的批评,改在了实际作品中"。

二〇〇四年,杨绛所在的中国社科院外国文学研究所举行了建所四十周年纪念会。从一九六四年十月建所以来,外国文学研究所经过几代人的开拓进取,不断壮大,四十年来取得了丰硕的成果。该所黄宝生所长在讲话中高度评价杨绛、冯至、卞之琳、李健吾、戈宝权、罗大冈、罗念生等所内老一辈学者,他说,"优秀的人才、优良的学风、优秀的成果"一直是外文所追求的学术目标,经过四十年的历史积累,它已经成为外文所的学术传统。在老一辈学者开创的良好学风指引下,"新时期"后的中青年学者努力进取,在研究和翻译介绍外国文学方面处在国内学术前沿。为配合建所四十周年纪念活动,外文所还举办了"建所四十年优秀成果展"和《杨绛文集》座谈会。黄宝生、郭宏安、薛鸿时、黄梅、陈众议、郑土生等和杨绛共过事的专家学者分别在会上作了发言。

杨绛一直喜欢读书看报,二〇〇四年三月三十一日,她在读了近期的上海《文汇读书周报》后,忽然想起当年她和钱锺书与上海一家生活书店的交往及期间发生的一件小事。"这件小事唤起了我当年的感受:生活书店是我们这类知识分子的精神家园"……于是提笔,特为该报,更是为广大爱书人写下了"几句"——

> 解放前钱锺书和我寓居上海。我们必读的刊物是《生活周报》①。寓所附近有一家生活书店,我们下午四点后经常去看书看报;在那儿会碰见许多熟人,和店里工作人员也熟。有一次,我把围巾落在店里了。回家不多久就接到书店的电话:"你落了一条围巾。恰好傅雷先生来,他给带走了,让我通知你一声。"傅雷带走我的围巾是招我们到他家去夜谈;嘱店员打电话是免我寻找失物。这件小事唤起了我当年的感受:生活书店是我们这类知识分子的精神家园。
>
> 生活书店后来变成了北京:生活·读书·新知三联书店。四五十年后,

---

① 此处"《生活周报》",收入《杨绛全集》第三卷时,已更正为"《生活周刊》",北京:人民文学出版社,2014年8月第1版,第253页。

我们决定把《钱锺书集》交三联出版，我也有几本书是三联出版的。因为三联是我们熟悉的老书店，品牌好，有它的特色。特色是：不官不商，有书香。我们喜爱这点特色。

杨绛此文虽短，但是史实错误不少。对此，大连图书馆研究员范旭仑投书《文汇读书周报》，予以纠正。

《文汇读书周报》编辑部：

顷读贵报四月二日《杨绛写给〈文汇读书〉的几句话》，十分惊骇。

第一，"《生活周报》"是"《生活周刊》"的错误。

第二，据《中国大百科全书·新闻出版》卷，《生活周刊》一九二五年十一月十一日创刊，一九三三年十二月十六日停刊。钱氏夫妇寓居上海是在一九四一年八月以后。因此，杨绛头一句话"解放前钱锺书和我寓居上海，我们必读的刊物是《生活周报》"，是太离谱的编造。

第三，生活书店一九三二年七月成立于上海，抗战初迁到武汉、重庆。一九四五年十月迁回上海，由中国共产党主办，出版和出售的多为革命读物（参看许觉民《风雨故旧录》）。生活书店是"革命出版机构"（《中国大百科全书·新闻出版》卷），而杨绛则是"资产阶级知识分子"（《杨绛作品集》散文卷）。"生活书店是我们这类知识分子的精神家园"，是不着边的幻想。

第四，"生活书店后来变成了北京：生活·读书·新知三联书店"亦不确。生活书店一九四七年十二月迁至香港，一九四八年十月与读书出版社、新知书店在香港合并为北京：生活·读书·新知三联书店。

希望能本着实事求是的经典原则，将此信刊出。谢谢！

此致

敬礼

大连图书馆范旭仑

四月九日[①]

---

① http://bbs.tianya.cn/post—books—45023—1.shtml.

杨绛平时很少出门，但对窗外事，她还是很关心的，主要的渠道是报纸。二〇〇四年十二月，《财经》杂志探望她时，她说自己最想不通的就是利息税："利息为什么要征税呢？"

《财经》杂志随即刊出文章，称杨绛呼吁取消利息税。

二〇〇七年，全国"两会"期间，经济学家吴敬琏在两会上提议取消利息税，并说这一想法最早是由杨绛提出的。

吴敬琏后来见到杨绛，笑道："您向我们经济学界开炮啦。"

著名的《开卷》杂志主编董宁文在杨绛去世后，追述了与杨绛生前过往的一件小事。他在文章中首先披露了杨绛给他的一封信。

董宁文先生：

　　谢谢来信，老病未能早复为歉。附件已细读。桑农先生勘误，我已细细核对，他所言极是，再版当改正。如桑农先生要求在贵刊发表，我无意见。我此信无刊登之必要。勘误与人为善，乃盛德之举。请先代我致谢，并佩服他读书细心。

　　专复　并颂

编安

杨　绛
二〇〇一年六月二十九日

这封信的发表，引起了学者桑农的注意。他说："这封信立刻将我带到十五年前。信里说的'勘误'，是我写的一篇校勘小札，考证钱锺书《读〈拉奥孔〉》中的一个讹字。稿子投给宁文主编的《开卷》杂志，他转寄给杨绛先生审核。这封信，我当时并没有见到。好像听宁文说过，杨绛先生有信表示感谢。我只当是礼节性的客套，没有在意。这会儿，我也翻箱倒柜，找出宁文当年的来信，转录如下：

桑农先生：

　　大作已至三校时，看到《文汇读书周报》率先刊发，故撤下。因小刊的读者与《文》大都是重复的，望谅之。

尊作收到后，即与杨绛先生取得联系，她以为您的意见是对的，并对您的认真表示了钦佩之情，在此一并告知。望今后有合适的短稿再赐小刊为幸。

即请

撰祺

董宁文

二〇〇一年八月二十日

"两封信对读，我既兴奋又惭愧。遥想当年，也不算年轻，却那么冒失。钱锺书文章里出现一处错误，本来无关紧要。我写小文投稿，是因为考证时逐一使用了陈垣先生概括的校勘四法，自己颇为得意，想发表出来，显摆一下。没想到宁文如此慎重，更没想到杨绛先生如此宽厚。而我竟然在没等到确切答复的情况下，将稿件另投他处。幸好宁文不以为忤，此后对我的文稿乃至书稿都多有关照。杨绛先生那里，因为不知道老人家到底说了什么，我也没有及时与她联系。"桑农对此颇为感慨。①

三

时光流逝，杨绛和钱锺书的爱女钱瑗去世已有经年，但是亲友师生心中的钱瑗并没有随着时光一同消失。

杨绛称爱女钱瑗为她"平生唯一杰作"，钱瑗的英年早逝，是杨绛心头难以弥合的痛，也成为钱瑗师友一直关注的焦点。为了回应各界对这位已故杰出的知识分子的怀念，北京：生活·读书·新知三联书店于二〇〇五年八月出版了《我们的钱瑗》一书，该书讲述了钱瑗的一生。该书由杨绛及钱瑗的继子、继女、师长学生、同事好友等合著，描绘出一个为人真诚、治学严谨、孝顺谦和、富有情趣的钱瑗。书中收入大量的钱瑗照片，包括生活照片、一家三口往来信件、钱瑗的素描、手稿，其中还有钱锺书批改的钱瑗作文，每幅照片都有杨绛亲笔写下的说明文字，读来饶有趣味。

---

① 桑农：《杨绛：勘误，"乃盛德之举"》，《文汇读书周报》，2016年6月6日。

钱瑗生前是北京师范大学英语系教授,她治学严谨开创了英语"文体学";她关怀学生、为人刚正,得到许多学生、同事、同学好友的爱重缅怀。他们说:"我们不会忘记钱瑗。"这话并非虚言,钱瑗离世七年,钱瑗的两位香港学生回北师大,一位捐款一百万港币,设立了"钱瑗教育基金";另一位在《香港文学》上刊出了《纪念钱瑗专辑》。钱瑗的学生和同事好友闻讯后,纷纷写文章纪念钱瑗,《我们的钱瑗》这本书便是在此基础上编辑出版的。从中,人们可以清晰地看到钱瑗真诚和积极的一生,她会带给人们极大的激励、认真的思索和深深的敬意。

在书中读者看到了杨绛夫妇是如何引导孩子自学,如何以自身的行为影响孩子,最终培养出一个为人真诚、治学严谨、孝顺谦和、富有情趣的钱瑗。许多平常生活的细节,都能看到一个学者家庭对孩子独特的教育方式。

杨绛在《我们的钱瑗》一书中以《尖兵钱瑗》作为代序,说钱瑗:"她既然只求当尖兵,可说有志竟成,没有虚度此生。"杨绛回忆早年与丈夫钱锺书在探讨女儿个性时,钱锺书说她:"刚正,像外公;爱教书,像爷爷。"[①]两位祖父迥不相同的性格,在钱瑗身上都很突出。杨绛在文章中提及钱瑗坚强不屈、正直不阿。北师大曾和英国合作培养"英语教学"研究生。钱瑗常和英方管事人争执,怪他们派来的专家英语水平不高,不合北师大英语研究生的要求。结果英国大使请她晚宴并向她道歉,同时也请她说说她的计划和要求。钱瑗的回答头头是道,英国大使听了点头称善。杨绛听女儿讲了,也明白她是在建立一项有用的学科。

钱瑗的去世,让人扼腕痛惜。杨绛说:"钱瑗热心教书,关怀学生,赢得了学生的喜爱。她为人刚正,也得到学生和同事的推重。她去世的告别会上,学生和同事都悲伤得不能自制。钱瑗的确也走得太早了些。"因为种种原因,杨绛常痛惜"钱瑗……'可造之材'未能成材,'读书种子'只发了一点芽芽",可又说"这只是出于父母心,不是智慧心"。她说:

> 如今钱瑗去世快七年半了。她默默无闻,说不上有什么成就,也不是名师,只是行伍间一名小兵。但是她既然只求当尖兵,可说有志竟成,没有虚度此生。做父母的痛惜"可造之材"未能成材,"读书种子"只发了一

---

① 杨绛:《尖兵钱瑗》,见《我们的钱瑗》,北京:生活·读书·新知三联书店,2005年8月第1版,第21页;又见《杨绛全集》(第三卷),北京:人民文学出版社,2014年8月第1版,第280页。

点芽芽,这只是出于父母心,不是智慧心。我们夫妇常说:但愿多一二知己,不要众多不相知的人闻名。人世间留下一个空名,让不相知、不相识的人信口品评,说长道短,有什么意思呢。钱瑗得免此厄,就是大幸;她还得到许多学生、同事、同学好友的爱重缅怀,更是难得。我曾几次听说:"我们不会忘记钱瑗",这话并非虚言。"文革"期间钱瑗的学生张君仁强,忽从香港来,慨然向母校捐赠百万元,设立"钱瑗教育基金",奖励并培养优秀教师。张君此举不仅得到学校的重视,也抚慰了一个妈妈的悲伤。他的同学好友是名编辑,想推出"纪念钱瑗小辑",他们两人相约各写一篇。钱瑗的学生和同事好友闻讯后,纷纷写文章纪念钱瑗,没几天就写出好多篇。我心上温暖,也应邀写了这篇小文。①

在《我们仨》中,杨绛对女儿钱瑗的温馨回忆感动了许多读者,也引发了许多读者对钱瑗的关注,希望更多地了解她。

《我们仨》中没有提及钱瑗夫婿,引发读者诸多猜测,网络报章也有一些文章谈及其婚姻,但因各种原因有诸多不尽不实之处。在《我们的钱瑗》中,杨绛和钱瑗前夫王德一生前同窗好友分别撰文讲述钱瑗这段婚姻始末,读者从中可以看到这个家庭一段温暖而又辛酸的经历。钱瑗的继子与继女也在书中撰文回忆钱瑗与第二任丈夫杨伟成的家庭生活。

《我们的钱瑗》自推出以后,即重印了好几次,它是继杨绛的《我们仨》之后,对钱家的再次关注。这种关注不是对一个家庭私生活的津津乐道,而是对一个时代的知识分子的生活状态、生存空间的"同情的了解"。

四

二〇〇五年,中译本中发行量最大的、由杨绛翻译的《堂吉诃德》引起争议,有的媒体干脆报道称:杨绛译《堂吉诃德》被当"反面教材"。

这年恰逢世界文学名著《堂吉诃德》问世四百周年。在中国,《堂吉诃德》的译本已有一二十种,其中一位译者董燕生,在接受媒体采访时称:"不畏前辈权威,敢把杨绛译文当反面教材,"董燕生说,"认为杨绛译本就是最好的版本

---

① 杨绛:《尖兵钱瑗》,见《我们的钱瑗》,北京:生活·读书·新知三联书店,2005年8月第1版,第23—24页;又见《杨绛全集》(第三卷),北京:人民文学出版社,2014年8月第1版,第282页。

完全是个误解","她太自信了,该查字典的地方没有去查字典";他还批评杨绛译本中"胸上长毛""法拉欧内""阿西利亚"等译法,并指责杨绛译本比他的译本少了11万字,"可见她翻译时删掉了其中的部分章节",最后他说:"我现在是拿它当翻译课的反面教材,避免学生再犯这种错误。"①董燕生此论一出,舆论哗然。

对于这一批评,资深出版人李景端甚感惊讶,认为杨绛将《堂吉诃德》中的一句成语译为"胸上长毛",在西班牙语界,有人称它为败笔,也有人称它为妙笔,对涉及翻译学不同诠释的学术问题,见仁见智,不能断然下结论。李景端曾电话向杨绛求证,但杨绛一听说这事就批评了李景端,说:"你怎么还像个毛头小伙子爱管闲事!对那种批评,我一点不生气,不想去理他,随他怎么说吧。"

经过"软磨",杨绛才告诉李景端:"《文史通义》中讲到刘知几主张对文章要进行'点烦',要删繁就简,点掉多余烦琐的文字,翻译涉及两种文字的不同表述,更应该注意'点烦'。《堂吉诃德》的译文,起初我也译有八十多万字,后经我认真的'点烦',才减到七十多万字,这样文字'明净'多了,但原义一点没有'点掉'。比如书中许多诗歌,可以去查查,原诗是多少行,我少译了哪一行?搞翻译,既要为原作者服务好,又要为读者服务好,我'点烦'掉十多万字,就是想使读者读得明白省力些,何况这一来我还少拿了十多万字的稿费呢。"对此,有一位资深翻译家认为,原作者塞万提斯讲话十分啰唆,适当"点烦",确实会使语义更加突出,情节更加紧凑。

这里仅以《堂吉诃德》(上册)两章的标题为例。如第33章标题,董燕生译本为:"这里讲到一个死乞白赖想知道究竟的人";屠孟超译本为:"一个不该这样追根究底的人的故事";杨绛则译为:"何必追根究底(故事)"。又如第35章标题,董译本为:"堂吉诃德勇猛大战红葡萄酒皮囊和《死乞白赖想知道究竟的人》故事结尾";屠译本为:"《一个不该这样追根究底的人的故事》结束";杨绛则译为:"堂吉诃德大战盛满红酒的皮袋,《何必追根究底》的故事结束"。仅对比第33章的标题,杨绛译文的字数,比董、屠译本少了一半或近一半,但读来并不会产生误解或歧义,反而感到言简意明。

中国社科院外文所研究员叶廷芳则认为,翻译绝不是一门语言的技术,而

---

① 许嘉俊:《杨绛译〈堂吉诃德〉被当"反面教材",众译家据理驳斥译坛歪风》,《文汇读书周报》,2005年8月26日。

是一门语言的艺术，而艺术有时是不认规律的，诸如语法或某个词的常用词义等。凡伟大作家的作品，都是从深厚的文化底蕴中来的，译者没有相应的文化底蕴，其译作就休想攀上原作的高度。再就文学的风格讲，《小癞子》和《堂吉诃德》都是具有巴罗克文学特征的作品。巴罗克文学在十七世纪的南欧和中欧盛极一时，后被埋没，二十世纪又重新崛起。杨绛那么喜欢译巴罗克小说（或流浪汉小说），她分明看到了这种非正统文学的野性基因的强大生命力及其前途。这就是文化底蕴所使然，不知董燕生看到了其中奥秘没有。

翻译家、歌德学者杨武能指出，专挑名家名译的"错儿"，攻其一点不及其余，贬低他人抬高自己，是这些年译坛的歪风之一。如果发难者系无名小卒，不可理睬，以免成就其踩着名家的肩膀爬进名人堂的美梦。董燕生似非无名之辈，据理予以驳斥确属必要。

不过，杨绛本人却淡看这一《堂吉诃德》译本争端，认为不必"小题大做"。九月二日她在《文汇读书周报》上发表声明，希望化"误解"为"了解"——

> 今天我在《文汇读书周报》上看到《……驳斥译坛歪风》（二〇〇五年八月二十六日《文汇读书周报》刊登的《杨绛译〈堂吉诃德〉被当"反面教材"，众译家据理驳斥译坛歪风》的文章，觉得这是小题大做了。董燕生先生对我的批评，完全正确，说不上"歪风"。世间许多争端，往往出于误会。董先生可以做我的老师，可惜我生得太早，已成了他的"前辈"。他"不畏前辈权威"，勇于指出错误，恰恰是译界的正风，不是歪风。媒体传言，一传再传，往往失真。董先生要把我的译文"当反面教材"云云，引起了李景端先生的误解，他评董先生的文章里，把"反面教材"夸大了，说成是"文革"时的语言。因而又引起许多朋友们为我仗义执言，我很感激。但是我认为不应该让"误解"发展，该及早解释清楚。
>
> 董先生说我"太自信，该查字典的地方不去查字典"。这是董先生误解了我。我有一本一九六六年出版的《简明西汉词典》，全书只薄薄375页。董先生提的那两个字，词典里没有。那时出版社，还没有统一的人名、地名，译者都按自己的读音音译。（拙作《文集》出版前，"法老"等错译已改正。）当时我买不到适用的西汉词典。我用的是María Moliner编的《西班牙语辞典》二厚册，还有厚厚一册《带图解的西班牙语辞典》，都是用西

班牙语解释的。遇到不识的字,得查《西英大辞典》。三个月前,我因拙作《文集》将第三次印刷,忙将《堂吉诃德》又校订一过,改正了一些错误,但忽略的错误,想必还难免。

"点烦"云云,是我大胆尝试。这是一道艰巨的工序。一下子"点"掉十来万字,我自己也很吃惊。董先生的误解是完全合理的。不过"点烦"只限译文,不简原文(详见《翻译的技巧》)。究竟这道工序功效如何,还有待译界同人一起商讨呢。

至于"胸上长毛",我就像小学生般要和董先生解释一下。这个词儿如果出于任何别人之口,该说是错。但桑丘用字往往不恰当,例如把美人的眼睛比作珍珠。堂吉诃德先生就说,"你只能说'牙如珍珠',眼睛怎能像珍珠呢!"又如他说某牧羊女嘴上"还长着些胡子"。他用"胸上长毛"的形容词前面还有两个形容词,据编注者马林(Marin)注:桑丘用的三个形容词都适用于男人,用在女人身上都不合适。桑丘引用成语,往往成双成串,紧接"胸上长毛"下的一句也是成语,我也直译了。成语直译,"纸老虎"就是一例。如果西语专家、行家们都认为"胸上长毛"不能直译,我当尊重专家、行家的意见酌改。

匆匆解释几句,希望化"误解"为"了解"。我真心诚意地声明:我是一个很虚心的译者,对自己的译文一改再改,总觉得不好。希望专家行家们多多指教。①

相对有些专家充满"火药味"的言辞,杨绛的一番话显得非常心平气和,透出的却是一种谦虚求真的大家风范。她感到讨论这些是非没有什么意思,没有必要再继续下去了,所有要说的话她已经在声明中表达出来了。中国翻译家协会会长刘习良有感而发:"我觉得大家讨论问题应该平和一些,而不应该像现在这样咄咄逼人。"

《文汇读书周报》同时刊发《编者的话》说,杨绛的书信,谈论的似乎只是治学或翻译的细节,内中透出的却是一种谦虚求真的大家风范。②

把杨绛译本当作反面教材显然是不合适的,她的译本显而易见地比以前的版本有很大的进步,其他人对于董燕生的批评也过于尖锐了。大家应该是先将

---

① 杨绛:《不要小题大做》,《文汇读书周报》,2005年9月2日。
② 综合《文汇读书周报》,2005年8月26日、9月2日。

原著与几种译本作对照之后再提出恳切意见,是问题就谈问题,勿做人身攻击。不能否认,多年来,中国学界的一些正直、有识之士一直希望和呼唤能开展正常的批评和反批评。这批评不管出自何人之口,也不管来自界内界外,只要有理有据,哪怕就是尖锐些,我们也还是应该允许人家把话说出来,并且要抱着欢迎的态度,有则改之,无则加勉。

五

杨绛毕生爱好读书,在家闲暇时,她常与钱锺书各坐餐厅长桌一端,钱锺书面前高高一摞中文线装书,而杨先生面前则全是外文版书籍,夫妇俩乐此不疲神游于浩瀚书海中……

钱锺书去世后,已经九十余岁高龄的杨绛依然手不释卷,并还在孜孜笔耕不辍,仍在用双手、用生命之火的暖流回报人民,回报社会。杨绛的体形属于那种长寿型的老人,瘦小轻盈,走路不弯腰驼背,白发里还裹着些许黑发,牙齿基本完好,思维敏捷,九十多岁的高龄还在著书写作便是最好的明证。当然,人老了不免会有病来侵袭,但杨先生很注意锻炼,前些年只要天气好,她一定会出来走走。后来,杨先生不大在院子里散步了,但每天要在家里坚持走7000步。院子里的人说她能活到120岁。她听了笑笑说:"活那么久太苦了。"可见她对生死的豁达。

德国学者莫芝宜佳记得:"令我记忆犹新的是她多次背给我听的那首古老而有趣的健身'八段锦',更忘不了她'摇头摆尾去心火'地教我锻炼身体的样子。令我最钦佩的是杨绛在钱锺书最后四年生病的艰难日子里所表现出的坚强和从容。钱先生去世以后,杨绛虽精疲力竭,却差不多没有休息,就出版了钱先生的遗著。记得她在信里提过这个巨大工作。"[①]

平时,杨绛见到院子里的人时,总是笑眯眯地打招呼。她对小孩子尤为喜爱,见了孩子总会停下脚步,摸摸他们的小脸蛋,与他们玩玩。遇到院子里的绿化员工,她会提个建议,提出哪些树木的布局不够合理,相互遮挡阳光,枝叶枯萎了应当梳理。

学者毕冰宾为了了解杨绛先生在英国研读英国文学的情况,二〇〇六年三

---

① [德]莫芝宜佳:《钱锺书与杨绛二三事》,《读书》,2006年第10期。

月九日给杨绛打电话要求方便时录音采访。[①]电话里,杨绛说她已经九十六岁高龄,"我现在是个大聋子",谁来都要在耳边大声喊,她也会情不自禁大声回答,那样谈学术问题太累,身体不能承受。但毕冰宾心想,毕竟杨先生在这个年龄还在翻译写书,思维如此活跃,记忆力如此强健,表达如此流畅,连走路的步态都还么硬朗,怎能仅因为一个聋就放弃一个大好的机会记录下她的一段别人不曾关注过的经历?

所以,他一再表示,我们不对谈,只提了问题,请她小声独白,自己录音,然后整理录音即可。她说她不愿意被录音,即使录了音,也没有精力帮采访者确认录音稿。于是干脆地说那就简单聊几句吧。"我说,你听。"

杨绛说她在牛津是自费旁听,不是正式学生。但作为"补课",她跟着钱锺书读了很多英国文学作品,从古典到十九世纪的作家都读了个遍。但因为不参加考试,也不拿学位,所以就没有研究谁。也说不上特别喜欢谁。在毕冰宾的一再要求下,杨绛就举了Gorge Eliot和Jane Austen等例子,说很喜欢。特别说到Austen,塑造人物鲜活,过目不忘。为此,杨绛强调小说情节很重要,人物塑造栩栩如生,这是好小说的要素。相比之下,她不喜欢Charlotte Bronte,说Jane Eyre不是纯粹的创作,有大量个人的影子在其中。顺便说到她的《洗澡》就没有一点个人的影子,人物都是纯粹虚构。她特别让他记住,好小说一定得塑造鲜明的人物,一定要有生动的情节。

就这样,杨绛在电话里大声喊了半天,毕冰宾深怕她累病,就一再说您的这些话不录下来让读者了解太可惜了。她才妥协说,你可以写个采访提纲,"看情况可能会回答你"。没想到的是她在第二天傍晚就让家里的阿姨小吴打来电话,说可以在电话上回答问题。杨绛的声音依然那么清晰,纤柔的无锡口音普通话,柔中带刚,而且这完全不是敷衍,而是个长谈。

杨绛在电话里说道:"你说的我的小说,我是想搞创作,但那么多年也是因为觉得不配,就也没写什么。到了85岁上觉得和40多岁还差不多,还能写,才写了《洗澡》,别的没什么创作。我自己一辈子很惭愧,要做的没做成,所以就没什么可说的……"

作为中国作家协会主席,铁凝自上任以后,曾有十余次机会拜访杨绛,在她看来,"收获的是灵性与精神上的奢侈"。据她回忆:

[①] 毕冰宾:《杨绛撤消一次采访的理由》,2006年3月31日《文汇读书周报》。

二○○七年一月二十九日晚，是我第一次和杨绛先生见面。在三里河南沙沟先生家中，保姆开门后，杨绛亲自迎至客厅门口。她身穿圆领黑毛衣，锈红薄羽绒背心，藏蓝色西裤，脚上是一尘不染的黑皮鞋。她一头银发整齐地拢在耳后，皮肤是近于透明的细腻、洁净，实在不像近百岁的老人。她一身的新鲜气，笑着看着我。我有点拿不准地说：我该怎么称呼您呢？杨绛先生？杨绛奶奶？杨绛妈妈……只听杨绛先生略带顽皮地答曰："何不就叫杨绛姐姐？"

我自然不敢，但那份放松的欢悦已在心中，我和杨绛先生一同笑起来，"笑得很乐"——这是杨绛先生在散文里喜欢用的一个句子。

那一晚，杨绛先生的朴素客厅给我留下难忘印象。未经装修的水泥地面，四白落地的墙壁，靠窗一张宽大的旧书桌，桌上堆满了文稿、信函、辞典。沿墙两只罩着米色卡其布套的旧沙发，通常客人会被让在这沙发上，杨绛则坐上旁边一只更旧的软椅。我仰头看看天花板，在靠近日光灯的地方有几枚手印很是醒目。杨绛先生告诉我，那是她的手印。七十多岁时她还经常将两只凳子摞在一起，然后演杂技似的蹬到上面换灯管。那些手印就是换灯管时手扶天花板留下的。杨绛说，她是家里的修理工，并不像从前有些人认为的，是"涂脂抹粉的人""至今我连陪嫁都没有呢"。杨绛先生笑谈。后来我在一次接受媒体采访时描述过那几枚黑手印，杨绛先生读了那篇文章说："铁凝，你只有一个地方讲得不对，那不是黑手印，是白手印。"我赶紧仰头再看，果然是白手印啊。岁月已为天花板蒙上一层薄灰，手印嵌上去便成白的了。而我却想当然地认定人在劳动时留下的手印必是黑的，尽管在那晚，我明明仰望过客厅的天花板。

我喜欢听杨绛先生说话，思路清晰，语气沉稳。虽然形容自己"坐在人生的边上"，但情感和视野从未离开现实。她读美国《国家地理》，也看电视剧《还珠格格》，知道前两年走俏日本的玩偶"蒙奇奇"，还会告诉我保姆小吴从河南老家带给她的五谷杂粮，这些新鲜粮食，保证着杨绛饮食的健康。跟随钱家近二十年的小吴，悉心照料杨绛先生如家人，来自乡村的这位健康、勤勉的中年女性，家里有人在小企业就职，有人在南方打工，亦有人在大学读书，常有各种社会情状自然而然传递到杨绛这里。我跟杨绛先生开玩笑说，您才是接"地气"呢，这地气就来自小吴。杨绛先生指着小吴说:"在她面前我很乖。"小吴则说:"奶奶(小吴对杨绛先生的称呼)有时候也不乖,读书经常超时,我说也不听。"除了有时读书超时,杨绛先生起居十分规律,无论寒暑,清晨起床后必先做一套钱锺书先生所教的"八段锦",直至春天生病前,弯腰双手可轻松触地。我想起杨绛告诉我钱先生教她八段锦时的语气,极轻柔,好像钱先生就站在身后,督促她每日清晨的健身。那更是一种从未间断的想念,是爱的宗教。杨绛晚年的不幸际遇,丧女之痛和丧夫之痛,在《我们仨》里,有隐忍而克制的叙述,偶尔一个情感浓烈的句子跳出,无不令人深感钝痛。她写看到爱女将不久于人世时的心情:"我觉得我的心上给捅了一下,绽出一个血泡,像一只饱含着热泪的眼睛",送别阿圆时,"我心上盖满了一只一只饱含热泪的眼睛,这时一齐流下泪来"。但是这一切并没有摧垮杨绛,她还要"打扫现场",从"我们仨"的失散到最后相聚,杨绛先生独自一人又明澄勇敢、神清气定地走过近二十年。这是一个生命的奇迹,也是一个爱的奇迹。

我还好奇过杨绛先生为什么总戴着一块圆形大表盘的手表,显然这不是装饰。我猜测,那是她多年的习惯吧,让时间离自己近一些,或说把时间带在身边,随时提醒自己一天里要做的事。在《我们仨》中杨绛写下这样的话:"在旧社会我们是卖掉生命求生存,因为时间就是生命。"如今在家中戴着手表的百岁杨绛,让我看到了虽从容却严谨的学者风范。而小吴告诉我的,杨绛先生虽由她照顾,但至今更衣、沐浴均是独自完成,又让我感慨:杨绛先生的生命是这样清爽而有尊严。[①]

铁凝以八千余字的篇幅,缕述其与杨绛之间多年的交往,楚楚动人。

六

二〇〇七年夏天,年近期颐的杨绛推出了《走到人生边上——自问自答》一书,此书在坊间很流行。书名叫作《走到人生边上》,可是,真的走在人生边上,多少觉得有点玄乎,甚至感到不可思议。

距二〇〇三年的回忆录《我们仨》过去四年了,杨绛坚强地走了过来。这

[①] 铁凝:《"何不就叫杨绛姐姐?"——我眼中的杨绛先生》,《以蓄满泪水的双眼为耳》,北京:生活·读书·新知三联书店,生活书店出版有限公司,2016年8月第1版,第115—119页。

四年应该是老人家难过的日子，孤身一人回忆往事。她为什么要在九十六岁高龄又推出此书呢？

原来在二〇〇五年，杨绛患病住院期间，躺在病床上一直在思索《走到人生边上》这个题目。病愈回到家后好像着了魔，她给这个题目缠住了，想不通又甩不掉，然后通过读书帮助自己思索。她思路不通时换一条思路再想，这样往往一坐就是半天，能够想通一些问题。思考之余，她开始动笔。终于在两年半与老、病、忙的斗争中写成了这本书。这是杨绛以丰富人生历练的经验来书写自己的心路历程，因而全书充溢着人性的美感。书分两个部分，前面一部分是论述，后面是注释，其实是独立成篇的散文。

《走到人生边上》这个题目，一方面恰好描述了老人此时的境况，人已到了人生的尽头，在边缘处回首往事。另一方面，也回应了钱锺书当年的书名《写在人生边上》。钱锺书曾经说过，人生据说是一部大书，这本书真大！一时不易看完，就是写过的边上也还留下好多空白。① 杨绛在书中则称，自己已经"走到人生边上"，再往前走，就是"走了""去了"。她在书中，将知识分子"安身立命"的话语重新书写了一次：神和鬼的问题，人的灵魂、个性、本性，灵与肉的斗争和统一，命与天命，以及人类的文明等种种问题，融会了文学、哲学、伦理学、精神分析等学科的知识，并形成了自己的思考。老人家特有的人性的美感与知性彻悟，是人生经验的结晶，杨绛先生是用自己的亲身经历来探讨这些玄理的，所以读起来趣味盎然。

每个人迟早都要面对死亡，无论是佛教、道教，还是基督教，对于死亡都有一套自己的解释系统。《走到人生边上》可以看作杨绛对于生死，以及人的本性、灵魂等哲学命题的一次终极思考。按照她自己的说法："我试图摆脱一切成见，按照合理的规律，合乎逻辑的推理，依靠实际生活经验，自己思考。我要从平时不在意的地方，发现问题，解答问题；能证实的予以肯定，不能证实的存疑。这样一步一步自问自答，看能探索多远。好在我是一个平平常常的人，无党无派，也不是教徒，没什么条条框框阻碍我思想的自由。而我所想的，只是浅显的事，不是专门之学，普通人都明白。我正站在人生的边缘上，向后看看，也向前看看。向后看，我已经活了一辈子，人生一世，为的是什么呢？我要探索人生的价值。向前看呢，我再往前去，就什么都没有了吗？当然，我的

---

① 钱锺书：《走到人生边上 人生边上的边上 石语》，北京：生活·读书·新知三联书店，2002年10月第1版，第7页。

躯体火化了，没有了，我的灵魂呢？灵魂也没有了吗？有人说，灵魂来处来，去处去。哪儿来的？又回哪儿去呢？说这话的，是意味着灵魂是上帝给的，死了又回到上帝那儿去。可是上帝存在吗？灵魂不死吗？"①所以，摆脱了羁绊和束缚的杨绛先生，在书中更多的体现的是个人的感悟。唯其此，尤为可亲。但是，《走到人生边上》的前半部，让人看着心疼。老人家九十多岁，快到生命的尽头，还思考人生的意义，生命的本源，而且一丝不苟，还极认真地反思自己年轻时的过错。

《走到人生边上》与人们的思考逻辑大异其趣，一些流传于民间的口口相传的故事，被杨绛从记忆的深渊和生活的隐秘所在发掘了出来，诸如老农讲述的"鬼打墙"，杨绛自己到过的凶宅……杨绛先生的父亲不信鬼，钱锺书先生和他们的女儿从来不怕鬼，但杨先生从小就怕鬼，住在清华园的时候，家人把清华几处众人说鬼的地方瞒着她，免她害怕。后来，搬进城里才告诉她。杨绛先生说："我知道了非常惊奇，因为凡是我感到害怕的地方，就是传说有鬼的地方。"从她家到温德先生寓所要经过横搭在小沟上的一条石板，有一天晚上，杨绛先生独自一人经过，却怎么也不敢过那条石板，三次鼓足勇气想冲过去，却像遇到"鬼打墙"似的，感到前面一片黑气阻止她前行，只好退回家。后来才知道那是当年日寇屠杀大批战士和老百姓的地方。

除此之外，杨绛还引用了孔子对"神鬼"的看法，以及古书记载，据此推断"谁也不能证实人世间没有鬼"。"我本人只是怕鬼，并不敢断言自己害怕的是否实在，也许我只是迷信。但是我相信，我们不能因为看不见而断为不存在。这话该不属迷信吧？"②不过，杨绛并不悲观，她从万物之灵的角度为人类和人类文明及其价值进行了肯定，并提出人需要锻炼和修身，继而追问人生的价值。

《走到人生边上——自问自答》的后面一部分由多篇散文构成，延续了杨绛一贯的文字风格，明白如话地回忆一些往事，讲讲听来的故事，说一点孔子的逸闻。书中引得最多的是《论语》，杨绛对《论语》有很独特的见解。她说《论语》最有趣，"读《论语》，读的是一句一句话，看见的却是一个一个人，书里的一个个弟子，都是活生生的，一人一个样儿，各不相同"。杨绛提到了钱锺书和自己都认为，孔子最喜欢的弟子是子路而不是颜回，最不喜欢的是不懂装懂、

---

① 杨绛：《走到人生边上——自问自答》，北京：商务印书馆，2007年8月第1版，第15页。
② 杨绛：《走到人生边上——自问自答》，北京：商务印书馆，2007年8月第1版，第22页。

大胆胡说的宰予等一些新鲜的论点。据《论语趣》披露，钱锺书曾对杨绛说："你觉得吗？孔子最喜欢子路。"①杨绛也有同感，孔子最爱重颜渊，偏宠的却是子路。子路聪明有才能，对孔子最忠诚，经常在孔子身边，为人言行最为真率。孔子常常不由自主地称赞他，但批评起来也毫不客气，不像对其他弟子那样总是很有礼。

杨绛和钱锺书是两位性情豁达的老人，即使在最困难的时候也保有一份对生活的童心。这本书，仍然是这样，和杨绛以前的文字一样，平实沉着。比如《阿菊》那篇，写到家里厨房着火了，火苗快到屋顶，形势危急。火灭了后，一家人仍能有说有笑坐下来吃饭。

与《我们仨》相比，《走到人生边上——自问自答》中牵涉钱锺书的内容比较少，有的是她家相貌丑陋的阿姨、和名妓谈恋爱的三叔、爬树抓猫的老先生、劳神父、乞丐、闹鬼、窗外筑巢但死了子女的一对喜鹊……总体来说，笼罩全书的思想大概就是对鬼神、灵魂半信半疑，但倾向于信，劝人为善，要培育"灵性良心"，做一个生命有价值的人。杨绛先生在书中以一个司机相隔十年把捡来的四万元钱交给公安局作结，用此一例证再次说明了"灵性良心"的现实存在。她说得好："良心出自人的本性，除非自欺欺人，良心是压不灭的。"②与人为善的人性的美感，是永存的。

杨绛的文学语言的成功是有目共睹的，她在《走到人生边上——自问自答》中运用淡定简洁的语言，看起来平平淡淡，无阴无晴。然而，平淡不是贫乏，阴晴隐于其中，经过漂洗的苦心经营的朴素中，有着本色的绚烂华丽。干净明晰的语言在杨绛笔下变得有巨大的表现力。

《走到人生边上——自问自答》在杨绛晚年创作中具有突出地位："如果说《我们仨》以及《钱锺书手稿集》是为女儿和丈夫'打扫战场'的话，那么《走到人生边上》也可以看作是她为自己'打扫战场'，更确切地说，她要为自己的人生画上一个圆满的句号。在她看来，这个圆满的句号只有一种画法，即把自己百余年的人生感悟，无论是参透的还是未参透的，以文字的形式留给后人、后世，以期对后人、后世有所教寓。"③而杨绛所谓的"打扫战场"既体现出她对家庭的爱与责任，更体现出她对民族、国家以至人类的爱与责任。这么说一点

---

① 杨绛：《走到人生边上——自问自答》，北京：商务印书馆，2007年8月第1版，第135页。
② 杨绛：《走到人生边上——自问自答》，北京：商务印书馆，2007年8月第1版，第191页。
③ 于殿利：《为家人"打扫战场"为人类传承智慧》，《光明日报》，2017年5月25日。

儿也不为过，因为她所"打扫战场"之"战利品"，其价值不是对他们的家庭有益，而是对民族与国家乃至全人类有益。

耄耋之年的杨绛为了写《走到人生边上——自问自答》，找了很多参考书，有以前读过的，如《四书》《圣经》《伦理学》《管锥编》，有以前从未读过的，如美国白璧德的作品、法国布尔热的《死亡的意义》。书里还引到一些图书报刊，都是那些年新出版的，如中国电影出版社二〇〇五年出版的《弗洛伊德的智慧》以及《读书》二〇〇五年第三期、美国《国家地理》杂志二〇〇五年第三期，提到的报纸有两种：《文汇报》（二〇〇六年十月十八日）和《新民晚报》（二〇〇六年五月二十四日）。这样一位老人，如此读书看报，真应了一句老话："活到老，学到老。"她老而不休，笔耕不辍，令人肃然起敬。

二〇〇八年七月十七日，是杨绛先生九十八岁诞辰。据说那天，各路媒体记者纷纷打电话到杨绛寓所，要求采访。杨绛向来喜欢清静，挚友吴学昭女士负责挡驾。

笔者在上海致电杨绛先生，我在电话中向她老人家表示了由衷的祝贺，她连声致谢。

二〇〇九年，杨绛已近百岁高龄，颇多不便，钟叔河邀请她为书作序，杨绛想起之前钱锺书主动作序的往事，欣然提笔，她说："反正我实事求是，只为这部合集说几句恰如其分的话。《念楼学短》合集，选题好，翻译的白话好，注释好，批语好，读了能增广学识，读来又趣味无穷。不信，只要试读一篇两篇，就知此言不虚。"

曾有读者评论说："小时候妈妈给我买过全套《念楼学短》，读完后，说话也自带文采，每次写作文引经据典，拿满分是常有的事。"

《念楼学短》共收530篇短文，分为53项主题，涵盖四书五经、笔记小说、序文题跋、文论诗话、名人酬唱……

这套书囊括了古文的许多经典之作和主要文体，让你从中全面了解古文的面貌，原来古文不只是课本中学到的种种气势宏大的议论文，还有幽默风趣的故事、带着生活气息的信件和日记，从这些古文中了解一个更加真实的古代。

二〇一〇年七月，北京：生活·读书·新知三联书店出版了杨绛的《杂写与杂忆》（增订本），该书初版选收了杨绛怀人忆旧的文章三十余篇，这次增订本新增了二十余篇文章，多为作者九十高龄以后所写。

二〇一〇年是杨绛的丈夫钱锺书一百周年诞辰。当年十一月九日，钱锺书、杨绛所在的中国社会科学院召开了"钱锺书先生一百周年诞辰学术研讨会",深切缅怀钱锺书对中国文化作出的杰出贡献。时任全国政协副主席、党组书记、院长陈奎元出席研讨会,并在此前为新近出版的《钱锺书先生百年诞辰纪念文集》题写了出版感言:"若非学业精诚至,焉得大师天上来。"

作为纪念钱锺书百年诞辰的重要议程之一,根据杨绛的提议,中国社科院成立了由原副院长丁伟志担任主编的编辑委员会,成员有黄浩涛、邓绍基、刘世德、杨义、陈众议、刘跃进、朱渊寿,编辑出版了《钱锺书先生百年诞辰纪念文集》,已由北京:生活·读书·新知三联书店和香港牛津出版社分别出版简体字版和繁体字版。

据主编丁伟志介绍,汇集钱锺书著作的研究者及亲朋好友等撰写纪念文章的约稿函,是春节以后发出的。在很短时间内,编委会就陆续收到稿件五十余篇。年届八旬的丁伟志冒着酷暑审读全部稿件,提出修改意见,再呈已近百岁的杨绛过目定夺。全书共分四辑,第一辑是对钱锺书学术思想的宏观论述;第二、三辑是钱锺书的同事、学生及亲朋好友等的回忆文章,从各自不同的角度讲述他们眼中的钱锺书;第四辑多是对钱锺书学术专著的研究。

七

《杨绛全集》(第三卷)收录了题为《请别拿我做广告》的文章,文前有一段《编者的话》[①]:"本报三月二十六日《阅读周刊》刊出的《〈一代才子钱锺书〉再版,九旬杨绛含泪增补家事感人至深》,系根据出版社提供的宣传材料改写,未向杨绛先生本人核对。文章见报后接到杨先生致电,认为有些内容不实,为此她专门给本报撰写了一篇短文表明自己的态度。现将杨绛先生的意见和文章一并照登在此,并对杨绛先生及读者表示深深的歉意。"杨绛在文章中指出:

> 我近年闭门谢客,因来日无多,还有许多事要做呢。记者采访也一概辞谢。今年二月十八日忽见上海《文汇读书周报》二月十六日头版头条大

---

① 杨绛:《请别拿我做广告》,《中国青年报》,2007年4月2日。此《编者的话》系《中国青年报》编者所写,非出版《杨绛全集》的人民文学出版社编者。

篇幅报道《杨绛谈热门题材"钱锺书",亲自校订〈第一才子钱锺书〉①但不写序言》,令我震惊。我从未见过那位记者,电话都没通过。不知这份报道从何而来。我于当日致电该报郑重声明"我从来没有向任何记者谈热门题材'钱锺书',我也从未亲自校订《第一才子钱锺书》",要求该报刊出更正声明,并向我和读者道歉。据该报记者称,他是根据出版社提供的宣传材料"改编"的。

不知该报出于何种考虑,将更正声明改为"启事",以细字小幅于二〇〇七年三月二日在该报二版右下角1.5方寸面积刊出,若非仔细查找,很难发现,一些收到出版社同样宣传材料的其他媒体未能引以为鉴,继续拿我为该书做广告,忽而"含泪",忽而"含笑","亲自校订","精心修改",反复炒作。

出版社要卖书,做广告可以理解,但在未征得本人同意的情况下,强加于人,做不实的宣传,不仅是对当事人的不尊重,对读者也有欺骗之嫌。

我希望当今这个商业化的社会,不要唯利是图,在牟取利益的时候,还要讲点道义和良心。②

在杨绛的这篇文章下面,附有一段用括号标出的仿宋体文字,称:"说明:本文原载二〇〇七年四月二日《中国青年报》,作者就该报同年三月二十六日刊出的《〈一代才子钱锺书〉再版》一文内容不实而写。按语为《中国青年报》编者所作。此次原样收入《杨绛全集》,是对出版该书的上海人民出版社和相关报纸不实报道的警示,同时也对《中国青年报》的真诚致歉以表谢意。——本书编者"③

《一代才子钱锺书》一书系美国纽约大学历史学博士汤晏所著。汤氏"钱迷"五十年,收集史料二十年,因其浸淫深、查证详、用力勤,遂使该书成为比较详尽的一部"钱传"。书中披露一些钱锺书全家鲜为人知的珍闻,如"杨绛对女儿恋爱观念的教诲""钱瑗病逝之时,钱、杨二老饱受打击的情形""钱锺书对冯友兰的批评""杨绛对清华女生的感觉"等,引来关注,当是题中应有之义。

---

① 杨绛这里所谓《第一才子钱锺书》书名系台湾地区版,大陆版书名改为《一代才子钱锺书》,由一石文化策划,上海:上海人民出版社,2005年5月出版。
② 《杨绛全集》(第三卷),北京:人民文学出版社,2014年8月第1版,第383—384页。
③ 《杨绛全集》(第三卷),北京:人民文学出版社,2014年8月第1版,第384页。

汤晏在撰写过程中,曾与钱锺书本人通过信,更曾多次致信杨绛。透过这些书信,杨绛起先对汤晏的创作,还是理解配合的,她不是说过,汤晏孜孜不倦为钱锺书写传,"不采用无根据的传闻,不凭'想当然'的推理来断定过去,力求历史的真实,不惮其烦地老远一次次来信问我,不敢强不知以为知。我很佩服这种精神"。

但是,当出版社重版汤晏的钱锺书传记时,借了书中修订的内容说事,说是"杨绛先生含泪亲笔删改"云云,惹得杨绛怒而声明不是事实。也许正是出于这种考虑,杨绛才会说,"有她为我作传,胡说乱道之辈就有所避忌了"[1]。

当然,这些都是杨绛的一面之词。

作者汤晏自二十世纪四十年代末开始接触钱锺书的作品并成为"钱迷"。二十世纪七十年代末在美国和钱锺书相识后,与钱锺书、杨绛夫妇通信联系20多年,收集了大量有关钱锺书的资料。

汤晏表示,写钱锺书传不好下笔。其一,钱锺书很少谈他自己,像福克纳一样对自己的私人生活守口如瓶。钱锺书晚年避居北京三里河,闭门谢客,世人难得一见。杨绛在《记钱锺书与〈围城〉》一书中更有记载:"一次我听他在电话里对一位求见的英国女士说:'假如你吃了个鸡蛋觉得不错,何必认识那下蛋的母鸡?'"钱锺书一生没有留下自传,认为自传都是别传,不真实,因此谈论自己的文字也极少。

其二,钱锺书出版的书照西洋标准不算多,算不上"著作等身",但他学贯中西、博古通今、思想敏锐,尤好讽世,所以有些话虽然他说得平淡无奇,却发人深省。

但是,汤晏又认同学者胡适的观点"传记文学写得好,必须能够没有忌讳,忌讳太多了,顾虑太多,就没有法子写可靠的生动的传记了"。

汤晏在自序中表示,他在写作钱锺书传记的时候以英国维多利亚时代的名相迪斯雷利(Benjamin Disraeli,1804—1881)话为鉴戒。迪斯雷利曾叫人多读历史少读传记,他说传记大多虚实参半——不是夸大就是失实,过犹不及。因此,"我写这部传记是本着两个原则:取材严谨,行文简洁"。

为了了解汤晏著《一代才子钱锺书》的成书过程,笔者特地采访了时任上海人民出版社总编辑的李伟国[2]。

---

[1] 杨绛:《杨绛全集》(第二卷),北京:人民文学出版社,2014年8月第1版,第324—325页。
[2] 2016年8月31日电话采访李伟国先生。

据李伟国介绍，《一代才子钱锺书》最早在中国台北时报出版公司出版的时候，原名为《民国第一才子钱锺书》，作者在该书的撰写过程中，曾与钱锺书本人通过信，更曾多次致信杨绛，希望杨绛能为该书作序。

二〇〇一年十月二十八日，杨绛回信，对汤晏的写作给予了肯定，称赞他"不采用无根据的传闻，不凭'想当然'的推理来断定过去，力求历史的真实，不惮其烦地老远一次次来信问我，不敢强不知以为知"。杨绛对作者的认真精神表示佩服，但是，她以"未能从头至尾细读原稿，对于您所采用的某些资料是否可靠，我不知道"为由，婉拒了写序之请。现在，《杨绛全集》载有一封杨绛的复函：

汤晏先生：

昨天收到您十月十五、十六日二信及附件，谢谢！您的《钱锺书传》快要出版了，我向您贺喜。您孜孜矻矻为他写传，不采用无根据的传闻，不凭"想当然"的推理来断定过去，力求历史的真实；遇到不确切的事，不惮其烦地老远一次次来信问我，不敢强不知以为知。我很佩服您这种精神。但是，我只对您提出的问题作了答复，却未能从头至尾细读原稿；对于您所采用的某些资料是否可靠，我不知道。所以，我不敢应命为您写序。而且您和我的观点也不相同。钱锺书不愿去父母之邦，有几个原因。一个重要的原因是他深爱祖国的语言——他的mother tongue，他不愿用外文创作。假如他不得已而只能寄居国外，他首先就得谋求合适的职业来维持生计。他必需付出大部分时间保住职业，以图生存。凭他的才学，他准会挤出时间，配合职业，用外文写出几部有关中外文化的著作。但是《百合心》是不会写下去了。《槐聚诗存》也没有了。《宋诗选注》也没有了。《管锥编》也没有了。当时《宋诗选注》受到"批判"，钱锺书并没有"痛心疾首"。因为他知道自己是一个"旧知识分子"。他尽本分完成了一件工作，并不指望赞誉。赞誉会带来批判。批判多半是废话。废话并不能废掉他的成果。所以他心情很平静，还只顾补充他的《宋诗纪事补正》呢。这部书不久就要出版，有十多本。他的读书笔记和心得，作为《钱锺书手稿集》，已交商务印书馆扫描印行，明年年底也可出版，大约有十大本。此外，我也许还能为他整理出一些作品。但是钱锺书在创作方面，的确没能够充分发挥他的才华。"发短心长"，千古伤心事，不独钱锺书的创作。您的设想属浪漫派,我的设想较现实。反正同是设想而已。我耄耋之年,没力量为您写序很抱歉,只好写封信谢谢您对钱锺书的器重,也谢谢您对我的信任。祝愿您的书有许多许多读者。

杨绛谨上
二〇〇一年十月二十八日①

二〇〇五年六月,由出版人董秀玉策划,上海人民出版社出版该书的简体本,更名为《一代才子钱锺书》。据李伟国回忆,初版刚面世时,他有机会拜访了杨绛。那是一栋位于北京西城区三里河的二十世纪的老式住宅,家中的陈设简朴而温馨,充溢着书香。当时95岁的杨绛,清爽、矫健,记忆清晰、谈吐高雅。杨绛边翻书边说:"书印得很好,照片比别的书清晰。有些事不确切。如说钱锺书骄傲,不愿意留清华云云,是某些人捏造的。说清华学生时髦,也不对。上海学生有上海学生的时髦,苏州学生有苏州学生的时髦,燕京学生时髦,清华学生朴实,什么衣服都可以穿。这部书我要读一遍,改一改再重印。"

说话间,杨绛出示吴泰昌著《我认识的钱锺书》和陈子谦著《论钱锺书》,"这是写'认识的'或是'论',是他们的角度,'传'就不同了"。最后,她说:"现在写钱锺书的人很多,这是一个热门题材。汤先生过去只是来信问问题,我一一回答,邮票贴了不少,现在要全部看一遍才能重印。"出版社表示"谨遵命"。

过了一段时间,根据杨绛的批注及其他方面的意见,校订稿很快整理出来了,重版的《一代才子钱锺书》就是以此为基础印刷的。李伟国告诉我,他手头至今仍然保留着经杨绛修改过的原始稿子。

李伟国也是一位历史学家,他除了当时担任上海人民出版社总编辑外,还任中国辞书学会顾问、上海历史学会副会长,曾获国务院特殊津贴,并获全国"百佳"出版工作者、上海出版人银奖、中国出版韬奋奖等。他当年曾撰文介绍杨绛对该书修改的情况:

初版原有:"可是杨绛初到清华觉得清华女生很洋气,但她很快就适

---

① 杨绛:《杨绛全集》(第三卷),北京:人民文学出版社,2014年8月第1版,第314—315页。

应了。"此次被删,因为杨绛认为这不是事实。又关于钱锺书对冯友兰的批评……,也被删去,凡大家都是宽厚的。对于初版叙述钱、杨的女儿钱瑗病逝之时,钱锺书正缠绵病榻,二老饱受打击的情形,杨绛又含泪做了精心修改,十分感人。

  杨绛还根据自己的亲身经历,为此书补充了不少珍闻。如叙钱、杨热恋中,钱父擅自折阅杨绛的信,并直接写了一封信给杨绛,郑重其事地把儿子托付给她之事,杨绛作了一大段补充。叙钱、杨举行婚礼,杨绛的三姑母杨荫榆衣纯白而麻织,似吊丧,宾客诧异。杨绛解释说:"三姑母已多年不置新衣,七八年前很帅的服装已经不入时了。"三姑母固然特异,新人却很是通达。

  此书的初版早已售罄,根据杨绛的意见修订的第二版也已出版,相信这篇小文,足可告慰热爱钱锺书夫妇的作者。①

  现在看来,出版社还是非常尊重杨绛的意见,重版的《一代才子钱锺书》是根据杨绛提出的修改意见出版的。至于杨绛究竟是"含泪",还是"含笑"修改,那只有杨绛本人清楚,不用别人称一词。

  现代社会实行市场经济,图书也有商品属性,出版社为了营销,作图书广告,合情合理。杨绛提出,"请别拿我做广告"。做广告应该是允许的,倘若广告内容失实,则另当别论。我们崇尚清高,然而,过度清高必然走向它的反面。

  在这场风波中,W也没有闲着,充当了"马前卒"的角色。W通过电话与李伟国先生反复纠缠,又向刊登书讯的上海《文汇读书周报》发难,骂得时任主编汪乐春一脸"狗血"。

---

① 李伟国:《面见杨绛,〈一代才子钱锺书〉成书过程》,《大众日报》,2007年3月22日。该文发表时,前有编者按:这可能是迄今为止最冷静,也是最好看的钱锺书传。2002年以《民国第一才子钱锺书》为名由台北时报出版公司出版时,极受赞誉。作者汤晏先生毕业于台湾大学,后留学美国,获纽约大学历史学博士学位。他对钱锺书佩服得五体投地,几乎读遍海内外所有有关钱锺书的著作,但并不表示他在这本传记中一味追捧钱先生。全书最精彩之处在于,作者对钱锺书生平细节的谨慎处理,对每一材料、评语,几乎都细心考证,这使得这部传记体例相当规范,注释精当,也很有可读性。从书中大量引用夏志清先生未刊稿及钱夏二人的通信可以看出,作者充分利用在美的优势,得到了许多在美前辈学者,尤其是与钱锺书通信颇多的夏志清先生的帮助。

八

前面提到,杨绛晚年深居简出,闭门谢客,出面请人吃饭,更是稀罕的事情。据说,杨绛临终前几年请人家吃饭就两次,一次是亲家母,另一次就是中国台湾地区学者汪荣祖。而汪氏与钱锺书先生的交往,早在改革开放之初。汪荣祖忆述称:"我到上海之前,美国科学院给我买的机票是到北京,然后再从北京坐火车到上海。此前我就跟钱锺书先生通信,来之前我就先告诉了他要来大陆的消息。那时候北京少见高楼,我到北京后住在宣武门的向阳宾馆,半夜抵达宾馆的时候,宾馆大门口有几个人坐在地上下棋。第二天清早,我叫出租车直奔三里河去见钱先生,车资六元。钱先生开门一看是我,很惊讶,后来我才知道当时外宾不可以随便串门子,需要预先通过外办联系才行,但钱先生很热情,我们聊得很开心,杨绛先生也在座。"①

后来,汪荣祖又到北京去,见了钱锺书两次,曾提起希望能够写他。他说向来不喜欢别人写他,但是后来他居然说不反对汪荣祖写,心甚感之。但以钱锺书的博学,要写他并不容易,直到二〇一四年汪荣祖才在台大出版社出版了《槐聚心史:钱锺书的自我及其微世界》。其中的材料就是汪荣祖与钱锺书四次聚谈以及内容丰富的通信。

钱锺书过世以后,汪荣祖跟杨绛还见过好几次面。后来,香港曾有人把钱锺书的信拿出来拍卖,杨绛很生气,打上官司,获得胜诉。此后杨绛对别人用钱锺书的信,十分敏感。汪荣祖的这本书在中国台湾地区出版之后,立即寄一本给杨绛,她见到书中用到钱锺书的信,写了一封回信。对此,汪荣祖介绍说:

> 她以前都是亲笔写的,这次是打印的,我想她不会打字,大概是请人帮忙代打的。她说我在书中用了钱先生的信,但信的所有权归写信人,不是受信人。另外,我在书里还有一张两老坐在客厅的照片,那张照片是我所拍,因为我注意到照片有版权,以为应该不会有侵权的问题,哪知她认为有侵犯肖像权之嫌。我很感意外,也深感不安。幸而我曾写信向杨先生报告过,我写钱先生传记要用钱先生的信,并且把七十几封钱函全部复印一份寄给了她,请她看看有哪些不能用,她回信说由我自己决定,等于得

---

① 引自陈菁霞《汪荣祖:读史治史60年》,《中华读书报》,2019年9月4日。

到她的授权。然见到打印函用词严厉,我怕吃上官司,特意咨询了我的律师,律师说信件的所有权的确是写信人所有,但既有杨先生的授权信,可以无虞,至于肖像权,名人不在其列,钱杨两位无疑是大名人。

我觉得杨先生过于保护钱先生,其实钱先生幽默风趣、直白无忌,往往一针见血,令人击掌,并无伤大雅,何必隐饰?钱先生一九九八年过世后,杨先生一个人生活了将近10年,她帮钱先生做了很多事情,甚至把钱先生的大量笔记整理出版。我觉得那些笔记钱先生生前绝无意出版。他的《管锥编》就是根据大量笔记写出,精华既出,何必留下已经用过的素材?甚至有被有心人在笔记里挑毛病的余地,反而有违杨先生保护钱先生的初衷。

另外有一件事,我一直觉得很可惜。我第一次到大陆时,陈寅恪的《柳如是别传》出版不久,我马上买了一套。我到钱先生家,他把《柳如是别传》给我看。我一看,里面有密密麻麻的批注。我当时脱口说已经买了,一出门想想不对,那批注何等珍贵!我回到上海写信给他,说想看看他的批注。他说本来是要送给你的,但刚好有人借去了。过了很久之后,钱先生写信说对方已经还了,但我一直没有拿到书。钱先生过世后,我还问过杨先生,当时吴学昭女士接口说,早已烧掉了!岂不太可惜了?①

其实,类似汪荣祖碰到的事情,还有不少。杨绛去世前,经她亲手,便销毁她认为不妥、不愿示人的众多材料。据《杨绛:永远的女先生》一书称:"为保护自己及他人隐私,她亲手毁了写了多年的日记,毁了许多友人来信;仅留下'实在舍不得下手'的极小部分。"②无独有偶,在杨绛之前,法国著名思想家米歇尔·福柯在生前也是毫不留情地销毁了大量个人文件,据美国新社会研究学院政治学教授詹姆斯·米勒在《福柯的生死爱欲》中披露:"福柯在一九八四年去世之前,曾销毁了大量的个人文件。在遗嘱里,他还禁止在他死后发表一切他无意中留存下来的文稿。"③

作家与学者焚毁自己文字,当然有自己的缘由和权利,读者应该理解亦当予以尊重,只是十分惋惜。

其实,也没有什么"可惜",只要当事人乐意,毋庸他人赞一词。

---

① 陈菁霞:《汪荣祖:读史治史60年》,《中华读书报》,2019年9月4日。
② 周绚隆主编:《杨绛,永远的女先生》,北京:人民文学出版社,2016年12月第1版,第181页。
③ 詹姆斯·米勒:《福柯的生死爱欲》,上海:上海人民出版社,2005年5月第1版,第2页。

九

王燕发表在《当代作家评论》二〇一〇年第六期的一篇论文《杨绛的寂寞与高贵》称:"杨绛是个多面手,剧本、小说、文论、散文、译作均有涉猎,且颇受读者推崇。但从评价话语体系勘探,尤其是从文学史考量,杨绛是寂寞的。二十世纪八十年代以前的文学史(如一九五五年作家出版社出版的丁易著《中国现代文学史略》,一九六二年吉林大学中文系中国现代文学史教材编写组撰写的《中国现代文学史》)均没有提及杨绛。一九八〇年重写文学史,在二十世纪八十年代之前出版的文学史还是不提杨绛。世纪之交,杨绛才开始在老年散文创作群体里占据一席之地(如一九九六年北京师范大学出版的刘锡庆的《新中国文学史略》、一九九九年北京大学出版社出版的洪子诚《中国当代文学史》和一九九九年高等教育出版社出版的朱栋霖、丁帆、朱晓进主编《中国现代文学史(一九一七——一九九七)》)。进入二十一世纪,杨绛研究虽然逐渐增多,文学史对其评价也日渐升温,比如凌宇肯定杨绛二十世纪四十年代的喜剧对市民文化的讽刺,刘勇挖掘杨绛散文"超然体悟世俗人生"的独特韵味,德国汉学家顾彬所谓"翻译家杨绛"写散文"语言波澜不惊、无怨无悔"①。此外,还有学者针对她的小说、散文或戏剧做过专题研究,如杨义、敏泽、张健等人。但总体上看,对杨绛的创作综合研究和梳理,大多是局部评论和研究。目前,只有孔庆茂的《杨绛评传》(华夏出版社一九九八)和罗银胜的《杨绛传》(文化艺术出版社二〇〇五),相对兼顾全面。这些情况,充分说明当代文坛对杨绛的文学贡献已有所关注,但仍未能给予她完整充分的评价。

王燕的这篇文章,对当今杨绛研究的综述或述评概括,堪称比较全面。然而,百密难免一疏。比如著名文学史家唐弢(1913—1992),曾在二十世纪八十年代后期提出,"现代文学的研究范围应当放大一些",他特别指出,"尤其是政治倾向进步,艺术风格非常显著"的一些作家,包括"剧作方面的宋春舫、杨绛","还没有引起现代文学研究者足够的注意,更是我们这一代人的疏忽,下

---

① 顾彬的原话为:"无怨无恨",见[德]顾彬《二十世纪中国文学史》,范劲等译,上海:华东师范大学出版社,2008年9月第1版,第314页。

一辈人的任务"①,在他主编的《中国现代文学史简编》里,对杨绛戏剧作了如下评价:"作家善于抓住日常生活中的矛盾冲突,描写世态,鞭辟入里。而语言幽默,含着眼泪微笑,富有个人的艺术风格,不仅在当时是佳作,即使在中国话剧史上,也是不可多得的杰作。"②

这也许是最早见诸文学史书的关于杨绛的评论文字,虽然还只是这样短短的几句话,但公正中肯的评价,已给读者和研究者带来了有益的启示。

还需要补充的是,仅就针对杨绛创作于二十世纪四十年代的戏剧所展开的研究而言,除了前面提及的柯灵的《"衣带渐宽终不悔"——上海沦陷期间戏剧文学管窥》(《柯灵文集》(第三卷),上海:文汇出版社2001年7月第1版)、孔海珠的《杨绛的两个剧本和孔另境主编的〈剧本丛刊〉》(2020年2月17日《文汇报》)等之外,下面几篇文献值得注意:庄浩然的《论杨绛喜剧的外来影响和民族风格》[《福建师范大学学报(哲学社会科学版)1986年第1期》]、张静河的《并峙于黑暗王国中的喜剧双峰——论抗战时期李健吾、杨绛的喜剧创作》[《戏剧》1988年秋季号]、黄万华的《杨绛喜剧:学者的"粗俗"创作》[《新文学研究》1994年第3期]、万莲子的《乱世情怀的文化发现——论张爱玲与杨绛在沦陷区上海的创作》[《云梦学刊》1996年第3期]、胡德才的《"替沉闷的人生透一口气"——论杨绛和她的喜剧创作》[《湖北三峡学院学报(社会科学版)》1996年第18卷第4期]、张健的《论杨绛的喜剧——兼谈中国现代幽默喜剧的世态化》[《华中师范大学学报(人文社会科学版)》1999年第38卷第3期]、黄树红、翟大炳的《杨绛世态人情喜剧与意义的重新发现——谈〈称心如意〉〈弄真成假〉的文学史价值》(《广东教育学院学报》2001年第1期)、马俊山的《重返市民社会建设市民戏剧——论40年代的话剧创作》(《中国现代文学研究丛刊》2003年第2期)、敖慧仙的《谈杨绛的喜剧〈称心如意〉的高潮设计》(《戏剧文学》2006年第12期),以及杨扬的《杨绛喜剧艺术论》(安徽大学2004年硕士论文)。其中,庄浩然和张静河两人的论文还被收入了田蕙兰等选编的《钱锺书杨绛研究资料集》。

这些论文就杨绛的戏剧创作进行了深入的研究,包括外来影响、文化意蕴、创作手法等。如庄浩然的《论杨绛喜剧的外来影响和民族风格》是国内二十世

---

① 唐弢:《由现代文学博士研究生试题想起的事》,见氏著《西方影响与民族风格》,北京:人民文学出版社,1989年12月第1版,第404页。

② 唐弢主编:《中国现代文学史简编》,北京:人民文学出版社,1984年3月第1版,第437页。

纪八十年代最早专门研究杨绛喜剧的论文，该文最早把杨绛喜剧定位为风俗喜剧，从艺术内容和艺术形式两方面分析了杨绛的喜剧，认为她在题材内容和思想观点上借鉴了外国风俗喜剧，尤其受到俄国十九世纪风俗喜剧的影响，在情节结构、表现手法和语言风格上，结合了外国流浪汉小说、风俗喜剧与本民族传统戏剧的特点，该文提出了不少独创性的见解，但由于写作时间较早，没有脱离传统的社会学批评模式，因此一些观点都带有社会存在决定社会意识的僵化印记。①

张静河的《并峙于黑暗王国中的喜剧双峰——论抗战时期李健吾、杨绛的喜剧创作》一文从题材内容、喜剧情境和语言风格三方面将杨绛与李健吾两位戏剧家在抗战时期的创作进行了比较，认为杨绛的喜剧描绘的是小市民阶层青年生活为中心的都市风俗画，而李健吾则是表现农村世态风俗。就喜剧情境而言，杨绛善于设置和运用喜剧情境，在浓郁的喜剧氛围中平静地讲述青年男女的生活际遇，而李健吾擅长于通过简单的情节纠葛产生强烈的喜剧性。在语言风格方面，杨绛借个性化的语言构成喜剧冲突、突出人物性格，人物语言符合身份，而李健吾喜剧语言俗白、厚实、风趣、亲切，体现了明丽洒脱的乡土风貌。该文的结论是杨绛和李健吾的喜剧一洋一土，各具风采。对作家进行比较分析的立意不错，但由于写作时间较早，展开的力度和幅度不够。随着时代的发展及现代文学研究视野的开阔，杨绛喜剧的研究逐渐摆脱了僵化的社会学批评模式，开始往杨绛喜剧创作的深层意蕴和文化品格着力，研究视角逐渐从剧作的形式转向文本内涵。其中关于杨绛喜剧与上海城市文化的关系，引起关注。②

胡德才在《"替沉闷的人生透一口气"——论杨绛和她的喜剧创作》中分析了杨绛的人生哲学对于其创作的影响、杨绛二十世纪四十年代创作喜剧时的心态与当时时代背景的关系，他将杨绛的喜剧创作放到了当时的社会大环境中，注意到了杨绛所持有的人生哲学和其喜剧创作特质的因果关系，以历史为纵坐

---

① 庄浩然：《论杨绛喜剧的外来影响和民族风格》，《福建师范大学学报》（哲学社会科学版），1986年第1期。又载田蕙兰、马光裕、陈珂玉选编《钱锺书杨绛研究资料集》，武汉：华中师范大学出版社，1997年1月第2版，第664—677页；刘婧婧编：《杨绛研究资料》，南昌：百花洲文艺出版社，2019年1月第1版，第1—13页。

② 张静河：《并峙于黑暗王国中的喜剧双峰——论抗战时期李健吾、杨绛的喜剧创作》，《戏剧》，1988年秋季号总第49期。又载田蕙兰、马光裕、陈珂玉选编《钱锺书杨绛研究资料集》，武汉：华中师范大学出版社，1997年1月第2版，第677—691页。

标,以主客观因素为横坐标,对杨绛的两部喜剧进行了文本外围的研究。①

张健的《论杨绛的喜剧——兼谈中国现代幽默喜剧的世态化》一文,将杨绛的喜剧放到中国现代幽默喜剧的大背景下进行考察,认为杨绛的喜剧为世态化的幽默喜剧,题材上偏向日常生活的描写,人物塑造上体现出形象的普通化,体现了剧作家对于"真实"的追求,另外还论及杨绛的剧作在结构艺术上的新发展,因而最终的结论是杨绛的喜剧代表了中国现代幽默喜剧常态化的成熟标志。②

杨颖的《上海城市文化与杨绛的喜剧创作》一文,分析杨绛的喜剧与上海城市文化之间的关系,从三个方面入手:一是上海城市文化影响了杨绛喜剧的题材与主题,在新旧冲突、华洋并存的上海二十世纪四十年代城市文化下,杨绛的喜剧主要表现了个人与家庭伦理的冲突;二是剧中的人物皆带有城市文化的"混血"印记;三是在结构特征上也体现了不同文化性格的冲突;同时论者还指出了主题上不彻底的现代性和人物身上"市民"身份的不彻底性。应该说,作者的这一视角很新颖,把杨绛的喜剧创作放到了当时的上海城市文化下进行观照,挖掘出城市文化与剧作家创作之间的关联。③

研究杨绛创作的悲剧,是杨绛戏剧研究中较为单薄的部分。究其原因,杨绛的悲剧只有一部,即创作于一九四五年的《风絮》,这部剧本来按计划要进行演出,但因抗战胜利后的时代语境,不适合再演出此类悲剧,只是剧本在一九四七年由上海出版公司出版了单行本。在杨绛后来的众多作品集中,也并不收入这部戏剧,因此今天要研究此剧,需到民国期刊书库中找寻,这也增加了研究的难度。剧本的命途多舛预示了后来的大多数研究者对其的忽略。最早关注到《风絮》的是美国康奈尔大学的中国文学研究专家耿德华,他在《被冷落的缪斯——中国沦陷区文学史(1937—1945)》中,耿德华把杨绛单独列为一节,作为其论述下抗战时期沦陷区"反浪漫主义"作家中的一个代表。他认为

---

① 胡德才:《"替沉闷的人生透一口气"——论杨绛和她的喜剧创作》,《湖北三峡学院学报》(社会科学版),1996年第18卷第4期。又载刘婧婧编《杨绛研究资料》,南昌:百花洲文艺出版社,2019年1月第1版,第69—82页。

② 张健:《论杨绛的喜剧——兼谈中国现代幽默喜剧的世态化》,《华中师范大学学报》(人文社会科学版),1999年第38卷第3期。又载刘婧婧编《杨绛研究资料》,南昌:百花洲文艺出版社,2019年1月第1版,第112—121页。

③ 杨颖:《上海城市文化与杨绛的喜剧创作》,《南京农业大学学报》(社会科学版),2004年第2期。又载刘婧婧编《杨绛研究资料》,南昌:百花洲文艺出版社,2019年1月第1版,第203—211页。

《风絮》"充满了对暴怒和绝望的描绘"[1] "这出嘲弄社会传统观念的悲剧无疑暴露了社会的腐败"[2] "具有易卜生某些戏剧的色彩"[3]。

读书界对杨绛在新时期创作的长篇小说《洗澡》的关注，持续不断。本书前述施蛰存写过《读杨绛〈洗澡〉》，称为《洗澡》"半部《红楼梦》加上半部《儒林外史》"。北京大学教授在金克木《读书》一九八九年第五期发表《百无一用是书生——〈洗澡〉书后》，金克木的见解独到："这本小说不是写知识分子这一类人或一阶层的，尽管书中人物都是知识分子。也不是专写'三反'即'思想改造'即'洗澡'的，尽管书中以这场'运动'为结穴。这书是古典式的书。其中幽默、机智、笔调都是古典式的。和时下小说不同，没有大片议论和大量辞藻，没有'披麻破'和'泼墨山水'。不是'纪实'，也不是'报告'，只是小说。于是下面就小说谈小说，不问作者，只讲读者。这读者并别人，不过是我，没有代表性。"

杨绛生平与作品的研究资料汇编，在她生前出版的有田蕙兰、马光裕、陈珂玉选编的《钱锺书杨绛研究资料集》。杨绛去世后，出版的纪念集则有周绚隆主编的《杨绛，永远的女先生》（北京：人民文学出版社，2016年12月第1版），评论集是刘婧婧编的《杨绛研究资料》（南昌：百花洲文艺出版社，2019年1月第1版）。

---

[1] 耿德华：《被冷落的缪斯——中国沦陷区文学史（1937—1945）》（中译本），北京：新星出版社，2006年8月第1版，第273页。

[2] 耿德华：《被冷落的缪斯——中国沦陷区文学史（1937—1945）》（中译本），北京：新星出版社，2006年8月第1版，第273页。

[3] 耿德华：《被冷落的缪斯——中国沦陷区文学史（1937—1945）》（中译本），北京：新星出版社，2006年8月第1版，第276页。

第十七章　年方百岁

一

二〇一一年春节,时任中共中央政治局常委、全国政协主席贾庆林登门拜访杨绛,他握住百岁老人杨绛的手说:

"您是国家的宝贵财富!"

贾庆林还称赞:"您崇高的精神境界、淡泊谦逊的人生态度、孜孜不倦的学术追求,我们感到由衷地敬佩。"

杨绛深居简出,多年来对媒体采访多为婉拒,除了书以外,很少能看到她的公开言论。

二〇一一年,恰逢杨绛百岁生日,社会各界非常关心她,希望得到她的讯息。而杨绛一直闭门谢客,海内外媒体采访的要求,多被婉辞;对读者热情的来信,未能一一回复,她心上很感歉疚。她的朋友建议在百岁生日来临之际,通过答问与读者作一次交流,以谢大家的关心和爱护;杨绛同意了,并把提问的事交给了多年来投稿较多、比较熟悉的《文汇报·笔会》。该报记者周毅获此机会,与杨绛作了一次长篇笔谈。

当年七月初,《文汇报·笔会》刊登的杨绛笔谈专访,是杨绛难得的一次对外公开谈论各种话题。尤其是杨绛个人的百岁感悟,令众多读者非常感动。她说:"我今年一百岁,已经走到了人生的边缘边缘,我无法确知自己还能往前走多远,寿命是不由自主的,但我很清楚我快'回家'了。我得洗净这一百年沾染的污秽回家。我没有'登泰山而小天下'之感,只在自己的小天地里过平静的生活。""细想至此,我心静如水,我该平和地迎接每一天,过好每一天,准备回家。"

在这篇笔谈专访中,记者周毅首先对杨绛表示:"尊敬的杨先生,请允许我以提问来向您恭祝百岁寿辰。"她问道:"您的生日是1911年7月17日。仔细论起来,您出生时纪年还是清宣统三年,辛亥革命尚未发生。请问,7月17这个公历生日您是什么时候用起来的?"

杨绛回答说:

> 我父亲是维新派,他认为阴历是满清的日历,满清既已推翻,就不该再用阴历。
>
> 他说:"凡物新则不旧,旧则不新,新旧年者,矛盾之辞也,然中国变法往往如是。旧法之力甚强,废之无可废,充其量不过增一新法,与旧法共存,旧新年特其一例而已。""今人相问,辄曰:'汝家过旧历年乎,抑或新历年乎?'答此问者,大率旧派。旧派过旧历年,新派过新历年。但此所谓过年,非空言度过之谓,其意盖指祭祖报神……今世年终所祭之神,固非耶教之上帝,亦非儒家之先圣先贤,不过五路财神耳。此所谓神,近于魔鬼,此所谓祭,近于行贿。"
>
> 7月17这个公历生日是我一岁时开始用起来的。我一岁时恰逢中华民国成立。我常自豪说:"我和中华民国同岁,我比中华民国还年长一百天!"
>
> 7月17日是我生日,不是比10月10日早一百天吗? ①

杨绛小时候在启明、振华,长大后上的清华、牛津,都是好学校,而她父母家训就是,如果有钱,应该让孩子受好的教育。在回答"怎样的教育才算'好的教育'"时,杨绛说:"教育是管教,受教育是被动的,孩子在父母身边最开心,爱怎么淘气就怎么淘气,一般总是父母的主张,说'这孩子该上学了'。孩子第一天上学,穿了新衣新鞋,拿了新书包,欣欣喜喜地'上学了!'但是上学回来,多半就不想再去受管教,除非老师哄得好。

"我体会,'好的教育'首先是启发人的学习兴趣,学习的自觉性,培养人的上进心,引导人们好学和不断完善自己。要让学生在不知不觉中受教育,让他们潜移默化。这方面榜样的作用很重要,言传不如身教。我自己就是受父母师长的影响,由淘气转向好学的。爸爸说话入情入理,出口成章,《申报》评论一篇接一篇,浩气冲天,掷地有声。我佩服又好奇,请教秘诀,爸爸说:'哪有什么秘诀?多读书,读好书罢了。'妈妈操劳一家大小衣食住用,得空总要翻翻古典文学,现代小说,读得津津有味。我学他们的样,找父亲藏书来读,果然

---

① 《坐在人生的边上——杨绛先生百岁答问》,《文汇报》,2011年7月8日。

有趣,从此好(hào)读书,读好书入迷。"

杨绛忆述道:

> 我在启明还是小孩,虽未受洗入教,受到天主教姆姆的爱心感染,小小年纪便懂得"爱自己,也要爱别人",就像一首颂歌中唱的"我要爱人,莫负人家信任深;我要爱人,因为有人关心"。
>
> 我进振华,已渐长大。振华女校创始人状元夫人王谢长达太老师毁家办学,王季玉校长继承母志,为办好学校"嫁给振华"贡献一生的事迹,使我深受感动。她们都是我心中的楷模。
>
> 爸爸从不训示我们如何做,我是通过他的行动,体会到"富贵不能淫,贫贱不能移,威武不能屈"古训的真正意义的。他在京师高等检察厅厅长任上,因为坚持审理交通部总长许世英受贿案,宁可被官官相护的北洋政府罢官。他当江苏省高等审判厅厅长时,有位军阀到上海,当地士绅联名登报欢迎,爸爸的名字也被他的属下列入欢迎者的名单,爸爸不肯欢迎那位军阀,说"名与器不可假人",立即在报上登启事声明自己没有欢迎。上海沦陷时期,爸爸路遇当了汉奸的熟人,视而不见,于是有人谣传杨某瞎了眼了。

正是前辈的耳提面命、潜移默化,杨绛终生难忘,她与钱锺书对女儿钱瑗,也从不训示。女儿见父母嗜读,也猴儿学人,照模照样拿本书来读,居然渐渐入道。她学外文,有个很难的单词,翻了三部词典也未查着,跑来问爸爸,钱锺书不告诉,让她自己继续查,查到第五部词典果然找着。杨绛称:"我对现代教育知道的不多。从报上读到过美术家韩美林作了一幅画,送给两三岁的小朋友,小孩子高高兴兴地回去了,又很快把画拿来要韩美林签名,问他签名干什么,小孩说:'您签了名,这画才值钱!'可惜呀,这么小的孩子已受到社会不良风气的影响,价值观的教育难道不应引起注意吗?"

杨绛在与记者的答问中表达了对丈夫的一往情深:"我由宽裕的娘家嫁到寒素的钱家做'媳妇',从旧俗,行旧礼,一点没有'下嫁'的感觉。叩拜不过跪一下,礼节而已,和鞠躬没多大分别。如果男女双方计较这类细节,那么,趁早打听清楚彼此的家庭状况,不合适不要结婚。抗战时期在上海,生活艰难,从大小姐到老妈子,对我来说,角色变化而已,很自然,并不感觉委屈。为什么,因为爱，出于对丈夫的爱。我爱丈夫，胜过自己。我了解钱锺书的价值，我愿为他研究著述志业的成功，为充分发挥他的潜力、创造力而牺牲自己。这种爱不是盲目的，是理解，理解愈深，感情愈好。相互理解，才有自觉的相互支持。"

她说："我与钱锺书是志同道合的夫妻。我们当初正是因为两人都酷爱文学，痴迷读书而互相吸引走到一起的。锺书说他'没有大的志气，只想贡献一生，做做学问。'这点和我志趣相同。我成名比钱锺书早，我写的几个剧本被搬上舞台后，他在文化圈里被人介绍为'杨绛的丈夫'。但我把钱锺书看得比自己重要，比自己有价值。我赖以成名的几出喜剧，能够和《围城》比吗？所以，他说想写一部长篇小说，我不仅赞成，还很高兴。我要他减少教课钟点，致力写作，为节省开销，我辞掉女用人，做'灶下婢'是心甘情愿的。握笔的手初干粗活免不了伤痕累累，一会儿劈柴木刺扎进了皮肉，一会儿又烫起了泡。不过吃苦中倒也学会了不少本领，使我很自豪。钱锺书知我爱面子，大家闺秀第一次挎个菜篮子出门有点难为情，特陪我同去小菜场。两人有说有笑买了菜，也见识到社会一角的众生百相。他怕我太劳累，自己关上卫生间的门悄悄洗衣服，当然洗得一塌糊涂，统统得重洗，他的体己让我感动。诗人辛笛说钱锺书有'誉妻癖'，锺书的确欣赏我，不论是生活操劳或是翻译写作，对我的鼓励很大，也是爱情的基础。"

杨绛称："我是一位老人，净说些老话。对于时代，我是落伍者，没有什么良言贡献给现代婚姻。只是在物质至上的时代潮流下，想提醒年轻的朋友，男女结合最最重要的是感情，双方互相理解的程度，理解深才能互相欣赏吸引、支持和鼓励，两情相悦。我以为，夫妻间最重要的是朋友关系，即使不能做知心的朋友，也该是能做得伴侣的朋友或互相尊重的伴侣。门当户对及其他，并不重要。"

访谈中，周毅提问道："创作与翻译，是您成就的两翼。特别是历经'大跃进''文革'等困难年代、最终完成《堂吉诃德》的翻译，已是名著名译的经典，曾作为当年邓小平送给西班牙国王的国礼。很难想象这个工作是您四十七岁自学西班牙语后开始着手进行的。您对堂吉诃德这位骑士有特别的喜爱吗？您认为好的译者，有良好的母语底子是不是比掌握一门外语更重要？"

杨绛答道：

这个提问包含两个问题。我先答第一个。

我对这部小说确实特别喜爱。这也说明我为什么特地自学了西班牙语来翻译。堂吉诃德是彻头彻尾的理想主义者，眼前的东西他看不见，明明是风车的翅膀，他看见的却是巨人的胳膊。他一个瘦弱老头儿，当然不是敌手，但他竟有胆量和巨人较量，就非常了不起了。又如他面前沙尘滚滚，他看见的是迎面而来的许多军队，难为他博学多才，能数说这许多军队来自哪些国家，领队的将军又是何名何姓。这等等都是象征性的。

我曾证明塞万提斯先生是虔诚的基督徒，所以他的遗体埋在三位一体教会的墓园里；他被穆尔人掳去后，是三位一体教会出重金把他赎回西班牙的。虽然他小说里常有些看似不敬之辞，如说"像你妈妈一样童贞"，他也许是无意的，也许是需要表示他的小说不是说教。但他的小说确是他信仰的产物。

现在我试图回答第二个问题。

作为好的译者，有良好的母语底子是不是比掌握外语更重要？

是的。翻译是一项苦差，因为一切得听从主人，不能自作主张，而且一仆二主，同时伺候着两个主人：一是原著，二是译文的读者。译者一方面得彻底了解原著；不仅了解字句的意义，还需领会字句之间的含蕴，字句之外的语气声调。另一方面，译文的读者要求从译文里领略原文，译者得用读者的语言，把原作的内容按原样表达；内容不可有所增删，语气声调也不可走样。原文弦外之音，只能从弦上传出；含蕴未吐的意思，也只附着在字句上。

译者只能在译文的字句上用功夫表达，不能插入自己的解释或擅用自己的说法。译者须对原著彻底了解，方才能够贴合着原文，照模照样地向读者表达，可是尽管了解彻底未必就能照样表达。彻底了解不易，贴合着原著照模照样的表达更难。

末了我要谈谈"信、达、雅"的"雅"字。我曾以为翻译只求亦信亦达，"雅"是外加的文饰。最近我为《堂吉诃德》第四版校订译文，发现毛病很多，有的文句欠妥，有的辞意欠醒。我每找到更恰当的文字或更恰当的表达方式，就觉得译文更信更达、也更好些。"好"是否就是所谓"雅"呢？（不用"雅"字也可，但"雅"字却也现成。）福楼拜追求"最恰当的字"（Le mot juste）。用上最恰当的字，文章就雅。翻译确也追求这么一个标准：不仅能信能达，还要"信"得贴切，"达"得恰当——

称为"雅"也可。我远远不能达到这个目标，但是我相信，一切从事文学翻译的人都意识到这么一个目标。

杨绛的丈夫钱锺书天分、才学过人，加上天性淘气，臧否人事中难免显示他的优胜处。曾有人撰文感叹"钱锺书瞧得起谁啊！"对此，杨绛为自己辩护为什么从来不承认钱锺书的骄傲，她说：

钱锺书只是博学，自信，并不骄傲，我为什么非要承认他骄傲不可呢？

钱锺书从小立志贡献一生做学问，生平最大的乐趣是读书，可谓"嗜书如命"。不论处何等境遇，无时无刻不抓紧时间读书，乐在其中。无书可读时，字典也啃，我家一部硕大的韦伯斯特氏（Webster's）大辞典，被他逐字精读细啃不止一遍，空白处都填满他密密麻麻写下的字：版本对照考证，批评比较等。他读书多，记性又好，他的旁征博引、中西贯通、文白圆融，大多源由于此。

钱锺书的博学是公认的，当代学者有几人能相比的吗？

解放前曾任故宫博物院领导的徐森玉老人曾对我说，如默存者"二百年三百年一见"。

美国哈佛大学英美文学与比较文学教授哈里·莱文（HarryLevin）著作等身，是享誉西方学坛的名家，莱文的高傲也是有名的，对慕名选他课的学生，他挑剔、拒绝，理由是"你已有幸选过我一门课啦，应当让让别人……"

就是这个高傲的人，与钱锺书会见谈学后回去，闷闷冒出一句"我自惭形秽。"（I'm humbled！）陪同的朱虹女士问他为什么，他说："我所知道的一切，他都在行。可是他还有一个世界，而那个世界我一无所知。"

钱锺书自己说："人谓我狂，我实狷者。"狷者，有所不为也。譬如锺书在翻译《毛泽东选集》的工作中，就"不求有功，但求无过"。他乖乖地把自己变成一具便于使用的工具，只闷头干活，不出主意不提主张。他的领导称他为"办公室里的夫人"，他很有用，但是不积极。

人家觉得钱锺书"狂"，大概是因为他翻译《毛选》，连主席的错儿都敢挑。毛著有段文字说孙悟空钻到牛魔王的肚里，熟读《西游记》的锺书指出，孙猴儿从未钻到牛魔王的肚里，只是变了只小虫被铁扇公主吞入肚里。隐喻与原著不符，得改。

钱锺书坚持不参加任何党派，可能也被认为是瞧不起组织，是骄傲。其实不然，他自小打定主意做一名自由的思想者（freethinker），并非瞧不起。

很多人有点儿怕钱锺书，因为他学问"厉害"，他知道的太多，又率性天真，口无遮拦，热心指点人家，没有很好照顾对方面子，又招不是。大家不怕我，我比较收敛。锺书非常孩子气，这方面就像永远长不大的孩子。但钱锺书也很风趣，文研所里的年轻人（新一代的知识分子）对他又佩服又喜爱。最近中国社会科学院编辑出版的《钱锺书先生百年诞辰纪念文集》几十篇文章的作者，都是对他又敬又爱的好友。

杨绛在访谈中再三强调自己"甘当一个零"，她说："我这也忍，那也忍，无非为了保持内心的自由，内心的平静。你骂我，我一笑置之。你打我，我决不还手。若你拿了刀子要杀我，我会说：'你我有什么深仇大恨，要为我当杀人犯呢？我哪里碍了你的道儿呢？'所以含忍是保自己的盔甲，抵御侵犯的盾牌。我穿了'隐身衣'，别人看不见我，我却看得见别人，我甘心当个"零"，人家不把我当个东西，我正好可以把看不起我的人看个透。这样，我就可以追求自由，张扬个性。所以我说，含忍和自由是辩证的统一。含忍是为了自由，要求自由得要学会含忍。

言谈之中，流露出阵阵戾气，杨绛能忍，只因头上悬刀一丝。有人不禁感慨："我估计世界上的文学大师，在一百岁的时候还在使用诸如刀、杀我、杀人犯、深仇大恨这类词语的，恐怕不多。悲夫！悠悠诗国，戾气何重之至此！"[①]

一百岁的人了，平日间写写读读，周围兰茂书香，其人儒雅高贵，淡泊慈祥，却不料一开口，这位百岁老人就说到刀子，说到"人家不把我当个东西"。可以想见一辈子如何含辛茹苦，忍辱负重。一代人杰，却只想当个"零"，为避开刀子而忍着。"要求自由得要学会含忍。"一般来说，自由是不忍的结果。忍出来的自由，倒也是一种地方性知识。自觉地把自己处理成某种"零"，不仅仅是杨绛个人的人生之道，恐怕也是同时代许多知识分子的人生之道。

杨绛的"零"并非空洞无物。只有做"零"状，她才能自由地做自己想做

---

① 于坚：《百岁杨绛，"甘当一个零"》，《南方周末》，2011年7月16日。

的事情，写自己想写的书，说自己想说的话。其实，在杨绛答问的字里行间，使人感觉到的不是老人百岁的开朗豁达、淡泊释然，而是深层的苦笑；她只是把刀子之类的戾词，吐得更轻、更慢、更温雅些而已。

杨绛的百岁答问在《文汇报》发表后，影响很大。这篇访谈披露，杨绛在百岁高龄还每天练习书法，用小楷抄写钱锺书的《槐聚诗存》。这本书所刊的诗，是当年钱先生汇集一册，题赠给杨绛先生的。杨绛用心去抄录那一首首饱含浓浓深情的诗，笔调注入爱意和温存。杨绛的《槐聚诗存》手抄本，引起了时任北京：生活·读书·新知三联书店总编辑李昕的注意。他说："看完文章后我就想，杨绛先生手抄的《槐聚诗存》可以影印出版一本书呀，因为《槐聚诗存》过去北京：生活·读书·新知三联书店出过不止一个版本。于是马上打电话过去。因为杨绛先生自己听力不好，打电话跟她商量这事有困难，我就打电话给吴学昭先生，她是杨绛先生的版权代理人，吴宓先生的女儿。吴学昭先生一听我讲就说：'你们晚了，人民文学出版社已经把这本书拿走了。'"①结果，唯有一声叹息。

二

作为为数不多的百岁民国名媛、文学大师，杨绛先生的名字已如星光闪耀。她富有老派中国知识分子特有的学术精神和人格魅力，在历经风风雨雨后，仍然温柔敦厚、哀而不伤。正如夏衍有言："你们捧钱锺书，我捧杨绛，"这不失为对杨绛的莫大肯定。

钱锺书在世的时候，几乎不见媒体记者。钱锺书去世后，杨绛也如出一辙，她曾对记者说："我其实很羡慕做一个记者，假如我做记者我就做一个像《焦点访谈》那样的跟踪记者，或者战地记者，有一定危险性和挑战性。但是，我不愿做追逐名人的记者，访什么名人啊！"

一次，江苏省无锡市的领导代表家乡人民到北京看望杨绛，并提出出于对文化保护与建设的需要，想修复钱锺书故居、杨绛家的老宅，目的并不在于简单地修复房子，而是希望能从这些名人所创造的精神财富中汲取养分。杨绛先生一听，连连表示，"我们不赞成搞纪念馆"。

---

① 李昕：《做书：感悟与理念》，北京：商务印书馆，2015年10月第1版，第39页。

第十七章 年方百岁

当杨绛一百岁时,她还是一如既往地保持着淡泊,甚至有一点特立独行。她的存在,是这凡俗人间的一丝光亮。因为多年从事杨绛生平与作品的研究,先后出版了《杨绛传》和《百年风华:杨绛传》,笔者接受了多家媒体的采访。

二○○一年六月二十三日,上海《青年报》的报道称:

> 下个月的十七日,钱锺书夫人、文化老人杨绛就要年满一百岁了。本报记者昨天拨通了老人北京家中的电话,接电话的是老人的保姆,她说,老人除了耳朵有点听不清之外,一切均好。对于记者采访老人的要求,保姆说:
>
> "杨绛先生说过了,她百岁生日不接受采访。先生向来为人低调,这是你们知道的。"
>
> 自一九九七年女儿钱瑗,一九九八年先生钱锺书相继去世后,十几年了,杨绛就一直在家里与保姆相伴生活,她并不愿意与外界有太多接触,也很少谈自己的事情。最近刚出版了《百年风华:杨绛传》的作者罗银胜与杨绛先生有过接触。"杨绛先生是为钱先生而活的啊,她始终默默地继续着他的业。"昨在接受本报专访时,罗银胜感叹道。
>
> 杨绛与钱锺书感情之深,是常人很难想到的。罗银胜告诉本报,杨绛先生在钱锺书去世之后闭门谢客,其实她一直在坚持整理先生的笔记。被称为"文化昆仑"的钱锺书先生的书稿往往用中文和英、法、德等外文来记录,因此整理起来难度比较大,杨绛先生便在学生的帮助之下艰难地工作至今,并出版了《钱锺书文稿集》等。
>
> 在罗银胜印象中,杨绛先生是一位具有内秀之美的老人,每当谈到先生钱锺书,她总是将自己放在一个辅助的位置上。为了《百年风华:杨绛传》的写作,罗银胜曾与杨绛有过多次通信,在一封回信中杨绛写道:"我是一个平凡的人,不值得你们作家写……我干脆劝你放弃这项工作,花点功夫多研究钱先生的学问吧。"①

千里之外的《辽沈晚报》非常热情,多次敦请采访笔者,记者王莹经采访后,写了《低调杨绛:自称是钱锺书的拦路狗》,本书转引如下:

---

① 记者郦亮、实习生周冰倩:《杨绛低调迎百岁大寿,仍在整理先生钱锺书笔记》,《青年报》,2011年6月23日。

日前，记者独家专访了《百年风华：杨绛传》的作者罗银胜，他用平常的眼光去看待自称为"平凡"的杨绛，解读她的处世之道、揭示了她作为一个妻子为丈夫的付出，为人们讲述了杨绛"百年风华"背后的真实。

"低调"中的幸运和成功

《干校六记》《洗澡》《我们仨》，单凭这三部作品，杨绛在中国文坛的女性作家中已是非同一般了，更何况还要加上她在翻译上的贡献。可就是这样一个上得厅堂、下得厨房的人，生活的却是如此的低调，甚至会给人高傲、远离尘世的感觉，杨绛的低调从何而来？

记者：形容杨绛先生，总是少不了低调这个词，那在您的印象中，杨绛先生是否真的如此，她的低调从何而来？

罗银胜：为何杨绛和钱锺书会选择低调的生活方式、一心研究学问？这其实可以说是他们两人的生存之道。联系到社会与时代的大背景，可以想象在当时中国这样一个"左右"为难的时代中，他们夫妇二人都是高级知识分子，"不问世事"的选择是一种明智之举。他们更愿意选择低调、从容、"自我"的生活，这也是"有心计"和考量后的结果。夫妇二人埋头钻进了学问中，并在其中自得其乐，在钱锺书走后，年事已高的杨绛毅然坚持整理钱锺书的文稿，一丝不苟，态度严谨。而不问世事其实也是他们专心做学问的一种表现，处世和做学问相同的严谨态度，也让他们在低调中做到了幸运和成功，这对于一般人来说都是极为困难的。

记者：您这样的猜想是否得到过杨绛先生的认可呢？

罗银胜：虽然我对于他们低调行事的猜想杨绛并没这样说过，但通过写她的传，我觉得这与她的内心还是很吻合的。

百岁高龄坚持每天读书

现在的杨绛已经淡出了人们的视野，即便是有电话来了，她也只是淡淡的感谢大家的关心，说自己年岁已高不想接受采访了。杨绛现在每天会拿出很大一部分时间来整理钱锺书的书稿和手稿，并在钱锺书过世后，出版了多部著作。罗银胜曾说，杨绛先生是为钱先生而活的。

　　记者：您曾说"杨绛先生是为钱先生而活的"，如何来理解这句话呢？

　　罗银胜：这样说是因为两点，一是，杨绛曾说自己是钱先生的拦路狗，在钱先生走后，她应该为钱先生谢世、谢客；二是，钱先生过世后，她所做的事情都在围绕着钱先生，通过这样两点我总结的这句话。但在我看来，这样的活法并没有这个必要，因为每个人都只有一次生命，应该为自己的理想和信念而活，但我尊重杨绛的选择。

　　杨绛现在每天从事的整理钱先生书稿和手稿的工作，意义也很大。他们多年来的生活换过多次地方，到现在很多手稿自己都已经模糊，甚至有页数不齐的，整理起来都需要花费大量的时间和精力，杨绛现在的这份付出和牺牲已经是克服了她精力和体力上的困难，实属不易。可是这样的不易也是值得的，毕竟是将钱先生的学问发扬光大、造福于后学了，我们要感念她。

　　记者：杨绛先生总是说自己是一个平凡的人，您如何来看待她所说的"平凡"二字呢？

　　罗银胜：她并不是一个平凡的人，无论是从创作上，还是她的翻译工作上，她都在做着不平凡的事情。但她说自己是一个平凡的人，或许这也是她低调生活方式的一种表现，是她保护自己的一种方式。

　　记者：在杨绛目前的生活中，几乎可以说是与书相伴，据您了解，杨绛最喜欢的书籍有哪些呢？

　　罗银胜：别看杨绛现在年岁已高，但读书几乎每天都会有。她近两年读书有：陆羽《茶经》、"四书"、《圣经》、钱锺书的《管锥编》；以及美国白璧德的作品、法国布尔热《死亡的意义》、伊壁鸠鲁的伦理学等，除了书籍外，北京和上海的各大报纸也在她的阅读范围之中，《文汇读书周报》、美国的《国家地理》杂志都是她喜欢的读物。

　　另外，虽然她有些看不起张爱玲，但张爱玲的作品也是摆在她的书架上，成了她读的众多书籍之一。

　　记者：您现在与杨绛先生联系的还密切吗？

　　罗银胜：由于杨绛已百岁高龄，耳朵有些聋了，让人很不忍打扰她，两年前给她打电话的时候就需要大喊大叫她才能听到，沟通起来也就比较困难了,所以近两年联系的比较少了。①

时任《中国图书商报》的记者潘启雯,认真敬业,他采访多位学者、作家及出版人士,与读者一起从侧面回眸杨绛这位杰出女性的人格魅力和时代价值,以及其所走过的传奇人生。笔者接受《中国图书商报》的记者采访时,认为"杨绛这位出生于江苏无锡的江南女性,身上蕴含了中国传统女性所有理想化的特征。世人皆知的杨绛,大多是作为'钱锺书夫人'面貌呈现的。而杨先生自己也非常中意这个称呼,并未因为自己的文学和翻译成就而要求别人称她'翻译家、散文家杨绛'。如果要我用一句话来形容杨先生,那么一定是'落花无言,人淡如菊'——温柔和婉,聪颖贤惠。"笔者强调:

《干校六记》《洗澡》《我们仨》——单凭这三部作品,杨绛在中国文坛的女性作家中已是非同一般了,更何况还要加上她在翻译上的贡献。可就是这样一个上得厅堂、下得厨房的人,日常生活却是十分低调,甚至会给人高傲、远离尘世的感觉。为何杨绛和钱先生会选择低调的生活方式、一心研究学问?这其实可以说是他们两人的生存之道。联系到社会与时代的大背景,可以想象在当时中国这样一个"左右"为难的时代中,他们夫妇二人都是高级知识分子,"不问世事"的选择是一种明智之举。他们更愿意选择低调、从容、"自我"的生活,这也是"有心计"和考量后的结果。

我认为杨绛一生最打动人的是她所具备的中华民族传统的沉静之美、内秀之美,还有她的甘做"灶下婢"的奉献精神。从她的本意上,她并不希望我们小辈去写她。当我采访她时,她很谦虚地说,不要写她,不值得写。杨绛在一封回信中,她如此写道:"我是一个平凡的人,不值得你们作家写……"

我干脆劝你放弃这项工作,花点功夫多研究钱先生的学问吧。"但又很能提携后辈,对寄去的书稿,她仔细修改后,又给寄回。②

---

① 王莹:《低调杨绛:自称是钱锺书的拦路狗》,《辽沈晚报》C10版《热度关注》,2011年7月5日。
② 潘启雯:《再过几天就是杨绛百岁生日——学者、作家及出版人士共话杨绛的人格魅力和时代价值》,《中国图书商报》,2011年7月12日。

发行量居全国晚报之首的上海《新民晚报》，在杨绛百岁生日的前夕，二〇一一年七月十六日发表记者乐梦融的报道，他采写说："杨绛是我国当代著名的作家、文学翻译家，她的名字在中国文坛如星光闪耀。明天是她百岁生日，上海传记作家罗银胜著《百年风华：杨绛传》近日推出。"

"回望百年，杨绛从名门闺秀到今天的文学大家，无论居于何地位，留给人的都是恬静、低调、不问世事、埋头做学问的印象，富有'老派'中国知识分子的学术精神和人格魅力。罗银胜说，写杨绛传记，他以大量真实的历史事实、人物为背景，融入了诸多杨绛本人的忆述。作为传记作家，他用平常的眼光去看待杨绛，解读她的处世之道，揭示她作为妻子对丈夫的付出，让读者了解这位杰出女性的传奇人生。"文章称。

报道还说："罗银胜透露，杨绛已经淡出了人们的视野，少接电话少社交，不过，她每天会拿出一部分时间来整理丈夫钱锺书的书稿和手稿。"①

三

二〇一一年七月十七日，杨绛迎来了她的一百周岁生日。闭门谢客多年的杨绛的这个百岁生日，和往年一样平静。"你们在家替我吃一碗寿面。"她对身边的亲友说。

杨绛临近百岁的时候，钱锺鲁带着孙女去看她，带着蛋糕，钱锺鲁特别想孩子们能从老奶奶身上学到东西。杨绛并不像个百岁老人，特别会说话，有趣，口齿清晰，常叫钱锺鲁要听陈霞清的话，不听话就要陈霞清告诉她。还把孩子们送的生日小帽戴在头上照相，做八段锦给他们看，说自己身体很好，前些年她还带着陈霞清她们送的计步器在院子里走路。她已经超越了生死。

陈霞清说，每次去看杨绛，都预先跟保姆说好，不能去太早。杨绛要梳妆打扮，陈霞清也特别佩服大嫂这点，穿的衣服全是半新不旧的，可是特别有派，百岁老人还有她自己的气度。

这种气度，在钱锺鲁看来，是天生的。他特意举出杨绛在"文革"时的例子来佐证：当时杨绛在"革命群众"揭发钱锺书张贴的"大字报"下贴"小字报"，讲清钱锺书有没有"反革命行径"，结果被拉到"千人大会"上"示威"，

---

① 乐梦融：《记述百岁杨绛传奇人生，〈百年风华：杨绛传〉出版》，《新民晚报》，2011年7月16日。

要求她讲清楚。给她一面锣鼓，她一面跺脚，一面顶嘴，后来干脆就使劲敲锣。"革命群众"闹翻了天，押她去"游街"，众人始知杨先生不是娇小姐。到晚年和钱锺鲁说到此事，她还很高兴："文革"中，外文所就她一人敢于和"革命群众"发脾气。她解释，在艰难忧患中，能吃苦是最重要的品质，"有信念"就能克服艰难困苦，就像老百姓常说的"有念想"一样。

杨绛百岁生日前后那些天最忙的是家里的吴阿姨，楼上楼下跑接各界送来的鲜花、贺卡，每天接很多的祝寿电话，还有就是婉辞前来给杨绛祝寿的各界人士。去探望的人们都说，杨绛家里的花篮已经多得放不下，书桌还是整洁布置。

百岁大寿这一天，杨绛是跟美国回来的三姐的孩子一起过的，其他跟往常一样。杨绛曾对比较亲密的几位朋友说，天太热，别来祝寿了："你们在家替我吃一碗寿面，别麻烦大家了。"虽然有记者到杨绛寓所采访，但被婉拒。"她太累了，让她休息休息吧。"

同时，各界送来了很多礼物，而其中最贵重的可能是《钱锺书手稿集·中文笔记》，商务印书馆赶在杨绛生日之时，特地赶制了几套送给杨绛。即将出版的《钱锺书手稿集·中文笔记》全套二十册，依钱锺书手稿影印而成，所收中文笔记手稿八十三本，形制各异，规格大小不一，商务印书馆用三年多影印编辑完成。杨绛的原工作单位中国社科院、北京：生活·读书·新知三联书店和人民文学出版社都知道杨绛脾性，都没有在这一天开热闹的祝寿会议，不过北京：生活·读书·新知三联书店和商务印书馆不约而同地都推出杨绛著作专柜。杨绛的好友、出版人董秀玉说："以往大家都是在杨绛生日前几天或者晚几天去她家，今年先生太累了，过了这热闹阵子，再去拜访她。"

著名作家邵燕祥在杨绛生日当天发表《勇者寿》，称颂杨绛"真正意义上的达人在您这里"，文章说："多年来，我从您做人和为文中，读到您生命力的坚韧，并为您感到骄傲，您不忌讳这两个字吧，您是百炼钢化为绕指柔，柔能克刚的那一类型。但同时，我也感到微微的怅惘：像您这样的人不会再有了。您这个'人'，是百年沧桑和您自己家世身世阅历通过您的个性研磨造就的。在您身上，我才懂得了'学养'两个字。一般的'博学''审问'，有自觉的努力可以做到，'慎思''明辨'就不那么容易。这里有您天生的悟性，书香的熏陶，尤其是亲经几乎空前甚至绝后的得天独厚的时代剧变（谁还能重历一遍辛亥、'五四'、抗日、内战和1949年后的光影斑驳），您以好奇、探寻、思考为生活，包容东西方文明形成的教养玉成了您的一生。说您'世事洞明'，自然当之无愧，而您更达到了超越世俗的人生（不仅是人生边上的）智慧。这是难得的通达和透彻（不是机巧和小聪明）。现在媒体经常炒作所谓'达人'，真正意义上的达人在您这里！"①

中国作家协会主席铁凝和中国作家协会党组书记、副主席李冰如约前去祝寿。据李冰追述，当时在杨宅的情形颇为温馨：

> 在杨绛先生百岁寿辰时，我和铁凝去祝寿。杨绛先生听力不太好，视力却奇好，看书不用戴眼镜，特别是思维仍很清晰。老人见了铁凝相谈甚欢。
>
> 她谈起五四运动爆发时，她才8岁，跟随游行的学生去东交民巷，走到天安门广场附近，遇到军警，队伍被冲乱，她躲到了水沟边的土坎后面。讲起当时的细节，杨绛先生记忆犹新，脸上泛出兴奋的红晕，被铁凝称为"婴儿红"。
>
> 还是铁凝细心，她发现天花板上有几个手印，就问了一句。杨绛先生的回答让我们着实吓了一跳。老人说那是她换灯管时按下的。杨绛先生家里用的是半个世纪前普遍使用的棒状日光灯。有一次灯管坏了，老人家便挪来一张桌子，高度不够，又叠加一把椅子，然后爬上去换灯管。无处可扶，只有用手撑住天花板以求平衡。老人登那么高，还要一只手把坏灯管用力抽下来，其惊险和难度不亚于杂技里的高空椅子顶。我猜想，老人身边当时可能再无旁人，否则谁肯让老人冒险呢？身边无人保护，万一失手摔下来怎么办！等别人来更换不行吗？也许老人急需光亮，特别是晚上要读书写字。可家里其他房间灯也坏了吗？想来想去，一个个假设的理由都不成立，唯一的解释是，老人刚强，内心里不服老，一些事要自己动手做。②

尽管已经一百岁高寿了，但杨绛的日常起居照常如初，她往往到凌晨一点才睡觉，六点多起来，年事虽高，九十点钟还是下楼去"遛弯"，吃完午饭后再睡个午觉，作息有规律，每天坚持写作，甚至练字。她希望把《洗澡》的续集写出来，而且她还在做《红楼梦》研究，也会写一些有关的文章。

此前在接受采访时，杨绛透露，自己从年初开始再次用毛笔练小楷，抄写

---

① 邵燕祥：《勇者寿——致杨绛先生》，《文汇报》，2011年7月17日上海。
② 李冰：《说说杨绛的刚强》，《作家通讯》，2015年第2期。

钱锺书的《槐聚诗存》，一天写几行，"练练字，也通过抄诗与他的思想诗情亲近亲近"。到六月十九日凌晨二时，这部作品全部抄完。有时也写点小文章，多属杂忆与杂写之类，等将来攒到一定数量，当结集出版。

"一个人活到一百岁，女儿走了、丈夫也先走了，她一个人能这么挺下来，不容易的。"钱锺书的侄女钱静汝对此深有感慨。

杨绛百岁诞辰之际，中央电视台《读书时间》专门做了一期专题节目。现场嘉宾一共两位，北京：生活·读书·新知三联书店的总编辑李昕是其中一位。节目中，李昕谈到了杨绛夫妇的精神境界和高风亮节，他们三十多年不换房，不装修，不买家具，但是他们捐出两人全部的版税超过1000万元，在清华大学设立了一个"好读书"基金会，扶助贫困学生。

节目播出后，吴学昭特意给李昕打来电话："你们这期节目做得不错，杨先生看了很高兴。但她发现你有个地方讲错了。"

李昕听了心里一惊，忙问："什么地方？"

吴学昭回答说："杨绛夫妇在清华大学设立的是'好读书奖学金'，但是被你说成'好读书'基金会了。她说，设立奖学金比较简单，但建立基金会就不同了。那是得按国家有关规定成立的非营利性法人，需有规范的章程，有组织机构和开展活动的专职工作人员，还要申报民政部门批准，才可向公众募捐。这两个概念不能混淆。所以杨先生让我告诉你，今后若是再提到此事，一定要把说法改过来，不要一错再错，造成别人以讹传讹。"

李昕听了，深感惭愧，请吴学昭代自己向杨绛道歉。①

虽然只是个小错误，但杨绛的严谨和认真，仍然令人受教。

四

作为话题人物，张爱玲从来是不会寂寞的。而另一位自带流量的杨绛，也一直众说纷纭。张爱玲与杨绛的关系，自是值得研究。然而，牵涉无名之辈的我，却是始料未及。

《杨绛全集》收录的《杨绛生平与创作大事记》中有这样一段话：

---

① 李昕：《我对杨绛先生的三次道歉》，《文汇报》，2015年7月17日。

第十七章　年方百岁

二〇一一年四月十三日，友人电告：听《南方人物周刊》记者说，罗银胜《杨绛传》新版（文化艺术出版社出版）已将网上胡编乱传的所谓"杨绛谈张爱玲"全部收入。竟有如此作传者，可气！①

杨绛这段不足百字的话，舛讹多多——"罗银胜《杨绛传》新版（文化艺术出版社出版）"不对，笔者在当年出版的书名为《百年风华：杨绛传》，出版社是京华出版社，而不是文化艺术出版社。"网上胡编乱传"也是杨绛误听讹传，分明是摘录自《时代周报》，难道广州报业集团正式出版的《时代周报》，也是"网上胡编乱传"？

这一声"可气！"正表明杨绛先生一贯的锱铢必较的"气度"和秉性。而这基于个人的个性与气质，笔者对此没有异议。

但是，需要饶舌的是，上述这件事，被杨绛视为重要的"大事"，她以此编录她的"生平与创作大事记"里，可见，杨绛需要与张爱玲作明确的切割，同时对拙著《百年风华：杨绛传》，还是相当"重视"的。

杨绛声称"网上胡编乱传"，意味着她否认她与钱锺书非议过张爱玲的这一事实——笔者则类似无聊文人，疏于考证，贸然采信。

事件的真相究竟如何，是笔者错了，还是杨绛有误，两者必居其一。

二〇一一年四月，京华出版社出版的拙著《百年风华：杨绛传》是《杨绛传》的修订二版，书中结尾部分，这样写道：

> 杨绛对近些年的一些文化热点问题，也有自己不同的看法。二〇一〇年四月，某人拜访杨绛，说起张爱玲："先生（杨绛）眨眨眼，耸了耸肩，沉默了几秒，说：受不了她。现在社会上把她捧得不得了，有一张她摆姿势的照片，说她是美人。我的外甥女和她是同学，她说长一脸花生米，awkward，在学校里拼命让人注意她，奇装异服。人都来不及选，汉奸都跟上了。她成天想的都是男女之间的。下三烂。钱锺书跟夏志清说，你怎么把我和张爱玲放在一起捧啊？她的东西我从来不看，恶心死了。"（第319页）

---

① 杨绛：《杨绛全集》（第九卷），北京：人民文学出版社，2014年8月第1版，第501页。

其实，这段话，并非笔者贸然杜撰，也非听信"网上胡编乱传"——引用的是二〇一〇年七月二十六日广州《时代周报》上的《时代书架》对杨绛重版的《将饮茶》（北京：生活·读书·新知三联书店，二〇一〇年七月版）一书的推介词，原文如下："相比之下，大陆的文艺中老年更知道妥协的意义。杨绛的《将饮茶》最早在一九八七年出版，本次再版，增加了《收藏了十五年的附识》一文，同时在《回忆我的父亲》一文后增加了一篇附录，即《申辩之中高检长惩戒案》。有关对杨先生的看法，近些年有了不同的声音。二〇一〇年四月，某人拜访杨绛，说起张爱玲：'先生（杨绛）眨眨眼，耸了耸肩，沉默了几秒，说：受不了她。现在社会上把她捧得不得了，有一张她摆姿势的照片，说她是美人。我的外甥女和她是同学，她说长一脸花生米，awkward，在学校里拼命让人注意她，奇装异服。人都来不及选，汉奸都跟上了。她成天想的都是男女之间的。下三烂。钱锺书跟夏志清说，你怎么把我和张爱玲放在一起捧啊？她的东西我从来不看，恶心死了。'"几年前，就有人做过考证，认为拙作所引这番话符合钱、杨的个性和做派。

对张爱玲，杨绛其实一直比较注意的。早在二十世纪八十年代，她就通过海外学者汪荣祖打听张爱玲的情况。一九八六年七月八日，汪荣祖趁回国参加学术会议的机会，赴京拜谒钱、杨两位老人。交谈时，"杨绛颇关心张爱玲近况，我说相传她有病，深居简出，夏氏兄弟颇捧她，杨先生说夏志清乃张之'admirer'（仰慕者），钱先生笑说，凡女士志清都admire"①。

二〇一六年杨绛去世后，作为挚友的老出版家钟叔河应《湖南日报》之约，拿出杨绛生前写给他的两封信，由王平先生代写文章交代缘由，于报纸上刊登以表怀念之情。其中一封即杨绛谈及张爱玲。因已公开，这里不妨摘录于下：

叔河先生：

　　谢谢你特地电话通知我你没有癌症的嫌疑，我放了心，恰好连日来客甚多，我就把你的信搁置了多天。虽然知道你胃液倒流的苦恼，但我想你可减掉些辣椒，别太辣就行了。我不能吃辣，吃的菜都淡而无味，而且和别的老人不同，一般老人爱吃甜，我不爱吃甜，爱吃酸的、苦的。水果也专吃酸且苦的。

---

① 汪荣祖：《槐聚心史：钱锺书的自我及其微世界》，北京：中华书局，2020年1月第1版，第15页。

……

前天刘绪源赠我一本《翻书偶记》，序文是你的大笔，忙翻开细读，我觉得你们都过高看待张爱玲了，我对她有偏见，我的外甥女和张同是圣玛利女校学生，我的外甥女说张爱玲死要出风头，故意奇装异服，想吸引人，但她相貌很难看，一脸"花生米"（青春痘也），同学都看不起她。我说句平心话，她的文笔不错。但意境卑下。她笔下的女人，都是性饥渴者，你生活的时期和我不同，你未经日寇侵华的日子，在我，汉奸是敌人，对汉奸概不宽容。"大东亚共荣圈"中人，我们都看不入眼。夏至[志]清很看重张爱玲，但是他后来对钱锺书说，在美初见张爱玲，吓了一跳，她举止不自然，貌又可怕。现在捧她的人，把她美化得和她心目中的自己一样美了（从照片可证）。我没有见过她。她的朋友苏青却来找过我。苏青很老实，她要我把她的《结婚十年》编成剧本。

……张爱玲的电影剧本《半生缘》小吴（杨绛雇的保姆）也看不下。

胡适相思的人，我认得。他和任鸿隽当时都看中了那位女士的《新月》小诗。

我常胡思乱想，如果你和朱正同在北京，常在我家来，谈谈说说，该多么有趣呀！

匆祝冬安

杨绛

二〇一〇年一月二十日①

杨绛这封致钟叔河的信写于二〇一〇年一月二十日，拙著《百年风华：杨绛传》二〇一一年四月由京华出版社出版。

白纸黑字，毋庸吾辈多费口舌。

文人相轻，自古而然！本不足为奇，而杨绛如是贬损张爱玲，貌似涉嫌人格侮辱，而自己却在《杨绛全集》借写《杨绛生平与创作大事记》之际，公开予以洗白与否认！令人纳闷的是，杨绛还殃及无辜，连笔者也不放过，"可气"云云。

对此，有关人士分析认为：

---

① 转引自王平《用生命之火取暖——杨绛致钟叔河信两封》，《湖南日报》，2016年5月27日。

大抵是张爱玲出名时锋芒毕露，写出来的作品又缺乏"家国意识"，加之与胡兰成有感情问题，让杨绛觉得她是"共荣圈"中人，因此才有了"意境卑下""性饥渴者""看不入眼"等评语。但深究张爱玲的生平与作品不难发现，杨绛其实误解了张爱玲。张爱玲对政治的态度是天然疏离，任何一方的立场，她都直冲保持警惕和怀疑。倘若张爱玲真如杨绛所说是"大东亚共荣圈"中人，恐怕她也不会平安无事地待到了新中国成立之后。说到底，杨绛对张爱玲的不满，其实是一个文学的价值取向问题——文学是否承载社会功用？承载何种社会功用？这是一个永远都辩论不出结果的问题。①

其实，钱锺书、杨绛夫妇一直对张爱玲没有好感，如果从审美角度理解，对一个作家作品的认知，完全是见仁见智的事情，不会也不可能"舆论一致"。对此，用不着大惊小怪。

那么钱锺书是否嘲讽挤对过张爱玲呢？坊间确有记载。

约在二十世纪九十年代中期，《文汇报》记者陆灏采访钱锺书，问起钱锺书对张爱玲的看法。陆灏对这些情况，忆述如下："对张爱玲，钱先生很不以为然，说张爱玲近视，又不戴眼镜，总是眯着眼，又喜欢穿怪里怪气的衣服，还不如苏青朴实些。我说他在美国回答水晶的提问时，曾夸过张爱玲。钱先生说：'不过是应酬。那人是捧张爱玲的。'杨先生在一旁说：'劝他不要乱说话，以免被别人作为引证。'钱先生说无所谓。又说到张爱玲的祖父张佩伦，是李鸿章的女婿，打了败仗回来，李鸿章的女儿写了两首诗：'基隆南望泪潸潸，闻道元戎匹马还……'钱先生一边念一边还用双手做着眼泪汪汪的样子。"②

这里，明眼人一下就能看出钱氏夫妇二人间的"互文"了。

杨绛与钱锺书一样，都以张爱玲的外貌"破题"，虽然杨绛的语气更像三姑六婆，但中心思想完全一致："张爱玲丑人多作怪。"最后回到正题：张爱玲的作品下三烂，成天想的都是男女之间的事，鸳鸯蝴蝶风花雪月。

钱锺书与杨绛二位，从来都是一体两面，这就是世人眼里的——钱不离杨，

---

① 笋思：《张爱玲与杨绛：两位才女，两种出路，殊途同归》《澎湃新闻·澎湃号·湃客·十点人物志》，2020年6月10日，https://m.thepaper.cn/newsDetail_forward_7769040。

② 陆灏：《默存先生》，《看图识字》，上海：上海书店出版社，2010年1月第1版，第17—18页。

杨不离钱的,所以,对一个人的评价,当然也可相互参照。

再补充一个细节,杨绛去世后,施亮撰文缅怀杨绛,此文也直言杨绛生前"不太喜欢张爱玲的小说":

> 二〇〇七年的下半年,李安执导的影片《色戒》在威尼斯电影节轰动一时,以后也在大陆放映。这部影片是根据张爱玲小说改编的,由此社会上又掀起一阵"张爱玲热",各个出版社竞相出版张爱玲的作品。有一天,我俩去杨绛奶奶家,我们随意地聊起此事。
>
> 杨绛奶奶微微摇头说,我不太喜欢张爱玲的小说。
>
> 我说,我也是。我随之妄评一番,我以为,张爱玲的小说在描写人物心理——尤其是女性心理上,有不少精彩之笔,很有些"新感觉"的味道。可我读她的小说内心总不太愉快,尤其是很难当作文学欣赏来阅读,她的作品里有一股阴气。
>
> 杨绛奶奶耳背,没听清楚我的最后一句话,就连问:什么?你说的是什么?
>
> 我拿过一张纸,用笔在上面写了"阴气太重"四个字。杨绛奶奶俯身看一眼,爽朗地大笑起来,神情就像个天真的孩子。然后,她又对我说,你读过汪精卫的诗词吗?他的旧体诗词写得很老到的,可晚年的诗词也有一股浓重的阴气。
>
> 我答,我读过几首,多是从别人文章引录的。我还没有看过他的《双照楼诗词稿》。
>
> 杨绛奶奶说,爷爷在他的《聚槐诗存》里评过汪精卫的诗词。那首诗叫《题某氏诗集》,说汪精卫的诗词里有一股"死声"。
>
> 我使劲点头道,我读过那首诗,里面说:"微嫌东野殊寒相,似觉南风有死声。"爷爷是预言汪精卫垮台的时间不远了。[①]

中国台湾《联合文学》前总编辑丘彦明在《人情之美》一书中有这么一句话:"(给张爱玲)寄去杨绛的《干校六记》,她看了在信中写下,'新近的杨绛《六记》真好,那么冲淡幽默,而有昏蒙怪异的别有天地非人间之感。'"[②] 对此有

[①] 施亮:《和杨绛奶奶在一起的日子》,《北京日报》,2016年6月3日。
[②] 丘彦明:《张爱玲给我的信》,见《人情之美》,北京:中信出版社,2017年5月第1版,第166页。

论者引述后下断语:"张爱玲欣赏杨绛",则未免匆忙。陈子善明确地认为,张爱玲对杨绛一本书表示肯定,恐不能引申为"欣赏杨绛"。君以为如何?①

为了创作《杨绛传》,笔者和杨绛除了书信往来,偶尔也会打电话到先生家中请教,她身体尚好,只有在去世前三四年,因为耳背已听不清电话了,才由保姆小吴代接。

杨绛由于听力下降,严重失聪,影响与他人的交际。对此,中国台湾作家李黎也有同感:

> 杨先生总是坐在会客室里那张大书桌前,见我们进门起身迎接,步履依然轻快。室内布置如旧:书桌、书橱、两张沙发夹一茶几,分别各据三面墙,靠窗的一面摆着两三把椅子,她客气地延我们坐沙发,自己坐椅子,我选择了她旁边那张椅子贴近她坐。
>
> 一进门就注意到会客室里放着好几只大花篮,知道是为着钱先生十周年忌日人家送的。上次来,柜子上放的是"我们仨"的合照,现在换成摆上一帧钱先生、两帧钱瑗的单人照。书桌上还是一叠叠堆得高高的书籍纸张——她还在勤奋工作哪!
>
> 杨绛穿着黑毛衣外罩红背心,银白头发,一贯的清爽、灵秀,脸上带着微笑,不疾不徐的细声说话,时有妙语。……五年前来时她已戴着助听器,对话很容易;现在几乎完全听不见了,戴了助听器也没有用。她提到有一年我寄给她的一张三只猫儿的贺年卡,说不知怎的找不到了,我说回美国那家书店看看还能不能找到同样的一张;然后我问起上次来时她给我看的"袋子里的猫咪"玩具,她却怎么也听不清。我不想对她大声说话,干脆就由她说,我静静听。②

---

① 本人作文,诉诸公开,作为对杨绛这一自相矛盾、不够专业甚至罔顾事实的言行的回应。参见罗银胜《杨绛之于张爱玲——回应〈杨绛全集·杨绛生平与创作大事记〉》,《绝响与回声》,上海:文汇出版社,2019年8月第1版。

② 李黎:《百年才情——岁暮访杨绛》,见氏著《半生书缘》,中国台湾INK印刻文化出版有限公司,2013年5月版,第1977—198页。

第十八章　拍卖风波

一

步入百岁后，杨绛久未露面，过着恬静的生活。

杨绛的生活很有规律，爱清静，过年也不喜热闹，常常是几个人一起过。她一日三餐吃得很固定：早饭吃得最多，一起床，先喝两杯白开水，再来一勺蜂蜜，接着再喝几口白开水。稍歇，吃个苹果，随后是一大碗牛奶麦片粥，加一颗煮鸡蛋。上午看书之余练一会儿八段锦。中午，吃一点点米饭，菜是一小段清蒸的鱼，一份绿颜色的蔬菜，再吃一碟用大棒骨肉冻化开后热拌的黑木耳，撒上香菜和香油。午觉睡醒后吃点儿水果。晚上，喝好几种杂粮熬成的粥。

有人曾指着电视里的烹饪节目问杨绛："您馋不馋呢？"

"以前都享受过，还是清淡的东西最好。"杨绛摇摇头。

杨绛对饮食的自控力非常强，数年内，仅有一次因为多磕了几颗松子而肠胃不适。

杨绛有个窍门，就是在同样的时间里，尽量利用不同的身体器官做不同的事情。比如，吃饭的时候听广播、看电视，看书的时候在桌子底下打毛衣。另外，还要利用零碎时间，做零碎事情，积少成多，就能做出像样的事情了。

这就是杨绛百岁前后一段安详、恬静的时光。

二〇一三年，杨绛平静的生活被突如其来地打破了。

据当年五月二十一日《光明日报》和五月二十二日《东方早报》报道：110件钱锺书、杨绛、钱瑗的书信及手稿首次曝光，内容既有钱锺书、杨绛关于稿件出版的种种细节，又有钱锺书对于有关事件的看法、对于他人评价的直抒胸臆的表达，因而真实反映了钱锺书性情、情趣及其为学做人，是解读钱氏之学的宝贵资料，这些书信、手稿将于六月二十二日在北京万豪酒店上拍。

同时，"也是集——钱锺书书信手札专场"研讨会定于六月八日在现代文学馆举行。

据称，原定于六月二十二日举行的"钱锺书书信手札专场"，涉及钱锺书一家书信及手稿等共计一百一十件作品，手稿包括钱锺书二百零七页笺纸钢笔《也是集》手稿，杨绛六页《干校六记》校勘等重要的文学研究资料；书信包括六十封钱锺书毛笔书信，八件钱锺书钢笔及圆珠笔书信，十二封杨绛钢笔书信，六封钱瑗钢笔书信等。

操办这次拍卖活动的中贸圣佳国际拍卖有限公司负责人胡兰杰介绍，此批钱氏信札内容丰富、装裱完好，均未曾公布。钱锺书书法信札大多采用文言文、八行笺（古代的一种信纸，以竖排的八列为一整张，每页信纸都是八列，从右向左书写），密密麻麻，是钱锺书的书法写作特点。

这些书信多是钱氏一家与香港《广角镜》杂志社总编辑李国强的书信往来。从书信内容可知，李国强与钱家相识于一九七九年，至钱瑗病逝、钱锺书病重，两家始终保持着密切联系。李国强于一九七九年至一九九八年间，在《广角镜》月刊工作并担任总编辑，因邀请钱锺书撰稿与其结识，前后出版《干校六记》（一九八一）、《也是集》（一九八四）。此后，钱锺书又托李国强用稿费购买西文书籍，因此通信颇频。

有钱学专家在见过这批手稿后表示，其中最有价值的是钱锺书书信部分，书写内容简短精练，言辞恳切又不乏钱氏的诙谐、幽默、戏谑。书信内容既有钱锺书、杨绛关于稿件出版的种种细节，又有对于事件看法、对于他人评价直抒胸臆的表达，这些观点若不是在私人信件中透露，在一位作家的著作中通常是甚少提及的，因而真实反映了钱锺书性情、情趣及其为学做人，是解读钱氏之学的宝贵资料。①

公开资料显示，这批钱锺书的书信横跨一九七九年至一九九一年，贯穿了《也是集》的整个出版过程。从一九七九年至一九八四年，《也是集》的出版历经五年，通过这些书信可见，钱锺书从最开始的"不合作"到与李国强成为挚友，最终达成出版著作。

尽管这批涉及不少对历史和学人的评判的信札，有着重要的文献和研究价值，但是由于这些信札关涉个人隐私，一旦内容公开，则会引起杨绛的强烈不满。

一百零二岁高龄的杨绛于二〇一三年五月二十日在家中得知拍卖消息时，

---

① 《学者谈钱锺书书信拍卖：研究需求和隐私需要平衡》，《钱江晚报》，2013年5月29日。

很是吃惊,她立即给远在香港的收藏人李国强打去电话,表示"我当初给你书稿,只是留作纪念;通信往来是私人之间的事,你为什么要把它们公开?""这件事情非常不妥,你为什么要这样做?请给我一个答复。"

李国强回应杨绛说:"这件事情不是我做的,是我朋友做的。"他承诺要给杨绛一封书面答复。当记者联系六十七岁的李国强时,他表示对拍卖信札一事无可奉告。

而拍卖公司则回应说,"本意是出于对钱锺书和杨绛的尊重,书信及手稿具有非常重要的文献价值和文学研究价值","研讨会和拍卖时间将提前"。

二十六日,杨绛通过《新民晚报》《光明日报》等九家媒体发布公开信表示,坚决反对钱锺书及其本人与女儿的私人书信被拍卖,如果拍卖举行,她将诉诸法律,维护自己和家人的合法权利。公开信全文如下:

> 近来传出某公司很快要拍卖钱锺书、我以及钱瑗私人书信一事,媒体和朋友很关心我,纷纷询问,我以为有必要表明态度,现郑重声明如下:
>
> 一、此事让我很受伤害,极为震惊。我不明白,完全是朋友之间的私人书信,本是最为私密的个人交往,怎么可以公开拍卖?个人隐私、人与人之间的信赖、多年的感情,都可以成为商品去交易吗?年逾百岁的我,思想上完全无法接受。
>
> 二、对于我们私人书信被拍卖一事,在此明确表态,我坚决反对!希望有关人士和拍卖公司尊重法律,尊重他人权利,立即停止侵权,不得举行有关研讨会和拍卖。否则我会亲自走向法庭,维护自己和家人的合法权利。
>
> 三、现代社会大讲法治,但法治不是口号,我希望有关部门切实履行职责,维护公民的"通信自由和通信秘密"这一基本人权。我作为普通公民,对公民良心、社会正义和国家法治,充满期待。①

针对此次拍卖引发的诸多法律问题,当天,来自清华大学、北京大学、中国人民大学的民法、知识产权法和宪法领域的法律专家,进行了专题研讨。

专家指出,私人信件的性质特殊,体现了发信人对收信人的个人信赖。"收

---

① 《新民晚报》A13版,2013年5月27日。

信人虽对信件享有所有权,但是并不能随意处分这些信件。收信人在行使所有权时,应当尊重公共秩序和善良风俗,不得伤害发信人对自己的信赖,不得侵害发信人和第三方的合法权益。"

二

针对数家媒体曝光"钱锺书杨绛手稿首次大规模面世并将于6月22日拍卖"一事,从自己固有的观念出发,杨绛认为此事不妥,她坚决要求叫停此次拍卖。

此次拍卖的这批手稿基本上是在二十世纪八十年代的通信,从著作权法的角度来看,还在五十年的保护期之内。由于书信的著作权归属于写信人,著作权本身也是可以继承的。因此,无论是钱锺书的,还是杨绛的手稿,如果未经杨绛的允许,是不可以出版的。但拍卖行的图录,也许并不是公开出版物,是否应得到杨绛的允许,可以存疑。

可从著作权法的另一角度论,收信者拥有所有权,但如果没有获得发信者的同意,不得随意公开信件。虽然从拍卖的角度来说,是所有权的转移,但在著作权人未经允许的情况下,是不能通过预展或者图录的形式,将手稿内容公开。

但是,我们也应该看到,对于委托人来说,其拥有对于手稿的处分权利,是通过拍卖,还是捐赠,与著作权人没有关系。即使通过拍卖的手段,只要不展示出手稿的内容也是可行的。从这一点来看,此次负责拍卖的有关机构,将信件的内容公开无疑是有瑕疵的。

手稿所具有的文献价值和文物价值是有目共睹的。虽然现代印刷技术使作品的传播更加便捷,但在作品内外的丰富内涵仍未能完整体现,而手稿作为一个原生态的文本,既可还原印本之缺,又能为研究者提供丰富的信息,探寻作者的心路历程。但无论意义如何巨大,手稿拍卖不仅与委托人有关,还涉及著作权人;手稿的研究价值再大,其交易的范围也应该受到法律的约束。

这项拍卖已经酿成公共事件,一时间成为舆论焦点。

是年五月二十九日,中国作家协会主席铁凝发表谈话,声援杨绛。铁凝认为:"公开和出售别人的隐私,有悖于社会公德与人的文化良知。"

铁凝说:"关于钱锺书杨绛私人书信被拍卖一事,我看到《文汇报》上一些法学专家的意见,我是同意的。这一行为侵犯了他人的隐私权。以往国内外也有类似的案例被裁定。在当事人不知情或不同意的情况下，擅自公开拍卖和公开出版的性质完全相同，最重要的在于'公开'。任何未经许可的公开都是对隐私权的侵犯。"

铁凝认为："私人间的通信是建立在相互尊重、信任的基础上的。利用别人的信任，为了一己之私，公开和出售别人的隐私，有悖于社会公德与人的文化良知。在当事人坚决反对的情况下，如果还执意要这样做，是对当事人更深的伤害。"

铁凝指出："钱锺书和杨绛先生是我国著名的文学大家、翻译大家，深受国内外众多读者的喜爱，对中国文学乃至中国文化产生了重要影响。杨绛先生是亲历'五四'运动，唯一仍在世的中国作家。钱锺书、杨绛二人把一生全部的稿费和版税捐赠给母校清华大学，设立'好读书'奖学金，至今捐赠累计逾千万元，受益者已达数百位学子。如今，一百零二岁的杨绛先生精神矍铄，身体康健，我认为这是中国文学界和文化界的幸事和喜悦之事。拍卖事让这位年逾百岁的老人在安宁和清静中被打搅，她的情感、精神受伤害。让这样一位老人决意亲自上法庭一定是许多喜爱钱锺书、杨绛作品的读者不希望看到的，一定也是善良的国人不乐意看到的。人心的秩序，人际关系中信任、坦诚这些美好的词汇万不可变得如此脆弱和卑微。"①

同日，国家版权局回应书信拍卖事件：支持杨绛依法维护合法权益。时任国家版权局版权管理司司长于慈珂表示："国家版权局支持著作权人依法维护自身合法权益的诉求，并将继续关注事件进展。"他说，就著作权而言，书信作为文字作品，著作权属于作者，即写信人。拍卖活动的相关行为方在对信件进行处分时，未经著作权人同意，不得对书信做著作权意义上的任何利用，否则涉嫌对著作权人合法权益的侵害。比如，将书信的全部或部分内容公之于众，就可能涉嫌侵犯著作权人的发表权。

他指出，根据现行《中华人民共和国著作权法》第四十七条，对于未经著作权人许可发表其作品的侵权行为的，应当根据情况，承担停止侵害、消除影响、赔礼道歉、赔偿损失等民事责任。②

五月三十日，中国作协官网"中国作家网"报道，近日，未经作家同意拍卖钱锺书、杨绛先生私人书信一事在广大作家中引起了强烈反响。中国作家协

---

① 江胜信：《铁凝：拍卖钱锺书杨绛书信有悖文化良知》，《文汇报》，2013年5月30日。
② 张贺：《国家版权局表示拍卖钱锺书一家书信不得侵犯作者著作权》，《人民日报》，2013年5月30日。

会作家权益保障委员会负责人表示,中国作家协会支持杨绛先生依法维权。

该负责人称,书信不同于一般物品,虽然书信所有权属于收信人,但书信内容是写信人创作的作品,其著作权仍属于写信人。从古至今,信札是文人、作家之间联系沟通、交流心得的重要工具。在作者明确表示反对的情况下,拍卖私人信件涉嫌侵害作者的著作权、隐私权及名誉权。开此不良之风会使作家对书信往来有所顾忌,增添将来自己的书信也被拍卖、被公开的担心,从而对作家之间的文笔交流带来不利影响。

该负责人表示,中国作家协会一贯重视维护广大作家的合法权益,反对任何损害作家合法权益的行为。我们对书信持有人见利忘义的行为表示愤慨,同时也希望拍卖公司充分尊重和理解杨绛先生的意愿,停止拍卖钱锺书、杨绛及钱瑗的私人书信。

同一天,中国拍卖行业协会发布回应,表示深切理解并尊重杨绛的感受和反应,并希望委托人能充分尊重杨绛的意愿。

回应强调,中拍协"正协调相关人士,希望委托人能充分尊重杨绛的意愿;同时,建议并督促拍卖企业积极融通各方,在法律的框架内,秉持杨绛一贯遵守的'对文化的信仰'和'对人生的信赖'精神,使问题尽早妥善解决"。

三

一波未停,一波又起。二〇一三年五六月间,有关钱锺书、杨绛信件上拍的消息频传。

五月二十七日,杨绛正式委托律师王登山担任其代理人。当天,王登山就向中贸圣佳公司发出了律师函,要求立即停止公开拍卖杨绛等人的私人信件。随后,王登山又向北京二中院提交了责令停止侵害著作权的诉前禁令申请书。

据了解,法院作出裁定前组织双方进行了法庭谈话。中贸圣佳公司称,事先未对拍品的著作权权属进行审查,也未取得著作权人许可。

就在本案进行中,北京保利国际拍卖有限公司也宣布要拍卖钱锺书和杨绛的三封私人书信手稿。

六月一日,为期六天的北京保利春拍在北京亚洲大酒店举槌。其中,原定六月三日上午举行的古籍文献名家翰墨专场中,有钱锺书和杨绛书信上拍。

据《成都商报》报道,第一件是"钱锺书信札",系写给包立民的,写于一九八九年八月二十二日。包立民与钱锺书并非熟识朋友,当时包立民在研究聂绀弩二十世纪六十年代手抄诗稿《马山集》,发现诗册中有一首《柬钱》,涉及一位钱姓之人需要求教。钱锺书在信中表示,《柬钱》不是写给他的,而是另有其人,希望包立民细心访究。属于业务探讨范畴,未提及私人生活。

第二件是"钱锺书、杨绛致同贤先生信札",其中一封是钱锺书和魏同贤在信中以兄相称,言辞恳切。杨绛在信中主要与魏同贤闲聊家常,介绍钱锺书近况,以及不能去拜访的原因。这两封信分别写于一九九七年和一九九九年。同贤即魏同贤,曾任上海古籍出版社社长、中国古典文学研究专家。

第三件是"锺书先生评'《围城》里的三闾大夫'",此拍品为读者季家骥经陈诏介绍,投稿解放日报文艺部张曙,谈《围城》改编成电视剧后的观后感。陈诏将投稿复印后交由钱锺书圈阅,钱锺书亲笔对文章内容作说明阐述。此稿为较为难得的钱锺书先生正面批校阐述文本,铅笔书写,历数十年保存至今。

上述书信由透明塑料封皮包裹,纸张较旧,其中给包立民的信是钱锺书在中国社会科学院的便笺上写就。另外两封信钱锺书用毛笔竖行书写,而杨绛一封字体较小。据此前北京保利官网显示,第一件信拍品估价为1.2万元至1.5万元;第二件估价为3万元至3.2万元;第三件"钱锺书先生评'《围城》里的三闾大夫'",估价是3000元至4000元。

五月三十一日,有媒体记者致电杨绛,其家中接听电话的女士表示,杨绛对此事尚不知情。

六月二日,已获知信息的杨绛发表紧急声明,反对北京保利今日上午拍卖钱锺书和她的书信。声明指出:

> 我于五月二十六日曾经发表声明,强烈反对北京中贸圣佳国际拍卖有限公司(以下简称北京中贸圣佳)拍卖我们一家的信件。随后,中国国家版权局、中国作家协会主席铁凝女士、中国作家协会作家权益保障委员会、中国拍卖行业协会以及法学界、文学界权威人士等都发表意见,呼吁有关拍卖公司和个人尊重书信人的著作权、隐私权、通信秘密权和人格尊严,立即停止有关拍卖和相关宣传活动。我也已经采取了法律行动,保护我们的合法权益。

杨绛在声明中表示:"近日来,国内外很多朋友、领导都对我表示关心,对此事的进展表达严重关切,希望国家和社会能够坚守住我们的道德和法律底线。""正在我们热切期待社会正义早日实现,法律权威得以捍卫之时,传来北京保利不顾公众的反对和法律的尊严,公然、肆意践踏、侵犯一位百岁老人的合法权益和人格尊严,我十分意外。"

杨绛强调:"我只想再次明确表态,坚决反对任何公司、企业和个人未经许可,擅自拍卖钱锺书、我以及女儿钱瑗的书信,我们也从来没有授权任何公司和个人处理、拍卖我们的信件。"

杨绛在声明中要求北京保利立即停止六月三日上午的拍卖,并再次要求北京中贸圣佳立即停止有关拍卖和宣传活动。

"对于任何其他公司和个人,我也提出同样的要求,希望你们合法经营,尊重法律,尊重公民的基本人权。赚钱的机会很多,不能把人家的隐私曝光在大庭广众之下,拿别人的隐私去做买卖。如果你们一意孤行,我将会亲自走向法庭,维护自己和家人的合法权利。我绝不妥协,一定会坚决维权到底。"杨绛最后表示。

杨绛的代理人王登山也于同日上午向保利拍卖公司发出了书面律师函,并向其管理层发出了律师函电子版。

当晚六时,北京保利在其官网发声明,称撤拍涉及钱锺书与杨绛的信件。

北京保利的撤拍声明中称,在二○一三年春季拍卖会征集过程中,确有三件涉及关于钱锺书与杨绛先生的信件(四封书信),并准备上拍。在拍卖前期准备及图录印刷完成后,得知杨绛维权事件,公司已在第一时间决定将三件拍品撤拍,并计划在相关专场拍卖现场公示撤拍信息。

北京保利声明最后说,为表示对钱锺书与杨绛的尊重,特发公开声明。新华社记者随后与北京保利联系确认,撤拍声明为该公司所发。

北京保利发布声明后,其官网上已无上述四封信件的宣传和估价信息。

四

六月三日,北京市第二中级人民法院作出裁定,要求中贸圣佳国际拍卖有限公司不得实施侵害钱锺书、杨绛、钱瑗写给李国强的涉案书信手稿著作权的行为。法院在裁定中特别强调,任何人包括收信人及其他合法取得书信手稿的人,对于合法取得的书信手稿进行处分时均不得侵害著作权人的合法权益。

收到裁定书后，杨绛的代理人、北京大成律师事务所高级合伙人王登山律师和其助手王晓慧律师发表谈话。王登山说，裁定书明确指出："书信作为人类沟通感情、交流思想、洽谈事项的工具，通常是写信人独立构思并创作而成的文字作品，可以成为著作权法保护的作品，其著作权应当由作者即发信人享有。"钱锺书去世后，杨绛作为其唯一继承人，有权依法继承其著作权中的财产权，保护其署名权、修改权，行使其发表权。钱瑗去世后，杨绛和钱瑗的丈夫杨伟成作为其继承人，由于杨伟成明确表示在本案中不主张权利，故杨绛依法有权主张相关权利。

"保利公司撤拍，是我们维权的第一个成果。"王登山说，"今天北京二中院又作出诉前禁令，是第二个成果。"在向北京二中院提起诉前禁令的同时，王登山也代表杨绛向法院提交了民事起诉状，要求保护委托人杨绛及其家人的隐私权、著作权等合法权利。"杨绛已经声明绝不妥协、坚决维权到底。作为代理律师，我们一定会为委托人依法维权竭尽全力。"[①]

六月六日，中贸圣佳国际拍卖有限公司在其官方网站发布消息称，决定停止六月二十一日"《也是集》——钱锺书书信手稿"的公开拍卖，但该公司同时声明为举办这次拍卖会的前期活动均符合我国法律及拍卖行业的相关规定。

关于停止"《也是集》——钱锺书书信手稿"公开拍卖活动的决定

中贸圣佳国际拍卖有限公司（以下简称"我公司"）原计划于二〇一三年六月二十一日举行的"也是集——钱锺书书信手稿"公开拍卖活动。该拍卖消息公布后，杨季康女士（笔名杨绛）发表了公开反对拍卖的声明并委托代理人向北京市第二中级法院提出了要求"公开拍卖等请求"的诉前禁令。

我公司一直高度关注杨季康女士（笔名杨绛）对此事的态度。尽管北京市第二中级法院在二〇一三年六月三日作出的（2013）二中保字第9727号《民事裁定书》，并非裁定要求我公司停止"也是集——钱锺书书信手稿"的公开拍卖活动，但我公司出于对杨季康女士（笔名杨绛）的尊重，现决定停止二〇一三年六月二十一日"也是集——钱锺书书信手

[①] 袁祥、王逸吟：《法院裁定拍卖公司不得侵害钱锺书杨绛书信手稿著作权》，《光明日报》，2013年6月4日。

稿"的公开拍卖。同时,郑重声明我公司为举办本次拍卖会的前期活动均符合我国法律及拍卖行业的相关规定。

最后,我公司衷心感谢社会各界的热烈关注,感谢拍卖界、法律界及世界钱锺书研究学者们给我们无私的支持和帮助。

私人信件免遭拍卖之后,杨绛还想继续"讨个说法"。在中贸圣佳国际拍卖有限公司宣布撤拍钱杨信件的第二天,也就是六月七日,北京市第二中级人民法院向杨绛代理人王登山送达了《受理案件通知书》,决定受理原告杨绛诉被告中贸圣佳国际拍卖有限公司、李国强侵权纠纷民事诉讼案。

《文汇报》记者给杨绛家打电话,接电话的保姆吴阿姨称:"奶奶(杨绛)说,我爸爸就是学法律的,我也懂法,知道法律一定会保护老百姓的通信秘密。"杨绛父亲杨荫杭是辛亥革命志士、法学硕士。杨荫杭最著名的事迹是在浙江当高等审判厅厅长时,坚持原则判决了督军的恶霸亲戚;任京师高等检察长时,坚持司法独立,毅然传讯交通总长并搜查其寓所。杨绛此次较真,和她父亲较真的,正是同一个理儿——法律面前,没有特权;撤拍,不能只因为她是杨绛。①

按照规定,从法院受理到判决,普通程序将在六个月之内完成。在判决生效前,诉前禁令一直是有效的。

五

二〇一四年二月十七日上午,北京市第二中级人民法院在官网上公布了杨季康(笔名杨绛)诉中贸圣佳国际拍卖有限公司、李国强侵害著作权及隐私权纠纷一案一审判决结果。法院判决中贸圣佳公司停止涉案侵害书信手稿著作权行为,赔偿杨季康十万元经济损失;中贸圣佳公司、李国强停止涉案侵害隐私权的行为,共同向杨季康支付十万元精神损害抚慰金;中贸圣佳公司、李国强就其涉案侵权行为向杨季康公开赔礼道歉。

杨绛的起诉书称,虽然法院于本案诉前作出停止侵权裁定后,中贸圣佳公司停止了对涉案书信手稿的拍卖,但李国强作为收信人将涉案书信手稿交给第

---

① 江胜信:《杨绛继续讨个说法》,《文汇报》,2013年6月10日。

三方的行为,以及中贸圣佳公司在司法裁定前为拍卖而举行的准备活动,已经构成对自己等的著作权和隐私权的侵犯,给自己造成了严重伤害。为使自身权益受到永久性保护,故诉至法院请求判令中贸圣佳公司与李国强立即停止侵犯自己隐私权、著作权的行为,公开赔礼道歉,赔偿因侵害著作权给自己造成的五十万元经济损失,支付十五万元精神损害抚慰金,支付自己为制止侵权所支出的五千元合理开支。中贸圣佳公司辩称,其已履行了审查义务,无法预见到涉案行为存在侵权可能性,且诉前裁定作出后并未实施拍卖行为,亦未进行预展活动,仅将相关拍品拍摄成为数码照片,刻制成三份光盘向三位鉴定专家提供,故并未侵权。李国强辩称已于二〇一三年四月二十一日,将涉案书信等转让给案外人,故自己与涉案拍卖活动无关。

而北京市第二中级人民法院经审理认为,涉案书信均为写信人独立创作的表达个人感情及观点或叙述个人生活及工作事务方面的内容,是以文字、符号等形式表达出来的文学、艺术和科学领域内的智力成果,符合作品独创性要求,构成我国著作权法保护的作品。钱锺书、杨季康、钱瑗分别对各自创作的书信作品享有著作权,应受我国著作权法保护。杨季康、杨伟成(钱瑗的配偶)作为钱瑗的继承人,有权依法继承钱瑗著作权中的财产权,依法保护其著作权中的署名权、修改权和保护作品完整权,依法行使其著作权中的发表权。鉴于杨伟成书面表示同意杨季康单独在本案中主张相关权利,故杨季康依法有权主张涉案钱瑗的相关权利。同时,杨季康有权依法继承钱锺书著作权中的财产权,依法保护其著作权中的署名权、修改权和保护作品完整权,依法行使其著作权中的发表权。涉案相关书信均为写给李国强的私人书信,内容包含学术讨论、生活事务、观点见解等,均为与公共利益无关的个人信息、私人活动,属于隐私范畴,应受我国法律保护。钱锺书、杨季康、钱瑗各自有权保护自己的隐私权不受侵犯。杨季康作为钱锺书、钱瑗的近亲属和继承人有权就涉案隐私权问题提起本案诉讼。

中贸圣佳公司作为涉案拍卖活动的主办者,已通过召开研讨会等方式将钱锺书、杨季康及钱瑗的书信手稿向相关专家、媒体记者等披露、展示或提供,且未对相关专家、媒体记者不得以公开发表、复制、传播书信手稿等方式侵害他人合法权益予以提示,反而在网站中大量转载,其行为系对相关书信著作权中的发表权、复制权、发行权、信息网络传播权及获得报酬的权利的侵害,依法应当承担停止侵权、赔偿损失的法律责任。中贸圣佳公司未经杨季康许可,擅自向鉴定专家、媒体记者等展示、提供并放任相关人员在互联网上传播钱锺书、钱瑗、杨季康三人的私人书信及相关隐私，还对相关信息进行了大范围集中转载和传播，构成对相关权利人隐私权的侵害，造成了不良影响，依法应承担停止侵权、赔礼道歉、支付精神损害抚慰金的法律责任。李国强作为收信人，负有保护写信人通信秘密和隐私的义务，况且杨季康已于信中明确要求其将手中书稿信札等妥为保藏。基于此，李国强作为收信人，未经权利人同意擅自以转让或其他方式使得涉案书信手稿对外流转，且未对受让人及经手人等作出保密要求和提示，导致后续涉案侵权行为发生，亦构成对杨季康涉案隐私权的侵害，依法应与中贸圣佳公司承担连带责任。据此，作出了上述判决。

北京二中院的一审宣判后，中贸圣佳公司不服，向北京市高院提起上诉。中贸圣佳公司在上诉中认为：现有证据不足以证明杨绛有权依法行使钱瑗（杨绛之女）的涉案权益，公司也已提前取消了研讨活动，不存在主观过错，且早已主动终止了被诉的侵权行为，原审法院判决缺乏事实和法律依据；收信人李国强也认为自己很无辜："我（把书信）卖给了香港画院一位姓叶的经理，他又转卖给另一个人，那个人再拿到北京拍卖。我没有参与拍卖，跟著作权没有关系。"

四月十日下午的终审判决，让持续十个多月的"钱杨书信拍卖"一案最后落槌。北京市高院宣布维持一审原判，杨绛闻讯后表示很欣慰。十五日，她表示将把获赔之后的二十万元全部捐给公益组织。

北京市高院终审判决的具体内容为：中贸圣佳公司停止侵害书信手稿著作权的行为，赔偿杨绛经济损失十万元；中贸圣佳公司、李国强停止侵害隐私权的行为，共同向杨绛支付精神损害抚慰金十万元。中贸圣佳公司、李国强就其涉案侵权行为向杨绛公开赔礼道歉。

尽管这与杨绛要求拍卖方中贸圣佳和收信人李国强共同赔偿"五十万元经济损失、十五万元精神损害抚慰金"的诉讼请求在赔偿数额上存在落差，但杨绛并不看重钱。她生活简朴，乐善好施。面对此次"钱杨书信拍卖"一案的判赔金额，她再次决定捐赠是顺理成章之举。

通过"钱杨书信拍卖"一案，有些方面是值得学人反思的。

自二十世纪七十年代末起，钱锺书出版《管锥编》后，学术界对他的兴趣与日俱浓。一九八〇年小说《围城》的再版畅销与一九九〇年电视剧的热播，使"钱学"渐渐转向"显学"。钱锺书的读者也渐渐从少数象牙塔中人增至普罗大众。

一九八二年钱锺书当上中国社会科学院副院长后，不相识的人来函求推荐、作序、题词等也多了起来。读信、复信遂成了晚年钱锺书一项重要工作，连他自己都感叹"几乎成了写信的动物"。

杨绛说："每天第一事是写信，他称'还债'。他下笔快，一会儿就把'债'还'清'。这是他对来信者一个礼貌性的答谢。但是债总还不清；今天还了，明天又欠。"

其实，自言大量拥有钱氏手札者大有人在。香港的宋淇与钱锺书晚年书信来往密切，去世后留下一大批钱氏手札。其子宋以朗透露，宋淇与钱氏夫妇的通信，10年间共有138封。中国台湾学者汪荣祖说他保存着75封信，曾征求过杨绛的意见，表示不会发表。翻译家许渊冲在一篇《忆钱锺书》的长文中，就收录了近20篇钱锺书的来信。

钱锺书不厌其烦地复信、题签。使他赢得了更多人的尊重与理解，满足了一部分粉丝的"追星梦"，也确实激励了一大批青年学人的成长，甚至成了他们的精神导师。但与此同时，这些当初根本没有预料会被拿去拍卖和公之于世的私信（这和胡适、吴宓等把日记当著作出版不一样），给钱锺书留下了"无穷后患"。杨绛也承认"这些信也引起意外的麻烦"。

其实，最大的问题还不是拍卖的金额问题，主要是私信的内容被别人误读和利用，使"一束矛盾"（钱锺书的自嘲语）的钱锺书形象凸显了出来，让钱锺书的公众形象受到质疑。譬如，钱锺书的世故、客套在他的私信中一览无余，在已公布发表的信中早已不是秘密。①

文学史家夏志清就认为钱函："写信太捧人了，客气得一塌糊涂。"

确实，事到如今，人们可以清楚地看到，之所以这场拍卖令百岁老人杨绛如此发怒与"较真"，导火线仍是出在那些信札内容上。她以为，他人的这一行动就侵犯了钱锺书及其家人的隐私，她事前未曾料到。但是，钱锺书终究是一位文化名人，几位资深法令界人士共同表明，虽然名人也是公民，其隐私权遭到法令维护，但通常在业界看来，只需底线不被打破，关于名人的隐私权界定比拟普通人仍是有更大容忍度的。

对熟悉杨绛行事风格的人来说，杨绛的反对原非意外：他们夫妇曾数十年如一日地躲在自家小天地里，躲避瘟疫般谢绝各色人等的滋扰，除却二三知己，

---

① 钱之俊：《晚年钱锺书："我几乎成了写信的动物"》，《同舟共进》，2014年第5期。

素不愿向公众敞开自己的私人空间。即使说到"二三知己",敞开程度也着实有限。

钱锺书在一九七九年九月致黄裳的信中说：

"弟此番在美,睹博士论文及拙作译本、小传,语多不经。一作者自加拿大来见,问之则云,曾至港台,遍访弟师友,采撷轶闻,弟乃知自传不可信,相识回忆亦不可信。古来正史、野史,均作如是观。"①

尽管钱锺书一再申明,"自传不可信,相识回忆亦不可信",然而,杨绛的《记钱锺书与〈围城〉》和《我们仨》等自述性论著,还是提供了大量关于钱锺书一家三口生活的第一手细节,极大满足了读者的好奇心。那么,这里是否存在行事风格上的明显矛盾呢?一边拒绝各路媒体记者的采访,对部长级官员的新年拜访都爱搭不理,对他人意欲为钱锺书等立传之举不予配合,一边又（主要经由杨绛之笔）写出大量日常生活?

实际上,这并不矛盾,因为在上述貌似矛盾的杨绛言行中,可以找到一个逻辑支点,这就是一切状况均应予以"管控"。"管控"二字被杨绛奉为天条!

显然,令杨绛反感并高度警惕的,并非自己的日常言行是否可以记述,而是他人对此是否"曲解",一旦杨绛认为对方意在"曲解",必定睚眦必报,或诉诸媒体,或明确告知对方"需负法律责任"!

当钱家掌故由杨绛亲自缕述时,所述内容均处于可控状态,读者只能读到杨绛愿意分享的内容;反之,一旦执笔者为未获授权的他人,对钱、杨故事的叙述就处于不可控状态,当此之际,哪怕对方并未歪曲篡改,钱、杨二人仍可能勃然大怒。那些钱、杨当年并未意识到日后会进入公众视野的书信,突然以拍卖形式公开,就会因其不可控性而令杨绛徒生不快。

对此,还是周泽雄说得颇为肯綮："我理解并敬重钱锺书、杨绛二先生珍爱羽毛、洁身自好之念,但又不得不说,读者希望通过更多途径来加深对钱、杨学术的理解,也情有可原,即使某些手稿内容会'不可控'地沦为八卦谈资,亦无损其合理性。这一切的前提是,其中不存在法律上的障碍。"②

发生在二〇一三年至二〇一四年之间,将近一年的这场书信手稿拍卖案中,杨绛取得了完胜,表现出硬朗的一面,没有半点"柔弱",有的只是"刚强"。当然,舆论在其中的一边倒,不无值得玩味之处。

---

① 转引自黄裳：《珠还记幸》（修订本）,北京：生活·读书·新知三联书店,2006年4月第1版,第332页。
② 周泽雄：《钱锺书、杨绛的尴尬与情理》,《东方早报》,2013年5月24日。

第十九章　死者如生，生者无愧

一

钱锺书一生酷爱读书，每读一书必做笔记，留下了数量惊人的从未面世的读书笔记，一直由杨绛保存着。

二〇〇〇年，杨绛与商务印书馆达成协议，将钱锺书的全部读书笔记影印出版，名为《钱锺书手稿集》。共分为《容安馆札记》《中文笔记》《外文笔记》三部分。而《容安馆札记》（全三册）已于二〇〇三年出版。

《钱锺书手稿集·中文笔记》（全二十册）影印版则于二〇一一年由商务印书馆出版。十月十五日，该书的出版座谈会"品读手稿集——走进钱锺书的读书生活"在首都图书馆举行。与钱锺书、杨绛夫妇相识多年的几位老朋友、钱锺书学术思想的研究专家、手稿集的重要参与整理者——翻译家、原《世界文学》主编李文俊，中国社会科学院外国文学研究所研究员叶廷芳、薛鸿时，副研究员张佩芬，共同追忆钱锺书好读书、好谈书、好借书的生活点滴，品读手稿集中宝贵的文化遗存，感悟一代鸿儒不慕名利、专意治学的文化精神。

"莫将精力作人情。"叶廷芳称钱锺书的这句话让他深有感触，他说："钱老一生潜心治学，不愿将精力放在一些社会活动上，这值得现在的学者们学习。"

座谈会上，杨绛发去录音，她说："钱锺书生前对我说，我平生志气不大，就想竭尽毕生精力，做做学问。"据杨绛回忆，钱锺书在清华待了四年，连八大处都没去过。他读起书来不择精粗，极俗的书他也能看得哈哈大笑，像《全唐诗》那样极厚的书也能慢慢啃完，而且每读一书，必做笔记。

《钱锺书手稿集·中文笔记》所收手稿八十三本，内容主要为钱锺书阅读中国古代典籍所做的笔记，其书写时间从二十世纪三十年代至九十年代，原稿有一万五千页左右，为中外文化研究，尤其是为国学研究提供了很多新命题、新材料和新方法。这套出版物，依据钱锺书先生手稿影印而成，凡二十册。其中收录中文笔记七十九册，按时代先后排序，依次为九本残页，二十五册大本，三十四册硬皮本，十一册小本，由杨绛亲自编排而成。

《钱锺书手稿集·中文笔记》不仅包括《诗经》《论语》《史记》《全唐诗》《全宋词》《红楼梦》等经典，更大量涉及历代文人诗文别集、笔记小说、野史杂谈、尺牍日札。多种形制、各类语体的读书笔记曾伴随钱锺书走南闯北，历经磨难。在"文革"期间，为了保住这些笔记，钱锺书与杨绛把日记从本上一条条剪下。居无定所之际，杨绛更是用枕套、麻袋装上这些笔记本从一个家运到另一个家，没丢掉一本。钱锺书辞世前曾说，这些笔记都没用了。但杨绛不同意，"他（钱）一生孜孜矻矻积聚的知识，对于研究他学问和研究中外文化的人，总该是一份有用的遗产"。二〇〇三年《容安馆札记》出版后，《钱锺书手稿集·中文笔记》开始了扫描工作，编辑回忆说："那时候扫描很费劲，不像现在这么先进，因为手稿很珍贵，技术部买了好几台高精的扫描仪，专门弄了间房间，聘请两个专人扫描手稿。光扫描就用了一两年，扫完还要一一调版，工程量很大。"

二〇〇八年年初，陈洁正式开始了编辑工作，但是很快她便发现"这项工作的复杂性远远超乎最初的想象"。

"有些笔记本掉页儿了，卷边儿了，磨损了，字迹残缺不全，而有些原本完好，排版时一不小心，校样上就缺了角、切了边，得重新调版或扫描。有些批注横跨左右两页，如果排成正反两页，文字之间的联系就被切断了，必须保证每一页都在原来的位置才行。为了避免遗漏，我们得静下心来一页页地核对。"陈洁说。

除了扫描排版，接下来她遇到更大的困难：编目。洋洋洒洒一万五千页中文笔记，如果没有一个清晰完善的目录，对读者来说无异于盲人摸象。"我们钩沉出三千余种书目后，查考大量书目文献，加上规范的书目信息，再根据笔记正文确认版本信息，随后反复核对页码。"

在八十三本中文笔记里，其中有四十九本都有钱锺书自己编的目录，甚至内容里添了一段什么，目录里也要插进去一个"参见第××册"，而且目录有序号，如果发现哪里错了他把序号也改了，钱锺书的认真程度可见一斑。

为《钱锺书手稿集·中文笔记》编订分册目录的李小龙说："刚开始，觉得照着钱先生的目录一一对号就行了，但是一接触，发现会有各种各样的例外情况，所以必须有一个整体的凡例。虽然钱先生自己也做了目录，但是出书的话，直接用钱先生的目录并不方便。他一般只写一个书名，可他看的书太多了，很多书书名一样,作者不同,而且钱先生没有标明卷数,所以还是需要重新做。

"钱先生的中文笔记数量庞大,任何一个学者都不可能从头看到尾,但是里头信息又很多,它和《管锥编》还不一样,《管锥编》不但有目录,甚至每节还拟有细目,再加上后来又有学者做了《管锥编》和《谈艺录》的索引,所以用起来是很方便的。但是《中文笔记》的数量比起《管锥编》,是百倍以上,里面资料多、他读的生僻的书又很多,读者拿到这套书,可能会不知从何入手,因为到处都是有用的资料。所以做目录的用意,就是给读者提供方便。"李小龙说。

编写目录,时常要不断地揣摩钱锺书的思路。"他看的清人别集很多,有很多人的别集有几十种,他只列了别集的名字,基本都不写卷数,我就要考虑他到底看了哪一种,因为像钱谦益、厉鹗、王士禛等人,别集数量特别多,有全集,有选集,甚至还有后人补辑的集子,我们商量一定要把卷数注出来,这对我们可能很难,但是对于读者和学术界来说可能很有用,否则大家不知道他看的是哪个版本。"

钱锺书很重视版本,但是在笔记里他没有著录版本,因为毕竟是笔记,不像写专著时必须标明卷数。"这个问题真的很棘手。钱先生会在正文里提及卷数,比如他只提到了'卷二十',但是有二十卷本、也有三十卷本,就无法确定。所以我后来很多工作是查原书,看他写了卷二十的哪一个篇目,我在原书里去找有没有这个篇目,如果有就证明很可能是这个版本的,如果没有就可能是另一个版本,这个工作费了不少时间。"李小龙说。

好在《续修四库全书》收了大量清人别集,帮他解决了不少疑问,因为钱先生读的很多书在这里都能找到。但是仍有一些实在攻克不了的难关,在编第一遍目录时,存疑的就有二十多种书。"还有的在他列的目录里面,以为是一本书,结果找了很久怎么也找不到这本书,后来才知道是某本书里的一篇,或者一句话。"李小龙说。

经过反复的核实、查找,这些存疑最后都基本解决了。"不过这只是我们认为解决了,而这个卷数只是个参考,到底是不是钱先生当时看的版本仍很难说,但是起码给读者提供一个查考的途径,一个参考的范围。"陈洁说。

这些笔记对于钱锺书来说,不是记在本子上,而是在他脑子里的,笔记对他来说只是个辅助工具,所以他要找什么东西很容易,凭他的脑子找,很快。但是对于编辑笔记的人来说,就要费一番周折了。

如果说钱锺书的笔记是一座蕴藏无尽宝藏的名山,那么编目工作就是勾勒藏宝图的路径。

《钱锺书手稿集·中文笔记》的出版不仅引起国内学界关注，也引起了欧美各大图书馆、研究机构的关注，因为钱锺书在欧美学界声望很高，很多汉学家也对中文笔记手稿期待了很久，因此笔记出版不久，海外订购信息便纷至沓来。

二

《钱锺书手稿集·外文笔记》（Manuscripts of Qian Zhongshu: Foreign Languages Notes）是经国家新闻出版广电总局立项，国家出版基金资助，由商务印书馆组织承担的一项标志性出版工程。该项目采用影印方式出版钱锺书的外文笔记手稿。这些手稿数量惊人，书写时间从二十世纪三十年代至九十年代，由杨绛妥善保存着。

总共四十八册的《钱锺书手稿集·外文笔记》的篇幅相当于前两部分的总和，是现存钱锺书笔记中分量最重、内容最丰富、价值最可观的部分，约计三万五千万页，共二百一十一个笔记本，是他自一九三五年至去世前，循序渐进阅读英语、法语、德语、意大利语、西班牙语等七种语言书籍所做的笔记。这是钱锺书不间断阅读西方文献的忠实记录，涉及哲学、语言学、文学批评、文艺理论、心理学、人类学等众多领域。

《钱锺书手稿集·外文笔记》，从二〇一四年起由商务印书馆陆续出版。它的出版，可以部分弥补钱锺书未能完成西方文学和文化研究著作的遗憾，也可使读者全面了解他对西方学术的阅读视野和思考深度。钱锺书一生攻读大量外国文学著作，本打算用英文写一部研究外国文学的著作，但始终未能如愿。

二〇一四年五月二十九日，商务印书馆召开了《钱锺书手稿集·外文笔记》（第一辑）新书首发式暨出版座谈会。

《钱锺书手稿集·外文笔记》第一辑（全三册）是钱锺书在欧洲留学时所做的读书笔记，书写时间从一九三五年至一九三八年。主要包括英、法、德、意四种语言。内容有对艾略特、洛夫乔伊、简·奥斯丁、查尔斯·狄更斯、艾兹拉·庞德、古尔蒙、阿尔封斯·都德、巴尔扎克、福楼拜、维克多·雨果、弗里德里希·罗高、但丁等人作品的摘录，及钱锺书读书时所作的札记。第一辑的先期推出，将为全面展示钱锺书在外国文学及相关人文社科领域的研究成果拉开序幕。

当天，没有亲临现场的杨绛发去一段录音："这大量的中、外文笔记和读书心得，锺书都'没用了'。但是他一生孜孜矻矻积聚的知识，对于研究他学问和研究中外文化的人，总该是一份有用的遗产。我应当尽我所能，为有志读书的求知者，把锺书留下的笔记和日札妥为保存。""锺书的笔记从国外到国内，从上海到北京，从一个宿舍到另一个宿舍，从铁箱、木箱、纸箱，以至麻袋、枕套里出出进进，几经折磨，有部分笔记本已字迹模糊，纸张破损。锺书每天总爱翻阅一两册中文或外文笔记，常把精彩的片段读给我听。我曾想为他补缀破旧笔记，他却阻止了我。他说：'有些都没用了。'哪些没用了呢？对谁都没用了吗？我当时没问，以后也没想到问。"

杨绛从容的语调之中饱含着大欣慰。"他一直想写一部论外国文学的著作，最终未能如愿，他为之长期所做的外文笔记对他来说，已'没用了'，但是对学习外国文学的人，对于国内外研究钱锺书著作的人，用处还不小呢！感谢商务印书馆继出版《钱锺书手稿集·容安馆札记》和《中文笔记》之后，又投入大量人力物力，整理出版他的外文笔记。这是一项巨大繁复的系统工程。二○一一年《钱锺书手稿集·中文笔记》出版时，我不敢指望却十分盼望有生之年还能亲见外文笔记出版。承蒙德国汉学家莫芝宜佳和她的丈夫莫律祺热心帮助，清华大学、国家出版基金会支持，如今外文笔记出版了第一辑，全书问世也指日可待了。"

在录音中，杨绛感谢了众多的朋友。商务印书馆总经理于殿利说："我们最要感谢的人，是杨先生。如果没有杨先生的妥善保存和分类整理，钱锺书手稿集不可能那么顺利出版。"

曾经翻译《围城》的德国汉学家莫芝宜佳博士在会上说："钱锺书的读书笔记是他生命的一部分，从中可以读出他的热情、知识，以及对生活的好奇和兴趣。"

一九九九年夏天，莫芝宜佳应杨绛邀请，为笔记整理和编目。第一次见到了外文笔记，她这样描述当时的感受："一瞬间，叹为观止的西方文学全貌展现在我眼前，充满尚未解开的秘密。"莫芝宜佳博士利用两年暑假的时间为笔记编出了一份最初的目录。二○一二年，《钱锺书手稿集·外文笔记》重新整理和编目。杨绛再次请来通晓多国语言的莫芝宜佳和她的丈夫莫律祺，共同承担起这项艰巨的任务。经过近三年夜以继日的不懈努力，他们将全部笔记按时间先后重新排序，分为六辑。

莫芝宜佳说:"钱锺书的外文笔记涉及的题材包括美学、历史、政治、心理学、文学等,他的笔记有时是优美的诗歌,有时是个通俗的笑话、语言游戏等,读起来像是与一个有趣的人沟通,总让你有新发现……通过笔记可以看出他对一些著作是一读再读,可以看到一个大学者和艺术家的工作过程和思路。"

作为钱锺书外文笔记的整理者,莫芝宜佳将这些笔记视作"世界奇迹",像一座"万里长桥",把中国与世界联系在一起。在莫芝宜佳女士展示的幻灯片中,出现了英国牛津的一座桥,波光粼粼的河水旁静立着一对年轻的伴侣,杨绛用娟秀的钢笔字写上注解:"一九三六年冬,钱锺韩(钱锺书堂弟)来牛津小住,为我俩摄于牛津大学公园的桥上和桥下。"

彼时,彼处,是《钱锺书手稿集·外文笔记》开始的地方。牛津大学图书馆Bodleian Library以其丰富的藏书,喂饱了钱锺书这条大书虫,他因此把该图书馆戏译为"饱蠹楼"。"饱蠹楼"的图书不外借,到那里读书,只能携带纸笔,书上不准留下任何痕迹。钱锺书在"饱蠹楼读书记"第一册上写道:"廿五年(一九三六年)二月起,与绛约间日赴大学图书馆读书,各携笔札,露钞雪纂、聊补三箧之无,铁画银钩,虚说千毫之秃,是为引。"第二册题词如下:"心如椰子纳群书,金匮青箱总不如,提要钩玄留指爪,忘筌他日并无鱼。"

第一册、第二册……孜孜矻矻,集腋成裘,直至一九九〇年病重住院,钱锺书竟留下了二百一十一本外文笔记。离世之前,提起这些跟随了他半个多世纪的宝贝,钱锺书淡淡说道:"没有用了。"

真的没有用了吗?真的将随着主人的离去而沉寂吗?而今,它们以《钱锺书手稿集·外文笔记》的方式复活了,用影印的方式原生态呈现着飘逸的笔迹,跃动着记录之初的鲜活心思,展陈着一遍遍添补时的思维轨迹。因原始而质朴,因原始而情真,因原始而缤纷,像一座知识的宝库,让淘宝者目不暇接,流连忘返。其学术价值,被钱锺书在西南联大的学生、九十多岁的翻译家许渊冲比作"建设文化强国的一块基石",被中国社会科学院外文所诸专家尊奉为"比较文学史上的一座丰碑"。

杨绛坚定地相信,钱锺书的笔记公之于众是最妥善的保存:"但愿我这办法,'死者如生,生者无愧'。"

第二十章　生命之火

一

钱锺书与杨绛谱写了人间不朽的爱情诗篇。早年，钱锺书为了感激妻子，短篇小说集《人·兽·鬼》出版后，他在自留的样书上写下这样一句话："赠予杨季康，绝无仅有的结合了各不相容的三者：妻子、情人、朋友。"

二〇一四年六月四日，杨绛在上海《文汇报》发表她写于二〇〇九年六月二日的《"钱锺书生命中的杨绛"》。文章写道：

> 我原是父母生命中的女儿，只为我出嫁了，就成了钱锺书生命中的杨绛。其实我们两家，门不当，户不对。他家是旧式人家，重男轻女。女儿虽宝贝，却不如男儿重要。女儿闺中待字，知书识礼就行。我家是新式人家，男女并重，女儿和男儿一般培养，婚姻自主，职业自主。而钱锺书家呢，他两个弟弟，婚姻都由父亲做主，职业也由父亲选择。
>
> 钱锺书的父亲认为这个儿子的大毛病，是孩子气，没正经。他准会为他娶一房严肃的媳妇，经常管制，这个儿子可成模范丈夫；他生性憨厚，也必是慈祥的父亲。
>
> 杨绛最大的功劳是保住了钱锺书的淘气和那一团痴气。这是钱锺书的最可贵处。他淘气、天真，加上他过人的智慧，成了现在众人心目中博学而又风趣的钱锺书。他的痴气得到众多读者的喜爱。但是这个钱锺书成了他父亲一辈子担心的儿子，而我这种"洋盘媳妇"，在钱家是不合适的。
>
> 但是在日寇侵华，钱家整个大家庭挤居上海时，我们夫妇在钱家同甘苦、共患难的岁月，使我这"洋盘媳妇"赢得我公公称赞"安贫乐道"；而他问我婆婆，他身后她愿跟谁同住，答："季康。"这是我婆婆给我的莫大荣誉，值得我吹个大牛啊！
>
> 我从一九三八年回国，因日寇侵华，苏州、无锡都已沦陷，我娘家、

婆家都避居上海孤岛。我做过各种工作：大学教授，中学校长兼高中三年级的英语教师，为阔小姐补习功课，还是喜剧、散文及短篇小说作者，等等。但每项工作都是暂时的，只有一件事终身不改，我一生是钱锺书生命中的杨绛。这是一项非常艰巨的工作，常使我感到人生实苦。但苦虽苦，也很有意思，钱锺书承认他婚姻美满，可见我的终身大事业很成功，虽然耗去了我不少心力体力，不算冤枉，钱锺书的天性，没受压迫，没受损伤，我保全了他的天真、淘气和痴气，这是不容易的。实话实说，我不仅对钱锺书个人，我对全世界所有喜读他作品的人，功莫大焉！①

这篇文章收入了当年由人民文学出版社出版的《杨绛全集》当中。

这年杨绛一百零三岁了。在如此高龄出全集，世所罕见！对喜爱杨绛的读者来说，这是喜讯；对媒体而言，属重量级文化新闻。

人民文学出版社原想开个出版座谈会或新闻发布会，为九卷本的《杨绛全集》，以及中篇小说《洗澡之后》单行本发行造造声势，被杨绛轻轻一句"我说过，我是一滴清水，不是肥皂泡"挡了回去。

"我是一滴清水""穿隐身衣""甘当一个零"……正是杨绛长此以往一以贯之的生活追求和治学态度。

但一滴水不也能折射太阳的光辉吗？所以，当二百六十八万字容量的《杨绛全集》静静摆上货架，那抹光辉仿佛火焰，驱散黑暗、驱散寒冷、驱散孤苦，照亮明天，也照进读者的心房，已经可以牵动视线。

据了解，杨绛不主张开出版座谈会还有一个理由："这（《杨绛全集》）和'文集'（《杨绛文集》）差得不多。"

真的"差得不多"吗？其实不是这样，从二〇〇四年出版的《杨绛文集》《文集》的八卷本扩充成《全集》的九卷本，可以把增加的近二十万字容量大致概括为"一部小说，两个孤本，六首诗作，多篇散文"。

一部小说：杨绛九十八岁动笔的中篇小说《洗澡之后》是《杨绛全集》的最大亮点。五年间多次大动小改，直到全集出版前夕仍在字斟句酌。

两个孤本：《杨绛全集》首次收录了杨先生于二十世纪四十年代创作的剧本《风絮》和翻译的理论著作《一九三九年以来英国散文作品》这两个孤本。

---

① 此文文字有个别调整。这里根据《杨绛全集》（第三卷），北京：人民文学出版社，2014年4月第1版，第289—290页。

《风絮》创作于一九四五年,讲的是一个有志青年带着叛逆的富家小姐出身的妻子到农村发展教育,最终失败的故事。译作《一九三九年以来英国散文作品》出版于一九四八年,是英国文学评论家约翰·黑瓦德的专著,论述第二次世界大战期间英国散文创作的状况及其发展趋势。

据了解,除喜剧《称心如意》《弄真成假》和悲剧《风絮》之外,杨绛还写过一个"三幕闹剧",名叫《游戏人间》。一九四四年,该剧由上海苦干剧团搬上巴黎大戏院。如今,剧本已无从寻觅,只剩下上演时印制的"说明书"封面和一段文字说明的图片两帧,令人扼腕。

六首诗作:《杨绛全集》新收入六首诗,分别是《中秋》《哀圆圆》《忆锺书》《自嘲》和《悲王季玉先生(两首)》(王季玉即杨绛在《我们仨》中一再提到的振华女校校长)。除小说、散文、戏剧、文论、译作之外,读者将第一次接触到杨先生的诗。

这六首诗集中创作于二〇一〇年九十月间,钱锺书百年诞辰纪念日在即,又值中秋。杨绛遥对秋月,发出如下喟叹——

  离合悲欢世间事,
  阴晴圆缺凭天公。
  我今无意酬佳节,
  但觉凄凄秋意浓。
  (摘自《中秋》)

这六首诗均采用古体诗的形式,除《自嘲》是七绝外,其余全为七律。钱锺书和杨绛都爱古体诗,背诗、考诗、作诗、对诗成为他们日常生活中的一大乐事。

钱锺书著有《槐聚诗存》,汇聚了他一九三四年至一九九一年的诗作。杨绛曾于一九九三至一九九四年间、二〇〇三年和二〇一一年数度抄写《槐聚诗存》。二〇一二年六月,杨绛用毛笔誊录的《槐聚诗存》宣纸线装本出版。二〇一三年七月四日,杨绛为《槐聚诗存》加写"前言"回忆道:

"钱锺书每日习字一纸,不问何人、何体,皆模仿神速。我曾请教锺书如何执笔?锺书细思一过,曰:'尔不问,我尚能写字,经尔此教,我并趋写字不能矣。'我笑谓锺书如笑话中之百脚。有人问,尔有百脚,爬行时,先用右脚抑先用左脚？百脚对曰，尔不问，我行动自如。经尔此问，我并爬行亦不能矣。"

杨绛因爱诗而誊录，因誊录而回忆，往日的两情相悦是那么生动，对丈夫的爱、崇拜和思念一直在延伸。

二〇一〇年十月二日，当中秋的满月已变成细小的月牙，当国庆节的热闹渐渐消退，杨绛写下了《忆锺书》：

　　与君结发为夫妻，
　　坎坷劳生相提携。
　　何意忽忽暂相聚，
　　岂已缘尽永别离。
　　为问何时再相见，
　　有谁能识此天机。
　　家中独我一人矣，
　　形影相吊心悲凄。

在旁人眼里，杨绛一向内敛而节制，而在诗中，她的思念和忧伤是袒露的，仿佛亲人就在眼前，倾诉不需要设防。

杨绛将自己的诗作小心收着，像收着一个又一个隐秘的心思，从来没有想过发表。要不是编辑和好友借着出版《杨绛全集》的机会反复劝说，称"缺了诗，就没法称全集了"，她断然是不会交出这六首诗的。尽管这六首诗只是杨绛诗作中的一小部分。但它们的发表有着不一般的意义，不仅为《杨绛全集》新增了一类体裁，更让读者看到了杨绛的内心世界。

多篇散文：晚近十年，杨绛创作了大量散文。《杨绛全集》新编入了她于二〇〇七年出版的单行本《走到人生边上——自问自答》和十余篇单篇。

这十余篇单篇除了前引《钱锺书生命中的杨绛》之外，还包括《不官不商有书香》《尖兵钱瑗》《请别拿我做广告》《"杨绛"和"杨季康"》《剪辫子的故事》《介绍莫芝宜佳翻译的〈我们仨〉》《魔鬼夜访杨绛》《俭为共德》《汉文》《漫谈〈红楼梦〉》《坐在人生边上》《锺书习字》等。这些文章几百字到数千字不等，不算长，贵在浓缩、凝练、不注水。

二〇一一年杨绛百岁寿辰前夕发表于《文汇报》"笔会"的《坐在人生边上——杨绛先生百岁答问》可视为《走到人生边上》的姊妹篇。同样是"人生边上",另一个是"走到",一个是"坐在",显示出境界的微妙差别,杨绛似乎已进入一个更为从容的境界。

《走到人生边上》《坐在人生边上》等新作不断问世,《风絮》《一九三九年以来英国散文作品》等孤本浮出水面,此外又整理出"文集"尚未收入的作品多篇,如诗作以及二十一世纪初同西班牙语文学研究界就翻译理论问题论争的相关文章等,这些因素共同构成了八卷本《杨绛文集》"升级"为九卷本《杨绛全集》的契机。

出版社在《杨绛全集》稿件的编排中,遵照杨绛的意见,将原《杨绛文集》中的散文卷和文论卷的相关篇目做了调整,序文归入散文卷,研究论文归入文论卷。排序上,全部作品按文体分类,在相同文体内,又以发表时间为序,创作部分具体分为"小说卷"、"散文卷"(上中下)和"戏剧·文论卷";"译文卷"(共四卷)则在原格局不动的情况下,直接加上《一九三九年以来英国散文作品》的译文单行本。卷末附上"杨绛生平与创作大事记",记述日期直至该书发印之际。

既为"全集",那么《杨绛全集》是不是反映了作者文学创作和外国文学研究与翻译的全貌了呢?并非如此。

除了如前文所述,《游戏人间》等散佚作品未能收入之外,杨绛还特意排斥了某些作品,她在《自序》中说:"不及格的作品,改不好的作品,全部删弃。文章扬人之恶,也删。因为可恶的行为固然应该'鸣鼓而攻',但一经揭发,当事者反复掩饰,足证'羞恶之心,人皆有之';我待人还当谨守忠恕之道。被逼而写的文章,尽管句句都是大实话,也删。有'一得'可取,虽属小文,我也留下了。"所以,读者在《杨绛全集》中看不到由于历史原因造成的文人之间公开化的恩恩怨怨。

《俭为共德》或可算作杨绛所说的"一得"小文。该文中,杨绛先后将钱锺书刊于一九二一年三月二十九日《申报》上的遗文《说俭》和偶阅的清王应奎撰《俭为共德》分别做了摘录,并抒发了自己的感慨:"当世奢侈成风,昔日'老生常谈'今则为新鲜论调矣。"

这里我们把《杨绛全集》各卷提要罗列如下,以备参考:

卷一收入短篇小说七篇,长篇小说《洗澡》及中篇小说《洗澡之后》。《洗澡》描写了中华人民共和国成立之后知识分子所经历的第一次"思想改造",字里行间流露出对世情的了然,又处处是令人拍案的讽喻,在知识界产生了广泛影响，被誉为新时代的《儒林外史》。

卷二收入散文《干校六记》《丙午丁未年纪事》《将饮茶》《杂论与序文》四辑。前两辑记述作者在"文化大革命"中的亲历亲见，以及她在那场运动中充当"陪斗者"的种种感受。《将饮茶》包含《回忆我的父亲》和《记钱锺书与〈围城〉》等重要作品；《杂论与序文》收入了作者的讲演、发言和有感而发的小品文，以及为自己和他人作品所写的序和前言等。

卷三为"杂写与杂忆"，收入作者怀人忆旧作品数十篇。其中如《林奶奶》和《顺姐的"自由恋爱"》等，既是散文，读来又如小说般引人入胜；《怀念陈衡哲》和《我在启明上小学》是两篇重要的忆往文章；《锺书习字》和《忆孩时》，则为二〇一三年最新写作和发表的。另有"书信三封"和"诗六首"。

卷四收《我们仨》《走到人生边上——自问自答》和《坐在人生边上——杨绛先生百岁答问》三部作品。《我们仨》以细腻的笔触记述了作者一家三口数十年来的风雨历程，以及后来的"失散"，抒发了"世间好物不坚牢，彩云易散琉璃脆"的哀痛；《走到人生边上》则是一个耄耋老人对人生价值和意义的追寻，探讨了"生、老、病、死"这一人生规律。

卷五分为戏剧与文论两部分。前者包括《称心如意》《弄真成假》和《风絮》三部作品，后者包括《李渔论戏剧结构》等中国古典文学研究专论和《菲尔丁关于小说的理论》等外国文学研究专论。

卷六、卷七分别为《堂吉诃德》（上）、（下）。

卷八收入《吉尔·布拉斯》一至八卷，以西班牙历史为背景，描写一个城市青年一生的冒险经历，塑造了吉尔·布拉斯这样一个跌不倒、打不垮的人物形象。

卷九收入《吉尔·布拉斯》九至十二卷及《小癞子》《斐多》和《一九三九年以来英国散文作品》。卷末所附"杨绛生平与创作大事记"，是研究作者文学创作与实践活动的最翔实最完整的资料，也是弥足珍贵的史料。

杨绛曾经说过："锺书逃走了，我也想逃走，但是逃到哪里去呢？我压根儿不能逃，得留在人世间，打扫现场，尽我应尽的责任。"至二〇一四年，钱锺书的中文笔记、外文笔记都整理好了，杨绛自己也出了《杨绛全集》，"现场"似乎打扫干净了。她接下来会做些什么呢？

"我相信她还会写。一边写，一边像杨先生所说的，'心静如水''准备回家'。"常去探望杨绛的中国社会科学院外国文学研究所所长陈众议回答得很肯定,"杨先生思路清晰,身体也不错。写作是她的习惯,这和我们要吃饭、睡觉是一样的"。

"你看,光是二〇一三年九月间,杨先生就写了5篇回忆文章。"陈众议指的是《回忆我的母亲》《三姊姊是我的'启蒙老师'》《太先生》《五四运动》《张勋复辟》五篇文章。"近两年,杨先生这样的回忆文章比过去写得多了些。"陈众议说,"她在长达一个世纪里遇到的人、经历的事是独一无二的,如果不把这些记下来,它们就没有痕迹了。"这一点,杨绛自己心里或许也是清楚的,她在《五四运动》一文中这样写道:"现在想来,五四运动时身在现场的,如今只有我一人了。"

"我很期待看到杨先生更多的散文。"陈众议说,"她的散文很有特点。"胡乔木曾用"怨而不怒,哀而不伤,缠绵悱恻,句句真话"来形容杨绛的《干校六记》。"杨绛的散文比我好。"钱锺书承认,"是天生的好,没人能学。"女儿钱瑗一语道破:"妈妈的散文像清茶,一道道加水,还是芳香沁人。爸爸的散文像咖啡加洋酒,浓烈、刺激,喝完就完了。"

而读者则用"购买"来表达对杨先生散文的喜爱,仅拿《我们仨》来说,就已重印了几十次,销售了二百多万册。

透过杨绛散文,能看到一处别致的景观,这就是"人文生态"。她记录了文人之间很多小故事和小细节,有趣而隽永。这些在文人学者正式发表的文学作品和学术文章里是很难看到的,但杨绛用她细腻的情感、灵敏的观察和惊人的记忆力写了下来。这些小故事、小细节在特有的历史底色上发生,描绘了时代洪流中的微观的人文生态。

"杨先生并不是只跟历史发生循环,她是和这个时代一同呼吸的。"陈众议说,"她天天读报纸、看杂志,看别人寄给她的书,也看电视,知道外面的世界是什么样子。"[1]

不过,也有学者对《杨绛全集》的出版,表示了不同意见,这里略加胪列,立此存照:

> 杨绛先生的书很受欢迎,因为畅销,书以各种形式印得很频繁。据我所见,单是文集就有好几种,如《杨绛作品集(三卷)》(中国社会科

---

[1] 引自江胜信:《为她铺陈一张纸——〈杨绛全集〉试读杨绛》,《文汇报》,2014年8月28日。

学出版社一九九三年出版）、《杨绛散文》（浙江文艺出版社一九九四年出版）、《杨绛译文集（三卷）》（译林出版社一九九四年出版）、《杨绛散文选集》（百花文艺出版社一九九五年出版）、《杨绛散文戏剧集》（南海出版公司二〇〇一年出版）、《杨绛小说集》（南海出版公司二〇〇一年出版）、《杨绛作品精选（三卷）》（人民文学出版社二〇〇四年出版）、《杨绛文集（八卷）》（人民文学出版社二〇〇四年出版）、《杨绛文集（四卷）》（人民文学出版社二〇〇九年九月出版）等。值得一提的是，收录较全的《杨绛文集》二〇〇四年五月出版当年九月即重印，此后在二〇〇九年六月、二〇一〇年五月、二〇一三年六月和九月又先后重印，总印数达1.6万套。最近，我于书店又看到北京：生活·读书·新知三联书店，二〇一五年以单行本形式出版的杨先生作品集（创作部分）。应该说，读者对杨先生的著作已经很熟悉了，如再出版"全集"，应该对已经出版和没有出版过的文字全部予以收录，以让读者有个全面的了解。但事实并非如此。

二〇一四年八月，《杨绛全集》（九卷）由人民文学出版社出版。这套书我买得迟，翻得也迟，因为杨先生一些重要著作的单行本和单篇文章我大多见过，只是以收藏心理购之，并不急着看。近日，我偶然翻查杨先生一九九八年发表的一篇重要文章《吴宓先生与钱锺书》，随手查阅《杨绛全集》，竟遍寻不到！这就奇怪了，这样一篇众人皆知的文章，《全集》居然没有！

疑惑之下，我这才将《杨绛全集》第一卷前的《出版说明》与《作者自序》仔细看了一遍。看完后，忽觉有种受骗之感。这次《杨绛全集》的出版，是基于"多篇新作的问世和两部重要作品（译作）的复现"，"为反映作者文学创作和外国文学研究与翻译的全貌，我们决定隆重推出《杨绛全集》（九卷本）"（《出版说明》）。实际上，新作及新发现的著作，加在一起才二十来万字。即使这样，文章与著作是不是收录齐了呢？也没有。在《作者自序》（这篇《自序》很奇怪，居然还是作者二〇〇三年为《杨绛文集》的出版而写的序，只字未动）中，作者清楚地写道：

全部文章，经整理，去掉了一部分，把留下的部分粗粗分门别类。一半是翻译，一半是创作。创作包括戏剧、小说和散文。散文又有抒情、写意、记事、记人、论学、评书等。文章既是"随遇而作"，按时期编排较为方便。

不及格的作品，改不好的作品，全部删弃。文章扬人之恶，也删。因为可恶的行为固然应该"鸣鼓而攻"，但一经揭发，当事者反复掩饰，足证"羞恶之心，人皆有之"；我待人还当谨守忠恕之道。被逼而写的文章，尽管句句都是大实话，也删。有"一得"可取，虽属小文，我也留下了。

这篇序放在《杨绛文集》里，一点问题没有，因为"文集"不是"全集"，文字有取舍，无可争议。但是一旦出版"全集"，可就另当别论了。"全集"，顾名思义，汇集了一个人一生全部之文字，否则算不得"全"。一般情况下，出版全集者，多非在世者，因为人还健在，难保不再动笔，很易失之于"不全"。当然，除了杨先生，也有健在者出版全集的，如《张岱年全集》（河北人民出版社一九九八年出版）、《李敖大全集》（中国友谊出版公司一九九九、二〇〇〇、二〇一〇年出版）等。作者健在，出版《全集》也有好处，那就是自己把关，容易收全自己一生的文字，不至于让后人费劲去搜集考证。但像杨先生这样出版《全集》的标准，实已失去"全集"的意义。"全集关键在乎'全'，不在乎'好'"（郭娟《"全集"不全》）现在一些"全集"，之所以"不全"，是有不得已的客观原因，比如文字佚失或暂未发现（如《胡风全集》《张爱玲全集》），或意识形态不允许（如《胡适全集》《傅斯年全集》）等，也有家人刻意为尊者讳而不收一些特殊时期文字的（如《三松堂全集》）。——而由健在的"全集"作者自定标准、任意取舍的很少。

依杨先生的标准，像《答宗璞〈不得不说的话〉》《从"掺沙子"到"流亡"》《吴宓先生与钱锺书》等"扬人之恶"或引起过争议的文章都删去了。像《一个姨子》（曾收在《杂忆与杂写》《杨绛作品集》《杨绛散文戏剧集》等集中）这样从标题到内容都显得刺眼，与杨先生惯常温文尔雅形象不符的文章，也没有出现在《全集》中。其实，这些文章已经收录在公开出版的文集中，很易查得，有必要刻意删弃吗？还有些如《我爱清华图书馆》（《光明日报》二〇〇一年三月二十六日，收《杨绛散文戏剧集》等集中）等很平实的文章也未见收录。"三幕闹剧"《游戏人间》，因为找不到底稿，没有收录，情有可原（最好列在目录中作存目）。

我个人觉得，删去几篇文章也不是什么大事（我们很容易找到），真正应该收入《全集》而未收的文字才是顶重要的。杨先生的日记、书信、诗歌、笔记、各时期的检查书、声明等,《全集》多付之阙如。这是最不该的。《全集》第三卷只收录书信三封,诗六首,日记、笔记等一字未收。但就日记言,在杨先生的文字中应该占着很大的比重与分量。杨先生与钱锺书先生一生都有记日记的习惯,一直保持到晚年(拙文《钱锺书的日记》可参)。《全集》第九卷后附的《杨绛生平与创作大事记》,记录"最翔实最完整"(《内容提要》),应该是其日记的缩影,可见一斑。杨先生晚年花极大精力,影印出版钱锺书先生的手稿笔记,受到学界一致称赞。她相信,公之于世才是最妥当的保存,她祈愿这个办法能使"死者如生,生者无愧"。那么,杨先生在有生之年,既然要出版《全集》,为什么不能亲自将未公开的日记、书信、诗歌、笔记、检查等搜集整理交付出版呢?如今,这已成为一个巨大的遗憾。

现在看来,对于一套名不副实的《杨绛全集》,我不知道有什么出版价值。除了杨先生的意愿,恐怕出版社也有利益考量。但这对读者不公平,某种程度上是对读者的欺骗,辜负了大家的信任。对喜爱杨先生的读者来说,不买,心有不甘,买了,有点浪费。《杨绛文集》与《杨绛全集》重复率太高,连杨先生自己都说:"这(《全集》)和《文集》差得不多。"所以她不主张开出版座谈会。——出版社压根就不该出版这套《全集》,新增的二十来万字,出一本《杨绛文集》续集,足矣。

杨先生是个生命奇迹,得享高寿,且晚年思想活跃,思路清晰,百岁以后还笔耕不辍,这是令人羡慕与尊敬的。在《杨绛文集》多次印刷后,杨先生出版自己"钦定"的《杨绛全集》,其完善自我、给自己正名定位的心理我们是能看出来的,也能理解。这个"洁本"《杨绛全集》,她显然希望是定本,以后不要再搞真正的"大全集"了。从她在近百岁之年续写小说《洗澡》(即《洗澡之后》)不难发现,她生怕别人狗尾续貂,毁其形象。在《洗澡之后》"前言"里,她解释道:"我特意要写姚宓和许彦成之间那份纯洁的友情,却被人这般糟蹋。假如我去世以后,有人擅写续集,我就麻烦了。现在趁我还健在,把故事结束了吧。"小说"结束语"中,她再次强调:"许彦成与姚宓已经结婚了,故事已经结束得'敲钉转角'。谁还想写什么续集,没门儿了!"(《杨绛全集》第一卷第515页)杨先生是多虑了。其小说,在当下这个文学消费环境里,不可能像《围城》那般受欢迎而有被续写的危险。老实说,《洗澡之后》并不成功,"大团圆"的结局太显直接,已无法和《洗澡》的高度相比。过于强求"圆满"的结局,往往并不让人"称心如意"。

平心静气地说,对一些争议长短的文字,没有回避的必要,刻意回避,反而会引起莫须有的联想,产生不必要的误会。一些已发表而无争议的文章更不该失收。编选《全集》仍以尊重历史、忠于历史、全部收录为主要原则为好。杨先生曾言及钱锺书先生对他早年作品的态度,"他早年的作品唤不起他多大的兴趣。'小时候干的营生',会使他'骇且笑',不过也并不以为见不得人。谁都有个成长的过程,而且,清一色的性格不多见。"(杨绛《钱锺书对〈钱锺书集〉的态度》)同样的道理,不会因为几篇文章,就降低了杨先生在读者心中的地位,就毁了自己在公众中的形象。这几天,在网上听到另一种声音,说杨先生"生前其实并未达到解脱的境界",她处处维护钱锺书的声誉,对"钱学"研究划框框,因此认为:"钱杨夫妇本质上是传统的知识分子,能洁身自好是其长,不能奋勇担当是其短。"(萧三匝《在杨绛忌日,说几句不合时宜的话》)话虽言重,但也足以让人深思。对杨绛研究者和爱好者来说,杨先生又何尝不是在给自己"划框框"呢?

常言"天要落雨,娘要嫁人",世间个人左右不了的事太多了。杨先生去世后,她原来的意愿估计不久会变成一厢情愿了。冯友兰《三松堂全集》已出版到第三版,我敢断言,定会出版第二版第三版,这只是个时间问题。早知如此,生前杨先生若以开放的心态,将全部文字交予出版社那该多好。是非功过,历史会给出结论的。①

学者范旭仑,则以《〈杨绛全集〉的错漏》为题,索性把现存的、却为《杨绛全集》失收的杨绛文章,以一网打尽之势,给杨绛研究带来便利。这篇文章刊登在二〇一七年七月二日《南方都市报》,文章写道:

杨绛有管家妈,有经纪人,没有书记——没人帮网罗放失。
《杨绛全集》的前身是《杨绛文集》,《杨绛文集》的前身是《杨绛作

---

① 钱之俊:《〈杨绛全集〉何日能全?》,《中华读书报》,2016年6月1日。

品集》。《杨绛文集·作者自序》云:"全部文章,经整理,去掉了一部分。不及格的作品,改不好的作品,全部删弃。文章扬人之恶,也删。被逼而写的文章,尽管句句都是大实话,也删。"其实,"经整理"的并非"全部文章"。杨绛事后就跟人说《临水人家》和《记章太炎先生谈掌故》"忘了刊登哪个刊物上","都忘了收入《文集》"(长沙《中国文学研究》2006年3月号刘梅竹《杨绛先生与刘梅竹的通信两封》)。"年纪不饶人,我已力不从心"(《杨绛全集》第四册第17页),何况老人之拗——不记近事记远事,"忘了收入"的还真不少呢。杨季康的"拙夫黑犬才子"不亦云乎:"古今中外作家生时编印之'全集',事实上证明皆非'全集',冒名撒谎而已。"

描写敢想敢做故事的小说——介绍《神秘岛》。二千字。北京《文学知识》1958年10月号载。一篇通俗的应时之作。文中谓"保唐僧上西天取经的孙行者智勇兼备,什么都敢,七十二重魔难不曾难倒他",《重读堂吉诃德》又言"他和桑丘出门的遭遇,就像唐僧一行四众向西方取经路上遭遇的一百单八个魔难那样层出不穷";"九九数完魔灭尽",何瞆瞆不辨葛龚耶?

《西欧及美国现代理论家和作家论形象思维》前言。三千字。这是奉周扬命干的活,交差于丙丁前夜,十三年后编入《外国理论家作家论形象思维》。那部分的选译是钱杨伉俪首度合作的成果。此序无署名——当是杨绛依据钱先生口述大意。我是用"排除法"(method of difference)认定的,因钱先生那支生龙活虎之笔到处都辨认得出。

《杨绛自传》,《杨必小传》。五百字,六百字。1979年为北京语言学院编《中国文学家辞典》撰,1979年5月载入《中国文学家辞典》现代第二分册。杨绛自述东吴大学毕业"即入清华大学研究院为外国语文研究生",不实。仅记上海《新语》半月刊里的杨必两篇散文《白》和《灰尘》,不知上海《万象》1944年12月号的《光》和《大公报》上海版1946年11月11日的《谈水》(署笔名"心一")。

《重读〈堂吉诃德〉》。一万三千字。1979年9月北京《外国文学研究集刊》第一辑载。收入《春泥集》及《杨绛作品集》("重读"改作"再谈"),《杨绛文集》《杨绛全集》未收。《杨绛全集》编次无法。分析《杨绛文集》文论卷中三篇《读小说漫论》,另力作"杂论";还重复已经写进《堂吉诃德·译者序》的《堂吉诃德和〈堂吉诃德〉》（改"和"为"与"），也当成"杂论"。

《干校六记》日译本序。五百字。1984年5月作，みすず書房《幹校六記》载。钱先生《诗学五论》（Cinq essais de poétique）的后序，亦无人收拾。

《写在〈堂吉诃德〉动画片放映之前》。三千字。1985年4月15日及22日《北京晚报》载。学术文章的通俗写法。存览者似乎不多。

《钱锺书手不释卷》。四百字。为北京《瞭望》周刊作，发表于1989年2月6日第六、七合期。第二篇假夫婿名为题目的文章。"至于我，健忘症与年俱增，书随读随忘"，那句话似乎历来没有博得应得的欣赏。

《兰姆谈莎士比亚悲剧》。二千字。1989年3月作，北京：生活·读书·新知三联书店，《杨绛散文：杂忆与杂写》载。忍不住要多两句嘴。《杂忆与杂写》的版权原是花城出版社的——散文走俏，杨书畅销，书商争抢；书名添"杨绛散文"则大不伦勿类了——"杂写"里分明有小说嘛。《杨绛全集·杨绛生平与创作大事记》亦沿误书"散文集《杂忆与杂写》"。

《一个姨子》。八百字。1989年12月作，《杨绛作品集》载。可能是"改不好的作品"。

另有四种小册子的百字序文为芰夷：1979年的《春泥集》，1986年的《关于小说》，1992年的《将饮茶》和《干校六记》——两序一模一样。杨绛还有一篇小说（《鬼》，上海《收获》1981年7月号）、一篇散文（《阴》，广州《随笔》1991年11月号）的小跋，颇学钱先生口吻气派，远胜于《读柯灵选集》之类社交文字，值得收拾。《倒影集》的序里删去一节——想必是学《围城》的样（《杂忆与杂写》亦然），《杨绛文集》则全部弃置。《干校六记》北京：生活·读书·新知三联书店，两版各有志谢文字，胥遭浪淘。顺水推船，过河拆桥。

《杨绛先生来信》。近二百字。1992年2月作，1992年3月21日上海《文汇读书周报》载。订正吴德铎《也谈傅雷的误译》的"误传"。至于类似2007年3月4日上海《新民晚报》的《来函照登》匪勘（本报于2007年2月4日刊出《"钱传"由杨绛亲校订》一文，杨绛先生2007年2月25日致电本报郑重声明："此文不实，我从未亲自校订该书"），实非"函"者。

《杨绛全集》只收"书信三封"。

《堂吉诃德和〈堂吉诃德〉》附记。一百五十字。1993年4月作,《杨绛作品集》载。

《〈杨绛散文〉代后记》。三百字。1995年3月作。浙江文艺出版社《杨绛散文》载。

《吴宓先生与钱锺书》。三千一百字。1998年4月作,1998年5月14日北京《人民日报》、上海《文汇报》等载——杨绛一稿数投始此。作者造作故事,以遮饰真实,为识者勘破后,方自省为"不及格的作品",《杨绛生平与创作大事记》亦不之载。

《答宗璞〈不得不说的话〉》。四千字。1998年8月作,1998年9月5日上海《文汇读书周报》、上海《新民晚报》等载。即所谓"被逼而写的文章"。

《从"掺沙子"到"流亡"》。五千字。1999年9月作于大连,1999年11月19日广州《南方周末》等载,改定本收入中国青年出版社《干校六记》。这篇"扬人之恶"的文章,据栾贵明说(王勉:《栾贵明回忆钱锺书》,《北京青年报》,2017年3月24日),"后来杨先生接受了大家劝告,从自己集子里删掉了"。

《我爱清华图书馆》。一千三百字。2000年2月作,2001年3月26日北京《光明日报》、北京《清华校友通讯》2001年4月号载,南海出版公司,《杨绛散文戏剧集》收入。《清华校友通讯》本末一节:"1952年三校合并后,我没有再到过清华图书馆。我自己是过时的人了,讲的全是过去的事。不知还有几个人能证实我说的是真事而不是鬼话。"为一篇警策,他本所无。

《慈厚的朋友》。八百字。2000年6月,2000年7月20日上海《解放日报》载。致柯灵遗孀陈国容的唁函。

《钱锺书〈欧洲文学里的中国〉前言》。五百字。2000年9月作,北京《中国学术》第十三辑载。钱先生这篇手稿作于一九五九年,合该影印编入《钱锺书手稿集》。

《故事二则》。二千余字。北京《做人与处世》2001年8月号载。"取材于《英国文坛掌故》(The Oxford Book of Literary Anecdotes),但不是翻译,是我自己的叙述。"

《〈围城〉汉英对照本前言》。八百字。2003年5月作，人民文学出版社《围城》汉英对照本载。"汉"本于人民文学出版社新本，"英"译自晨光出版公司旧本，是个刺眼的"对照"。主事者近利而外行。

《我的书房》。三百字。2003年6月作，岳麓书社《我的书房》载。

《到申报馆看爸爸》。一千字。2003年7月14日上海《解放日报》载。

《〈钱锺书英文文集〉Preface》。三百字。2004年4月作，《钱锺书英文文集》载。《杨绛生平与创作大事记》："四月十八日，为《钱锺书英文文集》写《前言》（英文）。"

《关于德一》——补记黎虎（《我们仨》里的钱瑗伉俪事略补正）。一千五百字。2005年4月作，北京：生活·读书·新知三联书店，《我们的钱瑗》（杨绛是"不出面躲在幕后"的编者）载。光"补记"注册结婚日期一事。

《不要小题大做》。一千字。2005年8月作，2005年9月2日上海《文汇读书周报》载。回应"董燕生先生对我的批评"（参看《杨绛全集·向林一安先生请教》）。十几年后，董燕生坚持反面教材"没说错"（舒晋瑜：《董燕生：再说说〈堂吉诃德〉、"反面教材"和"胸口长毛"》，北京《中华读书报》，2017年5月24日）。

走到人生边上自说自话——答《〈读书〉杂志编者》。九百字。2007年9月作，北京《读书》2007年11月号载。"我深悔早年光阴虚掷，没多读点书"，为一篇眼目。

《〈念楼学短〉合集序》。三百余字。2009年6月作，湖南美术出版社《念楼学短》载。"可是'双序珠玉交辉'之说，颇有诱惑力"，最是妙语。

《风絮》最初连载于上海《文艺复兴》1946年4月号、5月号，1947年7月作为"文艺复兴丛书第一辑"单行；后经改写，弁以三百言，刊于1987年2月号北京《华人世界》。《杨绛作品集》失收，而改定本手迹赫然影印于剧本卷卷头；用钱先生话说，不啻举子下第，榜上无名，而其落卷竟被主试选入本科闱墨也。《杨绛文集》亦漏收。《杨绛全集》纳入，却采编了已遭作者弃置的初版——"经过修改的《风絮》虽然没有脱胎换骨，已不是本来面目了"，犹自夸"尤为重要"。那几位编辑常日里好像不怎么读她的作品，出任责编时也不知动手动脚找东西，全然不晓得

《风絮》并非"孤本","重要"的改定本早发表在同室的刊物里。抛却自家无尽藏,沿门持钵效贫儿。《杨绛生平与创作大事记》载"《风絮》于1987年2月发表于《华人世界》第一期",责任编辑若罔闻知,该任何责?舍其新而旧是谋,与杨绛编《钱锺书英文文集》同病——倘所谓天道是邪非邪?

1930年1月10日杨季康作散文《倒影》,一千余字,署名"含真",刊登于苏州《东吴年刊1930年》。作者早把它当"嫁出的女儿泼出的水"(花城出版社《杂忆与杂写》谓《收脚印》"是我第一篇发表的写作")。1927年《苏州振华女学校刊》还有杨季康的《斋居书怀》五言十八行。

《杨绛全集》尚有未收的翻译作品:

《共产主义是不可避免的么》。刊于上海《新月》第四卷第七期,1933年6月1日出版发行。《记我的翻译》把它推迟为"在清华做研究生时",记事都错了。这篇译文势必得力于中书君甚多。

《随铁大少回家》。刊于1947年5月上海《观察》第二卷第十期。杨绛谓"我未留底稿,译文无处可寻了"。

《编写喜剧的新艺术》。刊于1966年4月北京《古典文艺理论译丛》第十一辑。

《关于形象思维的资料辑要》。刊于《古典文艺理论译丛》第十一辑。亚里士多德(Aristotle)、阿波罗尼阿斯(Apollonius)、龙沙(Ronsard)、乌阿尔德(Huarte)、巴斯楷尔(Pascal)、马勒勃朗许(Malebranche)、柯尔立治(Coleridge)数篇,当为杨绛译。其中西欧及美国现代理论家和作家部分,1979年1月收入中国社会科学出版社《外国理论家作家论形象思维》,李博(Ribot)、杜威(Dewey)、威尔赖特(Wheelwright)三章,当为杨绛译。

《西方古典作家论现实主义和浪漫主义》。杨耀民1959年开始主持的工作项目,中有杨绛署名的译文二十二则,1981年7月收入中国社会科学出版社《欧美古典作家论现实主义和浪漫主义》。

杨绛还有一篇"汉译英"(condensed from the Chinese text and translated into English by Yang Chiang),"The Political Wisdom of the Han and Tang Dynasty",作者贺昌群,刊于南京《书林季刊》(Philobiblon)1947年3月号。

至于载于苏州《振华校友会刊》1937年4月号的致王季玉书、上海《周报》1946年6月15日第四十一期的谈和平时评以及北京《中国翻译》1986年11月号的获"智慧国王阿方索十世勋章"答辞,那是夫婿代拟的,不收也罢。

行了,要是你肯把我这篇儿剪贴或夹入你的《杨绛全集》末尾,那我就称心如意了。四十八年后,好事者据此而重编《杨绛全集》,可以预卜。

"四十八年后"云云,指的是从二〇一六年杨绛去世起,满五十年的时候,杨绛作品进入公共领域。中国当代文学史的研究者,应该对范旭仑先生的辛勤付出,深表谢忱!

归结言之,可以浓缩为钱锺书生前致张昌华信中的一句话:"古今中外作家生时编印之'全集',事实上证明皆非'全集',冒名撒谎而已。弟所睹一切全集,其中值得存者往往不过十之五六,乃学究辈借此堆资料博取微名薄利。"[1]钱锺书不愧为冰雪聪明的智者。

二

《洗澡之后》即杨绛长篇小说《洗澡》的续篇。《洗澡》结尾部分,心有灵犀、互相倾慕的许彦成和姚宓约定,只作君子之交。原是同事的他们被重新分配到新的岗位,告别时,"彦成凄然说:'你的话,我句句都记着。'姚宓没有回答。她低垂的睫毛里,留下两道细泪,背着昏暗的灯光隐约可见。她紧抿着嘴点了点头,想说什么,没说出来……"如果说钱锺书的《围城》读出来的是进入死胡同般的无奈和认命,那么杨绛的《洗澡》读出来的则是对有情人难成眷属的抱憾和不甘心。小说的最后一句是童话的风格,"姚太太和女儿女婿(编者注:指许彦成和姚宓)从此在四合院里,快快活活过日子"。

这个称心如意的结局体现了老人特有的仁慈宽厚和善良心肠。

笔耕不辍的杨绛每每会给读者惊喜,隔三岔五佳作迭现,最新一例就是在一百零三岁生日之际又有新作《洗澡之后》问世。

《洗澡之后》是一部杨绛先生九十八岁动笔的中篇小说,她五年间多次大动

---

[1] 张昌华:《曾经风雅——文化名人的背影》,桂林:广西师范大学出版社,2007年9月第1版,第258页。

小改，直到正式出版前夕仍在字斟句酌，如同一坛精心酿制的老酒，醇厚香浓，回味悠长。

杨绛在漫长的岁月与文学事业相伴厮守，不离不弃，著书立说、翻译研究外国文学，对中国当代文学贡献殊多。在顺其自然的人生阶段，杨绛先生仍然不停地用文字回顾自己的生活和写作。而在一百零三岁生日之际，为自己的长篇小说《洗澡》所作的续篇《洗澡之后》的出版，这不啻老人送给自己的一份纪念贺礼。

据了解，《洗澡之后》的写作过程还颇费一番周折，杨绛从二〇〇九年以九十八岁高龄开始动笔写，因为总有事情打扰，这部作品一直处于没有最后完成的修订状态中，直到二〇一四年四月才交到责编手中。中间几乎推倒重来，反复写了好几稿。她最开始写，有朋友就跟她说，《洗澡》自二十世纪八十年代出版后，历经三十多年，已经成为经典。如果再续写，万一续写不成功，就会伤害这部经典的作品。于是，杨绛先生便试着写成另外一个故事。但是她写着写着发现，新写的故事，剧情和人物跟《洗澡》仍然有千丝万缕的联系。索性她还按照原来的思路，就写《洗澡》的续集，取名《洗澡之后》。

杨绛的《洗澡》，是一部反映知识分子生活的长篇小说作品。杨绛出身知识分子家庭家学渊源，而从受教育的背景来看，对西方文化尤为熟稔。本人又是一位文学家翻译家，生活在上层知识分子的圈子，对于当代中国知识分子的生活习性、思想状态、个性的群体特征等多有体认。《洗澡》则充分展现了这种生活，通篇采用了幽默和讽刺的笔法，描摹了知识分子在中华人民共和国成立之初的众生相。

在《洗澡》中有着纯洁感情的男女主角，如今在续作《洗澡之后》中，有了一个称心如意的结局。杨绛先生在《洗澡之后》的前言中把重新提笔写小说的原因说得明明白白："《洗澡》结尾，姚太太为许彦成、杜丽琳送行，请吃晚饭……有读者写信问我：那次宴会是否乌龟宴。我莫名其妙，请教朋友。朋友笑说：'那人心地肮脏，认为姚宓和许彦成在姚家那间小书房里偷情了。'我很嫌恶。我特意要写姚宓和许彦成之间那份纯洁的友情，却被人这般糟蹋。假如我去世以后，有人擅写续集，我就麻烦了。现在趁我还健在，把故事结束了吧。这样呢，非但保全了这份纯洁的友情，也让读者看到一个称心如意的结局。我这部《洗澡之后》是小小一部新作，人物依旧事情却完全不同。我把故事结束了，谁也别想再写什么续集了。"

第二十章 生命之火

杨绛为了精心演绎爱情故事，她担心姚宓和许彦成之间那份纯洁的友情被人曲解，又怕别人写续集，这双重担心，恰恰可见杨绛先生对《洗澡》的牵挂，多年之后她仍旧放心不下小说中的人物，以及人与人之间的那份美好感情。

那么，为什么会产生杨绛所嫌恶的误读，只要反复细读《洗澡》，便可以发现有可能造成这种误读的唯一一处地方，在第二部第十八章里面，写杜丽琳去姚家小书房里找她的丈夫，"她站在门口，凝成了一尊铁像。许彦成和姚宓这时已重归平静……"尽管文字并未传递苟且之意，且后文也有多处表明两人是君子之交，但有些读者可能误读了。因此，杨绛出版《洗澡之后》就带有守护至真至纯的爱情的韵味了。

杨绛笔下的《洗澡之后》是一部所写时间跨度比《洗澡》更长的作品。杨绛先生重点要表现的是在"整风运动""反右运动"之中人与人之间美好的情感。在作品中，姚太太、姚宓、罗厚、陆舅舅夫妇、许彦成像一家人那样亲密，他们在困难中相互扶持，甚至住在一个屋檐下。陆舅舅与姚宓的同学小李一家还保持着过去的风度，讲究礼节，风度翩翩，即使在那个风雨动荡的年代，小李依旧像大家闺秀一般，听从父亲的教导，"补读些必读的旧书"。他们虽然关注住房、家具、陈设，但更注重人的内在气质与涵养。传统文化中的修养、修为，在这里得到尊重，得到延续。

《洗澡之后》可以被视作一部爱情小说，与《洗澡》相比，《洗澡之后》人物依旧，但故事有所不同，《洗澡》中有纯洁感情的男女主角，在《洗澡之后》终于有了一个称心如意的结局。小说中的姚宓、许彦成是作者褒扬的人物。姚宓不得不放弃留学的打算，很早便挑起了维持家庭生计的重担，成了一名默默无闻的图书管理员。从姚宓身上所透出的浓浓书卷气，可以感受她独特的气质——既有京都才女的淳厚蕴藉，又有江南闺秀的冰雪聪明。南北之气于此抟成一体——杨绛在她身边安排了一个仗义侠气的罗厚，看护着她。眼见各种政治运动已经开始波及普通人的生活，姚宓依靠智慧和内心的宁静，并没太受左右。正因为姚宓身上毫无俗气，因而得到许彦成的爱慕。许彦成才情学识俱佳，又混沌天真，宛如赤子，但他是有妇之夫，他的妻子杜丽琳出身于天津的豪富人家，后又留学美国，人也极为聪明大方，但她缺少姚宓的涵养，缺少经过苦难洗礼出来的平等慈怀心，她漂亮有风度，被杨绛称为"标准美人"。杨绛先生花了许多笔墨细节，让读者体会到许杜二人的隔阂。

因而，许彦成舍杜丽琳而取姚宓，但是在杨绛的笔下，许姚两人的爱情是纯洁无瑕的，姚许二人志趣相投，不知不觉被对方吸引，情不自禁。等双方自觉时，已深陷其中。爱无法防备，这是人性。但对爱的处置，却更能试出人品的质地。

在杨绛营造的爱情世界里，为了要让许彦成和姚宓终成眷属，就得让许彦成先变为自由身。许彦成的妻子杜丽琳因在"鸣放"中积极表态，被打成"右派"，在"下放干校"劳动过程中与同为"右派"的叶丹相互爱慕。这样，回京后她就主动提出了与许彦成离婚，使两个人的精神都得到了解脱，各自找到了称心的感情归宿。那么罗厚怎么办呢？他一直敬重、守护姚宓，这好办，把姚宓的同学小李"介绍"给他……杨绛先生她要给他们一个结局，从此以后，没人再来改写他们的命运。《洗澡之后》小说的结束语是这样的："中秋佳节，李先生预备了一桌酒席，一来为姚太太还席，二来也是女儿的订婚酒。时光如水，清风习习，座上的客人还和前次喜酒席上相同，只是换了主人。许彦成与姚宓已经结婚了，故事已经结束得'敲钉转角'。谁还想写什么续集，没门儿了。"总而言之，菩萨心肠的杨先生在《洗澡之后》里撮成了三对儿，事事圆满，成就了杨绛版的爱情故事。

这样一个带有"皆大欢喜"和"称心如意"意味的结局，可以说是作者对自己喜爱的角色一个"敲钉转角"的命运交代和分配。而这样安排，又与杨绛先生的爱情婚姻理念密切相关。她曾经说过："我是一位老人，净说些老话。对于时代，我是落伍者，没有什么良言贡献给现代婚姻。只是在物质至上的时代潮流下，想提醒年轻的朋友，男女结合最最重要的是感情和双方互相理解的程度。理解深才能互相欣赏吸引、支持和鼓励，两情相悦。夫妻间最重要的是朋友关系，即使不能做知心的朋友，也该是能做得伴侣的朋友或互相尊重的伴侣。门当户对及其他，并不重要。"[①]杨绛是这样说的，也是这样做的，在实际生活中，杨绛就是钱锺书眼里"最贤的妻，最才的女"。《洗澡之后》则是在艺术上再现了两情相悦的爱情，给人们以爱的力量。[②]

《名利场》（Vanity Fair）是十九世纪英国批判现实主义作家萨克雷的成名作，也是他所有作品中最经得起时间考验的杰作。这部长篇社会小说既有辛辣的讽刺，也有令人动容的情感。二十世纪五十年代，受到傅雷的鼓励开始做翻译后，杨绛的妹妹杨必写信给钱锺书，请他指导翻译一本篇幅不长、容易译的

---

① 见《坐在人生边上——杨绛先生百岁答问》，《文汇报》，2011年7月8日。
② 详见罗银胜：《〈洗澡之后〉：杨绛给了一场"敲钉转角"的圆满》，《新京报》，2014年11月7日。

书，钱锺书就找来了《剥削世家》。

杨必译完之后，傅雷以翻译家的经验，劝杨必翻译大作家的名著，杨必于是再次向钱锺书求教。钱锺书认为《名利场》已有译本不够理想，建议杨必将其重译，并根据《镜花缘》中"世上名利场中，原是一座迷魂阵……"那段文字，主张把书名译为《名利场》。于是，杨必和人民文学出版社签下合同，利用业余时间，完成了翻译任务。出版社给予她最高稿酬，并于一九五七年正式出版该译作。

萨克雷文笔轻快，用语生动、风趣幽默、生动多姿，善于运用反讽等语言技巧增强文字表现力。作为翻译的经典之作，杨必的译文灵活运用汉语，在词汇、句子和偏重层面均付出了不懈努力，多有神来之笔。

杨必《名利场》译本畅销半个多世纪之后，二〇一三年春天，已经一百零二岁的杨绛着手对"杨必在钱锺书指导下翻译的《名利场》从头校对一遍"，她"找来萨克雷原著进行校订，文字语句，并加点烦"。

杨绛的文学翻译"点烦"论是在《翻译的技巧》一文中提出的。按照她的说法，简掉可简的字，就是唐代刘知几《史通·外篇》所谓的"点烦"，其目的在于把译文洗练得明快流畅。起先，她对自己的翻译作品《堂吉诃德》进行"点烦"，"点烦"掉了十多万字。为了让妹妹杨必的《名利场》的译文，达到明快流畅的效果，杨绛在杨必译本的基础上，做了大胆的变通，以其"点睛妙笔"，耗时近两载，于二〇一四年九月，"修润完毕"，完成这部"点烦"之作。二〇一六年十月，即杨绛辞世五个月后，人民文学出版社出版了《名利场：杨绛点烦本》。这个"点烦"的《名利场》译本也是杨绛生前亲自经手的最后一部文学作品，从而成就了翻译史上的一段传奇般的接力故事。

二〇一四年九月二十二日，杨绛在后记中写道："杨必译完萨克雷的小说《名利场》，已心力交瘁，无力修改。当时她有钱锺书先生为导师，可保证无漏译误译，但全书尚待润泽修改。……二〇一三年春，我决意将小八妹杨必在钱锺书指导下翻译的《名利场》从头校对一遍。我找来萨克雷原著进行校订，文字语句，并加点烦。后因病小有中断，不能工作，心上总嘀咕着还有什么要紧事没做完。经休养多日，居然能看书了，才省悟到还有件要紧事没完工呢！这就是杨必译的萨克雷《名利场》还有最后三数章没点烦修润。二〇一四年八月十二日我修润完毕，心里很高兴，又从头到尾细读一遍。我对友人笑说：'这个译本真可谓杨必师生、杨绛姊妹合作的"师生姊妹之作"！'我的校改修润，不知后之读者能满意否。如蒙指出错误,我一定虚心接受改正。"

《名利场:杨绛点烦本》出版以后,有学者"将是书与一九五七年五月人民文学出版社出版的杨必译《名利场》并参阅英文原著进行了一番比读,发现杨绛的'点烦'或曰'修润'又可细分为删字、正字、易字、纠字、增字、修改、紧缩、调整、重复、避重、规范等十一种操作手法"①。

三

二○一五年一月七日,由《出版人》杂志主办的"中国书业年度评选"颁奖典礼在京举行,著名作家、戏剧家、翻译家杨绛被评为二○一四"年度作者",由她翻译的《堂吉诃德》被推崇为翻译经典之作。

在二月份由《当代》杂志社主办的"《当代》长篇小说年度论坛"上,经评委现场投票,杨绛的《洗澡之后》与贾平凹的《老生》、徐则臣的《耶路撒冷》、闫真的《活着之上》及严歌苓作品《妈阁是座城》五部,被评为二○一四年度五佳小说。

二○一五年初夏,清华大学校长邱勇看望老校友杨绛,并送上了一份特别的礼物,就是当年"好读书"奖学金的所有获奖学生分别写给前辈杨绛的信。

当看到其中一名获奖学生撰写的书法作品《兰亭集序》时,杨绛高兴地说:"我从小就会背诵。"

杨绛曾说过:"很多人开玩笑,说杨绛先生喜欢清华两个'书'——一个是读书,一个是钱锺书。"而设立"好读书"奖学金,不仅体现了杨绛爱书的品格,更寄寓了她让更多穷孩子也爱读书的美好愿望。

杨绛曾告诫年轻人,一个人经过不同程度的锻炼,就获得不同程度的修养,不同程度的效益。好比香料,捣得愈碎,磨得愈细,香得愈浓烈。那些家境贫寒的清华穷学生,有了"好读书"奖学金的资助,也许更有动力求学,也许更珍惜来之不易的厚望。

二○一五年五月十四日,人民文学出版社在清华大学举办了"晚清名流手札钱氏百年珍藏"——钱锺书、杨绛藏《复堂师友手札菁华》出版座谈会。历经十年整理、影印,由钱锺书的父亲钱基博收藏的《复堂师友手札菁华》首次

---

① 郑延国:《〈名利场:杨绛点烦本〉实例点评》,《书屋》,2020年第8期。

展现在世人面前。

《复堂师友手札菁华》是晚清著名学者、词人谭献的师友书信集。这些信札涉及一百多人，大多是谭献中晚年所交之友，如戴望、许增、陈豪、陈三立等，多为名臣循吏、才子经生。信件五百余封，共一千多页。《文学遗产》副主编、编审张剑认为，古人信札书写对象较多，收集起来非常困难。《复堂师友手札菁华》之珍贵，在于其集中、系统地反映出一位文人的交友脉络，展现出一个时代的文化图景。

晚清名人谭献（1832—1901），号复堂，晚年又号半厂居士，浙江仁和（今浙江杭州）人。谭献一生经历了清代后期的道光、咸丰、同治、光绪四朝，虽然仕途并不显达，但其在学术研究和文学创作方面很有影响。

谭献曾一度为词坛盟主，交游十分广泛。其早年所识，主要是师长、同学，如薛时雨、马新贻、陈炳、俞之俊等；中年而后，步入仕途，结交渐广，既有名臣如张之洞、张荫桓、陶模、梁鼎芬、薛福成等，也有文人学者庄棫、戴望、王尚辰、许增、陈豪、袁昶等，还有名士俞樾、李慈铭、樊增祥、陈三立等；后辈则有章太炎、况周颐、廖平等人。

一九一一年春，谭献之子谭紫镏委托友人带话，请钱基博为袁昶夫人做寿文一篇。钱基博不仅答应撰文，且不收润笔费，谭氏非常感激，就将家藏复堂师友存札作为酬谢相赠。至此，这些珍贵的手札被钱基博珍藏，后传给钱锺书。

钱基博、钱锺书父子所藏的《复堂师友手札菁华》无论在数量上，还是在质量上，都是目前所知的、体量最大的谭献师友书信集。这批信札对了解晚清的社会历史、文人生活，以及学人交游、学术品评，有着非常重要的参考价值。

《复堂师友手札菁华》内容包括评议时政、论文论学、买书购帖、托人请故等，既有关涉国家社会、名臣行迹的重要信息，也有丰满的生活细节，具有很高史料和文物价值。

钱基博不仅对这些书信做了精心整理编订，还为部分写信人撰写了小传，与书信一起粘贴在毛边本上，大本五册，小本三册，题曰"复堂师友手札菁华"。

这批钱基博钟爱的手札，后由钱锺书、杨绛夫妇继承保存，二人十分爱惜。二〇〇五年，杨绛决定将这一宝贵的文献文物捐献给中国国家博物馆，同时授权人民文学出版社出版。

由于手札珍贵，杨绛建议出版社来家中影印。于是在两周多的时间里，出版社的技术人员每天带着扫描仪，到杨绛家中工作。

经过十年的影印、整理、出版，这部尘封多年的手札终于以高清扫描、全彩影印的方式呈现出来。为了让世人接触到这些珍贵文献，杨绛无偿将原件提供给出版社只提了一个要求："书出版后不要卖得太贵。"

四

同样百岁高龄的周有光非常惦念杨绛，两位老人在二〇一五年完成了"历史性的会面"。

据《逝年如水——周有光百年口述》策划人、责编叶芳介绍，学者们分享的间隙，还有一些画面让人印象深刻。这年五月二十二日，周有光在协和医院与杨绛先生见面。"周老得知杨绛先生住院，便提出想去探望，一开始杨绛先生拒绝了，她觉得自己应有更好的状态见周老。我们觉得错过今天，他们也许再也没有机会见面了，于是保姆将周老推到病房，杨绛先生一脸羞涩，彼此说的第一句话便是'久闻大名'。"叶芳说。①

会面后，周有光走出病房，走廊的窗外一边是满园绿色，一边则是车水马龙的马路。周有光老先生靠着马路这边停留了许久……

二〇一五年，杨绛年届一百零四岁，很多人关心、惦念她。据原全国人大常委会副委员长、中国社科院原院长李铁映撰文追述：

> 我选了六月十六这个吉利的日子，再次拜访亦师亦友的杨先生，同去的还有伟光同志和高翔、宇燕、海生等同志。进屋就听到杨先生的细语笑声，她又是拉我坐在她身旁。我们既谈天，也说地，完全随兴所至。大家时而细语低声，时而在她拿的笔记本上笔谈。她的字纤巧柔美，我为了让她看清我的字，写得粗犷无拘。笔谈清雅，但蕴意情深。我曾想把那个笔记本求为纪念，她却孩子似的抱入怀中，示要已藏，引得众人皆笑。百岁老人之童心，实乃长寿之相。
>
> 因谈笑情浓，而忘时已久，在众人催促下，虽谈话中断，意颇不舍。杨先生仍是坚持送至门口，一再挥手告别！出门之后，感慨多多，真是学

---

① 周渊：《"我是认真地思考了这个世界的"》，《文汇报》，2016年1月11日。

术无禁地，哲人无生死！学有洞见，作可垂世，寿百岁而知人生！①

潘兆平撰写的《是永别，也是团聚——悼杨绛先生》中有一个情节，似乎可与上文对应。潘兆平退休之前，曾在中国科学院工作。因为其岳父徐燕谋的关系，他与钱锺书、杨绛有着长期的深入来往，对两位老人的生活有着细致的了解。此文相关内容这里不妨立此存照："上海话把'大'说成'DU'，百岁杨绛还顽皮地给人起外号（并无恶意）。她称某位常去拜年的中央领导'DU好佬'，称社科院某领导'DU好倌'，这类称呼对南方人而言还有些亲切之感……有一次杨先生满含歉意地对我说一件趣事：……'DU好倌'见纸上有不少杨先生的字，就拿起来说：'我拿回去做个纪念……'不料杨先生敏捷地夺回了那张纸说她自己要留着的。事后她得意地对我说：'其实他前脚刚走，我后脚就撕掉了。'对于那位'DU好倌'长期以来对自己的关怀与爱护，杨先生说是心存感激之情的。她之所以夺回并撕碎那张纸，主要是不愿自己那已是歪歪斜斜的字流落在人间。"②《杨绛，永远的女先生》一书中自有玄机，比如对杨绛生平的某个细节，将前后两位作者的叙述对照来看，方得其中奥堂。

二〇一五年七月十七日，杨绛一百零四岁生日这天，中国社会科学院外国文学研究所所长陈众议前去探望她，祝贺她生日快乐。陈众议知道杨绛老人喜欢国宝大熊猫，就买了一个电动仿真大熊猫作为生日礼物送给杨绛老人。大熊猫包装在一个精美的纸盒里。

陈众议问杨绛："这是我送给您老的生日礼物，不知您老是否喜欢？"

杨绛兴奋地说："喜欢，我喜欢！"

陈众议笑着说："您老还没打开看是什么呢？怎么肯定就一定喜欢？"

杨绛精神矍铄，流露出的欣喜之情就像一个十七八岁的少女得到一个漂亮的发卡一样，她高兴地回答："这和看没看没有多大关系，快乐是可以事先决定的。我喜不喜欢，并不取决于你送的是什么，而在于我怎样安排我的想法。不管你送的是什么，我已经决定喜欢它。这么多年来，我每天早晨起床后，都要做这样的决定：喜欢。我喜欢我就快乐，我快乐我就喜欢！我一直坚持五条简

---

① 李铁映：《敬悼杨绛先生》，周绚隆主编：《杨绛，永远的女先生》，北京：人民文学出版社，2016年12月第1版，第3页。

② 潘兆平：《是永别，也是团聚——悼杨绛先生》，周绚隆主编：《杨绛，永远的女先生》，北京：人民文学出版社，2016年12月第1版，第261页。

单易行的快乐法则：一是心中不要存在憎恨；二是脑中不要存在担忧；三是生活简单一点；四是对他人多点给予；五是对自己少点期盼。"①

杨绛能够长寿，原因有很多，但"喜欢"这一她拥有自己的"长寿药"肯定起了重要作用。

女儿、丈夫等至亲离开快二十年了，杨绛独自留下"打扫战场"，凭着她的倔强和坚忍，一点一点地实现亲人未竟的心愿，也为世上的读书人留下一个又一个文化瑰宝。

杨绛在《我们仨》中写了一个很长很长的梦，梦中他们一家三口时聚时散，读来很是伤感。她想离自己至爱的人再近一点，于是又做了一个梦。这就是亲手整理出版《钱锺书手稿集》。二〇〇三年商务印书馆出版了《容安馆札记》（全三册），二〇一一年出版了《中文笔记》（全二十册），二〇一五年年末，《外文笔记》（全四十八册附一册）出版，这套历经十五年、涵盖七十二卷册的鸿篇巨制终成完璧。杨绛的梦圆了。

二〇一六年春节前夕，当杨绛拿到《外文笔记》最后几册新书时，虽然没有多说什么，但白皙的面庞上流露出淡淡的笑意，犹如冬日的暖阳一般。责编陈洁给她念新书简介时，她一边看，一边静静地听着，丝毫不嫌聒噪。

早在二〇一一年《中文笔记》的出版工作结束后，心急如焚的杨绛便将《外文笔记》提上日程。钱锺书年轻时就是攻读和讲授外国文学的，之后因为各种原因长期借调到中国古典文学组，但他从来没有停止过外国文学的阅读和研究，写了大量的笔记，其中积累了很多材料和理念，更有将古今中外的书籍互相比较参证、融会贯通所获得的心得，总想有朝一日能够整理条贯，用英文写一部论外国文学的著作，不料晚年"多病意懒"未能实现，成为他一生的遗憾。杨绛深知这些笔记积聚了钱锺书毕生读书所得，即便他用不上了，但对那些有志读书、研究中外文化的知音者来说，总该是有用的。她说："我衷心期盼能在有生之年亲见《外文笔记》出版，不知是否奢望。"

然而，《外文笔记》的篇幅有三万五千余页，相当于《中文笔记》两倍有余，特别是涉及英、法、德、意、西、希腊和拉丁语七种外语，近五千种书目。如何像《中文笔记》一样编出详细的目录？哪里去找能够胜任这项工作的多语种专家？这谈何容易。当陈洁跟杨绛讲述《外文笔记》起步维艰时，她点点头，

---

① 参见邵火焰：《百岁老人的"长寿药"》，《新民晚报》，2016年7月24日。

没说什么，却眼角微湿。不久，杨绛托朋友请来了德国波恩大学教授、《围城》德文版译者莫芝宜佳和她的丈夫莫律祺整理汇编《钱锺书手稿集·外文笔记》，他们都精通多门外语，两人加起来足以解决七种语言问题。

编辑人员在与外国专家反复协商和研究之后，为全书确定了整体完善的体例：全书有序言、前言、出版说明、凡例及各辑简介，均为中、英、德语三种文字对照，以方便中外读者阅读；每册卷首有彩色插页、目录、人名和书名索引，天眉有本页作者、书名标识文字，摘抄报纸杂志的部分有钱锺书使用的报刊简称与全称对照表，便于读者检索；最后一册总索引，后附总目，是对全书的总览。最终整理完成的全六辑四十八册附一册《外文笔记》，从钱锺书手稿中共钩沉出四千多种书目。

这对年逾古稀的德国夫妇连续三个春天来到北京，在清华大学档案馆的大会议室里查看手稿资料，一待就是一整天。每次来京，杨绛都请莫芝宜佳和莫律祺去家中做客，有时讨论书稿，有时畅谈学问，不断增进彼此的了解。他们在《人民日报》撰文写道：

> 一九九九年我第一次见到《外文笔记》，当时杨绛先生很细心地把笔记存放在五个大纸盒子里。她已经把笔记分成了两组：一组是手写的笔记本，通常都有钱先生自己写的目录。第二组是厚厚的档案袋，里面是钱先生亲手用打字机打好的散页。有些档案袋上有扉页还有目录，有点儿像要出版的样子。有时，杨先生会在扉页或封皮上写下相关出处或短短几个字的评语。
>
> 那时候，杨先生身体非常虚弱，因为她刚刚失去患病多年的丈夫和唯一的女儿。她非常担心笔记将来得不到妥善的保存，而这是她绝对要避免的事情。这些笔记本跟钱先生如影随形，是他生命的一部分，杨先生认为最好也是最安全的办法就是出版这些笔记。最后她把出版《钱锺书手稿集》的事交给了商务印书馆，2012年又请我们来整理汇编《外文笔记》。杨先生一直期盼着笔记出版，如今终于如愿以偿。[①]

如今公开亮相的钱锺书《外文笔记》共分六辑，每辑卷首都有两位专家撰

---

① [德]莫芝宜佳、莫律祺：《连接中国与世界的"万里长桥"——汉学家眼里的〈钱锺书手稿集·外文笔记〉》，《人民日报》，2016年4月12日。

写的简介，杨绛每次收到样书，都会戴上老花镜，认认真真地读这些简介，每当看到简介落款中这两个熟悉的名字，她的嘴角就微微翘起来，亲切而满足。特别是在《第五辑简介》中，读到这一辑笔记全部是打字稿，她说："钱锺书是用两个手指头打的。"责编说："对啊，莫律祺先生在简介中也提到了。"并指给她看那段话——"让人惊叹的是钱先生打字错误极少，这可能是因为钱先生是用两指法打字的。"

尽管整理《外文笔记》的工作十分繁重，但莫芝宜佳夫妇深感荣幸。透过这套书里密密麻麻的字迹，他们深深体会到一位东方学者对西方文学的钟爱与眷恋。

在整理外文笔记时，莫芝宜佳用"叹为观止"来形容内心的震撼。"古时候有'七大奇迹'，像巴比伦的'空中花园'，埃及的吉萨'金字塔'，菲迪亚斯在希腊奥林匹亚的宙斯神像……《外文笔记》也是一项前所未有的'世界奇迹'。它不是把中国与世界分隔开，而是像一座'万里长桥'，把中国与世界联系在一起。"

莫芝宜佳认为，钱锺书外文笔记内容多种多样，精彩纷呈，每个人都可以从中找到自己喜欢的东西。对钱锺书来说，摘录首先是一种记忆术。这些构思完整、书写整齐的摘录构成一座宝库，一座可以随时进入的大型图书馆，但除此之外，也是帮助他记忆的手段，通过抄录把阅读过的文章深深印在脑子里，自己清晰的字迹就像拍下的照片记了下来。在将钱锺书《外文笔记》与西方世界的各类摘记作品比如蒙田的《随笔录》、叔本华的《附录与补遗》、伯顿的《忧郁的解剖》进行比较时，莫芝宜佳认为"钱先生更向前迈进了一步"，"在早期笔记本里，摘录，心得和议论混杂在一起。但渐渐地，把摘录内容和自己的想法清楚地分开发展成他的独门绝技。他掌握摘录技巧的能力，其他人难以相比……原本分开的引文构成新的关联，形成天衣无缝、可以通顺阅读的文章。虽然是逐字逐句的引文，但经过钱先生的选择和综述概观，成为他自己的新作品。"[1]

经过三年多整理，全部《钱锺书手稿集·外文笔记》（全四十八册附一册）由商务印书馆影印出版。

二〇一六年三月二十四日，《外文笔记》出版座谈会在北京举行，宣布《钱

---

[1] [德]莫芝宜佳、莫律祺：《连接中国与世界的"万里长桥"——汉学家眼里的〈钱锺书手稿集·外文笔记〉》，《人民日报》，2016年4月12日。

锺书手稿集》全部出版。责任编辑陈洁感慨:"实现了杨绛先生的一个梦。"钱锺书先生留下来的零散而残破的手稿,整理起来都需要花费大量的时间和精力,杨绛的付出和牺牲,是克服了她精力和体力上的困难,实属不易。当然,这样的不易也是值得的,毕竟是将钱先生的学问发扬光大、造福于后学了,我们要感念她。

钱锺书《外文笔记》于二〇一四年五月先期推出第一辑之后的十八个月中,商务印书馆和莫芝宜佳夫妇齐心协力,每隔几个月就有一辑问世,送到杨绛手中。她每次都早早坐在客厅里等候,喜悦急切之情溢于言表。

杨绛望着墙边的矮柜,嘱咐阿姨把钱锺书的《外文笔记》和《中文笔记》皇皇七十二卷巨制码放到柜子上,旁边还摆着钱锺书和女儿钱瑗的照片。是不是这样就能离亲人更近一点?

"他准是又高兴,又得意,又惭愧,又感激。"杨绛说,"我是他的老伴儿,能体会他的心意。"

亲人离开快二十年了,杨绛独自留下"打扫战场",凭着她的倔强和坚忍,一点一点地实现亲人未竟的心愿,也为世上的读书人留下一个又一个文化瑰宝。

德国学者莫芝宜佳不仅参与《钱锺书手稿集》的整理出版工作,还翻译了钱锺书的长篇小说《围城》,并且出版了专著《〈管锥编〉与〈杜甫新解〉》,她曾撰文追述这一经历:

> 翻译《围城》后,我就开始跟钱先生来往,先是通过书信。钱先生的信都是用毛笔写的,非常好看,而且经常引用英文、法文、意大利文、德文等。与钱先生和杨绛女士第一次见面是在八十年代。我那时候住在北大,看望他们还需要由人陪同。那天上午去他们家之前,我相当紧张。曾听说钱先生讨厌麻烦的提问者,极少接见来访者。在他家的门上有个猫眼,为的是让杨绛挡驾不速之客。钱先生有句话说:"外国人来北京,他们先要看的是两样东西,熊猫和我。"我在杨绛写的书里还读到过,钱先生在电话里劝过一位热爱《围城》的女士说,如果有人觉得一个鸡蛋好吃,不一定要看下蛋的母鸡。但我的担心是多余的。经过第一次接触,我发现他们其实是很真诚地与朋友发展持久的友谊。
>
> 那次见面时,首先是由杨绛女士招待,她问我问题多不多?以后我才知道,就是因为我的问题不啰唆,全是为了解决翻译《围城》的具体

困难，也没有什么有关私人生活的问题，所以他们夫妇俩对我比较有好感。我的中文名字也是钱先生起的。还有一次在他们家跟钱锺书、杨绛和他们的女儿钱瑗教授一起吃饭，也是很难忘的。钱先生有惊人的记忆力。我问他问题的时候，他常常就是随手找出一本书，很快翻到某页，让我自己看。

一九八八年德文版《围城》在德国出版发行，受到很热烈的欢迎。一时间，德国大媒体，像《明镜》周刊、《法兰克福汇报》等，都纷纷发表书评，给予了很高评价，并认为钱锺书先生完全可以获得诺贝尔文学奖。

……

钱先生和杨绛对我的帮助是非常大的。我早就想写一篇文章表达对他们的感激。不过因为种种原因，再加上忙忙碌碌的，所以耽误了太久，实在惭愧。现在，钱先生已经去世多年了，此次去北京，特意写下这篇短文交给钱先生的夫人杨绛女士。

钱先生因重病住院以后，杨绛代他给我写信，从此我们往来越来越密切。她信里描写的日常生活，活泼逼真，很有感染力，读起来是一种享受。尤其令我记忆犹新的是她多次背给我听的那首古老而有趣的健身"八段锦"，更忘不了她"摇头摆尾去心火"地教我锻炼身体的样子。令我最钦佩的是杨绛在钱锺书最后四年生病的艰难日子里所表现出的坚强和从容。钱先生去世以后，杨绛虽精疲力竭，却差不多没有休息，就出版了钱先生的遗著。记得她在信里提过这个巨大工作。

后来，我很幸运地在她家看到了那些珍贵的手稿和笔记本，为外文笔记做了初步目录。钱先生是一九三六年在牛津图书馆开始写外文笔记的。以后半个多世纪，他记下大量原文摘录，有英文、法文、西班牙文、意大利文、德文、拉丁文、希腊文。笔记涉及的领域丰富多彩，如文学、语言学、哲学、文学批评和理论、心理学、人类学等。连侦探小说、笑话、大词典和百科全书也包括在内。钱先生非常珍惜这些笔记本，连"文革"下乡也把它们带到干校。杨绛出版它们的追求是让它们活下去，继续使用："我相信公之于众是最妥善的保存。但愿我这办法，'死者如生，活者无愧'。"钱先生本来要拿外文笔记的材料，用英文写一本西方文学的大作，当作《管锥编》续本。这个梦现在不能实现，不过外文笔记还是一部很特殊的西方文化的采集，可以不断激发未来中西方学者的灵感。杨绛（杨季康的笔名）不像多数名人妻子那样，只顾为丈夫服务，当贤妻良母。相反，她是很有创造性的艺术家、文学翻译家和文学研究专家。①

施咸荣是钱锺书、杨绛在中国社会科学院的同事，是中华人民共和国成立以来成果卓著、贡献很大的文学翻译家和美国文学研究专家，曾任中国社会科学院美国研究所副所长。施咸荣一九九三年去世后，他的儿子施亮一直以晚辈身份，继续照顾钱锺书、杨绛两位老人。杨绛去世后，施亮曾在香港杂志上刊文追忆杨绛最后的岁月：

> 二〇一五年的二月十八日是年三十，我与付研拎了年货去杨绛奶奶家。她由吴阿姨搀扶着从寝室走出来，老人神情甚为疲惫萎靡，说话有气无力，她说感到很乏力。付研替她捋起袖管量血压，发现她的指标还正常。我拉住了杨绛奶奶的手，软软凉凉的。她问我一句，你还好么？我答，我还好。接着，又过来一位邻人送来年货。杨绛奶奶颤巍巍起身，踉跄着要送那人到房门口，我连忙过去搀扶她。然后，我们又在一起照相，坐了不到一小时。
>
> 回家路上，我喃喃地对付研说，我有些不好的预感……付研深深叹一口气，微微点头。
>
> 三月十五日（星期日）晚上，付研回家对我说，她刚去了杨绛奶奶家，是吴阿姨打电话叫她过去的。这一段时间，杨绛奶奶总说没有力气，感觉很累。周围的亲人们提议让她住医院，可她不愿意去，就说："让付研过来。"付研去那儿替杨绛奶奶量了血压，检查了身体，又问她愿意住院吗？杨绛奶奶嘟起嘴，不高兴地说："随便。"付研笑了，便说："假如奶奶不愿意去，那就不去了吧。"老人听了甚为高兴，又跟付研聊天，还回忆起金岳霖。吴阿姨在一旁说，嗨，您不是说没有力气么？老人就打了吴阿姨一拳说，看我有没有力气！逗得大伙儿都笑了。
>
> 又过了半个月，我与付研正在朋友家做客。付研的手机忽然响了，吴阿姨来电话说，杨绛奶奶病了。这一回杨绛奶奶不得不住医院了。
>
> 以后的一年多，杨绛奶奶住进了协和医院，她的身体状况时好时衰，

---

① [德]莫芝宜佳：《钱锺书与杨绛二三事》，《读书》，2006年10期。

她的精神也无复以前的健旺了。付研好几次去探望她，说老人气衰力竭，恹恹地不爱讲话。

今年五一节，我也过去探望了杨绛奶奶。傍晚六点多，我走进病房，只见她躺在病床上输着氧气，闭着眼睛，正处于昏迷不醒中。付研在她耳边低声说话，她的嘴唇嚅动几下，眼皮却睁不开，有时，只是微微动一下头，呻吟几声。我在病床旁，拉着杨绛奶奶的手，站立了十多分钟。我心中很凄恻，明白大概这就是与老人最后的诀别了……

五月二十五日凌晨，杨绛奶奶走了。①

---

① 施亮：《最后的岁月》，见《人生边上：钱锺书、杨绛档案》，南昌：江西教育出版社，2018年6月版，第251—252页。

第二十一章　绵绵哀思

一

这一天，令人扼腕！杨绛走了，人间再无"我们仨"。

二〇一六年五月二十五日凌晨一时，作家、文学翻译家和外国文学研究家、钱锺书夫人杨绛在京病逝。一个半月后的七月十七日，本是她一百零五周岁生辰。据披露，杨绛以前就说过，如果去世，则不想成为新闻，不想被打扰。

对于一位已经一百零五岁的高龄老人来说，尽管前几天传出杨绛病危的消息后很快被辟谣，但广大读者还是明白这一天终究会到来，而当这一天真的到来了，还是让人难掩心中的悲伤与悸动。

杨绛的一生跨越一个世纪，历经沉浮沧桑，然而，她却始终以轻盈的姿态来承担生命的沉重；她居于精神的"高处"，却以"不争"的品格寻"平处"而居；她的文字朴素平实，却又隽永风趣，哀而不伤，满载着"走在人生边上"的智慧、豁达和俏皮。

杨绛告别人世的噩耗传开，广大读者陷入悲哀，铺天盖地的悼念消息迎面而来。

著名作家、中华人民共和国成立七十周年时获颁"人民艺术家"国家荣誉称号的王蒙向《东方早报》表示，这个消息让人非常难过。"我和她直接来往的机会不多，但是她写的《洗澡》《我们仨》我都看过。她是我们国家的瑰宝。她的学问、修养及为人处世都给大家留下非常深刻的印象。""像她那一代人现在基本走得差不多了，有这样一个经历和成就的人走得差不多了。但毕竟有这么一个形象，值得后人深思和效仿。"

中国人民大学文学院院长孙郁在接受记者采访时表示："杨绛先生是我非常尊重的人。看她翻译的《堂吉诃德》，你会感叹她文学修养之高，以及对母语理解能力之强。她和钱锺书都是非常重要的作家和学者，如今像他们夫妻俩既是学者又是作家的人已经不多了。杨绛九十三岁出版的《我们仨》，以及后来在一百岁上下出版的两本文集，文章都饱含生命力和精神能量，真是奇迹。在现代文学史和当代文学史上，一定会提到杨绛。她的剧本创作也非常优秀，《干校六记》中对'文革'历史的记录，都是我们了解那段历史、那个年代知识分子命运的参考书。"

华东师范大学教授、现代文学专家陈子善在接受采访时表示："我们现在提到杨绛先生，最先会想到她的翻译作品和小说、散文。不过，杨先生最早却是凭借话剧、剧本显露头角的。杨先生出身名门，这么一个大家闺秀写的话剧是充满讽刺幽默意味的。提到中国的话剧史，也是绕不开杨先生的，她的剧本影响很大。二十世纪四十年代，她写了《称心如意》《弄真成假》《风絮》，看名字就可以看出其中的讽刺意味，写出了人的虚伪和自私。与钱锺书先生的尖锐不同，杨先生的笔调是温文尔雅的，却又带出了人间的冷酷和狡诈。她还有一本剧本《游戏人间》，现在看不到了。翻译作品上最出名的就是《堂吉诃德》，也是一本讽刺小说，我个人认为是有内在联系的，都是讽刺喜剧。有个有趣的事情，杨先生话剧出名后，钱锺书先生不服气，说你写个话剧就能这么大影响？那我要写写小说了，后来也就有了《围城》。这当然是玩笑话，也可以看出他们这对佳偶的风格。杨先生晚年还有一个成就，就是整理、出版了钱锺书先生的文稿，我们现在才可以看到更多资料。"①

当天下午，澎湃新闻记者来到杨绛生前长期居住的南沙沟小区，小区门口保安说，杨绛已经去世。因为她没有后代，只有保姆一个人在家，外人必须有国务院机关事务管理局的确认才可以进入。也是在下午，杨绛生前工作的单位中国社会科学院对外正式公布了杨绛去世的消息。

小区保安向澎湃新闻记者表示："前两年还经常看到杨先生在小区里走动，这一两年就很少遇到杨先生了。"一位跟杨绛住同一小区的老太太对澎湃新闻记者说："大家都知道小区里住着杨绛先生。每逢杨先生生日等日子，就有国家领导人来看望她。"老太太还说，杨绛的楼下经常会放着读者送来的书和花。

与此同时，不同职业、不同年龄的人开始转发着吊唁文字，杨绛病逝的消息传遍了朋友圈。

杨绛就这样被"刷屏"——多少网站主页上这条消息被列在前列，多少微信圈子里将这条消息广为传播。可是，某些公众所热衷关注先生的什么呢？一

---

① 《东方早报》，2016年5月26日。

个就是杨绛语录的"心灵鸡汤化",杨绛的人生感悟几个小时内就被反复编辑推出,就连那篇文气还算贯通的《一百岁感言》也被重新挖出,其实这篇所谓"感言"是由写手拼贴杨绛的零散话语而成篇的;另一个则是杨绛的生平故事,特别是与钱锺书成为伉俪的故事,外加费孝通追求她的逸事,好像这对著名学者夫妇成了萨特与波伏娃那种存在主义契约婚姻的反面。他们毕生相濡以沫,外加女儿形成了"我们仨"的故事。

随着杨绛的离世,网上网下舆情蜂拥,出现了很多纪念她的文章,其中有她的亲人写的,也有她生前的同事、朋友、学生、晚辈写的。这些纪念文章可以帮助人们从不同的角度来对杨绛先生进行更多的了解,尤其是那些与杨绛先生有过现实交往的人所写的文章,因为具有一定的私密性,所以还可能会有一定的史料价值,意义不容忽视。

《人民日报》五月二十六日特意在第12版,辟出专版。以《永不相失"我们仨"》为题,深切缅怀刚刚去世的杨绛先生。编者称:"杨绛先生曾将读书比作'隐身'的串门儿,不必打招呼求见,也不怕打扰主人。所以,我们选择将她的文字连缀成报道,以这种'隐身'的方式读懂先生的一生。先生生前希望用最简单的方式安静地离开这个世界,与另外两个人团聚。请允许我们用这样一种方式,表达不舍。"

《人民日报》拿出近一个版的篇幅,刊登杨绛笔下反映"亲与情""国与民""文与译""生与死"等的舌灿莲花般美文,比如"亲与情"部分:

我这一生并不空虚;我活得很充实,也很有意思,因为有我们仨。也可说:我们仨都没有虚度此生,因为是我们仨。

"我们仨"其实是最平凡不过的。谁家没有夫妻子女呢?我们这个家,很朴素;我们三个人,很单纯。我们与世无求,与人无争,只求相聚在一起,相守在一起,各自做力所能及的事。碰到困难,锺书总和我一同承当,困难就不复困难;还有个阿瑗相伴相助,不论什么苦涩艰辛的事,都能变得甜润。我们稍有一点快乐,也会变得非常快乐。

一九三五年七月,锺书不足二十五岁,我二十四岁略欠几天,我们结了婚同到英国牛津求学。我们离家远出,不复在父母庇荫之下,都有点战战兢兢;但有两人做伴,可相依为命。在牛津,我怀上孩子了。锺书谆谆嘱咐我:"我不要儿子,我要女儿——只要一个,像你的。"我对于"像我"并不满意。我要一个像锺书的女儿。

一九三八年回国,因日寇侵华,苏州、无锡都已沦陷,我娘家、婆家都避居上海孤岛。沦陷区生活艰苦,但我们总能自给自足。能自给自足,就是胜利,锺书虽然遭厄运播弄,却觉得一家人同甘共苦,胜于别离。他发愿说:"从今以后,咱们只有死别,不再生离。"

我成名比钱锺书早,我写的几个剧本被搬上舞台后,他在文化圈里被人介绍为"杨绛的丈夫"。但我把钱锺书看得比自己重要,比自己有价值。我最大的功劳是保住了钱锺书的淘气和那一团痴气。这是钱锺书的最可贵处。他淘气、天真,加上他过人的智慧,成了现在众人心目中博学而又风趣的钱锺书。他的痴气得到众多读者的喜爱。

锺书曾逗阿瑗玩,说《围城》里有个丑孩子,就是她。阿瑗信以为真,却也并不计较。人世间不会有小说或童话故事那样的结局:"从此,他们永远快快活活地一起过日子。"人间没有单纯的快乐。快乐总夹带着烦恼和忧虑。

锺书于一九九四年夏住进医院。我每天去看他,为他送饭,送菜,送汤汤水水。阿瑗于一九九五年冬住进医院,在西山脚下。我每晚和她通电话,每星期去看她。但医院相见,只能匆匆一面。三人分居三处,我还能做一个联络员,经常传递消息。

一九九七年早春,阿瑗去世。一九九八年年末,锺书去世。我们三人就此失散了。就这么轻易地失散了。"世间好物不坚牢,彩云易散琉璃脆。"现在,只剩下了我一人。

锺书逃走了,我也想逃走,但是逃到哪里去呢?我压根儿不能逃,得留在人世间,打扫现场,尽我应尽的责任。

这些都是由该报记者葛亮亮精心整理,自《杨绛全集》辑出的。
与此同时,全国各大媒体大多做了重点处理。其中,《中国青年报》——

人们怀念杨绛,因为她的作品让人在浮躁的文学风气中感到一股清新。从创作活跃的年代看,杨绛和"鲁郭茅巴老曹"等现代文学大家属于同代人,但因高寿与晚年旺盛的创作力,她又是不折不扣的当代作家。

人们怀念杨绛,还因为她继承了中国知识分子的优良品格。杨绛出生于1911年,这决定了她要生活在一个从传统走向现代的转折年代。"我和谁都不争,和谁争我都不屑",这句英国诗人兰德的诗,也是杨绛一生为人处世的写照。杨绛有着传统知识分子的骨气,特别是在日寇侵华期间,她和丈夫钱锺书身陷上海孤岛,面对日本人的威逼利诱,巧妙地与之周旋;她还有着深厚的西学素养,对推动西方文化在中国传播作出了重要贡献。

近年来,每每有文化老人去世,公众都会产生强烈的怀念情绪。这种现象是令人欣慰的,它至少说明了尊重文化和文化人的社会风气没有消失。但是,人们的怀念也蕴含着一句潜台词:像那些文化老人一样的人,在当下是否能够继续出现?文化老人给我们的民族留下了宝贵的精神财富,而继承和创造更多精神财富的责任,落到了当代人的肩上。这也是人们怀念杨绛所要表达的最主要观点。①

《环球时报》——

百岁之际,杨绛曾说,她喜欢和人民大众一气的作家,如杜甫,不喜欢超出人民大众的李白。李白才华出众,不由人不佩服,但比较起来,杜甫是她最喜爱的诗人。在公众和媒体的眼中,杨绛是这样一个文化符号——著名学者、钱锺书夫人,等等。再早一些,是上海出身的文学新女性,从小家庭富裕、接受现代教育,留学西洋。然而,就是这样一位几乎具备一切耀眼头衔的"牛人",却说自己喜欢和人民大众一气的作家,多少令人吃惊。

然而这并非杨绛先生冠冕堂皇的说辞,而是她终其一生得出的认真结论。那段动荡岁月里,和许多"劳改下放"的知识分子一样,她在肉体和精神上遭受了前所未有的经历和磨炼。这段特殊的经历,使杨绛先生的思想得到前所未有的修炼,在乡下的劳动改造,意外增加了她对中国农村的了解,增进了对农民的感情,也增强了对劳动之美的认知。

他们夫妻经历了之前想象不出来的种种:种豆、种麦、种菜、凿井、住窝棚、挖防空洞,见识了秸秆围成的厕所。许多具体而微的劳动细节让

---

① 王钟的:《人们为什么如此怀念杨绛》,《中国青年报》,2016年5月26日。

她记忆犹新，比如用粗绳子捆行李，光用两只手不够，只好用牙齿帮忙。年轻人搬沉重的铁书架用肩膀扛，衣衫磨破，露出肉来，这使她惊叹——最经磨的还是人的血肉之躯。①

《新民晚报》——

　　要读者去通读某位作家所有的书，然后能判断出一段文字究竟是否出自这位作家之手，出自哪部作品——这要求，肯定是不切实际的，特别是一些仿文做得还不错的时候。然而，如果对某位作家有兴趣，读一些他的文字，多了解他的语言风格，对于一些离谱的文字，可能就会有多一点疑惑。我们对文学有尊崇之心，但若不愿意花时间读文学作品，而只满足于朋友圈的转发、点赞，就很难将这尊崇之心落到实处，最终，也不过只是拿文学来做一件遮羞的华丽袍子。

　　杨绛曾经说到钱锺书的"嗜书如命"："不论处何等境遇，无时无刻不抓紧时间读书，乐在其中。无书可读时，字典也啃。"而她自己，也从幼时起，便学父母的样，找父亲藏书来读，好读书，读好书入迷。他们为清华学子所设奖学金，不用自己的名字，就叫作"好读书"。若你的确仰慕他们的风采，何不学学他们对名利的淡泊，对读书的痴迷，也许，这样，才能真正获得"内心的淡定和从容"。②

《新闻晨报》——

　　杨绛说过，自己"最大的功劳是保住了钱锺书的淘气和那一团痴气"。而更难能最可贵的是，在做一个"最贤的妻"的过程中，她也并没有放弃过身为"新女性"的独立和自由。

　　温婉恬静、人淡如菊，和宽厚隐忍、坚定不屈，在她身上获得最完美的结合。就如她自己所说：含忍和自由是辩证的统一。含忍是为了自由，要求自由得要学会含忍。

　　在对杨绛的各种评价中，我个人觉得有一句是恰到好处的：杨绛一生，

---

① 师力斌：《杨绛先生的人民性修炼》，《环球时报》，2016年5月26日。
② 夏琦：《最好的怀念，是静静读作品》，《新民晚报》，2016年5月26日。

都保持着"少女相"。她是发自内心地热爱她所做的一切——无论是家务还是工作,因此就心无旁骛地去做了。不矛盾,不纠结,不分裂。她所说的,她都信;她所信的,她就做。

先生之美,在于眉目舒展,通透自然。这才是真实、强大的自由之灵魂。①

《文汇报》——

纵使先生避世,但新时代的媒介传播,终究抵挡不住各年龄、各职业的人,对先生寄托绵长哀思。千万人传播着生老病死亘古不变的主题,在社交空间是那样哀而不伤。最终,一汩汩细流汇成大河,如水的力量流淌进人心。正如著名文艺评论家吴泰昌对本报记者所言:杨先生的长寿曾让人误以为,她是个永生的人。而她的远去,唤起了我对这位良师贤友最厚重的尊敬与无限涌来的伤悲,更唤醒这世间对于她虽历尽坎坷却始终充盈向上之气的敬仰。先生一定走得很放心,舍不得的却是我们。②

不过,杨绛去世以后,有人根据以往的经验,每当某位名人离世,也会有不少人为了炒作自己、吸引眼球,而进行一些牵强附会的创作,硬是把自己和杨绛先生扯上关系。宽容点看,只要这样的文章不会让世人造成误解,不会对杨绛的形象与声誉带来损害,也没有必要太过较真。但是,不管这些纪念文章是真实的,还是虚构的,都算不上是最好的纪念方式,而最好的纪念方式就是去读杨绛的著作,包括她自己创作的,也包括她翻译的;包括各种小说、戏剧作品,也包括散文、随笔等。

在这里,读书是对杨绛最好的纪念:这"是因为无论多么情真意切的纪念,总有一个由喧嚣到平淡,由热到冷的过程,这是客观规律使然,但是一位真正的作家留给这个世界的作品,却不会随着时间的流逝而变得暗淡,反而会在专家学者的研究中,在更多读者的阅读中焕发出更夺目的光芒。杨绛先生翻译的世界名著《堂吉诃德》被公认是该著作最优秀的翻译佳作;她于九十三岁高龄出版的散文随笔《我们仨》,更是风靡海内外,一版再版达到了一百多万册。对

---

① 齐乔正:《一个女人的自由魂》,《新闻晨报》,2016年5月26日。
② 王彦:《目送杨绛先生,带着全部最宝贵的收获平静上路》,《文汇报》,2016年5月26日。

于一位德高望重的作家，我们当然可以通过了解和研究她的生平事迹去领会与继承她高贵的精神品格，但我们同样可以通过阅读她的著作来实现这样的目的。而对于以写作为职业、为毕生事业与追求的作家来说，她无疑更加愿意世人去阅读她的作品，去通过作品了解作者。杨绛先生永远地离开了我们，我们可以追悼，可以赞美，可以膜拜，但一定不要忘记了阅读，阅读才是对一位作家最大的尊重与礼遇，对杨绛先生是如此，对国内外其他作家同样是如此。"①

《中国文化报》提出："我们为什么要怀念如杨绛先生这般的'文化老人'？道理其实好简单！这些'文化老人'身上都有着一些我们明知珍贵，但大多数人却真做不到的东西，所以才备感珍惜！"文章强调，在纪念杨绛先生这位"文化老人"的时候，我们所要记住的是这个人及这个人身上所具有的这个时代所不具有的高贵品质，也要记住她的书，因为她所有的书形成了"她的传记"——这是一位"精神贵族"留给我们的个人历史，而这私人史，恰恰表征了这个时代所能达到的文化的高度！②

二

杨绛遗嘱交代：她死后，丧事从简，不设灵堂，不举行遗体告别仪式，不留骨灰。讣告在遗体火化后公布。

杨绛生前还曾对人民文学出版社的责任编辑胡真才说过，如果去世，则不想成为新闻，不想被打扰。

二〇一六年五月二十七日清晨，协和医院的告别室绿植环绕，肃穆简朴。没有花圈花篮，也没张挂横幅挽联，人们的哀悼惜别之情，全深藏心底。杨绛静卧在花木丛中，等待起灵。她身穿家常衣服，外面套着二十世纪八十年代出访西欧时穿的深色羊绒大衣，颈围一方蓝白相间的小花格丝巾，素雅大方。化了淡妆的杨绛，头发向后梳得整整齐齐，细眉高扬，面容安详。

尽管没有通知，许多同志还是赶来送别这位老人。这里没有前呼后拥，也无嘈杂喧哗，人人都轻手轻脚，生怕把睡梦中的杨绛闹醒。

中国作家协会主席铁凝参加了当天的活动。她说：

---

① 苑广阔：《读书是对杨绛先生最好的纪念》，《中华读书报》，2016年6月1日。
② 刘悦笛：《我们为什么要怀念杨绛先生》，《中国文化报》，2016年5月31日。

五月二十七日晨，在协和医院送别杨绛先生。先生容颜安详、平和，一条蓝白小花相间的长款丝巾熨帖地交叠于颈下，漾出清新的暖意，让人觉得她确已远行，是回家了，从"客栈"返回她心窝儿里的家。①

"整个过程非常简单，没有仪式，没有设灵堂，也没有花圈挽联，大家都只想按先生的遗嘱安静送她走完最后一程。"作为杨绛生前工作过的中国社科院外国文学研究所的唯一代表，所长陈众议二十七日参加了送别。

"之所以没有第一时间将先生去世的消息公布，也是遵从先生遗愿。"陈众议说。早在二〇一二年，杨绛先生即向时任中国社会科学院院长的陈奎元请求：去世后丧事从简，不开追悼会，不受赙仪，至多七八亲友送送。二〇一三年，她亲笔所作遗嘱再次就后事办理明确写道："我去世后，不设灵堂，不举行遗体告别仪式，不留骨灰。"②

值得一提的是，美国《纽约时报》对在当年五月份逝世的最后一位名人杨绛，也撰写了讣闻。

《纽约时报》的报道标题是，"杨绛逝世，享年104岁，一位见证了'文革'的令人尊敬的作家"。

文章英文版约940个字，援引了《人民日报》的评价，"杨绛的一切都是'试'，这个'试'是一种从容不迫的平常心，没有一丝跳着跑着争名夺利的浮躁"。③

三

杨绛去世当天，笔者本人接受全国多家媒体的采访，并应约撰文追思杨绛先生。

其中《东方早报》记者采写的报道称：

---

① 铁凝：《"何不就叫杨绛姐姐？"——我眼中的杨绛先生》，《以蓄满泪水的双眼为耳》，北京：生活·读书·新知三联书店，2016年8月第1版，第114页。
② 中新社记者应妮：《陈众议：杨绛先生生前审订讣告和遗嘱》，中新社北京5月27日电，http://wenhua.youth.cn/xwjj/xw/201605/t20160528_8053906.htm。
③ 《纽约时报》的报道有误，杨绛享年105岁。http://media.sohu.com/20160605/n453092954.shtml。

《杨绛传》作者罗银胜告诉早报记者，他自己与杨绛的交往是"君子之交"，来往比较平淡。在罗银胜眼中，杨绛是个内敛谦虚的知识分子。罗银胜说，当他提出写传记的要求时，杨绛一开始是回绝的，她说："我是一个很平凡的小人，不值得你写传记，要写还不如写钱锺书先生。""我把传记手稿寄给杨绛，一开始她都压着，半年没有回音，她告诉我，'钱先生身体不好，好多事情我也不方便向他核实。'后来我删掉没有写，她一听到删掉非常高兴。"罗银胜说，杨绛是一个本色的知识分子，还保留了传统文化中优秀的基因。他们与世无争，实际上是这个世道太艰险太复杂了，这是对自己的保护。他回忆，书稿改完后，杨绛拎了两个装着书稿的大信封到邮局，将书稿寄回给了他。"后来她跟我发牢骚，说：'小罗啊，你真累人啊！还花了我好多钱呢！'"①

而谈及对杨绛先生的印象，他说，先生最打动人的是她所具备的中华民族传统的沉静之美、内秀之美，还有她甘做"灶下婢"的奉献精神。"她并不希望我们小辈去写她，我去采访她时，她谦虚地说，不要写她，不值得写，最好还是对钱锺书先生花点精力；她很愿意提携后辈，对寄去的书稿，她仔细修改后，又给寄回。她还开玩笑地说，寄回去的邮费很贵哦。"

二〇一六年五月二十六日《新闻晨报》刊登记者徐颖采写的《杨绛与上海的渊源：在徐家汇念书，在复兴中路陪钱锺书写〈围城〉》：

杨绛先生与上海颇有渊源。二〇一二年，在杨绛先生101岁生日之际，晨报记者采访了曾两度为杨绛写传记（分别是《杨绛传》和《百年风华：杨绛传》）的作者罗银胜。他特别提到了杨绛先生与上海的渊源："她父亲当年曾在申报馆当主笔。"

父亲杨荫杭对杨绛特别钟爱，她排行老四，个头比前面三个姐姐都矮，爱猫的父亲笑说："猫以矮脚短身者为良。"在父亲的引导下，她开始迷恋书里的世界，中英文的都拿来啃，读书迅速成为她最大的爱好。一次父亲问她："阿季，三天不让你看书，你怎么样？"她说："不好过。""一星期不让你看呢？"她答："一星期都白活了。"说完父女会心

---

① 《东方早报》记者石剑峰、徐萧、罗昕、徐明徽、邢春燕、权义、高丹：《杨绛是一位写作者，更是钱锺书文化遗产的看护人》，《东方早报》，2016年5月26日。

对笑。

一九二〇年，杨绛随父母迁居上海，她和三姐跟随大姐同在上海启明女校读书，寄宿在校。

此时，杨绛的父亲杨荫杭应邀在上海申报馆当主笔，在启明女校上学的杨绛曾跟着两个姐姐一起去现在汉口路309号的申报馆看望父亲。到了申报馆，杨荫杭招呼女儿坐下，说："今天带你们去吃大菜。"父女步行到附近青年会去，一路上杨绛握着爸爸的两个指头，走在两个姐姐后面。走不多远就到青年会了。爸爸带她们进了西餐室，杨绛生平第一次用刀叉吃饭，像猴儿似的学着爸爸吃，不过她还是吃错了。她不知道吃汤是一口气吃完的，吃吃停停，伺候的人想撤她的汤，她又吃汤了，他几次想撤又缩手。杨荫杭轻声对杨绛说："吃不下的汤，可以剩下。"

回家路上，爸爸问她什么最好吃，杨绛因为太专心用刀叉，没心思品尝，只觉得味道都有点怪，只有冰激凌好吃。她们回到申报馆，爸爸带她们上楼到屋顶花园去歇了会儿，杨绛就跟着两个姐姐回校了。

杨荫杭一直教育他的子女要"有志气"，主张自食其力，这给杨绛幼小的心灵塑造产生很大的影响。

一九三八年，已在牛津获得学士学位的钱锺书，带着妻子杨绛和女儿，从法国马赛坐邮轮回上海。他们住在辣斐德路609号（现上海复兴中路573号）钱家。就是在这里，杨绛陪伴丈夫钱锺书，完成了长篇小说《围城》。

笔者应约在二〇一六年五月二十六日《新京报》发表了《杨绛：我和谁都不争，用生命之火取暖》，在学术界有着重要影响力的《新华文摘》二〇一六年第十六期，全文转载。现在照录如下：

二〇一六年五月二十五日凌晨一时，著名作家、文学翻译家和外国文学研究家、钱锺书夫人杨绛在北京病逝。一个半月后的七月十七日，本是她105周岁生辰。

杨绛本名杨季康，江苏无锡人。杨绛一九三二年毕业于苏州东吴大学，一九三五——一九三八年留学英法，回国后曾在上海震旦女子文理学院、清华大学任教。一九四九年后，在中国社会科学院文学研究所、外国文学研究所工作。

壹　从"寒素人家"走出"四小姐"

杨绛先生出生于江苏无锡的一个知识分子家庭，用杨绛本人的话说，就是"寒素人家"，她的曾祖父、祖父的身份，无外乎书生、穷官，但都秉性正直，酷爱读书。

杨绛，一九一一年七月十七日（阴历辛亥年六月二十二）出生在北京，原名杨季康，后以笔名杨绛行世。杨绛出生时，上面已有寿康、同康、闰康三个姐姐，所以排行老四。

一九二〇年，杨绛随父母迁居上海，她和三姐跟随大姐同在上海启明女校（现为徐汇区第四中学）读书，寄宿在校。父亲杨荫杭嫌上海社会太复杂，决计到苏州定居。

定居苏州的时候，杨绛开始念中学，进的苏州振华女校，正好十六岁，由于她长得小巧，看上去只有十三四岁。

一九二八年夏，杨绛准备报考大学。这时，清华大学刚开始招收女生，当年不到南方来招生。于是，杨绛只好就近考入苏州的东吴大学。

杨绛在东吴大学上了一年学以后，学校让他们分科（即分专业）。她的老师认为她有条件读理科，因为杨绛有点像她父亲嘲笑的"低能"，虽然不是每门功课一百分，却都平均发展，并不偏科。

杨绛欲选读法预科，打算做她父亲的帮手，并借此接触到社会上各式各样的人，积累了经验，然后可以写小说。杨荫杭虽说任女儿自己选择，却竭力反对她学法律。他自己并不爱律师这个职业，就坚决不要女儿做帮手，况且她能帮他干什么呢？于是，杨绛只好改入政治系。

虽说杨绛进了政治系，可她对政治学却毫无兴趣，只求得功课敷衍过去，她课余时间都花在图书馆里博览群书。

杨绛在东吴大学读三年级的时候，她母校振华女校的校长为她申请到美国韦尔斯利女子大学的奖学金。杨绛告诉父母亲自己不想出国读政治，只想考清华研究院攻读文学。后来她果然考上了，她父母亲当然都很高兴。

贰 在清华，遇见钱锺书

杨绛在北京的大学生活中，发生了决定她一生命运的事情，这就是与钱锺书的相识与相恋。对此，她母亲唐须嫈常取笑说："阿季脚上拴着月下老人的红丝呢，所以心心念念只想考清华。"

与杨绛同寝室的同学，还有幼年时的苏州好友蒋恩钿。杨绛曾作旧体诗《溪水四章寄恩钿塞外》，送给好友蒋恩钿和未婚夫钱锺书。钱锺书当时已名满清华。杨绛与他相识在一九三二年春天的清华校园。

那一天清华园的紫藤盛开，幽香袭人。杨绛去看望老同学孙令衔，她和杨绛同来清华借读。孙令衔也要去看望表兄，这位表兄不是别人，正是钱锺书。

孙令衔带钱锺书来到古月堂门外。清华校规，男生不许进女生宿舍。杨绛回忆说："我刚从古月堂钻出来，便见到了他。"

杨绛还记得，后来他俩在典雅的工字厅会客室谈过几次。钱锺书鼓励她报考清华外文系研究生。杨绛自学一年，果然于一九三三年夏考上清华外文系研究生，她的同班同学有季羡林等。这年夏天，她和钱锺书在苏州订婚。

为了赶在出国前结婚，钱、杨两人决定于一九三五年夏天举行婚礼。他们的婚礼是在无锡七尺场进行的。这天到场的有很多客人，清华的同学当中有陈梦家、赵萝蕤夫妇。

结婚不久，杨绛随丈夫钱锺书远赴英国。他们不等学期开始就到牛津了。钱锺书已由官方为他安排停当，入埃克塞特学院，攻读文学学士学位。而杨绛正在接洽入学事宜。她打算进不供住宿的女子学院，但那里攻读文学的学额已满，要入学，只能修历史。

这显然不合杨绛的心愿。她曾暗想："假如我上清华外文系本科，假如我选修了戏剧课，说不定我也能写出一个小剧本来，说不定系主任会把我做培养对象呢。但是我的兴趣不在戏剧而在小说。那时候我年纪小，不懂得造化弄人，只觉得很不服气。既然我无缘公费出国，我就和锺书一同出国，借他的光，可省些生活费。"

钱锺书和杨绛在这里除了听课之外，把业余时间全部泡在读书上面。

他们借来一大堆书，涉猎包括文学、哲学、心理学、历史等各种图书，固定占一个座位，一本接一本地阅读。

叁 沦陷"孤岛"，戏剧创作一鸣惊人

杨绛与钱锺书两人在欧美留学之际，正值第二次世界大战的阴云密布，日本侵略者的铁蹄正在践踏着祖国河山。国难当头，他们中断学业，匆匆踏上归国的征程。

一九三八年九月，法国邮轮"阿多士"号正驶向中国。杨绛和钱锺书告别了法国的友人，与女儿钱瑗一起，乘坐在这艘轮船上。

孤岛期间，钱锺书的散文集《写在人生的边上》得以出版，陈麟瑞、李健吾作为审阅人，帮助不少。钱锺书夫妇为了表示谢意，曾一起小聚一次。他们几个人一起吃饭时，谈起了戏剧，陈麟瑞、李健吾竭力鼓动杨绛写剧本。

戏剧是当时人们所喜闻乐见的一种文艺样式。文艺界、戏剧界的著名人士黄佐临夫妇和柯灵、李健吾、陈麟瑞等人先后主持了"上海职业剧团""苦干剧团"等。那时，上海职业剧团已开张了一段时间，他们正在四处物色好的剧本。而在当时，写剧本的为数不多，"但一枝独秀，引起广泛注意的是杨绛。她的《称心如意》和《弄真成假》，是喜剧的双璧，中国话剧库中有数的好作品"（柯灵语）。

杨绛初出茅庐便一鸣惊人，《称心如意》引来阵阵喝彩声。而她步入剧坛，并非偶然，来自于她对都市小市民生活的体验和知识分子生活的积累。上海滩这个大都市特有的新旧参半、土洋结合的生活形态，正是引发剧作家灵感的渊薮。十里洋场中的小市民生活的灰色平庸，杨绛十分熟稔，剧作深入地表现了上海市民生活的种种尴尬、种种疲软，剧中人物身上的喜剧因素，折射出五光十色的社会万象。

复旦大学教授赵景深在《文坛忆旧》一书中写道："杨绛女士原名杨季康，她那第一个剧本《称心如意》在金都大戏院上演，李健吾也上台演老翁，林彬演小孤女，我曾去看过，觉得此剧刻画世故人情入微，非女性写不出，而又写得那样细腻周至，不禁大为称赞。"

随着《称心如意》的成功，杨绛一鼓作气接连创作了喜剧《弄真成

假》《游戏人间》，悲剧《风絮》，这是杨绛唯一的一部悲剧作品。最初发表在抗战胜利不久，郑振铎与李健吾合编的大型文学月刊《文艺复兴》上，连载于该杂志的第三、四期合刊和第五期。

钱锺书的《围城》是一九四四年动笔，一九四六年完成的。就如该书原《序》所说："两年里忧世伤生"，有一种惶急的情绪，又忙着写《谈艺录》；他三十五岁生日诗里有一联："书癖钻窗蜂未出，诗情绕树鹊难安"，正是写这种兼顾不及的心境。这种"灶下婢"精神可敬可爱，正如钱锺书在《围城》序言中所写的："这本书整整写了两年。两年里忧世伤生，屡想中止。由于杨绛女士不断的督促，替我挡了许多事，省出时间来，得以锱铢积累地写完。照例这本书该献给她。"

杨绛为《围城》这一中国现代文学史上的旷世名著的成功问世，做出了自己的贡献。同时，她也分享了"闺房之乐"："每天晚上，他把写好的稿子给我看，急切地瞧我怎样反应。我笑，他也笑；我大笑，他也大笑。有时我放下稿子，和他相对大笑，因为笑的不仅是书上的事，还有书外的事。我不用说明笑什么，反正彼此心照不宣。然后他就告诉我下一段打算写什么，我就急切地等着他怎么写。他平均每天写五百字。他给我看的是定稿，不再改动。"

肆　新生伊始，翻译创作旗鼓相当

上海于一九四九年五月解放。这时，杨绛、钱锺书已接到清华大学的聘函。杨绛举家离开上海，定居北京，从此再也没有离开京城（除"文革""五七干校"之外）。杨绛、钱锺书曾在清华求学，度过了终生难忘的学生生涯，如今他们双双又回到母校清华大学，将在这里执掌教鞭。他们夫妇于八月二十四日携带女儿，登上火车，二十六日到达清华。

钱锺书主要是指导研究生。杨绛是兼任教授，因为按清华的旧规定，夫妻不能在同校一起当专任教授。兼任就是按钟点计工资，工资很少。对此她就自称"散工"。后来清华废了旧规，系主任请杨绛当专任教授，她却只愿做"散工"。她自己认为，因为她未经"改造"，未能适应，借"散工"之名，可以"逃会"。在清华初期，杨绛翻译出版了西方文学史上首部流浪汉小说——《小癞子》。

一九五三年初，根据安排，杨绛、钱锺书被调整到北京大学文学研究所，一九五六年文学研究所划归中国科学院哲学社会学部，简称"学部"。学部于一九七七年独立并扩充成为中国社会科学院，胡乔木出任首任院长。

起初，杨绛、钱锺书都在文学所外国文学研究组工作，不久，钱锺书被郑振铎借调到中国古代文学研究组，用钱锺书的话说，"从此一'借'不再动"。后来古代组和外文组分别升格为文学所、外国文学研究所，他们夫妇分别成了这两个研究所的研究员。在此前后，杨绛开始翻译法国作家勒萨日的名著《吉尔·布拉斯》。

一九五八年冬，杨绛忍不住技痒，开始写研究文章。她的《论萨克雷〈名利场〉》就是这时写作的。该文是杨绛为她的小妹杨必翻译的英国古典名著《名利场》一书而写的。为了译好《堂吉诃德》，杨绛从一九五九年初开始自学西班牙文，学了两年，一九六一年开始动手翻译，至一九六六年她已经完成工作的四分之三。由于"文革"的干扰不断，直到一九七六年才完成。

十年"文革"，杨绛受到打击迫害。

一九七六年十月，长达十年之久的"内乱"终于结束了。杨绛和钱锺书，也于一九七七年上半年结束了"流亡"生涯，迁居至位于三里河南沙沟的国务院宿舍，新居宽敞而明亮。说起这新居，还是钱锺书的老同学胡乔木关照的结果。

前面提到，杨绛早在一九五九年就选中西班牙大作家塞万提斯的《堂吉诃德》作为翻译的新起点，至"文革"开始已完成译稿的四分之三，"文革"中杨绛这份心爱的译稿几经周折，终于"珠还"，这耽搁的数年反倒成了她的"冷却"期。"五七干校"回来之后，她不满意旧译，又在原来的基础上从头译起，提高了"翻译度"，最后经过"点烦"（一点就点去了几万字），"文革"结束前后她抓紧工作，终于将七十多万字的小说译竣。一九七八年，汉译本《堂吉诃德》由人民文学出版社出版。它的问世，填补了我国西班牙语文学翻译的一个空白，立即受到西班牙方面的高度评价，西班牙国王胡安·卡洛斯一世亲自向杨绛颁奖。

杨绛二十世纪八十年代以来在文学创作上蔚为大观。特别是散文创作较之四十年代有着很大的突破。她的散文作品，已经结集的有《干校六记》《将饮茶》《杂忆与杂写》等,另有集外散文多篇。

在"新时期"的文学创作中,杨绛的代表作当推《洗澡》,这也是作者唯一一部长篇小说,它通篇采用了幽默和讽刺的笔法,描摹了知识分子在建国之初的众生相。

伍 "打扫完战场","我们仨"团聚了

杨绛的家庭充满着恩爱、和谐的气氛,但是,在九十年代后期,短短两年,杨绛屡遭不幸。先是爱女先老人而去,钱锺书又一直在重病中。翌年,钱锺书也离开了杨绛。

一九九八年钱锺书去世以后,年近九旬的杨绛用了无数个日日夜夜,将钱锺书留下来的零散而残破的手稿,一张一张精心拼贴起来,井井有条地整理好,并陆续付梓。杨绛曾笑称自己现在还是"钱办主任",是他们家留下来"打扫战场"的。

这些年来,杨绛整理钱锺书的笔记,计有外文笔记一百七十八册,三万四千页,中文笔记部分大体数量与此相当;另有"日札"二十三册,二千余页,合在一起足足有四十卷。在为《钱锺书手稿集》写的序言中,杨绛说:"许多人说,钱锺书记忆力特强,过目不忘。他本人并不以为自己有那么'神'。他只是好读书,肯下功夫,不仅读,还做笔记;不仅读一两遍,还会读三遍四遍,笔记上不断地添补。所以,他读书虽多,也不易遗忘。"

杨绛和钱锺书一样,一生淡泊名利,人们对其家庭生活一向不甚了解。其实,这是一个普通的三口之家,一个长期身居陋室、吃苦耐劳、只知埋头做学问的典型中国知识分子之家。

杨绛的体形,属于那种长寿型的老人,瘦小轻盈,走路不弯腰驼背,白发里还裹着些许黑发,牙齿基本完好,思维敏捷,90多岁的高龄还在著书写作便是最好的明证。当然人老了不免会有病来侵袭,但杨先生注意锻炼,前些年只要天气好,她一定会出来走走。后来,杨先生不大在院子里散步了,但每天要在家里坚持走7000步。院子里的人说她能活到120岁。她听了笑笑说:"活那么久太苦了。"可见她对生死的豁达。

百岁大寿这一天,杨绛跟美国回来的三姐的孩子一起过,其他跟往

常一样。杨绛曾对比较亲密的几位朋友说，天太热，别来祝寿了，"你们在家替我吃一碗寿面，别麻烦大家了。"

二〇一四年，九卷本《杨绛全集》正式问世。全集收入了杨绛的新作《洗澡之后》，这是杨绛长篇小说《洗澡》的续篇。《洗澡》结尾部分，互相倾慕的许彦成和姚宓约定，只作君子之交。如果说钱锺书的《围城》读出来的是进入死胡同般的无奈和认命，那么杨绛的《洗澡》读出来的则是对有情人难成眷属的抱憾和不甘心。《洗澡之后》小说的最后一句是童话的风格，"姚太太和女儿女婿（编者注：指许彦成和姚宓）从此在四合院里，快快活活过日子"。这个称心如意的结局体现了老人特有的仁慈宽厚。

经过三年多整理，48册《钱锺书手稿集·外文笔记》由商务印书馆影印出版。责任编辑陈洁感慨："实现了杨绛先生的一个梦。"

钱锺书《外文笔记》于二〇一四年五月先期推出第一辑之后，商务印书馆和莫芝宜佳夫妇齐心协力，每隔几个月就有一辑问世，送到杨绛手中。她每次都早早坐在客厅里等候，喜悦急切之情溢于言表。她会经常望着墙边的矮柜，嘱咐保姆把钱锺书的《外文笔记》和《中文笔记》皇皇72卷码放到柜子上，旁边还摆着钱锺书和女儿钱瑗的照片。

晚年的杨绛"又病又老"，她在与老、病、忙的斗争中笔耕不辍，平静而执着地寻返皈依之路。杨绛对死生之道的参悟，使她确信灵魂的不朽，从而坦然面对生命的尽头，不曾停顿的是探究生命意义的步伐。

按照她自己的说法，"我试图摆脱一切成见，按照合理的规律，合乎逻辑的推理，依靠世纪生活经验，自己思考。我要从平时不在意的地方，发现问题，解答问题；能证实的予以肯定，不能证实的存疑。这样一步一步自问自答，看能探索多远。好在我是一个平平常常的人，无党无派，也不是教徒，没什么条条框框阻碍我思想的自由。而我所想的，只是浅显的事，不是专门之学，普通人都明白。我正站在人生的边缘上，向后看看，也向前看看。"

杨绛曾译介苏格拉底临刑前与弟子的谈话录——《斐多》，其中提到："真正的追求哲学，无非是学习死，学习处于死的状态。"

亲人离开快二十年了，杨绛独自留下"打扫战场"。如今，杨绛以105岁高龄悄然告别人世，唯一值得安慰的是，"我们仨"终于团聚了。

四

二〇一六年五月二十五日，杨绛在京病逝。一个半月后的七月十七日，本是她一百零五周岁生辰。杨绛告别人世的噩耗传开，广大读者陷入悲哀，铺天盖地的悼念消息迎面而来。

一时间，不同职业、不同年龄的人开始转发着吊唁文字，杨绛病逝的消息传遍了朋友圈。新时代的媒介传播着亘古不变的主题，述说着这位百岁老人的独特魅力，以及她给世人带来的力量。

在这哀悼声中，拙著《杨绛传》（追思纪念版）应时而出，受到业界和广大读者的欢迎，先后在成都、上海、无锡、合肥等地举行首发式暨读者见面会，并且参加了二〇一六年上海书展和中国黄山书会，笔者还应邀为立信人文讲坛和合众读书会作《我眼中的杨绛先生》的讲座。这些活动，迎来了许多读者的追捧。该书自二〇一六年六月推出后，已经重印六次，印数达三万五千册。

围绕《杨绛传（追思纪念版）》的出版，各类媒体的采访报道，层出不穷，诸如《新京报》《东方早报》《新闻晨报》《新华每日电讯》《光明日报》《青年报》《徐汇报》《松江报》《中国新闻出版广电报·读周刊》《南京晨报》《河北日报》《新商报》《四川日报》《华西都市报》《成都日报》《成都商报》《南京日报》《中华读书报》《深圳商报》《新民晚报》《山西晚报》《上海采风》《江南晚报》《无锡日报》《党史信息报》《长江商报》《解放日报》《安徽商报》、四川电视台、安徽人民广播电台、搜狐文化、新浪文化等。

其中，上海《青年报》记者郦亮的报道称，"著名传记作家罗银胜的《杨绛传（追思纪念版）》日前出版，以纪念五月二十五日以一百零五岁高龄去世的杨绛先生。最近该书在大众书局美罗城店举行了签售，得到读者的热烈反响。这部《杨绛传》数年之前曾经出版，最难能可贵的是，这部传记得到了杨绛先生的亲自审阅。《杨绛传》是罗银胜在阅览了大量杨绛先生口述的一手资料后，历经十余年撰写而成。书中透过丰富翔实的细节，刻画出杨绛形象的各个方面。生动呈现先生一百多年的人生轨迹，读者亦可从中对杨绛的生平、文学创作、翻译著述有所了解。"[1]

---

[1] 郦亮：《〈杨绛传〉推出追思纪念版》，《青年报》，2016年6月16日。

杨绛作为我国著名女作家、文学翻译家和外国文学研究家,也是无锡人民的骄傲。为纪念杨绛一百零五周年诞辰,由无锡市阅读办、无锡市文广新局主办,无锡市图书馆、钱锺书故居和无锡市对外文化交流中心承办,无锡市新华书店协办的《杨绛传》无锡首发式暨读者见面会,二〇一六年七月十七日在无锡市图书馆报告厅举办。

据报道:"作为一座文化底蕴深厚的城市,无锡既有山水秀丽的城市特色,也有翰墨飘香的城市格调。在漫长的发展历程中,诞生了一大批如钱锺书夫妇的文化名人,奠定了无锡在中国文化版图上闪耀的位置。《杨绛传》由著名传记作家、独立学者罗银胜历经十余年撰写而成,是唯一一部由杨绛先生生前亲自审阅的传记。书中透过丰富翔实的细节,刻画出杨绛形象的方方面面:与钱锺书志同道合的'书虫'和'隐士',技艺精湛的文坛宿将,慈爱包容的贤妻良母,随风自持的智者……生动体现了先生一百多年的人生轨迹。读者也可以从中对杨绛的生平、文学创作、翻译著作等有所了解。作者表示,文化看似无形,却蕴含了超越物质的传世力量,对当代而言,学习、传承和弘扬优秀文化的最好方式之一就是阅读,以阅读来修身养性、以阅读来经世致用。学习和纪念杨绛先生,最好的方式也是通过阅读她的作品、她的传记,来接受熏陶和洗礼,在全社会兴起阅读之风,营造全民阅读的良好氛围。当天还进行了签售活动"。①

无锡市文广新局局长杨福良在会上讲话,全文如下:

在《杨绛传》无锡首发式暨读者见面会上的致辞

各位领导、各位嘉宾、各位读者朋友:

大家上午好!

今天恰逢杨绛先生105周年诞辰,很高兴能与大家欢聚一堂,共同参加《杨绛传》的无锡首发式。我想,今天的首发式既是追忆与缅怀杨绛先生博学、睿智、宽容、韧性的品格与风范的一次盛会,更是品味与吸收杨绛先生智慧的精华,给当代人以人生启示的一个契机。

杨绛先生一生都是一个从容优雅的精神贵族,却有着令人感动的平民情怀,其百余年的人生智慧让人受益无穷,其一生的经历值得所有人

---

① 张月:《"她是内敛谦虚的知识分子"》,《江南晚报》,2016年7月18日。

细细品读。著名传记作家罗银胜先生历经十余年，在阅览了大量第一手资料后，写就了这本《杨绛传》，以丰富翔实的细节，生动刻画了杨绛先生形象的方方面面，尽现其品德与风范。

朋友们，无锡是一座文化底蕴深厚的城市，既有山水秀丽的城市特色，更有翰墨飘香的城市格调。在漫长的发展历程中，诞生了一大批如钱锺书夫妇的文化名人，奠定了无锡在我国文化版图上的耀眼位置。文化看似无形，却蕴含了超越物质的传世力量，对当代而言，我们学习、传承和弘扬优秀文化的最好方法之一就是阅读，读名家、读名著、读经典，以阅读来修身养性、以阅读来经世致用。在我看来，学习和纪念杨绛先生，最好的方式，无疑是通过阅读她的作品、阅读她的传记，来接受她的熏陶与洗礼。让我们在全社会兴起阅读之风，努力营造全民阅读的良好氛围，携手共建书香无锡。

最后，感谢罗老师为锡城读者带来的文化盛宴，由衷的希望各位读者树立开卷有益的理念，养成博览群书的习惯。

谢谢大家！

钱锺书的堂侄女钱静汝女士应邀出席《杨绛传》无锡首发式，她在会上发言，她说：

今天是杨绛先生的生日。虽然她已在五月二十五日凌晨一时平静地离开了我们，但她的作品、她的人格仍留在我们的心中，我们永远怀念她。

杨绛先生是我们无锡的儿女、钱锺书的爱人。在这个特殊的日子，无锡市主办单位邀请了著名作家罗银胜先生，为他新作《杨绛传》（追思纪念版）举行发行仪式。这种特殊纪念形式，我感到万分激动。

我是钱锺书先生的堂侄女，杨绛是我大阿姆孃。我比钱瑗（即钱健汝）小两岁。抗战期间我们逃难在上海，都住在一栋楼内。一九四八年初秋，我九岁，我记得钱家的人都回无锡相聚，纪念太爷爷（钱锺书的祖父）冥寿一百岁。钱锺书、杨绛带了十一岁的钱瑗一同回七尺场故居，我爷爷、亲娘把第三进东边新房让他们一家居住。

一九四八年八月，他们举家到北京，我和父母亦去上海火车站相送。一九五六年我到北京上大学，常去中关村他们家，相处像一家人。

一九六二年我大学毕业去西安工作，相聚的机会少些。但我清楚地记得，一九七九年深秋，我去北京出差，抽空去三里河南沙沟寓所探望他们，新出版的《堂吉诃德》和一本中译本《小癞子》。

一九八一年春，我到包头出差，在北京停留，又去他们寓所看望他们，相聚甚欢，杨绛先生把香港出版的杂志《广角镜》送给我，其中有她写的《干校六记》，当时内地还没有发表。我和老许（我的爱人）看得热泪盈眶。后来我又把这杂志带回上海，在钱家亲戚中传阅，读来字字千斤，感人肺腑，催人泪下。

我从河南全家调回无锡后，一直想去北京看望他们，但种种原因不能如愿，只有书信和电话来往。钱瑗、钱锺书去世后，杨绛忍着巨大的精神伤痛，成了坚守阵地的坚强卫士。她为钱瑗整理书信和遗物，为钱锺书整理遗稿、日记、札记、书信，而她自己又不断撰写各种回忆文章。92岁高龄时，用心记述他们这个特殊家庭六十多年的风风雨雨、点点滴滴，《我们仨》与世人见面了。这正是我国一代知识分子的心路历程的缩影。据二〇〇四年一月十日《新闻晚报》称，"杨绛——她用《我们仨》感动中国。她被人评说，'瘦小的身躯里蕴藏着感动的力量'"。如今，钱瑗、钱锺书、杨绛一一作古，"我们仨"相聚了，我十分难过。

今天，罗银胜先生《杨绛传》在无锡市图书馆举行首发式，为读者提供了一本十分珍贵的全传，为无锡增光，为钱锺书故居增加了爱国主义文化教育宝贵遗产。

《杨绛传》，我和爱人已先睹为快，粗读了一遍，一个活生生的杨绛先生又在心中重现。她是中国知识分子的楷模。读书再读书，这就是对杨绛先生最好的纪念。

钱静汝是钱锺书的堂侄女，作为钱镠研究会和钱氏后人的代表参加首发式。她表示，在这个特殊的日子，以这种特殊的方式纪念杨绛，她既感到激动，又觉得很有意义。在现场，她接受了天地出版社与作者的赠书。

在读者见面会活动现场，一位读者提问："杨绛先生为什么后来再没回过无锡？"

笔者是这样回答的："杨绛先生的去世给我们留下了很多遗憾，有很多问题已经无法回答了。"

在漫长的发展历程中,无锡诞生了一大批如钱锺书、杨绛夫妇这样的文化名人,笔者认为,传记只能帮助大家了解一些她的事迹,想要真正走进杨绛先生的内心世界,最好的方式是阅读她的作品,阅读更多的书籍。这是对杨绛最好的纪念方式,也是她最希望看到的。

二〇〇四年九月一日一稿

二〇一〇年十月五日二稿

二〇一五年八月三十日三稿

二〇一六年五月二十六日四稿

二〇一六年八月一日五稿

二〇二二年四月疫中六稿于圣礽书屋

附录一

文章千古事　得失寸心知
——记杨绛先生对《杨绛传》的修改

　　近日得闲翻检旧箧,见到尘封已久的拙作《杨绛传》手稿。这份动笔于二十多年前的稿子,因缘凑巧,传主杨绛先生曾经寓目修正,此刻正静静躺在书桌的电脑旁边。面对杨绛手泽犹存的手稿,浮想联翩,思绪万千。

　　记得《杨绛传》手稿,当年在传主杨绛先生的手上,停留多日,因为是写在五百个字的大方格纸上,体量颇大,共有十四章。杨绛先生根据手稿的原章节,作了分类,分别用铅笔以"(一)(二)(三)……"标注,这样既方便取阅,又不容易混淆。在漫长的等待之后,《杨绛传》手稿经过细致绵密的修改,杨绛先生于二〇〇二年六月挂号寄回。如今对照公开发行的拙作《杨绛传》(文化艺术出版社二〇〇五年一月第一版),揣摩杨绛先生在拙作手稿的修改记录,其用意蕴藉,耐人咀嚼。

　　手稿《故里世家》原文:"杨绛,原名杨季康,绛是笔名,季康是绛字发音的反切,后以笔名杨绛行世。杨绛于一九一一年七月十七日出生在北京。"对这一表述,杨绛先生作了批改,《杨绛传》(文化艺术版)遵循杨绛先生的意见,修改为:"杨绛,一九一一年七月十七日出生在北京,原名杨季康,后以笔名杨绛行世。"

　　手稿《大学时代》原文:"初到清华,天生丽质的杨绛发现这里的女学生都很洋气,相形之下,自己不免显得朴素。但没有过多久,女同学便开始对她刮目相看了。男同学呢?据称:'杨绛肄业清华大学时才貌冠群芳,男生求为偶者七十余人,谑者戏称杨为七十二煞。'"杨绛先生在手稿的"男同学呢?"起一段旁侧,画了一个叉,表示了否定的看法。据此,《杨绛传》(文化艺术版)第五十二页,删去此段。

　　手稿《负笈英法》原文:"杨绛与钱锺书结伴,是搭乘远洋轮的二等舱去英国的,他们在海上整整航行了一月有余。新婚宴尔,他们似乎有说不完的悄悄话、知心话要向对方倾诉，日子过得不怎么寂寞。另外在他们的行箧当中，还有几本碑帖、一巨册约翰逊博士的字典，可供浏览，锺氏终身喜欢阅读字典，也许是从这儿开始的吧。"这里的"锺氏"是笔误，杨绛先生在手稿上改为"钱氏"。而《杨绛传》（文化艺术版）第七十一页，则排印成"钱锺书"。此外，杨绛先生在手稿"行箧当中，还有几本碑帖、一巨册约翰逊博士的字典"云云边上，也画了一个大叉，著者并未接受修改。

手稿《负笈英法》原文："两人全身心地读书，钱锺书还在人文主义特质的趣味驱使下，读了不少惊险侦探小说。据杨绛回忆所及，她只见钱锺书有一次苦学，那是在牛津，论文预试得考'版本和校勘'那一门课，要能辨别十五世纪以来的手稿。他毫无兴趣，因此每天读一本侦探小说'休养脑筋'，'休养'得睡梦中手舞脚踢，不知是捉拿凶手，还是自己做了凶手和警察打架。结果考试不及格，只好暑假后补考。"杨绛先生在手稿"两人全身心地读书，钱锺书还在人文主义特质的趣味驱使下，读了不少惊险侦探小说"处画线，并标注打叉。由此《杨绛传》（文化艺术版）第七十五页，删去了这些文字。

手稿《孤岛岁月》原文："一九三九年初伏，钱锺书自昆明先发电报给杨绛，然后由西南联大回到上海家中，探望妻儿和母亲、叔父等人。他在家里与妻儿待了四个月，便又分手了。"杨绛先生手稿批阅时，在"他在家里与妻儿待了四个月，便又分手了"处上方，打了一个叉，《杨绛传》（文化艺术版）第一百二十二页，便隐去了。

手稿《孤岛岁月》原文："有一天，钱锺书回来满面愁容，说是他的爹爹来信，叫他到湖南蓝田去，当英文系主任，同时又可以侍奉父亲。原来早些时候，钱锺书的父亲钱基博应他的老友廖世承（1892—1970，著名教育家）的恳请，到湖南蓝田帮他创建国立师范学院。钱锺书来沪探亲期间，他父亲频发函电，称自己老病，要儿子也去蓝田教书，以便照料自己。恰好师院院长廖世承来上海，他反复劝说钱锺书去当英文系主任，一边伺候父亲，一边授课，公私兼顾。"此处后面，紧接着"再加上钱锺书在西南联大的人事纠纷，处境并不如意，遂未回昆明而直接去湖南了"若干文字，杨绛先生以为上述记叙不妥，故在《杨绛传》（文化艺术版）第一百二十三页，作了删除。

《杨绛传》（文化艺术版）第一百四十八——一百五十页，"《风絮》是杨绛唯一的一部悲剧作品。最初发表在抗战胜利不久，郑振铎与李健吾合编的大型文学月刊《文艺复兴》上，连载于该杂志的第三、四期合刊和第五期。

"《风絮》讲的是一个爱情故事。背景是青年知识分子方景山热衷社会改革，带了妻子沈惠连到乡间创办事业。他一心扑在事业上，由此不仅冷淡了妻子，也得罪了地方势力，被诬陷入狱。经过友人唐叔远和妻子的共同营救，终于获救，戏便是从方景山出狱演起。

"一年的铁窗生活使方景山被磨炼得斗志弥坚，他正要东山再起，却万万没有料到，在营救过程中妻子沈惠连已移情别恋，主动追求唐叔远；唐叔远则迫于友人之妻不可欺的道德，始终压抑自己对沈惠连的感情，一再婉拒。没有屈服于恶势力的方景山，却经受不住爱妻情变的打击，留下遗书欲沉潭自尽。唐叔远见到遗书，以为友人已殁，便与沈惠连拥抱在一起，然而被拥抱的沈惠连却又觉得是自己杀了方景山，所以毫无如愿以偿的欢愉。这时从潭边回头的方景山追到沈唐两人面前，声言要和沈惠连同归于尽，不然就枪杀唐叔远，与沈惠连重归于好。戏到这里，沈惠连突然夺过手枪朝自己连击数弹倒下了，方景山失声痛哭，唐叔远呆如木鸡，帷幕徐徐落下。

"这出戏渲染了方景山、沈惠连和唐叔远三个人物之间的感情纠葛，三个好人酿出一场悲剧。悲剧的罪魁祸首不是某个小人或恶棍，也谈不上什么腐朽制度。他们仿佛堕入一口深不可测的感情的陷阱。唐叔远哀叹：'唉，咱们是戴着眼罩拉车的马，蒙着眼赶路。谁知道天的安排。'沈惠连接着叹道：'天要把咱们俩放在一起，为什么又叫咱们认识。一生太短了，不能起个稿子，再修改一遍。'杨绛起剧名'风絮'正是点明人生不能自主的含义，是对人生的探索，纵然没有现成的答案，也让人回味再三。"

杨绛先生在阅读手稿此处时，于开头"《风絮》"处画了一条横线，另于空白处标注"改写"。上述引文，则是著者"改写"的结果，不知杨绛先生是否满意。

手稿《艰难时刻》原文："一九四五年十二月十七日下午，杨绛与钱锺书一起参加了中华全国文艺协会上海分会的成立大会。文史专家赵景深也参加了这次会议，钱氏夫妇在他的记忆的屏幕里，'像白朗宁和罗赛谛那样，都是文艺上的双璧，一对理想伴侣'，杨绛还在文协的首次欣赏会上演唱了昆曲，作为助兴。在那沉闷的日子里，与朋友们一起谈天说地，排遣忧愁，不失为苦度日子的一个办法。"杨绛先生在手稿"杨绛还在文协的首次欣赏会上演唱了昆曲，作为助兴"上面径直打了一个大大的叉，根据杨绛先生的意见，《杨绛传》（文化艺术版）第一百六十四页，作了如下调整："他们在一块欣赏演出了昆曲等剧目。"其实，叙述杨绛先生当年的献演，并非空穴来风，其出处为著者母校复旦大学中文系老教授赵景深先生所著《我与文坛》一书（见上海古籍出版社一九九九年十月第一版，第二百七十九页）。

《杨绛传》（文化艺术版）第二百十一页载："一九五二年下半年开始，根据政务院《关于改革学制的决定》，对全国高校进行了院系调整。这次调整的宗旨是以培养工业建设人才和师资为重点，发展专门学院和专科学校，整顿和加强综合大学，形成高等工科学校专业化比较齐的体系。这样，杨绛、钱锺书所在的清华大学变成了一所纯工科性质的高校。"杨绛先生曾在她看过的手稿"整顿和加强综合大学"的"综合"上画圈，不知其用意何在？

手稿《流年浮沉》原文："'五一'清晨，杨绛兴兴头头上了大汽车，一眼看到车上有个戴绿条儿的女同志，喜出望外，忙和她坐在一起，到了天安门大街，杨绛跟着'绿条儿伙伴'过了街，在广场一侧找到了观礼台。"此地"兴兴头头"，显然是用词不当，杨绛先生对此画线。《杨绛传》（文化艺术版）第二百十五页则改为"兴冲冲"。

手稿《十年尘世》原文："当时学部各派群众为了表示组织的纯洁，不断地把初对方指摘的人保起来，抛出去，唇枪舌战，无休无止，一片混乱。"杨绛先生非常悉心，发现手稿上的错别字"初"，她改为"被"字。《杨绛传》（文化艺术版）第二百七十七页则排印成"当时学部各派群众为了表示组织的纯洁，不断地被对方指摘的人保起来，抛出去，唇枪舌战，无休无止，一片混乱。"很惭愧，又漏印了一个"把"字。

手稿《笔耕不辍》原文："故事是从在上海的陈倩在王世骏死后两年'翩然临社'开始。陈倩清秀高雅、落落大方，被这群女人被为'高汤'。"杨绛先生在第二个"被"字上画圈，这也是笔误，应该是"称"字。

手稿《笔耕不辍》原文："一九五二年前后，与'三反'运动同时进行的是知识分子'思想改造运动'，杨绛亲身经历了这场运动。三十多年后，她调动了自身的生活经验和积累的丰富素材，根据亲身的体会和感受，写下了脍炙人口的《洗澡》。作品中的人物与情节虽然是虚构，但它们都'据实捏塑'，作者的经历加上合理的想象，构成了作品的内容，这里面既有杨绛本人，也有作者周围同事的烙印。有研究者经过研究，就曾推测：《洗澡》中的姚宓的经历，我想很有可能就是杨绛"假设性"自传。'当然，杨绛动笔撰写这部小说，也是为了尝试创作长篇小说。她说：'我没有写过长篇小说，只是看过很多，我有点手痒，所以过过瘾。'"杨绛先生在手稿"周围"和"姚宓"上，分别画线与画圈。

对此,《杨绛传》(文化艺术版)第三百六十页未作修正。

手稿《生活侧影》原文:"在钱氏夫妇的客厅里,听两位世纪老人谈话,清言妙语,谈论风生,真是一种享受。尤其那逸兴湍飞的淘气话儿,时不时似珠玉般涌出,语惊四座,令人忍俊不禁。他们的幽默与众不同,有一股洞达世情又超出物外的味道,使人仿佛置身于一个智慧的世界里。特别是杨绛人如其文,在云淡风轻的谐趣之中,有潜沉的洞彻与谦和的宽容。'珠联璧合'用在他们身上毫不为过。难怪夏衍赞叹他们道:'这真是一对特殊的人物!'"杨绛先生在手稿"夏衍"加了两个字"先生",至于为何在"清言妙语""云淡风轻""谦和"等下面画线,又改"清"为"轻",则令人费解。

笔者在创作《杨绛传》时,有一个想法就是,包括传主在内所有的人名后面都不加"先生""同志"等称呼,也不加职务、职衔等,这样不仅使得行文简洁,防止冗长,还能够避免顾此失彼。

手稿《生活侧影》原文:"有一次,钱锺书童心焕发,令杨绛着实吃惊不小。那是在一九七九年冬,钱锺书收到四册《管锥编》的八千元稿费,十元一张,显得挺厚实。钱锺书把钱一分两半装进两个纸袋,一边拍打着,一边对杨绛说:'走,逛商场去!我们去做一回富翁。'不知道是钱袋鼓呢,还是找到了富翁的感觉,钱锺书走在街上,看上去昂首挺胸。杨绛宛如保镖护驾,一边走,一边提醒:'注意提防小偷。'"杨绛先生对此在手稿打了很大的叉,著者表示顺从。

手稿《笔墨官司》聚焦二十世纪九十年代,在文坛上轰动一时的杨绛先生与宗璞先生的笔墨官司。杨绛先生后来对这一事件,采取的是回避的态度,她当年曾经诉诸媒体的文字,如一九九八年九月五日,杨绛先生在《新民晚报》发表的《答宗璞〈不得不说的话〉》一文,也没有被自己收入《杨绛全集》(人民文学出版社二〇一四年八月第一版)。

但是《杨绛传》手稿,既然已呈杨绛先生过目,这方面内容能够得到她的首肯,实在勉为其难。她在手稿"一九九五年十一月,大连出版社出版了牟晓朋、范旭仑编的《记钱锺书先生》一书,广泛收录了与钱锺书生平事迹相关的资料和文章,庄因之文也编录其中"上打叉;又在本章注释"本章在写作过程中参考了李洪岩、范旭仑合著的《为钱锺书声辩》(百花文艺出版社二〇〇〇年一月第一版)以及有关报纸杂志,特此说明"上面一连打了两个大叉。如此"釜底抽薪"式地打叉质疑,陷著者于为难之境。

后来，著者在电话连线中，专门就上述这章内容征询杨绛先生的意见，杨绛先生的回答颇具外交辞令的风范："钱（锺书）先生住院的时候，病得很重，好多事情我都不方便向他核实！"听闻此言，著者为了顺利出书，只好顺水推舟，答应《杨绛传》（文化艺术版）正式出版时，将《笔墨官司》整个一章内容删去，后来果然相安无事。

对著者过往这种妥协的做法，是值得反思的。写人物传记，也是写历史。从事传记文学，应当出于为历史负责，秉直而书，不能虚构与伪饰。当然，已经涌现大量涉及杨绛、钱锺书的史料，难免鱼龙混杂，需要花费去伪存真、去芜存菁的功夫作考证与甄别；同时，应该本着"吾爱吾师，吾更爱真理"的精神，克服懦弱胆怯的人性弱点，以认真扎实的功夫，写出真实可信的杨绛传记。

记忆中，杨绛先生在电话里一再关照，写她的传记，要多参考她自己写的回忆文字，因为杨绛先生对坊间诸多人物资料，并不认可。这使著者想起她给著者的信中曾说道："有关我的资料，颇多不可靠的传闻。《杨绛传》不是容易写的，也不值得写。"（杨绛先生二〇〇二年六月十四日致著者函）

通观杨绛先生对《杨绛传》手稿的修改，态度认真，批改仔细，改正了原稿存在的许多谫陋疏误之处，包括文字、史实谬误；当然，对一些重要史实与信息，也作了屏蔽。当年著者不揣浅陋，创作《杨绛传》，幸亏这些手稿送审于传主，避免了诸多麻烦，这是应当永远感谢杨绛先生的。

其实，动议写作《杨绛传》很早。一九八一年，杨绛《干校六记》出版，在文坛引发不小的轰动。当时还在复旦大学读中文系的著者，也是读者之一。一九八四年毕业后，开始写一些名人传记，一次去北京采访，从经济学家吴敬琏先生那里得到一个提议，可以写写杨绛先生。觉得他的建议很好。过往阅读了杨绛先生好多作品，尤其是《干校六记》，印象非常好。而且记得夏衍先生曾说过一句话："你们捧钱锺书，我捧杨绛。"由此，开始酝酿写作杨绛先生的传记。

为了写好杨绛传，著者搜集了大量有关文献资料，并与杨绛先生进行了书信来往。一开始，杨绛先生劝阻不要写。她说："我是一个平凡的人，不值得你们写传记，我干脆劝你们放弃这项工作。"她还说，如果一定要写，不妨写钱锺书先生，多花点功夫多研究钱先生的学问。不过，著者还是坚持要写杨绛，因为研究钱锺书的"钱学"已经是显学，研究者很多，成果很丰富了。而对杨绛先生生平与作品的研究，却相对较少。不过，由于著者的坚持，杨绛先生还是默许了传记的写作。

后来,著者将《杨绛传》手稿邮寄给杨绛先生,请她审阅修改。大约一年多后,杨绛先生将亲自审阅修改后的三大包手稿寄还。

杨绛先生还跟著者开玩笑发"牢骚":"小罗啊,我跑邮局给你寄这挂号邮包,可累人啊。而且还花了我不少邮费呢!"对此,至今深感惭愧,自己真的给杨绛先生添麻烦了!

著者能想象到,她提着两个大包裹、书写信封,步履蹒跚去邮局寄手稿,是多么不容易!众所周知,杨绛先生的生活确实很简朴,她更愿意把钱花费到更有意义的事情上,她把自己和钱先生的版税收入全都捐出去了。

毋庸讳言,跟历史上任何杰出人物一样,杨绛先生和钱锺书先生也有自身的弱点与过失,把两位神圣化或者妖魔化,都是违背两位先生为人之根本的。杨绛先生为了亲人坚定而温柔地守护着尊严,称她为"女神",也毫不为过。"女神"也是人,也有普通人的七情六欲、喜怒哀乐,甚至也会有失误的时候。特别是身处剧烈动荡的社会,杨绛先生为人处世、性格情感颇为复杂斑驳,在所难免。而她在一百岁的时候也自谓:"已经走到了人生的边缘边缘(原文如此——引者注)……我得洗净这一百年沾染的污秽回家。"(杨绛:《坐在人生的边上——杨绛先生百岁答问》,《杨绛全集》第四卷,人民文学出版社二〇一四年八月第一版,第三五四—三五五页)杨绛先生既然自承"沾染污秽",说明她与普通人无异。

人物传记的写作,是既往历史的真实记录,容不得半点虚假与掩饰。人无完人,杨绛先生讲究规整高冷,生前希望将夫妇俩完美的正面形象留存于世,因而对一些负面的或者敏感的人与事,予以回避与隐晦。作为替历史写真的传记作家,在对此"同情之理解、理解之同情"的同时,应当坚持实事求是,全面真实地反映人物及其时代。

二〇二〇年十月八日

附录二

王元化与钱锺书

王元化和钱锺书交往绵长。1981年,王元化被聘为国务院学位委员会学科评议组成员,与王元化同时被聘的还有王力、王瑶、王季思、吕叔湘、朱东润、李荣、吴世昌、萧涤非、钱锺书、钟敬文……是年,王元化六十一岁。他比吕叔湘(1904)小十六岁,比王力(1900)小二十岁,比钱锺书(1910)小十岁……

元化先生回忆说,他与钱锺书先生接触得最多的一次交往是在当年12月,作为国务院学位委员会第一届文学评议组成员,他与钱锺书等相聚在北京京西宾馆。当时这个评议组的老先生聚集一堂,在京西宾馆工作了五天,最后拍照留念,他因为是这个组里年龄最小的,就站在后面,钱先生把他拉到身边。这是一张珍贵的照片,今天照片中的绝大多数学者都已不在了。当时包括钱锺书先生在内的一辈学者,治学的严谨认真态度给他留下深刻印象。

他说:"这张照片,是当时吕叔湘、钱锺书一把将我拉过去,所以挡住了王季思(起)先生。"

忆起那次开会,王元化说道:"老一代学人办事认真,不徇私情,完全为国家培养人才着想。王力是小组长,吕叔湘是副组长。王力见我时说,你的《文心雕龙》研究写得好,你开了一个很好的头。"

钱锺书对王元化说:"我可不承认我的书是比较文学,你呢?"

对此,王元化也有同感。

当时,王元化的《文心雕龙》和钱锺书的《管锥编》这两本著作,双双荣膺首届中国比较文学荣誉奖。

后来,社会上有人喜欢以炒作方式标榜,说什么"北钱(锺书)南王(元化)",《南京日报》1998年7月26日吴崇明专门找王元化做电话采访,元化先生明确对他说:"此说不妥,钱是前辈,我只是做了一点学术工作晚辈,决不好这么提。学术界要反对浮夸之风,提倡老一辈学人的踏实严谨。"从这句话来看,王对钱是十分尊敬的。

胡晓明《跨过的岁月——王元化画传》记载传主的话说："钱是前辈，我只是做了一点学术工作晚辈，决不好这么提。学术界要反对浮夸之风，提倡老一辈学人的踏实严谨。"

现在，我们从王元化本人的《一九九一年回忆录》中也可以看到，其中有一段文字与钱锺书有关，并且还提到了著名的汉学家、诺贝尔文学奖的评委马悦然：

> 我和马悦然相识在八十年代初，他是由钱锺书介绍给我的。当时钱锺书曾向我说："我不会把不相干的人介绍给你，这个人是不错的。"当时马悦然还不是瑞典皇家学院的院士。他当选为院士（同时也就成为诺贝尔文学奖的评委）以后，不知为了什么，钱锺书和他的交往逐渐疏远，以至断绝。有一次我听到钱锺书批评他说："他的董仲舒也搞不下去了。"（见王元化：《九十年代日记》，浙江人民出版社，2001年7月版，第69—70页。）

一九九八年十二月十九日，钱锺书去世。上海的《文学报》于二十四日发表了一篇记者采访王元化先生的文章，追思钱锺书，题目为《一代学人的终结》。

王元化对钱锺书先生的评价很高："钱先生去世，意味着本世纪初涌现出来的那一代学人的终结。"（徐春萍：《一代学人的终结》，一九九八年十二月二十四日《文学报》。）他认为，钱先生学贯中西、融汇古今。他的治学态度和学术成就堪称那一代学人中的一个代表，他的人品也是后辈学人的楷模。

王元化绝少高调赞他人，这样的评价想必是非常不容易的。钱锺书先生之后，确实在他那一代人中再也找不到一个能像他那么有学问的了。

这篇报道还提到了王元化夫人张可和钱锺书夫人杨绛的交往。她们相识于抗战胜利后，从事戏剧工作的张可曾经向杨绛约写过剧本。后来，杨绛先生写的两个喜剧《弄真成假》和《称心如意》都上演了，反响很好。

其实，杨绛认识张可的父亲，即王元化之丈人张一鹏的时间还要早。杨绛晚年撰文《猢狲精》，提及此事：

> 我父亲年轻时曾任上海申报馆记者，同事有张仲仁、包天笑等。包

天笑曾写过《人间地狱》，在《申报》上连载。包天笑是苏州人，口才敏捷，"猢狲精"是他给一位记者同事的绰号。这一群记者，晚饭后不得睡觉，需等候各地发来的消息。半夜十二点后，各地消息一一发来，他们编成新闻，登报发行。

我妹妹阿必，听门房送进名片，我父亲说，"'猢狲精'来了"。我们姊妹从不出见父亲的客人，但阿必还小，她就独自跑到长廊尽头、爸爸接见来客的"书房"门外看看"猢狲精"。她看了很失望，我们问她看见"猢狲精"了吗？她很失望，来的不是什么精妖，他只是一位客人，连尾巴都没有。

这一群记者，自然而然成了密友。有一次，他们同游动物园（当时叫"万牲院"），他们从"禽鸟馆"出来，被一群鸟儿的叫声叫得心烦，一人忽然发现"猢狲精"不见了。"猢狲精"走在最前面，忙说"在这儿呢！"他自己承认他是"猢狲精"，因为他双目也炯炯，特别神气。

我在上海"狗耕田"般的做校长时，我说："我要去看'猢狲精'，他是苏州振华女校的校董。"钱瑗说："我也要看看'猢狲精'！"我去看了"猢狲精"，我也很失望；他非但没有尾巴，他双目也不复炯炯有神了。

伊何人？伊何人？袁世凯机要秘书张一麐之胞弟，张可之父，王元化之丈人张一鹏也。（2017年5月25日《文汇报》。）

王元化回忆说，钱锺书抗战之后在上海发表了学术文章，这些文章显示出钱锺书非常深厚的国学、西学功力。做学问，记忆力是基础。钱先生的记忆力真是惊人，中国古时称赞文人常常用"博闻强记"这四个字，这四个字放在钱先生身上，一点不过誉。他的学术著作广征博引，信手拈来，令人佩服。

元化先生记得，钱锺书先生的生活很简朴。他的家与我们现在许多讲究装潢的家庭根本不能比。他家一进门的客厅，一边一个大书桌。一个是钱先生的，另一个是杨绛的。钱家的藏书不太多，甚至也没有多少值钱的文物。后来，钱先生被病困扰，无法再悉心做学问，实在可惜。

可是时间上溯到一九四八年二月，情况就不大一样了。当时，满涛、萧岱、樊康三人在上海编了一本纯文学刊物，名叫《横眉小辑》。在这本"一世而亡"的刊物中，收录了署名"方典"的一篇文章《论香粉铺之类》，文中这样批评钱锺书的长篇小说《围城》，"在这篇小说里看不到人生，看到的只是万牲园里野兽般的那种盲目骚动着的低级的欲望"；作品中"有的只是色情；再有，就是雷雨下不停似的油腔滑调的俏皮话了。""忽略了一切生存竞争的社会阶级斗争"。这些以偏概全的批评，类似现在的某些"酷评"，不足为训。据王元化《我与胡风二三事》一文自述："抗战胜利后不久，我就到北平在国立北平铁道管理学院任教了。那时满涛给我来信说，他和萧岱、樊康常到胡风家去。后来他们办了一个小型刊物，把我写的一篇《论香粉铺之类》发表在他们办的《横眉小辑》上。这篇文章本来是寄到《时代日报》给楼适夷的，满涛他们看到，拿去就作为《横眉小辑》丛刊第一集题目了。"显然，这位"方典"先生就是王元化本人了。

对于这篇文章，王元化晚年的态度也是很有意思的。在二十世纪快要结束的时候，王元化有一次与一位学者谈到早先对《围城》的批评，坦率直言"那是小题大作，即使有一定的正确成分，但根本就是错误的"（详见陈青生：《年轮：四十年代后半期的上海文学》，上海：上海人民出版社，2002年1月版，第313页。）。这不失为真诚的反思，这里特予记载。

王元化原先打算收入自己的《集外旧文钞》一书。上海作家协会研究室主任冯沛龄根据亲身经历说：

> 《横眉小辑》仅出一期，即告结束。据估计，全国仅存2—3册，十分稀有。该刊有王元化先生以笔名"方典"撰写的《论香粉铺之类》一文，因涉及到对当时出版的《文艺复兴》杂志上登载的钱锺书小说《围城》的文学批评，文坛颇有争议，影响甚大，故来查阅问津者甚多。资料室原有一本典藏，不知何故遍寻不着。几年前，元化先生曾托我代为查找，以将该文收入拟议出版的《集外旧文钞》中。我托多人赴北京等地查阅这本刊物，均无结果。去年春天，在尘封的资料堆里，突见一份陈旧的上海市公安局卷宗，翻开一看，正是众人寻它千百回的《横眉小辑》，不禁喜出望外，正是踏破铁鞋无觅处，得来全不费工夫。仔细看那卷宗，上面用钢笔字写着"证据材料"及"订密卷"几个大字。此刊为何落在故纸堆里深藏数十年，至今仍未搞清，也无须追根究底了，刊物失而复得，毕竟是一件十分愉快的事。（冯沛龄：《故纸堆里觅宝记》，《上海档案》，2002年第3期。）

但后来，王元化并没有把《论香粉铺之类》一文收入《集外旧文钞》，也放弃了将之收入全集的念头。有一次，陈子善偶然与他谈到这篇文章，问王先生是否会把它收进全集里，王先生笑着说："那就不收了吧。"看来，王先生晚年是"悔其少作"，深觉这样的骂街文字入集是欠妥的。

那么，对于钱锺书，王元化是否真如公开场合下表现得那样崇敬呢？其实未必。李怀宇《为学不作媚时语，反思多因切肤痛》记载，王元化曾说："王国维和陈寅恪是20世纪可以传下去的学者。那是大学者，我们这种是不能与之相比的。钱锺书也是不能与之相比的。"（2008年5月14日《南方周末》。）

写到这里，人们不禁要问，钱锺书对王元化的态度又如何呢？

据前述，两人在第一届国务院学位委员会文学学科评议组开会时就应该相识。据前引《一九九一年回忆录》一文记载，二十世纪八十年代初，钱锺书曾将瑞典汉学家马悦然介绍给他："当时钱先生曾向我说，我不会把不相干的人介绍给你，这个人是不错的。"这件事，在最近被拍卖的一封钱锺书致王元化的信函中得到证实。信是这样写的："元化我兄：瑞典皇家人文科学院副院长马悦然教授主持欧洲汉学会所编近代中国文学丛书，素仰大名，又知兄主持'孤岛文学丛书'，特介绍来访，祈推爱会谈为盼。"这封介绍信写得十分客气，却并不亲近。

在私下里，钱锺书也终究忍不住要谈王元化的。我们有幸看到汪荣祖在《史学九章》一书中所附钱锺书致汪荣祖信函的影印件，方知钱锺书对王元化的真实态度。钱对汪说："来信所言在沪交往四君，皆旧相识，王君昔尝化名作文痛诋拙著，后来则刻意结纳，美国俗语所谓'If you can't lick'em, join'em'者也。弟亦虚与之委蛇，要之均俗学陋儒，不足当通雅之目。兄沧海不捐细流，有交无类，自不妨与若辈遇从尔。"（汪荣祖：《史学九章》，北京：生活·读书·新知三联书店，2006年3月版）

（原载《中华读书报》，2017年6月21日）

本书征引与参考文献

一、杨绛著译

[1] 杨绛. 春泥集[M]. 上海：上海文艺出版社，1979：123.

[2] 杨绛. 倒影集[M]. 北京：人民文学出版社，1982：162.

[3] 杨绛. 干校六记[M]. 北京：生活·读书·新知三联书店，1986：80；北京：生活·读书·新知三联书店，2010：75.

[4] 杨绛. 将饮茶[M]. 北京：生活·读书·新知三联书店，1987：189；北京：生活·读书·新知三联书店，2010：79；北京：生活·读书·新知三联书店，2015：62.

[5] 杨绛. 洗澡[M]. 北京：生活·读书·新知三联书店，1988：292.

[6] 杨绛. 杨绛散文：杂忆与杂写[M]. 北京：生活·读书·新知三联书店，1994：259.

[7] 杨绛. 杨绛作品集（第三卷）[M]. 北京：中国社会科学出版社，1993.

[8] 杨绛. 杨绛散文[M]. 罗俞君，选编. 杭州：浙江文艺出版社，1994：402.

[9] 杨绛. 从丙午到"流亡"[M]. 北京：中国青年出版社，2000：145.

[10] 杨绛. 杨绛散文戏剧集[M]. 海口：南海出版公司，2001：457.

[11] 杨绛. 我们仨[M]. 北京：生活·读书·新知三联书店，2003：190；北京：生活·读书·新知三联书店，2012：190；北京：生活·读书·新知三联书店，2018：190.

[12] 杨绛. 我们仨[M]. 中国台北：台湾时报文化出版企业股份有限公司，2003：230.

[13] 杨绛. 走到人生边上——自问自答（增订本）[M]. 北京：商务印书馆，2016：249.

[14] 杨绛. 洗澡[M]. 北京：人民文学出版社，2004：265.

[15] 杨绛. 洗澡（精装本）[M]. 北京：人民文学出版社，2004：272.

[16] 杨绛. 杨绛作品精选：散文1[M]. 北京：人民文学出版社，2004：290.

[17] 杨绛. 杨绛作品精选：散文2[M]. 北京：人民文学出版社，2004：275.

[18] 杨绛. 杨绛作品精选：小说·戏剧[M]. 北京：人民文学出版社，2004：98.

[19] 杨绛. 我们仨（珍藏版）[M]. 北京：生活·读书·新知三联书店，2004：190.

[20] 杨绛. 走到人生边上[M]. 北京：商务印书馆，2007：191.

[21] 杨绛. 杂忆与杂写（增订本）[M]. 北京：生活·读书·新知三联书店，2010：350.

[22] 杨绛. 洗澡之后[M]. 北京：人民文学出版社，2014：128.

[23] 杨绛. 我们仨[M]. 北京：生活·读书·新知三联书店，2015：190.

[24] 杨绛. 杂忆与杂写：一九三三——一九九一[M]. 北京：生活·读书·新知三联书店，2015：244.

[25] 杨绛. 杂忆与杂写：一九九二——二〇一三[M]. 北京：生活·读书·新知三联书店，2015：280.

[26] 杨绛."隐身"的串门儿[M]. 北京：生活·读书·新知三联书店，2015：237.

[27] 柏拉图. 斐多：柏拉图对话录之一[M]. 杨绛，译注. 北京：生活·读书·新知三联书店，2015：123.

[28] 杨绛. 杨绛全集（全九卷）[M]. 北京：人民文学出版社，2014. 其中：第一卷小说卷：515；第二卷散文卷：326；第三卷散文卷：324；第四卷散文卷：355；第五卷戏剧·文论卷：348；第六卷译文卷：505；第七卷译文卷：555；第八卷译文卷：483；第九卷译文卷：518.

[29] 杨绛. 幼年往事（外一篇）[N]. 文汇报，2017-05-25.

二、钱锺书著译

[1] 钱锺书. 管锥编：一册，二册，三册，四册[M]. 北京：中华书局，1979.

[2] 钱锺书. 围城[M]. 北京：人民文学出版社，1980：359.

[3] 钱锺书. 管锥编（增订）[M]. 北京：中华书局，1982：121.

[4] 钱锺书. 旧文四篇[M]. 上海：上海古籍出版社，1979：95.

[5] 钱锺书. 谈艺录[M]. 北京：中华书局，1984：622.

[6] 钱锺书. 写在人生边上[M]. 北京：中国社会科学出版社，1990：82.

[7] 钱锺书. 宋诗选注[M]. 北京：人民文学出版社，1989：299.

[8] 钱锺书. 围城[M]. 北京：人民文学出版社，1991：359.

[9] 钱锺书. 人·兽·鬼　写在人生边上[M]. 福州：海峡文艺出版社，1991：180.

[10] 钱锺书. 七缀集[M]. 上海：上海古籍出版社，1994：187.

[11] 钱锺书. 槐聚诗存[M]. 北京：生活·读书·新知三联书店，1995：137；北京：生活·读书·新知三联书店，2002：145.

[12] 钱锺书. 钱锺书散文[M]. 杭州：浙江文艺出版社，1997：589.

[13] 钱锺书. 人·兽·鬼　写在人生边上[M]. 北京：中国华侨出版社，1999：145.

[14] 钱锺书. 宋诗选注[M]. 北京：生活·读书·新知三联书店，2002：479.

[15] 钱锺书. 七缀集[M]. 北京：生活·读书·新知三联书店，2002：186.

[16] 钱锺书. 写在人生边上　人生边上的边上　石语[M]. 北京：生活·读书·新知三联书店，2002：488.

三、研究论著

[1] 赵景深. 文坛忆旧[M]. 上海：上海北新书局，1948：230.

[2] 唐弢. 中国现代文学史简编[G]. 北京：人民文学出版社，1984：584.

[3] 夏志清. 中国现代小说史[M]. 中国台北：传记文学出版社，1985：576.

[4] 唐弢. 西方影响与民族风格[M]. 北京：人民文学出版社，1989：404.

[5] 胡志德. 钱锺书[M]. 北京：中国广播电视出版社，1990：252.

[6] 孔庆茂. 钱锺书传[M]. 南京：江苏文艺出版社，1992：450.

[7] 钱锺书研究编辑委员会. 钱锺书研究（第三辑）[G]. 北京：文化艺术出版社，1992：369.

[8] 周振甫，冀勤. 钱锺书《谈艺录》读本[G]. 上海：上海教育出版社，1992：607.

[9] 陆文虎. 管锥编《谈艺录》索引[G]. 北京：中华书局，1994：930.

[10] 胡河清. 灵地的缅想[M]. 上海：学林出版社，1994：210.

[11] 袁韵宜. 庞薰琹传[M]. 北京：北京工艺美术出版社，1995：294.

[12] 牟晓朋，范旭仑. 记钱锺书先生[G]. 大连：大连出版社，1995：401.

[13] 黄梅. 不肯进取[M]. 沈阳：辽宁教育出版社，1996：164-172.

[14] 胡河清. 胡河清文存[M]. 上海：上海三联书店，1996：357.

[15] 孔庆茂. 钱锺书与杨绛[M]. 海口：海南国际新闻出版中心，1997：369.

[16] 陆文虎. 钱锺书的文学世界："围城"内外[M]. 中国台北：台湾书林出版有限公司，1997：286.

[17] 罗思. 写在钱锺书边上[G]. 上海：文汇出版社，1996：233.

[18] 柯灵. 柯灵七十年文选[M]. 上海：上海文艺出版社，1996: 1113.

[19] 田蕙兰，马光裕，陈珂玉. 钱锺书杨绛研究资料集[G]. 武汉：华中师范大学出版社，1997：736.

[20] 黄曼君. 中国近百年文学理论批评史1895—1990[G]. 武汉：湖北教育出版社，1997：1337.

[21] 李洪岩，辛广伟. 撩动缪斯之魂：钱锺书的文学世界[G]. 石家庄：河北教育出版社，1997：215.

[22] 王辛笛. 嬿嬿偶拾[M]. 上海：上海教育出版社，1998：116.

[23] 梁实秋. 清华旧影[M]. 北京：东方出版社，1998：137.

[24] 孔庆茂. 杨绛评传[M]. 北京：华夏出版社，1998：315.

[25] 吴宓. 吴宓日记（共十册）[M]. 北京：生活·读书·新知三联书店，1998-1999.

[26] 钱理群，温儒敏，吴福辉. 中国现代文学三十年（修订本）[G]. 北京：北京大学出版社，1998：562.

[27] 刘玉凯. 鲁迅钱锺书平行论[M]. 保定：河北大学出版社，1998：330.

[28] 浦江清. 清华园日记·西行日记（增补本）[M]. 北京：生活·读书·新知三联书店，1999：311.

[29] 齐家莹. 清华人文学科年谱[M]. 北京：清华大学出版社，1999：416.

[30] 王吟风. 走出魔镜的钱锺书[M]. 北京：金城出版社，1999：500.

[31] 解志熙. 生的执着：存在主义与中国现代文学[M]. 北京：人民文学出版社，1999：307.

[32] 李明生，王培元. 文化昆仑：钱锺书其人其事[G]. 北京：人民文学出版社，1999：480.

[33] 沉冰. 不一样的记忆：与钱锺书在一起[G]. 北京：当代世界出版社，1999：370.

[34] 何晖，方天星. 一寸千思：忆钱锺书先生（修订本）[G]. 沈阳：辽海出

版社，1999：628.

[35] 刘中国. 钱锺书：20世纪的人文悲歌[M]. 广州：花城出版社，1999：807.

[36] 冯芝祥. 钱锺书研究集刊（第一辑）[G]. 上海：上海三联书店，1999：369.

[37] 李洪岩，范旭仑. 为钱锺书声辩[G]. 天津：百花文艺出版社，2000：451.

[38] 骆玉明. 近二十年文化热点人物述评[M]. 上海：复旦大学出版社，2000：536.

[39] 冯芝祥. 钱锺书研究集刊（第二辑）[G]. 上海：上海三联书店，2000：434.

[40] 柯灵. 柯灵文集（第三卷）[M]. 上海：文汇出版社，2001：322.

[41] 董乐山. 董乐山文集（第二卷）[M]. 石家庄：河北教育出版社，2001：21.

[42] 徐林正. 文化嘴脸：丑陋的中国文艺界[M]. 北京：台海出版社，2001：265.

[43] 黄延复. 水木清华：二三十年代清华校园文化[M]. 桂林：广西师范大学出版社，2001：527.

[44] 何新. 思考：我的哲学与宗教观[M]. 北京：时事出版社，2001：280.

[45] 施蛰存. 北山散文集[M]. 上海：华东师范大学出版社，2001：1085-1879.

[46] 冯芝祥. 钱锺书研究集刊（第三辑）[G]. 上海：上海三联书店，2002：505.

[47] 钱定平. 破围：破解钱锺书小说的古今中外[M]. 天津：百花文艺出版社，2002：402.

[48] 范智红. 世变缘常：四十年代小说论[M]. 北京：人民文学出版社，2002：209.

[49] 徐达，宋秀丽. 读钱识小[M]. 石家庄：河北教育出版社，2002：227.

[50] 许渊冲. 诗书人生[M]. 天津：百花文艺出版社，2003：467.

[51] 黄永玉. 比我老的老头[M]. 北京：作家出版社，2003：215.

[52] 韩寒. 通告2003[M]. 北京：作家出版社，2003：156.

[53] 绿原. 再谈幽默[M]. 南京：凤凰出版社，2003：185.

[54] 温源宁. 不够知己[M]. 长沙：岳麓书社，2004：394.

[55] 刘桂秋. 无锡时期的钱基博与钱锺书[M]. 上海：上海社会科学院出版社，

2004：246.

[56] 王干，付艳霞. 年度中华文学人物作品选[G]. 北京：中央编译出版社，2004：396.

[57] 张隆溪. 走出文化的封闭圈[M]. 北京：生活·读书·新知三联书店，2004：275.

[58] 刘衍文. 寄庐茶座[M]. 上海：汉语大词典出版社，2004：532.

[59] 余杰. 铁屋中的呐喊[M]. 北京：当代世界出版社，2004：129.

[60] 韩忠良，祝勇. 布老虎散文（2004）冬之卷[M]. 沈阳：春风文艺出版社，2004：82-89.

[61] 季季. 写给你的故事[M]. 中国台北：台湾INK印刻文化出版有限公司，2005：9.

[62] 苏雪林，张昌华. 浮生十记[M]. 南京：江苏文艺出版社，2005：313.

[63] 龚刚. 钱锺书：爱智者的逍遥[M]. 北京：文津出版社，2005：256.

[64] 李赋宁. 学习英语与从事英语工作的人生历程[M]. 北京：北京大学出版社，2005：310.

[65] 吴泰昌. 我认识的钱锺书[M]. 上海：上海文艺出版社，2005：180.

[66] 汤晏. 一代才子钱锺书[M]. 一石文化策划；上海：上海人民出版社，2005：397.

[67] 夏志清. 新文学的传统[M]. 北京：新星出版社，2005：276.

[68] 陈子谦. 论钱锺书[M]. 桂林：广西师范大学出版社，2005：309.

[69] 许渊冲. 山阴道上——许渊冲散文随笔选集[M]. 北京：中央编译出版社，2005.

[70] 夏志清. 中国现代小说史[M]. 上海：复旦大学出版社，2005：504.

[71] 杨绛等. 我们的钱瑗[M]. 北京：生活·读书·新知三联书店，2005：207.

[72] 汪荣祖. 史学九章[M]. 北京：生活·读书·新知三联书店，2006：258.

[73] 柳鸣九. 翰林院内外[M]. 武汉：长江文艺出版社，2006：201.

[74] 黄裳. 珠还记幸（修订本）[M]. 北京：生活·读书·新知三联书店，2006：418.

[75] 汤溢泽. 透视钱锺书[M]. 长沙：湖南人民出版社，2006：257.

[76] 耿德华. 被冷落的缪斯：中国沦陷区文学史（1937—1945）[M]. 北京：新星出版社，2006：329.

[77] 陈伯良. 穆旦传[M]. 北京：世界知识出版社，2006：260.

[78] 李洪岩. 钱锺书与近代学人[M]. 天津：百花文艺出版社，2007：282.

[79] 洪子诚. 中国当代文学史（修订本）[M]. 北京：北京大学出版社，2007：402.

[80] 张昌华. 曾经风雅：文化名人的背影[M]. 桂林：广西师范大学出版社，2007：364.

[81] 许渊冲. 逝水年华[M]. 北京：生活·读书·新知三联书店，2008：249.

[82] 赵瑞蕻. 离乱弦歌忆旧游[M]. 武汉：长江文艺出版社，2008：316.

[83] 顾彬. 二十世纪中国文学史[M]. 范劲等译，上海：华东师范大学出版社，2008：422.

[84] 汪荣祖. 学人丛说[M]. 北京：中华书局，2008：325.

[85] 陆灏. 东写西读[M]. 上海：上海书店出版社，2009：168.

[86] 曹聚仁. 书林三话[M]. 北京：生活·读书·新知三联书店，2010年：340.

[87] 陆灏. 看图识字[M]. 上海：上海书店出版社，2010：200.

[88] 张建术. 魔镜里的钱锺书[M]. 北京：文化艺术出版社，2010：335.

[89] 杨宪益. 杨宪益自传[M]. 北京：人民日报出版社，2010：385.

[90] 杨联芬. 钱锺书评说七十年[G]. 北京：文化艺术出版社，2010：414.

[91] 张锡金. 拔白旗：大跃进岁月里的知识分子[M]. 上海：时代国际出版有限公司，2010：789.

[92] 吕晓明. 张骏祥传[M]. 上海：上海人民出版社，2010：196.

[93] 丁伟志. 钱锺书先生百年诞辰纪念文集[G]. 北京：生活·读书·新知三联书店，2010：413.

[94] 刘再复. 师友纪事[M]. 北京：生活·读书·新知三联书店，2011：270.

[95] 柳鸣九. 名士风流[M]. 北京：金城出版社，2011：288.

[96] 金岳霖. 金岳霖回忆录[M]. 刘培育，整理. 北京：北京大学出版社，2011：187.

[97] 杨建邺. 杨振宁传[M]. 北京：生活·读书·新知三联书店，2011：493.

[98] 资中筠. 资中筠自选集：不尽之思[M]. 桂林：广西师范大学出版社，2011：223.

[99] 扬之水. 读书十年（一）：一九八六——一九九〇[M]. 北京：中华书局，2011：479.

[100] 扬之水. 读书十年（二）：一九八六——一九九〇[M]. 北京：中华书局，2012：392.

[101] 扬之水. 读书十年（三）：一九八六——一九九〇[M]. 北京：中华书局，2012：514.

[102] 刘铮. 始有集[M]. 杭州：浙江大学出版社，2012：242.

[103] 易社强. 战争与革命中的西南联大[M]. 北京：九州出版社，2012：389.

[104] 张治. 蜗耕集[M]. 杭州：浙江大学出版社，2012：196.

[105] 胡文辉. 拟管锥编[M]. 北京：中华书局，2012：246.

[106] 钱之俊. 钱锺书生平十二讲[M]. 上海：上海社会科学院出版社，2013：230.

[107] 胡文辉. 书边恩仇录[M]. 广州：花城出版社，2013：244.

[108] 王平凡. 文学所往事[G]. 王素蓉，整理. 北京：金城出版社，2013：455.

[109] 杨国良，刘秀秀. 杨绛："九蒸九焙"的传奇[M]. 北京：新星出版社，2013：292.

[110] 王培军. 钱边缀琐[M]. 杭州：浙江大学出版社，2013：253.

[111] 钱定平. 再破围：大家都误读了钱锺书的"婚姻围城"[M]. 北京：金城出版社，2014：554.

[112] 毕树棠. 螺君日记[M]. 武汉：海豚出版社，2014：208.

[113] 孟语嫣. 沉默与空白：钱锺书传[M]. 北京：民主与建设出版社，2014：384.

[114] 于慈江. 杨绛，走在小说边上[M]. 北京：世界图书出版公司，2014：342.

[115] 宋以朗. 宋家客厅：从钱锺书到张爱玲[M]. 广州：花城出版社，2015：319.

[116] 李昕. 做书：感悟与理念[M]. 北京：商务印书馆，2015：329.

[117] 伯特·斯特恩·温德先生. 亲历中国六十年的传奇教授[M]. 马小悟，余婉卉，译. 北京：北京大学出版社，2016：372.

[118] 徐方. 干校札记[M]. 广州：广东人民出版社，2016：148.

[119] 吴学昭. 听杨绛谈往事[M]. 北京：生活·读书·新知三联书店，2016：423.

[120] 铁凝. 以蓄满泪水的双眼为耳[M]. 北京：生活·读书·新知三联书店，

2016：381.

[121] 周绚隆. 杨绛，永远的女先生[G]. 北京：人民文学出版社，2016：367.

[122] 黄恽. 钱杨撷拾：钱锺书、杨绛及其他[M]. 北京：东方出版社，2017：234.

[123] 潘耀明. 一代人的心事[M]. 南昌：江西教育出版社，2017：252.

[124] 钱志仁，钱维均. 杨绛：杨家才女 钱门贤媳：纪念杨绛辞世一周年[G]. 无锡：无锡市钱镠研究会，无锡名人文化研究院，2017：146.

[125] 张治. 蚁占集[M]. 杭州：浙江大学出版社，2017：229.

[126] 栾贵明. 小说逸语：钱锺书《围城》九段[M]. 北京：新世界出版社，2018：147.

[127] 李昕. 做书的故事[M]. 北京：人民出版社，2018：1-13，336.

[128] 陆灏. 不愧三餐[M]. 北京：中信出版社，2018：243.

[129] 张治. 文学的异和同[M]. 北京：商务印书馆，2019：348.

[130] 谢泳. 钱锺书交游考[M]. 北京：九州出版社，2019：208.

[131] 刘婧婧. 杨绛研究资料[G]. 南昌：百花洲文艺出版社，2019：310-320，385.

[132] 张冠生. 费孝通晚年谈话录（1981-2000）[G]. 北京：生活·读书·新知三联书店，2019：790.

[133] 资中筠. 资中筠九十自述：蜉蝣天地话沧桑[M]. 香港：牛津大学出版社，2019.

[134] 吴泰昌. 吴泰昌集：亲历文坛[M]. 合肥：安徽文艺出版社，2020：346.

[135] 汪荣祖. 槐聚心史：钱锺书的自我及其微世界[M]. 北京：中华书局，2020：409.

[136] 钱之俊. 晚年钱锺书[M]. 太原：北岳文艺出版社，2020：337.

[137] 范旭仑. 钱锺书的性格[M]. 上海：东方出版中心，2020：160.

[138] 王水照. 钱锺书的学术人生[M]. 北京：中华书局，2020：314.

[139] 罗银胜. 杨绛传[M]. 北京：文化艺术出版社，2004：436.

[140] 罗银胜. 百年风华：杨绛传[M]. 北京：京华出版社，2011：328.

[141] 罗银胜. 杨绛传（完美典藏版）[M]. 北京：北京联合出版公司，2015：316.

[142] 罗银胜. 杨绛传（追思纪念版）[M]. 北京：天地出版社，2016：400.

[143] 罗银胜. 王元化别传：清园师友录[M]. 上海：文汇出版社，2017：204.

四、研究论文

[1] 麦耶. 七夕谈剧：《游戏人间》——人生的小讽刺[J]. 杂志，1944（9）；又见李辉，编. 董乐山文集（第一卷）[M]. 石家庄：河北教育出版社，2001：190.

[2] 孟度. 关于杨绛的话（剧作家论之一）[J]. 杂志，1945（2），1945-05-10；又见田蕙兰，马光裕，陈珂玉，选编. 钱锺书杨绛研究资料集[G]. 武汉：华中师范大学出版社，1997：659-664.

[3] 黄宝生. 钱锺书先生的《旧文四篇》[J]. 读书，1980（2）.

[4] 朱虹. 读《春泥集》有感[J]. 读书，1980（3）.

[5] 敏泽.《干校六记》读后[J]. 读书，1981（9）.

[6] 于晴. 读杨绛《干校六记》[J]. 文艺报，1982（3）.

[7] 叶至善. 致《倒影集》作者[J]. 读书，1982（9）.

[8] 潘瑞如. 杨绛和她的《干校六记》[J]. 文艺月刊，1985（9）.

[9] 庄浩然. 论杨绛喜剧的外来影响和民族风格[J]. 福建师范大学学报（哲学社会科学版），1986（1）；又载田蕙兰，马光裕，陈珂玉，选编. 钱锺书杨绛研究资料集[G]. 武汉：华中师范大学出版社，1997：664-677；刘婧婧. 杨绛研究资料[G]. 南昌：百花洲文艺出版社，2019：1-13.

[10] 郑朝宗：画龙点睛 恰到好处——读《记钱锺书与〈围城〉》[J]. 文艺报，1986-08-23.

[11] 陈子谦.《围城》与它的作者之谜——读杨绛《记钱锺书与〈围城〉》[J]. 书林，1986（12）.

[12] 张明亮：未甘术取任缘差——杨绛《记钱锺书与〈围城〉》读后[J]. 读书，1987（1）.

[13] 张静河. 并峙于黑暗王国中的喜剧双峰——论抗战时期李健吾、杨绛的喜剧创作[J]. 戏剧，1988（49）；又载田蕙兰，马光裕，陈珂玉，选编. 钱锺书杨绛研究资料集[G]. 武汉：华中师范大学出版社，1997：677-691.

[14] 田蕙兰. 旧中国都市一角的素描——杨绛《倒影集》漫评[J]. 华中师范大学学报，1989（4）.

[15] 李文俊. 同伙记趣[J]. 文汇读书周报，1992-02-01.

[16] 陈学勇. 杨绛的悲剧《风絮》[J]. 博览群书，1996（2）.

[17] 金克木. 百无一用是书生——《洗澡》书后[J]. 读书，1989（5）.

[18] 胡德才."替沉闷的人生透一口气"——论杨绛和她的喜剧创作[J]. 湖北三峡学院学报（社会科学版），1996（4）；又载刘婧婧. 杨绛研究资料[G]. 南昌：百花洲文艺出版社，2019：69-82.

[19] 张健. 论杨绛的喜剧——兼谈中国现代幽默喜剧的世态化[J]. 华中师范大学学报（人文社会科学版），1999（3）；又载刘婧婧. 杨绛研究资料[G]. 南昌：百花洲文艺出版社，2019：112-121.

[20] 林非. 必要的澄清和说明[J]. 黄河，2000（3）.

[21] 杨宪益. 回忆钱锺书兄[J]. 博览群书，2000（7）.

[22] 陆仁. 反思"文革"岁月的胸怀与境界[J]. 书屋，2000（8）.

[23] 赵武平. 杨绛笔下的苏格拉底[J]. 中华读书报，2000-09-13.

[24] 钱谷融. 读季进《钱锺书与现代西学》[J]. 文学评论，2003（1）.

[25] 李景端. 一句成语翻译引发的争论[J]. 文汇读书周报，2004-01-08.

[26] 张佩芬. 我所熟悉的杨绛先生[J]. 文汇报，2004-03-27.

[27] 杨颖. 上海城市文化与杨绛的喜剧创作[J]. 南京农业大学学报（社会科学版），2004（2）；又载刘婧婧. 杨绛研究资料[G]. 南昌：百花洲文艺出版社，2019：203-211.

[28] 樊洪业. 竺可桢记"至钱锺书家"[J]. 中华读书报，2004-09-15.

[30] 刘梅竹. 杨绛先生与刘梅竹的通信两封[J]. 中国文学研究，2006（1）.

[31] 余英时. 我所认识的钱锺书先生[M]//余英时文集（第五卷）：现代学人与学术. 桂林：广西师范大学出版社，2006：384.

[32] 刘士杰. 幸福的回忆，终生的财富[M]//文化名人访谈与回忆. 太原：山西教育出版社，2006：91-105.

[33] 毕冰宾. 杨绛撤消一次采访的理由[N]. 文汇读书周报，2006-03-31.

[34] 陈子善. 追念钱锺书先生——兼谈中国古典文学研究之新趋向[M] 夏志清. 岁除的哀伤. 南京：江苏文艺出版社，2006.

[35] 林达. 读《我们仨》[M]//扫起落叶好过冬. 2006.

[36] 楼培. 钱锺书致周采泉书札一通[J]. 寻根，2007（6）.

[37] 郭春林."人生边上"的叩问[N]. 文汇读书周报，2007-10-12.

[38] 陈乐民. 陈衡哲和她的《西洋史》[N]. 南方周末，2008-06-12.

[39] 田晓菲. 隐身衣和皇帝的新装——从杨绛回忆录看"文革"中对透明度

的追寻[J].天涯,2008(4).

[40] 钱汉东.林非谈"钱杨冲突"[N].文汇读书周报,2009-01-12.

[41] 王培军.钱锺书与余嘉锡的三次"撞车"[J].历史学家茶座,2009(2);济南:山东人民出版社,2009:4.

[42] 张霖.《顾颉刚日记》中的钱锺书[J].书屋,2009(6).

[43] 王燕.杨绛的寂寞与高贵[J].当代作家评论,2010(6).

[44] 张隆溪.中西交汇与钱锺书的治学方法[M]//一毂集.上海:复旦大学出版社,2011:313.

[45] 于坚.百岁杨绛,"甘当一个零"[N].南方周末,2011-07-16.

[46] 李乃清.钱锺书 杨绛:天作之合[J].南方人物周刊,2011(17).

[47] 丁罗男.从政治的视角转向文化的观照[N].文汇读书周报,2012-01-20.

[48] 李文俊.杨绛先生的"解放"[J].万象,2012(3).

[49] 方资敏.跟随钱锺书教授的启蒙时期[N].东方早报,2012-09-23.

[50] 钱之俊.钱锺书是"御用翻译"吗?[J].同舟共进,2013(9).

[51] 郑培凯.钱锺书的信[N].东方早报,2013-12-22.

[52] 敖慧仙.从《钱锺书手稿集》看杨绛的编辑理念[J].编辑学刊,2014(4).

[53] 江胜信.为她铺陈一张纸——《杨绛全集》试读杨绛[N].文汇报,2014-08-28.

[54] 钱之俊.晚年钱锺书:"我几乎成了写信的动物"[J].同舟共进,2014(5).

[55] 钱之俊."我对钱锺书也是敬而远之"[J].书屋,2014(11).

[56] 流沙河.《新文学散札》序[M]//晚窗偷得读书灯.北京:新星出版社,2015.

[57] 杨昊成:钱锺书在牛津[N].文汇报,2015-07-28.

[58] 李昕.我对杨绛先生的三次道歉[N].文汇报,2015-07-17.

[59] 止庵.读《钱锺书散文》[M]//六丑笔记.天津:百花文艺出版社,2016:34-37.

[60] 徐方.吴敬琏.回望干校年代[M]//干校札记.广州:广东人民出版社,2016:1.

[61] 韩松.记录钱锺书先生的最后瞬间[Z/OL].2016-05-28.博客中国.http://fengbaohua.blogchina.com/3044781.html.

[62] 余英时.谈钱锺书[M]//傅杰.前辈写真.武汉:海豚出版社.

[63] 周泽雄. 学者作为榜样——再以钱锺书为例[N]. 经济观察报，2016-09-06.

[64] 未尽才. 故人偶记[M]//汪曾祺. 生活，是很好玩的. 南昌：江西人民出版社，2016：261-264.

[65] 张绪强. "杨绛原是数一数二的戏剧家"[N]. 中华读书报，2016-10-12.

[66] 高克勤. 忆京城访杨绛先生[N]. 新民晚报，2016-11-24.

[67] 徐俊，严晓星. 掌故：第二辑[M]//范旭仑. 钱默存收女弟子. 北京：中华书局，2017：297.

[68] 施亮. 我家的"先生的餐桌"[N]. 今晚报，2017-03-03.

[69] 彭伟. 钱锺书致周采泉手札小考[N]. 文汇报，2017-04-08.

[70] 孙歌. 杨绛的"打扫战场"[J]. 读书，2017（5）.

[71] 樱庭弓子. "相视目逆，会心微笑"[N]. 文汇报，2017-05-24.

[72] 于殿利. 为家人"打扫战场"为人类传承智慧[N]. 光明日报，2017-05-25.

[73] 江胜信. 回忆与杨绛先生的交往点滴[M]//春深更著花. 深圳：海天出版社，2017：368.

[74] 王彦. 我们没有忘记黄蜀芹 她的电影是解读人世的眼睛[N]. 文汇报，2017-09-15.

[75] 黄海丹. 杨绛话剧《称心如意》的版本与修改[J]. 现代中文学刊，2018（1）.

[76] 黄恽. 章太炎的苏州演讲与杨绛的记忆[N]. 南方周末，2018-02-01.

[77] 尚九华. 《管锥编》序言里的说明[J]. 青年文摘，2018（3）.

[78] 吴承学. 求学途中的路标[N]. 南方周末，2018-05-24.

[79] 陈丹晨. 琐闻补叙[J]. 上海文学，2018（6）.

[80] 范旭仑. 杨绛的记忆力[N]. 南方都市报，2018-08-30.

[81] 倪鼎夫. 琐忆钱锺书先生[N]. 光明日报，2018-12-19.

[82] 解志熙. 博学于文 行己有耻——杨绛、钱锺书先生的两封信及其他[J]. 现代中文学刊，2019（1）.

[83] 王干. 新中国70年现实主义小说：现实主义的道路宽广而修远[N]. 文艺报》，2019-09-09.

[84] 姜炳炎. 杨绛妙论夫妻关系[N]. 报刊文摘，2019-09-16.

[85] 鲍安琪. 为了钱锺书的"数字梦"[J]. 中国新闻周刊，2019-11-18.

[86] 刘永翔. 槐缘六记[J]. 中国文化，2020（春季号）.

[87] 钱俊之. 旅美学人谈钱锺书[J]. 开卷，2020（4）.

[88] 周绚隆. 不够知己的纪念[N]. 中国新闻出版广电报，2020-06-01.

[89] 陆建德. 钱锺书同时代的几位 B. Litt.[N]. 文汇报，2020-06-22.

[90] 周不言. 钱锺书与中共八大翻译处[N]. 南方周末，2020-07-16.

[91] 庞惊涛. "副院长"钱锺书[N]. 华西都市报，2020-07-22.

[92] 龚静. 拂去烟尘，浮现时间和生命的纹路：《上海纪实》与纪实写作[N]. 2020-07-23. 澎湃新闻翻书党. https://m.thepaper.cn/newsDetail_forward_8398791?from=QRCODE.

[93] 郑延国.《名利场：杨绛点烦本》实例点评[J]. 书屋，2020（8）：38-41.

[94] 栾贵明. 对钱锺书先生的移位颂词[N]. 文艺报，2020-12-02.

[95] 胡晓明. 万山雪尽马蹄轻——读《钱锺书的学术人生想到的》[N]. 文汇报，2020-12-23.

[96] 张力奋. 牛津日记[N]. 文学报，2020-12-24.

[97] 罗银胜. "泪和笑只隔了一张纸——试说杨绛的戏剧创作[J]. 上海青年管理干部学院学报，2005（2）.

[98] 罗银胜. 杨绛先生生活侧影[J]. 名人传记，2005（8）.

[99] 罗银胜. "被冷落的缪斯"——早夭的诗人吴兴华[J]. 书屋，2006（11）.

[100] 罗银胜. 人性的美感——读杨绛先生的《走到人生边上》[J]. 书屋，2007（12）.

[101] 罗银胜. 低调杨绛，自称是钱锺书的拦路狗——《辽沈晚报》采访录[N]. 辽沈晚报，2010-07-05.

[102] 罗银胜. 钱锺书前尘旧事[J]. 江苏地方志，2010：（6）.

[103] 罗银胜. 杨绛百岁[N]. 时代报，2011-07-19.

[104] 罗银胜. 杨绛先生的书香世界[J]. 名人传记，2011：（10）.

[105] 罗银胜. 头发上的文化革命[J]. 文化博览，2012：（6）.

[106] 罗银胜.《洗澡之后》——杨绛给了个"敲钉转角"的结局[N]. 新京报，2014-11.

[107] 罗银胜. 我和谁都不争，用生命之火取暖[N]. 新京报，2016-05-26. 全文转载，新华文摘，2016（16）.

[108] 罗银胜. "留下来打扫战场"的杨绛先生[N]. 中华读书报，2016-06-08.

[109] 罗银胜.她静悄悄地隐身又在静悄悄地影响这个时代[N].中华读书报，2016-07-13.

[110] 罗银胜.步入杨绛先生的书香世界[N].中华读书报，2016-07-27.

[111] 罗银胜.傅雷与杨绛[N].解放日报，2016-09-11.

[112] 罗银胜.我眼中的杨绛[N].解放日报，2017-03-30.

[113] 罗银胜.王元化与钱锺书[N].中华读书报，2017-06-21.

[114] 罗银胜.杨绛之于张爱玲——回应《杨绛全集·杨绛生平与创作大事记》[M]//绝响与回声.上海：文汇出版社，2019：228-233.

[115] 罗银胜."在艰苦的生活里始终保持着乐观的精神"——杨绛早年的戏剧创作[N].光明日报，2020-11-13.

[116] 罗银胜.钱锺书在上海的最后住所——蒲园[N].新民晚报，2020-11-28.

[117] 罗银胜.读钱偶拾[J].开卷，2021（3）.

跋

罗银胜

笔者认为，广义的知识分子可以分为理论家、学问家、思想家三类。杨绛先生、钱锺书先生研究的学问，虽然与现实并不紧密挂钩，但他们对于现实也十分关心和了解，只是不愿发表意见。我们不能要求他们在那样的时代环境之下，承担更多的社会责任，而是要理解和尊重他们明哲保身的选择。

每个人都有选择自己生活方式的权利。

英国前首相丘吉尔说过，"你越能回溯历史，便越有可能展望未来"。

而历史并不如胡适所说，可以任意打扮的。作为一个传记作者，我所写的是真实的历史。笔者这样说的，也应该是这样做的。

历史总是五味杂陈，因而往往比小说更加不可思议。历史也什么可以遗憾、可以抱怨的。人们只能从中吸取经验与教训，从而少犯错误、取得成功。因而一直以来，笔者力图以真实准确的笔墨，完整地反映杨绛先生和她的时代，笔者朝这个方向在不断地努力，以至不惜一切代价，排除任何挑战，克服身患大病的重重困难。至于实际效果如何，毕竟还得接受社会与广大读者的评判。

马迪厄（一八七四——一九三二）毕生从事于法国革命史的研究，从他准备写博士论文起一直到死，三十余年未曾间断过。研究法国革命的人，多半也研究拿破仑时代，马迪厄并不如此。现代学者集中精力于其所认定之园地的精神，马氏实为一个最好的模范。……马氏曾说明了他所用的史学方法："非有可靠证据勿下论断，非证以可信的材料，勿轻于相信；对人物与事变之判断，必须依据当时之思想与判断。任何文献必须予以最严厉之批评；对于流行之歪曲与错误的解释，即出之于最可靠的史学，亦须无情地予以摈弃。总之，须以求真为主。"他的一切成绩，都是遵守这种方法与精神所得的成果，因此，他往往推翻前人成说，却为一般专家所承认。

也许是受马迪厄的启发，本书秉持"吾爱吾师，吾更爱真理"之信条，记载《杨绛传（追思纪念版）》未及的内容，以期反映一个更加全面、更加真实的杨绛。

毋庸讳言，跟历史上任何杰出人物一样，杨绛和钱锺书也有弱点与过失，把杨绛和钱锺书神圣化或者妖魔化，都是违背两位先生为人之根本的。

人物传记的写作，是既往历史的真实记录，容不得半点虚假与掩饰。人无完人，杨绛生前竭力希望将杨氏夫妇的完美形象留存于世，对此，我们予以充分的理解。但是，作为替历史写真的传记作家，却并不能照此办理。因为杨绛生前所竭力回避、隐晦的人与事，于情于理，我们传记作者没有义务跟着回避与隐晦。

尽管，杨绛生前竭尽全力，譬如删除文稿，以致造成《杨绛全集》不全；销毁日记书信……凡此种种，洵为她个人的自由裁量，他人毋庸置喙。

杨绛如此这般的结果，可能会增加历史研究和传记写作的难度，却不应成为人们不能写作信实传记的理由。后人完全可以迎难而上，通过不懈努力，向读者奉献经得起历史审视的杨绛传记。

须知，我们不仅仅记录历史，我们还将创造历史！

而现在这部《杨绛全传》，应该被视作这种顽强努力的起步之作，希望得到社会大众的理解。

笔者才力不逮，这部全新的《杨绛全传》只是从个人视角再现了杨绛先生的"围城"风景之冰山一角。恳请方家批评指正！

谨以此书献给笔者的母亲，笔者的太太。笔者不会忘记她们给予的笔者报答不尽的爱、她们的美德、她们的正直、她们的智慧、她们的勇气、她们的包容、她们的奉献！

最后，感谢华文出版社余佐赞先生、杨艳丽女士和各位同仁的无私奉献！感谢无锡市档案史志馆张曙峰先生、吴刚先生、樊锡刚先生、唐萍女士等的鼎力相助！

二〇二三年七月十七日